浙江省社科联社科普及课题成果

自行车(1817—2017)

慕景强 编著

浙江工商大学出版社
ZHEJIANG GONGSHANG UNIVERSITY PRESS
·杭州·

图书在版编目(CIP)数据

　　自行车：1817—2017 / 慕景强编著. —杭州：浙江工商大学出版社，2021.1
　　ISBN 978-7-5178-4238-5

　　Ⅰ．①自… Ⅱ．①慕… Ⅲ．①自行车－普及读物 Ⅳ．①U484-49

　　中国版本图书馆 CIP 数据核字(2021)第 016351 号

自行车(1817—2017)
ZIXINGCHE(1817—2017)
慕景强 编著

责任编辑	童江霞　周敏燕	
封面设计	王　杰	
责任印制	包建辉	
出版发行	浙江工商大学出版社	
	(杭州市教工路 198 号　邮政编码 310012)	
	(E-mail：zjgsupress@163.com)	
	(网址：http://www.zjgsupress.com)	
	电话：0571-88904980,88831806(传真)	
排　版	杭州朝曦图文设计有限公司	
印　刷	浙江全能工艺美术印刷有限公司	
开　本	880mm×1230mm　1/32	
印　张	18	
字　数	485 千	
版印次	2021 年 1 月第 1 版　2021 年 1 月第 1 次印刷	
书　号	ISBN 978-7-5178-4238-5	
定　价	78.00 元	

序

自行车,现在只要一提到这个词,几乎所有人脑海里都会出现"自行车"的形象,也可以马上从一大堆具有迷惑性的照片中选出真正的自行车来。估计没有人会错认汽车、摩托车、三轮车为自行车。《辞海》中自行车的定义为"一种以双脚驱动的两轮交通工具或运动器具"。其显然是要靠人力、脚踏驱动的,这一定义与字面意义上的"自行运转之车"相去甚远。那么,现在这"自行车"的名字是谁在何时最先叫出来的呢? 为什么偏偏叫"自行车"呢?

时间是 1868 年,这个人叫张德彝。

19 世纪 60 年代,自行车在西方世界第一次兴起普及热潮,中国人最早接触自行车也是在这一时段。因为在 1862 年,清政府开始在总理衙门设立同文馆,在学习西方语言的同时,也派人出国考察。跨出国门的中国人与日渐普及的自行车有了第一次接触,并将之记录下来。那是在 1866 年,总理衙门派遣内务府官员斌椿率其子广英及同文馆学生凤仪、张德彝、彦慧等随从 6 人出国访问,这也是近代中国第一次官派人员出国访问。资料记载:1866 年 5 月 7 日一大早,斌椿一行抵达法国巴黎,时年 63 岁的斌椿顿时就被巴黎街头来回穿梭的这种新奇器械(自行车)所吸引。斌椿在考察记录中写道:"街衢游人,有只用两轮,贯以短轴,人坐轴上,足踏机关,轮自转以当车。又有只轮贯轴,两足跨轴端,踏动其机,驰行疾于奔马。"可见,最初的考察记录中并没有出现"自行车"这一中文名,只是对在国外看到的自行车进行了描述。

首位将其命名为"自行车"的人是张德彝,虽然 1866 年的出访张也随行，也看到了自行车，但他并没有灵光一闪写下"自行车"这个名字。时间到了1868年10月，张德彝再次出国呈递国书时，详尽地描绘了他在各国所见自行车的情形："自行车前后各一轮，一大一小，大者二寸（应为'尺'），小者半寸（尺），上坐一人。弦上轮转，足动首摇，其手自按机轴而前推后曳，左右顾视，趣甚。"在这一段描述中，出现了"自行车"之中文名；这一年即1868年，也因此被载入中国自行车发展史册。张德彝，时年21岁。

1868年12月，张德彝到了巴黎，再次见到自行车，张描述道："见游人有骑两轮自行车者，西名'威娄希北达'（法语原词为 vélocipèda），造以钢铁，前轮大，后轮小，上横一梁。大轮上放横舵，轴藏关键，人坐梁上，两手扶舵，足踏轴端，机动驰行，疾于奔马。梁尾有放小箱以盛行李者。"之后，张德彝又多次出国，多次记述所见到的自行车，使用了"自行车""双轮铁车""脚踏车"三种中文译名，并附有"威娄希北达"这一法国当时对于自行车称谓的中文音译。他翻译的三个中文译名皆对后世影响颇深，其中又以"自行车""脚踏车"最为流行，沿用至今。

从自行车入华并风行的最初几十年里，从晚清到民国，再到新中国成立，除了张德彝的"自行车"这一译名外，还出现了许多现在看来稀奇古怪的中文译名，颇具特色。据不完全统计，不下20种，现列于下。

和"自行车"取名方法类似的还有"自转车""单车""自由车"等。徐志摩至少在两篇游记中提及自己的英国生活中少不了"自转车"："在康桥我忙的是散步，划船，骑自转车，抽烟，闲谈，吃五点钟茶，牛油烤饼，看闲书。""自转车"的称谓在今日已经很少有人使用；在近代中国，"自由车"的称谓在体育界中最常被使用；"单车"的称谓却一直延续至今，主要是在香港、澳门、广东、广西、湖南、贵州、台湾等地被使用。

另外，根据自行车核心技术"脚踏"驱动而命名的有"脚踏车""踏板车""踏车""足蹈车""钢丝车"等。与"洋火""洋油"类似，同为舶来

品的自行车也曾被冠以"洋车"称呼。在民间,自行车还有"洋马""洋
驴""铁驴""铁马""铁骡"等称谓。受《封神演义》《三国演义》等书的
影响,民间还有"风火轮""孔明车"等一类自行车译名。比如把自行
车叫作"风火轮",显然是从神话小说《封神演义》中哪吒脚踏风火轮
演绎过来的,形容这种车骑得飞快。

　　一个或许我们不愿意接受的事实是,今天接受程度最高、最为通
行的中文译名"自行车"也非清代张德彝的原创。资料显示:"自行
车"一词最早出现于明朝末年王徵(1571—1644)所著的《新制诸器图
说》一书当中。在《新制诸器图说》中,王徵不仅详细地论述了自己发
明的"自行车"结构原理,还附有一幅自绘的"自行车"图。张德彝是
否看过这本书并受其影响而命名"自行车"我们不得而知。但可以肯
定的是,王徵的"自行车"非张德彝的"自行车"。

　　虽然,"自行车"的称呼曾经在中国很乱,但在西方也不见得好到
哪里去。直到19世纪末20世纪初,自行车技术趋于成熟,英文世界
"Bicycle"(简称为Cycle、Bike)的称谓才逐渐稳定下来。在此之前,至
少有法国人的"Célérifère""Vélocipède à pédales",德国人的"Laufm-
aschine",英国人的"Pedestrian Curricle",以及英、美等国盎格鲁-撒
克逊民族流行文化中的"Boneshaker""Penny-farthing"等名字。你看
得眼花了吗?

目　录

附　录

第一章 玩具马（1817—1869）

在这一章，你将看到众多自行车历史上的第一，虽然当时还没有"自行车"之名。

一向以严谨著称的德国人发明了史上第一辆自行车。这辆车是木制的，新奇的是竟然还有车把，能转向，但没有脚踏，要靠脚蹬地才能前行。这一点和近些年流行的儿童助力车相似。

英国人从中嗅出了商机，用铁取代了木头，不仅造出了铁制翻版，还办了学校教人骑车，显然其目的不只是娱乐，虽然车子取名为"玩具马"。英国人就这样玩了10年。

苏格兰人埋头苦思，20年后，终于造出了装有实心橡胶轮胎、脚踏和曲柄连杆装置的自行车，骑车的人终于不用脚蹬地发力了。不过，苏格兰人把本来前后一样大的车轮改成了前轮小后轮大，且大小不成比例。又过了20年，法国人出场了，一对父子发明了前轮驱动的自行车。他们不知道用了什么理论，竟然推测出车子跑得更快的关键在于车轮体积的大小，车轮越大，则滚动一圈的距离就愈长，速度相对也就愈快。于是，这对父子制造了一辆有着巨大的驱动前轮，配一个小小的后轮，现在看起来很滑稽的那种自行车。

接下来自行车的世界就开始热闹起来。

第一辆装有钢丝辐条的自行车出现；美国历史上第一条真正意义上的骑行绿道建成；世界上第一次有记载的自行车比赛（场地内）举办，第一名奖金为600法郎；第一次女子自行车比赛也举办了，观众只注意到参加比赛的四位选手"都穿着不寻常的短裙"；杂技演员也加入了，有人在高架电线上骑着自行车穿越尼亚加拉瀑布；世界首次自行车展览会举行；世界上第一次自行车公路赛举办，赛程为 134 千米，有 200 名选手参与竞争，冠军很不容易，据说有几次因饥饿而累倒，是观众用食物和葡萄酒让他恢复了活力。

最重要的是，用链条来驱动后轮的安全型自行车被发明出来了。直到此时，自行车才算是拥有了完整的版型。

另外，"手"牌自行车你听说过吗？你知道亨利·德格朗热是谁吗？

但见"街衢游人，有只用两轮，贯以短轴，人坐轴上，足踏机关，轮自转以当车。又有只轮贯轴，两足跨轴端，踏动其机，驰行疾于奔马"，这是中国人第一次见到自行车时写下的语句，是清政府派出的欧洲考察团成员记录的。

随后，"自行车"这一中文译名出现了，同时，开风气之先河的上海街头也出现了来自欧洲的自行车。

分类概览

人物传奇

◇1817 年，德莱斯发明了自行车。

◇1860 年，伊格纳茨·施温出生。

◇1865 年，亨利·德格朗热出生。

品牌技术

◇1818 年，英国人制作出玩具马。

◇1839 年，制造出有脚踏的自行车。

◇1861 年，发明了前轮驱动的自行车。

◇1866 年，美国自行车领域的第一个专利出现。

◇1867 年，第一辆装有钢丝辐条的自行车出现；米肖成立了公司。

◇1868 年，汉隆兄弟发明了固体橡胶轮胎。

◇1869 年，英国的雷诺型自行车诞生；鲁吉品牌(Rudge)在英格兰建立。

◎1869 年,由后轮导向和驱动的自行车出现;英国人谢尔查发明了链条和中轴;法国人发现可以用链条来驱动后轮。

赛事展会

◎1868 年,世界上第一次有记载的自行车赛、第一次女子自行车赛举办。

◎1869 年,世界上第一次自行车公路赛举办;世界上首次自行车展览会举行。

文化逸闻

◎1819 年,英国、德国成立自行车学校。

◎1867 年,史上第一条自行车绿道建成。

◎1869 年,杂技演员骑自行车穿越尼亚加拉瀑布。

自行车在中国

◎1866 年,中国人第一次见到"自行车"。

◎1868 年,张德彝第一次使用了"自行车"一词。

◎1868 年,自行车进入中国上海;"自行车"之名首次出现在《上海新报》上。

1817 年

德国人德莱斯发明了有车把的自行车,是靠脚蹬地才能前行的,但是可以一边前进一边改变方向。德莱斯在曼海姆首次展示了这辆自行车,在不到 1 个小时的时间里骑着它驶过了 13 千米,并于第二年(1818 年)取得德国及法国的专利,也是第一项自行车专利。德莱斯成为自行车的开山鼻祖。

1818 年

英国的机械师及铁匠丹尼斯·约翰逊率先以铁取代了木头,以铁架取代了车轮的骨架,接着他又在伦敦创办了两所学校以训练人们学习及骑乘自行车。后来英国人就把这台有趣的车子叫作"玩具马",这台铁制的车骑乘时速可以达到 13 千米。

1819 年

英国、德国先后成立了自行车运动历史上最早的自行车学校,教人如何骑"玩具马"。在当时没有汽车、火车的年代,以马车为交通工具的法国、英国、美国形成了争相骑"玩具马"的风气,人们跨上"玩具马"用力蹬,速度越快,车子就越稳。这个骑"玩具马"的风气在欧美持续了约 10 年的时间。

1839 年

苏格兰人柯克帕特里克·麦克米伦制造出了有木制车轮,装有实心橡胶轮胎,前轮小后轮大,坐垫较低,装有脚踏和曲柄连杆装置的自行车。骑车的人可以双脚离开地面,两脚不用蹬地,提高了行驶速度。同年,麦克米伦又将木制自行车改为铁制自行车。

1860 年

施温自行车公司的创始人伊格纳茨·施温出生于德国哈德海姆。

1861 年

法国的米肖父子发明了前轮驱动的自行车。他们推测车子跑得更快的关键在于车轮体积的大小,车轮越大,则滚动一圈的距离就愈长,速度相对也就愈快。他们发明的自行车前轮大、后轮小,在前轮上装有曲柄和能转动的踏板。

1865 年

环法自行车赛(简称"环法赛")的未来组织者亨利·德格朗热和他的孪生兄弟乔治于 1 月 31 日在巴黎出生。

1866 年

4 月,23 岁的法国人皮埃尔·拉勒芒申请了一项两轮车的美国专利,这是美国自行车领域的第一个专利。他将这一发明称之为"快脚"(vélocipède)。因其骑行体验不佳,也被称为"摇骨机"。该车曲柄固定在前轮毂上,这是他四年前在法国东部南锡工作时提出的一个想法。由于不怎么成功,拉勒芒感到沮丧,于 1868 年回到法国,并很快在巴黎开了一家自行车店。

自行车在中国

中国人第一次见到"自行车"并描绘其形象:清政府于 1866 年派出了第一个出国考察团,去欧洲的法国、英国、比利时、荷兰、丹麦、瑞典、芬兰、俄国、普鲁士等 10 个国家观光。考察团由总理衙门派遣内务府官员斌椿率其子广英及同文馆学生凤仪、张德彝、彦慧等随从 6 人组成,前往西方诸国访问,这也是近代中国第一次官派人员出国访问。同年 5 月 7 日一大早,斌椿一行抵达法国巴黎,但见"街衢游人,有只用两轮,贯以短轴,人坐轴上,足踏机关,轮自转以当车。又有只轮贯轴,两足跨轴端,踏动其机,驰行疾于奔马"。初到异国,时年 63

岁的斌椿顿时就被巴黎街头来回穿梭的这种新奇器械所吸引，但是斌椿只是描绘了自行车的诸多细节，并没有给其取名字。

1867 年

1. 英国人麦迪逊设计出第一辆装有钢丝辐条的自行车。

2. 最早绿道"翡翠项链——波士顿公园绿道系统"在美国出现，由奥姆斯特德规划，被视为史上第一条真正意义上的骑行绿道。

3. 米肖成立公司并开始大量制造自行车，并于 1867 年在巴黎博览会上展出，曾一度掀起自行车热。

1868 年

1. 5 月 31 日，世界上第一次有记载的自行车比赛在巴黎西部的圣克卢公园举行。这场赛程为 1200 米的比赛由居住在巴黎的英国兽医詹姆斯·穆尔赢得冠军。穆尔骑着由活动赞助商米肖公司制造的自行车，以 3 分 50 秒的成绩完成了比赛，超越了最受欢迎的德鲁埃和其他 8 名选手，获得一等奖，奖金为 600 法郎。

2. 11 月，在法国波尔多举办的第一次女子自行车比赛中，朱莉小姐击败了路易斯小姐。比赛中四位选手"都穿着不寻常的短裙"。

3. 纽约的托马斯·皮克林用铁管取代了他和戴维斯的"美国人自行车"上的实心铁车架。

4. 汉隆兄弟杂技团在自行车上展示了骑行技巧。

5. 7 月 7 日，汉隆兄弟获得了一项专利，因为他们发明了固体橡胶轮胎，轮胎环绕着轮毂使之固定并防止打滑。他们还声称可以改进产品，例如可调节曲柄和车座。

自行车在中国

（1）10 月，张德彝在《欧美游记》里第一次使用了"自行车"一词，详尽地描绘了他在各国所见自行车的情形："前后各一轮，一大一小，大者二寸(应为'尺'),小者寸半(尺),上坐一人。弦上轮转,足动首摇,其手自按机轴而前推后曳,左右顾视,趣甚。"两个月后在巴黎,张德彝再次见到"两轮自行车":"见游人有骑两轮自行车者,西名'威娄希北达'(法语原词为 vélocipède),造以钢铁,前轮大,后轮小,上横一梁。大轮上放横舵,轴藏关键,人坐梁上,两手扶舵,足踏轴端,机动驰行,疾于奔马。梁尾有放小箱以盛行李者。出租此车,每一点钟用法'方'(每方计银二分)又名'福郎'(今译"法郎")者若干,另有铁房为演习乘车之所。"

(2)自行车进入中国。11 月,上海首次由欧洲运来几辆自行车,是人坐车上,靠两脚点地引车而走的供业余消遣的娱乐性代步工具。

(3)在中国,以"自行车"之名指代 Bicycle,于大众传媒中首次出现是在 11 月 24 日(一说 17 日)出版的《上海新报》中,该报文章开篇便讲道:"兹见上海地方有自行车几辆。"这也是自行车传入中国最早的史料证据。当时上海的自行车不多,仅有几辆,形式有两种:一种是人坐车上,用两脚点地而行;另一种是靠蹬踏而行,"转动如飞"。由此可见,当时上海的自行车既有原始的靠脚尖点地而行的自行车,也有装配了踏脚板的自行车。

1869 年

1. 英国的雷诺型自行车诞生,车架改由钢管制作,车轮也改为钢圈和辐条,采用实心轮胎,使自行车的重量大大减轻。

2. 11 月 7 日,世界上第一次自行车公路赛举办,比赛是从巴黎的凯旋门骑到西北的鲁昂,赛程为 134 千米,由《巴黎自行车图片报》赞助。詹姆斯·穆尔远远超过包括 4 名女性在内的 199 名其他选手再次获胜。他的自行车由圣伯拉基奇监狱的狱长制造,装有滚珠轴承花鼓(轴承由囚犯制造)和实心橡胶轮胎。然而,胜利来之不易,据说有几次詹姆斯·穆尔因饥饿而累倒,是观众用食物和葡萄酒让他恢复了活力。他重新回到了比赛中,超越剩下的 32 名选手,最终赢得了比赛和 100 法郎的奖金。穆尔再次骑着一辆前轮直径超过一米的自行车,在 10 小时 25 分钟内完成了比赛。美国小姐也参加了比赛。她在赛事中排名第 29 位,她是一位来自鲁昂的小女人,与英国赛车手罗利·特纳结婚了,她本人可能也具有英国血统。

3.德国斯图加特出现了由后轮导向和驱动的自行车,同时车上还安装了滚动轴承、飞轮、脚刹、弹簧等部件。

4.世界上首次自行车展览会在法国举行。

5.英国人谢尔查发明了链条和中轴。

6.法国人发现可以用链条来驱动后轮,创造了安全型自行车。直到此时,自行车才算是拥有了完整的版型。

7.鲁吉品牌(Rudge)在英格兰的诺丁汉建立。鲁吉商标是一个"手"的造型,印文为"RUDGE WHITWORTH ESTABLISHED 1869"(鲁吉惠特沃斯成立于 1869 年)以及"NOTTINGHAM ENGLAND"(英格兰诺丁汉)。"手"型的商标牌可以分为"金手"、"银手"(商标为铝制成银色)、"锤手"(为一手握拳的造型)。

8.杂技演员詹金斯博士在高架电线上骑着自行车穿越了尼亚加拉瀑布。

第二章　从便士到"自行车"（1870—1879）

在比赛获胜后发奖金、奖牌、赞助商的奖品，这很常见，也是主流。可奖品是一把左轮手枪，这是什么比赛？据说获胜者是第一个赢得欧洲自行车比赛的美国人。

空心钢管取代木头构成车架，这是不小的进步，于是就有了自行车历史上鼎鼎大名的便士自行车。有史以来第一个一小时骑行纪录就是骑着便士自行车创造的：23.331 千米。太差劲？你也能轻松打破？千万别小看，那可是在 150 年前，用前轮大、后轮小的自行车完成的。

世界上首款量产全钢自行车出现在英国，工业革命的发生地。其后轮的直径只有 90 厘米，前驱动轮直径却有 125 厘米以上。据文献记载，行车速度那是相当快。英国发明家还发明了穿钢丝的轮圈，并且制造了三轮车，成了当时淑女们的最爱。毕竟，两轮车不好控制，淑女经常摔跤可是有损形象的。

世界上第一辆采用链条驱动后轮的自行车问世，名字叫 Bicyclette。据介绍，骑手很享受通过后轮提供动力，因为前轮不受踏板的影响，所以转向更平稳（相对的）。这标志着具有现代化样式的自行车诞生了，但此时的自行车仍是前轮大、后轮小。

英国人务"实"，美国人务"虚"，第一份关于自行车的报纸在美国创办，第一家自行车俱乐部在美国出现。

其时，"自行车上海已多，或双轮或三轮"。随着最早的中文报刊将"自行车"作为 Bicycle 的中文译名频繁使用，"自行车"一词旋即在中文世界中普及开来，成为 Bicycle 译名中使用率最为广泛的词语之一。除自行车外，还有"双轮铁车""脚踏车"等中文译名，并附有"威娄希北达""韦娄希贝达"这些英、法两国当时对于自行车称谓的中文音译。中文音译两词因为不符合中文使用习惯，逐渐就消失了，中文译名"自行车""脚踏车"最为流行，对后世影响颇深，初译者功不可没。想知道他是谁吗？

"……手拨关键，高下回旋，侧身扬手，决战争雄，亦陆地之飞仙也。"这是在干什么？进行武术表演吗？

这是中国大使眼中的伦敦自行车杂技表演。

在中国，人们把自行车玩出了新花样，《申报》上刊文记载："更有西人自行车，是一大轮上仅一铁条，人坐其上如骑马然，足踏两铁片，手握一横条，而轮自转，车自行焉，其行亦疾，惟不娴者易车覆而人坠耳。"

这显然是独轮的自行车啊！

分类概览

人物传奇

◇1871 年，莫里斯·加林出生。

品牌技术

◇1870 年，斯塔利设计了大小轮的自行车；第一辆使用张力辐条车轮的自行车出现。

◇1871 年，空心钢管开始取代木头构成车架；便士自行车出现。

◇1872 年，开始生产钢球轴承。

◇1874 年，具有现代化样式的自行车诞生；发明了穿钢丝的轮圈。

◇1879 年，世界上第一辆采用链条驱动后轮的自行车出现。

赛事会展

◇1870 年，意大利首场公路赛的奖品是一把手枪。

协会组织

◎1877 年,美国第一家自行车俱乐部成立。

文化逸闻

◎1873 年,第一个一小时骑行纪录诞生。

◎1879 年,《纽约时报》头版刊登了关于骑自行车旅行的文章。

自行车在中国

◎1876 年,《申报》报道独轮自行车。

◎1877 年,"自行车""双轮铁车""脚踏车"三种中文译名出现。

1870 年

1.英国的詹姆斯·斯塔利设计了大小轮的自行车,那时后轮的直径只有 90 厘米,前驱动轮直径却有 125 厘米以上,行车速度相当快,成为英国首款量产全钢自行车;同一段时间法国人也做了同样的改良,将车子的材质由木质改成铁质与橡胶零件,也是前轮驱动,前轮直径比后轮大数倍。骑这种车像骑马一样高高在上很威风,但是下坡时加速十分危险,极容易跌倒,并且因高度的关系,上下车也存在危险性。

2.意大利人对自行车比赛的热情不亚于法国人。2 月 2 日,新成立的佛罗伦萨自行车俱乐部参加了意大利首场公路赛,从佛罗伦萨到皮斯托亚,赛程大约 32 千米。这场比赛的冠军也是由一位外国人赢得的。他是一位名叫林纳·范内斯特的美国年轻人,骑着巴黎人公司生产的自行车获得了胜利。这位 17 岁的年轻人也成为第一个赢得欧洲自行车比赛的美国人。他在 2 小时 12 分钟内完成了比赛,取得胜利,奖品是一块金牌和一把左轮手枪。

3.格劳特申请了有径向辐条,可调节铜头的自行车车轮专利。据说前一年法国的欧仁·梅耶尔创造了第一个使用张力辐条的车轮。

自行车在中国

"自行车上海已多,或双轮或三轮,不用骡马,人坐踏足于版(板),其版(板)动而其轮转,即其车自行。"随着最早的中文报刊将"自行车"作为 Bicycle 的中文译名频繁使用,"自行车"一词旋即在中文世界中普及开来,成为 Bicycle 译名中使用率最为广泛的词之一。

1871 年

1.未来的环法赛冠军莫里斯·加林于 3 月 23 日出生。
2.空心钢管开始取代木头构成车架。

3.詹姆斯·斯塔利和威廉·希尔曼开发了第一个线辐条轮。他们的初始设计使用了由两个螺丝扣拉紧的径向辐条,这些螺丝扣围绕轮毂旋转轮缘,将所有轮辐拉紧在一起。斯塔利用他的轻质车轮制造了他自己的自行车车型,这是一种著名的便士自行车(高轮自行车,前轮大后轮小)。他为这种新风格选择的名字是"The Ariel"。

1872 年

弗里德里希·费舍尔开始生产钢球轴承。1883 年,费舍尔完善了工艺,可以加工出尺寸均匀的滚珠轴承。

1873 年

詹姆斯·穆尔博士骑着便士自行车,创造了有史以来第一个一小时骑行纪录:23.331 千米。

1874 年

1.英国人劳森在自行车上装上链条和链轮,用后轮的转动来推动车子前进,尽管不够协调与稳定,但这标志着具有现代化样式的自行车诞生了。只是此时的自行车仍是前轮大后轮小。

2.英国的詹姆斯·斯塔利发明了穿钢丝的轮圈,并且制造了三轮自行车,成了当时淑女们的最爱。

1876 年

最早的有确切记载的自行车一小时骑行纪录由美国人弗兰克·多兹创造,距离为 26.508 千米。

自行车在中国

(1)《申报》刊登了《上海行奉说》一文,记载了中国出现骑自行车的情景:"更有西人自行车,是一大轮上仅一铁条,人坐其上如骑马然,足踏两铁片,手握一横条,而轮自转,车自行焉,其行亦疾,惟不娴者易车覆而人坠耳。"这显然是一种独轮自行车。

(2)葛元煦在《沪游杂记》中介绍了自行车,形容其为"车式前后两轮,中嵌坐垫。前轮两旁设铁条踏镫一,上置扶手横木一。若用时,骑坐骑中,以两足脚镫,运转如飞。两手握横木,使两臂撑起,如挑沙袋走索之状,不致倾跌"。这段记载中所说的自行车的"踏镫"设在"前轮",车的把手是"扶手横木",显然是1839年欧洲自行车第二阶段的产物。

1877 年

这年春天,钱德勒、弗兰克·韦斯顿和其他几个来自波士顿的男人骑上了从英国进口的自行车。他们都是自行车爱好者,但韦斯顿最为狂热。他成立了第一家自行车经销商——坎宁安希思公司,聘请后来的"快乐日子"皮特曼作为第一位自行车骑行教练。韦斯顿在美国创办了第一张关于自行车的报纸,他也是美国第一家俱乐部——波士顿自行车俱乐部的主要推动者。

自行车在中国

9月1日,张德彝随郭嵩焘出使英国,在伦敦的水族馆里,郭、张一行看到了骑自行车表演的杂技:"二幼女各骑一双轮铁车,英名'韦娄希贝达'(英文原词为 velocipede),前大轮周丈余,后小轮约三尺,形如□字,女骑当中,手拨关键,高下回旋,侧身扬手,决战争雄,亦陆地之飞仙也。"更为难得的是,张德彝对技术革新带来的社会影响也有敏锐嗅觉:"近来街上骑脚踏车者日多一日,亦愈出愈奇。……自有此车,恐将来马车渐稀少矣。"张德彝在记述所见自行车时,使用了"自行车""双轮铁车""脚踏车"三种中文译名,并附有"威娄希北达""韦娄希贝达"这些英、法两国当时对于自行车称谓的中文音译。中文音译两词因为不符合中文使用习惯,日后逐渐消失在中文世界中,而他翻译的三个中文译名皆对后世影响颇深,其中又以"自行车""脚踏车"最为流行。

1878 年

5 月 24 日,美国第一场自行车赛在波士顿的比肯公园(现在叫比肯公园货场)举行。哈佛大学的学生帕克赢得了本次比赛的冠军。

1879 年

1. 世界上第一辆采用链条驱动后轮的自行车问世,名字叫 Bicyclette,据亨利·劳森介绍,骑手很享受通过后轮提供动力,因为前轮不受踏板的影响,所以转向更平稳。

2. 7 月 5 日,《纽约时报》头版刊登了一篇关于温特沃斯·罗林斯的短讯,罗林斯为期一周的骑自行车旅行刚刚开始,他计划沿着哈德逊河向北骑行到 281.64 千米外的萨拉托加,中途在塔里敦、辛辛监狱、波基普西、海德公园、哈德逊、奥尔巴尼和特洛伊停留。

第三章　普通人（1880—1889）

我们先来认识一个骑车的普通人。

他或许是第一个骑车横穿美国的人。骑车横穿美国，现在是美国乃至世界骑友的一个规范动作，也有相应路线的比赛。但那是在130多年前，这个普通的美国人名叫托马斯·斯蒂文斯，他花了103天的时间骑车穿越了美国。严格来说，不能叫"骑车"穿越，应该说他是第一个骑（推、拉、扛）自行车穿越美国的人。这事儿也可以换个说法：托马斯·斯蒂文斯用了103天才把他那34千克重的高轮自行车从加州奥克兰运到马萨诸塞州波士顿。巧合的是，那辆自行车就叫"普通人"。

自行车发展史上有许多第一人，但被公认为"自行车之父"的只有一个人。他是谁？他做出了哪些贡献让后人如此推崇？本章将一一揭晓。

1880—1889年这10年是技术进步的10年：滚珠轴承被应用到自行车上；飞轮和轮缘刹车出现；最早带有前后避震装置的自行车出现；无缝钢管被首次用于自行车生产……

我们重点说说轮胎：

提到轮胎，无论自行车，还是汽车，都绕不开邓禄普和米其林。

邓禄普最初是个人名，英国人邓禄普（1840—1921）发明了橡皮充气轮胎。这种新轮胎价格昂贵，容易被扎破，但它轻便、灵活。这是自行车发展史上非常重要的发明。米其林也是人名，法国人米什兰，当其作为轮胎时在中国通常就被译为"米其林"了。这期间，米其林发明了首条可拆卸的自行车轮胎。自此，官方语言是，自行车轮胎基本完成近代化、现代化。对普通骑友来说，换胎方便了。

骑车人多了，车店也就出现了。在法国巴黎，拉格兰德阿雷大街被称为自行车大街，因为街上至少有 30 家自行车店。在意大利米兰，一个叫比安基的年轻人在一条商业街上开了一家自行车店，他不仅卖车，还开始自己造车，于是，比安基品牌诞生了。

中国早期的自行车都是进口的，"凤头"牌是绝对的大牌。其实，这个品牌直译应该叫"兰令"，兰令是英格兰诺丁汉一条街道的名字。厂长很懒，把自行车厂开在了兰令街，工厂就叫"兰令"，自行车就是"兰令"牌了。

在欧洲，法国人在自行车比赛中独占鳌头。1881 年法国自行车联盟成立，第 1 届法国全国自行车比赛在巴黎卡鲁塞尔广场的泥泞赛道上举行，法国人赢得冠军。

1888 年世界上第一次女子自行车赛举办，自行车计时赛规则被设计出来。

分类概览

人物传奇

◇1881 年，路易斯·特鲁塞尔出生。

◇1882 年，吕西安·马赞出生。

◇1884 年，亨利·科尔内、古斯塔夫·加里古出生。

◇1885 年，欧仁·克里斯托夫出生。

◇1886 年，菲尔明·朗博出生。

◇1887 年，弗朗索瓦·法贝尔、奥克塔夫·拉皮茨出生。

◇1888 年，莱昂·塞尔、奥迪勒·德弗雷出生。

◇1889 年，亨利·佩利西耶出生。

品牌技术

◇1880 年，滚珠轴承被应用到自行车上。

◇1881 年，飞轮和轮缘刹车出现。

◇1883 年,美国第一辆三轮车出现。

◇1884 年,"美国之星"推出。

◇1885 年,"漫游者"安全自行车推出;比安基品牌诞生;标致公司开始生产自行车;最早带有前后避震装置的自行车出现。

◇1886 年,"普通人"自行车出现。

◇1887 年,无缝钢管被用于自行车生产;英国兰令公司诞生。

◇1888 年,邓禄普发明了橡皮充气轮胎。

◇1889 年,发明了充气空心轮胎和首条可拆卸的自行车轮胎。

赛事会展

◇1882 年,美国自行车联盟第 1 届全国自行车锦标赛举办。

◇1886,美国纽约 72 小时骑行比赛举办。

◇1888 年,第 1 届非正式的世界花式自行车锦标赛举办。

◇1889 年,彼德莱设计了自行车计时赛。

协会组织

◇1880 年,美国自行车手联盟成立。

◇1881 年,法国自行车联盟成立。

文化逸闻

◇1884 年,出现了第一个骑自行车穿越美国的人。

◇1885 年,巴黎出现了一条自行车大街;美国冠军击败了四匹快跑的马。

◇1886 年,24 小时骑行纪录诞生。

自行车在中国

◇1883 年,《淞南梦影录》中描述了自行车。

◇1884 年,上海滩最早拥有自行车的人出现;《申江胜景图》上记载了自行车。

1880 年

1. 滚珠轴承被应用到自行车上。

2. 由于骑行自行车无论作为娱乐还是运动都变得非常受欢迎，美国自行车手联盟于 5 月 31 日在罗德岛纽波特成立。9 月 19 日，该组织在波士顿的大都会饭店举行会议，14 家自行车俱乐部的代表议定了业余车手的关键定义：业余车手是指从未为了赌注、公款、门票参加过公开竞赛，从未使用过假名参赛，从未以获取奖金为职业，从未参加过需支付参赛费的比赛，或者从来没有受过专业训练或以骑自行车或以其他体育锻炼作为谋生手段的车手。

1881 年

1. 在欧洲，法国人在自行车比赛中独占鳌头。法国自行车联盟成立，第 1 届法国全国自行车比赛在巴黎卡鲁塞尔广场的泥泞赛道上举行，法国人赢得了冠军。

2. 飞轮和轮缘刹车出现。

3. 未来的环法赛冠军路易斯·特鲁塞尔于 6 月 29 日出生。

1882 年

1. 在波士顿举行的第 2 届美国自行车联盟年会上，年仅 16 岁的乔治·亨迪赢得了美国自行车联盟的第 1 届全国自行车锦标赛冠军，比赛距离为 1.61 千米。富裕的亨迪从耶鲁大学辍学，转而参加自行车比赛，在接下来的 4 年里，他将再次成为全国冠军。1902 年，他和前自行车选手卡尔·赫德斯特伦在马萨诸塞州的斯普林菲尔德创办了一家印第安摩托车公司。

2. 10 月 18 日，未来的环法赛冠军吕西安·马赞出生。当他长大后，为了不让他的钟表匠父亲知道他所选择的职业，他选择了珀蒂-布雷顿这个姓氏。

1883 年

奥弗曼带着他的维克多三轮车进入市场，这是美国第一辆三轮车。当时，三轮车是一种非常受欢迎的机械，并形成了自行车发展的一个重要环节。它有许多不同的形状和大小。有前座、后座、侧座、社交座，骑手们并排坐在上面，还有前后双座，女人坐在前座，还有几台是供三四名或更多骑手使用的。

自行车在中国

黄式权在《淞南梦影录》中描述道："从前上海有脚踏车，虽然行走如飞，但草软沙平尚有翻车之虞，一遇砖石瓦砾，便无法行走。因其不便，近已不见。"

1884 年

1.托马斯·斯蒂文斯是第一个骑（推、拉、扛）自行车穿越美国的人。他花了 103 天的时间才把他那 34 千克重的高轮自行车"普通人"从加州奥克兰运到马萨诸塞州波士顿。

2.8 月 4 日，未来的环法赛冠军亨利·科尔内出生。

3.9 月 24 日，未来的环法赛冠军古斯塔夫·加里古出生。

4.美国自行车设计历史上第一个明显的创新——"美国之星"推出。它被称为安全装置，因为它有一个"普通人"大轮子，前面有一个小轮子，可以避免车头受到伤害。机器不是由曲柄驱动，而是由杠杆和离合器驱动。

自行车在中国

(1)《点石斋画报》刊登了《西妇善御》一文，叙述上海交通云："以小车、东洋车、马车为多，间有华人乘西人所创之两轮脚踏车者。"该文还罗列了一批上海滩上最早拥有自行车的人员名单，分别是颜福庆(上海圣约翰书院教员)、颜惠庆(圣约翰书院学生)和唐露园等人。
他们都曾留学欧洲,学会了车技,并将自行车首先带入上海。

(2)上海点石斋出版的《申江胜景图》记载了中国开始出现骑自
行车的情景:"人如踏动天平,亦系前后轮,转动如飞,人可省力走路。
不独一人见之,相见者多矣。"

1885 年

1.英国人约翰·肯普·斯塔利首次推出了他的"漫游者"安全自
行车,它类似于 Bicyclette 自行车(链条驱动后轮)。斯塔利发明了全
套自行车链条传动装置,把脚踏板的运动用链条从前轮移至后轮,并
设计了使车座、脚踏、车把、前后轮的回转轴相互构成三角状的结构,
使自行车的运动合乎结构力学的原理,造成了自行车的革命,不仅使
自行车的运行速度大大提高,同时也使骑行者节省了体力,自行车从
此进入生产阶段。

2.亨利·珀若和埃内斯特·珀若的标致兄弟之子公司开始在法
国杜布地区的比尤利地区大规模生产自行车。标致公司的自行车生
意迅速繁荣起来,并在随后的几年里主导了环法赛。

3.在巴黎,拉格兰德阿雷大街被称为自行车大街,因为街上至少
有 30 家自行车店。

4.5 月,华盛顿特区的美国冠军约翰·普林斯在北卡罗来纳州
夏洛特通过骑自行车击败了四匹快跑的马。普林斯以 2 分 35 秒的
成绩骑完 1610.26 米,打破了他自己保持的世界纪录,并被授予一枚
漂亮的奖牌。

5.欧仁·克里斯托夫于 1 月 22 日出生,他是第一个正式穿上环
法赛黄色领骑衫的人。

6.比安基品牌诞生。爱德华多·比安基在他 21 岁的时候,在意
大利米兰的一条商业街开了一家自行车店,从此开始了他的制造自
行车计划。

7.最早带有前后避震装置的自行车出现。

1886 年

1. 英国的机械工程师斯塔利重新设计了自行车样式,他所设计的自行车与现今的样式已经基本一致了。车上装有前叉和车闸,前后轮大小相同,并用钢管制成了菱形车架,还首次使用了橡胶车轮。斯塔利不仅改进了自行车的结构,还改制了许多生产用的机床,为自行车的大量生产和推广应用开辟了宽阔的道路,因此,他被后人称为"自行车之父"。

2. "普通人"自行车一直保持其至高无上的地位,直到 1886 年或之后,达到了它的完美状态。它已经融入了所有可能的优雅和精致,重量已降至 9.07 千克甚至 7.26 千克,其身长 1.4 米。"漫游者"在 1886 年被投放于美国市场,在自行车界引起了不小的震动。一经试用,便有了一批追随者。直到在安全装置牢固安装了很久之后,许多经验丰富的车手还拒绝从高轮自行车上下来。

3. 未来的环法赛冠军菲尔明·朗博于 3 月 14 日出生。

4. 6 月 6 日,在美国纽约麦迪逊广场花园举行的一场 72 小时骑行比赛中,布鲁克斯和伍德赛德以 1540 千米和 1534 千米的成绩击败了一位名叫安德森的"长距离车手"。

5. 霍林斯沃思创造了美国和英国的业余骑手 24 小时骑行纪录,为 453.67 千米。霍林斯沃思在印第安纳波利斯 286.46 千米赛道上的单圈时间从 1 小时 3 分钟到 1 小时 35 分钟不等。之前的美国纪录是 417.62 千米,英国纪录是 428.09 千米。在骑行期间,这位 25 岁的骑手体重减轻了 2.72 千克。他在 24 小时内的实际骑行时间是 21 小时 23 分钟。

1887 年

1. 德国曼内斯公司首先将无缝钢管用于自行车生产。

2. 英国兰令自行车诞生,中国人称它为"凤头"牌。弗兰克·鲍登爵士在英格兰诺丁汉的兰令街购买了一家小型自行车工厂,以其街名于 1890 年成立了英国兰令自行车有限公司。

3.未来的环法赛冠军弗朗索瓦·法贝尔于 1 月 26 日出生。

4.未来的环法赛冠军奥克塔夫·拉皮茨于 10 月 24 日出生。

1888 年

1.英国人约翰·博伊德·邓禄普发明了橡皮充气轮胎。这种新轮胎价格昂贵,容易被扎破,但它轻便、活泼、非常快。这是自行车发展史上非常重要的发明,它不但解决了自行车多年来最令人难受的震动问题,同时还把自行车的速度又推进了许多。这项创新甚至可以与链传动媲美。这是第一个获得广泛认可的充气轮胎。这是充气轮胎的开端,其提高了自行车的速度和舒适度。自此奠定了现代自行车的雏形。在邓禄普与爱尔兰人哈维·杜·克罗合作创办的这家充气轮胎公司,法国自行车制造商古斯塔夫·阿道夫·克莱门特购买了这项发明的独家销售权,自行车技术完成向商业化发展,开始批量生产并投入市场。

2.夏末,世界自行车锦标赛(简称"世锦赛")在纽约州布法罗市的国际博览会上举行。美国马萨诸塞州牛顿市的克罗克以 2 分 43 秒 4 的成绩赢得了 1.61 千米职业障碍赛冠军,并在 4.83 千米职业比赛中获得第一名。马萨诸塞州林恩市的威廉·罗以 5 分 54 秒 6 的成绩获得了 3.22 千米职业障碍赛的冠军,并以 2 分 52 秒 6 的成绩获得了 1.61 千米职业障碍赛的亚军。英国考文垂的阿拉德赢得了 3.22 千米职业"漫游者"障碍赛的冠军,他的同胞诺丁汉的杰克·李获得第二名。阿拉德和李还以 3 分 16 秒 6 赢得了 1.61 千米职业双人自行车赛冠军。在 4.83 千米的业余比赛中,马萨诸塞州伍斯特市的麦丘恩的车座发生断裂,导致他头朝下摔倒,并撞到芝加哥的范·西克伦和巴尔的摩的金斯兰。这三个人都伤势严重,但并没有生命危险。马萨诸塞州米尔斯伯里市的威尔·明德尔在 4.83 千米的业余比赛中以 9 分 27 秒获胜。法国巴黎的朱尔·迪布瓦以 2 分 51 秒 6 的成绩赢得了 1.61 千米职业"漫游者"比赛的冠军。

3. 4 月 28 日,英国自行车选手理查德·豪厄尔在伍尔弗汉普顿莫里纳克斯球场举行的世界自行车锦标赛 1.61 千米赛中击败了美国选手威廉·罗。两周前,豪厄尔赢得了 8.05 千米赛的冠军。

4. 第 1 届非正式的世界花式自行车锦标赛举办。花式自行车赛非常考验运动员的肢体力量以及平衡能力,是一项力量、平衡与美完美结合的运动。

5. 未来的环法赛冠军莱昂·塞尔于 3 月 19 日出生。

6. 未来的环法赛冠军奥迪勒·德弗雷于 7 月 14 日出生。

1889 年

1. 洛蒂·斯坦利抗议 2 月份在麦迪逊广场花园赢得女子 6 天的自行车比赛冠军后,她与非获胜的车手一样均获得了 50 美元的奖金。抗议的结果是她拿到了 50 美元现金,外加 100 美元的欠条和一辆自行车。

2. 美国纽约州罗切斯特市的埃利斯·弗雷特曼在参加布法罗和罗切斯特之间的自行车比赛 3 周后去世。比赛开始前 3 天,他抱怨自己感冒了,比赛期间,赛车手们在暴风雪中被困了 16.1 千米。弗雷特曼在比赛中获得了第 11 名,并且以他所属杰纳西俱乐部的第 4 名冲线。之后,他再没有从比赛的影响中恢复过来。

3. 彼德莱设计了自行车计时赛。比赛时运动员在同一起点单个原地出发,抽签决定出发顺序,以每名运动员到达终点的成绩来判定名次,优者列前。如成绩相等,则名次并列。

4. 苏格兰人杰罗巴发明了充气空心轮胎,发展到这一阶段的自行车与今天的自行车已没有很大的区别了。

5. 米其林集团发明了首条可拆卸的自行车轮胎。自行车轮胎基本完成了近代化、现代化。

6. 未来的环法赛冠军亨利·佩利西耶出生于 1 月 22 日。

第四章　骑自行车对女人来说既不道德又可笑
（1890—1899）

大家看看,这都是些什么事啊?

可在当时都是很严肃地在讨论的事,和女人骑车有关的事。

一名来自纽约的牧师在他给《纽约时报》编辑的一封信中称,他曾说过:"骑自行车的女人看起来像从一个非常严肃的和被充分研究过的讲稿中抽出来的一个或两个词。除了时间、地点和环境,没有被赋予任何参考价值,这对任何演讲者都是不公平的。"牧师在他的信中仍然坚持"骑自行车对女人来说既不道德又可笑"的观点。

即便遭到反对,纽约女子自行车俱乐部还是全体一致投票通过了一套骑行服。

法官称,目前的法律并不禁止任何人在安息日骑自行车。之前有人被指控在周日骑自行车,从事徒劳的运动和娱乐。

美国一位女士非常热爱骑行,简直就是发烧友,她一年骑行了33 838.07千米。据《纽约时报》报道,她一年有266天都在骑车。她最长的路程是有一天骑行了246.23千米。骑车使她的体重从53.5千克增加到56.7千克。

另一位爱骑行的女士就没那么幸运了,当她在纽约第七大道骑车时,竟然被一个大叔教训:"你骑男人的自行车不是个体面的女人。你应该回家为你自己做一个轮子。"这句话惹恼了年轻的女士,女士报警后警察把他逮捕了。后来在法庭上,法官罚了那个大叔5美元,并告诉他从今以后管好自己的事就行。

那个意大利小伙子比安基极有头脑,他受到了王室的邀请,女王听说了他制造出自行车的事情，想学习如何骑自行车。小伙子没有让机会从他的脚下溜走，他为女王特制了一辆自行车并亲自教女王学习骑行。于是，几个星期后，比安基的自行车获得了王室唯一的指定采购授权。

在1890—1899年这10年中，自行车赛事既有趣味赛也有经典赛。

有人骑车战胜了六匹马，有人骑车战胜了一辆火车头和一辆汽车。

后来被称为"古典赛皇后"的赛事开始举办，赛道太虐人了，上面铺满了大大小小的石块，为了继续折磨你，获胜者被授予一个方块的石砖作为奖杯。让你一看见它屁股就反射似的疼。

"老妇人赛"又是什么赛事呢？

第一代变速器出现了，可环法赛的职业车手在近50年内都不允许使用这些初级的变速器，这上哪说理去？

碟形轮、内2速变速花鼓、自行车轴承用固体润滑剂、雷诺兹管材、飞轮、铝轮圈等配件、耗材都取得了巨大进展。

英国的一项禁令导致很多英国车手只能在周日早上早早起床，穿上黑色衣服，在宁静的乡村道路上集合，参加当地的计时赛。你能想象吗？这项禁令直到第二次世界大战后才被解除。

宋霭龄10岁那年，其父亲宋耀如送给她一辆自行车作为生日礼物。

自行车广告开始在中国上海的报纸上出现，鉴于上海骑车之人骤增，当时中国最有影响的报纸《申报》特地发表社论，做了一个大胆的预言：自行车必将大兴于中国。

分类概览

人物传奇

◎1890年，菲利普·蒂斯出生。

◎1893年，吕西安·比斯出生；亨利·德格朗热尝试打破一小时无人领骑的骑行纪录。

◎1894年,奥塔维奥·博泰基亚、岛野庄三郎(禧玛诺公司创始人)出生。

◎1896年,莫里斯·德瓦勒出生。

◎1899年,尼古拉斯·弗朗茨出生。

品牌技术

◎1890年,第一批自行车变速器出现;发明了夹胶轮胎。

◎1891年,碟形自行车车轮开始生产。

◎1892年,有线轮胎出现;米兰充气轮胎推出。

◎1894年,第一款全铝自行车车架推出。

◎1895年,卢贝尔发明了变速系统;折叠自行车、哥伦比亚男士标准款自行车、防刺轮胎出现。

◎1896年,世界上第一辆竹子自行车、"老胡桃木"自行车出现。

◎1897年,铝轮圈推出;自行车轴承用固体润滑剂出现。

◎1898年,雷诺兹成立了管材对接公司;第一个商业上成功的飞轮出现。

赛事会展

◎1891年,巴黎—布雷斯特—巴黎首届比赛、米兰—都灵自行车比赛举办。

◎1892年,首届列日—巴斯通—列日赛(简称"列日赛")举办。

◎1893年,首届世界业余自行车场地锦标赛举办。

◎1895年,首届世界职业自行车场地锦标赛举办。

◎1896年,自行车项目被列入第1届国际奥林匹克运动会(简称"奥运会")正式比赛项目;首届巴黎—鲁贝赛举办。

◎1897年,王子公园赛车场开设。

协会组织

◎1892年,国际自行车运动员协会(ICA)成立。

文化逸闻

◇1891年,牧师称骑自行车对女人来说既不道德又可笑。

◇1892年,法官认为任何人都可以在安息日骑自行车。

◇1895年,爱德华多·比安基为王室服务;英国禁止公路赛车。

◇1897年,威尔士王妃放弃了自行车,改骑三轮车。

◇1898年,车灯不是"兔子"(pacer)。

◇1899年,世界上第一枚印有自行车的邮票发行。

自行车在中国

◇1896年,英国人骑自行车环游地球,途经中国,引起轰动。

◇1897年,中国开始从英国进口自行车;中国首家华商车行成立。

◇1898年,《申报》发表社论预言:自行车必将大兴于中国;《申报》刊登修脚踏车广告。

◇1899年,宋霭龄获得一辆自行车作为生日礼物。

1890 年

1. 第一批自行车变速器出现,尽管环法赛的职业车手在近 50 年内都不允许使用这些初级的变速器。

2. 英国北方橡胶公司的威廉·巴特利特发明了夹胶轮胎。轮胎的边缘与轮辋的边缘相吻合,不含铁丝。

3. 美国纽约长岛的医学生爱德华·切克利从纽约出发骑行了 14 天 6 小时 25 分钟,打破了纳尔逊 17 个多小时的纪录。而且,切克利骑的路比纳尔逊更长、更艰难。

4. 未来的环法赛冠军菲利普·蒂斯于 10 月 8 日出生。

自行车在中国

《申报》载:上海虹口有西人"以土累成岛型而筑车路于其上",取名"飞龙岛",试行"自行车","其车能自行往来,藉汽力、人力"以行。"飞龙岛自行车"开行之后,"游人之往者,每日络绎如织,无不叹为得未曾有"。此处《申报》所刊登之"飞龙岛自行车"显然非今日所公认之"自行车",而更似游览车、过山车等一类游玩器械;类似情形,屡见不鲜。

1891 年

1. 伦敦碟轮公司开始生产碟形自行车车轮。

2. 8 月 14 日,法国人夏尔·特朗特骑着一辆重达 21 千克的英国汉堡自行车,以平均每小时 16.1 千米的速度赢得首届巴黎—布雷斯特—巴黎赛(由《小日报》赞助),并击败了邓禄普车队的约瑟夫·拉瓦尔,在 205 名参赛者中位列第一,用时超过 9 个小时。法国人爱德华和安德烈·米其林通过这次比赛和特朗特骑的车来宣传他们带有钢丝嵌线的充气自行车轮胎。据说这两人甚至在比赛结束前就开始播放广告宣传他们的充气轮胎的好处。在此后 5 年内,几乎每辆自行车上都出现了充气轮胎。

3. 一场从法国波尔多到巴黎的比赛由《韦洛克体育》组织，英国业余选手乔治·皮尔金顿·米尔斯赢得了比赛的冠军。为了不被法国人超越，1892 年意大利人的《自行车》杂志举办了 513 千米的米兰-都灵自行车比赛，最终恩里科·绍利以 26.5 小时的成绩夺冠。

4. 距离第 1 届环法赛还有 12 年的时间，英国诺丁汉兰令自行车公司的经理们意识到，让车手们骑着自行车第一个冲过终点线是推广他们产品的好方法。他们签下了 1894 年赢得 100 场比赛的美国王牌骑手奥古斯特·齐默尔曼，并给了他前所未闻的 4 万美元赞助金。一位作家说，这给公司带来的声誉是无法估量的。兰令将成为自行车比赛中第一个成功的国际赞助商。

5. 7 月，来自纽约州布法罗的牧师克利夫兰·考克斯在他给《纽约时报》编辑的一封信中称，他在早些时候的一篇文章中所说的话被断章取义，当时他说："骑自行车的女人看起来像从一个非常严肃的和被充分研究过的讲稿中抽出来的一个或两个词。除了时间、地点和环境，没有被赋予任何参考价值，这对任何演讲者都是不公平的。"牧师在他的信中仍然坚持"骑自行车对女人来说既不道德又可笑"的观点。

3 个月后，纽约女子自行车俱乐部全体一致投票通过了一套骑行服，包括：一顶游艇帽、一件特制的腰围、一条紧身裤和一条步行长度的直裙。整件衣服的颜色是深蓝的，料子是哔叽的。在女士们骑车的过程中，后面会跟着一位男士，他会在女士骑车发生事故时提供帮助，并提供他认为合适的专业指导。

1892 年

1. 由比利时、加拿大、丹麦、英国、法国、德国、荷兰、美国的一些自行车运动爱好者发起，组织了国际自行车运动员协会（ICA），这是国际自行车联盟（UCI，简称"国际自盟"）的前身。

2. 首届列日赛举办。这项比赛一直持续到今天，赛车手从列日向南到巴斯托涅市，然后返回列日。比赛场地处于阿登山区，以陡峭的爬坡而闻名。这项比赛的前三届，现在被称为"老妇人赛"（老版本），于1892年至1894年间举行，全部由比利时人莱昂·豪拉赢得。

3. 由英国人控制的国际自行车运动员协会成立了，由于利益冲突，协会内部关系紧张。

4. 有线轮胎是纽约人布朗和斯蒂尔曼发明的。胎圈中的钢丝与轮辋的肩部相吻合。

5. 在意大利，乔瓦尼·巴蒂斯塔·皮雷利推出了米兰充气轮胎，以及他的钢丝胎圈版轮胎。

6. 英国自行车手埃奇花了4天零40分钟从康沃尔郡的兰兹角骑到苏格兰东北部约翰·奥格罗特之家（苏格兰最北端），比之前的纪录高出10.5个小时。

7. 莫尔豪斯法官宣判杰里迈亚·奥斯本无罪，称目前的法律并不禁止任何人在安息日骑自行车。之前奥斯本被指控在安息日骑自行车，从事徒劳的运动和娱乐。

1893 年

1. 未来的环法赛冠军吕西安·比斯于2月22日出生。

2. 国际自行车运动员协会在芝加哥举办了首届世界业余自行车场地锦标赛。该比赛与哥伦比亚世界博览会同时举行，只对业余男子车手开放，比赛项目包括1.61千米和16.1千米。来自美国新泽西州阿斯伯里公园的阿瑟·奥古斯特·齐默尔曼赢得了这两项赛事的冠军，成为第一个无可争议的世界冠军。

3. 美国自行车手联盟暂停了查尔斯·墨菲的比赛资格，称他在费城赢得一场训练比赛后，没有接受奖牌，而是索要和收受现金，这不符合他的业余车手身份。

4. 5月11日，28岁的亨利·德格朗热正式尝试打破一小时无人领骑的骑行纪录。大多数消息人士说，德格朗热是第一个试图打破一小时纪录的自行车选手。还有一种说法是，他打破了35.110千米的由 1890 年意大利冠军卡洛·布拉伊达创造的一小时骑行纪录。还有一点值得注意的是,早在德格朗热之前,就有两位英国人创造了一小时纪录:1873 年詹姆斯·穆尔骑行 23.33 千米;1882 年赫伯特·利德尔·科斯蒂斯骑行 32.46 千米。关于亨利·德格朗热,有一件事可确定,60 分钟内他骑行的总距离是 35.325 千米。

5.骑在马背上,外号"野牛比尔"的科迪上尉在巴黎赛纳赛车场输给了两名自行车手。加比和富尼耶骑着双人自行车,骑行了 178 千米,而科迪上尉则骑(马)行了 173 千米。在第一天 2 个小时、第二天 4 个小时的比赛中,科迪骑了六匹不同的马。

6.10 月,法国人夏尔·特朗特从俄罗斯圣彼得堡骑自行车前往巴黎,当骑到布法罗自行车赛车场时他欢呼雀跃。特朗特在 12 天内骑行了 3218.69 千米,在途中被一名喝醉酒的德国农民射中。

7.英国的弗雷德里克·比德莱克在伦敦南部的赫恩山赛车场创造了长达 660 千米的 24 小时三轮车骑行纪录。在比德莱克 1933 年去世时,他的纪录仍然有效。

1894 年

1.圣路易斯冰箱公司宣布生产出第一款全铝自行车车架,并将其命名为 LU-MI-NUM。

2.法国人朱尔·迪布瓦在布法罗赛道上骑行了 38.220 千米,以将近 3 千米的优势击败亨利·德格朗热的一小时纪录。杜波依斯赢得了第 2 届法国全国自行车锦标赛。

3.美国新闻自行车俱乐部的路易斯·卡拉汉在纽约州布法罗的马丁路骑行比赛中创造了一项 40.23 千米的世界纪录。卡拉汉的新成绩是 1 小时 10 分 37 秒,比之前纳特·巴特勒创下的 1 小时 11 分 28 秒 1 的世界纪录还要高。

4.8 月 1 日,未来的环法赛冠军奥塔维奥·博泰基亚出生。

5.岛野庄三郎出生于日本大阪府堺市。

6.位于美国纽约拿骚街 126—130 号的斯伯丁自行车公司为其

售价 125 美元的自行车提供了分期付款计划：首付 30 美元，然后每月付 10 美元。

1895 年

1. 首届世界职业自行车场地锦标赛在丹麦哥本哈根举办。锦标赛由国际自行车运动员协会组织。

2. 爱德华多·比安基先生于 1895 年惊喜地接受了王室的邀请，女王听说了关于他制造了自行车的情况，于是想学习如何骑自行车。年轻的比安基先生没有让机会从他的脚下溜走，几天之后，他为女王特制了一辆自行车，这也是历史上第一辆女式自行车。随后的日子里，比安基先生亲自教女王学习骑行。几个星期后，比安基先生的自行车获得了王室唯一的指定采购授权，理由就是：这是品质最好的产品。

3. 法国人让·卢贝尔发明了变速系统并申请了专利，该变速系统通常被认为是第一套真正带有专利的自行车变速系统。这款名为 Loubeyre La Polyceler 的变速系统由连杆操作、V 形稳链器、2 速飞轮组成。

4. 美国人苏厄德·托马斯·约翰逊申请了内 2 速变速花鼓专利。

5. 伊格纳茨·施温在肉贩阿道夫·阿诺德的资金支持下，开始在他位于伊利诺伊州芝加哥市莱克街和皮奥里亚街交汇处的新工厂生产自行车。施温自行车公司直到 1967 年才正式更名为阿诺德施温公司，尽管施温在 1908 年就买下了阿诺德的股份。

6. 在伦敦举办的斯坦利自行车展上，有 200 多家公司展示了 3000 多个型号的自行车。据《自行车》杂志报道，本年度英国生产了 80 万辆自行车。

7. 11 月 26 日，美国罗德岛皮斯代尔的查尔斯·汉森获得了号码为 550409 的"自行车踏板附件"发明专利。该装置由安装在踏板上的四臂夹组成，并与连接在特殊鞋底上的相应夹板接合（锁踏的前身）。

8. 由于所有的技术进步都是为了让自行车跑得更快,这对一些人来说确实太快了,因而英国禁止公路赛车,以防止高速骑行的自行车惊吓到马匹。禁令导致很多英国车手只能在周日早上早早起床,穿上黑色衣服,在宁静的乡村道路上集合,参加当地的计时赛。直到第二次世界大战后的几年,也就是英国第一次参加环法自行车赛的时候,公路赛车禁令才被解除。10 月,北路自行车俱乐部在英格兰进行了第一次计时赛,直到今天,这项运动仍然是一项非常受欢迎的比赛。

9. 菲希特尔-萨克斯公司,专营自行车轮毂和滚珠轴承,在德国施韦因富特成立。

10. 加拿大人艾伯特·韦弗发明了双人自行车并申请了专利,这款名为"社交机器"的双人自行车由美国纽约州罗切斯特市的庞内特自行车制造公司制造,售价 150 美元。

11. 美国马萨诸塞州波士顿的艾伯特·波普是美国自行车先驱之一,他认为,让骑自行车的人在他的机器上创造长距离骑行的纪录是销售自行车的好方法。他的一则广告声称,法国长距离骑手夏尔·特朗特骑着波普的哥伦比亚牌自行车,连续 26 小时骑行了 584.19 千米。

12. 超过 1 万人参加了美国纽约市曼哈顿海滩新赛车场的开幕仪式。这条赛道三圈的距离只有 1.61 千米,由水泥制成,转弯倾斜处足足有 1.83 米高。它位于曼哈顿海滩酒店的正后方。

13. 在法国巴黎,加斯东·里维埃骑行了 842.64 千米,打破了一个月前康斯坦特·于雷创下的 24 小时骑行 827.89 千米的纪录。

14. 法国的夏尔·莫雷尔开始制造和销售折叠自行车。

15. 就在圣诞节前夕,蒂芙尼公司推出了一款"最新的哥伦比亚男士标准款自行车",并在其"手柄、踏板杆、踏板、座杆、铆钉和螺栓头"上镀了厚厚的银色。不止如此,《纽约时报》还补充说:"车把是象牙雕刻的,部分用镂雕银包裹。车架的所有连接处都用纯银包裹,蚀刻和镂雕成复古风格。车座上有精致的银饰,上面有路易·昆兹风格的贝壳卷纹。与之相配的是一盏车灯,它用镂雕的银饰来装饰。
整个车上银部件都是手工制作的。而在即将到来的一年里,我们将
看到更多:一款女士自行车正在筹备之中。它将更加精细。整个车
架将被用镂雕银完全覆盖,而车灯可能会进一步用宝石装饰。"在这
篇简短的文章的结尾,蒂芙尼公司宣布,这些自行车只是非常昂贵的
自行车的先驱,将在下个赛季开始前完成。现在正准备用黄金和宝
石来装饰轮子。这些都是为了聪明人的利益,他们一直渴望拥有比
标准产品更好的产品。

16. 戴蒙德·吉姆·布雷迪为歌手兼演员的莉莲·拉塞尔购买
了一辆自行车。这辆镀金的机器装在一个厚内衬皮箱里,车把镶嵌
着珍珠母、红宝石、钻石,辐条和轮毂上镶嵌着蓝宝石。它的售价超
过 3000 美元。

17. 1 月,在美国麦迪逊广场花园举行的自行车展上,制造商们
展示了一些有趣的产品,其中之一是马里兰州黑格斯敦的克劳福德
制造公司展示了其自行车的新月形钢圈和普利茅斯互锁木质轮辋。
纽约迈耶斯公司提供了一种自行车,它的车架由抛光的竹子制成,由
配件连接起来,这辆竹木制自行车配有单面轮圈,通过轮毂进行调整。

18. 人们对防刺轮胎越来越感兴趣。这方面需要记住来自美国
马萨诸塞州波士顿的机械工程师约翰·马里亚尼和伊利诺伊州昆西
市的一家防刺轮胎公司。

1896 年

1. 第 1 届奥运会在希腊雅典举办,自行车项目被列入正式比赛
项目。在奥运会发展的初期阶段,自行车项目只有场地、公路两个分
项的比赛,现今分为男子 11 项、女子 7 项。

男子 11 项包括:场地项目——团体竞速赛、争先赛、个人追逐
赛、团队追逐赛、记分赛、麦迪逊赛、凯林赛;公路项目——个人赛、个
人计时赛;山地项目——越野赛;小轮车项目——个人赛。

女子 7 项包括:场地项目——争先赛、个人追逐赛、记分赛;公路

项目——个人赛、个人计时赛；山地项目——越野赛；小轮车项目——个人赛。

2.世界上第一辆竹子自行车在英国诞生了。

3.芝加哥唐克制造公司推出了一款名为"老胡桃木"的自行车。车架、前叉、轮圈、车把、挡泥板和链条护罩都是用山胡桃木做的。这辆重 79.38 千克的自行车由镀镍箍头连接，售价为 100 美元。

4.泰奥·维耶纳和莫里斯·佩雷斯作为法国鲁贝市的两位工厂老板，他们写了一封信给《自行车报》的主管保罗·鲁索，要求他考虑在巴黎和法国北部城市之间进行一场比赛——巴黎—鲁贝赛，距离大约 280 千米。比赛举办地为法国，最初比赛起点设在巴黎，终点设在鲁贝，1968 年比赛起点改在距离巴黎东北部 60 千米的贡比涅。其因比赛路段中的崎岖石块路而著名，有"古典赛皇后"的美称，获胜者被授予一个方块的石砖作为奖杯。

5.第 1 届巴黎—鲁贝赛于 1896 年 4 月 19 日至复活节周日举行，德国车手约瑟夫·菲舍尔在报名参加比赛的 100 名车手中胜出，包括未来的环法赛创始人亨利·德格朗热在内的约半数车手未能完赛。

6.8 月 9 日，埃文·安德森在圣路易斯、芝加哥和圣保罗铁路上骑行了 1.61 千米，用时 1 分 03 秒，战胜了一辆火车头和一辆汽车。

7.未来的环法赛冠军莫里斯·德瓦勒于 12 月 27 日出生。

自行车在中国

（1）3 名英国人骑自行车环游地球，途经中国长江流域大都市，激起了中国人对试骑自行车的莫大兴趣。据当时上海《时务报》《申报》的连续报道，这次环游地球的壮举从 1896 年 7 月 20 日开始，从伦敦出发，由印度进入中国，历经汉口、芜湖、苏州等城市，1897 年 12 月 22 日抵达上海，历时 520 余日，行程为 14 332 千米。骑行者一路上风餐露宿，将沿途见闻随时记录下来，投往各大报馆，借助稿费支付旅游所需。在中国,他们每到一个城市,都有大批中国人前往看稀奇。抵达上海时,寓沪外国人骑车几百辆蜂拥出城迎接,一时蔚为壮观,华人观者如潮。这一切,客观上为自行车做了最好的宣传。人们佩服这些骑自行车走世界的外国人,对自行车的兴趣也被激发起来。

（2）自行车刚刚传入时,人们因它借助于双脚蹬踏驱动行驶,形象地称之为"脚踏车",偶尔也使用"自行车"一词,例如1896年出版的《时务报》在报道3名英国人骑自行车环游地球时,使用的就是"自行车"一词。但当时"自行车"一词远远不及"脚踏车"普及。在清末,中国南方特别是上海地区的报刊较多使用"脚踏车"一词。

1897 年

1.亨利·德格朗热可能跳过了巴黎—鲁贝赛,因为他正忙于其他事情:这一年,他和其他投资者在巴黎西部的乡村开设了王子公园赛车场。

2.在法国巴黎,比利时车手奥斯卡·范登艾恩德成功地将杜波依斯的骑行距离延长了1千米,达到39.24千米,再次打破了一小时骑行纪录。这个纪录在一年后被一个美国骑手改写。

3.美国康涅狄格州托灵顿的老鹰自行车公司推出了铝轮圈。

4.在美国,6月12日,星期六,詹姆斯·莫斯中尉带领25个步兵自行车兵团的20名黑人志愿者离开蒙特州米苏拉堡。他希望在大约6周内抵达密苏里州圣路易斯附近的杰斐逊兵营。莫斯中尉和他的大部分助手平均每天骑着特制的斯伯丁自行车跑近100千米,41天后抵达圣路易斯。除了各式各样的炊具外,每个士兵都带着毯子和帐篷,计划从一个补给点骑到下一个补给点。其中10人携带着挂在车上管下的克拉格-乔根森步枪,其他人携带着手枪。每个士兵有50发弹药。他们将乘火车返回蒙大拿。

5.在英格兰,威尔士王妃放弃了自行车,改骑三轮车。许多上流社会的女性也纷纷效仿,据预测,同样的事情很快也会发生在美国:

弗雷德里克·范德比尔特夫人和其他几位纽约时髦女性已经开始玩"徒步旅行"。

6.18岁的欧内斯特·瑟曼是非裔美国人，住在肯塔基州的鲍灵格林。尽管他在一辆快速行驶的火车上跳下时失去了一只胳膊和一条腿，但他无论到哪里都骑自行车。当他第一次出现时，吸引了和马戏团游行一样多的注意力，但是当新鲜感消失后，只有陌生人才会注意到这奇异的景象。

7.据《纽约时报》报道，自行车轴承专用固体润滑剂出现并迅速受到欢迎。人们叫它油脂。装有它的轴承可以毫不费力地跑上4828.03千米。文章还指出，很少有自行车手听说过它的优点，尽管现在很多工厂都在有限程度上使用它。如果它被广泛使用，它将取代油杯，并摧毁听装工具油袋的市场。

8.美国马萨诸塞州伍斯特市的艾伦女士一年骑行了33 838.07千米。据《纽约时报》报道，艾伦太太一年有266天都在骑车。她最长的路程是有一天骑行了246.23千米，在回家的路上，一只凶猛的狗咬住了她的脚踝。她拔出左轮手枪，向那只狗开了一枪，然后蹬着车骑了25.75千米，才得到医疗救助。4年前，她还是个病人，几乎无法走动。骑车使她的体重从53.5千克增加到56.7千克。

自行车在中国

(1)中国开始从英国进口自行车。

(2)中国首家华商车行成立了。原来设摊修理马车、人力车的诸同生在上海选址南京路（今南京东路）604号，开办了同昌车行，经营自行车及零配件。现上海凤凰自行车有限公司，正是源自同昌车行。

(3)北京的一名法国医生去宣武医院时，"坐脚踏车展轮而行"。同年9月，在烟台有一名西方人骑自行车穿城而过，引得"睹者咸为称赞不置"。除京师和通商口岸外，一些风气闭塞的内地城市也引进了自行车。

1898 年

1. 威利·汉密尔顿成为第一个也是唯一一个美国纪录保持者。在科罗拉多州丹佛市的木制赛车场上，因为汉密尔顿在夜间骑行，所以他可以追随聚光灯，这将使他的单圈时间保持在 36 秒。这个装置帮助他成为第一个时速超过 40 千米的车手，他在 1 小时内骑行了 40.781 千米。虽然他的成绩已经保持了 7 年，但汉密尔顿并没有出现在国际自行车联盟的一小时纪录保持者名单上，因为他在这项运动的管理机构成立之前两年就做到了。对于他使用车灯的做法，不仅欧洲人抗议，国际官员也不同意。不过都认为车灯不是"兔子"（pacer）。即便如此，后来还是增加了一条规则禁止这种做法。

2. 英国考文垂的亨利·斯特梅是国际自盟的秘书，他建议各国的管理机构在每年 1 月或之前把他们的自行车纪录发给他，这样他就可以编制一份真正的世界纪录清单。与詹姆斯·阿彻一起，斯特梅将开发历史悠久的斯特梅-阿彻三速花鼓，该花鼓将于 1902 年推出。

3. 艾尔弗雷德·米尔沃德·雷诺兹于 1887 年发明了一种管材对接工艺，并在此基础上在英国伯明翰创建了一家拥有专利的管材对接公司，生产高质量的自行车车架用管材。

4. 在德国，恩斯特·萨克斯推出了第一个商业上成功的飞轮。

5. 当美国纽约州立法机构通过柯林斯法案，禁止麦迪逊广场花园的自行车运动员一天骑行超过 12 小时时，这些运动员由两个一组组队。以这些队为特色的比赛称为麦迪逊赛。

自行车在中国

(1)《益闻录》载文："西国近创自行车一种，法以火油燃火，推动车轮，平地风驰电卷，每下钟行三四十里，需油不过二斤。装人货外，载油十余斤，可行二百里之遥，洵巧制也。"此处所言"自行车"则与今日之摩托车更为相近。可见，"自行车"作为 Bicycle 的中文译名，名实相符亦需要长时间的筛选与考验，才能取得更为广泛的社会共识与认可。

（2）1月28日的《申报》报道："泰西（即欧洲）向有脚踏车之制，迩日此风盛行于沪上，华人能御者亦日见其多，轻灵便捷，其行若飞。"这里提到的是那段时间上海开始盛行自行车，不仅是寓沪的西方人，华人也开始骑自行车了。同年4月1日的《申报》又说："每日黄浦滩一带，此往彼来，有如梭织，得心应手，驰骤自就。"这说明在1898年时，外滩马路上的自行车已经往来如织，而且自行车经过改进后，骑车人已能驾驭自如了。鉴于上海骑车人骤增，中国最有影响的报纸《申报》特地发表社论，做了一个大胆的预言：自行车必将大兴于中国。

（3）一则有关江西的报道说："近日上海盛行脚踏车，江省初无所见。昨天某少年乘坐双钢轮脚踏车，由进贤门至贡院前一带驰骋往来，迅捷如飞。士人见所未见，无不讶为奇制。唯道途凸凹，不能任意驰驱。"

（4）4月，上海史维记钟表铺在《申报》上刊登了一则广告说："本铺开设上洋后马路兴慎里对门，修理钟表、机器脚踏车、一切泰西异样玩物，迄今数载。"这则广告还附有一幅自行车图片，以广招徕。此图片显示，当时的自行车与今天的自行车已经没有什么区别。同年6月，该店铺又登广告，声明除修理自行车外，开始代销自行车，可见自行车在上海已经初具市场。该广告说："本号专理钟表、机器脚踏车、西洋玩物等件，精工巧造，四远驰名，今又到最灵巧第一架新式脚踏车，价廉物美。"所谓"第一架"，显然该店铺是首次代销自行车。该广告也配有自行车照片一幅，连同其4月份广告中的自行车图片，都是中国报刊中较早的自行车图片。最早的自行车修理业务是从一些相关的行业起步的。

1899年

1. 当国际自行车运动员协会在蒙特利尔皇后公园的一条泥泞的赛道上举行19世纪的最后一次世界自行车冠军赛时，在1.8万名观众的助威下,美国的泰勒少校赢得了 1.61 千米和 3.22 千米比赛的冠军,以及 0.805 千米赛事的第二名,当时天气极为炎热。

2. 未来的环法赛冠军尼古拉斯·弗朗茨于 11 月 4 日出生。

3. 法国赛车手阿尔贝·尚皮翁赢得了第 4 届巴黎—鲁贝赛的冠军。第二年,尚皮翁移居美国,5 年后开始为新兴的汽车工业生产火花塞。

4. 约翰·比恩获得专利号为 638861 的专利设计,用于限制骑车人的向上运动,允许他对踏板施加更大的向下力。系绳与车把固定在座垫后面,系在骑车者的肩膀上并穿过后背,就像一对吊带。

5. 美国纽约布鲁克林 50 岁的威廉·里尔登对在第七大道骑车的申克小姐说:"你骑男人的自行车不是个体面的女人。你应该回家为你自己做一个轮子。"这句话惹恼了年轻的女士,女士报警后警察把他逮捕了。后来在法庭上,沃斯法官罚了他 5 美元,并告诉他从今以后管好自己的事就行。

6. 古巴发行了世界上第一枚印有自行车的邮票。该邮票名为"快递"。

自行车在中国

(1)苏州官府因骑车人日益增多,而道路狭窄,经常造成交通事故,故禁止中国普通百姓在城内骑自行车。被允许骑车的只有三种人——"西人、教士、教民",其余"一概不准乘坐"。自行车由于轻灵便捷所以大受欢迎,但道路条件限制了它的发展。

(2)12 月 13 日,上海《中外日报》的一则消息提到,某人之包车曾"与踏飞洋行之脚踏车相撞"。

(3)"宋氏三姐妹"中的老大宋霭龄 10 岁时,父亲宋耀如送给她一辆自行车作为生日礼物。

第五章　环法自行车赛（1900—1909）

19世纪前10年发生了两件影响国际车坛的大事。

国际自盟成立了！

环法赛创办了！

不管创办环法赛的初衷和过程有多么狗血，环法赛后来成为世界上最伟大的自行车赛事，没有之一，这是不可否认的事实。

早期环法赛只有6个赛段，每段平均400千米，有时一段得骑到半夜。这一近乎残酷的赛法一下子把公众吸引住了。毫无疑问，早期环法赛的影响力并不大，法国选手无论成绩还是参赛人数都占据统治地位。世界上第一位环法赛总冠军为法国人莫里斯·加兰。

前几届环法赛还有很多现在看来很有趣的规定：赛事总冠军获得一个绿色的臂章，而赛段冠军获得一个黄色的臂章；末位淘汰制，在每一赛段结束后，速度较慢的选手将被取消比赛资格；比赛以分数而不是时间来记分；为了避免车手在公共场合小便，组织者在比赛的检查站设立了卫生间。

关于早期环法赛，有说不完的故事，最著名的非"德雷富斯事件"莫属，那是件什么事呢？法国人的独角戏被谁终结了呢？

眼看邻居起高楼，意大利人不甘落后，你办环法赛风生水起，那我就办环意，你7月比赛，我比你早，我5月办。于是，闻名赛车界的三大环赛之第二个——环意大利自行车赛（简称"环意赛"）诞生了。一般人们称之为GIRO。

随着新世纪的到来，自行车除了比赛外，日常用途也被逐渐拓展、开发。美国联合包裹服务公司（UPS）的员工开始使用自行车送货。一些巴黎警察开始骑自行车巡逻，以更快地应对城市问题地区的骚乱。意大利军队开发了陆军独特的纵列双座自行车，车上配有机枪（射速可达到每分钟 700 发），这种升级版的军用自行车也更适应山地丘陵及交通不便的地区，被各国军队广泛使用。在一场英国与南非的战争中，交战双方都使用了自行车。

高手在民间，有杂志刊登了一篇名为《自行车自我防卫术》的有趣文章——教你如何用自行车进行自卫。一如标题所说，它对自行车的自卫方法进行了详尽的报道，其中包括但不限于将自行车作为武器使用，比如用紧急刹车来回击从后面追来的袭击者。书中的各种做法，在今天看来相当搞笑。要说最正常的自卫方式，难道不是把自行车举起来，朝着对方挥舞或者丢向对方吗？看来，那个年代的人们，还是没有放开手脚啊。最起码，这里没有一个"碰瓷"的做法。

1900—1909 年这 10 年中，3 速内变速器花鼓出现了，这是一项重大的技术突破。

威廉自行车诞生，在那个手工制作的年代，似乎这都是所有品牌的开局。有所不同的是，威廉不是人名，而是在欧洲众多的自行车品牌中少数没有用创始人名字命名的品牌。

大赛也有奇葩事，在 1904 年圣路易斯奥运会上，一名美国自行车选手获得两枚金牌、三枚银牌和一枚铜牌。但国际奥委会不承认这一结果，理由是"只有美国选手参加了比赛"。

在中国上海，有一则广告显示，自行车的价格有 85 元和 78 元两种。清末时自行车价格昂贵，无论是南方的上海还是北方的天津，车价始终在 80 元上下浮动，相当于今天一辆中档汽车的价格。

当时，不仅普通百姓被禁止在城内骑自行车，而且可以骑车者也受相应规定约束，如：骑车不带铃，罚款加拘留。

分类概览

人物传奇

◇1901 年，"自行车之父"逝世。

◇1902 年，阿尔弗雷多·宾达出生。

◇1904 年，安托南·马涅、安德烈·勒迪克出生。

◇1907 年，法国第一位职业冠军出现；乔治·施派歇尔出生。

◇1909 年，西尔韦尔·梅斯出生。

品牌技术

◇1901 年，比安基推出万向接头连接变速的自行车。

◇1902 年，世界第一个内变速器推出；兰令收购了斯特梅-阿彻。

◇1903 年，第一辆哈雷戴维森摩托车出现。

◇1906 年，威廉（Wilier）自行车开始生产。

◇1909 年，西班牙比驰（BH）公司成立。

赛事会展

◇1905 年，首届环伦巴第古典赛举办。

◇1907 年，首届米兰—圣雷莫赛举办。

◇1908 年，首届环比利时赛举行；英国队获得奥运会自行车男子团体金牌。

◇1909 年，首届环意赛举办。

协会组织

◇1900 年，国际自盟成立。

◇1904 年，国际奥委会不承认自行车比赛结果。

文化逸闻

◇1900 年，巴黎警察开始骑自行车巡逻。

◇1902 年，英布战争中使用了自行车。

◇1905 年,瑞士自行车部队装备了 M05 型自行车;第一个被国际自盟承认的无领骑的一小时纪录诞生。

◇1906 年,德雷富斯事件发生。

◇1908 年,《我如何在赛道上骑行》出版。

自行车在中国

◇1903 年,天津出现一批法国制造的女式自行车。

◇1904 年,《大公报》最早固定使用"自行车"一词。

◇1907 年,天津日商为推销自行车,推出分期付款活动。

◇1908 年,清朝廷《违警律》规定骑自行车要设铃铛和号牌。

环法自行车赛

◇1903 年,莫里斯·加兰成为第一位环法赛总冠军。

◇1904 年,最年轻的环法赛冠军出现;第一个领骑环法赛的外国人出现;赛段速度慢的选手将被取消比赛资格。

◇1905 年,路易·特鲁瑟利耶获得总冠军;比赛以分数而不是时间来记分;赛段数从 6 个增加到 11 个。

◇1906 年,勒内·鲍狄埃获得冠军。

◇1907 年,吕西安·珀蒂·布雷顿获得冠军;勒内·鲍狄埃自杀身亡。

◇1908 年,吕西安·珀蒂·布雷顿获得冠军;环法赛第一次经过香榭丽舍大街。

◇1909 年,弗朗索瓦·法贝尔获得冠军;费伯获得"最难"赛段五连胜;检查站设立了卫生间。

1900 年

1.随着新世纪的到来,国际自盟于 1900 年 4 月 14 日成立,取代了国际自行车运动员协会,成为自行车运动新的国际管理机构。来自法国、意大利、瑞士、比利时和美国的自行车方面的代表出席了在巴黎举行的国际自行车联盟成立大会。两个月后,荷兰和德国也加入其中。1901 年,英国加入。国际自盟逐渐成为世界自行车运动的领导力量,现有 160 个协会会员。国际自盟是国际单项体育联合会总会的成员。国际自盟的正式工作用语为英语和法语。国际自盟下设非洲、美洲、亚洲、欧洲和大洋洲 5 个地区联合会。国际自盟举办的主要比赛有奥运会自行车赛、世界自行车锦标赛、世界青年自行车锦标赛等。国际自盟的任务是发展各种形式的业余自行车运动;制定规则;领导和监督该项运动;鼓励协会会员参加奥运会,改善协会会员的相互关系和加强联系。

2.4 月,一些巴黎警察开始骑自行车巡逻,以便更快地应对城市问题地区的骚乱。

3.10 月 25 日,美国马萨诸塞州剑桥市的威尔·斯廷森在布罗克顿的"鞋城"椭圆形赛道上创造了 1 小时骑行 64.68 千米的世界纪录。

自行车在中国

(1)年初,上海的一则销售广告说:"今有外洋精造脚踏车公司专托本公司在中国广为销售。该厂欲扬其名于天下,故价值廉之尤廉,所有车上大小物件,亦可零售。现因来货无多,凡有追风逐电之好者,速来尝试。是价目列下:头等,价洋八十五元;二等,价洋七十八元。灯、铃全备。"可见,当年自行车的价格有 85 元和 78 元两种。清末时期自行车价格昂贵,无论南方的上海还是北方的天津,车价始终在 80 元上下浮动,相当于今天一辆中档汽车的价格。

(2)上海有惠民、曹顺泰等六七家车行,销售人力车、马车及自行车零配件,以卖带修。

1901 年

1.现代自行车的发明人,被誉为"自行车之父"的英国发明家约翰·斯塔利逝世。

2.比安基自行车厂推出第一辆采用万向接头连接变速的自行车。

3.斯柯达前身 L&K 公司参加了第一次自行车比赛——巴黎—柏林耐力赛。

4.在巴黎王子公园赛车场,伟大的非裔美国车手马歇尔·泰勒少校与法国世界冠军埃德蒙·雅克兰进行了一场三局两胜的比赛。泰勒以四比一的优势赢得第一局比赛。20 分钟后,在第二局比赛开始前,泰勒向雅克兰伸出手,让他和自己握手,并且说让他摇一摇,"让法国人看看我是谁。我肯定能再次击败他,这将是最后一局比赛"。结果他真的赢了。他的胜利让环法赛的创始人、赛事总监亨利·德格朗热非常沮丧,以至于亨利·德格朗热用 10 便士的硬币付钱给泰勒,而泰勒需要一辆手推车把他的奖金运走。

5.4 月,《皮尔逊杂志》刊登了一篇趣味文章——教你如何用自行车进行自卫。马库斯·廷德尔写了这篇名为《自行车自我防卫术》("Self-Protection on a Cycle")的文章,一如标题所说,它对自行车的自卫方法进行了详尽的报道,其中包括但不限于将自行车作为武器使用,比如用紧急刹车来回击从后面追来的袭击者。书中的各种做法,在今天看来相当搞笑。要说最正常的自卫方式,难道不是把自行车举起来,朝着对方挥舞或者丢向对方吗?看来,那个年代的人们,还是没有放开手脚啊。最起码,这里没有一个"碰瓷"的做法。

自行车在中国

上海《中外日报》刊登了踏飞洋行一则附有新式自行车图片的广告。广告写道:"本行专办各种脚踏车,出售外洋头等机厂制造一种飞轮脚踏车,其速较快。本行不惜重资,远运而来,刻已到申,尚幸价值平廉,想绅商之乐步飞者当欣喜而闻,为特布启。"广告中,"脚踏车"即为今之自行车。发布这一广告的"踏飞洋行"是一家以销售自行车为主的由外国人开办的商行,到1901年已经专营自行车业务。这个时期,自行车专卖店在一些重要的通商口岸也可以见到。

1902 年

1.变速自行车出现,英国斯特梅-阿彻公司推出了世界第一款内变速器。变速自行车在自行车后花鼓内装置有一套不同规格的齿轮,当自行车行进时,通过变速排挡可以把链条置于不同的齿轮上,从而改变车速,以适应不同的路况和骑车人的体力。

2.兰令自行车公司收购了斯特梅-阿彻公司,并在1903年面向公众发布了获得专利的3速内变速器花鼓,这是一项重大的技术突破。兰令自行车公司因此成了英国当时最大的制造商。

3.意大利自行车名将阿尔弗雷多·宾达于8月11日出生。

4.即便在一场距离为241.4千米,有着365.76米爬升的测试赛中,骑着一辆带有3速变速器的骑手战胜了骑着一辆单速自行车的法国冠军爱德华·菲舍尔,未来的环法赛创始人亨利·德格朗热仍然坚决反对变速器,他在当时仍被称为《汽车与自行车报》的报刊中写道:"我为这次测试喝彩,但我仍然觉得可变速齿轮只适用45岁以上的人。用你的力量而不是变速器取得胜利不是更好吗?我们变得柔弱了。伙计们,让我们说这个测试对我们的祖父母来说是一个很好的示范!至于我,给我一个固定的齿轮!"

5.6月12日,在美国马萨诸塞州波士顿的查尔斯河公园自行车跑道上,哈里·埃尔克斯创下了66.212千米的一小时骑行世界纪录。

6.1899年至1902年,英国与南非当地的荷兰殖民者后裔布尔人之间爆发了战争。为了在战场上赢得先机,英布双方在战斗中都广泛地使用了自行车。

7.意大利陆军独特的纵列双座自行车上配有机枪(射速可达到每分钟 700 发),升级版的军用自行车也更适应山地丘陵及交通不便的地区,被各国军队广泛地使用于执行侦察、联络、警戒、小规模袭击、运送伤员等任务,比如布尔战争、美菲战争等。自行车部队每天可移动数十千米,是执行任务时极为有效的工具。

自行车在中国

天津鸿顺洋行发布了广告:"专售英美各国男女自行车,各样飞车,时式无练(链)快车,车灯、车铃以及车上应用之件一概俱全。"该广告的附图是一辆女式自行车。附图显示,这辆女式自行车有车铃、车闸,还有今天已经很难见到的车灯,车链已经采取了全包式。

1903 年

1.在美国威斯康星州的密尔沃基,诞生了一辆由自行车改装的具有动力装置的摩托车,这就是第一辆哈雷戴维森摩托车。

2.1 月 19 日,法国宣布举办第 1 届环法赛。法国《汽车报》主编德格朗热接到老板德迪翁的旨意,出于宣传目的和为了与另一家报纸《自行车报》竞争而组织一场比赛——巴黎的自行车赛。之后在他好友的建议下,于 1903 年 1 月 19 日在报上宣布,将于 7 月 1 日举办世界上最大规模的自行车赛——环法自行车赛(英语:Tour of France。法语:Tour de France)。

早期环法赛只有 6 个赛段,每段平均 400 千米,有时一段得骑到半夜。这一近乎残酷的赛法一下子把公众吸引住了。报纸也因此得益,1903 年的日发行量从赛前的 2.5 万份一下子增长到 6.5 万份,1908 年达到了 25 万份,在 1923 年环法赛期间高达 50 万份。最高纪录是在 1933 年的环法赛时,日发行量据说达到 85.4 万份。

自行车在中国

天津出现了一批法国制造的女式自行车。有关广告称："美国巴希克洋行新到德国名厂制造头等新样女脚踏车十部，每部价银六十两。"按照当时白银与银圆的比价1∶1.4,60两白银约合84银圆。

环法自行车赛

(1)7月1日，第1届环法赛开幕。

(2)莫里斯·加兰成为世界上第一位环法赛总冠军，与其他选手经过2397千米的鏖战，他第一个到达了设在巴黎市内王子公园的终点。他是当时60名选手里的佼佼者，而最终完成比赛的总共只有21人。他的成绩比第2名的选手波蒂埃要快2小时49分21秒。

(3)通过赢得图卢兹和波尔多之间的第4赛段比赛，瑞士选手查尔斯·莱泽成为第一位赢得环法赛赛段冠军的非法国车手。

(4)本届环法赛有60名选手参赛，与1905年和1934年的赛事一样，创下了参赛人数规模最小的纪录。

(5)赛事总冠军获得了一个绿色的臂章，而赛段冠军获得了一个黄色的臂章。

1904 年

1. 世界自行车锦标赛在伦敦水晶宫举行，美国车手在赛场上的表现令人印象深刻，老博比·沃索尔在100千米的比赛中击败了其他17个国家的车手，夺得冠军。此外，艾弗·劳森赢得了职业组冲刺冠军，马库斯·赫尔利获得了业余组冲刺冠军。

2. 在圣路易斯奥运会上，自行车选手伯顿·唐宁获得了两枚金牌、三枚银牌和一枚铜牌。但国际奥委会不承认这一结果，因为"只有美国选手参加了比赛"。

3. 2 月 15 日,未来的环法赛冠军安托南·马涅出生。

4. 2 月 27 日,未来的环法赛冠军安德烈·勒迪克出生。

自行车在中国

(1)自行车由于轻灵便捷大受欢迎,但道路条件限制了它的发展。由于种种限制,到 1904 年春,成都市内仅有 7 辆自行车,其中 3 辆车的车主为外国人,1 辆为邮政局送信用,其余 3 辆的使用者为普通中国人。

(2)1902 年天津《大公报》创刊时,受南方影响,使用"脚踏车"一词。但从 1904 年 1 月起,《大公报》将"自行车"作为固定名词使用,成为最早固定使用"自行车"一词的报纸,并影响到书面语和正式用语,沿用至今。不过,上海民间至今仍习惯称自行车为"脚踏车"。

(3)1904 年,陈冷创办了上海重要的日报《时报》,此前他曾留学日本,回国后极力推动如美国历史学家季家珍(Joan Judge,著有《历史宝筏:过去、西方与中国妇女问题》)所描述的"大都会氛围"。包括剪去满人所强加的辫子,留起短发;身着西式服装,头戴鸭舌帽,口衔烟斗;在自己的婚礼上,提供西式食品。特别的是,他还骑着一辆自行车。正如陈冷一位下属回忆,他"不坐人力车,脚踏车又快、又便、又省钱,随心所欲,往来如飞,文学家称之为自由车"。

环法自行车赛

(1)法国选手亨利·科尔内在比赛结束 4 个月后成为该巡回赛最年轻的冠军(19 岁 11 个月零 29 天),当时有 12 名选手因作弊而被取消比赛资格。

(2)由于法国自行车联盟取消比赛资格的判罚,瑞士车手米歇尔·弗雷德里克成为第一个领骑环法赛的外国人。

(3)在每一赛段结束后,速度较慢的选手将被取消比赛资格。

(4)第 4 赛段是本届环法赛中的第一个完全在白天进行的赛段。

(5)刚刚年满 17 岁的卡米耶·菲利(未完成比赛)也参加了比赛。1918 年 5 月 11 日,也就是他 31 岁生日的前两天,他在比利时去世了。

(6)50 岁的亨利·帕雷特也参加了比赛,他在总成绩榜上名列第 11 位。

(7)1904 年的比赛被普遍认为是最短的环法赛,尽管在这一点上还存在很多分歧。

(8)环法赛在王子公园赛车场跑完两圈后,就开启了在巴黎赛道上完成比赛的传统。

1905 年

1. 首届环伦巴第古典赛举办,时间是 10 月初,它是五大古典赛里唯一的秋季古典赛。这项赛事是与米兰—圣雷莫古典赛遥相呼应的赛事,前者是春季古典赛,后者是秋季古典赛;前者是"冲刺手的古典赛",后者是"爬坡手的古典赛"。环伦巴第赛的比赛时间是赛季末期,它多年来一直是国际自盟赛历里年度最后一场比赛,因此也被称为落叶赛。该赛事在 1905 年创立时起终点均为米兰,100 多年来经历了多次改变,当然,无论线路如何改变,爬坡是不变的主题。

2. 自行车特技表演者迪亚沃罗在 20 世纪初的大胆表演征服了大量观众。他以完全颠倒的方式来骑自行车,而且速度相当快。一张拍摄于 1905 年左右的照片显示,迪亚沃罗正在众多观众面前表演自己的绝技。

3. 一张拍摄于 1905 年左右的照片上显示,医务人员正利用自行车担架运送在日俄战争中受伤的俄国士兵。

4. 早期的瑞士自行车部队装备的 M05 型自行车,像瑞士军刀一样质量上乘,从 1905 年一直用到 1993 年。

5. 法国车手吕西安·珀蒂·布雷顿骑了 41.110 千米,打破了 1898 年威利·汉密尔顿的无领骑一小时纪录。布雷顿的纪录是国际自盟承认的第一个无领骑的一小时纪录。

环法自行车赛

(1)法国的路易·特鲁瑟利耶(标致车队)赢得了第3届环法赛总冠军。

(2)膝盖受伤迫使勒内·鲍狄埃在领先时退出了比赛。

(3)比赛名次以分数而不是时间来评定(直到1912年的比赛仍然如此)。

(4)环法赛首次穿越了阿尔卑斯山、诺曼底和布列塔尼。

(5)赛段数从6个增加到11个。

(6)这次比赛的参赛人数最少,只有60人站在起点,与1903年和1934年的两次赛事持平。

1906 年

1.莫林先生在自己的工作室里开始生产威廉(Wilier)自行车,在那个手工制作的年代,似乎这是所有品牌的开局。莫林先生的努力赢得了很多人的认可,也影响了他的儿子。威廉是欧洲众多的自行车品牌中少数没有用创始人名字命名的品牌。

2.德雷富斯事件促使《汽车报》成立,并由此开始了环法自行车赛。在第三次审判中,德雷富斯上尉被免除了所有间谍指控。他重返军队,被提升为少校,并被授予荣誉军团勋章。这标志着震动法国第三共和国的"德雷富斯事件"的结束。该事件使军队和政治权力蒙羞,并增加了社会主义者和激进分子的影响。

3.在希腊雅典举行的夏季奥运会上,法国选手费尔南·瓦斯特在男子自行车公路赛中获胜。

自行车在中国

(1)上海《时报》所登的一则广告称:"本行自运英国头等脚踏飞车,价廉物固,每(辆)计洋七十五元,可保用二三年。"

（2）一位美国贸易代理人从中国南方报告："在通商口岸和内地的中国人，对自行车的需求持续增长……中国人越来越欣赏自行车的娱乐性以及商业用途的实用性。"

环法自行车赛

（1）第4届环法赛冠军由勒内·鲍狄埃获得，他在比赛的13个赛段中赢得了5个赛段的胜利，其中包括连续4个赛段。

（2）一面红色的旗子被用来表示每一赛段的最后一千米。

（3）在第1赛段和第2赛段之间，环法赛第一次转场将骑手从里尔带到南部30千米的杜埃。下一次转场将在1955年出现。

（4）环法赛第一次离开法国，途经德国占领的阿尔萨斯-洛林地区的梅斯。

1907 年

1. 首届米兰—圣雷莫赛举办。赛事在意大利举办，是国际自盟单日赛中里程最长的比赛，全长298千米。比赛路段全程平坦，往往以大集团冲刺收场，因此也被称为"冲刺手的古典赛"。

2. 吕西安·珀蒂·布雷顿赢得了首届米兰—圣雷莫赛的冠军。

3. 职业车手古斯塔夫·加里古成为法国第一位职业冠军。

4. 6月8日，未来的环法赛冠军乔治·施派歇尔出生。

5. 法国选手马塞尔·伯塞特在巴黎创造了一个新的一小时骑行41.520千米的纪录。

6. 美国联合包裹服务公司（UPS）员工使用自行车送货。

自行车在中国

天津日商新开设的加藤洋行为推销自行车，推出分期付款活动。若采取分期付款方式，每辆价80元；若采取一次性付款方式，每辆价75元。其广告称："敝商会现在天津设立分号，专售英国克比多利市

之盛货野司会社制造各样新式宝星牌自行车,与众不同。此车真乃
货实价廉,且鲜明华丽无比,又兼非常坚固,敝行并可能保长久不坏。
共运到五十辆。出售分期交价,以三个月内为限。头一月付洋三十
元,第二月三十元,第三月二十元。若付现洋,每辆七十五元。"

这则广告可说明三个问题:

①自行车因属贵重物品,已采取分期付款的销售方式。一次性
付款的价格是每辆 75 元,而分期付款的期限是 3 个月,每辆 80 元,
比一次性付款贵 5 元。

②一家洋行一次到货 50 辆,说明天津自行车市场规模不小。

③一些名牌自行车已经出现,"宝星牌装置飞轮、明闸、链子包",
性能和装潢已相当先进。

环法自行车赛

(1)法国车手吕西安·珀蒂·布雷顿(标致车队)骑着一辆有大厅
(HALL)标志的自行车(零件不可替换)赢得了第 5 届环法赛冠军。

(2)1 月 25 日,1906 年巡回赛冠军勒内·鲍狄埃自杀身亡。在
巴隆-阿尔萨斯峰顶,为他建造了一座纪念碑。巴隆-阿尔萨斯是法国
孚日山脉的一座山峰,位于弗朗什-孔泰大区贝尔福地区。在环法赛
的赛段当中,巴隆-阿尔萨斯只能算得上是一座小山,而它之所以声
名远扬,是因为它是环法赛历史上第一个山地赛段的地点。

(3)环法赛赛段数增加到 14 个。

(4)因赛事报道的记者数量增加,其中包括一些来自意大利《米
兰体育报》的记者,所以需要使用两辆新闻车。

(5)环法赛的第 5 赛段将比赛带出法国,进入瑞士。

(6)在骑过 4 个悠闲的赛段之后,男爵亨利·佩潘和他的副将在
第 5 赛段放弃了比赛。

(7)在第 9 赛段之后,比赛的领先者埃米尔·若尔热(标致车队)
因为违规更换自行车而被降级到最后一名。阿尔西翁车队经理爱德

蒙·让蒂带着他的车队退出比赛,以抗议若尔热没有被取消比赛资格。

(8)因在自行车上使用飞轮,埃米尔·若尔热赢得了 6 个赛段的第一名。

1908 年

1.7 月中旬,英国人劳伦斯第二次去法国骑自行车旅行,目的是考察中世纪的城堡和要塞。他横渡英吉利海峡到达勒阿弗尔,并设计出一条旅行路线,好让自己能够游历那些尚未参观过的重要的城堡。他的路线:勒阿弗尔—鲁昂—莱桑德利—日索尔—贡比涅—皮埃尔丰—普罗万—特鲁瓦—塞纳河畔巴尔—韦兹莱—讷维尔—穆兰—维希—勒皮—克吕索尔—阿维尼翁—莱博—阿尔勒—尼姆—艾格莫尔特—贝济耶—纳博讷—卡尔卡松—图卢兹—阿尔比—科尔德—纳雅克—卡奥尔—多尔多涅—皮若勒—佩里格—欧特福尔—沙吕—昂古莱姆—科尼亚克—尼奥尔—帕尔特奈—希农—图尔—旺多姆—奥尔良—沙特尔—莱格勒—格朗维尔—迪南—圣米歇尔。全程 3860 余千米。

2.兰令(又译凤头、莱利、莱礼、蓝翎等)属英国品牌,最早可以追溯到 1887 年。兰令公司决定只生产山地车和公路赛车,其车架为锰钢材质,早期车条含铅,车胎有牛津和普通橡胶两种材质的。兰令公司最好的一批车架为在后立架标有 2030 的车架,分为 28 型男式、女式,26 型男式、女式,颜色有黑色和墨绿色。

3.首届环比利时赛举行。吕西安·珀蒂·布雷顿赢得了冠军,在 1908 年赛季之后,他唯一的重大胜利是 1911 年赢得了第 3 届环意赛的第 5 赛段冠军。

4.在伦敦举行的第 4 届奥运会上,英国队获得了自行车男子团体金牌;自行车男子竞速赛没有颁发奖牌,因为超过了时间限制。

5.两届环法赛冠军吕西安·珀蒂·布雷顿写了一本关于他的赛车经历的书——《我如何在赛道上骑行》(*How I Ride the Route*)。

6.来自美国缅因州刘易斯顿的李·韦尔奇被认为是附近地区速度最快的旱冰选手。某个周三的晚上,他和著名自行车手弗雷德·圣翁奇在格罗夫湖溜冰场较量并最终赢得了比赛——韦尔奇在滚轴上,圣翁奇在车轮上。圣翁奇对结果并不满意。他相信自己能打败韦尔奇或其他任何滑冰选手。他非常自信,第二天晚上他与韦尔奇再次角逐100美元的奖金。

自行车在中国

为了加强对自行车的管理,早在光绪三十四年(1908年)清朝廷就颁行了《违警律》,其中的第27条规定:"乘自行车不设铃号者,处五日以下一日以上拘留,或五元以下一角以上之罚金。"

环法自行车赛

(1)法国的吕西安·珀蒂·布雷顿(标致车队)赢得了第6届环法赛冠军,成为首位获得该赛事两届冠军的车手。

(2)弗朗索瓦·法贝尔成为首位赢得赛段冠军的卢森堡车手。

(3)本届比赛的路线与1907年的路线相同。

(4)环法赛第一次经过香榭丽舍大街,第1赛段于凌晨3点在那里开始。

(5)沃尔贝设立沃尔贝奖,奖励在比赛中使用可拆卸轮胎的36名选手中最优秀的选手3500法郎的奖金。该奖项最终由环法赛亚军弗朗索瓦·法贝尔获得。

(6)由劳方和哈钦森提供"高山奖",得主是吕西安·珀蒂·布雷顿。

(7)根据一种说法,从1908年开始,"所有的骑手必须使用密封的自行车(有大厅标志的)",这些自行车由比赛组织者提供的车架组装而成。

(8)标致车队的车手赢得了所有的14个赛段的胜利。

1909 年

1. 首届环意赛诞生于 1909 年,一般人们称之为 GIRO。和环法赛一样,环意赛也是由一家新闻媒体《米兰体育报》发起,其在意大利类似于法国的《队报》。在 1909 年,环意赛对意大利人是个未曾尝试过的考验。比赛的时间定在盛春时节的 5 月。

2. 首届环意赛的首站和终点都在米兰,冠军得主是意大利人路易吉·甘纳。在 2369 千米的比赛中,127 名首发选手得分,据推测是因为比赛组织者无法计算他们的时间。积分制度一直持续到 1913 年,1912 年的环意赛是以积分为基础的团队比赛,而不是个人比赛。

3. 西班牙比驰(BH)公司成立。比驰刚成立时是一家从事精密军事机械制造的企业。

4. 未来的环法赛冠军西尔韦尔·梅斯于 8 月 27 日出生。

环法自行车赛

(1)卢森堡的弗朗索瓦·法贝尔(阿尔西翁车队)成为赢得第 7 届环法赛冠军的第一位非法国选手。

(2)费伯连续 6 次获得环法赛赛段冠军。他在比赛中"最难的"赛段五连胜仍然是一项未被打破的纪录。

(3)组织者提供了一辆车,所有车队的机械师都可以乘坐这辆车参加比赛。

(4)为了避免车手在公共场合小便,组织者在比赛的检查站设立了卫生间。

(5)阿尔西翁车队打破了标致车队在环法赛上的垄断。标致车队为独立人士组织了一场"环法赛",直到 1912 年其才与真正的环法赛拉开距离。

(6)《汽车报》拒绝了一位女性读者的建议,即环法赛组织者为女性举办一场比赛(第一次女性环法赛于 1984 年举行)。

第六章 我不知道这是总统的自行车（1910—1919）

法国人发明了一种流线型的鱼雷自行车，骑起来时速达到52.3千米，UCI立马跳了起来：不许骑，它太快了。

当时美国那个叫伍德罗·威尔逊的总统在百慕大进行了一次轻松的自行车旅行，据说，他在车座上做了很多思考。回到华盛顿，总统不方便骑车了，结果有一天他坐车出行时与一个骑自行车的邮递员相撞了，邮递员被送去了医院，总统嘱咐私人医生跟进这件事，并在几天后去医院看邮递员时送了他一辆新自行车。

故事不都是这么温馨的，这10年里，关键词是战争，第一次世界大战爆发了。

战争让许多比赛停摆，比如，男子世界自行车场地锦标赛在1915年至1919年因为一战而未举行；同时，战争也给自行车的普及创造了机会。在战争的推动下，自行车很快在各交战国军队中得到了更为普遍的应用。当时的法国和比利时各自拥有15万人的自行车部队，英军中则有10万士兵装备了当时最先进的自行车。当美国决定对德宣战后，美国国防部随即订购了1.7万辆自行车，以供赴欧作战的美军使用。在轴心国那边，德国军队和意大利军队也广泛使用自行车进行作战，意大利比安基开始生产全悬挂军用自行车。

在战争中，环法赛冠军也有超人表现。卢森堡人弗朗索瓦·法贝尔是1909年环法赛冠军，在法国外籍军团服役，在战场上后背中枪，却将一名受伤的同伴背到安全的地方。当时他身上并没有武器。

尽管饱受战争蹂躏，但战争一结束，各项比赛马上就开始举办了。一名巴黎记者在考察了战后巴黎—鲁贝赛的路线后,对比赛中出现的许多弹坑、被毁的房屋和烧焦的树木感到震惊,他写道:"比赛将穿越北方的地狱。跟随比赛的 40 辆汽车中,只有 5 辆能够到达终点。"而第 13 届环法赛就在和平条约在凡尔赛宫签署的第二天——1919 年 6 月 29 日开幕了。

这 10 年里,关于环法赛出现了不少新词:"死亡之环"、收容车、副将。

在环法赛上死亡的第一个车手怎么会是溺水身亡的呢?第一个赢得两届环法赛冠军的外国人是谁?第一个书写描述环法赛的女性又是谁?在中国,自行车何时有了私用和公用之分?这些都将在本章揭晓。

分类概览

人物传奇

◇1911 年,罗歇·拉佩比出生。

◇1913 年,罗曼·梅斯出生。

◇1914 年,吉诺·巴尔塔利出生。

◇1915 年,"哥伦比亚巨人"服役。

◇1917 年,珀蒂·布雷顿死于一次事故。

◇1919 年,福斯托·科皮出生。

品牌技术

◇1912 年,泰勒品牌创立。

◇1918 年,比安基公司开始生产全悬挂军用自行车;哥伦布公司开始生产用于战争的钢管。

赛事会展

◇1910 年,卡洛·加莱蒂赢得第 2 届环意赛。

◇1911 年,卡洛·加莱蒂赢得第 3 届环意赛。

◇1912 年,自行车公路计时赛在奥运会上被列为比赛项目。

◇1913 年,首届环弗兰德斯赛举办;卡洛·奥里亚尼赢得第 5 届环意赛。

◇1914 年,首届米兰国际两轮车展举办;阿方索·卡尔佐拉里赢得第 6 届环意赛。

协会组织

◇1913 年,国际自盟禁止车手骑流线型自行车参加比赛。

文化趣闻

◇1912 年,美国总统伍德罗·威尔逊骑自行车旅行。

◇1915 年,业余车手飞越铁路时不慎摔死。

◇1916 年,印度军团出现自行车部队。

◇1919 年,世界冠军第一次被授予"彩虹"衫。

自行车在中国

◇1911 年,上海的邮政部门从英国购入 100 辆自行车。

◇1915 年,上海有近 20 家自行车商店。

环法自行车赛

◇1910 年,比赛引入"死亡之环"赛段;比赛中开始引入收容车;出现第一个在环法赛上死亡的车手。

◇1911 年,古斯塔夫·加里古赢得冠军;亨利·德格朗热首次将副将一词用于环法赛。

◇1912 年,奥迪勒·德雷伊赢得冠军;环法赛最后一次采用积分制。

◇1913 年,比赛名次评定制度由积分制改回计时制;环法赛首次进入瑞士;第一位参加环法赛的非洲车手出现。

◇1914 年,菲利普·蒂斯再次夺冠;几乎所有参赛的车手都使用了 Eadie 双速轮毂和飞轮。

◇1919 年,环法赛最长赛段引入;黄衫出场。

1910 年

1. 意大利的卡洛·加莱蒂赢得了第 2 届环意赛的冠军。

2. 勒内·盖诺(卢韦洲际车队)获得了 3000 千米长的 14 赛段的独立车手环法赛冠军,莱昂·瓦洛东名列第二,1923 年的环法自行车赛冠军亨利·佩利西耶名列第三。

3. 来自美国曼哈顿的业余自行车选手莫里斯·芬登德赖斯在纽瓦克赛车场的训练事故中丧生。在训练结束后练习冲刺时,芬登德赖斯失去了对自行车的控制,撞到了看台前的一根杆子上。医生说芬登德赖斯死于心脏破裂。

4. 美国新泽西州东奥兰治市的弗兰克·克雷默用时 54 分 13 秒骑了 40.23 千米,创造了一项世界纪录。克雷默在康涅狄格州纽黑文刷新了这一纪录,缩短了 2 分多钟。

环法自行车赛

(1)身体不佳的亨利·德格朗热任命他的副手、自行车记者兼推广人维克托·布雷耶担任赛事总监。

(2)比赛的赛段数增加到 15 个。

(3)引入了攀爬比利牛斯山脉(贝尔苏尔德、阿斯平、图尔马莱和奥比斯克)的"死亡之环"赛段。

(4)比赛中开始引入收容车。

(5)阿道夫·赫利埃在休息日被水母蜇伤后溺水身亡,他成为第一个在环法赛上死亡的车手。

(6)埃内斯托·阿齐尼赢得了第 15 赛段冠军,成为第一个在环法赛中获得赛段冠军的意大利人。

1911 年

1. 40 岁的莫里斯·加兰退役,他在 1903 年赢得了第 1 届环法赛冠军。他在巴黎—布雷斯特—巴黎赛中排名第十,比他在 1901 年夺冠的时间慢了 6 小时。

2.意大利车手卡洛·加莱蒂赢得了第 3 届环意赛冠军,成为第一位两次赢得环意赛冠军的车手。

3.未来的环法赛冠军罗歇·拉佩比于 1 月 16 日出生。

4.犹太店主之子,未来的环法赛总监费利克斯·莱维坦在巴黎出生。

自行车在中国

上海的邮政部门从英国购入 100 辆自行车,开始用自行车投递邮件。这是自行车作为交通工具在我国第一次投入公用,从此自行车有了私用和公用之分。

环法自行车赛

(1)法国车手古斯塔夫·加里古(阿尔西翁车队)赢得了他唯一一次环法赛冠军。

(2)比赛路线上增加了电报山和加利比耶山口的高山攀爬路线。

(3)车手开始使用各种类型的传动系统攀登新增加的山脉。例如,珀蒂·布雷顿使用了一个 3 速的 SA 花鼓,亨利·阿拉瓦纳使用了一个 Pd'A 变速器。

(4)比赛组织者亨利·德格朗热首次将"副将"(domestique)一词用于环法赛车手莫里斯·布罗科身上。但这并不是一种赞美。

(5)1871 年普法战争后被迫割让的阿尔萨斯和洛林省是当时法国民族记忆中的最大伤痕。在主办方的协调下,在 1907 年到 1910 年间,环法赛特地途经洛林省的梅兹市,明白无误地显示出法国对这些"失去的省份"的诉求。而梅兹当地居民也在环法赛期间举行支持法国的集会。这些举动自然引起了德国官方的担忧,自 1911 年起,环法赛便被禁止进入德国境内。

1912 年

1. 自行车公路计时赛在第 5 届斯德哥尔摩奥运会上被列为比赛项目，仅设男子团体赛。

2. 泰勒品牌创立，这是一个源自德国本土的奢侈自行车品牌，代表了自行车行业的最高造车工艺。

3. 瑞士车手奥斯卡·埃格在巴黎创造了 42.360 千米的无法超越的时速纪录。

4. 10 月，澳大利亚选手艾尔弗雷德·古利特在盐湖城创造了 1.61 千米用时 1 分 47 秒 6 的世界纪录。

5. 第 4 届环意赛是唯一一个没有个人成绩的赛事。它是由卡洛·加莱蒂的阿塔拉队赢得的，标致车队和戈比车队分别获得第 2 名和第 3 名。

6. 前田鹿之助开始在日本堺市（大阪府）制造飞轮。他的公司最终将被称为三拓。

7. 在瑞典斯德哥尔摩举行的第 5 届奥运会上，来自南非的鲁道夫·奥基·刘易斯赢得了男子自行车公路赛冠军。刘易斯比银牌得主弗雷德里克·亨利·格鲁布（英国）领先了 9 分钟。

8. 世锦赛在美国新泽西州纽瓦克市举行。印第安纳州的弗兰克·克雷默赢得了职业组冠军，据说他的年收入为 2 万美元，是棒球名将泰·科布的两倍。

9. 当选美国总统的伍德罗·威尔逊在百慕大进行了一次轻松的自行车旅行，据报道，他在车座上做了很多思考。

10. 路易斯·费希尔是美国纽约联合自行车俱乐部的前秘书，他在给《纽约时报》编辑的一封信中预言，自行车将再次在美国上路。他在信的结尾这样总结道："自行车被汽车所取代，汽车迫使人们注意到建设良好道路的必要性，随着全国道路的改善，我们可能会再次看到自行车的出现。谁将在大型制造商中率先采取行动？"

自行车在中国

据相关数据统计,在 1912 年中国进口的自行车总量中,来自英国的占 39.8%,来自日本的占 23.3%,来自德国的占 12.8%。自行车的进口及销售均由洋行承揽,典型代表是天津的仁得利洋行。

环法自行车赛

(1)奥迪勒·德雷伊(阿尔西翁车队)成为首位赢得环法赛冠军的比利时人。

(2)这是环法赛第一次从巴黎梅洛特港的月亮公园出发。

(3)奥克塔夫·拉皮茨和他的法国队因抗议比利时车手的战术而退出比赛。

(4)温琴佐·博尔加雷洛成为第一个领骑环法赛的意大利人。

(5)自行车制造商被允许赞助由 10 名车手组成的整个团队,而不是个人和较小的团体,以阻止他们的子公司赞助较小的团队,这些团队随后会一起工作。

(6)在离开 3 年后,标致车队重返环法赛。

(7)这是比赛最后一次采用积分制。

(8)一些车手(如吕西安·珀蒂·布雷顿、莫里斯·布罗科、亨利·考内特和让·阿拉瓦纳)使用了变速系统。

1913 年

1.首届环弗兰德斯赛举办。赛事举办地为比利时北部与荷兰交界的弗兰德斯地区,拥有经典的科彭贝格石板路爬坡赛段。

2.米其林轮胎公司发布了其第一份路线图。

3.8 月 7 日,马塞尔·贝尔泰(法国)以 42.741 千米的成绩打破了瑞士车手奥斯卡·埃格的一小时骑行纪录。8 月 21 日,埃格通过 43.525 千米的成绩进行了回击。9 月 20 日,贝尔泰再次创下了 43.775

千米的纪录。所有的纪录都是在巴黎创下的。

4. 在法国，马塞尔·贝尔泰骑着特蒂耶娜·比诺-巴里利亚制造的流线型的鱼雷自行车以 52.3 千米/时的速度骑行了 5 千米。比普通自行车快 3.22 千米/时。国际自盟立即禁止车手骑这种流线型自行车参加比赛。

5. 第 5 届环意赛冠军是由意大利的卡洛·奥里亚尼赢得的，这是最后一次记分制的比赛。1912 年的环意赛也是记分制的，尽管它是一个团队项目。

6. 未来的环法赛冠军罗曼·梅斯于 8 月 18 日出生。

7. 4 月中旬，世界冠军弗兰克·克雷默在欧洲待了两个月后回到美国。其间他没有输过一场比赛。他曾在巴黎和比利时的沙勒罗伊参加过比赛。

8. 莱昂·梅雷迪特（英）在 100 千米业余比赛中赢得了他的第 7 个世界冠军头衔。他还曾在 1904 年、1905 年、1907 年、1908 年、1909 年、1911 年获得过冠军。

9. 美国纽约的乔·福格勒（1884—1930）和澳大利亚的阿尔夫·古利特（1891—1995）分别赢得了在巴黎冬季赛车场举行的第一场为期 6 天的比赛的冠亚军。

10. 美国华盛顿骑自行车的邮递员罗伯特·克劳福德与伍德罗·威尔逊总统乘坐的汽车相撞。为了克劳福德的健康着想，总统让他的私人医生监督克劳福德的康复。几天后，威尔逊去了医院，给这个惊呆了的邮递员送去了一辆新自行车。克劳福德说："我不知道这是总统的车。"威尔逊笑着回答说："我还以为是总统的车撞到你的。"

环法自行车赛

（1）赛事冠军菲利普·蒂斯（标致车队）可能是第一个在第 10 赛段之后穿着比赛领骑黄衫的车手，但没有找到支持这一主张的报纸文章。

(2)环法赛线路第一次沿法国逆时针方向进行。

(3)比赛名次评定制度由积分制改回计时制。

(4)比利时车手马塞尔·比斯赢得了 6 个赛段的比赛。

(5)古斯塔夫·加里古第六次登上最后的领奖台,他的纪录直到 1964 年才被伟大的法国车手雅克·安克蒂尔打破。

(6)环法赛首次进入瑞士,第 11 赛段的比赛终点设在日内瓦。

(7)克里斯蒂安·克里斯滕森成为第一位参加环法赛的丹麦选手。他在第 13 赛段落下了几个小时后被取消比赛资格,但在比赛中一直骑到巴黎,最后没有被列入官方排名。

(8)法国的吕西安·珀蒂·布雷顿在一些山地赛段上使用了斯特梅-阿彻 3 速花鼓系统(尽管据报道在比赛初期禁用了变速花鼓)。莫里斯·布罗科采用了 2 速 Cornet 花鼓。

(9)亨利·佩利西耶发现,突尼斯的阿里·纳法提(1895—1974)戴着一顶红圆帽,在前一天下午买了一辆自行车后,成为第一位参加环法赛的非洲车手。不久,18 岁的阿里·纳法提(他没有完成 1913 年和 1914 年的环法赛)被雇用为《汽车报》的一名司机,在亨利·德格朗热去世 10 年后的 20 世纪 50 年代,他仍为其继任者《队报》工作。

(10)法国作家西多尼·加布里埃尔·克劳丁·科莱特(1873—1954)在观看了环法赛在巴黎的最后赛段比赛后,成为第一个书写描述环法赛的女性。

1914 年

1.首届米兰国际两轮车展(EICMA)在意大利米兰举办。

2.第一次世界大战爆发,这场大战为很多新式武器的崛起提供了千载难逢的契机。在战争的推动下,自行车很快在各交战国军队中得到了更为普遍的应用。当时法国和比利时各自拥有 15 万人的自行车部队,英军中则有 10 万士兵装备了当时最先进的 BSA 牌自行车。另外,德国军队和意大利军队也广泛地使用了自行车进行作战。

3.瑞士车手奥斯卡·埃格刷新了44.247千米的一小时骑行纪录,从法国的马塞尔·贝尔泰手中夺回了一小时纪录。埃格的纪录将保持20年。在86年后英国人克里斯·博德曼重新确立"非航空"标志之前,贝尔泰和埃格是唯二三次保持一小时纪录的车手。

4.第6届环意赛是第一届根据总体时间记分的环意赛,由阿方索·卡尔佐拉里赢得冠军。

5.伟大的骑手吉诺·巴尔塔利于7月18日出生。

6.有领骑的场地骑手开始骑一种新型自行车,虽然这种自行车速度更快,但也更危险,新自行车"看起来像个怪物"。那个时代的普通轻型安全自行车,由一个大后轮和一个小前轮组成,它将车手的重量向前推,更接近于"走步机"。自行车的前叉向后转,车手几乎坐在前轮上方。危险来自自行车的设计,它的前轮在两个踏板之间旋转,这使得遇到危险时的快速转弯非常困难。

7.9月2日,博比·沃索尔以1小时02分49秒4的成绩创造了80.47千米骑行的新纪录。6000名观众在布莱顿海滩自行车赛车场见证了沃索尔的壮举。

8.在纽约六日赛中,澳大利亚选手阿尔夫·古利特和艾尔弗雷德·格伦达共骑了4440.18千米加一圈,这仍然是一项未被打破的纪录。

环法自行车赛

(1)比利时车手菲利普·蒂斯(阿尔西翁车队)领跑全程,成为第一个赢得两届环法赛冠军的外国人。

(2)选手的号码被贴在自行车的车架上。

(3)在环法赛期间,《汽车报》的平均发行量跃升至32万份。

(4)几乎所有参赛的车手都使用了Eadie双速轮毂和飞轮。

(5)菲利普·蒂斯的获胜优势(1分40秒)是1956年之前最小的。

(6)车手们24小时内爬了两次巴隆-阿尔萨斯山。

(7)两名澳大利亚车手唐·柯卡姆和伊多·斯诺·芒罗分别以第 17 名和第 20 名的成绩完成了此次比赛。

(8)标致-沃尔贝车队赢得了比赛 15 个赛段中的 12 个。

(9)从 1905 年到 1923 年,所有在世的巡回赛冠军(路易·特鲁瑟利耶、吕西安·珀蒂·布雷顿、弗朗索瓦·法贝尔、奥克塔夫·拉皮茨、古斯塔夫·加里古、奥迪勒·德弗雷、菲利普·蒂斯、菲尔明·朗博、莱昂·塞尔和亨利·佩利西耶)都参加了 1914 年的环法赛,1926 年的冠军吕西安·比斯也参加了。

1915 年

1.业余自行车车手路易斯·屈尔在芝加哥一家赛车场飞越北铁路时,为了躲避另一名选手,从 9 米高的地方摔到了混凝土地面上,当场死亡。

2.卢森堡人弗朗索瓦·法贝尔,1909 年环法赛冠军,在法国外籍军团服役,于 5 月 9 日在加来海峡大区的卡兰西战场上后背中枪,却同时将一名受伤的同伴背到安全的地方。他没有武器,这个“哥伦比亚巨人”当时 28 岁。

3.澳大利亚选手雷吉·麦克纳马拉在美国新泽西州纽瓦克赛车场击败了其他 40 名选手,将 40.23 千米骑行的世界纪录提升到 53 分 28 秒 4。

4.《纽约时报》大部分关于国家摩托车、自行车和配件展的短讯集中在报道摩托车上,唯一提到自行车的是,自行车供应充足,而且它们也参与摩托车展中,因为有可能通过附加的设备,使自行车轮子暂时变成动力驱动。

自行车在中国

1915 年,上海有近 20 家自行车商店。第一次世界大战结束后,邮电事业发展得很快,自行车成为邮差的交通工具,所以自行车需求激增,市区又新开了一批自行车商店,形成了以老闸区(今黄浦区)为中心的自行车销售网络。

1916 年

1. 索姆河战役中的英联邦印度军团出现了自行车部队。

2. 澳大利亚选手雷吉·麦克纳马拉以 2.6 秒的优势打破了 1.61 千米骑行的世界纪录。麦克纳马拉以 1 分 45 秒的成绩打破了他的同胞阿尔夫·古利特在盐湖城创下并保持了 4 年的纪录。

3. 戴夫·麦凯计划在美国新泽西贝尔维尔建造一个 5 圈(1.61 千米)的室内赛车场。麦凯说,他预计这个造价 4.5 万美元的赛车场将在 3 周内完工,4 月 2 日之前正式开业。

自行车在中国

天津《大公报》刊载大幅广告,是配有橡胶轮胎的辐条车轮的特写,广告所宣传的仁得利洋行位于这座通商口岸的日本租界,该洋行提供“欧美各国各厂男女飞车各样”,并销售“自行车用各样零件”。

1917 年

1. 美国决定对德宣战,美国国防部随即订购了 1.7 万辆自行车,以供赴欧作战的美军使用。

2. 珀蒂·布雷顿,他是第一个获得两次环法赛(1907 年和 1908 年)冠军的车手,12 月 20 日晚上在特鲁瓦附近死于一次事故,当时他的车撞上了一个农民的货车。

3. 第 11 届波士顿六日赛(每天 10 小时)于 11 月 5 日开始。该赛事被认为是一个月后在麦迪逊广场花园举行的国际比赛的预演。

1918 年

1. 卡米耶·菲利在 17 岁时参加了 1904 年的环法赛,之后,他完成了 14 次环法赛,但却在战争中失去了生命。他 5 月在比利时米勒克勒伊斯被杀时,离他 32 岁生日还有两天。

2.在纽瓦克赛车场,4 名自称"蓝魔"的法国战争英雄(吉尔贝·卡萨尼奥、乔治·科帕鲁、阿尔贝·格雷瑟和安德鲁·拉曼奇——他们以同样的顺序完成了比赛)在 1.6 万名观众面前进行了一场 0.805千米的自行车比赛。虽然在比赛中发生了意外,但法国的战争英雄们笑了起来。卡萨尼奥在赢得自行车比赛的冠军后,在赛道上挥舞着他的蓝色天鹅绒帽子。

3.在意大利,比安基领先其他自行车制造商 80 年,开始生产全悬挂军用自行车。

4.米兰的哥伦布开始生产用于战争的钢管。12 年后,哥伦布将开始生产高质量的赛车用车架管材。

1919 年

1.男子世界自行车场地锦标赛在 1915 年至 1919 年期间因为第一次世界大战而未举行比赛。

2.意大利的科斯坦特·吉拉丹戈在环意赛中,赢得了 10 个赛段中的 7 个,以领先将近 51 分钟的优势击败了亚军加埃塔诺·贝洛尼。

3.9 月 15 日,伟大的自行车手福斯托·科皮在意大利卡斯特拉尼亚出生。

4.未来的环法赛冠军弗迪·库布尔于 7 月 24 日出生。

5.一名巴黎记者在考察了战后巴黎—鲁贝赛的路线后,对比赛中出现的许多弹坑、被毁的房屋和烧焦的树木感到震惊,他写道:"比赛将穿越北方的地狱。跟随比赛的 40 辆汽车中,只有 5 辆能够到达终点。"

6.1919 年第一次世界大战结束了,得益于生产高精密武器而获得的技术,比驰公司对于金属材质处理积累了丰富的经验和人才,开始将军事工业的技术导入民生工业,开启了制造自行车的工业历史。

环法自行车赛

(1)尽管饱受战争蹂躏，但就在和平条约在凡尔赛宫的镜厅签署的第二天，第13届环法赛于1919年6月29日开幕。

(2)赛事冠军菲尔明·朗博(拉思帕蒂瓦车队)是第一位正式穿黄色领骑衫的比利时人。

(3)1919年的环法赛是迄今为止最慢的赛事，时速只有24.06千米，比1914年的赛事慢了3千米，使用的却是完全相似的赛道。

(4)1919年的环法赛也是完成比赛人数最少的一届。从起点出发的69名选手中只有11名完赛，淘汰率为84%。到了8月，当保罗·迪博克因在比赛中坐汽车去修理踏板而被取消资格时，完成比赛的人数降至10人。

(5)首次引入补给区，包括桌子，上面堆满了比赛组织者提供的食物和饮料。

(6)环法赛最长赛段引入，从莱萨布勒-多洛讷到巴约讷，路程为482千米。

(7)黄衫在第10赛段后出场。法国的幸运儿欧仁·克里斯托夫是第一个穿上它的人。

(8)职业车手被称为A类，独立车手被称为B类。

第七章　飞轮坏一赔二（1920—1929）

　　在自行车界，耐力骑行一直受人尊敬，尤其是民间。

　　一名30岁的参加过第一次世界大战的意大利老兵，从阿根廷布宜诺斯艾利斯出发，开启了为期22个月的自行车之旅，最终抵达纽约。

　　在美国华盛顿特区，一名年仅17岁的少年在24小时15分钟内骑行了402.98千米，创造了这项赛事的新纪录。

　　在自行车界，八卦也是少不了的。曾经的巴黎—鲁贝赛的冠军（是谁呢？）在巴黎一家酒店参加晚宴时突发心脏病去世。有传闻说他曾被他妻子的情人殴打；两届巡回赛冠军得主（又是谁呢？）在一次训练骑行中神秘死亡，留下妻子和两个孩子，人们普遍认为他是被法西斯分子殴打致死的。

　　下面这个有点意思：在第7届奥运会的自行车比赛中，比利时选手在铁路道口等待的4分钟被扣除了。南非选手起初以为自己赢得了比赛，但最终以1分25秒之差获得第2名。这类似于马拉松比赛中净成绩和枪声成绩的算法。

　　在自行车高端品牌中，无论历史还是质量，意大利均占据头牌。在这一章中，皮纳雷洛品牌创办；坎帕尼奥洛推出了快拆花鼓；雷吉纳生产出它的第一条自行车链条。唯一能与欧美高端品牌抗衡的亚洲品牌当属禧玛诺了。禧玛诺钢铁厂建成后，开始制造24齿的飞轮，其向客户承诺：飞轮坏一赔二。

　　UCI相继举办了第1届业余男子世界公路自行车锦标赛和第1届世界公路自行车锦标赛（简称"公路世锦赛"）。这是由UCI主办的世界最高水平的公路自行车赛之一，但无法和环法赛抗衡。即便在奥运会年，即便奥运会游泳、网球和体操比赛很吸引人，但在 7 月 20 日当天，仍有 2.5 万名巴黎人聚集在王子公园体育场，观看环法赛最后一个赛段的比赛。

环法赛为了吸引更多观众，组织者举办了首届环法小姐选美大赛。由于允许烟草公司赞助比赛，所以在赛道上能看到叼着香烟骑车的运动员。环法赛的规则也在改变，在自行车发生机械故障时，车手可以和队友交换零件，或者从领队那里得到一辆备用自行车。每个赛段的冠军将获得两分钟的时间奖励等。

关于环法赛，谁是第一个在没有赢得任何一个赛段冠军的情况下而赢得总冠军的车手呢？

环法赛首位意大利冠军是谁？在夺冠 3 年后他被发现死于路边（头骨破裂），死因至今成谜。据说，有一年在前往尼斯的第 12 赛段中，有两名女子骑自行车跟随主车群骑行了近 160 千米。

有确切记载的在紫禁城里第一个骑自行车的人是末代皇帝溥仪。

这时期的中国，自行车的生产既有贴牌也有自产，并非完全进口，开创了中国自创品牌自行车之先河。上海"红马牌"自行车为其中之一。

分类概览

人物传奇

◇1921 年，让·罗比克出生。

◇1925 年，路易松·博贝、雨果·科莱特出生。

◇1927 年，奥塔维奥·博泰基亚神秘死亡。

◇1928 年，德里科·巴阿蒙特斯出生。

品牌技术

◇1921 年，禧玛诺集团创立。

◇1922 年，雷吉纳生产出它的第一条自行车链条；意大利品牌皮纳雷洛创办。

◇1923 年,炮弹型电池式自行车灯问世。

◇1924 年,Le Cyclo 变速器推出。

◇1926 年,自行车品牌宙斯在西班牙创立。

◇1927 年,图利奥·坎帕尼奥洛推出了快拆花鼓。

◇1929 年,法拉利品牌创立。

赛事会展

◇1920 年,奥运会开始设立场地自行车赛;加埃塔诺·贝洛尼赢得第 8 届环意赛。

◇1921 年,乔瓦尼·布鲁内罗赢得第 9 届环意赛。

◇1922 年,乔瓦尼·布鲁内罗赢得第 10 届环意赛。

◇1923 年,科斯坦特·吉拉丹戈赢得第 11 届环意赛。

◇1924 年,朱塞皮·亨里齐赢得第 12 届环意赛。

◇1925 年,阿尔弗雷多·宾达赢得第 13 届环意赛;皮纳雷洛在米兰自行车展上获奖。

◇1926 年,乔瓦尼·布鲁内罗赢得第 14 届环意赛。

◇1927 年,首届公路世锦赛举办;阿尔弗雷多·宾达获得第 15 届环意赛冠军。

◇1928 年,阿尔弗雷多·宾达赢得环意赛;乔治·龙瑟赢得公路世锦赛冠军;亨利·汉森在奥运会男子自行车公路赛中获胜。

◇1929 年,首届世界自行车球锦标赛举行。

协会组织

◇1920 年,美国业余自行车联盟更名。

◇1929 年,标致车队收购 Automoto 车队。

文化逸闻

◇1922 年,克拉伦斯·瓦格纳横贯美国大陆骑行。

自行车在中国

◇1922 年,紫禁城里出现第一个骑自行车的人。

◇1924 年,中国开始自创品牌自行车。

◇1926 年,中国第一辆"红马牌"自行车诞生。

◇1928 年,大中华橡胶厂创办,生产"双钱牌"车胎。

◇1929 年,杭州出现自行车技艺表演。

环法自行车赛

◇1920 年,菲利普·蒂斯成为环法赛首位三冠王;亨利·德格朗热忘记定做黄衫。

◇1922 年,菲尔明·朗博成为赢得环法赛最年长的车手;欧仁·克里斯托夫第三次摔断前叉。

◇1923 年,亨利·佩利西耶首次获得环法赛冠军;《汽车报》发行了环法赛纪念版;第一个穿环法赛黄衫的意大利车手出现。

◇1925 年,奥塔维奥·博特基亚获得冠军;据环法赛改编的电影《踏板之王》拍摄。

◇1926 年,吕西安·比斯成为用时最长的环法赛冠军;本届环比赛的平均速度只有 18.9 千米/时。

◇1927 年,环法赛赛段数增加到 24 个。

◇1928 年,真正全程穿黄衫的车手出现。

◇1929 年,莫里斯·德瓦勒赢得冠军;比赛组织者恢复了允许车手补胎的规定。

1920 年

1. 在比利时安特卫普举办的第 7 届奥运会开始设立场地自行车赛。

2. 4000 米团体追逐赛、男子 1000 米争先赛均被列为奥运会比赛项目。

3. 富士在成为日本最风行的自行车品牌的路上，它不仅是市场上的领导品牌，在当时，更是囊括了各项在日本举行的赛事。接着，富士的工程师们又着手研发世界级的比赛用车，不仅仅是为了要赢得比赛，更是要借由竞赛时的环境来测试新技术，以研发出更快、更轻及更耐用的产品。

4. 美国业余自行车联盟的成立是由于美国业余比赛的状况不佳。1976 年，美国业余自行车联盟更名为美国自行车联合会。

5. 意大利的加埃塔诺·贝洛尼赢得了第 8 届环意赛冠军。

6. 在安特卫普举行的第 7 届奥运会上，比利时的哈里·斯滕奎斯特在铁路道口等待的 4 分钟被扣除了。南非选手亨利·卡伦布伦起初以为自己赢得了比赛，但最终以落后 1 分 25 秒的成绩获得第 2 名。五环相连的奥林匹克会旗首次在奥运会上空飘扬。这面旗帜是在 1913 年由奥林匹克创始人皮埃尔·德顾拜旦设计的。

7. 美国自行车贸易公司推出了一项名为"骑自行车"的促销活动，旨在说服人们骑自行车上班，而不是乘电车。该活动的一张海报上宣传：骑自行车，而不是乘坐炎热拥挤的电车，让你的上下班之旅成为一种乐趣，尽情享受新鲜空气和开阔的令人振奋的乡村景象。

8. 3 月，纽约赛车场公司宣布，计划在曼哈顿上端 225 街和百老汇分别修建一条可容纳 3 万人的有 6 条跑道（长 1.61 千米）的赛车场。这项耗资 25 万美元的工程将立即开工。

自行车在中国

上海开始了自行车零件的生产，并逐渐开发整车生产能力。

环法自行车赛

(1)比利时车手菲利普·蒂斯(拉思帕蒂瓦车队)成为环法赛的首位三冠王。

(2)每位参赛者必须提供给组织者一套衣服,以防他的行李丢失。

(3)黄衫在尼斯的第9赛段结束后才被颁发给菲利普·蒂斯。显然,亨利·德格朗热忘记定做黄衫了。

(4)在莱萨布勒-多洛讷的第4赛段后,一半的车手退出了环法赛,以抗议亨利·德格朗热的独裁作风。

(5)组织者举办了首届环法小姐选美大赛(除了极少数个例外,直到20世纪80年代初,女性记者才被允许报道这项赛事)。

(6)比利时车手占据了本届环法赛的前7名,并赢得了15个赛段中的12个。

(7)在1920年的环法赛中,有叼着香烟骑车的运动员。早在1900年烟草公司就开始赞助自行车比赛。

1921 年

1.禧玛诺集团创立,总公司设立在日本大阪。岛野庄三郎组建了禧玛诺钢铁厂,开始制造24齿的飞轮,他向客户承诺:飞轮坏一赔二。一年内,该公司每月生产3000个"333"飞轮,成本为0.3日元。

2.1月,纽约赛车场公司在芝加哥体育馆举办了一场为期6天的自行车比赛。

3.意大利车手乔瓦尼·布鲁内罗赢得了第9届环意赛冠军。

4.来自美国加州比弗利山的场地冲刺车手汉斯·奥尔特在法国尼斯有一家靴子制造厂,他在经历了两起严重撞车事故后为自己制作了两顶皮头盔。奥尔特第一次戴头盔是在圣诞节当天的巴黎赛车场。

5.6 月 10 日,未来的环法赛冠军让·罗比克出生。

6.荷兰阿姆斯特丹的官员同意将 1924 年的奥运会移至巴黎举办,以纪念现代奥运会的创始人皮埃尔·德顾拜旦,他即将退休。

7.国际自盟在丹麦哥本哈根举办了第 1 届世界公路业余男子锦标赛(职业比赛直到 1927 年才举行)。瑞典的贡纳尔·斯科尔赢得了这场距离为 190 千米的比赛。

环法自行车赛

(1)随着莱昂·塞尔(拉思帕蒂瓦车队)在 1919 年和 1922 年的胜利,再加上菲尔明·朗博的胜利,比利时的弗洛雷讷成为该国唯一出现两个环法赛冠军的城市。

(2)亨利·德格朗热觉得车手们不够努力,于是在比赛的第 11 赛段采用了一种分区出发的方式——有点像团队计时赛。

(3)38 岁的吕西安·波蒂埃参加了他的第 8 届也是最后一届环法赛,获得了第 32 名。他在 1903 年第 1 届环法赛中获得了第 2 名。

(4)位列第 4 名的路易吉·吕科特(安科拉车队)是迄今为止在该赛事中决赛排名最高的意大利人。

1922 年

1.乔瓦尼·布鲁内罗赢得了第 10 届环意赛,这是他连续第二次赢得该项比赛冠军。

2.在意大利,雷吉纳生产出它的第一条自行车链条。

3.2 月,国际自盟表示,如果德国重新申请的话,那么他们将计划在 1923 年 1 月 1 日重新接纳德国。1921 年夏天,德国曾申请加入,但在最近的一封信中,德国又撤回了申请。

4.7 月 14 日,22 岁的业余自行车爱好者克拉伦斯·瓦格纳完成了横贯美国大陆骑行的最后一站——洛杉矶。从他在纽约出发开始用时 28 天 4 小时 15 分钟,比之前 35 天的纪录缩短了 6 天多。

5.意大利品牌皮纳雷洛创办。

自行车在中国

有确切记载的在紫禁城里第一个骑自行车的人是末代皇帝溥仪。溥仪 16 岁时,其堂弟溥佳将一辆自行车当成礼物送给了他。他从此常带着侍从在宫中骑车取乐。他在《我的前半生》中回忆道:"为了骑自行车方便,我们祖先在几百年间没有感到不便的宫门门槛,叫人统统锯掉。"清宫档案记载,溥仪留在宫里骑着玩的自行车达 20 余辆,都存放在御花园内的绛雪轩。绛雪轩以前是乾隆皇帝吟诗赏花的地方,那时却成了溥仪的"御用"自行车库。

环法自行车赛

(1)比利时的菲尔明·朗博(标致车队),现年 36 岁,成为目前环法赛冠军中最年长的车手。朗博也成为环法赛中第一个没有赢得任何一个赛段冠军而赢得总冠军的车手。

(2)为了提高环法赛的宣传效果,组织者允许另外 10 辆新闻车跟随比赛,使总数达到 15 辆。

(3)瓦尔山口和伊佐阿尔山口第一次被包括在赛程内。

(4)比赛的一个赛段首次在高海拔城市布里扬松结束。

(5)由于下雪,原定的图尔马莱山爬坡登顶被取消了。

(6)欧仁·克里斯托夫第三次摔断前叉(另外两次分别发生在 1913 年和 1919 年)。

(7)标致车队的车手在比赛的 15 个赛段中赢得了 11 个赛段的冠军。

(8)乔治·戈芬第三次参加环法赛。正如他在前两次尝试中所做的那样,那就是在第 1 赛段就放弃了。39 岁的戈芬也叫"内莫",他曾在 1909 年和 1911 年参加过环法赛。

1923 年

1. 炮弹型电池式自行车灯问世。当时，自行车上使用的车灯大半是蜡烛式的或者是油灯式的，刮风时很容易熄灭，十分不便。虽然有电池式的灯，但寿命仅两三个小时，而且很容易出故障，不实用。因此，热衷于设计的幸之助下定决心要对电池式车灯进行改良。于是，幸之助花了半年时间，制作了几十个样品，结果可达到点灯 30 至 40 小时，并且样式新颖。

2. 法国自行车品牌亚历克斯·桑热成立，它和另一个法国品牌勒内埃尔斯基本奠定了后来旅行车的样子。

3. 专利对接管材公司更名为雷诺兹管材有限公司。它继续生产用于自行车的 HM（高锰含量）管材。

4. 意大利的科斯坦特·吉拉丹戈赢得了第 11 届环意赛的冠军。

5. 皮埃尔·吉法尔去世。当亨利·德格朗热在 1900 年创办《汽车与自行车报》（在与《自行车报》的一场官司后，更名为《汽车报》）时，吉法尔是竞争对手《自行车报》的编辑。到了 1904 年，《汽车报》新创办的环法赛让《自行车报》破产了，后来吉法尔受雇于亨利·德格朗热，为其工作，后者在他的葬礼上发表了感人肺腑的悼词。

6. 为了刺激青少年款自行车在美国的销售，美国自行车行业协会发行了一部名为《梦想成真》的短片，讲述了一个男孩为了得到自己梦寐以求的自行车所付出的努力。

7. 意大利的埃托雷·布加蒂是该国许多自行车和三轮车纪录的拥有者，法国政府授予其荣誉骑士勋章。

自行车在中国

长沙进口了自行车 3 辆。1925 年为 15 辆，1927 年为 28 辆，1930 年为 75 辆，1935 年则达到了 213 辆。

环法自行车赛

（1）亨利·佩利西耶（Automoto车队）自1911年以来首次获得环法赛冠军。

（2）在发生机械故障时，车手可以和队友交换零件，或者从领队那里得到一辆备用自行车。

（3）每个赛段的冠军将获得两分钟的时间奖励。

（4）在第11赛段让·阿拉瓦纳因摔伤退出了环法赛，一个月后，为他在《汽车报》设立的基金收到了8200法郎的捐款。

（5）比赛结束后，《汽车报》发行了环法赛纪念版，售出了100万份。

（6）奥塔维奥·博泰基亚是第一个穿黄衫的意大利车手，也是第一个登上领奖台的意大利人。

1924 年

1.11月4日，在意大利维多利亚大奖赛上，图利奥·坎帕尼奥洛在攀爬克罗切达昂山口时，无法拧下车轮螺帽来转动后轮，因为他的手指被冻僵了。不久后，他开始开发快拆轮毂。

2.意大利的朱塞皮·亨里齐赢得第12届环意赛冠军。

3.法国人阿诺·布朗绍内在巴黎举办的第8届奥运会上赢得自行车男子公路赛冠军。

4.在法国，阿尔贝·雷蒙推出了第一款商业上成功的Le Cyclo变速器。

自行车在中国

10月24日《申报》报道，同昌车行采办各国名厂脚踏车之机件，由英国伯明翰厂担任装配，制作而成一种耐用美观之脚踏车，虽然仅是"与欧美厂家订定合同，以示可靠"的贴牌生产方法，但却开了中国自创品牌自行车之先河。

环法自行车赛

(1)奥塔维奥·博泰基亚(Automoto 车队)从头到尾都穿着黄衫(除了在第 11 赛段故意穿着紫衫变相保护自己外),成为环法赛首位意大利冠军,3 年后他被发现死于路边(头骨破裂),死因至今仍是谜。

(2)吉布斯肥皂公司向环法赛支付 4.5 万法郎,奖给各赛段的冠军和比赛总成绩的前两名。

(3)18 岁的雅克·戈代为父亲维克托在《汽车报》工作。

(4)赛段冠军的时间奖励从两分钟增加到三分钟。

(5)由亨利和弗朗西斯·佩利西耶策划的《道路的奴隶》举行媒体发布会,该书详细地描述了车手的待遇和他们对毒品的使用。

(6)来自法国尼斯的 51 岁警察朱尔·巴尼诺成为参加环法赛最年长的车手,但他在第 1 赛段就放弃了。

(7)从莱萨布勒-多洛讷到巴约讷的 482 千米的第 5 赛段是环法赛历史上比赛时间最长的一天(按时间),冠军耗时 19 小时 40 分钟才完成。

(8)尽管奥运会游泳、网球和体操比赛很吸引人,但在 7 月 20 日当天,仍有 2.5 万名巴黎人聚集在王子公园体育场,观看环法赛最后一个赛段的比赛。

1925 年

1. 世界自行车产量已达 200 万辆,其中英国占 50%,成为当时主要的输出国。

2. 意大利品牌皮纳雷洛于 1925 年在享有国际盛誉的米兰自行车展上获得金牌及荣誉证书,标志着皮纳雷洛品牌自行车生产的开端。

3. 阿尔弗雷多·宾达赢得了第 13 届环意赛冠军,他也是取得 41 个环意赛赛段冠军的第一人。在 1925 年至 1933 年的环意赛中有 5 名伟大的意大利车手获胜,他是第一个。

4. 法国的费利克斯·塞利耶是 1925 年巴黎—鲁贝赛的获胜者，他有一个由一位机械师专门制作的 13 齿的齿轮。当他状态良好时，他就谨慎地从骑行服的口袋中取出齿轮，拧紧在后轮毂上。

5. 3 月 12 日，未来的环法赛冠军路易松·博贝出生。

6. 3 月 21 日，未来的环法赛冠军雨果·科莱特出生。

环法自行车赛

(1)奥塔维奥·博泰基亚(Automoto 车队)成为连续赢得环法赛冠军的第三位车手。

(2)环法赛赛段数从 15 个增加到 18 个。

(3)鉴于前一年佩利西耶兄弟的抗议，环法赛组织者亨利·德格朗热制定了一项规则，规定通过退赛或让其他车手退赛来抗议规则的车手将被禁止参加接下来几年的比赛。

(4)本届比赛前 10 名中没有法国车手。

(5)第一部根据环法赛改编的电影《踏板之王》的镜头是在本次比赛期间拍摄的。电影改编自亨利·德库安和皮埃尔·卡尔图的同名小说，讲述了年轻的行李员福蒂纳·里夏尔通过参加环法赛来提高自己的社会地位的故事。这部电影由一位名叫"比斯科"的演员主演。

自行车在中国

(1)溥仪走出紫禁城躲进日本使馆后，还常常在深夜带着随从"骑自行车外游"。

(2)上海公共租界有自行车 9800 辆，8 年后增至 29 500 辆。

1926 年

1. 意大利的乔瓦尼·布鲁内罗赢得了第 14 届环意赛冠军，成为该赛事的首位三次夺冠的选手。布鲁内罗在莱尼亚诺车队的队友阿尔弗雷多·宾达赢得了 6 个赛段的冠军。

2.维克托·戈代去世。戈代是环法赛的赛事总监雅克·戈代的父亲,是 1902 年《汽车报》的财务主管,他让亨利·德格朗热举办了第一次环法赛,并告诉德格朗热可以用办赛事的收益建一个更大的资金池。

3.在法国这个拥有 3800 万人口的国家中,有 640 万辆自行车,即每 6 人一辆。而法国大约有 65 万辆汽车。

4.在美国北卡罗来纳州的康科德市,美国历史最悠久的自行车经销商盖尔先生因其成就而获得银质奖杯。自 1880 年以来一直从事零售自行车业务的盖尔还当选为美国元老俱乐部主席。

5.自行车品牌宙斯由路易斯·阿雷吉在西班牙伊巴创立,第二次世界大战前曾盛极一时,仅单车专利就有 100 多项。它不仅制造高端整车,还有几乎可与坎帕尼奥洛等量级的套件。

自行车在中国

中国第一辆"红马牌"自行车诞生在上海。

环法自行车赛

(1)吕西安·比斯(Automoto 车队)成为用时最长的环法赛冠军:238 小时 44 分 25 秒。

(2)第 20 届环法赛是有史以来骑行距离最长的一次:5745 千米。

(3)本届比赛的平均速度只有 18.9 千米/时,巴约讷和吕雄之间的第 10 赛段是本届环法赛速度最慢的赛段。

(4)在比赛中,马塞尔·比斯的女儿死了。第 3 赛段结束后,他收到了消息,在家人的鼓励下,他才继续参赛。

(5)环法赛首次在巴黎以外的地区发车,选手们将乘坐专列前往依云。

(6)第一次,没有法国车手赢得赛段冠军。

(7)川村俊雄是第一个参加环法赛的日本车手。但他在第 1 赛段就放弃了比赛。

(8)朱尔·比斯和吕西安·比斯成为同一年份领骑比赛的第一对兄弟车手。

1927 年

1. 首届公路世锦赛举办。该赛事是由国际自盟主办的世界最高水平的公路自行车赛之一。世界冠军第一次被授予带有水平蓝色、红色、黑色、黄色和绿色"彩虹"条纹的白衫。

2. 在离终点还有 32.2 千米的时候,阿尔弗雷多·宾达发动进攻,最终以 7 分 15 秒的优势击败了他的同胞科斯坦特·吉拉丹戈,赢得了国际自盟的第一个公路世锦赛冠军。经过 6 个半小时的比赛,55 名选手中只有 18 人完成了比赛。在德国埃费尔山脉新开放的纽博格林赛车场,宾达骑着一辆没有变速器的自行车赢得了这场比赛的冠军。

3. 日本昭和时代经济大萧条,禧玛诺钢铁厂关门。该公司将很快重新开业,并建立一个 2.5 万平方米的工厂。

4. 1899 年巴黎—鲁贝赛的冠军阿尔贝·尚皮翁在巴黎的默里斯酒店参加晚宴时突发心脏病去世。有传闻说他曾被他妻子的情人殴打过。

5. 在美国波士顿的一家医院里,自行车被用于心脏病和呼吸系统疾病的研究,以确定身体在特定的工作条件下的血液耗氧量。通过管道连接,骑手可以从外面获得空气,尽力吸气后,吸入的空气会被转到一个气体测量器中,在那里可以测量氧气和碳酸。碳酸气体的量表示人体在做一定量的功时从血液中消耗了多少氧气,而这个功是由自行车的速度和骑手的体重来衡量的。

6. 两届环法赛的冠军得主奥塔维奥·博泰基亚在一次训练骑行中神秘死亡,留下妻子和两个孩子。人们普遍认为他是被法西斯分子殴打致死的。

7. 意大利的阿尔弗雷多·宾达在 15 个赛段中赢得了 12 个赛段冠军,获得了第 15 届环意赛冠军。这是他在该项赛事中所赢得 5 场胜利中的第二场,此前一年,他赢得了 6 个赛段冠军并获得了总成绩第二名。到目前为止,这位伟大的意大利车手已经在三届环意赛中拿下了 19 个赛段冠军。

8. 在美国华盛顿特区,年仅 17 岁的米尔顿·史密斯在 24 小时 15 分钟内骑行了 402.98 千米,创造了这项赛事的新纪录。在骑行期间,史密斯吃了一个鸡肉三明治、一些冰激凌,喝了一些水和几杯咖啡。

9. 经过 3 年的发展,图利奥·坎帕尼奥洛推出了快拆花鼓。

10. 比利时的乔治·龙瑟(Automoto 车队)在巴黎—鲁贝赛上击败了法国的约瑟夫·科特尔(标致车队)。许多观察家怀疑龙瑟的车队经理皮埃拉尔是幕后黑手。受雄心勃勃的扩张计划所带来的财务问题的困扰,Automoto 车队决定跳过 1927 年的环法赛,专注于古典赛。1929 年,标致车队收购了破产的 Automoto 车队,经理们发现了一张日期为 1927 年 4 月 17 日的收据,上面有巴黎—鲁贝赛裁判安德烈·特里亚卢的签名,金额"相当大"。

环法自行车赛

(1)比赛冠军尼古拉斯·弗朗茨(阿尔西翁车队)成为首位来自卢森堡的身穿黄衫的车手。

(2)大多数平路赛段都是由各职业车队每隔 15 分钟分别领骑。

(3)赛段数增加到 24 个。

(4)自 1903 年以来首次没有赛事前冠军参加比赛。

(5)弗朗西斯成为佩利西耶三兄弟中第二个穿黄衫的人。

(6)在第 6 赛段,弗朗西斯·佩利西耶在领先时因病退出了比赛。

(7)图卢兹电台每天晚上播出 15 分钟的环法赛新闻。

1928 年

1.意大利人阿尔弗雷多·宾达赢得了第 16 届环意赛冠军,这使他在该项赛事的赛段胜利总数达到 25 次。这是宾达职业生涯 5 次环意赛夺冠中的第 3 次。

2.比利时车手乔治·龙瑟在匈牙利布达佩斯赢得了公路世锦赛冠军。

3.丹麦的亨利·汉森在阿姆斯特丹举行的第 9 届奥运会男子自行车公路赛中获胜。英国的弗兰克·索撒尔排名第二。

4.7 月 9 日,未来的环法赛冠军费德里科·巴阿蒙特斯出生。

自行车在中国

(1)1928 年以后自行车的检验、登记、核发号牌由市公用局管理,并规定:"自行车要车件应求完备,车上应安置手铃,一车不准两人共乘,前后轮至少须装设一制动器,其制动力以能于车下坡时制止车之下行为标准,于日落后黎明前行驶,须于车前悬白光灯一盏,车后装置红色反光石一块。"当时巡警的职责之一,就是对自行车进行检查。如果有人骑自行车不遵守以上法规,被巡警发现后,可随时处罚。

(2)1928 年,留日华侨薛福基在上海徐家汇创办了大中华橡胶厂,生产双钱牌车胎。20 世纪 20 年代末,上海开始生产自行车前叉、泥板、骑座、辐条、气门嘴、把手等零配件,有国产和进口件组装自行车上市,牌号有飞马、飞鹰、飞人、飞轮、八旗、红马、五星、红狮等。

环法自行车赛

(1)在黄衫时代,赛事冠军尼古拉斯·弗朗茨(阿尔西翁车队)是第二位(仅次于奥塔维奥·博泰基亚)从头到尾穿着黄色领骑衫的车手。赢得 1927 年环法赛冠军的弗朗茨身着黄衫开始了 1928 年的比赛,成为唯一一个从头到尾真正全程穿黄衫的车手。

(2)1928 年的赛事是第二场(也是最后一场)广泛使用分区出发模式的环法赛。

(3)根据比赛规定,每队允许使用 5 名替补车手。

(4)本届环法赛共有 162 名车手参加,是迄今为止规模最大的一场比赛,这个纪录直到 1982 年才被打破。

(5)在前往尼斯的第 12 赛段,两名女子骑自行车跟随主车群骑行了近 161 千米。

(6)从 1928 年开始,赛段的长度被公认为相当准确。以前,距离是估计的。

(7)哈里·沃森是第一位参加环法赛的新西兰骑手。沃森和澳大利亚选手休伯特·奥珀曼、佩里·奥斯本、欧内斯特·班布里奇组成了"拉瓦特-旺德-邓禄普"车队,以落后于比赛冠军弗朗茨 16 小时53 分 32 秒的成绩完成了第 22 届环法赛。

1929 年

1.首届世界自行车球锦标赛举行,自行车球是一种在室内进行的球类运动,由两队进行对抗,每队由两名成员组成,骑着自行车,以将球射入球门次数多者为胜。

2.意大利人恩佐·法拉利创立了法拉利品牌。

3.美国康涅狄格州哈特福德的詹姆斯·阿曼多可能是第一位在美国公路自行车比赛中使用变速器的车手。

4.意大利的阿尔弗雷多·宾达赢得了第 17 届环意赛,这是他的5 次环意赛胜利中的第 4 次。这次他拿下了 8 个赛段(这使他的总获胜赛段数达到 33 个)的冠军,宾达在比赛中优势明显,据报道,第二年组织者愿意付给他 2 万多里拉让他不要参赛了。

5.百慕大的官员在 3 月下旬的报告中说,由于大批美国女青年在复活节期间到百慕大旅游,造成了当地女式自行车的短缺,因此许多妇女不得不改骑男式自行车。马和自行车是该岛上的两种交通工具。

6.30 岁的维克托·塞盖蒂是一名参加过第一次世界大战的意大利老兵。他从阿根廷布宜诺斯艾利斯出发，开启了为期 22 个月的自行车之旅，12 月初，抵达纽约。在旅途中，塞盖蒂带着一把手枪和一支来福枪，为了躲避野生动物，他在树上睡过，也游过溪流，共使用了 16 组轮胎。

7.比利时选手乔治·龙瑟连续第二年获得公路世锦赛冠军。赛事从美国新泽西州的纽瓦克移师瑞士苏黎世举行，因为美国的组织者只想举办山地赛，不想举办公路赛。

8.标致车队收购了 Automoto 车队。

9.法国作家雅克·夏巴纳出版了《微生物》一书，这是一本关于一个年轻人的小说，他因为赛车成功而成为国家英雄。

自行车在中国

(1)1929 年在杭州西子湖畔，在当时的浙江省政府主席张静江倡议下，举办了一场武林大会。大会"日刊"记载，有一位来自中央国术馆的选手，北平人李成斌，在会上表演了高超的"自由车"(自行车)技艺，只见他"以一足跃登坐垫，复翘其一足，绕行台上一周，继忽一跃而下，旋其身易其方向，坐于握手之圆柄上而袖其双手运其两足，车仍向原线进行，而人之地位则为倒退，如失舵之舟而转折自如，已属难能。更忽一俯其身，竖其双足，手握踏镫而摇之，以手代足而车之行进转折如故"。

(2)上海差不多有 3.8 万辆自行车，约为人力车数量的三分之二，是汽车数量的两倍多。中国人所骑的自行车大多是进口的，据海关报告说，20 世纪 20 年代，中国从国外进口的自行车数量激增。在高峰期的 1929 年，进口值是 1914 年的 5 倍多。向中国出口自行车的 3 个主要国家与过去一样，但排序有所不同，英国(41.2％)、德国(31.5％)、日本(7.5％)，德国反超了日本。

环法自行车赛

(1)比利时人莫里斯·德瓦勒(阿尔西翁车队)在他的阿尔西翁车队队友的帮助下赢得了比赛的冠军。

(2)17岁的费利克斯·莱维坦开始了他的体育写作生涯,他讲述了自行车赛车场的明星车手的故事,莱维坦后来成为1947年环法赛的联合总监。

(3)23岁的雅克·戈代开始了他的环法赛报道之旅。除了1932年报道洛杉矶奥运会和1981年生病期间缺席之外,他每年都会跟踪报道,直到1989年。

(4)法国的维克托·丰坦成为环法赛第二位放弃比赛的领先者。丰坦的撞车事件引发了呼吁赛车手们使用备用自行车的呼声。

(5)比赛组织者恢复了允许车手补胎的规定。

(6)工厂工人伯努瓦·富尔骑着由他的老板若阿尼·帕内尔设计的带有变速器的自行车赢得了"大众骑游"类别的冠军。

(7)夏尔·佩利西耶成为佩利西耶三兄弟中第三个赢得环法赛赛段冠军的人。

(8)亚历克斯·维罗和让·安托万用短波电台对比赛进行了现场直播。

(9)除了第12、19和20赛段以及"在平均速度低于30千米/时的情况下"外,在前两届环法赛中使用的"分别出发"方式已被取消。

(10)在比赛的前3个赛段,4名车手并列领先:法国的马塞尔·比多,以及3名比利时阿尔西翁车队车手——艾梅·多舍、艾梅·迪奥莱特和莫里斯·德瓦勒。

(11)骑手分为两类:A类车手(Aces,精英类)和"大众骑游"类车手。

(12)比赛的官方奖金总计15万法郎。

第八章 别来了，与其他车手相比你有绝对优势（1930—1939）

　　环西班牙自行车赛（简称"环西赛"）创办，至此，三大环赛之最后一"环"补齐。世界上再无其他赛事可以撼动三大环赛的地位，哪怕是以奥运会之名或以 UCI 之名。

　　号称"世界上最好的自行车"出现，随后又推出了一款号称"现代越野自行车始祖"的车型，这是哪个品牌呢？

　　有人拿到了新型后变速器的专利，也有人推出了仅有 2 毫米厚的 5 速飞轮。

　　有位老兄连续三年拿下环意赛冠军，结果，在第四年，被组委会告知：今年你别来了。理由是"与其他车手相比有绝对优势"。这还让不让别人活了？另外有人打破了一小时骑行世界纪录，结果 UCI 说，这不算。理由是"你骑的是躺车"。从那时起，所有以非传统坐姿骑行的车辆所创造的纪录都被从 UCI 一小时骑行世界纪录中分离出来单独计算。

　　在英国，一个有组织的行动正在进行，通过对骑自行车的人和自行车实行许可证和登记制度，向全国大约 1000 万骑自行车的人征税。不仅驾车者对大量骑自行车的人堵塞该地区通畅的道路感到恼火，英国的汽车制造商也对由于美元贬值而导致的出口萎缩感到担忧，他们还担心自行车对汽车销售的影响。在美国纽约州，州长签署了一项法案，要求所有自行车都必须配备适当的刹车、喇叭或铃铛、大灯，以及前后反射镜。

　　在法国巴黎郊外，一名前环法赛冠军陷入了不断恶化的精神疾病痛苦中,他的女友在和他的一次争吵中向他开了5枪,冠军死了。他的妻子两年前曾经用同一把枪自杀。冠军女友说她是出于自卫,因此被判处一年缓刑。

还是来说环法赛,这一章看点多多。环法赛改变了参赛形式,要求以国家队的名义而不是以企业(商业)队来参加比赛。服务车第一次被允许跟随车手。在德国入侵法国后,环法赛总监拒绝办赛。

另外,由于墨索里尼的干预,意大利国家队抵制了哪一年的比赛呢?第一位全程使用变速器的环法赛冠军是谁呢?是哪张报纸派了一名女记者从女性的视角来报道比赛呢?又是谁,因为他的未婚妻不断出现在赛道上,而被罚款50法郎?

在中国,也出现了载入世界自行车史册的事件:中国青年潘德明成为人类文明史上第一个只身徒步加骑车环绕地球一周的人。

另外,中国被许可使用自行车的人群越来越广。在广州,因警察抱怨机动车司机肇事逃逸跑得太快追不上,于是,政府给交警配备了自行车,不过配车标准是每三人一辆。为什么不能增加到每人一辆呢?因为那时候的自行车比较贵,无论是买车还是养车,都要花很多钱。有多贵呢?

有农民骑自行车出入田地,而且大都是进口车。在山东,就有一万多辆这样的车辆获得了许可。当抗战爆发后,八路军通过缴获以及购买等途径获得了一些自行车,并组建起了成建制的自行车部队。

在上海,所有电影院为"跑片员"配备了自行车。另外,电报局、电话公司、公用局、警察局等众多机关,也纷纷为员工配备了标志与颜色统一的自行车作为工作交通工具。

1934年秋天,萧乾写了篇散文《脚踏车哲学》,以独特敏感的笔触刻画出了当时在北京城市道路上骑行者的种种样态。欲见其详,请继续往下看。

分类概览

人物传奇

◎1934 年，卡雷尔·卡尔斯成为最年轻的世界冠军车手；雅克·安克蒂尔出生。

◎1935 年，阿尔弗雷德·德雷富斯逝世；亨利·佩利西耶被枪杀。

品牌技术

◎1930 年，图利奥·坎帕尼奥洛获得新快拆花鼓专利。

◎1933 年，意大利坎帕尼奥洛品牌创立。

◎1934 年，法国马威克公司申请了铝合金轮辋的专利。

◎1935 年，雷诺兹推出了 531 锰钼合金管自行车架；52 齿链条投入使用。

◎1936 年，Simplex 公司推出了 5 速飞轮。

◎1938 年，派拉蒙系列自行车亮相；德尔尼自行车推出。

赛事会展

◎1930 年，阿尔弗雷多·宾达赢得公路世锦赛；路易吉·马尔基西奥赢得第 18 届环意赛；宾达被禁止参加环意赛。

◎1931 年，环意赛第一个穿着粉色领骑衫的车手出现。

◎1932 年，巴黎—布雷斯特—巴黎赛禁止职业选手参赛；安东尼奥·佩森蒂赢得第 20 届环意赛；宾达第三次赢得公路世锦赛；阿蒂利奥·帕韦西赢得奥运会男子自行车公路赛冠军。

◎1933 年，乔治·施派歇尔同时赢得环法赛和环意赛冠军；首届环瑞士赛和巴黎—尼斯赛举办。

◎1934 年，莱亚尔科·圭拉赢得第 22 届环意赛。

◎1935 年，第 1 届环西赛举行；瓦斯科·贝尔加马斯基赢得第 23 届环意赛冠军。

◎1936 年，古斯塔夫·德洛尔在环西赛上再次夺冠；罗贝尔·

沙尔庞捷赢得奥运会男子自行车公路赛冠军。

◇1937 年,吉诺·巴尔塔利赢得环意赛;埃卢瓦·莫伊伦贝格赢得公路世锦赛。

◇1938 年,乔瓦尼·瓦莱蒂赢得第 26 届环意赛。

协会组织

◇1933 年,国际自盟不认可躺车纪录。

◇1937 年,纽约州州长签署了一项关于自行车的法案。

文化速阅

◇1930 年,一群男孩轮流骑了 219 个小时的自行车。

◇1932 年,雅克·戈代报道了洛杉矶奥运会。

◇1934 年,电影《自行车六日赛车手》发行。

◇1939 年,汤米·戈德温在 500 天内骑行了 160 934.4 千米。

自行车在中国

◇1930 年,广州市公安局准备给交警配自行车。

◇1932 年,上海脚踏车贩制业同业公会成立。

◇1933 年,上海市修租脚踏车商业同业公会成立;上海所有电影院为"跑片员"配备了自行车。

◇1934 年,萧乾写了一篇名为《脚踏车哲学》的散文。

◇1936 年,昌和工厂在天津成立。

◇1937 年,潘德明成为只身徒步加骑车环绕地球一周第一人。

◇1939 年,八路军组建自行车部队。

环法自行车赛

◇1930 年,安德烈·勒迪克夺得冠军。

◇1931 年,安托南·马涅赢得冠军;出现第一张环法赛漫画。

◇1932 年,安德烈·勒迪克赢得冠军;赛段的前三名选手可获得时间奖励。

◇1933 年,乔治·施派歇尔赢得冠军;比赛第一次有警察护送。

◇1934 年,安托南·马涅赢得环法赛第一个个人计时赛冠军;比赛的平均速度首次超过了 30 千米/时。

◇1935 年,罗曼·梅斯全程领骑拿到本届环法赛冠军;弗朗切斯科·塞佩达撞车 3 天后死亡。

◇1936 年,西尔维尔·梅斯夺冠;环法赛推出了首个三阶段赛段;意大利国家队抵制了比赛。

◇1938 年,吉诺·巴尔塔利夺冠;独立车手首次被排除在外。

◇1939 年,西尔韦尔·梅斯赢得冠军;德国、意大利和西班牙队缺席了本届环法赛;因未婚妻不断出现在赛道上,维克托·科松被罚款。

1930 年

1. 在意大利，安杰洛·路易吉·哥伦布的飞机管材公司开始制造用于自行车车架的双对接管材。

2. 2 月 8 日，图利奥·坎帕尼奥洛获得了他的新快拆花鼓专利。

3. 阿尔弗雷多·宾达赢得了 1930 年在比利时列日举办的公路世锦赛冠军。

4. 美国新泽西州布卢姆菲尔德的一群男孩轮流骑了 219 个小时的自行车，试图打破吉米·杜利最初在哈肯萨克惠勒斯创下的 384 小时的纪录。

5. 意大利的路易吉·马尔基西奥赢得了第 18 届环意赛冠军。

6. 3 月 1 日，未来的自行车大王加斯托内·南奇尼出生。

7. 车手阿尔弗雷多·宾达已经在 1927 年、1928 年、1929 年连续三年拿下环意赛冠军，今年，他被禁止参赛，理由是"与其他车手相比有绝对优势"。

自行车在中国

(1)1930 年 7 月，广州市公安局发布公报称："本市汽车时有伤毙人命之事，而被司机乘机逸脱者亦时有所闻。此虽截车之法尚有未周，而警察跑步追车亦极困难之事。故除已积极筹划截捕汽车善法外，昨并通饬各区，对于交通警察，授以驾驶单车技能，将来拟置备脚踏单车多辆，发给各交通警察，以备追捕汽车之用。"

(2)1930 年，潘德明随"中国青年亚细亚步行团"从上海出发来到越南，然后购买了一辆自行车，继续旅行。其历时近 8 年，游历了 40 多个国家和地区，于 1937 年 7 月返回上海。在途中，他拜谒了印度诗人泰戈尔。泰戈尔深为他的精神所感动，对他说："我相信，你们有一个伟大的将来；我相信，当你们的国家站立起来，把自己的精神表达出来的时候，亚洲也将有一个伟大的将来——我们都将分享这个将来带给我们的快乐。"

(3)《兰州市志·邮政志》记载："民国 19 年(1930 年)始有自行车用于邮务。"

环法自行车赛

(1)法国的安德烈·勒迪克赢得了他的两次环法赛冠军中的第一次。

(2)环法赛改变了参赛形式,要求以国家队的名义而不是以企业(商业)队来参加比赛。

(3)所有的车手都骑着由组织者提供的通用黄色自行车参加比赛。很快就有消息说这些自行车是由阿尔西翁车队制造的。

(4)赛车遇到机械故障的车手可以得到队友或跟随队车的帮助。

(5)宣传大篷车的引入是为了资助比赛。

(6)夏尔是佩利西耶兄弟中第三个赢得赛段冠军的。本次环法赛他赢得了 8 个赛段的冠军,其中包括最后 4 个赛段。

(7)法国队的车手在 21 个赛段中拿下了 12 个,法国队还将在 1957 年拿下 22 个赛段中的 12 个。

(8)比赛的照片通过电话线路传送,几个小时后就在巴黎被发布出来。

1931 年

1.意大利的弗朗切斯科·卡穆索赢得了第19届环意赛的冠军。在比赛中,莱亚尔科·圭拉成为第一个穿着粉色领骑衫的车手。

2.意大利的莱亚尔科·圭拉在 1931 年哥本哈根举行的公路世锦赛中独占鳌头,这是世界上唯一一场以"计时赛"方式进行的锦标赛。

3.9 月,澳大利亚人休伯特·奥珀曼(哈利路亚-沃尔贝车队,埃尔维什-沃尔贝车队)赢得了 1200 千米的巴黎—布雷斯特—巴黎赛。

4.根据本年公布的一份合同,第10届奥运会的自行车比赛将在著名的新年橄榄球比赛场地玫瑰碗举行。经国际自行车联合会批准,1932年春天将安装一条专用跑道。国际奥委会已经同意每天支付217美元的使用费。

自行车在中国

1931年初夏,广州市公安局果真将计划付诸实施,给交警配备了自行车,不过不是每人一辆,而是每三人一辆。为什么不能增加到每人一辆呢?因为那时候的自行车比较贵,无论是买车还是养车,都要花很多钱。

环法自行车赛

(1)法国的安托南·马涅赢得了他的两次环法赛冠军中的第一次。

(2)各参赛队在第2、3、4、6、7、12赛段开始分别出发。

(3)马克斯·布拉是第一个参加环法赛的奥地利人。他也是第一个赢得一个赛段冠军并穿上黄衫的奥地利人。

(4)瑞士和澳大利亚组成了一支环法赛车队,每个国家有4名车手参加。

(5)比赛结束后,1904年至1967年的环法赛终点场地王子公园赛车场的座位数从2万名增至5万名。在1967年环法赛之后,它将被拆除,为一条街道和一个足球场让路。

(5)法国漫画家佩洛索(勒内·佩拉兰,1900—1998)画了他的第一张环法赛漫画。

1932 年

1.巴黎—布雷斯特—巴黎赛禁止职业选手参赛。

2.意大利车手安东尼奥·佩森蒂赢得了第20届环意赛的冠军。

3.意大利的阿尔弗雷多·宾达在罗马赢得了公路世锦赛冠军。

这是他 6 年来在该赛事上的第三次夺冠。

4. 意大利的阿蒂利奥·帕韦西在洛杉矶举行的第 10 届奥运会上，获得了男子自行车公路赛冠军。

5. 在百慕大，罗伯特·弗雷德里克·扬在承认偷了一辆自行车后被判处两年劳役。由于百慕大不允许汽车通行，因此盗窃自行车被百慕大最高法院视为严重的犯罪行为。

6. 美国自行车冠军梅杰·泰勒死于明显的心脏病，时年 53 岁。

7. 63 岁的罗伯特·莫里森在美国新泽西州泽西城，在时速约为 96.56 千米的侧风中，踩着高轮自行车用时 18 分钟穿越乔治·华盛顿大桥（从纽约到新泽西）。35 年前，莫里森是哈勒姆自行车俱乐部的队长，该俱乐部由 450 名高轮自行车手组成。

8. 跟着兔子，澳大利亚的休伯特·奥珀曼在 24 小时内骑行了 1384 千米。

9. 首届国家大奖赛计时赛（单日的个人计时赛）在巴黎附近的上谢夫勒斯山谷举行。这项比赛是《巴黎晚报》编辑加斯东·贝纳克和明星记者阿尔贝·巴克·德伊斯的创意，以 1931 年公路世锦赛的计时赛为蓝本。法国选手莫里斯·阿尔尚博赢得了比赛冠军，他在 142 千米的赛道上平均时速为 37.13 千米。最后一次国家大奖赛计时赛将在 2004 年举行。

10. 12 月 21 日，未来的环法赛冠军沙利·高尔出生。

11. 记者雅克·戈代报道了洛杉矶奥运会。1937 年，戈代接替亨利·德格朗热担任环法赛赛事总监，他还将以 79 岁高龄报道 1984 年洛杉矶奥运会。

自行车中国

（1）1 月，17 家经营自行车的车行成立了上海脚踏车贩制业同业公会，有员工 135 人，1937 年增至 30 多家。

（2）据《江苏省体育志》记载，20 世纪 30 年代，江苏曾连续三年举办全省自行车竞赛,比赛地点在镇江。第 1 届是在 1932 年 11 月 27 日,有 21 名选手参加,全部是男性,第 1 名叫吴泰康。第 2 届是在 1933 年 11 月 26 日,有 27 名选手参加,也全部是男性。第 3 届是在 1934 年,有 29 名选手参加,仍然全部是男性。

(3)1932 年建设委员会浙江经济所整理成书的《杭州市经济调查》(上编)记载:"脚踏车捐于七月开始征收,每辆每季纳捐五角(大洋)。"照这样规定,如果每季度缴纳大洋五角,那么每年就要缴纳大洋两元。

广州市政府则是这样收缴车捐的:"营业单车每月纳捐二元(毫洋),自用单车每季纳捐三元。"出租用的自行车每月缴纳毫洋两元,非营业自行车每季度缴纳毫洋三元。一季度三元,一年就是十二元,按毫洋与大洋的汇率,一元四角毫洋兑换一元大洋,十二元毫洋等于大洋八元多,所以广州单车的车捐非常之高。

环法自行车赛

(1)法国选手安德烈·勒迪克三年内第二次赢得了环法赛冠军。

(2)每个赛段的前三名选手可获得 4 分钟、2 分钟和 1 分钟的时间奖励。如果骑手在比赛中领先至少 3 分钟,将获得额外的 3 分钟奖励。

(3)库尔特·斯托佩尔成为第一个穿上黄衫的德国人,也是第一个登上领奖台的德国人。

(4)瑞士首次派出国家队参赛。

(5)1932 年环法赛没有西班牙队参赛。

1933 年

1.意大利坎帕尼奥洛品牌创立,图利奥·坎帕尼奥洛在维琴察的一家小车间,开始了他的制造工业。

2.保罗·肖克病倒后,法国队启用了替补骑手乔治·施派歇尔,他赢得了 1933 年在法国蒙莱里举办的公路世锦赛冠军。使用于雷变速器战车的施派歇尔不确定自己状态如何，他提早发动了进攻，与队友安托南·马涅和罗歇·拉佩比配合，领先 5 分钟拿下了比赛。施派歇尔在赛前的星期五宣传片中获悉自己入选参赛阵容，他成为当年首位同时赢得环法赛和公路世锦赛冠军的车手。

3. 弗朗西斯·富尔打破了一小时骑行世界纪录，然而新纪录 45.055 千米是骑乘夏尔·莫歇的"Velocar"躺式自行车创造出来的，因此未能得到国际自盟的认可。从那时起，所有以非传统坐姿骑行的车辆所创造的纪录都被从国际自盟一小时骑行世界纪录中分离出来单独计算，此外被国际自盟纪录所禁用的器材还包括一切附加在车辆外部的整流装置。

4. 在拥有 800 万人口的荷兰，有 2 858 569 辆自行车，每 100 人有 35 辆自行车。自行车 99％的机器构件是荷兰制造的。

5. 美国堪萨斯州花园城的约瑟夫·萨托利斯赢得了美国自行车锦标赛的冠军。26 年来，他一直骑着同一辆自行车去糖厂上班。在这段时间里，他一共骑行了 55 232.69 千米，有过一次碰撞，用坏了 50 对轮胎，而且从来没有迟到过。

6. 8 月 25 日，来自荷兰的扬·范豪特打破了奥斯卡·埃格 19 岁时创下的 44.588 千米的一小时骑行纪录。4 天后，法国选手莫里斯·里夏尔在比利时圣特隆德将该世界纪录改写为 44.777 千米。

7. 施温推出了 Aerocycle 新车型，这是一款配备有两英寸宽的充气轮胎、挡泥板、大灯、按钮铃和"油箱"的自行车。

8. 31 岁的阿尔弗雷多·宾达赢得了环意赛 6 个赛段的胜利（这使得他的赛段冠军总数达到了 41 个），包括环意赛的首次计时赛，以及第 21 届环意赛的冠军。这是他的第五场也是最后一场胜利。

9. 9 月 29 日，刚刚在环法赛中获得第 4 名的乔治·勒迈尔在比利时的俱乐部间锦标赛中死于车祸，时年 28 岁。

10. 奥地利车手"大包"马克斯·布拉（奥斯卡·埃格）赢得了首届环瑞士赛冠军。

11. 第 1 届巴黎—尼斯赛的冠军由比利时的阿尔方斯·舍佩尔斯赢得。

自行车在中国

（1）4 月，上海市修租脚踏车商业同业公会成立了，有会员 240 余家，1937 年增至 400 余家。

（2）1933 年，上海所有电影院为"跑片员"配备了自行车。另外，电报局、电话公司、公用局、警察局等众多机关，也纷纷为员工配备了标志与颜色统一的自行车作为工作交通工具。

环法自行车赛

（1）法国的乔治·施派歇尔赢得了他唯一的环法赛冠军。

（2）赛段冠军的时间奖励从 4 分钟减为 2 分钟。

（3）西班牙独立车手比森特·特鲁埃瓦赢得了环法赛的第 1 届拉蒙塔涅大奖赛冠军。

（4）马提尼-罗西是首届官方爬坡王的赞助商。许多消息来源指出，该比赛 1933 年的爬坡赛是非官方的。

（5）比赛第一次有警察护送。自 1952 年以后，比赛一直由精锐的共和国卫队摩托车护送。

（6）意大利独立车手朱塞佩·马尔塔诺以第 3 名的成绩完成了比赛。

（7）随着法国车手在环法赛上连续第四次夺冠，《汽车报》的发行量达到创纪录的 85.4 万份。

（8）环法赛自 1912 年以来第一次绕法国顺时针进行。

1934 年

1. 法国马威克公司（MAVIC，即 Manufacture d'Articles for Vélocipediques Idoux et Chanel，意为 Idoux 和 Chanel 的自行车工厂）

于 1 月 5 日为自行车车轮的铝合金轮辋申请了专利,由于刚好比意大利的马里奥·隆吉的申请晚了两个小时,因此直到 1947 年才被许可投入生产。

2. 当法国赛事主办方要求美国职业冠军比尔·霍尼曼在比赛中穿国家冠军衫时,他们刚好拥有由巴黎体育用品商店 Unis 设计的一款冠军衫。该款冠军衫的特点是蓝底色,上部带有白色星星,下方为垂直条纹。该设计迅速流行,很快就被采用为美国冠军的官方服装。

3. 年仅 20 岁零 3 个月的比利时车手卡雷尔·卡尔斯在德国莱比锡赢得了公路世锦赛,成为最年轻的世界冠军车手。后来分别获得 1970 年和 1993 年公路世锦赛冠军的让-皮埃尔·蒙塞雷和兰斯·阿姆斯特朗在取得胜利时都是 21 岁。

4. 在英国,一个有组织的行动正在进行,通过对骑自行车的人和自行车实行许可证和登记制度,向全国大约 1000 万骑自行车的人征税。不仅驾车者对大量骑自行车的人堵塞该地区通畅的道路感到恼火,英国的汽车制造商也对由于美元贬值而导致的出口萎缩感到担忧,他们还担心自行车对汽车销售的影响。

5. 意大利车手莱亚尔科·圭拉赢得了第 22 届环意赛冠军。

6. 英国自行车手弗兰克·索撒尔 10 月 5 日创造了一项新的世界纪录——24 小时单人骑行,共骑行了 735.47 千米。此前的纪录是由澳大利亚的休伯特·奥伯曼创造的 693.63 千米。

7. 华纳兄弟公司发行电影《自行车六日赛车手》,这是一部由乔·布朗主演的喜剧片。

8. 伟大的自行车运动员雅克·安克蒂尔于 6 月 8 日出生于鲁昂附近的圣艾尼昂山。

9. 一个自行车骑行接力队用时 7 天 2 小时 51 分钟内从洛杉矶骑到纽约。旅程最后一站的骑手包括霍华德·鲁普雷希特、威廉·齐格贝尔和哈里·温塔尔。

10. 20 世纪 30 年代初,演员琼·克劳馥和小道格拉斯·范朋克在加利福尼亚掀起了一股小型自行车热潮,当时他们开始骑自行车锻炼身体。1934年7月出版的《玩具世界》和《自行车世界》杂志封面上都刊登了克劳馥骑自行车的照片。

11.8月4日至11日，大英帝国运动会在英国伦敦主办，曼彻斯特协办自行车赛事。

自行车在中国

(1)1934年出版的《长沙市指南》中提到，当时长沙城区的市内交通有汽车、人力车、脚踏车、摩托车等方式。有自用和营业两种。

(2)著名记者、作家萧乾在写于1934年秋天的散文《脚踏车哲学》中，以独特敏感的笔触刻画出了当时北京城市道路上骑行者的种种样态。比如：税局科员的"鹰牌"自行车往往亮得像银条，但因为太过于注重表面，结果只配在马路上摆摆架子；速度最快的是电报局科员，"只要登上车，他便飞下去了"，巡警的木棍会被他撞掉，"七十岁老太婆的命多半悬在他的轮下，监牢也是他可能的栖所"；老实本分的骑车人多半会骑在路边，"手指总勾在后闸的机关处，准备可以随时停下，每辆汽车的影子全能使他脸上泛出畏惧的表情，可是在无人知晓的时候，也会吐上几句对汽车的怨语"；有些骑车的人感觉骑在汽车之前永远要受到"压迫"，于是尾随在汽车之后，"任它去冲路"，但"这种人向为侪辈所不耻"；还有一些骑车者，"在汽车离得远的时候，就骑在马路中心，做几个反抗汽车的姿势，只要在场弹压的警察向他一挥棒，就即刻躲在最安全的地带去了，这种人只能获得一个丑角应有的喝彩，永远不能为同伴所信赖，或为敌人所畏惧"。

环法自行车赛

(1)安托南·马涅赢得了环法赛第一个个人计时赛冠军。

(2)法国国家冠军雷蒙·卢维奥赢得了第22赛段冠军。1990年，他的孙子菲利普·卢维奥也赢得了法国公路赛冠军。

(3)在阿尔西翁车队老板爱德蒙·让蒂的要求下，两届环法赛冠军安德烈·勒迪克没有被赛事总监亨利·德格朗热选入法国队,因为在阿尔西翁车队总监卢多维克·弗耶拒绝一个月增加 200 法郎的薪水之后,安德烈·勒迪克放弃了严格的阿尔西翁车队而加入了埃米尔车队。

(4)赛段冠军的时间奖励减少到 60 秒,亚军的时间奖励减少到 45 秒,第 3 名的时间奖励减少到 30 秒,而在山区赛段则相应增加。

(5)赛段 21A 和 21B 的设立开创了半赛段时代。

(6)法国的勒内·维耶托是第一个官方认可的"爬坡王"(参见 1933 年)。

(7)本届环法赛参赛人数最少:只有 60 人(1903 年和 1905 年也是如此)。

(8)比赛的平均速度首次超过了 30 千米/时。

(9)法国队从头到尾都穿着黄色领骑衫,拿下了 23 个赛段中的 19 个第 1 名,其中三名车手(安托南·马涅、罗歇·拉佩比和勒内·维耶托)进入前五名。

(10)在比赛中,获胜者安托南·马涅成功地测试了一对被禁止使用的马威克铝合金轮圈,这些轮圈被"涂上木材颜色"来伪装。

(11)影片《环法自行车赛》中关于比赛期间的部分是在本届比赛现场拍摄的。

1935 年

1.第 1 届环西赛举行。该赛事共 14 阶段,3411 千米。比利时的古斯塔夫·德洛尔(科林车队)赢得了本届比赛冠军。前两届赛事,领骑衫都是橙色的。该赛事自 1955 年起每年举办。它是排在环法赛、环意赛之后的第三大国际公路自行车赛事。

2.汉堡自行车于 1935 年被兰令工业收购,并采用了与兰令自行车相同的生产序列号。

3.法国陆军上校阿尔弗雷德·德雷富斯逝世,享年 76 岁。正是"德雷富斯事件"导致了《汽车与自行车报》的创立,其编辑亨利·德格朗热创立了环法赛。

4. 雷诺兹推出了 531 锰钼合金管自行车架。

5. 意大利的朱塞佩·奥尔莫(1911—1992)在意大利米兰新落成的维戈雷利赛车场上，将一小时骑行纪录更新至 45.090 千米。

6. 法国赛车手朱利安·穆瓦诺(1903—1980)使用了一个 52 齿链条。

7. 美国芝加哥的乔·马尼亚尼居住在法国东南部，他随乌拉戈地区一支名为"美国人"的地区车队转为职业车手，当年乔·马尼亚尼赢得了马赛—尼斯赛的冠军。

8. 比利时的让·阿尔茨赢得了 1935 年在比利时弗洛雷夫举行的公路世锦赛冠军。这是一场 26 名参赛选手中只有 12 人完赛的比赛，美国车手乔·马尼亚尼是未完成比赛的选手之一。

9. 5 月 1 日晚，前环法赛冠军亨利·佩利西耶陷入了不断恶化的精神疾病痛苦中，并在巴黎郊外因争吵被他的女友卡米耶·塔罗开了 5 枪而射杀。他的妻子莱奥妮两年前曾经用同一把枪自杀。卡米耶说她是出于自卫，因此被判处一年缓刑。时年，亨利·佩利西耶 46 岁。

10. 20 岁的吉诺·巴尔塔利加入了强大的莱尼亚诺车队转为职业车手，并赢得了意大利国家公路赛冠军。

11. 牛津是英格兰第一个提供自行车停车位的城镇。停车区域可容纳 150 辆自行车，设在一个有特殊形状的突出地面的钢制通道中。

12. 意大利的瓦斯科·贝尔加马斯基赢得了第 23 届环意赛冠军。吉诺·巴尔塔利赢得 1 个赛段冠军并获得爬坡冠军。

自行车在中国

农民骑自行车出入田地，这些自行车大部分是德国、日本和英国制造的。仅在山东，就有一万多辆这样的车获得了许可证。

环法自行车赛

（1）罗曼·梅斯全程领骑拿到了本届环法赛冠军。

（2）《环法自行车赛》可能是第一部关于这场比赛的纪录片。

（3）西班牙车手弗朗切斯科·塞佩达在加利比耶山口发生撞车事故 3 天后死亡。

（4）夏尔·佩利西耶以个人身份参加了佩利西耶兄弟的最后一次环法赛。

（5）团队计时赛作为 3 个半赛段的第二部分回归。

（6）获胜者分享 1100 万法郎的总奖金，为了避税，奖励清单上的金额标为 0 法郎。

（7）《汽车报》的竞争对手——让·普鲁沃的《巴黎晚报》开始每天晚上都加印一份关于环法赛的特刊，这要感谢由加斯东·贝纳克率领的 40 人团队，以及他们的 8 辆汽车、5 辆摩托车、2 架飞机和 1 辆公共汽车。报纸上的照片是在现场冲洗的，然后飞往巴黎排印当晚的《巴黎晚报》，同时开始出版体育周刊《冲刺》。

1936 年

1. 在瑞士伯尔尼举行的公路世锦赛上，法国选手安托南·马涅是第一个骑完全程的选手（总共 39 名首发选手）。他比意大利的阿尔多·比尼快了近 10 分钟。

2. 乔·马尼亚尼成为第一位完成公路世锦赛的美国车手，并列最后一名。乔·马尼亚尼还用 18 小时完成了国家大奖赛计时赛。

3. Simplex 公司推出了 5 速飞轮，齿轮仅有 2 毫米厚。

4. 在意大利米兰，莫里斯·里夏尔骑行了 45.398 千米，从朱塞佩·奥尔莫手里夺回一小时骑行纪录。

5. 在第 2 届环西赛中，比利时车手古斯塔夫·德洛尔卫冕了冠军。由于西班牙内战，环西赛直到 1941 年才再次举行。

6.在第 24 届环意赛中,吉诺·巴尔塔利赢得了 3 个赛段的冠军,击败了赢得 10 个赛段冠军的朱塞佩·奥尔莫,拿下了总冠军。环意赛结束一周后,吉诺·巴尔塔利的兄弟朱利奥在一场比赛中被肇事司机撞死了。

7.在德国柏林举行的第 11 届奥运会上,法国选手罗贝尔·沙尔庞捷赢得了男子自行车公路赛的冠军。

8.美国密苏里州圣路易斯的乔治·斯图尔特曼用仅有的一条好腿骑行了 96 560.64 千米。第 6 个码表很快将达到 16 091.83 千米的容量。斯图尔特曼于 1920 年开始骑车,他希望这项运动能增强他生来就受损的右腿的力量。

9.未来的一小时骑行纪录保持者罗歇·里维埃于 2 月 23 日出生。

10.4 月 15 日,未来的环法赛亚军雷蒙·普利多尔出生。

11.第一个自行车交通法庭在美国威斯康星州的拉辛开庭。

12.意大利的吉诺·巴尔塔利(莱尼亚诺车队)赢得了国际比赛的赛季冠军。

自行车在中国

昌和工厂在天津成立。昌和工厂是中国第一家自行车厂,生产"铁锚"牌自行车。后来的飞鸽自行车厂,正是源自昌和工厂。

环法自行车赛

(1)比利时人西尔维尔·梅斯取得了他两次环法赛胜利中的第一次胜利。

(2)由于身体不适,亨利·德格朗热在比赛的第 2 赛段后将环法赛的职权交给了雅克·戈代。

(3)第 1 赛段的获胜者保罗·埃格利成为第一个穿上黄衫的瑞士人。

（4）在退休前，德格朗热在环法赛推出了首个三阶段赛段（19A、19B和19C）。他还将计时赛的次数从6次减少到5次，但让所有的计时赛都成为团队计时赛，并将休息日从4天增加到6天。

（5）阿卜杜勒-卡德尔·阿布是环法赛的第一位阿尔及利亚车手。他以倒数第2名的成绩完成比赛，排在第42位，比获胜者慢了将近5个小时。

（6）在贝尼托·墨索里尼的命令下，意大利国家队抵制了比赛。

（7）荷兰、南斯拉夫和罗马尼亚派出了他们的第一支队伍参加了环法自行车赛。

（8）荷兰的特奥·米德尔坎普赢得了该国的首个环法赛赛段冠军。

1937 年

1.吉诺·巴尔塔利（莱尼亚诺车队）赢得了第25届环意赛冠军。这是他连续第二次赢得比赛。吉诺·巴尔塔利还连续第二年赢得了整个赛季的国际比赛冠军。

2.来自美国新泽西州泽西城的多丽丝·科普斯基赢得了首届美国自行车联盟女子赛冠军。她是1912年奥运会铜牌得主乔的女儿。

3.比利时的埃卢瓦·莫伊伦贝格在哥本哈根赢得了公路世锦赛冠军。

4.纽约州州长莱曼签署了一项法案，要求所有自行车都必须配备适当的刹车、喇叭或铃铛、大灯，以及前后反射镜。该法案由民主党议员爱德华·莫兰提出。

5.9月29日，来自荷兰的弗朗茨·斯拉茨在米兰的维戈雷利赛车场创下了一小时骑行纪录，他骑了45.535千米。4天后，在米兰，法国选手莫里斯·阿尔尚博将世界纪录推到了45.840千米。

6.英国人米尔斯和保罗在米兰创造了双人自行车骑行世界纪录：一小时超过49.89千米。

7.未来的世界冠军汤姆·辛普森于11月30日出生。

8.84岁的威廉·贝利来自美国佛蒙特州昂德希尔,他骑着他的"女式自行车"行驶了1654.41千米去芝加哥看望他的外孙女拉尔夫·格里斯瓦尔德夫人,这趟旅行用了18天。在返回佛蒙特州之前,贝利在格里斯瓦尔德夫人家待了两个星期。

9.在12月份美国波士顿举行的大会上,业余运动联盟决定终止与美国国家自行车协会的联盟,并对美国所有业余自行车运动享有管辖权,即日起生效。业余运动联盟将任命一个自行车委员会来监督其39个区的业余自行车运动。

10.舷外发动机制造商埃文鲁德推出了"流动帝国"车型。除了它的铝制框架外,这款自行车还配有一个靠弹簧支撑的座椅,可以用底部支架上下移动。这款自行车还有一个锁定前叉、码表和车头灯。

自行车在中国

(1)日本人在中国上海、天津和沈阳三地先后开设了自行车厂,但产量极少。

(2)中国青年潘德明成为人类文明史上第一个只身徒步加骑车环绕地球一周的人。潘德明历时近8年,骑行了数万千米,途经亚洲、非洲、欧洲、美洲、大洋洲五大洲的40多个国家和地区。

环法自行车赛

(1)罗歇·拉佩比是第二次世界大战前最后一位赢得环法赛冠军的法国车手。

(2)《汽车报》的竞争对手《巴黎晚报》批评环法赛组织者为了增加利润,分三个阶段进行一个赛段比赛,并制定了最低速度规定。

(3)1937年是允许个人车手参加比赛的最后一年。

(4)意大利车手马里奥·维奇尼赢得了环法赛最后一个个人项目的冠军,并获得了总成绩第2名。

（5）职业骑手第一次被允许使用变速器。罗歇·拉佩比成为第一位全程使用变速器的环法赛冠军。

（6）服务车第一次被允许跟随车手。

（7）引入单赛段冠军车手可以获得双倍时间的奖励规则。

（8）第一支英国车队进入了环法自行车赛。美国的乔·马尼亚尼本应与英国的查利·霍兰和比尔·伯尔一起成为该车队的一员，但据报道，当加拿大的皮埃尔·加雄想出更多的钱时，乔·马尼亚尼被挤出了队伍。

（9）每个车队都配有一辆轻型卡车供其运输设备和人员。

（10）总成绩第 3 名的莱奥·安贝格是第一位登上最后领奖台的瑞士人。

（11）生活保险公司捐赠了 20 万瑞士法郎的优胜者奖金。

（12）《小巴黎人报》派了一名女记者从女性的视角来报道比赛。

（13）比利时领队西尔韦尔·梅斯退出了比赛，以抗议时间判罚和愤怒的人群。比利时记者也退出了比赛报道。

（14）尽管放弃了比赛，比利时人费利西安·维尔瓦埃克还是赢得了他的第二个"爬坡王"头衔。

（15）在巴黎举行的最后一站比赛中，爱德华·"沃德"·维瑟斯（比利时）获得了第 6 名，成为最后一位赢得环法赛赛段冠军的个人车手。

1938 年

1. 派拉蒙系列自行车在施温公司 1938 年的产品目录中首次亮相。派拉蒙自行车（由埃米尔·沃森用英国 Accles & Pollock 公司的管材制造）从 1937 年年底开始出现。施温称这是"世界上最好的自行车"。

2. 施温认为，这一年施温出产自行车上的前刹、悬臂车架以及弹簧前叉堪称现代越野自行车的始祖。

3. 美国人乔·马尼亚尼为 Urago 车队赢得了为期两天的比利牛斯山脉卢尔德赛道比赛的冠军。马尼亚尼还将室内赛车场的一小时骑行纪录提高到了 42 千米。

4.美国康涅狄格州哈特福德市的詹姆斯·阿曼多骑自行车花了 3 小时 25 分钟到达派克斯峰,比科罗拉多州斯普林斯的格伦·霍华德 1922 年创下的纪录缩短了 35 分钟。

5.美国马萨诸塞州斯普林菲尔德市的菲斯克轮胎公司销售经理布朗在 1 月 7 日预测:1938 年自行车轮胎的总销量将达到约 500 万个,比 1937 年增长约 10%,创下行业新高。增加的部分主要来自 1936 年和 1937 年售出的 200 万辆自行车和其他 4000 辆正在使用的自行车的替换业务。

6.意大利的乔瓦尼·瓦莱蒂赢得了第 26 届环意赛冠军。意大利政府下令让吉诺·巴尔塔利不要参加环意赛,以便他可以更好地为环法赛做准备。

7.经过两年的发展,巴黎罗歇·德尔尼父子公司推出了德尔尼自行车,这是一款重型自行车,带有小型发动机,用于在某些赛车场和公路赛事中为车手领骑。德尔尼的原始车型将一直生产到 1957 年左右,并在 20 世纪 70 年代中期继续使用。在邻国意大利流行的兰美达踏板摩托车通常具有相同的用途。

8.奇诺·奇内利在 1938 年和 1939 年为弗雷瑞斯车队效力。

9.比利时人马塞尔·金特在荷兰法尔肯堡赢得了 1938 年公路世锦赛冠军。金特将保持世界冠军名头 8 年之久,因为直到 1946 年才再次举行比赛,金特获得第 2 名。金特(梅西耶佩利西耶车队)也赢得了国际赛事的赛季总冠军。

10.国际自盟再次禁止车手在尝试突破一小时纪录的骑行中使用整流罩和躺式自行车。

环法自行车赛

(1)吉诺·巴尔塔利成为首位在同一年赢得环法赛及爬坡赛冠军的车手。

（2）在第 32 届环法赛中，独立车手首次被排除在外。

（3）前环法赛冠军安托南·马涅和安德烈·勒迪克即将退役，一起拿下了比赛的最后一个赛段冠军。

（4）海拔 2762 米的伊斯朗山口被添加到环法赛路线中，并在那里进行了广播节目直播。

（5）赛段冠军的时间奖励减少到 1 分钟。在山地赛段中，率先登顶的车手还有 1 分钟的时间奖励。

（6）小埃米尔·马松在父亲穿上比赛黄衫 18 年后拿下了一个赛段冠军。

1939 年

1. 1905 年环法赛冠军路易·特鲁瑟利耶于 4 月 24 日去世，享年 57 岁。乔瓦尼·瓦莱蒂再次赢得了环意赛（第 27 届）冠军。

2. 欧洲战争的爆发切断了外国车手的供应，这标志着在纽约麦迪逊广场花园为期 6 天的比赛的结束。最后一场比赛缩短为 5 天，于 12 月举行，届时将有一半观众到场。原定于 3 月举行的比赛，为了安排更多的冰上表演，广场花园管理公司不得不将比赛日期从 3 月推迟到 5 月，定在 5 月 6 日比赛。这是比利时人赫拉德·德贝茨与他的同胞弗雷德·奥特瓦雷代表国家比赛合作的 20 周年纪念。

3. 在 6 月 4 日的环皮埃蒙特自行车赛中，20 岁的福斯托·科皮从主车群中冲出来，来到领先集团，打乱了吉诺·巴尔塔利的节奏。他以第 3 名的成绩，在获胜的吉诺·巴尔塔利（莱尼亚诺车队）之后完成了比赛。赛后，注意到年轻车手的潜力，经车队按摩师朱塞佩·"比亚焦"·卡万纳提醒后，莱尼亚诺车队经理埃贝拉多·帕韦西签下科皮作为吉诺·巴尔塔利在 1940 赛季的副将。

4. 8 月 16 日，《汽车报》更名为《汽车与士兵报》，并开始发布战争新闻，直到法国投降为止。一旦法国恢复体育赛事，该报纸将恢复其原名。

5. 8 月 24 日，在洛里昂举行的环西部赛在完成 8 个赛段中的 5 个赛段后被取消。比赛领先者布雷克·肖特(比利时)被宣布为获胜者。

6.1939 年的 365 天里,英国自行车手汤米·戈德温骑行了 120 805千米。他继续着他的骑行,在 1940 年 5 月 14 日,他创造了在 500 天内骑行了 160 934 千米的纪录。

7.法国的罗贝尔·乌布龙(1937 年环法赛第 20 名,1938 年环法赛第 41 名)成为一名轻型步兵,在 12 月初俘虏了德国的库尔特·斯托佩尔。斯托佩尔是 1932 年环法赛中落后于安德烈·勒迪克的亚军!

8.国际自行车联盟宣布 1940 年环法赛的举办日期为 6 月 26 日至 7 月 21 日。德国入侵法国后,亨利·德格朗热拒绝办赛。

9.意大利的吉诺·巴尔塔利(莱尼亚诺车队)4 年来第三次赢得国际赛事的赛季总冠军。

自行车在中国

在抗日战争中,八路军通过缴获以及购买等途径获得了一些自行车,并组建起了成建制的自行车部队。八路军的自行车部队在与日军的作战中发挥了很大的作用。例如在 1939 年 2 月的香城固伏击战中,八路军 386 旅旅长陈赓就是先派自行车队和骑兵连袭击日军,进而将来犯日军全部诱入预先设好的埋伏圈,然后再伏兵齐出,从而将进入埋伏圈的日军全部消灭,打了一场干净利落的围歼战。

环法自行车赛

(1)西尔韦尔·梅斯在 1936 年拿了冠军,成为唯一一位职业车手被允许使用变速器前后都拿到环法赛冠军的选手。

(2)德国、意大利和西班牙队缺席了本届环法赛,其名额被 4 个法国地区车队和 1 个比利时外卡车队所取代。

(3)由于其未婚妻不断出现在赛道上,法国国家队的维克托·科松被罚款 50 法郎。

(4)1939 年的环法赛是第十次也是最后一次使用通用黄色自行车比赛,因为其他自行车制造商抱怨说环法赛用车制造商阿尔西翁已经退出了。有充分的证据表明,吉诺·巴尔塔利赢得 1938 年环法赛所用的车架是由他的自行车赞助商莱尼亚诺制造的。

(5)环法赛的第一个山地计时赛段(第 16B 赛段)在伊斯朗山口举行。

(6)勒内·维耶托使用了双链条,并在他的 5 速飞轮上焊接了两个额外的齿轮。

(7)本届环法赛的平均速度是迄今为止最快的,为 31.98 千米/时。

(8)在第 1 赛段之后,每天比赛的最后一名选手被淘汰,但在第 7 赛段之后,这项规则被叫停,因为这一年的首位黄衫所有者埃米迪·富尼耶因为撞车而垫底。

(9)Edacoto 钢笔公司(法国)为 6 名在比赛打卡点书法最好的选手颁发了高达 2000 法郎的奖金。

(10)在比赛中,让·施特利拍摄了喜剧/戏剧《倒霉的马洛》(时长 91 分钟),由阿尔贝·普雷让和与雅克·戈代的兄弟莫里斯结婚的梅格·勒莫尼耶主演。

(11)罗贝尔·卡帕原名安德烈·弗里德曼,因其 1944 年在《诺曼底登陆》中的生动影像而闻名,他骑在摩托车后面拍摄了本届环法赛,片名为《竞赛》(后来改为《巴黎-竞赛》)。

第九章　意大利人的难题（1940—1949）

　　当一个国家在某个领域出现两位杰出人物时，民众就会比较纠结，因为要作出选择。

　　意大利人就面临这个难题。自行车历史上两位最伟大的车手同时出现在意大利人面前：福斯托·科皮和吉诺·巴尔塔利。

　　环意赛是两人最初争斗的舞台，在1940年的环意赛上科皮轻松获胜，因为巴尔塔利撞了一次车。第二次环意赛对决巴尔塔利获胜，因为科皮摔断了肋骨。竞争可谓惨烈。这对冤家后来进入同一个车队，在有一年环意赛上，一开始科皮作为巴尔塔利的副将，没想到巴尔塔利摔车，科皮拿到了赛段第二。几天后，科皮来到了总成绩第二的位置，两个对手进行了角色互换，巴尔塔利成为科皮的副将。在第11赛段，队长让科皮发动进攻。最终科皮以4分钟的优势赢得了比赛冠军，并最终穿上了环意赛的粉色领骑衫，成为赢得这项赛事冠军的最年轻骑手(20岁零8个月)。满心不痛快的巴尔塔利以第9名的成绩结束了比赛，落后了45分钟。这两名车手之间的宿怨就此奠定基础。

　　二战给两位车手带来了不同的影响，服役的科皮一次到突尼斯执行战斗任务，被英国军队俘虏。在被拘留期间，科皮被训练成为一名卡车司机。直到欧洲的战争开始平息时，仍是战俘的福斯托·科皮才被转移回那不勒斯。而科皮的对手——吉诺·巴尔塔利在梵蒂冈安全地度过了战争，因为他是天主教的信徒。在他2000年去世后，人们了解到"虔诚的吉诺"使数百名意大利犹太人得以逃脱法西斯分子的迫害，因为他们将假文件装在吉诺的自行车管子里偷运到意大利。

战争结束 1 年后，吉诺·巴尔塔利和福斯托·科皮之间的竞争才刚刚开始。第一次交锋，科皮以 15 分钟的优势赢得了环意赛赛季首站米兰—圣雷莫赛冠军，这让吉诺·巴尔塔利很尴尬，他又落后了 9 分钟。第二次交锋发生在苏黎世站。赛前，作为车队领袖的吉诺·巴尔塔利放话给签约其他车队的科皮，如果两人齐头并进，他将让科皮赢得冲刺。但是在关键时刻，就在科皮伸手收紧脚趾带时，吉诺·巴尔塔利起速并偷袭成功拿下了比赛的冠军。于是，意大利最伟大的自行车冠军之间的竞争开始了，它将持续数年，将充满激情的意大利车迷痛苦地分成了两个阵营。

竞争让福斯托·科皮成为第一个一年内同时赢得环法赛和环意赛冠军的车手。

战争带来更多的还是创伤。

德国柏林警察局长禁止该市的波兰工人和市民拥有或骑行自行车。波兰人也不被允许在公共场所喝酒，但可以在家里喝。法国维希政府削减了几项物品的配给，其中包括三件大多数法国人所珍视的物品：自行车轮胎、葡萄酒、烟草。在巴黎的德国当局禁止天黑后在被占领的法国大部分地区使用自行车。在英国，意大利战俘在没有护送的情况下骑着自行车在农场上工作。在法国诺曼底，德国人在军队调动中大量使用自行车，以抵消铁路的干扰和汽车运输或汽油的明显短缺。每天都能看到高速公路上到处都是战死的德国人，他们躺在自行车旁。法国人则收集这些自行车，随处可见他们沿着道路骑行。

1945 年，在日本，禧玛诺公司和三拓自行车部件厂在战争中被摧毁。8 月，禧玛诺公司举行解散仪式，向员工支付退休金。到了 11 月，一些工人回到这里，在废墟中寻找可回收的飞轮来出售。这两家工厂在战后重建。

美国车手乔·马尼亚尼被德国人逮捕，并被送往法国北部的集中营，到 1944 年中期他被释放时，他的体重下降了很多。更惨的是巴黎—鲁贝赛的冠军——比利时的吕西安·施托姆,他被关押在德国锡格堡集中营,不幸被人用易拉罐击中身亡,时年 28 岁。前环法赛冠军费利西安的哥哥朱利安·维尔瓦埃克被英国军队中的波兰士兵射杀,因为他拒绝让他们抢走他的家具。

环法赛创始人也离开了这个世界,亨利·德格朗热将永远被铭记,作为世界上最大的自行车赛事——环法赛的创建者,最终将他的半生献给了一场自行车比赛。

这 10 年里,也有亮点,那就是对技术的追求。自行车链条的拨链系统发明了,从此若要变换自行车齿轮就可以不用再拆卸车轮。四边形的后拨结构出现了,这个结构一直沿用至今,只是外形有所改变。一种带有分度变速指拨的后拨链器出现了。另外,意大利梅花品牌诞生了。意大利电影《偷自行车的人》上映了。

在中国,上海自行车厂成立了,就是后来的永久公司。

分类概览

人物传奇

◎1940 年,亨利·德格朗热去世;吉诺·巴尔塔利与福斯托·科皮之争开始;扬·扬森、罗歇·潘容出生。

◎1941 年,亨利·科尔内因心脏病去世。

◎1942 年,费利切·吉蒙迪出生。

◎1943 年,福斯托·科皮到突尼斯执行战斗任务。

◎1945 年,传奇自行车手埃迪·默克斯出生。

◎1946 年,吉诺·巴尔塔利和福斯托·科皮之争继续。

◎1948 年,贝尔纳·泰弗内出生。

品牌技术

◎1940 年,图利奥·坎帕尼奥洛发明了自行车链条的拨链系统。

◎1944 年,意大利梅花品牌诞生;威廉·约翰逊发明了一种折叠式自行车。

◇1945 年，禧玛诺公司和三拓自行车部件厂被摧毁。

◇1946 年，禧玛诺公司恢复生产飞轮和轮毂。

◇1947 年，齐内利奇诺公司创立；禧玛诺公司开始生产自行车；帝王自行车公司推出了"银王"自行车；车手首次开始使用双前牙盘。

◇1949 年，图利奥·坎帕尼奥洛研制了四边形的后拨结构；"Herailleur"后拨链器推出。

赛事会展

◇1941 年，环西赛再次举办。

◇1942 年，卡尔·安德森赢得环萨默维尔赛；胡利安·贝伦德罗在环西赛上再次夺冠；埃米尔·伊迪赢得巴黎—鲁贝赛。

◇1943 年，《汽车报》赞助的阿尔卑斯大奖赛举行。

◇1946 年，兰加里卡拿到第六个环西赛冠军；乔治·克拉斯赢得第 44 届巴黎—鲁贝赛。

◇1947 年，爱德华·范迪克赢得第 7 届环西赛；福斯托·科皮赢得第 30 届环意赛。

◇1948 年，鲁伊斯赢得第 8 届环西赛。

文化逸闻

◇1942 年，美国计划生产 75 万辆胜利牌自行车。

◇1946 年，《队报》创办。

◇1949 年，电影《偷自行车的人》上映；从加州圣莫尼卡到纽约的骑行官方洲际纪录诞生。

协会组织

◇1940 年，德军占领了国际自盟总部。

◇1946 年，美国业余自行车联盟要求选手戴头盔。

自行车在中国

◇1940 年，昌和制作所在上海成立；上海自行车厂成立。

◇1949 年，中国自行车年产量约为 1.5 万辆；永久品牌诞生。

环法自行车赛

◇1947 年,让·罗比克夺得冠军;环法小姐选美比赛举办。

◇1948 年,吉诺·巴尔塔利赢得冠军;爬坡按照难度分为两类(A 和 B);环法赛首次进入意大利。

◇1949 年,福斯托·科皮赢得环法赛;第一位环法赛医生被指定跟随比赛;第三类难度被添加到山地赛段难度评分中。

1940 年

1. 8 月 16 日,亨利·德格朗热在他的别墅"博瓦隆"平静地死去。到他去世时,亨利·德格朗热创造的一小时骑行纪录 35.325 千米,已经增加了 10.5 千米。亨利·德格朗热将永远被铭记,作为世界上最大的自行车赛事——环法赛的创建者,最终将他的半生献给了一场自行车比赛。环法赛之父享年 75 岁。

2. 第 28 届环意赛于 5 月中旬如期开幕,尽管 1940 年的环意赛将是 1946 年前的最后一届比赛。由于贝尼托·墨索里尼也是车迷,其他自行车比赛将继续在意大利举行。直到 1943 年 7 月下旬国王维克托·埃马努埃尔将领袖(墨索里尼)赶下台。在环意赛开始之前,人们都认为意大利明星吉诺·巴尔塔利会轻松获胜,尤其是在他的年轻的莱尼亚诺车队队友福斯托·科皮的辅佐下,而科皮被允许推迟了 30 天入伍才得以参加比赛。

3. 本届环意赛并没有按照巴尔塔利的计划进行。在从都灵到热那亚的第 2 赛段,他在下坡时摔倒,科皮在这个赛段拿到了第 2 名,受伤的巴尔塔利则蹒跚着回到终点。几天后,科皮来到了总成绩第二的位置,两个车手进行了角色互换,巴尔塔利成为科皮的副将。在第 11 赛段,队长让科皮发动进攻。最终科皮以领先 4 分钟的优势赢得了比赛的冠军,并最终穿上了环意赛的粉色领骑衫,成为赢得这项赛事冠军的最年轻骑手(20 岁零 8 个月)。满心不痛快的吉诺·巴尔塔利以第 9 名的成绩结束了比赛,落后了 45 分钟。这两名车手之间的宿怨就此奠定基础,著名的意大利车迷已经开始选择站边。

4. 来自美国新泽西州萨默维尔的州业余冠军弗曼·库格勒以 2 小时 5 分 17 秒的成绩赢得了环萨默维尔赛 80.5 千米自行车赛的冠军。比赛由弗曼的父亲弗雷德·波普·库格勒发起,其目的是让他的儿子在比赛前一天晚上可以睡在自己的床上。

5. 直到 1940 年,所有 2 万名西联国际汇款公司的邮差都是骑自行车送电报的。

6.法国的约瑟夫·索菲蒂(埃利耶特-哈钦森车队)赢得了战时版巴黎—鲁贝赛(从勒芒到巴黎)冠军。

7.在德国,随着对汽车交通的限制,人们也开始使用自行车作为交通工具。据报道,在柏林,一些夫妇甚至盛装骑着双人自行车去参加自己的婚礼。德军占领了位于巴黎的国际自盟总部,并将其转移到柏林。

8.图利奥·坎帕尼奥洛雇用了他的第一位全职员工——技师恩里科·皮科洛。

9.5月19日,未来的环法赛冠军扬·扬森出生。

10.11月4日,法国自行车联盟修改了其章程,终止了持续数天的自行车比赛。

11.8月28日,未来的环法赛冠军罗歇·潘容出生。

12.马天尼车队的美国车手乔·马尼亚尼赢得了蔚蓝海岸大奖赛冠军。

13.前环法赛冠军费利西安的哥哥朱利安·维尔瓦埃克被英国军队里的波兰士兵射杀,因为他拒绝让他们抢走他的家具。

14.图利奥·坎帕尼奥洛发明了自行车链条的拨链系统,从此更换自行车齿轮就可以不用再拆卸车轮。

自行车在中国

昌和制作所在上海成立。昌和制作所是上海第一家自行车生产厂,拥有员工近200人,年产自行车3000辆左右。上海自行车厂(上海永久股份有限公司前身),正是源自昌和制作所。这使中国有了自己的品牌自行车生产企业;由此开创并演绎了中国自行车行业历史上最辉煌的篇章,引领了几代中国人的自行车消费时尚,堪称中国自行车行业的一面先锋旗帜。

1941 年

1. 本年度唯一的一次重要环赛是第 3 届环西赛。该赛事在因西班牙内战而暂停了 5 年之后再次举办，旨在鼓舞西班牙人民的士气。在被比利时的古斯塔夫·德洛尔于 1935 年和 1936 年连续两届击败后，胡利安·贝伦德罗成为第一个赢得该赛事冠军的西班牙人。这一年，领骑衫是白色的，1942 年将回归橙色。

2. 57 岁的亨利·科尔内因心脏病发作而在法国厄尔和卢瓦省的一个小村庄去世。因其有幽默感被称为"小丑"，又因其赢得 1904 年环法赛冠军的方式而被称为"骗子"。科内特以 19 岁 11 个月零 20 天的年龄，成为史上最年轻的环法赛冠军，当时他因赛事冠军莫里斯·加兰和其他 11 人的资格被取消而获得了胜利。

3. 自 1938 年以来，国家大奖赛计时赛首次举行。由于战争的原因，赛事被分为两个赛区：一个在法国北部地区，一个在南部地区。在 1941 年的比赛中，北部赛区的意大利选手朱尔斯·罗西和南部赛区的法国选手路易·艾马尔分别夺得冠军。

4. 德国柏林警察局长禁止该市的波兰工人和市民拥有或骑行自行车。波兰人也不被允许在公共场所喝酒，但可以在家里喝。

5. 8 月，法国维希政府削减了几项物品的配给，其中包括三件大多数法国人所珍视的物品：自行车轮胎（未经特别许可不得购买）、葡萄酒（每周供应量不得超过 1 升）、烟草（定量供应）。

6. 意大利的朱尔斯·罗西（阿尔西翁车队）赢得了 1941 年的巴黎—鲁贝赛冠军，赛事在巴黎和兰斯之间举办。

7. 5 月，法国选手阿尔夫·勒托尔纳在美国加州贝克斯菲尔德创造了每小时 175.29 千米的自行车陆地速度纪录。该纪录是由美国汽车协会计时的。当月早些时候，勒托尔纳将 1933 年由洛杉矶的艾伯特·马凯特创下的 140.01 千米/时的纪录提高到了 146.31 千米/时。

8. 第 2 届 80.5 千米的环萨默维尔赛上，美国新泽西州萨默维尔的弗曼·库格勒再次成为这项比赛的获胜者。库格勒后来死于第二次世界大战。

1942 年

1. 来自美国新泽西州克利夫顿的卡尔·安德森赢得了第 3 届环萨默维尔赛的冠军。和赢得前两届比赛的弗曼·库格勒一样，安德森也将在第二次世界大战中丧生。在 1947 年该比赛重新开始时，它将被称为环萨默维尔库格勒-安德森纪念赛。

2. 和 1941 年一样，环西赛是本年度唯一一场大型巡回赛。胡利安·贝伦德罗再次拿到冠军。直到 1945 年战争结束时，这是三大环赛最后一次举办。

3. 虽然环意赛直到 1946 年才正式恢复举行，但意大利全国锦标赛于夏季的第一天在罗马举行。这场比赛是福斯托·科皮冲刺获胜，领先他的对手吉诺·巴尔塔利 7 分钟。

4. 5 月的最后 4 天，《小多芬诺瓦报》组织了公路 4 日赛，这是本赛季在法国无人居住地区举行的第一场真正严肃的比赛。这场比赛的起点和终点都在布尔泽，法国选手维克托·科松获胜，旅居美国的乔·马尼亚尼落后 2 分 19 秒名列第二，意大利选手皮埃尔·布兰比拉名列第三。

5. 从 9 月 28 日到 10 月 4 日，"社会主义法国"举办了环法巡回赛，全程 6 个赛段，1542 千米。这场比赛被恶劣的天气所困扰，组织"混乱"。维希政府总理皮埃尔·拉瓦尔的接待使比赛的"社会主义"倾向受到玷污。皮埃尔·拉瓦尔后来被以叛国者的身份枪杀，但据说他提供了非常慷慨的赛事奖金。这项赛事的路线两次穿过占领区和无人区之间的分界线，有 6 支多国车队的 72 名选手参加，比利时选手弗朗索瓦·纳维尔以 45 分 32 秒 09 的总成绩夺冠。

6. 在意大利，福斯托·科皮在米兰的维戈雷利赛车场上，展示了令人印象深刻的力量和速度。科皮在空袭警报中骑行，仍然能感觉到他在全国冠军赛后一周遭受的锁骨断裂的影响，他在一个小时内骑行了 45.871 千米,比法国人莫里斯·阿尔尚博 5 年前的纪录多 31 米。他的纪录将保持 14 年。

7.5 月,在巴黎的德国当局禁止天黑后在被占领的法国大部分地区使用自行车。这项禁令是为了限制法国人对纳粹士兵的袭击和破坏,否则这些法国人很快就会骑自行车逃跑。

8.法国的埃米尔·伊迪赢得了国家大奖赛计时赛北部赛的冠军。同样来自法国的让-玛丽·戈阿马在这个赛事的南部赛中胜出。

9.埃米尔·伊迪还赢得了巴黎—鲁贝赛,这也是从巴黎到兰斯的比赛。

10.为了帮助战争取得胜利,美国自行车制造商计划生产 75 万辆胜利牌自行车。这种新型自行车不使用铜或镍,车轮比以前生产的自行车要小,轮胎由 90% 的再生橡胶制成,厚度几乎只有大拇指那么粗。最大的重量为 15.4 千克,而 1941 年生产的 182.7 万辆自行车的平均重量为 24.9 千克。制造简单,没有明亮的金属加工或花哨的固定装置,预计"胜利"牌自行车的成本比 1941 年生产的任何一款轻型自行车都要低 40% 左右。在 1941 年生产的轻量车型中,自行车行业使用了大约 1361 吨的铜和镍,而 1942 年的这一款都不会使用。政府还禁止生产儿童自行车,但允许将成人自行车的生产量增加 3 倍,以备将来战争时工人由于轮胎限制和汽油配给减少而不得不依靠自行车而不是汽车来上班。1941 年间,生产的所有自行车中约有 85% 是青少年型号。

11.9 月 29 日,杰出的意大利自行车手费利切·吉蒙迪出生。

1943 年

1.随着战争在欧洲大陆上肆虐,自行车比赛就像其他所有东西一样,供不应求。1943 年,关于这项运动的大多数新闻都是围绕着一名列兵福斯托·科皮——科皮到突尼斯执行战斗任务时被英国第八集团军俘虏这一事件展开的,在被拘留期间,科皮被训练成为一名卡车司机。另一名战俘是克劳迪奥·基亚普奇的父亲。年轻的基亚普奇在 1990—1995 年的环法赛中都获得了较好的名次。

2. 科皮的对手,吉诺·巴尔塔利在梵蒂冈安全地度过了战争,因为他是天主教的信徒。在他 2000 年去世后,人们了解到"虔诚的吉诺"使数百名意大利犹太人得以逃脱法西斯分子的迫害,他们将假文件装在吉诺的自行车管子里偷运到意大利。

3. 8 月,西西里已经落入英国之手。7 月 25 日,意大利国王维克托·埃马努埃尔剥夺了贝尼托·墨索里尼的权力。墨索里尼去世后,意大利的自行车赛也戛然而止。9 月初,英国和美国军队穿过靴形的意大利半岛,年底占领了罗马南部的大部分地区。

4. 美国底特律的工厂生产了一款战车,并将其命名为 Waac (Women's Army Auxiliary Corps 的缩写,意为妇女辅助军团)自行车。陆军军械部约瑟夫·科尔比中校透露,原本是想生产一种轻型、流线型,供女子陆军辅助部队使用的自行车,但因 Waac 车子太重而无法搬运。

5. 在英国,意大利战俘在没有护送的情况下骑着自行车在农场里工作,这对平民战争工人来说是很困难的。陆军部解释说,只有那些在离拘留营 11.27 千米远的地方工作的囚犯才可以骑自行车去上班,而且由于人力不足,他们是无人护送的。

6. 美国自行车手乔·马尼亚尼于年初被德国人逮捕,并被送往法国北部的集中营。到 1944 年中期他被释放时,他的体重从 77.1 千克下降到 44.5 千克。

7. 巴黎—鲁贝赛回到了传统路线,环巴黎照常进行。获得巴黎—鲁贝赛冠军的是比利时的"黑鹰"马塞尔·金特(梅西耶车队)。

8. 自 1938 年以来,国家大奖赛计时赛第一次作为一个单一的、统一的赛事进行。比赛的冠军由比利时计时赛冠军约瑟夫·佐默斯个人赢得。

9. 1943 年举行的一项法国赛车系列活动是由《汽车报》赞助的九站"环法大奖赛",法国车手乔·古托尔布(埃利耶特-哈钦森车队)赢得比赛冠军,最终穿上了黄衫。

10.8 月 1 日,《汽车报》赞助的阿尔卑斯大奖赛举行。在为期 1 天的比赛中,包括爬电报山、铁十字山口和洛塔雷在内的山地赛段。法国归化公民丹特·贾内洛(法国体育-邓禄普车队)轻松赢得了比赛冠军。

11.55 岁的让·阿拉瓦纳在一场与环法赛前冠军的比赛中撞车身亡。从 1909 年到 1925 年,阿拉瓦纳总共参加了 11 次环法赛,其中 8 次完赛,赢得了 12 个赛段冠军,5 次进入前五名。

1944 年

1.意大利梅花品牌诞生。埃内斯托·科尔纳戈先生在经历了车行的 12 年工作后萌生了自己制造车架的想法,于是便有了"幸运草"的梅花标志。

2.法国车手埃卢瓦·塔桑(大都会-邓禄普车队)赢得了国家大奖赛计时赛。

3.第 2 届法国自行车大奖赛冠军由比利时的莫里斯·德西佩莱(阿尔西翁车队)赢得,他也赢得了 1944 年的巴黎—鲁贝赛冠军。

4.美国马里兰州阿伯丁试验场的威廉·约翰逊发明了一种折叠式自行车,并获得专利(第 2359764 号),该专利具有枢轴支撑杆和折叠踏板,可紧凑地存放和运输。

5.7 月,在法国诺曼底,德国人在军队调动中大量使用自行车,以抵消铁路的干扰和汽车运输或汽油的明显短缺。每天都能看到高速公路上到处都是战死的德国人,他们躺在自行车旁。法国人则收集这些自行车,随处可见他们沿着道路骑行。

6.9 月初,恢复公共交通是巴黎的另一个紧急需求。军队的民政部门估计,首都大约有 150 万辆自行车在使用。这是民众唯一可用的交通工具。

1945 年

1.当欧洲的战争开始平息时,仍是战俘的福斯托·科皮被转移回那不勒斯。

2.在战争期间,西班牙在中立和支持轴心国之间交替,避免了战争的破坏,在冲突中相对毫发无损。因此,西班牙是第一个重新开始举办全国巡回赛的国家,这是自 1942 年以来第一次举办这样的赛事。第 5 届环西赛的冠军得主是德罗·罗德里格斯,而 1941 年和 1942 年的冠军得主胡利安·贝伦德罗获得第 2 名。1945 年的环西赛是由亚出版社组织的。

3.7 月和 8 月,位于日本堺市(大阪府)的禧玛诺公司和三拓自行车部件厂(这两家工厂都被改造成小型武器生产厂)在战争中被摧毁。8 月 16 日,禧玛诺公司举行解散仪式,向员工支付退休金。到了 11 月,一些工人回到这里,在废墟中寻找可回收的飞轮来出售。这两家工厂将在战后重建。

4.第 4 期《自行车》杂志首次刊登了丹尼尔·勒布尔精美的自行车线描图。

5.归化的法国公民丹特·贾内洛(法国体育-邓禄普车队)是 1938 年环法自行车赛的获胜者,在 8 月 15 日举行的登陆日大奖赛上被美军吉普车在欧巴涅撞击后失去了一条腿。当时正在举行美军在圣特罗佩登陆的周年纪念活动。丹特·贾内洛的队友布鲁诺·卡里尼,则被当场撞死。吉普车的司机一直没有被捕。

6.法国的罗贝尔·巴托赢得了胜利马拉松(环英自行车赛的前身)冠军。

7.法国车手保罗·梅耶(阿尔西翁-邓禄普车队)赢得了第 43 届巴黎—鲁贝赛冠军。

8.比利时的吕西安·施托姆是 1938 年巴黎—鲁贝赛的冠军,在 39 场巡回赛中拿过一次赛段冠军。1945 年 4 月 10 日,他被关押在德国锡格堡集中营,不幸被人用易拉罐击中身亡,时年 28 岁。

9.6 月 9 日,未来的环法赛冠军路易斯·奥卡尼亚出生。

10.6 月 17 日,传奇自行车手埃迪·默克斯出生。

1946 年

1. 虽然，战争已经结束了近一年，但在意大利，吉诺·巴尔塔利和福斯托·科皮之间的竞争才刚刚开始。在 3 月末，科皮以 15 分钟的优势赢得了环意赛赛季的首站米兰一圣雷莫赛冠军，这让吉诺·巴尔塔利很尴尬，他又落后了 9 分钟。两个意大利对手之间的下一次交锋发生在 6 周后的 5 月初，地点是中立的苏黎世站。饱受折磨的吉诺·巴尔塔利仍然是莱尼亚诺队的领袖，他告诉在战后与对手比安基签约的科皮，如果两人齐头并进，他将让科皮赢得冲刺。但是在关键时刻，就在科皮伸手收紧脚趾带时，吉诺·巴尔塔利起速并偷袭成功拿下了比赛的冠军。意大利最伟大的自行车冠军之间的竞争由此开始了，它将持续数年，将充满激情的意大利车迷痛苦地分成了两个阵营。

2. 环意赛上，吉诺·巴尔塔利和福斯托·科皮再次会面。上一届的环意赛是在 1940 年举行的，对年轻的暴发户科皮来说那是一场轻松的胜利，因为吉诺·巴尔塔利在早期的一次碰撞中速度变慢了。这一次，情况发生了逆转，科皮在比赛的第 5 赛段下坡时摔断了肋骨。尽管他受伤了，但他仍然赢得了此阶段比赛的第 1 名。然而，他的摔倒影响了他后面赛段的发挥，他尽了最大努力还是差了 47 秒，总成绩排名第二，位列吉诺·巴尔塔利之后。

3. 美国伊利诺伊州的乔·马尼亚尼参加了 1946 年的环意赛，他年轻时搬到了法国东南部，现在效力于意大利奥尔莫车队。尽管他在第 13 赛段因膝伤退出比赛，但马尼亚尼依然是第一位参加大环赛的美国车手。

4. 在环西赛上，达尔马奇奥·兰加里卡（加林多车队）赢得了自赛事举办以来的第六个冠军。胡利安·贝伦德罗（加林多车队，Cicles Tabay 车队）曾在 1941 年和 1942 年赢得比赛，并在 1945 年获得第 2 名，如今再次获得第 2 名。本届领骑衫是白色和红色的水平条纹，这种颜色的组合将保留到 1950 年的赛事。

5.《汽车报》的工作人员因在法国被德国占领期间继续出版而被法国政府关闭,他们在马路对面出版了一份新报纸,名为《队报》。

6.在雅克·戈代和埃米利昂·阿莫里的合作帮助下,环法自行车赛取得了成功。由谁来负责环法赛,队内的工作人员可能认为,环法赛本来就应该是由他们负责的。法国自行车联合会做出决定,第二年,从战后的第一次环法赛开始,费利克斯·莱维坦和雅克·戈代将一起参加比赛,莱维坦将负责赛事的商业和财务方面,戈代则负责体育方面。

7.在中断了7年之后,公路世锦赛又重新举办了。瑞士人汉斯·克内希特在冲刺中击败比利时车手马塞尔·金特和里克·范施滕贝根,赢得了冠军彩虹衫。

8.禧玛诺公司恢复生产飞轮和轮毂。

9.英国国家自行车委员会的哈罗德·鲍登爵士在苏格兰邓弗里斯郡颁发了一块牌匾,以纪念1839年柯克帕特里克·麦克米伦发明自行车100周年。由于战争,该仪式从1939年推迟至今。

10.10月20日,未来的环法赛冠军吕西安·范因佩出生。

11.12月3日,未来的环法赛冠军约普·佐特梅尔克出生。

12.比利时GS Rochet车队车手乔治·克拉斯赢得了第44届巴黎—鲁贝赛冠军。

13.美国业余自行车联盟(USA Cycling的前身)开始在正式比赛中强制要求选手戴头盔。关于戴头盔的要求从8月在俄亥俄州哥伦布市富兰克林公园举行的ABL全国锦标赛开始生效。具有讽刺意味的是,纽约布法罗18岁的路易斯·布里尔在比赛中以每小时至少64.37千米的速度一头撞上了158.8千克重的福克斯电影摄像机,这是美国国家赛中发生的第一起致命事故。

14.迈克·皮尔斯(曼彻斯特车队)赢得了环英赛的另一项前站赛——布赖顿—格拉斯哥赛冠军。

15.2月25日,法国的勒内·勒格雷韦斯在圣热尔韦的滑雪事故中丧生,年仅35岁。从1933年到1939年,勒格雷韦斯参加了6次环法赛,赢得了 16 个赛段冠军。

16.意大利的福斯托·科皮(比安基车队)获得了国际赛事的赛季总冠军。

17.12 月 14 日,国际自行车联盟认定了福斯托·科皮于 1942 年 11 月 7 日在米兰的维戈雷利赛车场创造的 45.871 千米的无领骑的一小时骑行世界纪录。

1947 年

1.比利时的爱德华·范迪克(加兰-沃尔贝车队)赢得了第 7 届环西赛冠军。

2.福斯托·科皮(比安基车队)以 1 分 43 秒的优势击败吉诺·巴尔塔利(莱尼亚诺车队)赢得了第 30 届环意赛冠军。

3.1947 年,荷兰选手特奥·米德尔坎普在法国兰斯赢得了公路世锦赛冠军。

4.美国人乔·马尼亚尼是这项闷热的 275 千米公路世锦赛的第 7 名(也是最后一名)。乔·马尼亚尼在 1936 年的公路世锦赛上获得了第 10 名。

5.齐内利奇诺公司是一家生产自行车车架和轻型合金车把的公司,由齐内利和他的妻子赫迪共同创立。

6.为了优先获得日本稀缺的原材料,禧玛诺公司开始生产自行车,并将一直持续到 1954 年。

7.比利时人杰夫·舍伦斯赢得了他的第 7 个职业冲刺赛冠军。他还在 1932—1937 年连续 6 年赢得了这项比赛的冠军。

8.芝加哥的帝王自行车公司推出了"银王"自行车,该车架由六角形的铝管和铸耳制成,还配有弹簧前叉。

9.Spécialitiés-TA(Traction Avant)公司推出首款合金曲柄 Cyclo Tourist。

10.车手首次开始使用双前牙盘。勒内·维耶托(法国体育-邓禄普车队)和福斯托·科皮(比安基车队)被普遍认为是把这一创新带到主车群的人。

11.保罗·内里(法国体育-邓禄普车队)赢得了法国国家冠军。被发现是意大利公民后,成绩被取消。内里在1942年赢得了法国全国业余自行车锦标赛冠军,1955年成为法国公民。1947年的法国冠军赛将在三个月后再次举行。

12.乔治·凯索克(巴黎自行车队)拿下了布赖顿—格拉斯哥赛冠军。

13.新闻记者乔治·卡泽纳夫创立了5赛段的环多菲内赛。这项赛事首场比赛的冠军由波兰选手爱德华·克拉宾斯基(梅西耶车队)获得。

14.意大利的吉诺·巴尔塔利(莱尼亚诺车队)赢得了整个赛季的国际比赛冠军。他还赢得了1936年、1937年和1939年的比赛冠军。

15.1月27日,根据与法国标致自行车公司的协议,一家印度摩托车公司将通过其全国经销商组织大量销售法国自行车。

16.美国新泽西州纳特利的唐纳德·谢尔登赢得了环萨默维尔库格勒-安德森纪念赛冠军。

环法自行车赛

(1)让·罗比克(西部车队)是第一位赢得环法赛冠军的法国地区车队车手。

(2)让·罗比克是第一个在最后一天取得总成绩领先的车手,而且没有穿黄衫。

(3)让·罗比克可能是环法赛上第一个戴头盔的车手。

(4)《巴黎自由人报》加入《队报》担任环法赛共同赞助商。本届只有王子公园赛车场是联合赞助商。《进球与俱乐部报》和《冲刺镜报》开始在他们的杂志上印制环法赛前纪念品发行的内容。

(5)Judex手表公司赞助了一场环法小姐选美比赛,在比赛中,每天上台领奖的年轻女性要争夺总冠军头衔。

(6)1947 年的比赛中只有 16 名车手之前曾参加过环法赛。

(7)自 1927 年以来，这是第一次没有前冠军参加的环法赛。

(8)费利克斯·莱维坦作为雅克·戈代的助手参加了环法赛。

(9)爱德华·克拉宾斯基是第一个参加环法赛的波兰车手，他以第 34 名的成绩完赛。

(10)环法赛线路首次进入比利时和卢森堡。

(11)比赛第一次穿过格朗栋和铁十字山口。

(12)雷蒙·安帕尼赢得了从瓦讷到布里厄的最长的 139 千米计时赛段冠军。他拿下这个赛段耗时 3 小时 49 分 36 秒。

(13)阿尔贝·布隆在第 14 赛段完成了通常被认为是此次环法赛中最长的单人突围：253 千米。然而，环法赛网站认为，在 1912 年的第 5 赛段格勒诺布尔比赛中，欧仁·克里斯托夫突围了 315 千米。

(14)20 世纪 30 年代的黄色自行车已经一去不复返，因为车手们又开始使用赞助商的自行车。

(15)在主车群抵达前，一架属于《队报》的小型飞机在图尔马莱山上坠毁。飞行员乔治·德塞维尔斯基被送往医院。

(16)一位名叫"柯林斯小姐"（米斯·柯林斯）的美国记者报道了这场比赛。

(17)法国的勒内·维耶托领先 15 天，使他身着黄衫的总天数达到 26 天，他是该赛事未获冠军的车手中穿黄衫天数最多的人。

1948 年

1. 西班牙的贝尔纳多·鲁伊斯（UD Sans Minaco 车队）赢得了第 8 届环西赛冠军。

2. 10 月，未来将两次获得环法赛冠军的贝尔纳·泰弗内出生。

3. 菲奥伦佐·马尼（Viscontea 车队）以 11 秒的优势击败埃齐奥·切基（韦尔特车队）赢得第 31 届环意赛冠军，这是有史以来的最小差距。福斯托·科皮（比安基车队）曾抱怨过马尼作弊却只受到小的处罚,当马尼在比赛的倒数第 2 赛段穿粉衫"幸运地"突围后,他便退出了比赛。吉诺·巴尔塔利(莱尼亚诺车队)获得第 8 名,并赢得了"爬坡王"称号。

4.英国伯明翰一家自行车工厂的总经理阿瑟·张伯伦展示了一款专为美国市场设计的新型轻型自行车,以提振英国在美国萎靡不振的自行车销售状况。据说这款新的英国自行车重量不到 12.7千克,比美国普通自行车轻 9.5 千克,比英国普通自行车轻 3.6千克。

5.美国自行车手乔·马尼亚尼从欧洲回到美国,签约施温参加 6日赛。

6.汤姆·桑德斯(代顿车队)赢得了英国布赖顿—格拉斯哥赛冠军。

7.美国新泽西州纳特利的唐纳德·谢尔登再次拿下环萨默维尔库格勒-安德森纪念赛。

8.南斯拉夫的奥古斯特·普罗辛克赢得了首届和平赛的华沙—布拉格站冠军。南斯拉夫的亚历山大·索里克赢得了布拉格—华沙站冠军。

9.12 月 23 日,位于纽约斯通街 24 号的 L. N. 怀特有限公司宣布:从被占领的日本运来的第一批大陆型自行车于本周初运抵此地,将在国内市场销售,并再出口到拉丁美洲。与同类进口自行车相比,这种自行车在质量上有竞争力,据说价格要低得多。

10.在荷兰瓦尔肯堡举行的公路世锦赛上,比利时选手阿尔伯里克·"布雷克"·肖特赢得了冠军。此前,吉诺·巴尔塔利因在比赛中和科皮再次互相指责,落后对手 14 分钟,最终退出比赛。因为他们在环意赛和其他国际比赛上的行为,吉诺·巴尔塔利和科皮受到意大利自行车联盟的谴责并停赛两个月的处罚。

11.在伦敦举行的第 14 届奥运会上,法国选手何塞·贝亚特赢得了 195 千米男子自行车公路赛的冠军。

12.布雷克·肖特(阿尔西翁,格勒纳-莱乌车队)赢得了第 1 届历时一季的德格朗热-科隆博挑战赛冠军。该系列赛事包括当年最重要的赛事(环法赛、环意赛、米兰—圣雷莫赛、环弗兰德斯赛、环伦巴第赛、弗莱彻—瓦隆赛、环巴黎赛、巴黎—鲁贝赛和巴黎—布鲁塞尔赛)，后来，在法国、意大利和比利时的主要体育杂志(《队报》《米兰体育报》《体育世界》和《体育报》)的倡议下，列日赛和环瑞士赛相继诞生，并以环法赛创始人亨利·德格朗热和埃米利奥·科隆博的名字命名。

13. 瑞士车手费尔迪·屈布勒(特巴格-标致车队)赢得了第12届环瑞士赛冠军。比赛中，比利时两次获得列日赛冠军的里夏尔·德波特(超级加兰-梦地亚车队)在瓦森的一条隧道中撞车，被后面的车队碾过，他因此丧命。

14. 在荷兰，据报道有500万辆自行车被使用，或者说每两个人就有一辆。在美国，有1900万人自称为自行车手。1948年，美国生产了276.1万辆自行车。

环法自行车赛

(1)在时隔10年后，34岁的吉诺·巴尔塔利再次赢得了环法赛冠军，成为战后环法赛年龄最大的冠军。他赢得了7个赛段，包括3个连续赛段。他还赢得了所有的高山赛段，并获得了"爬坡王"称号。

(2)法国电视台向全国5000台电视机现场直播了这场以巴黎为终点的比赛。

(3)吉诺·巴尔塔利的胜利是坎帕尼奥洛车队在环法自行车赛上的首次胜利。

(4)爬坡按照难度分为两类(A和B)。

(5)环法赛首次进入意大利，第11赛段在圣雷莫结束。

(6)积分赛在1948年和1949年就已举行，但直到1953年才成为环法赛的固定比赛项目。

(7)根据比赛规则第 41 条规定，第 3 和第 18 赛段的最后一名选手将被取消比赛资格。

(8)羊毛生产商索菲尔羊毛公司每天向黄衫穿着者颁发奖品。

(9)新闻杂志《世界之镜》出版了一个高质量的特刊，专门报道环法自行车赛。

1949 年

1.图利奥·坎帕尼奥洛研制了四边形的后拨结构，这个结构一直沿用至今，只是外形有所改变。

2.法列罗·马西在米兰的维戈雷利室内赛车场下开了一家车架商店。

3.意大利导演维托里奥·德西卡的电影《偷自行车的人》于 12 月 12 日在纽约上映，并在纽约影评人奖上被评为"最佳外语片"。该片由兰布雷托·马焦拉尼和 10 岁的恩佐·斯塔约拉主演，讲述了一对父子在父亲的自行车被盗后在罗马四处寻找的故事。电影《偷自行车的人》在英国上映的前一年获得了英国电影学院奖中的"最佳影片奖"。

4.福斯托·科皮赢得了第 32 届环意赛冠军以及赛事中的爬坡赛第 1 名。吉诺·巴尔塔利（莱尼亚诺车队）位居第二，以 23 分 47 秒之差落后。

5.塞尔塞·科皮（比安基-乌尔苏斯车队）赢得了第 2 届德格朗热-科隆博挑战赛。

6.本年度没有举办环西赛。

7.来自美国俄亥俄州哥伦布市的尤金·麦克弗森是一名 22 岁的大四学生，他以 20 天 4 小时 29 分的成绩完成了从加州圣莫尼卡到纽约的 4915 千米的骑行，创下了美国业余自行车联盟的官方洲际纪录。

8.比利时选手里克·范施滕贝根在 1949 年哥本哈根公路世锦赛中，战胜瑞士选手费尔迪·屈布勒和意大利选手福斯托·科皮，夺得冠军。

9.法国的安德烈·马埃(斯特拉-邓禄普车队)在鲁贝赛车场入口处被引导骑错路线,"赢得"了巴黎—鲁贝赛冠军。第一个使用正确赛道入口的完赛者塞尔塞·科皮在他的队友和哥哥福斯托·科皮的敦促下,对比赛结果提出抗议。福斯托·科皮随后威胁要抵制未来的比赛。巴黎—鲁贝赛组委会最终认定:塞尔塞·科皮和安德烈·马埃为该项比赛的联合冠军。

10.英国的杰夫·克拉克(ITP车队)赢得了布赖顿—格拉斯哥赛冠军。

11.美国芝加哥的弗兰克·布里兰多赢得了环萨默维尔库格勒-安德森纪念赛冠军。

12.捷克斯洛伐克人扬·韦塞利赢得了第2届年度和平赛冠军。

13.法国人保罗·肖克(拉佩勒-哈钦森车队)于9月4日在王子公园赛车场撞车身亡。现年39岁的肖克曾在1936年获得法国波尔多—巴黎赛冠军,并在1937年的环法赛中获得第7名(其中,拿下了第16赛段和第18B赛段的冠军)。他还曾在1936年和1938年获得环法自行车公路越野赛的冠军。

14.英国自行车制造商赫尔克里斯推出了"Herailleur",这是一种带有分度变速指拨的后拨链器。

自行车在中国

(1)中国自行车年产量约为1.5万辆。

(2)永久品牌诞生。6月,军代表接管工厂(昌和制作所)并恢复了生产,工厂彻底开始走上一条新道路,厂里决定放弃以前生产的"铁猫""板手"牌自行车。由于当时我国与苏联的关系特殊,因此新设计了一款商标暂定为"熊球"牌的自行车,后几经讨论,决定采用"熊球"的谐音"永久"作为产品名称,这就是"永久"牌自行车的第一个商标。1949年年底,"永久"牌自行车诞生了。

环法自行车赛

(1)福斯托·科皮成为第一个一年内同时赢得环法赛和环意赛冠军的车手。

(2)在科尔马和南锡之间137千米的计时赛段中,福斯托·科皮以7分02秒的优势击败吉诺·巴尔塔利。这个成绩是目前环法赛计时赛中获胜的最大优势。

(3)库斯托迪奥·多斯赖斯是第一个参加环法赛的摩洛哥人。

(4)将姓名的首字母"HD"绣在黄衫的左胸上,以纪念环法赛已故创始人亨利·德格朗热(Henri Desgrang)。

(5)虽然第17赛段跳过了雄伟的加利比耶山口,但在7月19日,在靠近山顶的南侧,赛事组委会为亨利·德格朗热修建了一座纪念碑。

(6)第一位环法赛医生被指定跟随比赛。

(7)法国电视台对南锡到巴黎的最后一个赛段进行了报道,并在环法赛期间,开始每周5个晚上进行新闻广播。

(8)《队报》和《巴黎自由人报》制作了《24天的赛事》,这是1949年环法自行车赛的"官方电影"。

(9)环法"技术员"让·加尔诺设计了一条路线,首次将比赛带到西班牙。

(10)第三类难度被添加到山地赛段难度评分中。最大难度的第一个冲顶骑手将获得60秒的时间奖励,其他两种相对较低难度第一个冲顶的骑手可分别获得40秒和20秒的时间奖励。

(11)比利时选手诺贝尔·卡朗在第3赛段成绩领先,但他在比赛中却没有机会穿黄衫,因为他的助理把他的黄衫和行李一起拿走了。

(12)为了纪念福斯托·科皮在环法赛中的胜利,比安基公司推出了复制款环法自行车。

(13)法国的阿波·拉扎里季斯使用了一辆铝架自行车。

第十章　我赢得了巴黎—鲁贝赛，科皮是神
（1950—1959）

先说意大利。

环意赛一直是意大利车手的天下，前面办了 32 届，冠军从无旁落。而在第 33 届，不灵了，第一次有外国车手抢得这一荣誉，他是谁呢？金身被打破后，便收不住了，环意赛很快就迎来了第二位外国冠军。该届环意赛在一个赛段中出现了暴风雪，迫使 60 名车手放弃比赛。冠军也在一家咖啡馆里停下来暖身。

有意大利人科皮参加的比赛，冠军几无旁落。以至于有一年在科皮以绝对优势赢得巴黎—鲁贝赛冠军后，亚军自认为也赢得了比赛，他说："我赢得了巴黎—鲁贝赛，科皮是神。"是啊，人不能和神分在一组，这句话后来被载入了自行车运动史册。

意大利人图利奥·坎帕尼奥洛推出了 Gran Sport——第一个现代后拨变速器。自行车史家称 Gran Sport 是"这 10 年来最重要的变速器，它为质量和可靠性设定了标准"。当然，图利奥·坎帕尼奥洛还完善了他著名的玩票产品——开瓶器。

有一天，教皇约翰二十三世接见了意大利最著名的自行车队之一——24 人的英格尼斯车队，车队里有不少曾获世界冠军的王牌车手，阵容强大。教皇说，虽然他对体育知之甚少，但他认为体育在基督教、人性和社会方面都很重要。

再说说环法赛这 10 年。

由于福斯托·科皮太厉害，致使第 2 名和第 3 名的奖金增加了一倍。

有一年,由于发现第 16 赛段的比赛节奏太慢,不是他喜欢的,因此巡回赛总监雅克·戈代最初扣留了获奖者的奖金。赛事规则也有变化:当车手爆胎时,允许更换轮胎。这意味着车手不再需要背着一个备胎。在比赛过程中,车队的工作人员会收听官方赛车发出的无线电信号,以了解哪些车手需要机师协助。

环法赛创新出了一些奖项:组织者为每天最不幸的遭遇爆胎或撞车事故的骑手提供安慰奖品。推出了"敢斗奖",谁是第一个吃螃蟹的人呢?还有"主车群幽默大奖",这又是个什么奖?幽默在哪里呢?

西班牙超现实主义艺术家萨尔瓦多·达利和其他 22 位艺术家为环法赛创作了限量版纪念明信片,限量多少张?又是在哪一年创作的呢?

苏联车手创造了第一个女子一小时骑行纪录:38.473 千米。

在伦敦自行车展上出现了一辆钛合金车架的自行车。

禧玛诺公司的创始人去世,享年 64 岁。有传言称,就在他去世前,他让妻子把他所有的宠物包括鸣唱的蟋蟀和养在稻田里的小鸟都放了。

中国自行设计、生产的第一个自行车品牌"飞鸽"诞生,曾多次作为国礼赠送给各国政要。飞鸽一度是天津市的龙头企业。

新中国最早的自行车邮票诞生,你想知道它长啥样吗?

分类概览

人物传奇

◇1950 年,福斯托·科皮赢得巴黎—鲁贝赛。

◇1954 年,贝尔纳·伊诺出生。

◇1956 年,未来自行车界传奇人物肖恩·凯利出生。

◇1957 年,莫里斯·加兰去世。

◇1958 年,法国自行车界传奇人物让尼·隆哥出生;禧玛诺公司的创始人去世。

品牌技术

◇1950 年,图利奥·坎帕尼奥洛完善了新型前拨链器。

◇1951 年,法国 LOOK 公司成立;图利奥·坎帕尼奥洛推出了 Gran Sport。

◇1952 年,意大利皮纳雷洛品牌诞生。

◇1953 年,德罗萨公司开业。

◇1954 年,梅花公司创建并开始制作车架;贝尔汽车零部件公司生产"500"赛车头盔。

◇1956 年,禧玛诺公司推出第一款后变速器 333;第一款三拓后变速器推出;菲利普斯公司在车展上展示了一辆钛合金车架的自行车。

◇1958 年,坎帕尼奥洛公司推出首款木箱工具套装;三拓公司开始制造自有三拓品牌的变速器。

◇1959 年,邓禄普轮胎公司开发了 36 厘米和 41 厘米的高压轮胎。

赛事会展

◇1950 年,埃米利奥·罗德里格斯赢得环西赛;雨果·科莱特赢得环意赛;费尔迪·屈布勒赢得德斯格兰奇—科伦坡挑战赛。

◇1951 年,自行车项目被列入第 1 届亚洲运动会正式比赛项目。

◇1952 年,福斯托·科皮第四次赢得环意赛;安德烈·诺埃勒赢得奥运会男子自行车公路赛。

◇1953 年,福斯托·科皮赢得环意赛和公路世锦赛。

◇1954 年,伦敦国际自行车和摩托车展举办。

◇1955 年,让·多托赢得环西赛。

◇1956 年,沙利·高尔在环意赛上夺冠。

◇1957 年,贝尔纳多·鲁伊斯连续第三年完成三大环赛。

◇1958 年,埃尔科莱·巴尔迪尼赢得环意赛。

协会组织

◇1952 年,俄罗斯加入国际自盟。

◇1958 年,阿德里亚诺·罗多尼当选国际自盟主席。

文化透闻

◇1955 年,第一个女子一小时骑行纪录诞生;美国总统将所有进口自行车的关税提高了 50%。

◇1959 年,教皇约翰二十三世接见了意大利车队。

自行车在中国

◇1950 年,飞鸽自行车品牌诞生。

◇1952 年,中国人民解放军第 1 届全军运动会将自行车项目列入比赛。

◇1955 年,自行车开始凭票购买。

◇1957 年,新中国最早的自行车邮票发行。

◇1958 年,上海自行车三厂成立。

◇1959 年,中国自行车运动协会(CCA)成立;"凤凰"品牌创建;龙潭湖赛车场建成。

环法自行车赛

◇1950 年,瑞士的费尔迪·屈布勒夺冠,他拒绝穿黄衫比赛;丹尼尔·勒布尔绘制了冠军自行车。

◇1951 年,雨果·科莱特夺冠;选手们第一次攀登旺图山。

◇1952 年,福斯托·科皮以绝对优势夺冠;比赛新设每日敢斗奖,并引入山顶终点。

◇1953 年,与队友分享奖金的传统出现;环法赛迎来 50 周年庆。

◇1954 年,法国的路易松·博贝连续第二次获得冠军;环法赛首次从法国境外开始。

◇1955 年,路易松·博贝成为第一个环法赛三连冠的车手;第一个穿黄衫的西班牙人出现。

◇1956 年,罗歇·瓦尔科维亚克赢得冠军;组织者为每天最不幸的骑手提供安慰奖品。

◇1957 年,雅克·安克蒂尔拿到冠军;环法赛首次攀登波蒂略山口。

◇1958 年,沙利·高尔骑着由雷诺 531 管材制成的自行车夺冠。

◇1959 年,达利创作限量版纪念明信片;安德烈·达里加德连续第四年赢得第 1 赛段冠军;主办方颁发了该赛事首个"敢斗奖"。

1950 年

1.西班牙的埃米利奥·罗德里格斯(桑戛荷斯车队)赢得了第9届环西赛冠军。

2.瑞士的雨果·科莱特(西洛车队)赢得了第33届环意赛冠军。这是第一次有外国车手拿到这一荣誉。

3.瑞士的费尔迪·屈布勒(特巴格车队)赢得了第3届德格朗热-科隆博挑战赛冠军。

4.福斯托·科皮(比安基-乌尔苏斯车队)以2分41秒的优势赢得了巴黎—鲁贝赛冠军。赛后,亚军莫里斯·迪奥(梅西耶-马涅车队)曾说过一句话,这句话后来被载入了自行车运动史册:"我赢得了巴黎—鲁贝赛,科皮是神。"

5.法国的让·罗比克(托曼-西洛车队)赢得了第1届自行车公路越野赛冠军。

6.英国的雷吉·哈里斯(兰令车队)在比利时列日的8000名车迷面前连续击败荷兰的阿里·范弗利特(巴特勒车队),卫冕冲刺赛世界冠军。

7.英国人乔治·兰德(弗雷瑞斯车队)赢得了布赖顿—格拉斯哥赛冠军。

8.丹麦的维利·恩博格赢得了和平赛冠军。

9.美国纽约州布法罗市的理查德·科特赖特赢得了萨默维尔库格勒-安德森纪念赛冠军。

10.布雷克·肖特从离家20千米的地方骑自行车出发,以7小时49分54秒的成绩赢得了在比利时莫尔斯莱德举行的284千米世界公路自行车锦标赛冠军。在一分钟骑行赛中,肖特战胜了荷兰人特奥·米德尔坎普,从比利时人里克·范斯滕贝根手中夺回了冠军头衔。

11.美国人特德·史密斯以个人名义参加了公路世锦赛,成为第一个参加公路世锦赛的美国本土车手。住在法国的美国人乔·马尼亚尼参加了 1935 年、1936 年和 1947 年的公路世锦赛。史密斯虽然突破了中点，但未能完成比赛，当他爬上收容车时，发现瑞士明星雨果·科莱特也在车上。史密斯认识科莱特是因为他们一起参加了美国的田径比赛。史密斯问他怎么在这里，科莱特说他累了。那个 1951 年以 22 分钟的优势赢得环法赛冠军的人直接说他累了，没有找其他借口。

12.图利奥·坎帕尼奥洛完善了他的新型前拨链器的设计。

自行车在中国

中国自行设计、生产的第一个自行车品牌"飞鸽"诞生。飞鸽以选料精良、工艺先进、骑行轻快、坚固耐用、款式新颖而著称，曾多次作为国礼赠送给各国政要。在计划经济时期其产值占天津市工业系统总量的六分之一。

环法自行车赛

(1)费尔迪·屈布勒成为环法赛的第一位瑞士冠军。

(2)索菲尔羊毛公司提供了 185 万法郎的奖金。

(3)美国演员奥森·韦尔斯是从本次环法赛的最后一站巴黎出发的发令员。

(4)记者海伦妮·帕姆兰从女性的视角为共产主义报纸《人道报》做了本次环法赛的报道。

(5)吉诺·巴尔塔利和菲奥伦佐·马尼所在的意大利国家队在马尼领先时因有人犯规而退赛。

(6)在意大利队退赛后，第 15 赛段赛程被缩短以避免进入意大利。

(7)费尔迪·屈布勒在菲奥伦佐·马尼退赛后的第二天拒绝穿黄衫比赛。

(8)阿尔及利亚的马塞尔·莫利内斯和摩洛哥的库斯托迪奥·

多斯赖斯是本次环法赛的第 1 赛段获胜者,他们来自非洲不同的国家。1931 年,赖斯成为法国公民,但仍居住在法国殖民地摩洛哥。

(9)每个赛段的时间限制被缩短,以迫使各车队努力保持一致。

(10)丹尼尔·勒布尔为《自行车》杂志绘制从 1950 年至 1976 年的环法赛冠军的自行车。

(11)法国《电视新闻》节目是全程跟随比赛的媒体。

1951 年

1.第 1 届亚洲运动会在新德里举办,自行车项目被列入正式比赛项目。

2.法国 LOOK 公司成立。最初 LOOK 只是组装滑雪板的制造商,30 年后,一些先进的理念被应用到自行车上。

3.17 岁的雅克·安克蒂尔加入了索特维尔车队。

4.图利奥·坎帕尼奥洛推出了 Gran Sport——第一个现代后拨变速器。公司后来所有的后拨(Record、Nuovo Record 和 Super Record)都将保持相同的基本设计,直到 1983 年。自行车历史学家弗朗克·贝尔托称 Gran Sport 是"这 10 年来最重要的变速器,它为质量和可靠性设定了标准"。1951 年,坎帕尼奥洛还完善了他著名的开瓶器设计。

5.乔瓦尼·皮纳雷洛(博泰基亚-乌尔苏斯车队)赢得了环意赛的最后一名(黑衫)。他没有用所获得的 10 万里拉(约合 16000 美元)奖金参加下一届环意赛,而是创办了自己的自行车公司。

6.在此前获得比赛的第 2 名和第 3 名之后,瑞士的费尔迪·屈布勒终于赢得了在意大利瓦雷泽举办的公路世锦赛冠军。福斯托·科皮由于患流感而缺席了这场比赛,他仍未走出困境。

7.2 月,联邦贸易委员会下令给美国自行车职业者协会、自行车零件和配件协会,要求 46 名工人和 38 家制造商停止"不合理限制贸易"的做法,以试图"抑制和消除"竞争。

8.10 月 9 日,英国诺丁汉兰令工业有限公司副董事长兼总经理乔治·威尔逊在波士顿表示,美国在从英国运送自行车方面享有优先权,这是以牺牲世界上其他重要市场为代价的。威尔逊先生正在参观英国公司在美国市场的装配和维修工厂。该厂生产兰令、鲁吉和汉堡三种型号的自行车,生产方式与诺丁汉工厂相同。

9.意大利的菲奥伦佐·马尼(甘纳车队)以领先比利时的里克·范施滕贝根(梅西耶车队)12秒的优势赢得了第34届环意赛冠军。

10.在1951年至1954年期间,没有举办环西赛。

11.墨西哥选手里卡多·巴尔西亚以1小时22分14秒的成绩完成了从墨西哥城到托卢卡的64.37千米环墨西哥中部赛。

12.英国的伊恩·斯蒂尔(维京车队)赢得了第1届环英国自行车赛(简称"环英赛")冠军。

13.丹麦的凯·艾伦·奥尔森赢得了和平赛冠军。

14.福斯托·科皮的弟弟塞尔塞·科皮(比安基-皮雷利车队)在环皮埃蒙特赛快结束时撞到了人行道上。比赛结束后,他回到酒店,很快就病倒了。他被紧急送往医院,在那里他被宣布死亡。

15.在法国图卢兹附近驾驶塔尔伯特赛车的若泽·梅夫莱特创造了自行车最高时速175.58千米的纪录。梅夫莱特的伊瓦尔斯自行车有一个小前轮(直径约56厘米),装在一个后向叉上,还有一个巨大的130齿TA链轮。

16.美国纽约市的弗朗西斯·默滕斯赢得了环萨默维尔库格勒-安德森纪念赛冠军。

17.法国的路易松·博贝(斯特拉-哈钦森车队)赢得了第4届年度德格朗热-科隆博挑战赛冠军。

环法自行车赛

(1)瑞士选手雨果·科莱特在他唯一夺冠的环法赛中以绝对优势获胜。

(2)组织者在圣玛丽-德康庞的铁匠铺遗址上放置了一块牌匾,

1913年欧仁·克里斯托夫在这里花了4个小时修理他的自行车前叉。

(3)车队的排名是按照每个队3名成绩最好的车手的时间来决定的。

(4)比赛从梅斯开始。这是自1926年离开依云以来,环法赛首次在巴黎以外的地区开始。

(5)法国选手罗歇·莱韦克拿下了在巴黎的第4赛段冠军。这是比赛中唯一一个终点不是在巴黎的赛段。

(6)比赛首次进入法国内陆,经过中央高原,但跳过了多姆山。

(7)选手们第一次攀登旺图山。吕西安·拉扎里代斯第一个登顶。

(8)维姆·范埃斯特成为第一个穿着黄衫的荷兰车手。但他第二天就因撞车退出了比赛。

1952 年

1.意大利皮纳雷洛品牌诞生。乔瓦尼·皮纳雷洛先生在意大利特雷维索的中心城区开了一家单车工作室,并且在家附近的车间里纯手工为顾客打造自行车。

2.福斯托·科皮(比安基车队)赢得了第34届环意赛冠军。这是科皮第四次获得该项比赛的胜利。

3.德国的海因茨·穆勒在卢森堡赢得了1952年的公路世锦赛冠军。法国的拉斐尔·杰米亚尼尼被排除在车队之外,因为法国官员担心他会为比安基车队的队友科皮工作。

4.3月初,俄罗斯加入国际自盟。发言人亚历克西斯·科普里亚诺夫说,俄罗斯将参加所有重要的国际赛事,甚至可能包括奥运会。

5.在芬兰赫尔辛基奥运会上,比利时的安德烈·诺埃勒赢得了190千米的男子自行车公路赛冠军。

6.施温公司在推出了场地版的派拉蒙自行车14年后,又推出了一个公路版自行车。前赛车手乔·马尼亚尼曾组装过该公司的派拉蒙场地版自行车和双人自行车,他将在未来多年里组装所有派拉蒙公路版自行车。

7.10 月下旬,美国政府授权自行车制造商将最高价格提高 7％。之所以授权提高价格,是因为该行业的平均收入已降至其 1946 年至 1949 年最好的三年间的 85％。

8.1929 年环法赛的冠军莫里斯·德瓦勒于 2 月 14 日去世,时年 55 岁。

9.美国纽约的埃米特·米勒获得了一辆有声自行车的专利,专利号为 2619931。该设备的工作原理是"在前轮上安装一个音轨,将唱针固定在音叉上,并通过车把进行控制"。音轨可以再现音乐、口语或警告。米勒的另一个版本的发明提供了"车把上的按键来控制附在叉子上的一系列簧片"。按下按键,当簧片撞击辐条时,骑手可以演奏音乐。

10.英国的肯尼思·拉塞尔(埃利斯-布里格斯车队)赢得了第 2 届环英赛冠军。

11.美国纽约市的欧内斯特·佐伊贝特赢得了环萨默维尔库格勒-安德森纪念赛冠军。

12.苏格兰的伊恩·斯蒂尔代表英格兰队赢得了第 6 届年度和平赛的冠军,比赛途经捷克斯洛伐克、东德和波兰。

13.瑞士的费尔迪·屈布勒(特巴格车队)赢得了第 5 届德格朗热-科隆博挑战赛冠军。

自行车在中国

中国人民解放军第 1 届全军运动会将自行车项目列入比赛。

环法自行车赛

(1)福斯托·科皮以超过第 2 名 28 分钟的优势赢得了第 39 届环法赛冠军。由于他在比赛中的统治地位,环法赛组委员不得不将第 2 名和第 3 名的奖金增加了一倍。

(2)由于雅克·戈代发现第 16 赛段的比赛节奏太慢,不是他喜欢的,巡回赛总监雅克·戈代最初扣留了获奖者的奖金。

(3)新设每日敢斗奖,获奖者将获得 10 万法郎的奖金。

(4)皮埃尔·萨巴、解说员乔治·德科纳和摄影师亨利·佩尔森将电视节目带到比赛中。每一赛段的 16 毫米胶片由摄影师坐摩托车拍摄,然后通过火车送往巴黎,在那里进行剪辑,并于第二天在法国电视台播出。

(5)法国的电视机销量在 7 月份达到顶峰,有关这次环法赛的新闻报道增加到了每天三次。

(6)比赛引入了山顶终点(阿尔普迪埃、赛斯特雷和多姆山)。福斯托·科皮赢得了所有山顶终点赛段冠军。

(7)这项赛事的两次计时赛分别缩短到 60 千米左右。

(8)皮埃尔·迪马博士作为官方医生参加比赛,一直到 1977 年。

(9)马塞尔·比多成为法国国家队的主教练,一直到 1969 年。

(10)比赛首次由巴黎共和国卫队的车手和摩托车宪兵护送。

1953 年

1.19 岁的雅克·安克蒂尔和雨果·科莱特的拉佩勒车队一起成为职业车手(队)。在著名的 140 千米的国际计时赛中,他赢得了 9 站胜利中的第一站,比计时赛专家罗杰·克雷顿(斯特拉-邓禄普车队)快了 7 分钟。

2.在环意赛的倒数第二天,福斯托·科皮(比安基-皮雷利车队)将雨果·科莱特(拉佩勒车队)甩在斯泰尔维奥山口上,以 1 分钟 29 秒的优势赢得了第 36 届环意赛冠军。

3.福斯托·科皮(比安基-皮雷利车队)赢得了在瑞士卢加诺举行的公路世锦赛冠军,以 6 分半钟的优势击败了获得亚军的比利时选手热尔曼·德瑞克。比利时的斯坦·奥克斯在 10 分钟后到达,获得第 3 名。

4.帮助科皮赢得公路世锦赛冠军的比安基自行车装有一个集成

耳机,它在近50年后开始流行。

5.英国的戈登·托马斯(BSA车队)赢得了第3届环英赛冠军。

6.首届爱尔兰"环托斯塔赛"已经开始,但似乎没有人确定谁赢了。

7.丹麦的克里斯蒂安·佩德森赢得了和平赛冠军。

8.1月1日,年仅19岁的乌戈·德罗萨在意大利米兰的佛朗哥·德拉·皮拉大街1号创办的德罗萨公司开业。

9.一支由拉蒙·奥约斯和埃弗拉伊姆·福雷罗率领的由7人组成的哥伦比亚业余队,在法国的何塞·贝亚特组织管理下,乘船到欧洲,参加了"法国之路赛"。比赛结束后,其他人返回哥伦比亚,福雷罗在本赛季余下的时间里继续在欧洲参赛。

10.意大利的洛雷托·彼得鲁奇(比安基-皮雷利车队)赢得了第6届年度德格朗热-科隆博挑战赛冠军。

11.来自美国芝加哥的22岁的理查德·伯格是一名海军牙科技师,他以14天16小时45分钟的时间从加州圣莫尼卡骑到纽约,比之前的自行车横贯美洲大陆纪录快了近6天。

12.美国新泽西州克兰福德的休·斯塔尔斯赢得了环萨默维尔库格勒-安德森纪念赛冠军。

13.美国自行车协会宣布,该协会出版的第一本集体自行车游戏手册已经上市。这本名为《自行车的乐趣》的小册子包含了100个关于自行车运动的点子,包括徒步旅行、比赛、特技以及为年轻爱好者准备的类似活动。

14.2月,美国自行车协会主席克莱德·布罗考参加了佛罗里达州博卡拉顿举办的行业大会。据报道,在1952年,美国300家自行车制造商和经销商共生产和销售了200万辆两轮自行车,创下了全国自行车保有量超过2100万辆的新纪录。他预测,随着金属限制的取消,1953年的总数将会更高。

环法自行车赛

(1)在成为队长后,获胜的路易松·博贝创下了与队友分享奖金的传统。

(2)这一年,环法赛迎来 50 周年纪念,往届的冠军齐聚一堂,并发行了纪念邮票。

(3)引入了冲刺赛(1953 年环法赛被称为"五十周年大奖赛"),冠军绿衫最初由拉贝尔园艺设备公司赞助。

(4)法国队的顶级车手之间出现裂痕,并在第 13 赛段的"贝济耶丑闻"中达到顶峰,这开始引发人们对国家队概念的质疑。

(5)在环法赛中排名前十的每一位车手在战后都变成了职业车手,一个新的时代开始了。

(6)比赛的平均速度创下了 34.6 千米/时的纪录。

1954 年

1.埃内斯托·科尔纳戈在意大利创建梅花公司,并开始制作自行车车架。

2.瑞士的卡洛·克莱里奇(孔多尔-格拉车队)赢得了第 37 届环意赛冠军,因为比赛在伯尼纳罢工期间举行,意大利车手拒绝在伯尼纳山口上比赛。在其他车手放慢速度之后,罢工就开始了,因为他们觉得组织者给他们的钱不够多,不愿努力比赛。尽管福斯托·科皮(比安基-皮雷利车队)生病了,他还是得到了一大笔出场费。

3.在德国的索林根-克林根林赢得公路世锦赛冠军后,法国的路易松·博贝成为继 1933 年法国人乔治·施派歇尔之后,像福斯托·科皮、沙利·高尔和雅克·安克蒂尔一样,第一位同一年赢得环法赛冠军和公路世锦赛冠军的车手。

4.11 月 14 日,未来的传奇车手贝尔纳·伊诺出生。

5.法国的欧仁·坦布利尼(独自一人:标致车队)赢得了第 4 届

环英赛冠军。

6.英国的约翰·珀克斯(厄尔斯伍德自行车俱乐部)赢得了爱尔兰的环托斯塔赛冠军。

7.意大利的普里莫·沃尔皮(阿波斯车队)赢得了10月3日在法国斯特拉斯堡举行的为期13天、长2560千米的欧洲巡回赛冠军。沃尔皮的总比赛时间为83小时51分59秒。

8.《数据手册》中的插图显示了一种现代型避震叉,每条腿的顶部都有一个弹簧。

9.荷兰贸易团体要求其政府帮助阻止美国提高进口自行车的关税。1953年荷兰向美国出口了1.6万辆自行车,今年希望出口3.5万辆。

10.在11月13日伦敦国际自行车和摩托车展开幕之前,英国自行车和摩托车制造商联盟的负责人休·帕兰告诉记者,当他得知美国制造商向联邦关税委员会申请更多的进口保护时,他感到很沮丧。英国是世界上最大的自行车出口国,仅今年前9个月的出口额就超过5300万美元。1953年,英国在美国卖出了40多万辆自行车。

11.菲奥伦佐·马尼的妮维雅-福斯车队开创了自行车运动赞助的新时代。1909年,环意赛冠军路易吉·甘纳宣布解散他1912年创办的甘纳车队,马尼开始寻找其他赞助商。其他运动赞助商是指那些生产与自行车运动无关的产品的公司,比如生产护肤霜的妮维雅公司。

12.丹麦的埃拉夫·达尔高赢得了和平赛冠军。

13.法国的雅克·安克蒂尔(拉佩勒-哈钦森车队)在国家大奖赛计时赛中取得了他总共9站胜利中的第2站。

14.罗伊·里克特开始在贝尔汽车零部件公司生产"500"赛车头盔,该公司位于美国加州洛杉矶郊区贝尔的盖奇大道3633号。两年后,里克特成立了贝尔头盔公司,作为贝尔汽车零部件公司的一个分公司。

15.美国新泽西州萨默维尔的约翰·奇塞尔科赢得了环萨默维尔库格勒-安德森纪念赛冠军。

环法自行车赛

(1)法国的路易松·博贝连续第二次获得环法赛冠军。

(2)吉普车被标致 203 敞篷车取代，成为此次环法赛的官方用车。

(3)意大利车队跳过了环法赛，因为他们与组织者在额外的体育赞助问题上存在分歧，以及环意赛上"贝尔尼纳罢工"的中车手减速。

(4)比赛从荷兰开始，标志着环法赛首次从法国境外开始。

(5)贝尔特拉姆·塞格（未完赛）成为列支敦士登第一位也是唯一一位参加环法赛的车手。

(6)双节赛段自 1939 年以来首次回到比赛中，同时回归的还有现代形式的团队计时赛。

(7)瑞士国家队在比赛中取得了唯一的团队胜利。

(8)在巴约讷的第 10 赛段比赛中，记者安托万·布隆丹为《队报》撰写了他的第一篇专栏文章，题为《密码和游戏》。

1955 年

1.法国的让·多托（特罗-马格纳特-德邦车队）赢得了第 10 届环西赛冠军，成为赛事自 1950 年首次举办以来的第一位法国获胜者。环西赛于 1935 年首次举办，自 1955 年起每年举办一次。从这一年开始，比赛领骑者的骑行服将保持黄色直到 1977 年（1977 年的比赛，领骑衫将恢复到原来的橙色）。1955 年的环西赛也是第一个车手以地区和国家队的名义参加的比赛。

2.意大利国家冠军菲奥伦佐·马尼（妮维雅-福斯车队）以半个轮子的优势击败福斯托·科皮（比安基-皮雷利车队），赢得了 263 千米的环罗马涅赛冠军。

3.菲奥伦佐·马尼夺得第 38 届环意赛冠军，这是他的第三个环意赛冠军头衔。

4.法国的拉斐尔·吉米尼亚尼（圣拉斐尔-吉米尼亚尼车队），路易·卡皮（Arliguie，Vampire 车队）和西班牙的贝尔纳多·鲁伊斯（拉佩勒-哈钦森车队）这三名车手在同一年完成了三大环赛。吉米尼亚尼在所有赛事中的表现都出色，在环西赛中获得第 3 名，在环意赛中获得第 4 名，在环法赛中获得第 6 名。

5. 1955 年，比利时的斯坦·奥克斯（埃尔夫-标致车队）在意大利的弗拉斯卡蒂赢得了公路世锦赛冠军。

6. 斯坦·奥克斯（埃尔夫-标致车队）赢得了第 8 届德格朗热-科隆博挑战赛冠军。

7. 英国业余车手安东尼·休森（谢菲尔德车队）赢得了环英赛冠军。

8. 英国柯克比自行车俱乐部的布雷恩·乔利赢得了环爱尔兰赛冠军。

9. 东德的古斯塔夫-阿道夫·舒尔赢得了和平赛冠军。

10. 拉斐尔·吉米尼亚尼所在的圣拉斐尔·吉米尼亚尼车队为法国的主车群带来了更多的体育赞助。

11. 21 岁的雅克·安克蒂尔（拉佩勒-哈钦森车队）应征入伍，被送往茹安维尔，在那里他继续进行自行车训练。

12. 加拿大的帕特·墨菲从蜜月中抽出时间赢得了环萨默维尔库格勒-安德森纪念赛冠军。

13. 7 月 7 日在伊尔库茨克，苏联车手塔玛拉·诺维科娃创造了第一个女子骑行一小时纪录：38.473 千米。

14. 美国机械铸造公司在 5 月份宣布了一项计划，将在阿肯色州小石城建造一个造价 125 万美元的工厂，以用来生产"路霸""谢尔比"和其他型号的自行车。目前，美国机械铸造公司的自行车由其克利夫兰焊接子公司生产，该子公司将把重点转向"重型移动设备和国防产品"。

15. 8 月，美国总统艾森豪威尔将所有进口自行车的关税提高了 50%。根据总统令的规定，新税率立即生效。根据《互惠贸易协定法》的"逃避条款"，美国征收了更高的关税。该条款旨在保护国内制造商免受激烈的外国竞争威胁,从而保护其国内生产商的利益。关税的提高意味着进口自行车的价格将上涨约10%。

自行车在中国

国务院全体会议第17次会议通过《市镇粮食定量供应凭证印制暂行办法》,之后国家陆续对很多商品都实行了票证制度,长达近30年的自行车凭票购买就此开始。

环法自行车赛

(1)路易松·博贝是法国第一位三次夺得环法赛冠军的车手,也是第一个环法赛三连冠的车手。

(2)卢森堡联队包括两名澳大利亚人(约翰·比斯利和拉塞尔·莫克里奇),以及自1938年以来参加环法赛的两名德国人(海因茨·米勒和贡特尔·潘科克)。

(3)米格尔·波夫莱特成为第一个穿黄衫的西班牙人。

(4)英国10人车队是自1937年的三车手车队以来的第一支英国环法赛车队。

(5)在普瓦捷到第21赛段起点沙泰勒罗之间的30千米换乘是环法赛自1906年以来的第一次。

(6)1955年的环法赛第一次使用终点摄影机。

(7)这场比赛的影片在每个赛段比赛结束仅仅几小时后就在法国电视台播出了。

(8)组织者允许不参与自行车运动的公司赞助车队。

1956 年

1.花式自行车进入世界室内自行车锦标赛。当时只有男子单人项目,随着竞赛不断发展,女子单人、女子双人、公开双人(至少一名男选手)以及女子四人逐渐加入花式自行车项目。

2.禧玛诺公司推出了其第一款后变速器333。该公司将在两年后停产，直到 1964 年才发布另一款。

3. 第一款三拓后变速器是由日本公司岩井制作所为前田制造的。

4. 4 月 29 日，世界自行车冠军——比利时的斯坦·奥克斯(埃尔夫-标致车队)赢得了为期 5 天、全程 1145 千米的国家大奖赛冠军。这位 36 岁的比利时人第一次在部分以摩托车来领骑的公路比赛中获胜，他两次获得第 2 名。在从那不勒斯到罗马的最后两圈比赛中，他都获得了第 1 名。在 1954 年和 1955 年赢得了冠军的意大利的布鲁诺·蒙蒂(阿塔拉车队)此次获得亚军。

5. 8 月 26 日，里克·范施滕贝根在比利时巴勒鲁普的公路世锦赛上紧紧咬住比利时的里克·范洛伊，开始了"里克之战"。

6. 9 月 29 日，比利时冲刺车手、前公路世锦赛冠军斯坦·奥克斯在安特卫普的一场室内赛车场比赛中因试图避开一名离赛道太近的粉丝而发生冲撞，并在两天后死亡，时年 36 岁。

7. 在服役期间，雅克·安克蒂尔(埃利耶特-波坦车队)来到米兰，创下了 46.159 千米的一小时骑行纪录。他被提升为下士。

8. 9 月，在雅克·安克蒂尔(埃利耶特-波坦车队)创造世界纪录三个月后，意大利业余选手埃尔科莱·巴尔迪尼在米兰将一小时骑行世界纪录提高到 46.393 千米。

9. 埃尔科莱·巴尔迪尼赢得了在澳大利亚墨尔本举行的第 18 届奥运会男子自行车公路赛的冠军，比对手快了 1.61 千米(英国的阿兰·杰克逊落后 1 分 59 秒名列第三)。巴尔迪尼还赢得了 4000 米项目的世界冠军。

10. 1956 年环英赛没有举办。

11. 波兰的斯坦尼斯劳·克罗拉克赢得了和平赛冠军。

12. 卢森堡的沙利·高尔(飞马-格拉车队)赢得了第 39 届环意赛冠军，他成为该赛事的第二位外国冠军。高尔通过去除在邦多内山 15 分钟的赤字才确保了他的胜利，在这里，暴风雪迫使 60 名车手放弃比赛。在该赛段比赛中，高尔在一家咖啡馆里停下来暖身。

13.意大利的安杰洛·孔泰尔诺(比安基-皮雷利车队)赢得了第11届环西赛冠军。

14.美国波士顿医生保罗·达德利·怀特是艾森豪威尔总统医疗团队的成员,他在2月底对纽约的一名观众说,该市应该建立"安全的自行车道,让纽约的商人可以骑车上班"。心脏病专家怀特博士说,暴饮暴食和缺乏锻炼可能是医生最近遇到的年轻男性患者中越来越多心脏病发作的两个最重要的诱因。

15.马萨诸塞州菲奇堡的阿特·朗斯霍是第一位在同一年内参加两届奥运会的美国人。朗斯霍是意大利科蒂纳丹佩佐冬奥会上的一名速滑选手,同时也是一名参加了墨尔本奥运会的自行车选手。两年后,他死于一场车祸。

16.这一年,举办了美国东部最古老、规模最大的赛事之一——菲奇堡朗斯霍赛,它将每年举办一次。

17.美国新泽西州韦斯特伍德的杰克·海德赢得了环萨默维尔库格勒-安德森纪念赛冠军。

18.7月,南希·奈曼·巴拉内特成为登上欧洲自行车比赛舞台的首位美国女性(也是继乔·马尼亚尼之后的第二位美国人)。她最终在为期8天的法国里昂—奥弗涅女子自行车赛的40名选手中名列第14位。

19.5月24日,未来自行车界传奇人物肖恩·凯利出生。

20.比利时的弗雷德·德布鲁恩(梅西耶车队)赢得了第9届德格朗热-科隆博挑战赛冠军。

21.菲利普斯公司在伦敦自行车展上展示了一辆钛合金车架的自行车。

环法自行车赛

(1)罗歇·瓦尔科维亚克成为自1947年以来第二位赢得环法赛冠军的法国地区车队(东北中心车队)车手。

（2）罗歇·瓦尔科维亚克是继 1922 年的菲尔明·朗博之后，第二位在没有拿下任何赛段冠军的情况下赢得环法赛总冠军的车手。

（3）前四名的选手都没有赢得一个赛段冠军。意大利选手尼诺·德菲利皮斯本来是最有希望赢得比赛的选手，最终他获得了第 5 名。

（4）这是自 1927 年以来，比赛中首次没有前冠军。1927 年环法赛也没有前冠军参加。

（5）在法国内政部的敦促下，环法赛大部分在二级公路上进行，许多车手的赛车因此爆胎，也给宣传车队带来了交通问题。

（6）这是第一次当车手的赛车爆胎时允许更换轮胎，这意味着车手不再需要背着一个备用轮胎了。在比赛过程中，车队的工作人员会收听官方赛车发出的无线电信号，以了解哪些车手需要机械协助。

（7）组织者为每天最不幸的遭遇爆胎或撞车事故的车手提供安慰奖品。

（8）本届比赛的平均速度是 36.2 千米/时，这是一项新的比赛纪录。

（9）谢伊·埃利奥特（法兰西岛车队）是第一位参加环法赛的爱尔兰选手，他在第 4B 赛段退出了比赛。

（10）安东尼奥·巴尔博扎（卢森堡联队）是首位参加环法赛的葡萄牙车手，总排名第十。

（11）比赛首次爬 1262 米的路易特山口。

（12）西班牙的米格尔·波莱特在比赛中赢得了到拉罗谢尔的第 8 赛段冠军，成为第一位在同一年的三大环赛中每个比赛都赢得至少一个赛段的车手。他赢得了环意赛第 4 赛段冠军和环西赛第 3 赛段冠军。

（13）比赛的最后一名，罗歇·肖萨贝尔说："我不是耐力选手，不是爬坡选手，不是冲刺选手。我是一个全能的赛车手，环法男人。"他还赢得了比赛的"主车群幽默大奖"。

1957 年

1.首届环法赛冠军莫里斯·加兰于 2 月 18 日去世,享年 85 岁。

2.意大利的加斯托内·南奇尼(Leo Chlorodont 车队)以 19 秒的优势击败路易松·博贝(BP-哈钦森车队)赢得了第 40 届环意赛冠军。1957 年,加斯托内·南奇尼还完成了环法赛(第 6 名)和环西赛(第 9 名),成为唯一一位赢得大环赛冠军,并在同年完成了其他两项赛事的车手。

3.凭借在米兰—圣雷莫的比赛中获胜,米格尔·波夫莱特(英格尼斯-多尼塞利车队)成为第一个赢得古典赛冠军的西班牙人。

4.西班牙人赫苏斯·洛罗诺(伽马车队)赢得了第 12 届环西赛冠军。

5.1957 年环英赛没有举办。

6.波兰的内乔·赫里斯托夫赢得了和平赛冠军。

7.西班牙车手贝尔纳多·鲁伊斯(英格尼斯-多尼塞利车队)连续第三年完成三大环赛。

8.比利时的里克·范施滕贝根在比利时沃尔根以超过法国人路易松·博贝和安德烈·达里加德的成绩,再次成为世界公路自行车锦标赛冠军。范施滕贝根加入了意大利选手阿尔弗雷多·宾达的行列,三次获得该项目冠军。

9.法国的罗歇·里维埃(圣拉斐尔-吉米尼亚尼-邓禄普车队)在米兰的维戈雷利赛车场将一小时骑行纪录提高至 46.923 千米。

10.和圣拉斐尔-吉米尼亚尼-邓禄普车队签约后,布赖恩·鲁滨孙成为首位加入欧洲大陆车队的英国车手。

11.法国的勒妮·维萨克于 9 月 18 日在意大利米兰将保持两年的女子一小时骑行纪录提高到 38.569 千米。

12.比利时选手弗雷德·德布吕纳(卡帕诺-科皮车队)获得了第 10 届年度德格朗热-科隆博挑战赛冠军。

13.美国总统艾森豪威尔对骑自行车的热情预示了 1957 年美荷

关系的改善,至少在两轮车领域是这样。自行车之于荷兰,犹如石油之于得克萨斯州。荷兰人不仅像世界上其他国家的人一样喜欢骑自行车,而且他们还生产自行车并想把它们卖出去,尤其是卖给美国。据《纽约时报》报道,总统对自行车的喜爱有助于缓解美国最近提高进口自行车关税所造成的紧张局势。

14. 纽约扬克斯的阿诺德·乌尔拉斯赢得了环萨默维尔库格勒-安德森纪念赛冠军。

15. 在美国纽约长岛的曼哈塞特,549 名三到八年级的学生中,有290 名未能达到领取自行车牌照的标准。因为 166 个孩子没有通过笔试或骑术测试,而其余孩子的自行车没有通过机械检查。不及格的学生只有补考合格后才能骑自行车上学。

自行车在中国

新中国最早的自行车邮票是 1957 年 3 月 20 日发行的纪 39《全国第一届工人体育运动大会》邮票。这一套邮票共 5 枚,其中第 4 枚"自行车"邮票展示的就是一名运动员在低头弯腰猛蹬自行车的形象。

环法自行车赛

(1)法国的雅克·安克蒂尔拿到了他 5 个环法赛冠军中的第一个。

(2)罗贝尔·沙帕特直接在比赛路线上报道,并进行电视直播。不幸的是,由于赛事组织者和法国电视台之间的分歧,电视台没有对比赛进行现场直播,只播了前一天比赛的录像。

(3)环法赛首次攀爬波蒂略山口。

(4)无线电先驱亚历克斯·维罗和勒内·瓦格纳在西班牙比利牛斯山脉的悬崖上坠亡。

(5)法国队在 22 个赛段中赢得了 12 个赛段冠军。1930 年,法国队在 21 个赛段中赢得了 12 个冠军。

(6)阿道夫·克里斯蒂安是第一个登上最后领奖台的奥地利车手。

(7)为了容纳不断增加的报道赛事的记者,赛事总监雅克·戈代授权设立了一个移动新闻发布厅。

1958 年

1.意大利的埃尔科莱·巴尔迪尼赢得了第 41 届环意赛冠军。

2.意大利的埃尔科莱·巴尔迪尼赢得了 1958 年在法国兰斯古埃克斯举行的公路世锦赛冠军。第 1 届世界女子公路自行车锦标赛也在法国兰斯举行。卢森堡的埃尔西·雅各布斯赢得了 59 千米的比赛冠军。

3.意大利的阿德里亚诺·罗多尼当选国际自盟主席,他将任职到 1981 年。

4.10 月 31 日,未来法国自行车界传奇人物让尼·隆哥出生。

5.由牛奶营销委员会赞助的牛奶赛重新拉开环英赛的序幕,最终,奥地利业余选手里夏德·德拉克赢得了环英赛冠军。

6.马萨诸塞州菲奇堡的阿特·朗斯霍赢得了环萨默维尔库格勒-安德森纪念赛冠军。

7.荷兰的皮特·达门赢得了和平赛冠军。

8.法国的让·斯塔宾斯基(埃索-勒鲁车队)赢得了第 13 届环西赛冠军。

9.9 月 23 日,法国的罗歇·里维埃(圣拉斐尔-吉米尼亚尼-邓禄普车队)在米兰的维戈雷利赛车场将自己保持的一小时骑行纪录提高到 47.346 千米。1967 年,于汤姆·辛普森去世三个月后,罗歇·里维埃承认曾使用违禁药物。例如,他在 1959 年的一小时世界纪录中服用了 5 颗药丸。

10.法国的雅克·安克蒂尔(埃利耶特-波坦车队)连续第六次赢得国家大奖赛计时赛冠军,在 2 小时 19 分钟内完成了 100 千米的赛程,创下了平均时速 43.160 千米的纪录。

11.坎帕尼奥洛公司推出了首款木箱工具套装。

12.亚洲自行车热潮的结束导致日本 6 家自行车零部件公司中的 4 家破产了,只留下三拓和禧玛诺。随着岩井制作所的关闭,三拓开始制造自有三拓品牌的变速器。

13.禧玛诺公司的创始人岛野庄三郎于 9 月 20 日去世,享年 64 岁。有传言称,就在他去世前,岛野让他的妻子把他所有的宠物,包括鸣唱的蟋蟀和养在稻田里的小鸟都放了。

14.美国海关法院的三名法官一致否决了 1955 年对进口自行车的关税上调。他们说,在法律规定的时限内未采取用于实施提价的逃避条款的行动。

15.5 月 10 日,日本第一辆喷气式自行车爆炸,其发明者被送往医院。这名学生以 5000 日元(约合 15 美元)的价格制作了这辆飞车,并在东京的一条主要街道上进行了试运行。当机械装置爆炸时,他已达到 12.87 千米/时的速度。幸好他只受了轻伤。

16.比利时选手弗雷德·德布吕纳(卡巴诺车队)赢得了第 11 届和最后一届德格朗热-科隆博挑战赛冠军,这是他连续第三次在比赛中获胜。

17.澳大利亚的拉塞尔·莫克里奇(个人)在 1955 年环法赛中排名第 64 位。9 月 13 日,他在澳大利亚维多利亚州克莱顿北部参加环吉普斯兰自行车赛时被一辆公共汽车撞死,年仅 30 岁。

18.完成环西赛后,西班牙人贝尔纳多·鲁伊斯(飞马车队)完成了他第 12 个连续的大环赛。他是从 1954 年开始参加大环赛的,第一场参加的是环意赛。

19.法国的让·福雷斯捷(埃索-勒鲁车队)赢得了首届超级威望佩尔诺杯自行车赛,1960 年之前,该赛事仅允许法国车手参赛。

20.9 月 25 日,在米兰,来自英国的米尔德丽德·鲁滨孙将女子一小时骑行纪录提高到了 39.718 千米。

21.11 月 9 日,卢森堡的埃尔西·雅各布斯前往米兰,将女子一小时骑行纪录提高到 41.347 千米。

自行车在中国

(1)毛泽东主席视察了天津自行车厂。

(2)上海 267 家小厂合并,组建成立上海自行车三厂,即现在凤凰自行车厂的前身。

环法自行车赛

(1)卢森堡车手沙利·高尔骑着由雷诺 531 管材制成的自行车夺冠,这是这家英国管材制造商在 1988 年底前赢得的 27 个环法赛冠军中的第一个。

(2)比赛首次有 10 支 12 人的车队参加。

(3)比赛期间没有休息日。

(4)比赛从比利时开始,这是环法赛第二次从国外开始。

(5)30 岁的法国歌手兼演员莱恩·雷诺(原名雅克利娜·恩特)为这场比赛的正式开始发令。在 50 年后的 2008 年环法赛上,她再次挥起了比赛开始的令旗。

(6)巴黎王子公园赛车场的秘书长康斯坦特·武泰在与安德烈·达里加德相撞后死亡,当时距离比赛的最后赛段的终点只有 50 米。

(7)布赖恩·鲁滨孙是第一位赢得环法赛赛段冠军的英国车手。

(8)这场比赛创纪录地由 8 名不同的车手领骑。这一数字将于 1987 年被追平。

(9)意大利的皮耶里诺·巴菲凭借他的 3 个赛段冠军,成为两年内在本年度的三大环赛中,至少获得一个赛段冠军的第二位车手。巴菲在环意赛赢得一个赛段冠军,在环西赛赢得两个赛段冠军。

(10)罗贝尔·沙帕特在第 13 赛段奥比斯克山的山顶为法国电视台进行了现场直播。进行现场直播的还有前往吕雄的第 18 赛段的旺图山计时赛段。

(11)旺图山计时赛段是环法赛第二慢的个人计时赛段。获胜者的平均速度是 20.76 千米/时。

(12)比赛组织者向报道比赛的国内外写出最佳报道文章的记者颁发了 250 美元的奖金。

1959 年

1.英国工程师亚历克斯·莫尔顿博士开始与邓禄普轮胎公司合作开发 36 厘米和 41 厘米的高压轮胎。

2.卢森堡的沙利·高尔(Emi 车队)赢得了第 42 届环意赛冠军。

3.西班牙的安东尼奥·苏亚雷斯(利口 43-圣拉斐尔-吉米尼亚尼车队)赢得了第 14 届环西赛冠军。

4.1 月 24 日,教皇约翰二十三世接见了意大利最著名的自行车赛车队之一——英格尼斯车队。有 24 人阵容的英格尼斯车队由意大利曾获世界冠军的埃尔科莱·巴尔迪尼和西班牙王牌车手米格尔·波夫莱特率领。教皇说,虽然他对体育知之甚少,但他认为体育在基督教、人性和社会方面都很重要。

5.1959 年,法国的安德烈·达里加德在荷兰的赞德福特赢得了公路世锦赛冠军。

6.英国的比尔·布拉德利赢得了牛奶赛冠军。

7.东德的古斯塔夫-阿道夫·舒尔赢得了和平赛冠军。

8.美国纽约布鲁克林的鲁珀特·韦特赢得了环萨默维尔库格勒-安德森纪念赛冠军。

9.法国的亨利·安格拉德(利比里亚-哈钦森车队)赢得了超级威望佩尔诺杯赛冠军。亨利·安格拉德还赢得了佩尔诺杯赛(只面向法国车手的系列赛)和赛迪斯挑战赛冠军。

10.在因法国和意大利之间的冲突导致比赛取消后,亨利·里克·范洛伊(飞马车队)赢得了一个非官方版本的德格朗热-科隆博挑战赛冠军。

11.爱尔兰的谢伊·埃利奥特(ACBB-埃利耶特-勒鲁车队)赢得了《人民报》自行车赛冠军。

12.11 月 28 日,未来的自行车明星史蒂芬·罗奇出生。

13.米格尔·波夫莱特(英格尼斯车队)在三年内第二次赢得了米兰—圣雷莫赛冠军,这将是米格尔·因杜拉因(班尼斯托车队)在 1990 年赢得圣塞巴斯蒂安古典赛冠军之前,西班牙骑手在古典赛中的最后一场胜利。

14.巴黎室内冬季赛车场在一场火灾(很可能是人为纵火)中受损后,将于 5 月拆除,为一个住宅项目让路。

15.弗朗西斯·佩利西耶于 2 月 22 日去世,他的弟弟夏尔于 5 月 28 日去世。两兄弟都穿过环法赛的黄衫,追随他们的哥哥亨利的脚步,后者在 1923 年赢得了环法赛冠军。夏尔赢得了 1930 年环法赛第 8A 赛段冠军。弗朗西斯享年 64 岁,夏尔享年 56 岁。

自行车在中国

(1)中国自行车运动协会成立。它是中华全国体育总会下辖的单项运动协会之一。

(2)"凤凰"商标正式注册,"凤凰"品牌创建。

(3)中国第一个自行车赛场——龙潭湖赛车场建成。同年 8 月,这里举行了中国第一次场地自行车比赛。从此,中国有了真正意义上的场地自行车赛。

环法自行车赛

(1)费德里科·巴阿蒙特斯成为第一个穿黄衫并赢得了环法赛冠军的西班牙车手。

(2)费德里科·巴阿蒙特斯赢得了这次环法赛有史以来最慢的个人计时赛的冠军,爬全程 12.5 千米的多姆山,用时 36 分 15 秒,平均时速 20.69 千米/时。

(3)西班牙超现实主义艺术家萨尔瓦多·达利(1904—1989)和其他 22 位艺术家为"环法自行车赛 1959"创作了 100 张 17cm×21cm

的限量版纪念明信片。

（4）安德烈·达里加德连续第四年赢得了比赛的第 1 赛段冠军。

（5）路易松·博贝、让·罗比克和拉斐尔·吉米尼亚尼都参加了他们的最后一次环法赛。

（6）英国队的布赖恩·鲁滨孙以 20 多分钟的优势赢得了比赛的第 20 赛段冠军。

（7）环法赛从一个赛段的结束到下一个赛段的开始，开始有规律地转场。比赛在 1906 年和 1955 年也利用了转场。

（8）主办方颁发了该赛事首个"敢斗奖"，该奖项由法国车手热拉尔·森特获得。

第十一章　《赫尔佐格法》（1960—1969）

死得最冤的车手：

1959 年 12 月 12 日,在法属西非的欧加杜古举行的自行车比赛中,科皮是出场的 6 名自行车明星之一。12 月 18 日,这群人回到了家,科皮在圣诞节后的第二天就开始感到不舒服,经过药物治疗无效后,福斯托·科皮被送往医院,几天后死亡。时年 40 岁的福斯托·科皮死于误诊的疟疾或斑疹伤寒。一代车神就此谢幕。

最友好的比赛：

1962 年在意大利萨洛举行的公路世锦赛上,法国的让·斯塔布林斯基赢得了冠军。爱尔兰的谢伊·埃利奥特获得了第二名——他在比赛中没有进攻让·斯塔布林斯基,因为这两人既是圣拉斐尔车队的队友,还是连襟。斯塔布林斯基在他的车爆胎后,骑着从观众那里借来的自行车,优哉游哉地赢得了第一个电视直播比赛的世界冠军。

最甜蜜的超越：

那一次,英国车手贝丽尔·伯顿以 446.19 千米的成绩打破了女子 12 小时计时赛的纪录,迈克·麦克纳马拉则以 445.02 千米的成绩打破了男子 12 小时计时赛的纪录。据报道,当伯顿超过麦克纳马拉时,麦克纳马拉递给她一块甘草糖,她接过并吃了下去。伯顿的 12 小时纪录直到 1969 年才被一名男车手刷新。

最珍贵的礼物：

在越南河内,你能给女朋友的最好礼物不是一盒糖果,甚至不是一枚钻石戒指,而是她自行车的新链条,因为对于越南人来说,自行车和洛杉矶的汽车一样重要。没有自行车，河内的生活就会停滞不前。根据外国居民的说法，河内市民特别诚实，从来不偷东西。外交官们说，有时候只有一样东西会消失——自行车。

最公正的判决：

当英国里士满的丽塔·托马斯夫人和罗斯玛丽·卡里格夫人无法就谁是一辆破旧的蓝色男童自行车的合法主人达成一致时，地方法官查尔斯·穆迪将这辆自行车的座位、铃铛、链条、打气筒和把套判给了卡里格的儿子加里，而小斯蒂芬·托马斯则得到了车架、车轮和车把。

这10年，怎一个乱字了得。

祸乱世界的兴奋剂出现了，其实兴奋剂早就有了，只不过这10年被发现的更多罢了。

在罗马举行的第17届奥运会上，丹麦100千米计时赛的选手延森在高温中摔倒，颅骨骨折。后来他死了，尸检显示他体内有刺激血液循环的吡啶甲醇的痕迹。延森的教练承认服用了4种药物。

在意大利米兰的赛车场上，法国车手雅克·安克蒂尔1小时骑行了47.495千米。如果不是这个法国人去了他的酒店房间，而是在赛道上为意大利医生提供尿样，这将会是一个一小时骑行的新纪录。随后，UCI投票决定不接受安奎尔的比赛纪录，因为他没能通过药检。

在瑞士全国锦标赛上，警方、法医学会的工作人员和州化学家管理局的官员突袭了一间运动员更衣室，没收了大量止痛药和其他兴奋剂。

……

环法赛也未能幸免，有一年在比赛的第14赛段，20名选手都生病了，这就是众所周知的"魏尔事件"。你知道环法赛中第一位因为药检不合格而被淘汰的车手是谁吗？

环法赛组织者开始在每个赛段结束时都进行兴奋剂检测。法国人针对兴奋剂，通过了《赫尔佐格法》，使体育运动中的兴奋剂成为一种犯罪,可处以罚款或一年监禁。据说这部仓促制定的法律漏洞百出。继法国之后,UCI 也起草了自己的禁用物质清单。

这 10 年,好消息还是有的,那就是来自技术的进步:坎帕尼奥洛公司用 Record 型号代替了 Gran Sport 变速器,从而为零件制造商提供了首个完整的套件;三拓公司开发出了"Grand Prix"斜平行四边形后变速器;禧玛诺公司不甘落后,推出了变速器"Archery",不过被认为是坎帕尼奥洛 Gran Sport 变速器的廉价复制品。

第一辆小轮车在美国的南加州诞生。

第一辆批量生产的钛金属自行车出现,车架(包括车头碗组和钛制叉)是由纯钛制成的,据说是由意大利的兰博基尼公司以"惊人的造价"焊接而成的。尽管有宝石般的"焊接",框架还是非常灵活。

分类概览

人物传奇

◎1960 年,一代车神福斯托·科皮死于误诊;佩德罗·德尔加多、洛朗·菲尼翁出生。

◎1961 年,埃迪·默克斯参加了第一场"正式比赛";未来美国自行车界传奇明星格雷格·莱蒙德出生。

◎1963 年,雅克·安克蒂尔成为第一个赢得三大环赛冠军的车手。

◎1964 年,雨果·科莱特驾车撞到一棵梨树后去世;比亚内·里斯出生;未来五次获得环法赛冠军的米格尔·因杜拉因出生。

◎1967 年,雅克·安克蒂尔没能通过药检。

◎1968 年,埃迪·默克斯被称为"食人魔"。

品牌技术

◎1962 年,坎帕尼奥洛公司用 Record 型号代替了 Gran Sport 变速器;亚历克斯·莫尔顿设计了一款成人自行车。

◎1963 年,公园工具公司推出了 PRS-I 型维修台;施温公司推出了斯汀-雷青年自行车。

◎1964年，三拓公司开发了"Grand Prix"斜平行四边形后变速器；禧玛诺公司推出了"Archery"变速器。

◎1965年，亚历克斯·莫尔顿发明了小轮自行车。

◎1966年，钛金属自行车推出。

◎1968年，施温公司推出了Krate版本的斯汀-雷自行车；坎帕尼奥洛公司推出了Nuovo Record套件。

◎1969年，第一辆小轮车诞生；三拓公司推出了新套件；固特异公司为其自行车轮胎系列增添了一些色彩。

赛事会展

◎1960年，雅克·安克蒂尔赢得第43届环意赛；维克托·卡皮塔诺夫赢得奥运会男子自行车公路赛。

◎1961年，环未来自行车赛（简称"环未来赛"）创办。

◎1962年，佛朗哥·巴尔马米昂赢得第45届环意赛。

◎1966年，詹尼·莫塔赢得了第49届环意赛。

◎1967年，意大利的费利切·吉蒙迪赢得环意赛；贝丽尔·伯顿赢得她第七个世界冠军头衔。

◎1969年，费利切·吉蒙迪赢得第52届环意赛。

协会组织

◎1965年，国际自盟代表大会召开；法国的《赫尔佐格法》生效。

◎1966年，国际自盟取消了半职业车手的独立级别。

◎1967年，国际自盟起草了禁用药物清单。

文化逸闻

◎1960年，纽约的中央公园首次禁止车辆通行。

◎1965年，"公共自行车"概念出现。

自行车在中国

◎1960年，广州五羊自行车厂成立。

◎1966年，欧亚马（OYAMA）创立于台湾。

环法自行车赛

◇1960 年,环法赛第一次用火车转场;领骑黄衫没了领子。

◇1961 年,雅克·安克蒂尔从比赛的第一天到最后一天都穿着黄衫。

◇1962 年,雅克·安克蒂尔成为第三位三次赢得环法赛冠军的车手;第四类难度被加入爬坡比赛中;法国导演路易·马莱拍摄了《环法万岁》;"魏尔事件"发生。

◇1963 年,雅克·安克蒂尔获得了一个特别的第 50 届纪念奖杯。

◇1964 年,雅克·安克蒂尔赢得了他的第五个环法赛冠军;环法赛最后赛段第一次为个人计时赛。

◇1965 年,费利切·吉蒙迪成为第二次世界大战后环法赛最年轻的冠军;环法赛纪录片《黄色领骑衫》拍摄。

◇1966 年,法国的吕西安·艾马尔赢得总冠军。

◇1967 年,法国车手罗歇·潘容赢得了他唯一的环法赛冠军;环法赛首次设立序幕赛段,为计时赛。

◇1968 年,扬·扬森成为第一位赢得环法赛冠军的荷兰选手。

◇1969 年,埃迪·默克斯赢得了总冠军、"冲刺王"称号、"爬坡王"称号以及全能冠军。

1960 年

1. 1 月 2 日,40 岁的福斯托·科皮死于误诊的疟疾或斑疹伤寒。1959 年 12 月 12 日,在法属西非的欧加杜古举行的自行车比赛中,科皮获得第 2 名,输给了雅克·安克蒂尔,他是前往法属西非的 6 名自行车明星之一。12 月 18 日,这群人回到了家,科皮在圣诞节后的第二天就开始感到不舒服。另外一个患病的成员是 35 岁的拉斐尔·吉米尼亚尼,其他成员都是 20 多岁。经过药物治疗无效后,福斯托·科皮被送往医院,几天后死亡。

2. 雅克·安克蒂尔(ACBB-勒鲁-埃利耶特车队)赢得了第 43 届环意赛冠军。他在计时赛中以 28 秒的优势战胜了加斯托内·南奇尼,成为该项目的第一位法国冠军。

3. 爱尔兰人谢伊·埃利奥特(ACBB-勒鲁-埃利耶特车队)赢得了环意赛第 10 赛段冠军。

4. 比利时的弗兰斯·德米尔德(绿狮-萨斯·辛纳尔科车队)赢得了第 15 届环西赛冠军。

5. 比利时的里克·范洛伊在东德的霍恩施泰因班牙萨克森林赢得了公路世锦赛冠军。法国人安德烈·达里加德连续第四次登上领奖台,创造了新的纪录(他在 1957 年和 1958 年分别获得第 3 名和第 1 名)。

6. 纽约的中央公园自 1857 年建成以来首次禁止车辆通行,因为有 250 名业余自行车爱好者要在这里竞争奥运会自行车队的 6 个席位。周六的两人计时赛的选拔赛有两组选手,每隔三分钟出发一次,他们要绕公园转 10 圈,全程 9.98 千米。前四名选手将进入公路赛,第二天的公路赛是 18 圈(180.25 千米)。1964 年的奥运会选拔赛也将在中央公园举行。

7. 哈莱姆的赫布·弗朗西斯是美国第一位非裔奥运自行车选手。

8. 在罗马举行的第 17 届奥运会上,苏联选手维克托·卡皮塔诺夫在提前一圈"赢得"比赛后,又回到了跑道上,赢得了 175 千米的男子自行车公路赛冠军。这是第一次把奖牌挂在获胜选手的脖子上。100 千米计时赛的丹麦选手克努兹·埃尼马克·延森在高温中摔倒,颅骨骨折。后来他死了,尸检显示他体内有刺激血液循环的吡啶甲醇的痕迹。他的教练奥卢夫·乔尔森承认服用了 4 种药物。欧洲自行车赛的兴奋剂使用已经持续多年。

9.美国加利福尼亚州洛斯加托斯的迈克·希尔特纳(佩达利阿尔皮尼车队)在意大利佛罗伦萨的一场公路比赛中排名第二十。希尔特纳获得了一枚价值不菲的金牌,并成为当地报纸的新闻头条,因为他是第一位在 160 多千米的国际比赛中完成比赛的非意大利人。1975 年,希尔特纳改名为美国"胜利者"·文森特。

10.迈克·希尔特纳赢得了环萨默维尔库格勒-安德森纪念赛冠军。

11.法国的让·格拉奇克(ACBB-勒鲁-埃利耶特车队)赢得了超级威望佩尔诺杯赛。这是第三年,也是最后一年,该系列比赛只允许法国选手参赛。

12.3 月 16 日,法国自行车手热拉尔-森特(拉法-吉坦-邓禄普车队)在一场车祸中丧生。在之前的环法赛中,热拉尔·森特获得了新设立的"敢斗奖",并五次登上领奖台(第 11、14、18、19 和 21 赛段)。他还在积分比赛中获得第 2 名,在爬坡比赛中获得第 3 名。热拉尔·森特去世时年仅 24 岁。

13.1960 年的巴黎—鲁贝赛,法国电视台第一次直接通过直升机上的摄相机接收图像。将近 38 岁的皮诺·切拉米(标致-BP 车队)赢得了这场比赛的冠军,他在 1956 年成为比利时公民。

14.4 月 15 日,未来的环法赛冠军佩德罗·德尔加多出生。

15.8 月 12 日,未来的环法赛冠军洛朗·菲尼翁出生。

16.雷蒙·普利多尔转为梅西耶-BP-哈钦森车队的职业车手。他的职业生涯将在很大程度上与雅克·安克蒂尔和埃迪·默克斯的职业生涯重合。

17. 东德业余选手埃里克·哈根赢得了和平赛冠军。

18. 在苏联，当降价也无法刺激自行车的销售时，自行车的产量就比前一年减少了 21%。

19. 钢管投资兰令公司是由兰令公司与钢管投资公司旗下的英国自行车公司合并而成的。

20. 英国业余选手比尔·布拉德利连续第二年赢得牛奶赛冠军。

21. 英国工程师本杰明·鲍登拥有约 600 辆由美国密苏里州堪萨斯城博马工业公司生产的具有未来主义色彩的"太空人"玻璃纤维自行车。鲍登在 1956 年设计的"太空人"零售价为 89.5 美元。

自行车在中国

(1) 刘少奇主席视察了天津自行车厂。

(2) 广州五羊自行车厂成立。

环法自行车赛

(1) 意大利选手加斯托内·南奇尼是第三位在环法赛中未赢得任何一个赛段而获得总冠军的车手。

(2) 主要国家队车手的人数从 12 人增加到 14 人。

(3) 在第 9 赛段之后，环法赛进行了第一次火车转场，从波尔多到蒙德马桑。

(4) 德国自 1938 年以来首次派出一支完整的队伍参赛。

(5) 戈兰·卡尔松是第一个参加环法赛的瑞典车手。他在第 8 赛段退赛了。

(6) 一小时骑行纪录的保持者罗歇·里维埃在艾瓜勒山 Perjuret 山口的塞文山公园下降时因撞车严重受伤。

(7) 法国电视台使用了直升机来报道部分比赛，并让摄影师弗朗索瓦·马尼昂在第 16 赛段的伊佐阿尔山口下坡时坐在一辆摩托车的后座上拍摄了比赛过程。

(8)法兰西广播电视台开始支付少量费用来播放超过 9 小时的比赛,其中有 4 场直播。

(9)阿方斯·施泰内斯去世,享年 87 岁。施泰内斯推动了环法赛的首次重大爬坡,其中包括奥比斯克山和图尔马莱的爬坡,他在 1910 年穿越了齐腰深的大雪,并报告说这是可以通过的。

(10)领骑黄衫没了领子(但将保留它的两个前口袋直到 1970 年)。

1961 年

1.杰奥·勒菲弗去世。勒菲弗通常被认为是在 1902 年 11 月向《汽车报》编辑亨利·德格朗热提出了环法赛 6 赛段想法的人。

2.西班牙的安杰利诺·索莱尔(飞马车队)赢得了第 16 届环西赛冠军。

3.意大利的阿纳尔多·潘比安科(菲狄斯车队)赢得了第 44 届环意赛冠军。比赛沿着加里波第和他的军队 100 年前驱赶侵略者的路线(从都灵到撒丁岛、西西里岛,然后到那不勒斯)进行。

4.比利时的里克·范洛伊以公路世锦赛冠军的身份,蝉联了在瑞士伯尔尼-布雷姆加滕进行的该项赛事冠军。

5.7 月 17 日,埃迪·默克斯在比利时的莱肯参加了他的第一场"正式比赛"。他在"首次参赛"类别中排名第六。10 月 1 日,他在比利时莱特林根取得了职业生活的第一场胜利。

6.英国人汤姆·辛普森(吉坦-勒鲁车队)赢得了环弗兰德斯赛冠军。

7.英国的布赖恩·鲁滨孙(拉法-吉坦车队)赢得了环多菲内赛冠军。

8.在他位于美国加利福尼亚州伯克利的自行车商店里,彼得·里奇发行了油印的第 1 期共 8 页的《自行车体育通讯》杂志。经过多次改名,哈利·利特购买了该杂志并将其更名为《自行车骑行》。

9.6 月 26 日,未来美国自行车界传奇明星格雷格·莱蒙德出生。

10.法国的雅克·安克蒂尔(埃利耶特-Fynsec-哈钦森车队)赢得

了超级威望佩尔诺杯赛。

11.环未来赛是由《队报》的首席自行车记者雅克·马尔尚创办的。直到 1967 年,比赛将在环法赛的最后两周缩短赛程,在专业选手之前举行。环未来赛的第一位冠军是意大利业余选手圭多·德罗索。

12.7 月 22 日,警方、法医学会的工作人员和州化学家管理局的官员突袭了瑞士全国锦标赛的一间更衣室,没收了大量止痛药和其他兴奋剂。仅一个储物柜中就有 192 个抽屉藏有这些物品。

13.苏联的尤里·梅利霍夫赢得了这一届和平赛冠军。本届比赛的第一站有 7 万名观众观看,他们在华沙体育场坐了 4 个小时,观看选手们在 141.62 千米的赛程中冲过 4 次。

14.英国业余选手比利·霍姆斯在牛奶赛中获胜。

15.美国马萨诸塞州马尔登的罗伯特·麦克诺恩赢得了环萨默维尔库格勒-安德森纪念赛冠军。

16.在欧洲每年 6 万起交通事故中,骑自行车和骑摩托车的人占了 45%。

环法自行车赛

(1)雅克·安克蒂尔赢得了最后一年的由国家队参赛的环法赛冠军(除了在 1967 年和 1968 年短暂回归外)。

(2)一支拥有 12 人的英国团队参加了这次环法赛。谢伊·埃利奥特成绩最佳,排名第 47 位。

(3)法国选手安德烈·达里加德 6 年来第五次赢得环法赛开幕赛段的冠军。

(4)雅克·安克蒂尔从比赛的第一天到最后一天都穿着黄衫。

(5)在比赛的最后一天,圭多·卡莱西以 2 秒的优势从沙利·高尔手中夺得第 2 名。

(6)环法赛第一次把叙佩巴涅尔作为一个赛段终点。

1962 年

1. 在 1961 年底的一场车祸中受伤后,三届巡回赛冠军路易松·博贝(马格纳特-帕洛玛车队)在打了 5 个月的石膏后,于本年 4 月退役。

2. 坎帕尼奥洛公司用 Record 型号代替了 Gran Sport 变速器,从而为零件制造商提供了首个完整的套件。到 1965 年,Record 将成为专业车队的首选装备;他们只有在得到补贴的情况下才会使用于雷或 Simplex。标致自行车公司多年对法国公司 Simplex 保持忠诚。此时,图利奥·坎帕尼奥洛既不生产车把,也不生产链条和飞轮,以免与齐内利公司和雷吉纳的朋友竞争。

3. 英国工程师亚历克斯·莫尔顿(英国莫尔顿自行车公司)为英国汽车公司设计了一款拥有 41 厘米车轮和橡胶减震的成人自行车。自行车的主要框架是一个大直径单管。两年后,莫尔顿的作品出现在《纽约时报》上。发明者亚历克斯·莫尔顿称这是 60 年来自行车设计的第一次成功转型。小自行车似乎有种令人着魔的吸引力,这可能就是它受欢迎的原因。骑车人都是穿着得体的中年人。1967 年,莫尔顿将把他的公司——莫尔顿自行车有限公司卖给 TI 兰令公司,而 TI 兰令公司在 1965 年推出了自己的版本。

4. 意大利的佛朗哥·巴尔马米昂(卡帕诺车队)赢得了第 45 届环意赛冠军。

5. 西德的鲁迪·阿尔蒂希(ACBB-圣拉斐尔-埃利耶特-哈钦森车队)赢得了第 17 届环西赛冠军,成为第一个赢得大环赛冠军的德国人。在这场 82.08 千米的计时赛雨战中,阿尔蒂希不顾一切地保护自己 4 分钟的领先优势,从而确保了自己的胜利。安克蒂尔没有获得第 2 名,因为在最后赛段比赛的早晨放弃了比赛。

6. 爱尔兰的谢伊·埃利奥特(ACBB-圣拉斐尔-吉米尼亚尼车队)赢得了环西赛第 4 赛段冠军,并获得了总成绩第 3 名。

7. 法国的让·斯塔布林斯基赢得了 1962 年在意大利萨洛举行的公路世锦赛冠军。爱尔兰的谢伊·埃利奥特获得了第 2 名——他在比赛中没有进攻让·斯塔布林斯基,因为这两人既是圣拉斐尔车队的队友,还是连襟。斯塔布林斯基在他的车爆胎后,骑着从观众那里借来的自行车,赢得了第一个电视直播比赛的世界冠军。

8.4 月 7 日,未来的环意赛冠军安迪·汉普斯滕出生。

9.7 月 16 日,在德国弗里德堡的高速公路上,由一辆梅赛德斯 300SL 跑车辅助测速,现年 49 岁的法国人若泽·梅夫莱特(1913—1983)将自己保持了 11 年的自行车陆地速度纪录提高到 204.778 千米/时,他的自行车重 20 千克,装有 130 齿的牙盘和木制轮圈。在骑行时,梅弗雷特的口袋里有一个纸条,上面写着:"万一发生致命事故,我恳请观众不要为我感到难过。我是一个穷人,自 11 岁起就是一个孤儿,我受了很多苦。死亡对我来说并不可怕。尝试录音是我表达自我的方式。如果医生对我无能为力,请把我埋在我跌倒的路边。"

10.荷兰的约翰内斯·乔·德鲁奥(圣拉斐尔-埃利耶特车队)赢得了超级威望佩尔诺杯赛。

11.西班牙的安东尼奥·戈麦斯·德尔莫拉尔(飞马车队)赢得了环未来赛冠军。

12.苏联的盖南·赛德胡辛赢得了和平赛冠军。

13.波兰业余选手欧根·波科尔尼赢得了牛奶赛冠军。

14.美国纽约布朗克斯区的理查德·琴托雷赢得了环萨默维尔库格勒-安德森纪念赛冠军。

15.美国纽约州斯泰弗森特镇禁止自行车在人行道和公共道路上通行,因为它们对儿童和老人构成"明显的危险"。斯泰弗森特镇加入彼得库珀村禁止自行车的行列。这两个社区都是由美国大都会人寿保险公司拥有和经营的,该公司的管理层提供免费存放自行车服务。

环法自行车赛

(1)雅克·安克蒂尔(ACBB-圣拉斐尔-埃利耶特-哈钦森车队)成为第三位三次赢得环法赛冠军的车手。

(2)雅克·安克蒂尔成为唯一一个在国家队和商业队都拿过冠军的车手。

(3)将第四类难度增加到了爬坡比赛中。

(4)商业队取代了国家队重新参加比赛。

(5)比赛保留了宣传大篷车,这是1930年改为国家队比赛时为了资助比赛而建立的。

(6)西德的鲁迪·阿尔蒂希(ACBB-圣拉斐尔-埃利耶特-哈钦森车队)是第二次世界大战以来第一个获得环法赛赛段冠军的德国车手。

(7)比赛期间不设休息日。

(8)比赛第一次造访了海拔2802米的雷斯特丰山口,这是环法赛史上的最高点。

(9)法国电视台每天直播赛段最后30千米的赛况。

(10)团队计时赛(第2B赛段)在缺席4年后重新开始举办,但对一般分类成绩没有影响,其结果仅用于计算团队排名。

(11)英国人汤姆·辛普森(VC XIIO-勒鲁-吉坦-邓禄普车队)是第一个穿上黄衫的英国骑手。他只穿了一天黄衫,最终获得了第6名。

(12)《自由巴黎人报》的老板埃米利昂·阿莫里与环法自行车赛签订了赞助协议,并提拔了该报主编费利克斯·莱维坦,将他从雅克·戈代的助理升为副总监。

(13)法国导演路易·马莱在比赛期间拍摄了18分钟的短片《环法万岁》。这部电影的重点是观众及当地的风俗习惯,其中包括骑手在沿途经过咖啡馆时停下来。马莱后来娶了美国女演员坎迪丝·伯根。

(14)在比赛的第14赛段,20名选手生病了,这就是众所周知的"魏尔事件",可能是服用吗啡兴奋剂的结果。

1963 年

1. 雅克·安克蒂尔（圣拉斐尔-吉米尼亚尼-邓禄普车队）赢得了第 18 届环西赛冠军。随着这场胜利，他成为第一个赢得三大环赛冠军的车手。他也是唯一一位在同年赢得环西赛和环法赛的车手，直到 1978 年贝尔纳·伊诺（雷诺-吉坦车队）再次完成这一壮举。

2. 在第 46 届环意赛中，佛朗哥·巴尔马米昂（卡帕诺车队）再次问鼎。雷吉车队的维托·塔科内（1940—2007）赢得了 5 个赛段冠军，包括 4 个连续赛段（从第 10 赛段到第 13 赛段）。

3. 随着越来越多的自行车比赛在电视上播出，标致-英国石油公司车队的运动衫采用了黑白棋盘设计，这样一来，人们在黑白电视上就更容易看到骑自行车的人了。

4. 比利时的贝诺尼·贝赫特赢得了 1963 年在比利时勒奈-龙瑟举行的公路世锦赛冠军，贝赫特假装抽筋，然后奋力冲刺，超过了他的同胞——赛前最受欢迎的里克·范洛伊。这一事件后来被称为"勒奈事件"。里克·范洛伊将在 4 年内获得他的第三个世界冠军。

5. 1911 年环法赛的冠军古斯塔夫·加里古于 1 月 28 日去世，享年 81 岁。同年去世的还有 1934 年环意赛冠军和两届（1930 年和 1933 年）巡回赛亚军莱亚尔科·圭拉，享年 61 岁。1931 年，圭拉赢得了公路世锦赛冠军，并成为第一个穿着环意赛粉衫的车手。

6. 未来的《自行车新闻》编辑总监约翰·威尔科克森完成了他的第一次环法赛，平均每天骑自行车 200 千米。

7. 位于美国纽约皇后区法拉盛的凯辛娜公园室内赛车场是为 1964 年奥运会选拔赛而建的。这条 402 米长的赛车场（以前被称为赛车场，源于当地的一个赞助商）位于布斯纪念大道和帕森斯大道的交叉口。

8. 公园工具公司推出 PRS-I 型维修台，这是第一个成套修车工具。

9.施温公司推出了斯汀-雷青年自行车,它有 51 厘米的车轮、高耸的车把和一个"香蕉"车座。

10.法国独立车手安德烈·齐默尔曼赢得了环未来赛冠军。

11.东德的克劳斯·安普勒赢得了和平赛冠军。

12.英国业余车手皮特·奇斯曼在牛奶赛中获胜。

13.美国印第安纳波利斯的奥拉夫·莫埃托斯赢得了环萨默维尔库格勒-安德森纪念赛冠军。

14.英国人汤姆·辛普森(标致-BP 车队)在 560 千米的波尔多—巴黎赛中获胜。在比赛的后半段,辛普森由费尔南·万布斯特驾驶教练摩托车开路。1969 年,辛普森在布卢瓦赛车场撞车事故中丧生,埃迪·默克斯也牵涉其中。

15.法国的雅克·安克蒂尔(圣拉斐尔-吉米尼亚尼-邓禄普车队)赢得超级威望佩尔诺杯赛。英国的汤姆·辛普森获得赛季第 2 名。

环法自行车赛

(1)为了庆祝环法赛举办第 50 届,本次比赛最后一个赛段从巴黎出发。

(2)雅克·安克蒂尔第四次获得环法赛冠军,创下当时的世界纪录,并获得了一个特别的第 50 届纪念奖杯。

(3)谢伊·埃利奥特(圣拉斐尔-吉米尼亚尼-邓禄普车队)成为第一个拿下一个赛段冠军(第 3 赛段)而穿上黄衫的爱尔兰人。

(4)雅克·安克蒂尔的胜利是法国自行车装上了坎帕尼奥洛零部件的第一次胜利。

(5)西班牙的费德里科·巴阿蒙特斯(马格纳特-帕洛玛-摩特-邓禄普车队)第 5 次赢得了"爬坡王"称号。

(6)L B. A. C 车队和莫尔泰尼车队各派出 5 名车手组成一个环法赛车队。该队的领队是在 1961 年环法赛中获得第 2 名的莫尔泰尼车队的圭多·卡莱西。这一次他在第 14 赛段就放弃了。

1964 年

1.雅克·安克蒂尔(圣拉斐尔-吉米尼亚尼-坎帕尼奥洛车队)赢得了第47届环意赛冠军,成为继福斯托·科皮(1949年和1952年)之后第二位在同一年赢得环法赛和环意赛冠军的车手。在比赛中,教皇保罗六世要求环意赛的车迷和剩下的116名骑手控制自己的情绪,避免出现类似最近在秘鲁利马造成300多名球迷死亡的事件。教皇说,体育运动必须让运动员和公众失去激情。

2.法国的雷蒙·普利多尔(梅西耶车队-BP-哈钦森车队)赢得了第19届环西赛冠军。在比赛的前两周,这位淡定的法国人预测,他将在第15赛段——从里恩到巴利亚多利德的72.42千米个人计时赛后获得第一。后来真的应验了。

3.雷蒙·普利多尔赢得了超级威望佩尔诺杯赛。

4.巴里·霍本(梅西耶车队-BP-哈钦森车队)成为第一个在环西赛中获得赛段(第12赛段)冠军的英国车手。他还赢得了第13赛段的冠军,总排名第29位。

5.在东京举行的第18届奥运会上,意大利业余选手、全国冠军马里奥·扎宁赢得了195千米的公路比赛冠军。埃迪·默克斯在最后一圈摔车了。在奥运会期间,来自日本制造商的工程师研究了美国和欧洲自行车上的组件。

6.荷兰车手扬·扬森获得了1964年在法国萨朗什举办的公路世锦赛冠军。

7.意大利的安东尼奥·马斯佩斯赢得了他的第七个"冲刺王"头衔。他还在1955—1962年赢得了比赛的冠军。

8.英国人汤姆·辛普森(标致-BP-英格尔伯特车队)赢得了米兰—圣雷莫赛冠军。

9.英国人维恩·登森(Solo-Superia车队)赢得了布鲁塞尔—韦尔维耶赛冠军。

10.1951年环法赛冠军得主——瑞士的雨果·科莱特在驾车去

往埃斯林根的公路上撞到一棵梨树,后在苏黎世去世,时年39岁。

11. 1919年和1922年环法赛冠军菲尔明·朗博死于1月19日,享年77岁。

12. 未来的环法赛冠军比亚内·里斯于4月出生。

13. 7月16日,未来5次获得环法赛冠军的米格尔·因杜拉因出生。

14. 12月底,美国联邦法官约瑟夫·萨姆·佩里裁定,在美国政府对这三家公司提起的反垄断诉讼中,阿诺德施温公司和古德里奇合谋"通过联合抵制和其他手段"来压制竞争。佩里法官还发现,这两家公司没有合谋操纵价格。古德里奇已经同意在案件进入审判前在公开市场上销售施温自行车。联邦调查局于1958年6月对施温公司和古德里奇提起诉讼。

15. 三拓公司开发了"Grand Prix"斜平行四边形后变速器。

16. 禧玛诺公司的"Archery"是6年来的首款变速器,是坎帕尼奥洛Gran Sport变速器的廉价复制品。

17. 意大利业余选手费利切·吉蒙迪赢得了环未来赛冠军。

18. 捷克斯洛伐克的扬·什莫利克赢得了和平赛冠军。

19. 英国业余选手阿瑟·梅特卡夫在牛奶赛中获胜。

20. 美国纽约奥佐恩公园的汉斯·沃尔夫赢得了环萨默维尔库格勒-安德森纪念赛冠军。

21. 在美国首都华盛顿,共和党人在围绕国会大厦椭圆跑道的自行车比赛中击败了民主党人。参议员克莱本·佩尔以一辆自行车的长度优势取得个人冠军。这项活动是由华盛顿奥林匹克委员会举办的,旨在促进身体健康和为东京奥运会预热。获胜后,参议员佩尔得到一个月桂花环和一束剑兰。

环法自行车赛

(1)雅克·安克蒂尔(圣拉斐尔-吉坦-坎帕尼奥洛车队)赢得了他的第5个环法赛冠军。这是他第6次登上最后领奖台。

(2)西班牙的费德里科·巴阿蒙特斯(马格纳特-帕洛玛-邓禄普车队)赢得了他的第 6 个"爬坡王"头衔。

(3)第一次,环法赛最后一个赛段为个人计时赛。

(4)法国电视台首次全程报道了比赛。

(5)法国选手安德烈·达里加德(马格纳特-帕洛玛-邓禄普车队)赢得了他的最后两个环法赛赛段冠军,使他的职业生涯获胜赛段数达到 22 个,是所有未夺冠选手中最多的。

(6)在前往布里夫的第 19 赛段,一辆警用直升机加油车在库兹港的一条拥挤的桥上爆炸了,炸死 8 人。卡车司机是一个名叫吉舍内的宪兵,被人群殴而死。

(7)车手不再局限于在遇到机械问题时才换赛车。

(8)环法赛首次造访安道尔。

(9)尽管环法赛已经有 12 年没有造访过阿尔普迪埃了,而且在再次造访之前还需再等 12 年,但乔治·拉容在通往山顶的克里斯蒂娜酒店的 21 个发卡弯道上还是按降序排列了标记。

1965 年

1. 应国际奥林匹克委员会的要求,国际自盟成立了国际自行车专业选手联合会(FICP)和国际自行车业余选手联合会(FIAC),以便批准世界纪录、颁发骑手执照和颁发证书。

2. "公共自行车"(Public Bicycle)或"自行车共享"(Bike Sharing)的概念最早起源于欧洲。1965 年(也有文献称 1967 年),荷兰阿姆斯特丹的一个无政府主义组织将一些涂成白色、没有上锁的自行车放在公共区域,期望供人们长期免费使用,称为"白色自行车计划"。与倡议者的初衷相反,几天之内,所有的自行车都丢失了或被破坏殆尽,计划彻底失败。然而,这次尝试被普遍认为是历史上最早的公共自行车系统的起源。

3. 在西班牙罗萨特举行的公路世锦赛上,汤姆·辛普森(英国)超过德国的鲁迪·阿尔蒂希夺冠。辛普森还赢得了环伦巴第赛冠军。

4.意大利的维托里奥·阿多尔尼(萨尔瓦拉尼车队)赢得了第48届环意赛冠军。

5.西德车手罗尔夫·沃尔夫斯豪尔(梅西耶-BP车队)赢得了第20届环西赛冠军。他是最后一位赢得大环赛冠军的德国车手,直到1997年扬·乌尔里希赢得环法赛冠军。

6.雅克·安克蒂尔(法国福特-吉坦车队)于5月29日结束了环多菲内赛,并在8小时后开始了557千米的波尔多—巴黎赛。最终,在两场赛事中他都拿到了冠军。

7.雅克·安克蒂尔赢得了超级威望佩尔诺杯赛。英国人汤姆·辛普森(标致-BP-米其林车队)获得第2名。

8.英国车手维恩·登森(法国福特-吉坦车队)赢得了环卢森堡赛冠军。

9.西班牙业余选手马里亚诺·迪亚斯赢得了环未来赛冠军。

10.苏联的根纳季·列别杰夫赢得了和平赛冠军。

11.英国人莱斯利·韦斯特(中部地区车队)赢得了牛奶赛冠军。

12.德国的埃克哈德·维埃霍夫赢得了环萨默维尔库格勒-安德森纪念赛冠军。

13.埃迪·默克斯(Solo-Superia车队)由于赛道平缓而未能完成4月份举办的首场职业比赛——弗莱什河—瓦隆赛。3个星期后,他在比利时维尔福德取得了职业生涯的首个胜利。

14.8月20日,1912年环法赛冠军奥迪勒·德弗雷去世,享年77岁。

15.来自美国和其他国家的自行车制造商在美国纽约科莫多尔酒店的全美自行车展上展示了他们的产品。

16.亚历克斯·莫尔顿发明了小轮自行车,取得巨大的成功。莫尔顿公司表示,他们每周向美国出口300辆小轮自行车。几个月后,美国俄亥俄州代顿市的赫夫曼制造公司将获得许可生产莫尔顿自行车。兰令公司现在正试图说服它的美国经销商推广这一新产品。

17.法国的《赫尔佐格法》(编号 65412)于 6 月 1 日生效。1964 年底,法国议会以 356 票对 0 票通过,使体育运动中服用兴奋剂成为一种犯罪,可处以罚款或一年监禁。虽然新的法律并没有特别针对自行车运动,但它的意图是明确的,因为大多数法国年轻人都很仰慕自行车手。

该法律的四项条款规定:

①被发现使用兴奋剂的人将面临一年的监禁或 5000 法郎的罚款;

②造成伤害或死亡的,可加倍处罚;

③有使用兴奋剂嫌疑的运动员,必须送检;

④如果罪名成立,将面临 3 个月到 5 年的禁赛处罚。

据说这部仓促制定的法律漏洞百出。

环法自行车赛

(1)年仅 22 岁 9 个月 15 天的意大利人费利切·吉蒙迪(萨尔瓦拉尼车队)成为第二次世界大战后环法赛最年轻的冠军,这是他第一次也是唯一一次获得环法赛冠军。

(2)5 月,埃米利昂·阿默里收购了《队报》和环法赛。

(3)环法赛首次从西德的科隆出发。

(4)赛事领袖贝尔纳德·范德克尔克霍夫(Solo-Superia 车队)和其他 9 人在第 9 赛段就放弃了比赛,再次引发吸毒的谣言。

(5)西班牙的何塞·佩雷斯·弗朗西斯(Ferry's 车队)独自领骑 223 千米,赢得了到巴塞罗那的第 1 赛段冠军。

(6)莫尔泰尼车队和英格尼斯车队各派出 5 名车手组成一个环法赛联队,其中大部分是意大利人,由莫尔泰尼车队的詹尼·莫塔带领。

(7)英国队的迈克尔·赖特(维尔氏-绿狮车队)赢得了第 20 赛段的冠军,这是本次环法赛最长的赛段,有 294 千米。赖特出生在英国,但很小的时候就随父母搬到了比利时,而且几乎不会说英语。

(8)个人计时赛准备引入起步坡道。

(9)《队报》的管理员罗贝尔·托米内估计,这次比赛的运营成本为 54 万美元,这些钱有以下来源:来自商业广告的 40 万美元(每个人 6000 至 8000 美元),来自比赛经停城市的 12 万美元,剩下的部分来自参与赛事报道的报纸。

(10)法国导演克洛代·勒卢什拍摄了 30 分钟的环法赛纪录片《黄色领骑衫》。

(11)雷蒙·普利多尔(梅西耶-BP 车队)的两场胜利(第 5B 赛段和第 14 赛段)是法国车手在这次比赛中仅有的个人胜利。

(12)法国车手弗朗索瓦·马埃(佩尔佛斯-索瓦吉-勒热纳车队)连续第 13 次参加环法自行车赛,获得了总成绩第 43 名。1959 年他获得第 5 名,1953 年和 1955 年他都获得了第 10 名。

1966 年

1.意大利的詹尼·莫塔(莫尔泰尼车队)赢得了第 49 届环意赛冠军。

2.英国的维恩·登森(法国福特-吉坦车队)赢得了环意赛的第 9 赛段冠军。

3.西班牙人弗朗西斯科·加比卡(卡斯-卡斯科车队)赢得了第 21 届环西赛冠军。

4.德国的鲁迪·阿尔蒂希在德国纽伯格林赛道上战胜了法国人雅克·安克蒂尔和雷蒙·普利多尔赢得了公路世锦赛冠军。

5.法国车手雅克·安克蒂尔(法国福特-吉坦车队)赢得了他 14 年来第 9 个国家大奖赛计时赛冠军。

6.雅克·安克蒂尔 6 年来第 4 次获得超级威望佩尔诺杯赛。

7.埃迪·默克斯与标致-英国石油车队(标致-BP 车队)签约,他将在 1966 年和 1967 年代表该队参赛。

8.意大利业余选手米诺·登蒂赢得了第 6 届环未来赛冠军。10 月,他加入萨尔瓦拉尼车队。

9. 法国的贝尔纳·居约赢得了和平赛冠军。

10. 波兰业余车手约瑟夫·加夫利切奇赢得了牛奶赛冠军。

11. 美国纽约布朗克斯的约翰·阿斯琴赢得了环萨默维尔库格勒-安德森纪念赛冠军。

12. 西尔韦尔·梅斯于12月5日去世，享年57岁。梅斯在1936年和1939年都赢得了环法赛冠军。

13. 国际自盟取消了半职业车手的独立级别，因为他们中没有足够的人升到职业车手级别。

14. 比利时的伊冯娜·赖恩德斯赢得了她的第7个世界冠军头衔。包括她赢得的1961年、1964年、1965年的追逐赛冠军头衔和1959年、1961年、1963年、1966年的公路世锦赛冠军头衔。

15. 英国伯明翰的斯皮德韦尔齿轮有限公司推出了钛金属自行车，这是第一辆批量生产的钛金属自行车。斯比德韦尔公司重41磅的车架（包括车头碗组和钛制叉）是由纯钛制成的，据说是由意大利的兰博基尼公司以"惊人的造价"焊接而成的。尽管有宝石般的"焊接"，框架还是非常灵活。钛车架的生产将持续到大约1978年。

16. 西德曼海姆的弗里茨·弗莱克（Fritz Fleck）生产出了Flema，该名称取自弗莱克（Fleck）和曼海姆（Mannheim），这是一个四磅重的钛车架，其特点是在上管、头管和下管的连接处，以及下管与底部支架的连接处钻出了一个折角。据报道，弗莱克还为德国奥运代表团制造场地自行车和场地双人自行车。

17. 8月，环法赛副总监费利克斯·莱维坦宣布，1967年的赛事将对业余爱好者和专业人士开放。1960年的环法赛分成了两场比赛，比赛路线几乎完全相同：一场由商业支持的专业团队参加，不代表国家参赛；而环未来赛的比赛距离则略短，适合由业余选手组成的国家队参加。组织者说，他们将邀请12到15个国家的队伍来参加1967年的比赛，业余选手和专业选手将在比赛中并肩作战。当法国车手联盟威胁要抵制这项赛事时，莱维坦只得打消了这个想法。

自行车在中国

欧亚马(OYAMA)创立于台湾。该品牌隶属于台湾大忠工业股份有限公司,为全球最大的折叠车制造商之一。

环法自行车赛

(1)法国的吕西安·艾马尔(法国福特-哈钦森车队)成为第4个在没有赢得任何赛段冠军的情况下赢得总冠军的车手。

(2)据说艾马尔在赛事期间曾试验过55×13的传动装置。

(3)扬·扬森(佩尔佛斯-索瓦吉-勒热纳-沃尔贝车队)获得第2名,是第一位登上最后领奖台的荷兰车手。

(4)在第9赛段,雅克·安克蒂尔(法国福特-哈钦森车队)带头做了一个骑手对兴奋剂检测和夜间兴奋剂突袭检查的短暂抗议。

(5)雅克·安克蒂尔在第19赛段退赛了,并宣布这是他最后一次参加环法赛。

(6)雅克·安克蒂尔的妻子雅尼娜为卢森堡电台提供关于比赛的夜间评论。

(7)女记者于盖特·德贝西厄为《费加罗报》采写赛事报道。

(8)赛段前三名选手没有时间奖励。

1967 年

1.英国的汤姆·辛普森(标致-BP-米其林车队)赢得了巴黎—尼斯赛冠军。

2.9月27日,法国的雅克·安克蒂尔(比克车队)在意大利米兰的赛车场上1小时骑行了47.495千米。如果这个法国人不是去了他的酒店房间,而是在赛道上为意大利医生提供尿样,这个纪录将会是一个一小时骑行的新纪录。10月13日,国际自盟将以6比1(2票弃权,1票缺席)的投票结果决定不接受安克蒂尔的比赛纪录,因为他没能通过药检。

3.10 月 30 日,比利时选手费迪南德·布拉克(标致-BP-米其林车队)在罗马奥运赛场上以 48.093 千米的成绩刷新了一小时骑行世界纪录。关于跑道测量不准确的谣言后来被证明是假的。

4.因为获胜者德西雷·勒托尔(标致-BP-米其林车队)显然是服用了兴奋剂而被取消了资格,吕西安·艾马尔(比克车队)成为法国的国家冠军。艾马尔在那个赛季的比赛中拒绝穿冠军衫。

5.意大利的费利切·吉蒙迪(萨尔瓦拉尼车队)赢得了第 50 届环意赛冠军。

6.荷兰车手扬·扬森(佩尔佛斯-索瓦吉-勒热纳车队)赢得了第 22 届环西赛冠军。

7.比利时的埃迪·默克斯在荷兰的海尔伦击败了扬·扬森,赢得了他的第一个公路世锦赛冠军。

8.菲尔·利格特在做了 12 年的一级业余赛车手后,开始了他的新闻职业生涯。

9.纽约画家兼插画家阿瑟·利多夫获得了美国号码为 3329444 的无轮毂或辐条的塑料自行车专利。自行车的实心轮胎在轴承上滚动,轴承固定在车架的挡泥板状部分中,并通过一条皮带穿过后轮。该皮带穿过车轮周缘上的凹槽,或者通过齿轮传递至车轮上的齿轮。

10.继法国之后,国际自盟也起草了自己的禁用药物清单。

11.荷兰的扬·扬森(佩尔佛斯-索瓦吉-勒热纳车队)赢得了超级威望佩尔诺杯赛。比利时的埃迪·默克斯(标致-BP 车队)位居第二。

12.法国业余选手克里斯蒂安·罗比尼赢得了环未来赛冠军。

13.英国车手莱斯利·韦斯特三年来第二次赢得了牛奶赛冠军。

14.英国车手奈杰尔·迪安赢得了环爱尔兰赛冠军。

15.美国新泽西州克洛斯特的杰基·西梅斯赢得了环萨默维尔库格勒-安德森纪念赛冠军。

16.比利时业余车手马塞尔·梅斯(1944—1997)赢得了和平赛

冠军。他在 9 月 10 日成为威廉二世车队的职业车手。

17.英国车手贝丽尔·伯顿(1937—1996)以 446.19 千米的成绩打破了女子 12 小时计时赛的纪录,迈克·麦克纳马拉则以 445.02 千米的成绩打破了男子 12 小时计时赛的纪录。据报道,当伯顿超过麦克纳马拉时,麦克纳马拉递给她一块甘草糖,她接过并吃了下去。伯顿的 12 小时纪录直到 1969 年才被一名男车手刷新。

18.贝丽尔·伯顿赢得了她的第 7 个世界冠军头衔。她在 1959 年、1960 年、1962 年、1963 年、1966 年获得女子追逐赛冠军,在 1960 年和 1967 年获得女子自行车公路赛冠军。

19.贝丽尔·伯顿被邀请参加国家大奖赛计时赛,比赛中她只比男性专业选手落后几分钟。意大利选手费利切·吉蒙迪(萨尔瓦拉尼车队)获得本届国家大奖赛计时赛冠军。

20.在越南河内,你能给女朋友的最好礼物不是一盒糖果,甚至不是一枚钻戒,而是她自行车的新链条。对于北越人来说,自行车和洛杉矶的汽车一样重要。没有自行车,河内的生活就会停滞不前。如果有什么神奇的武器能把北越的所有自行车都固定住,那么战争一眨眼就结束了。根据外国居民的说法,河内市民特别诚实,从来不偷东西。外交官们说,有时候只有一样东西会消失——自行车。

环法自行车赛

(1)法国车手罗歇·潘容赢得了他唯一一次环法赛冠军。

(2)这次比赛再次由国家队参赛(1968 年也是如此)。在 13 支参赛队伍中,法国占 3 支,比利时、西班牙和意大利各占 2 支。

(3)英国车手汤姆·辛普森死于旺图山闷热的山坡上。尸检证实他的死亡与服用安非他命有关。

(4)首次设立序幕赛段,其为计时赛。

(5)比赛在王子公园赛车场收官。该公园在比赛结束的第二天开始拆除,那里现在是一个足球场。

(6)服装公司法国公鸡的标志出现在黄衫的左胸上。

(7)在比赛中,几个法国车手开始使用一个新的六速意大利飞轮。

1968 年

1.比利时的埃迪·默克斯与飞马车队签约。他将为飞马车队和法米诺-飞马车队效力到 1970 年。

2.埃迪·默克斯前标致-英国石油公司车队队友克里斯蒂安·雷蒙德 12 岁的女儿称默克斯为"食人魔"。

3.在 22 岁 10 个月的时候,埃迪·默克斯(飞马车队)成为赢得巴黎—鲁贝赛冠军最年轻的车手。

4.埃迪·默克斯赢得了第 51 届环意赛冠军。该赛事首次设立了序幕赛。

5.坎帕尼奥洛推出了 Nuovo Record 套件,未来 15 年基本保持不变。

6.第 23 届环西赛的冠军是由意大利的费利切·吉蒙迪(萨尔瓦拉尼车队)赢得的,这使他成为第二个(1963 年雅克·安克蒂尔之后)在三大环赛中至少获胜一次的车手。

7.意大利的皮埃尔弗兰科·维亚内利在墨西哥城举行的第 19 届奥运会上赢得了 196 千米的公路比赛冠军,本次奥林匹克运动会首次进行了药检。

8.法国业余车手让-皮埃尔·布拉尔赢得了环未来赛冠军。

9.瑞典业余车手戈斯塔·彼得松赢得了牛奶赛冠军。

10.爱尔兰车手彼得·多伊尔(布雷·惠勒斯车队)赢得了环爱尔兰赛冠军。

11.东德的亚历克斯·佩舍尔赢得了和平赛冠军。

12.美国芝加哥的西格·科克赢得了环萨默维尔库格勒-安德森纪念赛冠军。

13.英国的贝丽尔·伯顿以 3 小时 55 分 05 秒的成绩完成了160.93 千米的计时赛。

14.10 月,丹麦选手奥勒·里特尔(Germanvox-Wega 车队)在墨西哥城骑着他的贝诺托自行车跑了 48.653 千米,刷新了一小时骑行纪录。

15.在意大利伊莫拉,意大利车手维托里奥·阿多尔尼赢得了 1968 年公路世锦赛冠军。

16.35 岁的里克·范洛伊(威廉二世-羚羊车队)赢得了弗莱什河—瓦隆赛冠军。随着此次胜利,这位"海伦塔尔斯皇帝"成为唯一赢得所有主要古典赛冠军的车手。

17.从 20 世纪 30 年代到 50 年代法国自行车运动黄金时期的电台之声——乔治·布里凯去世,享年 70 岁。

18.比利时人赫尔曼·范施普林格尔(曼-根德车队)赢得了超级威望佩尔诺杯。

19.高 307.85 米的英国油轮埃索麦西亚号的船长和大副已经配备了自行车,以便他们更容易地在这艘重 166 820 吨的油轮的甲板上巡逻。标准石油公司的一名发言人说,甲板上的工作人员可以用自行车与船上的工程师平起平坐。几十年来,船上的工程师一直使用小型电梯将他们从住处送到机舱。这位发言人说,你可以把自行车称为水平电梯。在油轮的甲板上骑车比穿旱冰鞋更安全,因为自行车的橡胶轮胎不会产生火花。

20.《维也纳陆路交通公约》将自行车定义为一种交通工具,将操控它的人定义为司机。

21.施温公司推出了 Krate 版本的斯汀-雷自行车。这款受直线加速赛车启发的机器有一个 20 英寸的后轮,一个 16 英寸的前轮,一个鼓式刹车和一个弹簧前叉。

环法自行车赛

(1)在比赛的最后一天,荷兰队的扬·扬森在计时赛中击败比利时人赫尔曼·范施普林格尔,获得总冠军。他是第一位赢得环法赛冠军的荷兰选手。他 38 秒的领先优势是 1989 年格雷格·莱蒙德以 8 秒优势获胜之前最小的。扬·扬森也是第二位在比赛的最后一天获胜的车手，而且他没有穿过黄衫，这是继让·罗比克（1947 年）之后的第二人（莱蒙德也在 1989 年的最后一天赢得了比赛冠军）。扬·扬森的胜利使环法赛自 1912 年以来首次出现四连冠。

（2）警察开始骑摩托车跟随比赛。

（3）运动衫制造商法国公鸡的商标从左胸移到了黄衫拉链下方。

（4）在国家队参赛的最后一年，西班牙队取得了唯一一次的胜利。

（5）法国队领队马塞尔·比多从 1926 年到 1932 年参加了 6 次环法赛，这是他最后一次管理法国队，也是他参与这项赛事 42 年后的告别赛。自 1952 年以来，比多带领法国队获得了 6 次冠军。

（6）比赛中成绩最好的爬坡手在骑行服左胸前贴了一块红白相间的标记。

（7）组织者在每个赛段结束时都进行兴奋剂检测。

（8）意大利选手佛朗哥·比托西赢得了该赛事的第一件"组合"白衫（总成绩、积分、爬坡）。从 1975 年到 1988 年以及 2000 年，比赛的最佳年轻骑手都将穿上白衫。

（9）组织者为比赛增加了两天的休息时间，并允许车手从他们队车中的教练那里获得食物和水。

（10）比赛把第 1 赛段的终点设在了巴黎的市政赛车场。

（11）记者在比赛第 9 赛段通过部分封锁路线进行了"罢工"。

（12）根据赞助商的要求，圆点衫的颜色从绿色变为红色。

（13）在第 8 赛段之后，法国国家队的若泽·萨米恩是第一位因为药检不合格而被淘汰的车手。

1969 年

1. 第一辆小轮车诞生于美国的南加州。最早的小轮车是由一群热爱户外活动而又不满足于现状的孩子，在自己家里把破旧的自行车加以改装制造出来的。小轮车车身轻巧灵活,既适合激烈的弹跳又能够突破各种恶劣地形,很快连孩子们的父母也都喜欢上这项既剧烈又具有挑战性的运动。

2.在比利时津海姆大奖赛上与节目销售商发生碰撞的 3 天后,法国车手若泽·萨米恩(比克车队)于 8 月 28 日去世。若泽·萨米恩曾经赢得了 1967 年环法赛第 11 赛段的冠军。

3.9 月 9 日,在法国布卢瓦赛车场,埃迪·默克斯(飞马车队)和他的教练摩托车驾驶员费尔南·万布斯特在熄灯后发生撞车事故。56 岁的万布斯特因事故身亡。他曾是一名六日赛车手,曾带领汤姆·辛普森在 1963 年的波尔多—巴黎赛中获胜。埃迪·默克斯则骨盆移位,脊椎骨破裂,背部神经受损。他乘坐军用运输机飞回比利时。在 3 个月的休养期间,他患了严重的抑郁症。即使在康复之后,他也不再是以前那样了:"我仍然能够主宰比赛,但不再以同样有力的方式。"他后来说:"在那之前,爬坡几乎是一种乐趣。现在它几乎成了折磨人的地方。有时我坐在自行车上,痛得直哭。"

4.埃迪·默克斯赢得了超级威望佩尔诺杯赛。

5.意大利的费利切·吉蒙迪(萨尔瓦拉尼车队)赢得了第 52 届环意赛冠军,此前默克尔因药检呈阳性而被取消资格。

6.获得过 5 届环法赛冠军的雅克·安克蒂尔(比克车队)于 12 月 27 日在瓦布勒希越野赛上宣布退役,并成为法国电视台的解说员。

7.法国队的罗歇·潘容(标致-BP-米其林车队)赢得了第 24 届环西赛冠军。

8.荷兰车手哈尔姆·奥滕布罗斯赢得了比利时佐尔德公路世锦赛冠军。

9.1921 年环法赛冠军莱昂·塞尔于 10 月 7 日去世,享年 81 岁。

10.美国加利福尼亚拉霍亚的奥德丽·弗莱格·麦克尔默里在捷克斯洛伐克布尔诺的一处雨中赛道上以超过 1 分钟的优势赢得了公路世锦赛冠军。在一处长上坡赛道,她迅速重新加速,赶上了领骑集团。随着她的胜利,麦克尔默里成为第一个赢得世界公路自行车锦标赛冠军的美国车手。有趣的是,她不得不在领奖台上等待半个小时,而官员们正在寻找一份美国国歌《星条旗永不落》的录音带。

11.澳大利亚的比尔·劳里(福尔肯-克莱门特车队)赢得了英国国家锦标赛冠军。劳里在 1967 年的环法赛中是英国国家队的一员,他被允许保留他的冠军头衔,因为他持有英国的比赛执照。

12.荷兰业余车手约普·佐特梅尔克赢得了第 9 届环未来赛冠军。

13.法国的让-皮埃尔·当纪尧姆赢得了和平赛冠军。

14.荷兰业余选手费多尔·登赫托格赢得了牛奶赛冠军。

15.英国的莫里斯·福斯特赢得了环爱尔兰赛冠军。

16.来自美国新泽西州克洛斯特的 26 岁奥林匹克车手杰克·西梅斯三世赢得了第 26 届环萨默维尔赛冠军。西梅斯将于 12 月退伍,他以 2 小时 01 分 40 秒的成绩完成了 80.47 千米的赛程。

17.美国纽约布朗克斯区车手约翰·阿斯琴(意大利体育联合会车队)赢得了在中央公园举行的 160.93 千米德国自行车运动俱乐部比赛冠军。阿斯琴所用的时间是 3 分 56 秒 51,比赛所用的赛道与1960 年和 1964 年奥运会选拔赛相同。

18.三拓公司推出了 5 速换挡、分度变速杆、飞轮和花鼓组合,以及带飞轮和后轮毂的套件。

19.固特异公司为其自行车轮胎系列增添了一些色彩。这款名为 Lled Crazy Wheels 的新轮胎有五种颜色:野橙、亮黄色、摩登绿色、坚韧红色和酷蓝色。他们将在美国广播电视台的儿童节目中和三个固特异飞艇上做广告。

20.当英国里士满的丽塔·托马斯夫人和罗斯玛丽·卡里格夫人无法就谁是一辆破蓝色男童车的合法主人达成一致时,地方法官查尔斯·穆迪将这辆自行车的座位、铃铛、链条、打气筒和把套判给了卡里格的儿子加里,而小斯蒂芬·托马斯得到了车架、车轮和车把。随后,勇敢的托马斯夫人宣布,她将为儿子购买制造一辆完整自行车所需的所有零件。

环法自行车赛

(1)比赛冠军埃迪·默克斯(飞马车队)穿着51号比赛服,宣传51型茴香酒(一种茴香味的佩尔诺苦艾酒品牌,最早生产于1951年)。

(2)埃迪·默克斯在比赛中完全是以压倒性的优势赢得了总冠军、"冲刺王"称号、"爬坡王"称号以及全能冠军。他的飞马车队也赢得了车队冠军。

(3)环法赛再次回归以商业车队形式参赛。

(4)比赛不设休息日。

(5)鲁迪·阿尔蒂希(萨尔瓦拉尼车队)、皮埃尔·马提翁(Frimatic-De Gribaldy-Viva-Wolber车队)和贝尔纳·居约(索诺洛尔-勒热纳车队)都因服用兴奋剂被罚时15分钟。

(6)这次比赛独特设计的线路与法国的自行车圣地诺曼底和布列塔尼大区相隔甚远。

(7)当环法赛创始人亨利·德格朗热名字的首字母从左胸移至双袖上方时,这件黄衫就发生了变化。取而代之的是赞助商Virlux(生产合成乳制品)的名字首次出现在领骑黄衫上。

(8)英国的巴里·霍本(梅西耶-BP-哈钦森车队)赢得了两个赛段冠军,包括最后一个在历史上著名的以波尔多赛车场结束的赛段。

(9)若阿金·阿戈什蒂纽(Frimatic-De Gribaldy-Viva-Wolber车队)是第一个赢得赛段冠军的葡萄牙车手。

(10)雷蒙·德利勒(标致-BP-米其林车队)成为唯一一位在法国革命纪念日赢得环法赛赛段冠军的法国卫冕冠军。

(11)本年度环法赛的序幕赛段赛程长达11千米,是有史以来最长的一次。

第十二章 "食人魔"永远地逃跑了（1970—1979）

20 世纪 70 年代，是比利时人埃迪·默克斯(号称"食人魔")的时代。

埃迪·默克斯在 1978 年 5 月 17 日最后一次骑完之后，决定第二天公开宣布退休。

"这是最后的决定，""食人魔"宣布，"非常痛苦。关于我作为赛车手的职业生涯，我有一个非常重要的决定要告诉你。在咨询了我的医生后，我决定不再参加比赛。"

教皇保罗六世接受过埃迪·默克斯赠送的公路世锦赛夺冠时骑的自行车。埃迪·默克斯还被授予法国最高荣誉之一，即法国荣誉军团骑士勋章。

当然，这些只是亮点。从 1969 年到 1975 年，埃迪·默克斯总共赢得了 250 场比赛——几乎是每周赢一场。在他的职业生涯中，他参加了 1800 场比赛，并取得了 525 场胜利。他曾经认为他已经骑了足够绕地球 12 圈的距离！在所有这些在各种条件下骑行的千米数中，默克斯有一个惊人的简单哲学：如果你真的喜欢做某件事，你会非常乐意去忍受这种痛苦。

这一次他是永远地逃跑了，再也没有人能抓住他，也没有人能与他匹敌。

还是来说一些八卦吧。

在尼克松总统价值 50 万美元的林肯装甲豪华轿车和奥维尔·杰克逊价值 197 美元的标致 10 速自行车相撞后，5 名华盛顿警察给奥维尔·杰克逊开了一张罚单。

20 世纪 70 年代,有记录以来最长的自行车旅行是一个英国人创造的,累积里程超过 646956 千米。从 1959 年 1 月 24 日到 1976 年 12 月 12 日,那个家伙骑遍了 159 个国家,被偷了 5 辆自行车,经历了 231 次抢劫,还有 1000 多次爆胎。

在美国夏威夷群岛的一个酒吧里,一群体育官员聚集在一起争论:世界上哪一种体育运动项目最有刺激性、挑战性,最能考验人的意志和体能? 美国海军准将约翰·科林斯提出,谁能在一天之内游泳 3.8 千米,骑自行车 180 千米,最后跑完 42.195 千米的马拉松,中途不得停留,谁就是真正的铁人,这一想法得到了大家的认可,并在第二天举行了第一次比赛。铁人三项就此诞生。

在 16 天时间内,一个名叫米歇尔·洛蒂托的法国人吃掉了一辆被压成一堆的自行车。据说,这个家伙还曾经吃下整架飞机,被称为"铁胃大王"。他其实是个演员。

这 10 年中,禧玛诺公司推出了 Dura-Ace。骑车人,你该不会不知道 Dura-Ace 是啥吧?

意大利的一家公司制造出了第一辆现代自行车铝车架,后来又第一个制造出了碳纤维车架,够牛吧? 另一家意大利公司推出了自锁脚踏。这些都是划时代的产品。

这 10 年中,美国人的表现也很抢眼:佳能戴尔公司成立了,推出的第一件产品是一辆自行车拖车,这可是世界上最早的自行车拖车。

一个美国年轻人大学毕业后,骑车去环欧洲旅游,一次机缘巧合,他结识了某品牌(就是前面推出自锁脚踏的那个品牌)的创始人。他花了仅有的 1500 美元,购买了该品牌零件,回到美国后,创立了自己的品牌。美国闪电(SPECIALIZED)品牌就这样诞生了。

在中国台湾,双星闪耀,捷安特和美利达相继创立。

中国自行车运动协会也加入了 UCI,找到了组织。

分类概览

人物传奇

◎1970 年,"老高卢人"欧仁·克里斯托夫去世;马尔科·潘塔尼出生。

◎1971 年,兰斯·阿姆斯特朗出生。

◎1972 年,埃迪·默克斯打破了国际自盟的一小时骑行纪录并将其保持了 28 年。

◎1973 年,埃迪·默克斯赢得多项比赛冠军;扬·乌尔里希出生。

◎1978 年,埃迪·默克斯宣布退休。

品牌技术

◎1971 年,乔·蒙哥马利开办佳能戴尔公司;齐内利公司推出了 M71 自锁脚踏。

◎1972 年,第一辆现代铝自行车车架推出。

◎1973 年,米其林公司推出了开口自行车轮胎 Fifty Chevron;"Teledyne Titan"钛合金自行车推出。

◎1974 年,山地自行车诞生;美国闪电(SPECIALIZED)品牌诞生;坎帕尼奥洛公司推出了 Super Record gruppo。

◎1975 年,Avocet 公司推出了第一款现代自行车坐垫;贝尔头盔公司推出了 Bell Biker 头盔。

◎1976 年,崔克公司开始生产高端自行车;卡尔·克罗谢弗建造了一辆 21.95 米长的自行车;禧玛诺公司推出了用于低端自行车的正电子分度变速系统 Positron。

◎1978 年,美国 HARO 品牌诞生;禧玛诺公司推出了 Dura-Ace 后拨链器;闪电公司推出了 Turbo 系列公路自行车轮胎。

◎1979 年,马威克公司推出了自行车套件。

赛事会展

◇1976 年，费利切·吉蒙迪赢得第 59 届环意赛。

◇1979 年，朱塞佩·萨龙尼赢得第 62 届环意赛。

协会组织

◇1970 年，斯内尔纪念基金会制定了自行车头盔标准。

文化逸闻

◇1972 年，《自行车新闻》杂志诞生；尼克松总统的轿车与标致 10 速自行车相撞。

◇1973 年，单车电影《明星与送水工》拍摄。

◇1974 年，电影《赛场之神》制作完成；铁人三项运动诞生。

◇1975 年，教皇保罗六世接受了埃迪·默克斯赠送的自行车。

◇1977 年，戴维·斯蒂德做了一辆 9 小时 15 分钟的定车；米歇尔·洛蒂托吃掉了一辆被压成一堆的自行车。

◇1979 年，电影《冲刺》在美国上映。

自行车在中国

◇1972 年，捷安特（Gaint）公司和美利达集团（Merida）在中国台湾创立。

◇1974 年，金狮牌自行车诞生。

◇1977 年，杂技演员在北京骑单轮自行车表演。

◇1978 年，《中国自行车》杂志创刊。

◇1979 年，中国自行车运动协会加入国际自盟。

环法自行车赛

◇1971 年，序幕赛段为团队计时赛；比赛引入了途中冲刺类别。

◇1972 年，埃迪·默克斯再次夺冠。

◇1973 年，埃迪·默克斯跳过了环法赛。

◇1974 年，埃迪·默克斯赢得了冠军；环法赛第一次海上转场。

◇1975 年，法国人贝尔纳·泰弗内夺冠；埃迪·默克斯被授予法国荣誉军团骑士勋章；白衫首次被授予最佳年轻车手；开始了在巴黎香榭丽舍大街上完成比赛的传统。

◇1976 年,冠军吕西安·范因佩获得 10 万法郎的奖金。

◇1977 年,法国车手贝尔纳·泰弗内三年内第二次赢得冠军。

◇1978 年,贝尔纳·伊诺首次参加环法赛就夺冠。

◇1979 年,贝尔纳·伊诺夺冠;第一个获得环法赛 HC 难度等级的爬坡赛段出现。

1970 年

1. 通过赢得第 53 届环意赛冠军,埃迪·默克斯(法米诺-飞马车队)成为继福斯托·科皮和雅克·安克蒂尔之后第三位同一年赢得环意赛和环法赛冠军的车手。

2. 埃迪·默克斯赢得了超级威望佩尔诺杯赛。

3. 西班牙的路易斯·奥卡尼亚(比克车队)赢得了第 25 届环西赛冠军。

4. 比利时的让-皮埃尔·蒙塞雷(出生于 1948 年 9 月 8 日)于 8 月 16 日在英格兰的马洛里公园赢得了公路世锦赛冠军,年仅 21 岁 11 个月 8 天。他是继 1934 年卡雷尔·卡尔斯(比利时)之后第二年轻的公路世锦赛冠军。美国的兰斯·阿姆斯特朗(出生于 1971 年 9 月 18 日)在 1993 年 8 月 29 日赢得世界冠军时,年仅 21 岁 11 个月 11 天。

5. 由于该国的种族主义政策,南非被禁止加入国际业余自行车联合会,也不得参加 8 月在英格兰举行的公路世锦赛。

6. 欧仁·克里斯托夫于 2 月 1 日去世,这位"老高卢人"享年 85 岁。在比赛的早期,这位广受欢迎的法国赛车手因为运气不佳(经常是叉子断了)而被剥夺了不止一次环法赛的胜利,人们将永远记住他是 1919 年环法赛上第一个穿黄衫的人。

7. 1 月 13 日,未来的环法赛和环意赛冠军马尔科·潘塔尼出生。

8. 法国业余选手马塞尔·迪舍曼赢得了阿维内尔大奖赛(环未来赛因财政原因取消后的叫法)冠军。

9. 波兰的里萨德·祖尔科斯基取得了他四个和平赛冠军中的第一个。

10. 捷克斯洛伐克的伊里·马努斯赢得了牛奶赛冠军。

11. 爱尔兰的保罗·埃利奥特(布雷惠勒斯车队)赢得了兰令邓禄普环爱尔兰赛冠军。

12. 纽约市的罗伯特·法雷尔赢得了环萨默维尔库格勒-安德森纪念赛冠军。

13. 斯内尔纪念基金会制定了自行车头盔标准，该标准非常严格，只有摩托车头盔才能通过。该标准将在 1973 年进行修订。

14. 当警察突袭了位于纽约布鲁克林国王街 144 号的马克运输中心时，他们发现了最近从布鲁克林码头被盗的总价值 6 万美元的英国自行车。警察也找回了被偷的香烟、酒、电视机和丝绸。

15. 日本的前田钢铁厂更名为前田株式会社，并开始将其所有产品命名为三拓（Suntour）。

环法自行车赛

(1) 比赛冠军埃迪·默克斯（法米诺-飞马车队）是自 1930 年夏尔·佩利西耶以来，首位赢得 8 个赛段冠军的车手。

(2) 埃迪·默克斯赢得了从法国瓦朗谢讷到比利时福雷的第 7A 赛段冠军。

(3) 在汤姆·辛普森逝世 3 年后，环法赛又回到了旺图山。该赛段由于温度较低，比赛直到当天晚些时候才开始。

(4) 本届赛事的第 3 名戈斯塔·彼得松（法拉帝车队）是站上领奖台的第一个瑞典车手。

(5) 莫恩斯·弗赖（Frimatic de Gribaldy-Wolber 车队）是第一个赢得环法赛赛段冠军的丹麦车手。

(6) 组织者禁止在车队服装上做广告，仅允许印上车队主要赞助商的名称。

(7) 法米诺-飞马车队赢得了 29 个赛段中的 11 个冠军。1980 年，兰令车队将在总共 25 个赛段中赢得 11 个冠军。

(8) 在积分和全能赛中排名第二的选手分别是埃迪·默克斯（飞马车队）和瓦格曼斯（GAN 车队）。他们将分别获得一件绿衫和一件黑衫，以及一件白衫和黑衫。

1971 年

1.乔·蒙哥马利在美国康涅狄格州威尔顿开办了他的佳能戴尔公司。乔的第一个产品是 Bugger,一辆自行车拖车,这是世界上最早的自行车拖车。

2.比利时车手埃迪·默克斯在瑞士门德里西奥赢得了公路世锦赛冠军。他成为同一年度第三位同时赢得环法赛和公路世锦赛冠军的车手。在 1971 年的比赛中,埃迪·默克斯(莫尔泰尼车队)赢得了所参加比赛的 45%,并获得了超级威望佩尔诺杯赛,他的积分是后面4 位车手积分总和的两倍。

3.瑞典车手戈斯塔·彼得松(法拉帝车队)赢得了第 54 届环意赛冠军。

4.比利时车手费迪南德·布拉克(标致车队)赢得了第 26 届环西赛冠军。

5.齐内利公司推出 M71 自锁脚踏。

6.未来的环法赛赛事总监让-玛丽·勒布朗从自行车运动中退役,成为一名记者。

7.《纽约时报》以《美国自行车手在卡利获胜》为题,报道了美国人约翰·霍华德在哥伦比亚卡利举行的友好运动会男子自行车公路赛中获胜的故事。在比赛还剩 50 米的时候,霍华德取得了领先,并以 4 个车身长的优势战胜了巴西的路易斯·卡洛斯·弗洛雷斯。

8.3 月 15 日,比利时的世界冠军让-皮埃尔·蒙塞雷(弗兰德里亚-火星车队)在他比利时的家附近的雷蒂参加年度公平大奖赛时被一辆奔驰车撞了,当场死亡,年仅 22 岁。

9.5 月 4 日,爱尔兰自行车先驱谢伊·埃利奥特因父亲的去世而悲痛欲绝,遂用猎枪自杀。埃利奥特当时刚刚退役,他在 1963 年的环法赛中穿了三天的黄衫,时年 36 岁。

10.首位三届环法赛冠军菲利普·蒂斯于 1 月 16 日去世,享年

80 岁。

11. 施温公司今年销售了其全部 122.5 万套产品。美国的自行车销量在 1971 年达到 850 万辆,美国自行车公司宣布计划在 1972 年将产量提高 20%。

12. 艾伦·戈德史密斯在美国加州圣莫尼卡的威尔希尔大道开了一家生态自行车店。

13. 赫夫曼制造公司宣布计划提高所有类型和型号自行车的价格。

14. 林塞市长在纽约布鲁克林大桥的人行道上开辟了一个自行车道。市长说,如果试验成功,它可以扩展到其他城市的桥梁。一条白线分隔了自行车道和人行道。

15. 美国芝加哥市长理查德·戴利骑在一辆施温双人自行车的后座上兜了一圈后认为,骑自行车可以作为解决该市交通问题的一种方法,但他没有说要放弃开车。

16. 美国俄勒冈州州长汤姆·麦考尔签署了一项法案,要求该州高速公路预算的 1% 用于自行车道和人行道的建设。

17. 兰斯·阿姆斯特朗于 9 月 18 日出生于美国得克萨斯州的普莱诺。

18. 法国业余车手雷吉斯·奥维翁赢得了环未来赛冠军。

19. 荷兰的费多尔·登赫托格三年来第二次赢得了牛奶赛冠军。

20. 爱尔兰车手利亚姆·霍纳(都柏林郡公路俱乐部)赢得了兰令邓禄普环爱尔兰赛冠军。

21. 波兰人里萨德·祖尔科斯基连续第二次赢得了和平赛冠军。

22. 美国纽约市的爱德华·帕罗特赢得了环萨默维尔库格勒-安德森纪念赛冠军。

23. 在加利福尼亚州伯克利拥有自行车-体育公司的前赛车手彼得·里奇举办了为期 7 天的加利福尼亚巡回赛。这是该州第一个主要分段赛事,预算为 5 万美元。美国地区小组与来自德国、加拿大和墨西哥的小组展开竞争。

环法自行车赛

(1)比利时的埃迪·默克斯(莫尔泰尼车队)连续第三次获得环法赛冠军。

(2)Miko 冰激凌取代 Virlux 成为黄衫的赞助商。

(3)序幕赛段为团队计时赛。

(4)比赛引入了途中冲刺类别。

(5)在第 1A 赛段,骑手们会放慢速度,以迫使组织者支付更多的奖金给各赛段的获胜者。

(6)从勒图凯到兰吉(巴黎)和马赛到阿尔比的交通是环法赛的首次空运转场。

(7)埃迪·默克斯领骑的 251 千米到马赛的第 12 赛段,平均时速为 45.35 千米。默克斯提前两小时完成了比赛。

(8)第 15 赛段(从吕雄到叙佩巴涅尔)是环法赛最短的公路赛段,只有 19.6 千米。

(9)比赛领先者路易斯·奥卡尼亚(比克车队)在第 14 赛段时摔倒,当时他以巨大的优势领先于埃迪·默克斯。

1972 年

1.比利时人埃迪·默克斯在墨西哥城打破了国际自盟的一小时骑行世界纪录,骑行距离为 49.431 千米。默克斯的纪录保持了 28 年之久,是至今国际自盟一小时世界纪录榜单中保持最长的。

2.意大利帕多瓦的艾伦公司制造了第一辆现代自行车铝车架。

3.《自行车新闻》杂志诞生了。1972 年 3 月 13 日,鲍勃和芭芭拉·乔治在美国佛蒙特州的布拉特尔伯勒发行了第一期《东北自行车新闻》。两年后更名为《自行车新闻》。

4.因为美国的"自行车热",当欧洲制造商 Simplex、于雷和坎帕尼奥洛无法满足美国市场的需求时,日本的配件制造商三拓和禧玛诺进入了美国市场。

5. 本迪克斯公司宣布计划将自行车脚刹的生产从埃尔迈拉海慈工厂转移到墨西哥圣路易斯波托西的在建工厂。如此一来,纽约工厂的 1000 名工人中大约有 200 人将失业。

6. 8 月 15 日,迪尔公司宣布,将在时隔 80 多年后重新进入自行车制造业。官员们表示,在约翰迪尔生产线上增加自行车代表着休闲产品领域的持续扩张。

7. 美国食品和药品管理局的儿童危害部门表示,他们计划对在美国销售的自行车发布严格的安全条例。新规定比现行的 BMA/6 标准更严格,尤其是针对儿童高把自行车的明显缺陷,这些自行车有 20 英寸的轮子和香蕉形的座椅。除了施温公司外,美国所有主要的自行车制造商都遵守 BMA/6 标准。施温公司表示,它自己的标准(该公司不会透露)比其他自行车公司的标准更严格。

8. 在尼克松总统价值 50 万美元的林肯装甲豪华轿车和奥维尔·杰克逊价值 197 美元的标致 10 速自行车相撞后,5 名华盛顿警察给奥维尔·杰克逊开了一张罚单。当时,奥维尔·杰克逊正在乔治华盛顿大学医院接受治疗。

9. 玛丽·简·里奥克赢得了美国全国公路赛和计时赛冠军。里奥克将累积获得 11 个国家冠军头衔以及几十个国家奖牌和州冠军头衔。1993 年 9 月,她在得克萨斯州达拉斯附近被一名肇事逃逸的司机撞死,享年 47 岁。

10. 美国麻省理工学院宣布,两名本科生研发出了一种防盗自行车锁,这种锁由一种类似于船舶装甲的合金制成。这个单孔、梨形的环挡住了麻省理工学院校园巡逻队进行的所有切割、锉削或砸碎的尝试。该车锁重 1.36 千克。

11. 1972 年,在法国加普举行的公路世锦赛上,意大利选手马里诺·巴索击败了同胞佛朗哥·比托西和法国选手西里尔·吉马尔,夺得冠军。

12. 西班牙的何塞-曼努埃尔·富恩特(卡斯-卡斯科车队)赢得了

第 27 届环西赛冠军。

13. 荷兰的亨尼·凯珀在慕尼黑举行的第 20 届奥运会上赢得了 182 千米的男子公路自行车比赛冠军,美国的约翰·霍华德获得第 61 名。巴勒斯坦激进派组织"黑色九月"成员杀害了 11 名以色列运动员。

14. 法国车手弗朗索瓦·勒比昂(之前与梅西耶合作)在作为一名独立马术业余爱好者参赛 6 年后去世。报纸对其进行报道时暗示他的死亡与毒品有关。勒比昂去世时年仅 37 岁。

15. 比利时车手埃迪·默克斯(莫尔泰尼车队)赢得了第 55 届环意赛冠军。默克斯还赢得了超级威望佩尔诺杯赛。

16. 埃迪·默克斯的儿子,未来杰出的车手阿克塞尔·默克斯于 8 月 8 日出生。

17. 荷兰业余车手费多尔·登赫托格赢得了环未来赛冠军。

18. 荷兰的亨尼·凯珀赢得了牛奶赛冠军。

19. 捷克斯洛伐克的弗拉斯季米尔·莫拉韦茨赢得了和平赛冠军。

20. 美国底特律的罗杰·扬赢得了环萨默维尔库格勒-安德森纪念赛冠军。

21. 11 月 25 日,意大利的玛利亚·克瑞莎莉在墨西哥城将 14 岁女子的一小时骑行纪录提高到 41.471 千米。

自行车在中国

(1)捷安特(Gaint)公司在中国台湾创立。

(2)美利达集团(Merida)在中国台湾创立。

环法自行车赛

(1)埃迪·默克斯(莫尔泰尼车队)以 6 个赛段冠军的成绩拿下了他的环法赛四连冠中的第 4 个。

(2)在撞车事故发生后,贝尔纳·泰弗内(标致-BP 车队)对第 7 赛段的骑行经过几乎完全失忆。

(3)在第 14 赛段后,因肺部感染迫使路易斯·奥卡尼亚(比克车队)退赛。

(4)在领先后,西里尔·吉玛尔(GAN-梅西耶-哈钦森车队)因膝部肌腱炎被迫退出比赛。在巴黎的终点,默克斯把冲刺王绿衫送给他,并告诉他,这是你应得的。

(5)环法赛创始人亨利·德格朗热名字的首字母从黄衫的袖子上被取下,回到胸前,这次是在右边,"Miko"在左边。运动衫制造商法国公鸡的商标从拉链下方移到了袖子上。

(6)皮埃尔·迪马医生是环法赛过去 20 年的官方医生,热拉尔·波特医生也加入了这一行列,后者将在 1982 年成为环法赛首席医疗官。

1973 年

1.比利时的埃迪·默克斯(莫尔泰尼车队)赢得了第 56 届环意赛冠军,他从头到尾都穿着领骑粉衫。比赛在比利时的韦尔维耶开始,这是环意赛首次在意大利以外的地方开始。比赛还经过荷兰、西德、卢森堡、法国和瑞士,最后到达意大利。

2.埃迪·默克斯赢得了第 28 届环西赛冠军,成为第三位赢得三大环赛冠军的车手(另两位是雅克·安克蒂尔和费利切·吉蒙迪)。默克斯还拿到了环西赛冲刺王,成为第一个赢得三大环赛冲刺冠军的车手。

3.埃迪·默克斯连续第五次赢得超级威望佩尔诺杯赛。

4.导演约尔延·莱特为第 56 届环意赛拍摄了经典的单车电影《明星与送水工》。

5.1973 年,意大利的费利切·吉蒙迪在西班牙巴塞罗那的蒙特伊克公园赢得了公路世锦赛冠军。在这场有争议的比赛中,埃迪·默克斯称,他的比利时队友弗雷迪·梅尔滕斯在最后几千米追上了他,帮助吉蒙迪获胜。梅尔滕斯说,默克斯一旦被截住,同样由坎帕尼奥洛零部件公司赞助的吉蒙迪就能击败由禧玛诺赞助的梅尔滕斯和由宙斯品牌赞助的路易斯·奥卡尼亚。最终,梅尔滕斯获得第2名,环法赛冠军路易斯·奥卡尼亚获得第3名。

6.拉尔夫·赫恩的小说《黄色领骑衫》由西蒙与舒斯特出版公司出版。这本书主要讲述了最近退役的自行车手特里·达文波特和他的助手罗迈因·亨德里克斯,以及他们如何对待生活中的女性,当然还有环法赛。后来这本书被尝试改编成电影,但没有成功。

7.史蒂夫·特西奇写了有关车手戴夫·布莱斯的《纳普敦之鹰》。5年后,这个故事将成为特西奇奥斯卡获奖剧本《冲刺》的基础。

8.美国-兰令世纪大道俱乐部成为美国第一支国家商业车队,参加了环爱尔兰赛,约翰·霍华德赢得了一个赛段冠军并获得了总成绩第3名。

9.美国车手乔纳森·博耶加入了巴黎的布洛涅-比扬古体育俱乐部(ACBB)业余自行车队。

10.贝尔纳·泰弗内(标致-BP车队)赢得了法国公路锦标赛冠军,249千米用时6小时26分25秒。

11.22年前完美出世的坎帕尼奥洛开瓶器出现在第17号介绍目录中。因为其奇特外观它在意大利被称为"火星人"。

12.美国29岁的医学博士艾伦·阿博特在邦纳维尔盐碱滩上,由一辆650马力雪佛兰55跟随测速,创下了223.174千米/时的自行车陆地速度纪录。阿博特的自行车重15.88千克,有着46厘米的车轮和230齿的链轮。这辆车的传动装置太高了,阿博特博士必须被拖到时速96.56千米时才能开始踩踏板。他的节奏是时速225.31千米,每分钟135转。

13.美国国家航空航天局(NASA)宇航员艾伦·比恩环游世界只用了80分钟,也就是他在空间站里蹬着一辆固定自行车绕着地球转的时间。比恩打破了皮特·康拉德110分钟的纪录,康拉德在另一个轨道上创造了自己的纪录。

14. 预防心脏病学之父保罗·达德利·怀特博士在美国波士顿去世,享年 87 岁。怀特博士坚信合理的饮食和规律的锻炼在预防心脏病发作方面起着重要作用。他甚至在 1956 年《纽约时报》的一篇文章中说,男性应该为了健康骑车上班。他热衷于步行和骑自行车。在他去世 5 周后,波士顿都会区委员会宣布了扩建查尔斯河自行车道的计划,并以怀特博士的名字命名。

15. 从 1922 年到 1973 年 12 月 25 日,来自苏格兰格拉斯哥的汤米·钱伯斯(1903 年出生)已经骑行了 1 286 517.64 千米。圣诞节那天,他受了重伤,从此再也没有骑过车。

16. 12 月 2 日,未来的环法赛冠军扬·乌尔里希出生。

17. 在巴黎—尼斯赛上,马威克公司在布鲁诺·戈尔芒的领导下开始向赛车手提供中立的支持和培训服务。

18. 意大利业余车手詹巴蒂斯塔·巴龙凯利赢得了环未来赛冠军。

19. 荷兰车手皮特·范卡特维克赢得了牛奶赛冠军。

20. 4 年来,波兰车手里萨德·祖尔科斯基第三次在和平赛中获胜。

21. 美国加利福尼亚北好莱坞的罗恩·斯卡林赢得了环萨默维尔库格勒-安德森纪念赛冠军。

22. 英国的贝丽尔·伯顿以 21 分 25 秒的成绩完成了一次 16.1 千米计时赛。

23. 米其林公司推出首款高性能开口自行车轮胎——Fifty Chevron。

24. 美国加利福尼亚加雷纳的航空航天管材制造商特利丹公司推出了"Teledyne Titan"钛合金自行车。这个重 1.45 千克,长 58.4 厘米的车架价格为 400 美元,包括一个 0.54 千克钛叉,Dura-Ace 把立和三个超大的夹在上管的禧玛诺刹车线。车架有四种尺寸:从 53.3 厘米到 61 厘米。

25. 11 月,国际自盟剥夺了埃迪·默克斯(莫尔泰尼车队)在 10

月的环伦巴第赛中的胜利,由于他在此前的违禁药物测试中结果呈阳性。比赛冠军被授予意大利的费利切·吉蒙迪(比安基-坎帕尼奥洛车队)。

自行车在中国

五羊自行车品牌诞生。

环法自行车赛

(1)西班牙车手路易斯·奥卡尼亚(比克车队)取得了 6 个赛段冠军,并以领先将近 16 分钟的优势获得第 60 届环法赛的冠军。在咨询了图卢兹法国南方飞机公司的一位工程师后,他成为第一个在比赛中使用钛制自行车部件(把立和五通)的车手。据报道,在本次环法赛的 10 个丘陵赛段中,路易斯·奥卡尼亚还把他的橙色赛车换成了一辆由英国斯皮德韦尔齿轮有限公司制造的抛光钛自行车,这辆车是早些时候别人在环多菲内赛期间送给他的。

(2)埃迪·默克斯(莫尔泰尼车队)表示法国人民对他对比赛的统治感到厌倦,因此他跳过了环法赛。

(3)在第 13 赛段,赛事跳过比利牛斯山的佩格尔山口,因为它太陡,骑车下山被认为是不安全的。

(4)弗兰德里亚-禧玛诺车队的瓦尔特·戈德弗鲁特和维尔弗里德·达维德为禧玛诺赢得了首个环法赛赛段冠军。根据齿轮专家弗朗克·贝尔托的说法,Short Cage DB-100 后拨链器仍被称为"Crane"。其他一切都称为 Dura-Ace。在环法赛的其他 11 支车队中,有 9 支使用了坎帕尼奥洛套件,另外 2 支使用了法国制造的套件。

(5)37 岁的比利时车手赫尔曼·范施普林格尔(Rokado 车队)赢得了绿衫。

(6)抗议养牛的农民短暂地扰乱了第 18 赛段的出发。

（7）菲尔·利格特第一次作为环法赛的记者，并兼任英国电视评论员戴维·桑德斯的司机。

1974 年

1.山地自行车诞生。加里·费希尔、查利·凯利、汤姆·里奇都想要一辆可以在公路外骑行的自行车，于是他们开始将配件和摩托车部件安装到第二次世界大战前那种结实的单沙滩车上。

2.美国闪电（SPECIALIZED）品牌诞生。迈克·西尼亚德在大学毕业后，骑车去环欧洲旅游，一次机缘巧合，他结识了齐内利品牌的创始人奇诺·奇内利。他花了仅有的 1500 美元，购买了齐内利零件，在回到美国后，创立了闪电品牌。

3.铁人三项运动诞生。在美国夏威夷群岛的一个酒吧里，一群体育官员聚集在一起争论：世界上哪一种体育运动项目最具有刺激性、挑战性，最能考验人的意志和体能？美国海军准将约翰·科林斯提出谁在一天之内游泳 3.8 千米，骑自行车 180 千米，最后跑完42.195 千米的马拉松，中途不得停留，谁就是真正的铁人，这一想法得到了大家的认可，并在第二天举行了第一次铁人三项比赛。

4.4 月初，国际自盟判定埃迪·默克斯（莫尔泰尼车队）在参加1973 年环伦巴第赛之前没有故意服用兴奋剂。

5.埃迪·默克斯（莫尔泰尼车队）以 12 秒的优势击败了詹巴蒂斯塔·巴龙凯利（库琪尼车队），获得第 57 届环意赛冠军。这场比赛成为史诗般的纪录片《地球上最伟大的表演》（时长 75 分钟）的主题。这是埃迪·默克斯的第五次环意赛冠军（连续第三次），这使他成为唯一一位获得三次环法赛冠军、三次环意赛冠军的车手。

6.埃迪·默克斯在赢得第五次环法赛冠军 10 天后，在比利时布鲁塞尔被授予利奥波德二世勋章，以表彰他的成就。

7.埃迪·默克斯连续第六次赢得超级威望佩列诺杯赛。

8.约尔延·莱特在墨西哥城拍摄了《不可能的时刻》。这部纪录片是关于丹麦骑手奥勒·里特尔（Filotex 车队）试图从埃迪·默克斯手中夺回一小时骑行纪录的失败尝试。

9.乔尔·圣托里在埃迪·默克斯职业生涯的巅峰时期拍摄了关于他的电影《赛场之神》。这部电影由樊尚·马莱制作,他是1962年的电影《环法万岁》的导演路易斯·马莱的兄弟。

10.在加拿大蒙特利尔举行的262.5千米公路世锦赛上,埃迪·默克斯击败了法国选手雷蒙·普利多尔,夺得冠军。这一胜利使得默克斯成为第三个三次获得公路世锦赛冠军的车手(与意大利的阿尔弗雷多·宾达和比利时的里克·范施滕贝根并列)。66名参赛选手中只有18名完成了比赛。随着他在公路世锦赛上的胜利,默克斯成为第一位在同一年赢得环意赛、环法赛和公路世锦赛冠军的车手。后来爱尔兰人斯蒂芬·罗奇也赢得了1987年的全部三项赛事冠军。默克斯也是唯一一位两次在同一年赢得环法赛和公路世锦赛的车手。

11.西班牙的何塞·曼努埃尔·富恩特(卡斯-卡斯科车队)赢得了第29届环西赛冠军。

12.坎帕尼奥洛公司推出了Super Record gruppo。与Nuovo Record的设计相似,Super Record使用钛制零件以减轻重量。客户很快就可以购买"Super Record Reduced" gruppo,它用钢制底架主轴代替钛合金。坎帕尼奥洛公司将于1987年停止生产Super Record,但随着其11速传动系统在2008年(公司成立75周年)揭幕,它将重新启用这个名字。

13.北好莱坞惠尔曼的罗恩·斯卡林骑着一辆Teledyne Titan自行车(自行车设计史上第一款使用钛合金车架的自行车)赢得了环萨默维尔库格勒-安德森纪念赛冠军。

14.西班牙业余选手恩里克·马丁内斯·埃雷迪亚赢得了环未来赛冠军。

15.荷兰的罗伊·斯海腾赢得了英国的牛奶赛冠军。

16.波兰的斯坦尼斯瓦夫·绍兹达赢得了和平赛冠军。

17.美国业余自行车联盟将骑手分为三个比赛类别。

18.英国骑手巴里·霍本(GAN-梅西耶车队)在冲刺赛中击败了埃迪·默克斯(莫尔泰尼车队)和罗歇·德夫拉曼克(布鲁克林车队),赢得了根特-韦弗尔海姆赛冠军。

自行车在中国

金狮牌自行车诞生,1976年在常州建厂。20世纪80年代末,金狮的产量一度达到250万辆,居全国第三,在全国各大中城市设立了60余个经销点和40余个金狮牌自行车全国特约维修站,产品远销德国、意大利、美国、尼日利亚、阿根廷等34个国家和地区。

环法自行车赛

(1)埃迪·默克斯(莫尔泰尼车队)连续第五次赢得环法赛冠军。

(2)环法赛第一次海上转场,第一次离开欧洲大陆,第一次访问英国,并在普利茅斯停留了一天。车手和官员们飞往英国。

(3)车手们在24小时内两次爬上了图尔马莱山口。法国的让-皮埃尔·当纪尧姆赢得了这两个赛段的冠军。其中的第一个赛段,即比赛的第17赛段,是环法赛举办以来唯一一次在图尔马莱山顶结束比赛,直到2010年,车手们将再次爬山两次。

(4)埃迪·默克斯拿下了8个赛段的冠军,追平了1930年夏尔·佩利西耶和他自己在1970年的成就。比利时的弗雷迪·梅尔滕斯也将在1976年的比赛中拿下8个赛段冠军。

(5)埃迪·默克斯累计取得32个赛段冠军,超过了安德烈·勒迪克1938年保持的25个。

(6)平均速度为48千米/时的第21赛段仍然是环法赛历史上最快的公路赛段。

(7)38岁的雷蒙·普利多尔(GAN-梅西耶车队)获得亚军。

(8)自1968年开始颁发的白衫,最后一次被颁发给全能组的获胜者埃迪·默克斯。从1975年开始,白衫将被颁发给比赛中表现最好的年轻车手。

(9)比赛的最后一站是巴黎市政赛车场。从 1975 年开始,环法赛将在香榭丽舍大街结束。

(10)丹尼尔·芒吉斯不久就在圣拉里苏朗(第 17 赛段)接替皮埃尔·朔里担任环法赛的正式播音员,他来自诺曼底的圣马丹-德朗代勒,通常在每个赛段开始之前和结束之后的一个小时,基于对车手的熟悉,都可以让他在不做笔记的情况下谈论所有车手。他一直担任环法赛的播音员,直到 21 世纪。

(11)环法赛创始人亨利·德格朗热名字的首字母被移回黄衫的左侧,与骑行服赞助商 Miko 的标志互换位置。

(12)每个车队的队长都佩戴了一个以 1 结尾的比赛号码(默克斯,1;若阿金·阿戈什蒂纽,11;贝尔纳·泰弗内,21;等等)。

(13)反佛朗哥恐怖组织"国际主义革命行动小组"在比利牛斯山举行的第 16 赛段结束后炸毁了 6 辆环法赛官方车辆。

(14)抗议工资低的农民在第 19 赛段中延误了车手 14 分钟,并迫使他们在第 20 赛段绕行 4.83 千米。这条弯路可能是自 1904 年环法赛最后赛段以来的第一次绕行,当时选手们绕过了奥尔良的一个检查站,以避开麻烦制造者。

1975 年

1. 2 月,教皇保罗六世接受了埃迪·默克斯(莫尔泰尼车队)赠送的在蒙特利尔世界自行车锦标赛夺冠时骑的自行车。这也是对环撒丁岛赛所有车手的祝福。

2. 荷兰车手亨尼·凯珀在比利时伊瓦尔赢得了公路世锦赛冠军。1972 年奥运会公路赛冠军凯珀成为除埃尔科莱·巴尔迪尼外,唯一一位同时赢得奥运会和公路世锦赛冠军的车手。巴尔迪尼分别赢得了 1956 年奥运会和 1958 年公路世锦赛冠军。

3. Avocet 公司推出了第一款现代自行车坐垫。它使用闭孔泡沫,在塑料外壳上用皮革或乙烯覆盖。

4.加里·克莱因开始生产第一辆美国现代铝制自行车。

5.意大利的罗伯托·维森蒂尼赢得了在瑞士洛桑举行的国际自盟首届青少年世界公路比赛冠军。

6.意大利车手福斯托·贝尔托利奥(Jolli Ceramica 车队)赢得了第 58 届环意赛冠军。比利时车手罗歇·德夫拉曼克(布鲁克林车队)拿下了 7 个赛段冠军。

7.阿古斯丁·塔马梅斯·伊格莱西亚斯(Super Ser 车队)在最后一天击败了同胞多明戈·佩鲁雷纳(卡斯-卡斯科车队)赢得了第 30 届环西赛冠军。

8.位于美国加州德尔马的埃克森美孚公司 Graftek 部门推出了重 2.05 千克(配有钢把立和雷诺兹 531 叉子)的 Graftek G-1 型车架。Graftek 车架由碳纤维包裹的铝管制成,并与环氧树脂黏合成熔模铸造的不锈钢凸耳,有 5 种尺寸可供选择。车架缺乏刚度,因此被称为"Flexxon"和"Graflex"(注:flex,柔性的,取笑其柔软)。

9.约翰·霍华德(Indy-Cool Gear-Exxon 车队)骑着一辆埃克森 Graftek 自行车,在科罗拉多州博尔德赢得了首届红辛格古典赛冠军。在由诗尚草本公司总裁莫·西格尔发令的比赛的第一天,霍华德赢得了公路赛和计时赛冠军。第二天,他在绕圈赛名列第四。

10.雷诺兹管材有限公司推出了 753 管,虽然它比标准 531 管轻 30%,但强度高 50%。

11.美国康涅狄格州诺斯黑文莫斯伯格父子公司推出了 X1000 公路自行车,它是由 659 476 千帕的碳纤维管用航空黏合剂连接到钢凸耳中制成的。6.35 千克重的场地版售价为 1300 美元,1.41 千克的车架售价为 600 美元。

12.经过两年的研究和开发,洛杉矶的贝尔头盔公司推出了 Bell Biker 头盔,这是第一款以聚苯乙烯膨胀衬垫为特色的自行车头盔。这款售价为 30 美元的头盔重 580 克,配备了聚碳酸酯外壳和 D 型环带连接。

13.东京为自行车爱好者们开辟了一条 3.35 米宽、7.4 千米长的自行车道,这条自行车道位于东京皇城附近。日本自行车工业协会免费向公众提供了 500 辆自行车。

14.埃迪·默克斯(莫尔泰尼车队)连续第七次赢得了超级威望佩尔诺杯赛。

15.环未来赛没有举办。

16.瑞典的伯恩特·约翰松赢得了英国牛奶赛冠军。26 岁的戴夫·乔纳在 145 千米赛程的最后一个赛段以 7 秒的优势获胜,成为首位在该项比赛中获得一个赛段胜利的美国人。

17.未来的国际自盟主席帕特·麦奎德(爱尔兰国家队)赢得了环爱尔兰赛冠军。

18.波兰的里萨德·祖尔科斯基 6 年来第四次赢得了和平赛冠军。

19.美国加利福尼亚州的罗里·奥赖利赢得了环萨默维尔库格勒-安德森纪念赛冠军。

20.法国车手丹尼尔·莫勒隆赢得了他的第七个业余冲刺赛冠军。他还赢得了 1966 年、1967 年、1969 年、1970 年、1971 年、1973 年的比赛冠军。

21.1935 年至 1948 年在欧洲参加职业比赛的乔·马尼亚尼于 11 月 30 日在芝加哥逝世,享年 63 岁。1946 年,他参加了环意赛。他在 1936 年瑞士伯尔尼举行的公路世锦赛中获得第 10 名,在 1947 年法国兰斯举行的公路世锦赛中获得第 7 名,也是最后一名。

22.11 月,法国克莱蒙-费朗的一家法院命令内洛·布雷顿向埃迪·默克斯支付 1 法郎,作为环法赛上多姆山打人事件的赔偿。

23.在 12 月份的《自行车》杂志上刊登了独立总统候选人尤金·麦卡锡的整页广告。他说:"我们已经有太多的高速公路了。我们需要更多的自行车道。"

自行车在中国

北京市自行车运动协会成立。

环法自行车赛

(1)法国人贝尔纳·泰弗内(标致车队)送给埃迪·默克斯(莫尔泰尼车队)8 年来大环赛上的首场失利。

(2)在比利时沙勒罗瓦序幕赛开始前,埃迪·默克斯被授予法国最高荣誉之一,即法国荣誉军团骑士勋章。

(3)比利时选手吕西安·范因佩(吉坦车队)是第一个环法赛爬坡王圆点衫的获得者。波兰巧克力公司将在随后 10 年中的 7 年(1975—1978 年和 1982—1984 年)赞助圆点衫。

(4)荷兰车手约普·佐特梅尔克(GAN-梅西耶车队)是比赛初期第一位穿着圆点衫的车手。

(5)在比赛中,吕西安·范因佩试骑了一辆吉坦牌的碳纤维自行车。

(6)白衫首次被授予最佳年轻车手,即意大利的弗朗切斯科·莫泽(Filotex 车队)。

(7)环法赛开始了在巴黎香榭丽舍大街上完成比赛的传统。

(8)环法赛在美国 ABC 电视台的《体育大世界》节目中播出。

(9)记者欧文·马尔霍兰是第一个跟随新闻车报道比赛的美国人。

(10)自 1966 年以来,在平地赛段的获胜者第一次没有时间奖励。

(11)1975 年的赛事是 1962 年至 1995 年期间唯一一次不包括团体计时赛的环法赛。

(12)克努特·克努森(Jolli Ceramica 车队)是第一位参加环法赛的挪威车手。他没有完成比赛。

(13)马丁·考克斯·罗德里格斯(比安基车队)是环法赛事中第一位哥伦比亚车手,这也是他唯一一次参加的环法赛,排名第 27 位。

(14)电影制片人雅克·埃尔托拍摄了纪录片《关于环法》,该电影于 1976 年 1 月 2 日在法国 TFI 电视台上映。影片中,赛车手雷吉斯·德莱皮纳(弗兰德里亚-卡彭特车队)将环法赛车手形容为"流浪的尸体",人们可能会误认为是《布痕瓦尔德幸存者》(书名,布痕瓦尔德是纳粹在德国图林根州魏玛附近所建立的集中营,也是德国最大的劳动集中营,建立于 1937 年 7 月)。

(15)英国车手巴里·霍本(GAN-梅西耶车队)赢得了他的第八个也是最后一个环法赛赛段冠军。

1976 年

1.崔克自行车公司开始在威斯康星州滑铁卢生产高端自行车,框架是低温铜焊哥伦布管材、雷诺兹或 Ishiwata 管材,涂上杜邦伊姆龙或森塔里催化聚氨酯漆。在第一年,迪克·伯克、比维尔·霍格和他们的 5 名员工生产了 900 个价值 200 美元的车架。

2.国际人力驱动车辆协会(IHPVA)在美国成立。所有被国际自盟禁用的人力驱动车辆所创造的纪录都可以由该协会认定。

3.查利·凯利委托制造商乔·布雷兹设计开发第一批越野"山地自行车",命名为布雷兹;并开始推动山地自行车速降赛事。

4.埃迪·默克斯(莫尔泰尼车队)赢得了他的第七场米兰—圣雷莫赛冠军,打破了自 1928 年以来由意大利的科斯坦特·吉拉丹戈(马伊诺 & 欧宝-鱼雷车队)创造的六冠的纪录。

5.导演约尔延·莱特拍摄了一部关于比利时车手马克·德梅耶尔(卫达-弗兰德里亚车队)在巴黎—鲁贝赛获得胜利的电影《地狱里的星期天》。

6.连续第二年,环西赛冠军在比赛的最后一天才被决出。这一次,西班牙人何塞·佩萨罗萨纳(卡斯-坎帕尼奥洛)击败了亨尼·凯珀(兰令车队),赢得了第 31 届环西赛冠军。

7.意大利的费利切·吉蒙迪(比安基-坎帕尼奥洛车队)以 19 秒的优势战胜了约翰·德米恩克(布鲁克林车队),赢得了第 59 届环意赛冠军。吉蒙迪的胜利创造了他 9 次登上领奖台的纪录:冠军,1967

年、1969 年、1976 年;亚军,1970 年、1973 年;季军,1965 年、1968 年、1974 年、1975 年。这是吉蒙迪最后一次重大胜利。

8.31 岁的西班牙车手胡安-曼努埃尔·桑蒂斯特万(卡斯-卡斯科车队)在环意赛第 1 赛段的卡塔尼亚市附近的一场事故中丧生。

9.比利时选手弗雷迪·梅尔滕斯在意大利奥斯图尼赢得了公路世锦赛冠军。加州大学伯克利分校的迈克·尼尔在奥运会后加入了一个小型意大利车队——Magniflex-Torpado 车队。尼尔通常被认为是第一个参加公路世锦赛的美国人,但是值得注意的是乔·马尼亚尼的参与,他在 1936 年瑞士伯尔尼的公路世锦赛中获得了第 10名,在 1947 年法国兰斯举行的公路世锦赛中获得了第 7 名。

10.弗雷迪·梅尔滕斯(弗兰德里亚-卫达车队)赢得了超级威望佩尔诺杯赛。

11.在加拿大蒙特利尔举行的第 21 届奥运会上,瑞典选手伯恩特·约翰松在 175 千米的丘陵赛道上赢得了男子自行车公路赛冠军。

12.英国的贝丽尔·伯顿以 53 分 21 秒的成绩完成了 40.224 千米的计时赛,以 1 小时 51 分 30 秒的成绩完成了 80.467 千米的计时赛。

13.在第 2 届红辛格古典赛中,赛程延长至三天,参赛者包括来自墨西哥和英联邦的队伍。美国的约翰·霍华德再次获得冠军。

14.成立于 1920 年的美国业余自行车联盟于 1 月 1 日更名为美国自行车联合会,称业余"太消极",联盟"太陈旧","美国"是错误的。自行车历史学家彼得·奈指出,这一改变也是为了"解决与拉丁美洲自行车组织之间长期存在的摩擦,这些组织抱怨美利坚合众国(United States)并不是美国(America)的全部"。

15.罗歇·里维埃在 1960 年环法赛期间的一次车祸中致残,并于 4 月 1 日死于喉癌,年仅 40 岁。

16.克雷格·米切尔为查利·凯利制作了第一个定制的"klunker"(山地自行车)车架,因为乔·布雷兹太忙了。

17.美国消费品安全委员会为在美国生产销售的自行车制定了安全条例。

18.丹麦的卡尔·克罗谢弗制造了一辆21.95米长的自行车,可以容纳35名乘客。制造这台机器需要130米长的管子、70个链轮、50米长的链条、3个汽车轮胎和78辆旧自行车的零件。

19.有纪录以来最长的自行车旅行是由沃尔特·索莱创造的,此人1926年生于英国森德兰,是一位巡回讲师,积累了超过646.956千米的里程。从1959年1月24日到1976年12月12日,他走遍了159个国家,被偷了5辆自行车,经历了231次抢劫,还有1000多次爆胎。

20.首届山地自行车比赛于10月21日在加州马林县举行,其中有7名选手参加了首届Repack速降赛。这场比赛由弗雷德·沃尔夫和查利·凯利组织,在塔马尔派斯山的松树山防火路上进行。获胜者是艾伦·布鲁克斯,他是唯一一位没有撞车的骑手。

21.禧玛诺公司推出了用于低端自行车的正电子分度变速系统Positron,因为部分购买者不想为它付出更多。禧玛诺在1982年之后放弃了Positron。

22.1978年7月18日,美国马萨诸塞州居民乔尔·埃维特申请了一项专利,内容是一种"变速杆和一体式手刹装置",用于弯把自行车。

23.意大利的艾伦公司是第一家提供碳纤维自行车架的公司。

24.吉坦自行车公司完全并入雷诺工厂集团(雷诺将在1985年出售米克莫-吉坦)。

25.法国激进左翼党市长米歇尔·克雷波在拉罗谢尔街道上放置了250辆亮黄色自行车,供公众免费使用。他说:"当人们使用汽车作为必要的交通工具时,这是一回事。但当一个男人用它作为社会地位的标志时,那就另当别论了。还有一些人一上车就变成了猪。"尽管已经有30辆自行车被盗,数十辆自行车受损,但克雷波表示,在政府的帮助下,他将购买250辆更结实的自行车。

26.瑞典业余选手斯文·奥克·尼尔松赢得了环未来赛冠军。

27.英国的比尔·尼克松赢得了牛奶赛冠军。

28.爱尔兰队的帕特·麦奎德再次赢得了环爱尔兰赛冠军。

29.东德的汉斯·约阿希姆·哈特尼克赢得了和平赛冠军。

30.美国加利福尼亚斯坦福大学的戴夫·博尔赢得了环萨默维尔库格勒-安德森纪念赛冠军。

31.美国费城的玛丽·简·里奥克赢得了首届米尔德丽德库格勒女子公开赛的冠军。

环法自行车赛

(1)本届赛事冠军,比利时的吕西安·范因佩(吉坦-坎帕尼奥洛车队)获得了10万法郎的奖金。在1988年之前,获胜者还将得到一套公寓,有时甚至会得到一套位于海滨度假胜地默林普拉日的公寓,作为获胜者的另一项奖品。

(2)比利时车手弗雷迪·梅尔滕斯(卫达-弗兰德里亚车队)赢得了8个赛段的冠军,与夏尔·佩利西耶(1930年)和埃迪·默克斯(1970年和1974年)并列第一。

(3)弗雷迪·梅尔滕斯以17秒的优势击败了序幕赛专家耶稣·曼扎内克(Jesus Manzaneque,Super Ser车队),这是环法赛序幕比赛中最大的比分优势。

(4)40岁的雷蒙·普利多尔(GAN-梅西耶车队)创下了破纪录的第八次登上最后领奖台,成为在比赛中最后登上领奖台的年龄最大的车手。他从未穿上过环法赛黄衫。

(5)自1950年以来,丹尼尔·勒布尔一直在绘制夺冠自行车图,1976年,他画出了自己最后一辆夺冠环法自行车图。

(6)丹尼尔·芒吉斯成为环法赛的官方播音员,为比赛的每一个赛段提供解说评论。

(7)西班牙选手何塞-路易斯·别霍(Super Ser车队)在长224千

米的到马诺斯克的第 11 赛段,突围 160 千米,以 22 分 50 秒的优势获胜,这是战后最悬殊的时间差。

(8)除了第 11 赛段外,第 9 至 15 赛段都是山地赛段。虽然第 11 赛段有三次三级爬坡,但没有一次是一级或二级爬坡。

(9)在法国南部举行的第 18 赛段是比赛的最后赛段,参赛者分三批出发。

(10)赛事组织者要求乔治·拉容在阿尔普迪埃山顶主持第 9 赛段的结束仪式。24 年前,比赛最后一次在这里作为赛段终点,因为附近的格勒诺布尔拒绝了作为一个赛段终点城市的要求。

1977 年

1.专门为日益壮大的小轮车(BMX)运动而设立的美国自行车协会(ABA)成立。如今,小轮车已经成为美国一年一度的夏季极限运动大赛的主要项目之一。

2.16 岁的格雷格·莱蒙德在两起车祸中幸存下来,赢得了美国青年公路锦标赛冠军,但他太年轻了,无法参加世界青年自行车锦标赛。莱蒙德获得了特别许可,可以参加为期三天的环弗雷斯诺赛,他参加了男子一级的比赛,并以落后约翰·霍华德 6 秒的成绩获得第 2 名。

3.在赛季初取得成功后,美国车手乔纳森·博耶与法国勒热纳-BP 车队签约。由于比赛开始前发生了撞车事故,他错过了环法赛。

4.比利时车手弗雷迪·梅尔滕斯(弗兰德里亚-卫达车队)赢得了第 13 赛段的胜利,并最终赢得了第 32 届环西赛冠军。美国车手迈克·尼尔(Magniflex-Torpado 车队)参加了环西赛,他在第 13 赛段因病放弃前,连续两个赛段进入前四名。尼尔是第一个参加环西赛的美国人,也是继芝加哥的乔·马尼亚尼(奥尔莫车队)参加 1946 年的环意赛后第二个参加大环赛的美国人。

5.在第 60 届环意赛中,弗雷迪·梅尔滕斯在因撞车退出前,已在前 11 个赛段中赢得了 7 个冠军。他的队友米歇尔·波伦蒂耶赢得了总冠军。

6.5 月,全球 6 名顶级职业自行车手被停赛一个月,并被处以相当于 300 美元的罚款。据报道,这 6 人使用了含有匹莫林(苯异妥因)的处方药,而匹莫林是国际自盟禁止使用的药物之一。停赛的车手中有 5 人是比利时人,包括埃迪·默克斯(菲亚特车队)和时任世界冠军的弗雷迪·梅尔滕斯。

7.弗雷迪·梅尔滕斯连续第二次赢得超级威望佩尔诺杯赛。

8.在委内瑞拉圣克里斯托瓦尔举行的公路世锦赛中,意大利选手弗朗切斯科·莫泽击败了西德选手迪迪·图劳,夺得冠军。在那里,乔纳森·博耶感染了一种肠道病毒,这使他直到 1980 年才重返欧洲赛场。

9.韦恩·斯特蒂纳赢得了第 3 届年度红辛格古典赛冠军。

10.比利时业余选手埃迪·舍佩尔斯赢得了环未来赛冠军。

11.苏联业余选手赛义德·侯赛因诺夫赢得了牛奶赛冠军。

12.苏联的阿沃·皮库斯赢得了和平赛冠军。

13.美国佛罗里达州迈阿密的戴夫·韦尔赢得了环萨默维尔库格勒-安德森纪念赛冠军。

14.加拿大安大略省的卡伦·斯特朗赢得了米尔德丽德库格勒女子公开赛冠军。

15.雷诺兹管材有限公司更名为 T. I. 雷诺兹。

16.年初,英国兰令工业公司宣布将关闭其唯一的美国工厂。美国兰令工业总裁诺曼·朗格费尔德说,俄克拉荷马市的工厂正在关闭,因为美国的自行车年销量约为 700 万辆,只有四五年前的一半。

17.3000 多名骑自行车的人参加了第 5 届美国骑车横穿艾奥瓦州活动。为期一周的赛程约 644 千米。

18.美国亚利桑那州图森市的戴维·斯蒂德做了一辆 9 小时 15 分钟的定车。

19. 61 岁的商人珀西·罗斯在美国明尼苏达州明尼阿波利斯的圣保罗为 7 至 11 岁的贫困儿童举办的圣诞晚会上,捐赠了价值 18 万澳元的 1050 辆新自行车。罗斯小时候太穷了,买不起一辆像样的自行车,一度濒临破产。1969 年,他以 800 万美元的价格卖掉了自己的公司 Poly-Tech。

20. 在 3 月 17 日到 4 月 2 日之间,一个名叫米歇尔·洛蒂托的法国人吃掉了一辆被压成一堆的自行车(注:米歇尔·洛蒂托,男,1950年出生于格勒诺布尔,法国演员。他曾经吃下整架飞机,被称为"铁胃大王"。从 1959 年开始吃金属和玻璃)。

21. 布赖恩·艾伦骑着保罗·麦克克里迪博士的人力飞机"蝉翼秃鹰"完成了 1.61 千米的"8"字形飞行,获得了 2.5 万法郎的克雷默奖。

自行车在中国

8 月,13 名中国杂技演员在北京骑独轮自行车表演。

环法自行车赛

(1)法国车手贝尔纳·泰弗内(标致-埃索车队)三年内第二次赢得环法赛冠军。

(2)埃迪·默克斯(菲亚特车队)在他的最后一次环法赛中,以落后冠军 12 分 38 秒的成绩获得第 6 名。

(3)法国车手贝尔纳·基尔芬(吉坦-坎帕尼奥洛车队)在托农莱班赛段以长达 222 千米的单飞取得了最终的胜利。

(4)亨尼·凯珀(兰令车队)在阿尔普迪埃的胜利,让荷兰自行车迷们对爬坡有了更多的了解。

(5)在阿尔普迪埃,近一半车手因超时被淘汰。

(6)英国摄影师格雷厄姆·沃森观看了环法赛的最后两天。他为埃迪·默克斯在巴黎拍的一张照片将于 1978 年初出版。

（7）只有 10 个车队参加了本届环法赛。

（8）出版巨头埃米利昂·阿莫里于 1965 年收购了《队报》，他在贡比涅的庄园从马背上摔了下来，不幸身亡。一些敌对报纸的出版商非常不喜欢阿莫里，以至于《解放报》发布了他的死讯，标题是《骑马事故：马没事》（"Riding Accident：Horse is Safe"）。

1978 年

1. 美国 HARO 品牌诞生。鲍勃·哈罗最初在他自己居住的房间内设计小轮车，1980 年在美国加州成立公司总部。随着公司的发展，鲍勃·哈罗开始巡回全美各地，推广小轮车运动，并赢得了"小轮车之父"的称号。

2. 埃迪·默克斯（C&A 车队）在 5 月 17 日最后一次骑完之后，决定第二天公开宣布退休。

"这是最后的决定，""食人魔"宣布，"非常痛苦。关于我作为赛车手的职业生涯，我有一个非常重要的决定要告诉你。在咨询了我的医生后，我决定不再参加比赛。"随着这一消息的宣布，埃迪·默克斯为其他自行车手梦寐以求的一系列结果画下了句号：5 次环意赛冠军、3 次公路世锦赛冠军、1 次环西赛冠军，以及保持了 28 年的 49.431 千米的一小时骑行纪录（如果不计入空气动力辅助纪录的话，是 23 年）。他曾赢得 7 次米兰—圣雷莫赛冠军、5 次列日赛冠军、3 次巴黎—鲁贝赛冠军。在环法赛——所有赛事中最艰难的一项赛事上，5 次夺冠。他两次在一届比赛中赢得了 8 个赛段的冠军，使他的赛段总冠军数达到了 34 个。他有 96 天（111 天，如果你计算多阶赛段）都穿着黄衫，是当时最接近他的对手的两倍。

3. 让-雅克·菲西安（菲亚特车队）在完成其人生中的第一次环法赛（获得了第 73 名）两个月后，在一次训练中被一辆卡车撞死，永远地离开了妻子和两个孩子。菲西安去世时年仅 26 岁。

4. BBC 新闻记者菲尔·利格特首次在伦敦的周末电视直播节目中亮相。利格特回忆道，当时的自行车评论员戴维·桑德斯在一场车祸中丧生,我没经过面试就得到了他的工作。

5.荷兰车手热里耶·内特曼赢得了在西德举办的公路世锦赛冠军。

6.比利时车手约翰·德米恩克(比安基-飞马车队)夺得了第61届环意赛冠军。

7.贝尔纳·伊诺(雷诺-吉坦车队)赢得了第33届环西赛冠军,成为继雅克·安克蒂尔之后第二位在同一年赢得环西赛和环法赛冠军的车手。

8.乔治·芒特以5分28秒的优势战胜鲍勃·库克赢得了第4届红辛格古典赛冠军。这场比赛的特色是:奖品是一个价值3万美元的钱包。迈克尔·艾斯纳被聘为这项赛事的全年全职推广人。

9.国际奥委会规定,业余自行车选手可以接受赞助商提供的不限金额的赞助,每场比赛最高可获得200美元的奖金,剩余的奖金将归骑手俱乐部所有。

10.美国费城人队的棒球运动员图格·麦格劳和史蒂夫·卡尔顿想要骑着他们的自行车从费城前往佛罗里达州的克利尔沃特进行春训,以帮助他们对抗肌肉萎缩症。如果他们能骑上州际公路,从2月6日开始的旅程将需要17天才能到达目的地。如果他们不能,麦格劳和卡尔顿可能会错过展览季。

11.意大利的弗朗切斯科·莫泽(桑松-哥伦布-坎帕尼奥洛车队)赢得了超级威望佩尔诺杯赛。

12.杜邦和瑞士服装制造商阿索斯合作推出了莱卡运动衫和短裤。这种新材料将很快取代羊毛,成为骑行服的首选面料。

13.瑞士的丹尼尔·吉西格(勒吉恩-BP车队)穿着一件紧身衣参加了环罗曼蒂赛,开启了空气动力时代。

14.1933年赢得环法赛和公路世锦赛冠军的乔治·施派歇尔于1月24日去世,享年70岁。

15.禧玛诺公司推出了Dura-Ace后拨链器。虽然该公司在1999年庆祝了Dura-Ace成立25周年(这使1974年成为Gruppo的正式推出年份),但传动装置专家弗朗克·贝尔托写道,禧玛诺公司成立了 Dura-Ace 部门,并在 1972 年推出了 Dura-Ace 公路套件,包括前拨链器和后拨链器、下管和副把手拨(变速杆)、曲柄组、飞轮、花鼓和刹车。禧玛诺称为后拨链器 Crane(1978 年禧玛诺产品目录中引入了 Dura-Ace EX gruppo,而 DA-200 后拨链器现在称为 Dura-Ace)。

16. 禧玛诺公司在其 Dura-Ace EX 和 600 EX gruppo 中推出了塔基和 6 速飞轮组合。

17. 约翰·马里诺从加州长滩到纽约骑行了 4756 千米,用时 13 天 1 小时 20 分钟。

18. 闪电公司推出 Turbo 系列公路自行车轮胎。

19. 苏联业余选手谢尔盖·苏霍罗琴科夫赢得了环未来赛冠军。

20. 波兰业余选手扬·布热兹尼赢得了牛奶赛冠军。

21. 苏联的亚历山大·阿韦林赢得了和平赛冠军。

22. 加拿大车手乔斯林·洛弗尔赢得了环萨默维尔库格勒-安德森纪念赛冠军。

23. 美国密歇根州弗林特的休·诺瓦拉在米尔德丽德库格勒女子公开赛中夺冠。

24. 9 月 16 日,荷兰选手科尔内利娅·范奥斯滕-哈格在慕尼黑创造了女子一小时骑行 43.082 千米的世界纪录。

自行车在中国

(1)《中国自行车》杂志创刊。它是行业信息发布的权威媒体。

(2)首届自行车环台湾公路大赛举办。环台赛是国际自盟亚洲巡回赛的一项重要比赛。

环法自行车赛

(1)法国国家冠军贝尔纳·伊诺(雷诺-吉坦车队)首次参加环法赛就拿下了冠军。

(2)费利克斯·莱维坦自 1962 年以来担任副总监,与雅克·戈代平起平坐。

(3)没有意大利车手参加超级山地赛。

(4)三个车队(兰令车队、雷诺-吉坦车队和菲亚特-法兰西车队)制定了反兴奋剂政策,规定任何使用违禁药物的运动员都将被开除。

(5)环法赛庆祝钻石禧年(75 周年),这是第 65 届环法赛。

(6)在莱顿进行的 5 千米序幕计时赛因为下雨被取消了。

(7)法国军方必须清除图尔马莱山口的积雪,才能进行第 11 赛段的比赛。

(8)当选手们通过第 11 赛段终点线时,抗议组织者将环法赛的商业利益置于对选手的关心之上,导致第 12 赛段的第一部分被取消。

(9)为了安抚车手,比赛的第 15 赛段缩短了 44 千米。

(10)米歇尔·波伦蒂耶(卫达-兰诺-弗兰德里亚车队)在阿尔卑斯埃都山穿上了黄衫后,因在第 16 赛段的比赛中试图欺骗药检人员而被逐出比赛。他是第一位因服用兴奋剂而被逐出环法赛的领骑者。

(11)比赛引入团队积分制。得分领先车队的队员戴绿色帽子,而计时领先车队的队员戴黄色帽子。兰令玛格丽格车队赢得了前一个,Miko 梅西耶车队拿下了后者。

(12)在第 17 赛段中,车手首次爬上了上茹普拉内山口(注:Col de Joux Plane,环法赛中难度极高的路线,HC 级坡全长 11.5 千米,平均坡度为 8.5%,并在最后 2 千米有 10% 左右的坡度)。

(13)1978 年的环法赛是英国车手巴里·霍本(Miko-梅西耶-哈钦森车队)最后一次参加环法赛。他在 15 年里参加了 12 次环法自行车赛,是唯一一位与雅克·安克蒂尔、埃迪·默克斯和贝尔纳·伊诺同台竞技的车手。

1979 年

1.电影《冲刺》在美国上映。这部 20 世纪福克斯公司出品的电影,由丹尼斯·克里斯托弗主演,赢得了 1979 年全美电影评论家协会颁发的"最佳影片奖"。作家史蒂夫·特西奇获得奥斯卡最佳剧本奖。约翰·范德·维尔德扮演一位意大利辛扎诺的车手,他是未来美国邮政车队、探索频道车队、佳明车队车手克里斯蒂安·范德·维尔德的父亲。电影中骑士克里斯托弗的角色"Beats"由印第安纳州的学生比尔·布里斯曼(德尔塔·希)扮演,他的车队在 1981 年连续第三次赢得了小 500 赛的冠军。

2.乔纳森·博耶(Grab On 车队)被罚 5 分钟后,戴尔·斯特蒂纳赢得了第 5 届红辛格古典赛冠军,但却没有赢得 8 个赛段冠军中的任何一个。韦恩·斯特蒂纳名列第三,而获得特别许可参加比赛的初级骑手格雷格·莱蒙德名列第四。

3.美国车手乔治·芒特赢得了法国环奥弗涅赛的冠军。

4.18 岁的格雷格·莱蒙德在阿根廷布宜诺斯艾利斯的世界青年公路自行车锦标赛中获胜,当时比利时的肯尼·德马泰利埃因冲刺中的危险行为而被降级为第 2 名。莱蒙德还在个人追逐赛中获得银牌,在团体计时赛中获得铜牌。他告诉《自行车新闻》记者,他想成为第一个在环法自行车赛中表现出色的美国人。

5.法国车手贝尔纳·伊诺(雷诺-吉坦车队)赢得了超级威望佩尔诺杯赛。

6.苏联车手谢尔盖·苏霍罗琴科夫连续第二次获得环未来赛冠军。

7.谢尔盖·苏霍罗琴科夫赢得了和平赛冠军。

8.苏联车手尤里·卡希林赢得了牛奶赛冠军。

9.加拿大车手罗恩·海曼(阿彻公路俱乐部)赢得了环爱尔兰赛冠军。

10.美国宾夕法尼亚州布拉德福德伍兹的威廉·马丁赢得了环萨默维尔库格勒-安德森纪念赛冠军。

11. 卡伦·斯特朗在三年内第二次获得米尔德丽德库格勒女子公开赛冠军。

12. 斯里兰卡的维韦卡南达·塞尔瓦·库马尔·阿南丹连续骑行了 187 小时 28 分钟。

13. 荷兰车手扬·拉斯在荷兰法尔肯堡赢得了公路世锦赛冠军。

14. 荷兰车手约普·佐特梅尔克(Miko-梅西耶车队)赢得了第 34 届环西赛冠军。Unipublic 公司是这次比赛的联合组织者之一。从 1982 年开始,它将成为环西赛的唯一组织者。比赛也开始了在马德里结束的传统。从 1979 年到 2009 年,比赛的 31 个终点中有 28 个在西班牙首都。环西赛在 1935—1950 年、1963 年、1964 年和 1971 年也在马德里完赛。

15. 意大利 21 岁的朱塞佩·萨龙尼(库琪尼-博泰基亚车队)赢得了第 62 届环意赛冠军。

16. 在美国威斯康星州沃托马举行的全国计时赛上,美国选手贝丝·海登成为首位打破每小时 40.234 千米大关的女选手。

17. 马威克公司推出了"几乎完整的"自行车套件,但在法国以外很少见到。

18. 7 月 24 日,30 岁的约翰·马里诺试图打破自己 13 天 1 小时 20 分钟的越野骑行纪录,在距离终点仅 96.56 千米的时候,因无法保持平衡而被迫放弃。他被紧急送往伦诺克斯山医院,并在那里度过一夜。

自行车在中国

中国自行车运动协会加入国际自盟。

环法自行车赛

(1)比赛冠军贝尔纳·伊诺(雷诺-吉坦车队)赢得了 7 个赛段冠军,包括 4 个计时赛段。

(2)贝尔纳·伊诺(雷诺-吉坦车队)是除埃迪·默克斯以外唯一一位在一次环法赛中同时穿上黄衫和绿衫的车手。

(3)雷诺-吉坦车队的车手在计时赛赛段使用了空气动力吉坦自行车。

(4)比赛设有不少于 16 个挑战和分类,每天都在为车手颁发奖金和各种奖品。

(5)37 岁的葡萄牙车手若阿金·阿戈什蒂纽(弗兰德里亚-卡瓦苏尔车队)获得第 3 名。

(6)连续第二年,贝尔纳·伊诺、约普·佐特梅尔克(Miko-梅西耶车队)和若阿金·阿戈什蒂纽这三名车手以相同的顺序登上领奖台。

(7)参赛车手连续两个赛段爬阿尔普迪埃山。

(8)阿尔普迪埃和加利比耶山口是第一个获得环法赛超级类别,或者称 HC(Hors Categorie)难度等级的爬坡赛段。

(9)保罗·杰森(斯普伦德车队)是自 1928 年以来第一位参加环法赛的新西兰人。

(10)荷兰车手热里耶·内特曼(兰令车队)是第一位在环法赛一个赛段中平均时速超过 50 千米的选手。他在序幕赛段骑行 5 丁米用时 5 分 59 秒。

(11)在比赛中,前冠军路易斯·奥卡尼亚作为电台评论员报道了比赛,他在车祸中不幸受伤。

(12)圆点衫由 A Form Sport 赞助。

(13)约普·佐特梅尔克和他的 Miko-梅西耶车队队友斯文·奥克·尼尔松使用了 7 速飞轮,而不是通常的 6 速飞轮。

第十三章　拆下 DA AX，其余的扔进垃圾桶（1980—1989）

这是属于技术的 10 年。

全方位的进步，从整车到配件，几乎所有的配件，都有巨大的进步。

先说说传奇的坎帕尼奥洛，其去世前直接参与的最后一个项目——合金飞轮问世。13—28 齿 6 速飞轮的价格约为 200 美元。12 齿的版本有两个钛制齿轮，售价为 300 美元，而维修所需的工具套装售价高达 500 美元。贵有贵的道理，这款飞轮的开发几乎花了 6 年时间。以至于某品牌推出了一款价值 250 美元的"空气动力"自行车，配备了禧玛诺公司价值 300 美元的 Dura-Ace AX 套件。设备专家说，聪明的买主买了自行车，拆下 AX 套件，其余的零件扔进垃圾桶就可以了。

后来，坎帕尼奥洛公司发布了它的 50 周年纪念套件。套件还附带一个特殊的手提箱，里面有一张蓝色的卡片，上面写着："保证原购买者在任何时候都能得到独一无二的替换部件。"这款纪念套件也成了图利奥·坎帕尼奥洛的绝唱，在纪念套件推出后不久，他在意大利的蒙塞利切死于心力衰竭。

在这期间，坎帕尼奥洛公司停止了 Super Record 变速器的生产，标志着 1951 年推出的基本款设计的结束。随即它又推出了新 Record 套件（俗称"C-Record"），其中包括第一个斜平行四边形后变速器。

再说说禧玛诺。

禧玛诺公司研发出了双控手柄 DCL 和定位变速的拨杆装置系统 SIS(Shimano Index Shifting)。这是因为三拓对斜平行四边形后变速器的 20 年专利到期,才使得禧玛诺公司可以使用它需要的最后一个关键部件来引入分度换挡系统。

另外,禧玛诺公司还推出了一款 7 速 Dura-Ace 齿轮组和山地自行车的 Rapid Fire 双控手柄。

在这 10 年间,自行车配件的后起之秀——速联(SRAM)公司成立了,速联公司是以其负责人的名字命名的,具体来说是从三个创始人的名字里各提取一两个字母组合而成的。怎么组合的呢? 速联公司推出的第一个产品就是 DB 变速杆,后来又推出了转把 Grip Shift 变速杆。

在套件领域,马威克公司也推出了完整套件(Special Service du Course 1000)。

LOOK 公司独步天下的两大法宝——自锁脚踏和碳纤维车架,都是在这 10 年内推出的。世界上第一个锁踏就是 LOOK 公司的产品。世界上第一台碳纤维公路自行车也是 LOOK 公司研发并生产出来的,格雷格·莱蒙德骑的 LOOK(TVT)自行车是第一辆赢得环法赛冠军的碳架自行车。

车架方面,佳能戴尔公司开始生产铝车架,并首次推出 TIG-welded ST500;法国维特斯公司推出了碳架 Plus Carbone;La Prealpina 成为欧洲销量最大的车载自行车顶架;Litespeed 公司成立,开始用 3A1/2.5V 钛合金生产自行车架。

Rock Shox 公司推出了 RS-1 山地自行车避震前叉。

在洛杉矶奥运会上首次出现了碳纤维封闭轮组。

沃尔贝公司推出了空气动力车圈。

Avocet 公司推出了首款自行车码表 Avocet 20,售价 35 美元。日本大阪津山制造有限公司推出了准确率高达 99.9% 的 Cateye Solar 码表。

贝尔公司推出了一款昂贵(有多贵?)的有 8 个通风口的头盔,是专门为自行车比赛设计的。贝尔头盔公司还为美国自行车队开发了第一款空气动力学头盔。

菲尔·伍德推出了他现在著名的润滑油 Tenacious Oil,价格不菲。

功率计、功率骑行台也被开发出来了。

欧克利公司推出了 Factory Pilot Eyeshade 骑行眼镜。欧克利其实是公司创始人的宠物狗的名字。

Power Food 公司的创始人在他们的烤箱里烘焙出了第一批能量棒 PowerBars。

……

再来说几个坏消息。

五届环法赛冠军雅克·安克蒂尔于 1987 年 11 月 18 日去世。他去世时年仅 53 岁。

1960 年环法赛冠军加斯托内·南奇尼离世。他是个烟鬼,死于癌症。那时他只有 49 岁。

1947 年环法赛冠军让·罗比克也去世了,享年 59 岁。

最后说个好消息。汤加国王陶法阿豪·图普四世由于骑自行车体重减了 46 千克,虽然他仍重 164 千克。

在中国,李鹏总理送给时任美国总统老布什及其夫人两辆"飞鸽牌"自行车,喜欢单车的老布什欣然接受。

分类概览

人物传奇

◎1980 年,安德烈·勒迪克死于车祸;吕西安·比斯去世;环法赛冠军让·罗比克因撞上了一棵树去世。

◎1983 年,图利奥·坎帕尼奥洛死于心力衰竭;路易松·博贝死于癌症;安托南·马涅去世。

◎1986 年,阿尔弗雷多·宾达去世。

◎1987 年,雅克·安克蒂尔去世。

品牌技术

◇1981 年,坎帕尼奥洛公司的合金飞轮问世。

◇1982 年,伯罗斯设计了 Lotus Sport 超级自行车。

◇1983 年,LOOK 公司发明了世界上第一个锁踏;佳能戴尔公司推出了 TIG-welded ST500;法国维特斯公司推出了碳架 Plus Carbone;Avocet 公司推出了首款自行车码表;亚历克斯·莫尔顿推出了 AM 系列自行车;欧克利公司推出了 Factory Pilot Eyeshade 骑行眼镜。

◇1984 年,禧玛诺公司研发了 DCL 双控手柄和 SIS 定位变速系统;洛杉矶奥运会上首次出现了碳纤维封闭轮组;LOOK 公司开始在法国的自行车商店销售自锁脚踏;贝尔头盔公司开发了空气动力学头盔。

◇1985 年,坎帕尼奥洛公司推出了新的 Record 套件;菲尔·伍德推出了润滑油 Tenacious Oil;Litespeed 公司成立。

◇1986 年,法国 LOOK 公司生产出世界上第一台碳纤维公路自行车;瑞士 BMC 公司成立;吉罗公司推出了 Prolight 自行车头盔。

◇1987 年,速联(SRAM)公司成立;坎帕尼奥洛公司推出了 Chorus 套件;崔克公司展示了 5000 型自行车整车模型;禧玛诺公司推出了 7 速 Dura-Ace 齿轮组;斯科特公司(美国)开始生产速降车夹式气动加长把。

◇1988 年,禧玛诺公司推出了 Rapid Fire 双控手柄;速联公司推出了转把 Grip Shift 变速杆。

◇1989 年,坎帕尼奥洛公司研发了第一代山地自行车配件;Rock Shox 公司推出了 RS-1 山地自行车避震前叉。

赛事会展

◇1980 年,贝尔纳·伊诺在列日赛中夺冠。

◇1981 年,乔瓦尼·巴塔林赢得环意赛冠军。

◇1982 年,首届世界小轮车锦标赛、首届穿越美国自行车赛举办。

◇1983 年,举办环法女子自行车赛的计划公布。

◇1985 年,玛丽亚·卡宁斯赢得第 2 届环法女子自行车赛。

◇1986 年,罗伯托·维森蒂尼赢得第 69 届环意赛。

◇1988 年,首届科隆国际两轮车展在德国慕尼黑举办;安迪·汉普斯滕赢得第 71 届环意赛;肖恩·凯利连续第七次赢得巴黎—尼斯赛;奥拉夫·路德维希赢得奥运会男子自行车公路赛。

协会组织

◇1981 年,国际小轮车联盟成立;路易斯·普伊赫成为国际自盟主席。

◇1984 年,让-玛丽·勒布朗设计了职业车手的全球电脑排名。

◇1986 年,USCF 批准的活动都必须佩戴硬壳头盔。

◇1989 年,国际自盟宣布戴头盔规则。

文化遗闻

◇1980 年,首届全球自行车城市大会举办。

◇1981 年,朗·霍尔德曼在不到 25 天的时间里骑车穿越了美国。

◇1983 年,小轮车电影《小子万岁》上映。

自行车在中国

◇1985 年,中国自行车协会成立;深圳中华自行车公司成立。

◇1986 年,永久自行车集团成立。

◇1988 年,上海市自行车行业协会成立。

环法自行车赛

◇1980 年,"荣誉法国人"约普·佐特梅尔克夺冠。

◇1981 年,雅克·戈代自 1928 年以来第一次错过比赛。

◇1982 年,贝尔纳·伊诺 5 年来第 4 次赢得环法赛冠军。

◇1983 年,洛朗·菲尼翁成为近 50 年来第二年轻的环法赛冠军。

◇1984 年,法国的洛朗·菲尼翁再次夺得冠军。

◇1985 年,贝尔纳·伊诺第五次赢得环法赛冠军。

◇1986 年,格雷格·莱蒙德成为第一位赢得环法赛冠军的美国人。

◇1987 年,斯蒂芬·罗奇成为第一位赢得环法赛冠军的爱尔兰人。

◇1988 年,冠军得主佩德罗·德尔加多药检呈阳性;自 1910 年以来,第一次没有比利时车手获得赛段冠军。

◇1989 年,格雷格·莱蒙德以环法赛史上比分差距最小优势夺冠。

1980 年

1. 首届全球自行车城市大会在德国不来梅市举办。全球自行车城市大会是国际最知名的自行车会议,由欧洲自行车联合会(ECF)主办,每年选定于各个绿色生态城市举办,如法国南特、澳洲阿德雷德、奥地利维也纳、中国台北等。

2. 约翰·马里诺从加利福尼亚骑到纽约用了 12 天 3 小时 31 分钟,打破了自己 13 天 1 小时 20 分钟的纪录。在这次骑行中,他使用了 3 辆标致 PY10CP 自行车。

3. 美国车手乔纳森·博耶与普赫-坎帕尼奥洛车队重返欧洲赛场。

4. 美国车手乔治·芒特与意大利圣贾科莫-贝诺托车队签约。

5. 18 岁的格雷格·莱蒙德在法国赢得了春季环萨尔特自行车赛的冠军。7 月份,他同意在 1981 年与贝尔纳·伊诺一起加入雷诺-吉坦车队。11 月 21 日,莱蒙德在纽约联合国广场酒店与贝尔纳·伊诺签署了合同。当天下午,当该届公路世锦赛冠军贝尔纳·伊诺身穿亮黄色雷诺-吉坦队服在公园大道上骑车时,没有人再看他一眼。

6. 在法国萨朗什举行的公路世锦赛上,美国选手贝丝·海登赢得了女子公路赛冠军。

7. 诗尚草本公司将已有 5 年历史的红辛格古典赛的赞助权移交给了阿道夫·库尔斯啤酒厂,因为库尔斯有足够的资金将这一盛事办得更大更好。迈克尔·艾斯纳继续担任赛事推广人,美国的乔纳森·博耶(普赫-塞姆-坎帕尼奥洛车队,Sidi-Grab On 车队)的复出令人惊叹,他在博尔德山的 4 圈绕圈赛中突围成功,赢得了为期 9 天的库尔斯国际自行车古典赛(简称"库尔斯古典赛")冠军,参赛的包括来自 13 个国家的 80 名骑手。

8. 为了纪念美国自行车手联盟成立 100 周年,美国邮政总局发行了一个纪念封来纪念一辆自行车。在信封右上角,靠近"15C, USA"旁边有一个栗色的圆圈,上面印着"ordinary"的白色老式车轮,在左下角是一个印有"modern"的蓝色自行车的剪影。纪念封于5月16日在马里兰州巴尔的摩联盟（LAW）总部所在地发行。

9. 自行车仓库目录中第19号标明了Columbus SP车架售价是135美元。Gios Torino车架和由Columbus SL管材制成的前叉售价是570美元，Dura-Ace EX和三拓Superbe后变速器每个售价不到29美元。坎帕尼奥洛Nuovo Record和Super Record gear changers的价格分别为55美元和80美元。意大利套件和日本零部件之间的价格差异被称为"坎帕尼奥洛税"，或"美丽的代价"，更不用说Super Record钛螺丝的额外成本了。禧玛诺公司的Link Lock主链节售价是3.5美元。多年来，禧玛诺公司一直在用特殊的Hyperglide插销连接其变速器链条，现在将重新推出一个主链节：SM-CN79 Quick-link。2008年，该公司更新了它的旗舰Dura-Ace套件。

10. 27岁的汤姆·道蒂是美国印第安纳州霍巴特的一名会计，他在100千米的环纳特利赛中险胜前奥运速滑选手埃里克·海登。海登获得第19名。道蒂说："埃里克还在发育中。如果他坚持下去，总有一天他会成为世界级的赛车手。但他还是要学很多技巧。不过，他还是很有才华的。"

11. 在纽约中央公园举行的100千米"大奖赛"中，伦纳德·哈维·尼茨领先安大略省费尼克市的史蒂夫·鲍尔、纽约州普莱西德湖村的吉姆·奥乔维奇和印第安纳波利斯的韦恩·斯特蒂纳，赢得了冠军。

12. 苏联的谢尔盖·苏霍罗琴科夫在莫斯科举行的被多国抵制的第22届奥运会上赢得了189千米男子公路赛的冠军。

13. 贝尔纳·伊诺（雷诺-吉坦车队）赢得了超级威望佩尔诺杯赛。

14. 法国选手贝尔纳·伊诺赢得了在法国萨朗什举办的公路世锦赛冠军。美国选手乔纳森·博耶在艰难的赛程中以4分25秒落后于伊诺，获得第5名，并于1981年与贝尔纳·伊诺签约加入雷诺-吉坦车队。作为世界上最优秀的美国车手，乔纳森·博耶也成为美国职业公路赛冠军。他在1981年环法赛上会穿上星条旗的骑行服。

15.贝尔纳·伊诺在暴风雪下进行的列日赛中获胜。在距离斯托克墙还有 80 千米的地方,贝尔纳·伊诺落后鲁迪·佩韦纳奇 2 分钟多。他开始攀爬,很快就赶超了佩韦纳奇。当他继续在冰封的道路上前行时,他对自己说:"其他骑手一定跟我面对同样的状况,如果他们能忍受,我一定也能忍受。"贝尔纳·伊诺以 9 分 24 秒的优势战胜了亨尼·凯珀,赢得了"老妇人赛"路段的比赛。接下来的 21 名车手(171 名首发车手)用了半个小时才慢慢骑回来,而贝尔纳·伊诺的食指和中指则用了三周时间才恢复知觉。

16.贝尔纳·伊诺把领骑者瓦尔迪米罗·帕尼扎(吉斯杰拉蒂车队)甩在了斯泰尔维奥山口上,以将近 6 分钟的优势赢得了第 63 届环意赛冠军。伊诺成为第四位(另三位分别为雅克·安克蒂尔、费利切·吉蒙迪和埃迪·默克斯)至少赢得三大环赛冠军一次的车手。

17.西班牙的福斯蒂诺·鲁佩雷斯(福斯福雷纳-韦雷科车队)赢得了第 35 届环西赛冠军。

18.安德烈·勒迪克,76 岁,他是 1930 年和 1932 年的环法赛冠军,6 月 18 日死于车祸。

19.最近退休的西班牙车手比森特·洛佩斯-卡里尔于 3 月 29 日死于心脏病发作,年仅 37 岁。洛佩斯-卡里尔在环法赛中曾获得 3 个赛段冠军,6 次进入前十,其中 1974 年获得了第 3 名。

20.1926 年环法赛冠军吕西安·比斯于 1 月 3 日去世,享年 86 岁。

21.1960 年环法赛冠军加斯托内·南奇尼于 2 月 1 日去世,年仅 49 岁。1965 年,他在家乡附近的芒通—罗马赛中遭遇车祸,结束了自己的职业生涯。加斯托内·南奇尼是个烟鬼,死于癌症。

22.1947 年的环法赛冠军让·罗比克于 10 月 6 日去世,享年 59 岁。罗比克在参加完一个老同学聚会回家的路上,他的车在凌晨 2 点撞上了一棵树。

23.五届环法赛冠军艾迪·默克斯在朋友乌戈·德罗萨的帮助下成立了自己的自行车公司。

24.哥伦比亚业余选手阿方索·弗洛雷斯赢得了环未来赛冠军。

25.苏联车手伊万·米琴科赢得了牛奶赛冠军。

26.苏联的尤里·巴里诺夫赢得了和平赛冠军。

27.加拿大选手史蒂夫·鲍尔赢得了环萨默维尔库格勒-安德森纪念赛冠军。

28.加拿大人卡伦·斯特朗4年来第3次赢得米尔德丽德库格勒女子公开赛冠军。

环法自行车赛

(1)"荣誉法国人"约普·佐特梅尔克在接连5次获得环法赛第2名后终于拿到了冠军。当曾获两届冠军的贝尔纳·伊诺在比利牛斯山比赛前因膝伤而退出比赛时,他一整天都拒绝穿黄衫。

(2)获得前五名的选手都至少有31岁。

(3)这场比赛现在由阿默里旗下的环法赛协会举办,阿默里还拥有《队报》(法国最大的一个体育周刊)。

(4)1982年,一家法国电视网赞助了"GP TFI"综合奖(总成绩、攀爬和冲刺)。

(5)在比赛的最后一个周末,哥伦比亚广播公司(CBS)体育频道专门为环法自行车赛做了一个短片。

(6)在第14赛段和第20赛段之间,总成绩最后一名的车手被淘汰出比赛。

(7)奥地利的格哈德·舍恩巴赫(Marc-IWC-VRD车队)连续两年获得"红灯笼"(总成绩最后一名)。自1922年和1923年法国的丹尼尔·马松以来,他是第一位完成这项"壮举"的车手。

1981年

1.国际小轮车(BMX)联盟成立。

2.美国加州圣何塞的闪电自行车进口公司推出了售价为750美

元的 Stumpjumper,这是第一辆大规模生产的山地车。它的出现推动了山地自行车运动的发展。其设计师是蒂姆·尼南。

3. 5 月 17 日,格雷格·莱蒙德(雷诺-埃尔夫-吉坦车队)在 98.17 千米的环瓦兹赛第 1 赛段击败了菲尔·安德森,获得了职业生涯的第一场胜利。

4. 7 月初,20 岁的格雷格·莱蒙德以 4 分 47 秒的优势击败了实力强大的苏联国家队的选手,赢得了库尔斯古典赛的冠军。

5. 经过 3 次撞车事故(包括跟一只标准贵宾犬)和另外 7 次的摔车后,贝尔纳·伊诺(雷诺-埃尔夫-吉坦车队)赢得了巴黎-鲁贝赛冠军。一年前,他曾批评这一事件:"这不是一场比赛,而是一场越野赛。"在他获胜之后,他再也不参加"障碍赛"了。

6. 贝尔纳·伊诺连续第三次赢得了超级威望佩尔诺杯赛。

7. 西班牙的路易斯·普伊赫成为国际自盟的主席,他将一直担任这个职位直到 1991 年。

8. 意大利的乔瓦尼·巴塔林(依诺普兰车队)赢得了第 64 届环意赛冠军。乔治·芒特(圣贾科莫-贝诺托车队)是自 1946 年乔·马尼亚尼以来第一位参加该项目的美国选手。芒特落后 39 分钟完成比赛,排名第 25 位。

9. 乔瓦尼·巴塔林赢得了第 36 届环西赛冠军。

10. 在捷克斯洛伐克布拉格举行的公路世锦赛上,比利时选手弗雷迪·梅尔滕斯击败了法国选手贝尔纳·伊诺和意大利选手朱塞佩·萨龙尼,获得冠军。

11. 《自行车》杂志的读者可以从 2500 套来自得克萨斯州休斯敦市布朗·科比三银一金的坎帕尼奥洛皮带扣中订购一套。皮带扣的钢模由雕塑家克劳斯·马舍尔设计。每套售价是 295 美元。当天的其他坎帕尼奥洛收藏品包括:胡桃夹子(100 美元)、塑料瓶起子(70 美元)、青铜或铝瓶起子(每个 100 美元)和黄金瓶起子(500 美元)。

12. 坎帕尼奥洛去世前直接参与的最后一个项目——合金飞轮

问世。13—28 齿 6 速飞轮(后来是 7 速飞轮)的价格约为 200 美元。12 齿的版本有两个钛制齿轮,售价是 300 美元,而维修所需的硬木箱工具套装售价是 500 美元。飞轮的开发几乎花了 6 年时间。

13. 哈菲公司出售了一辆价值 250 美元的"空气动力"自行车,配备了禧玛诺公司价值 300 美元的 Dura-Ace AX 套件。设备专家弗朗克·贝尔托后来写道:"聪明的买主买了自行车,拿出 AX 套件,把其余的零件的扔进垃圾桶里。"

14. 雅马哈国际公司召回 3 万辆 GPM、PRC 和 PRT 10 速自行车,此前美国消费品安全委员会收到了 30 起铝叉故障的投诉。

15. 优诺酸奶公司向美国华盛顿特区交通运输部办公室捐赠了 20 个自行车安全停车架。这种安全架可容纳 40 辆自行车。

16. 在芝加哥工人投票决定加入美国汽车工人联合会一年后,施温公司将大部分制造业务搬到了密西西比州的格林维尔,并在威斯康星州沃特福德为派拉蒙设计集团建造了一座工厂。

17. 在耗资 300 万美元的全新的比尔·阿姆斯特朗体育场举行的第 31 届印第安纳大学小 500 自行车赛上,有 27 412 人观看。德尔塔·希的车队赢得了比赛冠军,第 2 名是威尔基四边形车队。

18. 鲍勃·库克于 3 月 11 日死于脑瘤,年仅 23 岁。其亚利桑那大学工程专业平均成绩为 3.9 分。1978 年鲍勃·库克在红辛格古典赛中败于乔治·芒特获得第 2 名。

19. 菲希特尔-萨克斯公司收购了于雷变速器公司的大部分股权。

20. 从 1981 年开始,环未来赛对职业车手开放。法国的帕斯卡尔·西蒙(标致-埃索车队)赢得了冠军。

21. 苏联业余选手谢尔盖·克里沃舍夫赢得了牛奶赛冠军。

22. 爱尔兰的比尔·克尔赢得了环爱尔兰赛冠军。

23. 苏联沙希德·扎格列丁诺夫赢得了和平赛冠军。

24. 美国印第安纳波利斯的韦恩·斯特蒂纳赢得了环萨默维尔库格勒-安德森纪念赛冠军。

25. 加拿大选手卡伦·斯特朗 5 年来第 4 次赢得米尔德丽德库

格勒女子公开赛冠军。

26.美国伊利诺伊州哈佛的长距离车手朗·霍尔德曼在不到 25 天的时间里从西到东骑着自行车穿越了美国。

环法自行车赛

(1)比赛冠军贝尔纳·伊诺(雷诺-埃尔夫-吉坦车队)和比利时选手弗雷德·梅尔滕斯(苏耐尔-体育 80-梅花车队)各赢得了 5 个赛段冠军。

(2)乔纳森·博耶(雷诺-埃尔夫-吉坦车队)是第一个参加环法赛的美国人。他穿着他的美国冠军衫,以 59 小时 21 分的成绩获得了第 32 名。

(3)菲尔·安德森(标致-埃索-米其林车队)成为首位身穿黄衫的澳大利亚车手。

(4)英国摄影师格雷厄姆·沃森获得了他的首次环法赛官方媒体资格证书。

(5)未来的黄衫赞助商巴纳尼亚发行了 8 张黄色明信片,上面绘有法国艺术家佩洛索创作的伟大骑手的漫画。

(6)组织者恢复了平路赛段获胜者的时间奖励。

(7)赛事总监雅克·戈代病得太重,不能跟随环法赛。除了 1932 年报道的洛杉矶奥运会外,这是雅克·戈代自 1928 年以来第一次错过比赛。

(8)比利时选手吕西安·范因佩(波士顿-马威克车队)连续第 13 次完成环法赛。吕西安·范因佩的成绩追平了法国选手安德烈·达里加德在 1953 年至 1966 年间完成的比赛次数(达里加德在 1963 年没有完成比赛)。

(9)在 1980 年 10 月的比赛介绍会上,环法赛的组织者说,由于比赛的财务状况,商业化是必要的,以使它不受法国政府的控制。

1982 年

1.首届世界小轮车锦标赛举办。赛事于 1993 年加入国际自行车联盟。

2.首届穿越美国自行车赛举办。赛事由一位名叫约翰·马里诺的自行车选手组织创办,起点设在美国西海岸的加利福尼亚圣莫尼卡,终点设在纽约帝国大厦,里程 4811 千米,必须在 12 天内完成。想要完赛,必须日夜兼程,这也是穿越美国自行车赛被称为"超人自行车赛"的原因。约翰·马里诺与三位竞争对手约翰·霍华德、迈克尔·舍默、朗·霍尔德曼共同踏上了首次穿越美国骑行之旅。最终,24 岁的朗·霍尔德曼胜出,成为穿越美国自行车赛历史上第一位冠军也是迄今为止最年轻的获胜者。

3.首届美国自行车展在美国拉斯维加斯举办。展会发展至今,面积达 7 万多平方米,参展企业 2300 家,观众人数超过 3 万人。目前该展会是北美地区最大的专业自行车展会,也是美国的销地展。

4.贝尔纳·伊诺(雷诺-埃尔夫-吉坦车队)赢得了第 65 届环意赛冠军,成为第 4 位同一年赢得环法赛和环意赛冠军的车手(仅次于福斯托·科皮、雅克·安克蒂尔和埃迪·默克斯)。

5.贝尔纳·伊诺连续第 4 次赢得超级威望佩尔诺杯赛。

6.自 1979 年以来,作为赛事的联合主办方,Unipublic 公司成为环西赛的唯一主办方。

7.在比赛结束两天后,西班牙选手马里诺·莱哈雷塔才被宣布为第 37 届环西赛冠军,原因是安吉尔·阿罗约(雷诺兹-加利车队)因尿检呈阳性而被取消了比赛资格。

8.意大利的朱塞佩·萨龙尼赢得了在英国古德伍德举办的公路世锦赛冠军。

9.美国宾夕法尼亚州艾维兰市的约翰·尤斯蒂斯(塞姆-法国卢瓦尔,阿索斯车队)赢得了奖金有 10 万美元的美国职业锦标赛冠军。

10.冬天,格雷格·莱蒙德(雷诺-埃尔夫-吉坦车队)和他的妻子凯西从法国南特搬到了更英国化的比利时科特赖克市。

11. 哈菲公司与英国 T.I. 兰令公司签订了一项长期协议，这使得哈菲公司可以在美国制造和销售兰令自行车和相关物品。两个月后，哈菲表示，它预计第四季度的运营商亏损并将关闭其位于加利福尼亚州阿祖萨的工厂，这是该公司三个工厂中最小的一个。此后不久，哈菲还关闭了其在俄克拉荷马的庞卡城工厂，只剩下在俄亥俄州塞莱纳的 76 890 平方米的工厂。哈菲公司和田纳西州布伦特伍德的默里俄亥俄制造公司占据了美国大约 55％的自行车市场份额。

12. 迈克·伯罗斯设计了 Lotus Sport 超级自行车。直到 10 年后国际自盟规则改变后才被允许使用。

13. 比利时的马克·德梅耶尔是 1976 年巴黎—鲁贝赛的冠军，他于 1 月 19 日死于心脏病。他还赢得了环法赛的两个赛段冠军，但因伤错过了 1981 年的大部分比赛。他的复出计划让人想起了其原队友弗雷迪·梅尔滕斯。这场比赛原定于 1982 年与斯普伦德车队一起进行，但在车队比赛前不久，他突然去世了。主车群永远失去了它的火车头，马克·德梅耶尔去世时年仅 31 岁。

14. 格雷格·莱蒙德在环未来赛中独占鳌头，在 11 个赛段的比赛中拿到了 3 个冠军，最终以 10 分 18 秒的优势领先苏格兰亚军罗伯特·米勒(标致-壳牌车队)获得了本届比赛冠军。

15. 哥伦比亚业余选手何塞·帕特罗西尼奥·帕特罗·希门尼斯以 4 分 24 秒的优势战胜了他的同胞马丁·拉米雷斯，赢得了库尔斯古典赛男子组冠军。

16. 美国科罗拉多州博尔德市的康妮·卡彭特以 2 分 37 秒的优势战胜法国选手让尼·隆哥，赢得了库尔斯古典赛女子组冠军。来自西雅图的 19 岁的丽贝卡·特威格排在第三，比她晚了 8 分钟。卡彭特在比赛的 9 个赛段中赢得了 5 个冠军。

17. 东德的奥拉夫·路德维希赢得了和平赛冠军。

18. 苏联业余选手尤里·卡希林赢得了牛奶赛冠军。

19. 加拿大安大略省的加里·特维西奥尔赢得了环萨默维尔库

格勒-安德森纪念赛冠军。

20. 美国密歇根州弗林特市的休·诺瓦拉-雷伯赢得了米尔德丽德库格勒女子公开赛冠军。

21. 美国广播公司（ABC）电视网制作了一部关于获奖的 90 分钟纪录片，介绍了美国自行车大赛（GABR）。来自伊利诺伊州哈佛大学的朗·霍尔德曼赢得了 GABR 比赛的冠军，他在 9 天 20 小时 2 分钟内完成了 4789.41 千米的长途跋涉。"在过去的 6 天里，我满脑子想的都是睡觉。"霍尔德曼说。他平均每天骑行 428.8 千米，摄入 14 000 卡路里的热量。为了参加比赛，他骑自行车上下班，全程 135.18 千米。这项赛事在第二年被重新命名为"穿越美国自行车赛"（RAAM）。

22. 法列罗·马西推出了 Volumetrica，一个带有超大尺寸钢管和内部接头的自行车车架。

自行车在中国

北京警方禁止在城市街道上溜旱冰，因为这会扰乱自行车交通。

环法自行车赛

（1）贝尔纳·伊诺（雷诺-埃尔夫-吉坦车队）赢得了他 5 年来的第 4 次环法赛冠军。

（2）为了资助这场比赛，有 50 多家官方的企业赞助商。

（3）为了回应联合总监费利克斯·莱维坦将比赛变成国家队与老牌商业队之间的"环法公开赛"（Open Tour）计划，雅克·戈代提议每四年举办一次环法世界巡回赛（World Tour），只有来自世界各地的国家代表队才能参加比赛。雅克·戈代的计划将让加拿大、美国、哥伦比亚、葡萄牙、东欧国家和非洲国家等"新"自行车国家与欧洲老牌自行车强国展开竞争。

（4）约普·佐特梅尔克（库普-梅西耶-马威克车队）第 7 次登上领

奖台,仅次于雷蒙·普利多尔,后者曾 8 次登上领奖台。埃迪·默克斯、雅克·安克蒂尔和古斯塔夫·加里古各有 6 次登上领奖台。约普·佐特梅尔克在 2009 年以第 3 名的成绩第 8 次登上领奖台。

(5)1982 年的环法赛是 GP TFI 联合奖的第三年也是最后一年。贝尔纳·伊诺赢得了该奖。

(6)第 5 赛段是在奥尔希和方丹欧皮尔之间的团队计时赛,由于钢铁工人封锁了德南的道路,比赛被迫取消。

(7)菲尔·安德森获得总成绩第 5 名,这是英语系国家的车手迄今为止最好的成绩。

(8)本届环法赛在瑞士首发。

(9)热拉尔·波特医生自 1972 年以来就一直在为环法赛工作,他现在是赛事医疗服务主管。

(10)在美国,车迷们可以拨打《自行车新闻》的付费电话,获取每天两分钟的赛况更新。

(11)在 21 个赛段中,只有 9 个赛段是从前一赛段结束的城市开始的。

1983 年

1.法国 LOOK 公司发明了世界上第一个锁踏。

2.动作冒险电影《小子万岁》上映,这部电影被誉为小轮车电影的开山之作。

3.兰令车队的贝尔特·奥斯特博斯以 33 秒的优势击败澳大利亚的菲尔·安德森,赢得了 10 万美元的环美国自行车赛冠军。75 名选手参加了在哥伦比亚特区和弗吉尼亚州樱花节期间举行的 4 个赛段(437 千米)的比赛。

4.10 月,费利克斯·莱维坦宣布了一项 15 个赛段的名为环法女子自行车赛的计划。它将在男子比赛前两小时开始,全程不超过 55 千米。

5.意大利的朱塞佩·萨龙尼(通戈-梅花车队)赢得了第 66 届环

意赛冠军。

6.法国选手贝尔纳·伊诺(雷诺-埃尔夫-吉坦车队)赢得了第38届环西赛冠军,成为第一位在三大环赛中各赢两次的车手。贝尔纳·伊诺的队友洛朗·菲尼翁在环法赛中的胜利也让雷诺-埃尔夫-吉坦车队在同一年内获得了两个不同大环赛的总冠军。美国邮政车队、探索频道车队将分别在2003年和2005年实现这一壮举。

7.22岁的美国人格雷格·莱蒙德在1983年瑞士阿尔滕莱茵举办的公路世锦赛上夺冠,成为继卡雷尔·卡尔斯(比利时)和让-皮埃尔·蒙塞雷之后第三位最年轻的世界冠军。莱蒙德在最后爬坡中将西班牙选手福斯蒂诺·鲁佩雷斯甩在身后,独自完成了271.98千米比赛最后一圈的大部分路程,以1分11秒的优势击败了荷兰选手阿德里·范德普尔。

8.因为法国的帕斯卡尔·西蒙服用米可伦治疗花粉症被取消比赛资格,格雷格·莱蒙德(雷诺-埃尔夫-吉坦车队)成为环多菲内赛冠军,也成为第一位赢得一项重要职业赛事全部赛段的美国人。

9.格雷格·莱蒙德获得了1983年的超级威望佩尔诺杯赛冠军,成为继埃迪·默克斯、弗雷迪·梅尔滕斯和贝尔纳·伊诺之后,第四位在同一年赢得公路世锦赛和超级威望佩尔诺杯赛冠军的车手。

10.格雷格·莱蒙德在环伦巴第赛中以7.6厘米的距离落后于爱尔兰选手肖恩·凯利(塞姆车队),距离赢得一场古典赛冠军只有一步之遥。

11.美国选手戴尔·斯特蒂纳在库尔斯古典赛中获胜,但没有赢得任何一个赛段冠军。戴维斯·菲尼赢得了4个赛段冠军。1979年,戴尔·斯特蒂纳还赢得了红辛格古典赛冠军。

12.约翰·尤斯蒂斯(Gios-Torino车队)在巴尔的摩连续两次获得了美国职业锦标赛冠军。

13.成立6年的佳能戴尔公司开始在康涅狄格州斯坦福德生产铝车架,并首次推出TIG-welded ST500。

14.法国维特斯公司推出了碳架Plus Carbone,它是仿照该公司

979 铝架设计的。

15. La Prealpina 是欧洲销量最大的车载自行车顶架。

16. 坎帕尼奥洛公司发布了它的 50 周年纪念套件。套件还附带一个特殊的手提箱，里面有一张蓝色的卡片，上面写着："保证原购买者在任何时候都能得到独一无二的替换部件。"

17. 史蒂夫·蒂尔福德和雅基耶·菲伦赢得了第一个北岸越野自行车协会举办的山地自行车赛全国冠军。

18. 美国伊利诺伊州哈佛大学的朗·霍尔德曼赢得了 5101 千米的穿越美国自行车赛冠军，用时 10 天 16 小时 29 分，比后一位车手快了 5 个小时。

19. Avocet 公司推出了首款自行车码表 Avocet 20，售价为 35 美元。

20. 贝尔公司推出了 43 434 美元每克的 V1 Pro，一款有 8 个通风口的头盔，专门为自行车比赛设计。

21. 亚历克斯·莫尔顿推出了他的 AM 系列自行车，其特点是一个由雷诺兹 531 管材和 43 厘米车轮组成的"太空车架"。

22. 欧克利公司推出了 Factory Pilot Eyeshade 骑行眼镜，它使用了该公司摩托车护目镜生产线上的光学校正镜片。奥克利是公司创始人吉姆·詹纳德的宠物狗的名字。

23. Power Food 公司的创始人布赖恩和珍妮弗·马克斯韦尔在他们的烤箱里烘焙出了第一批能量棒 PowerBars。

24. 就在坎帕尼奥洛公司发布其 50 周年纪念套件后不久，图利奥·坎帕尼奥洛在意大利的蒙塞利切死于心力衰竭，享年 81 岁。

25. 3 月 13 日，三届环法赛冠军路易松·博贝在他 58 岁生日后的第二天死于癌症。

26. 1935 年环法赛冠军罗曼·梅斯于 2 月 22 日去世，享年 69 岁。

27. 1931 年和 1934 年的环法赛冠军安托南·马涅于 9 月去世，享年 79 岁。

28. 东德业余车手奥拉夫·路德维希赢得了第 22 届环未来赛

冠军。

29.马特·伊顿成为第一位在英国牛奶赛中获胜的美国人,在为时两周赛程 1701.08 千米的比赛中,他以 16 秒的优势战胜了瑞典的斯特凡·布吕克特。

30.东德的车手法尔克·博登赢得了和平赛冠军。

31.加拿大的史蒂夫·鲍尔赢得了环赛默维尔库格勒-安德森纪念赛冠军。

32.休·诺瓦拉-雷伯赢得了米尔德丽德库格勒女子公开赛冠军。

环法自行车赛

(1)在本届比赛中,洛朗·菲尼翁,一个 22 岁 11 个月零 12 天的年轻人,成为近 50 年来第二年轻的环法赛冠军。

(2)比赛领骑者帕斯卡尔·西蒙在撞车事故中锁骨骨折,6 天后放弃比赛。

(3)苏格兰的罗伯特·米勒成为第一个穿着圆点衫的英国骑手。

(4)帕特罗·希门尼斯成为第一个穿着圆点衫的哥伦比亚人——他也是第一个穿着圆点衫的业余车手。

(5)比利时的吕西安·范因佩(Metauro Mobili-皮纳雷洛车队)赢得了他的第六个"爬坡王"头衔,与西班牙的费德里科·巴阿蒙特斯平起平坐。

(6)环法赛创始人亨利·德格朗热名字的首字母在 2003 年前最后一次出现在黄衫上。

(7)哥伦比亚-瓦尔塔业余队是第一支参加环法赛的非欧洲车队。

(8)在第 13 赛段,车手们放慢速度,直到车队老板费利克斯·莱维坦允许帕特里克·克莱克(塞姆车队)在药检呈阳性后继续留在比赛中。

(9)第 2 赛段的团队计时赛在方丹欧皮尔结束,这里是举办环法赛的最小社区(人口 1217 人)。

(10)团队计时赛是在奖励系统内计分的。在该系统中,哥伦比亚车队仅仅落后了获胜的库普-梅西耶车队 3 分 30 秒,实际上哥伦比亚车队是落后了 10 分 30 秒。

(11)米歇尔·洛朗(库普-梅西耶-马威克车队)在第 16 赛段被迫进入障碍区以第 7 名的成绩完赛,最终被判获得赛段冠军。

(12)澳大利亚的菲尔·安德森(标致-壳牌-米其林车队)参加环法赛的经历成为时长 50 分钟的电影《7 月的 23 天》的主题。

(13)德国发电站乐队发行了单曲《环法自行车赛》。20 年后,这首极简主义的单曲将被收录在乐队的《环法音乐专辑》中。

(14)基姆·安诺生(库普-梅西耶-马威克车队)是第一位穿着黄衫的丹麦车手。

(15)从 1983 年到 1986 年,巡回赛的最佳年轻车手领骑衫将颁发给首次参加比赛的最佳年轻骑手。1983 年的最佳年轻车手是比赛冠军洛朗·菲尼翁。

(16)菲利普·阿莫里与妹妹弗朗辛围绕父亲留给他的出版帝国打了 6 年的官司终于结束。(菲利普讨厌他的父亲,费利克斯·莱维坦是他雇佣来帮忙运营环法赛的。)两人最终达成协议,妹妹弗朗辛将得到杂志(*Marie France* 和 *Point de Vue：Images Du Monde*),而他将得到报纸(《队报》和《巴黎人报》)。

1984 年

1. 禧玛诺公司研发出了双控手柄 DCL 和定位变速的拨杆装置系统 SIS。双控手柄 DCL 将变速与刹车杆巧妙地设计在了一起。SIS 定位变速系统可以把你想要的齿速比定位在精确的位置上。

2. 在洛杉矶奥运会上首次出现了碳纤维封闭轮组。

3. 42 岁的若阿金·阿戈什蒂纽(拉波塞拉体育车队)在葡萄牙环阿尔加维自行车赛的最后冲刺中,由于一只狗冲进了公路,导致他摔倒后头部受伤死亡。若阿金·阿戈什蒂纽在环法赛中 8 次进入前十,其中包括 1978 年和 1979 年的第 3 名。

4. 在下半年举行的第 67 届环意赛上,弗朗切斯科·莫泽用一辆空气动力自行车击败了洛朗·菲尼翁(雷诺-埃尔夫车队)。许多人认为弗朗切斯科·莫泽是在比赛组织者的帮助下从洛朗·菲尼翁那里偷走了冠军。"……因为下雪取消了最高的山路赛段,否则莫泽在那里肯定会崩溃;弗朗切斯科·莫泽的车迷和他们的亲戚在山上无数次地推来搡去,此外,他们还阻止西里尔·吉马尔的车靠近洛朗·菲尼翁。尽管如此,直到计时赛的最后一天洛朗·菲尼翁仍然领先;但弗朗切斯科·莫泽在前往墨西哥城的途中,用自己的空气动力自行车打破了一小时的纪录,以 1 分钟多一点的优势赢得了比赛。"接下来的环法赛,洛朗·菲尼翁会骑一辆空气动力学的吉坦"Delta"自行车参加序幕赛。

5. 法国的埃里克·卡里托(世纪车队)以 6 秒的微弱优势击败了阿尔贝托·费尔南德斯(佐尔车队),赢得了第 39 届环西赛冠军。19 岁的西班牙青年锦标赛冠军米格尔·因杜拉因成为穿着赛事领骑衫的最年轻车手。同年晚些时候,因杜拉因转为雷诺兹车队的职业车手。

6. 玛丽安娜·马丁(美国)赢得了首届坏法女子自行车赛冠军。她以 29 小时 39 分 02 秒的成绩完成了 18 个赛段 991 千米的赛程,以 3 分 17 秒的优势领先荷兰选手海琳·哈格。美国车手德博拉·顺维名列第三。

7. 道格·夏皮罗(GS Mengoni 车队)赢得了库尔斯古典赛冠军。亚历克西·格雷瓦尔因苯乙胺药检呈阳性而被取消资格。后来人们发现,苯乙胺是一种名为 Chi Power 的草药茶。格雷瓦尔随后对 30 天禁赛提出上诉,并被获准参加洛杉矶奥运会。在库尔斯古典赛期间,"西部地狱"赛段的比赛场景是为即将上映的华纳兄弟电影《美国飞行员》拍摄的。

8. 在被苏联抵制的第 23 届奥运会上,美国选手亚历克西·格雷瓦尔击败了加拿大选手史蒂夫·鲍尔,赢得了在美国加州米申别霍举行的 190 千米男子自行车公路赛冠军。在女子比赛中,康妮·卡彭特领先于美国同胞丽贝卡·特威格夺冠。几年后,亚历克西·格雷瓦尔承认,在与鲍尔分开之前,他在还剩不到两圈的时候至少摄入了 100 毫克的咖啡因。

9. 在奥运会公路自行车比赛中获得第 2 名后,史蒂夫·鲍尔与"克莱尔生活"(法国食品连锁店品牌)签订了一份职业合同,并在巴塞罗那世锦赛上获得第 3 名。

10. 79 岁的记者雅克·戈代报道了 1984 年的洛杉矶奥运会,他还曾报道了 1932 年的洛杉矶奥运会。

11. 比利时车手克洛代尔·克里基永在巴塞罗那赢得了公路世锦赛冠军。

12. 爱尔兰车手肖恩·凯利(世纪-雷代尔-塞姆车队)赢得了超级威望佩尔诺杯赛冠军。

13. 克雷格·莱蒙德与"克莱尔生活"车队签署了一份为期三年、价值 78.5 万美元的合同。

14. 法国《自行车》杂志的记者让-玛丽·勒布朗设计了职业车手的全球电脑排名。两年后,国际自行车专业选手联合会采用了这一体系。

15. 三拓对斜平行四边形后变速器的 20 年专利到期,这使得禧玛诺公司可以使用它需要的最后一个关键部件来引入分度换挡系统。

16. LOOK 公司开始在法国的自行车商店销售自锁脚踏。

17. 贝尔头盔公司为美国自行车队开发了第一款空气动力学头盔。

18. 日本大阪津山制造有限公司推出了 Cateye Solar 码表。该码表有 9 种功能,准确率高达 99.9%。

19. 法国的沙利·莫泰(雷诺-埃尔夫车队)赢得了第 23 届环未来赛冠军。

20. 苏联的奥列格·乔格达赢得了牛奶赛冠军。

21. 英国人鲍勃·唐斯赢得了环爱尔兰赛冠军。

22. 苏联车手谢尔盖·苏霍罗琴科夫赢得了和平赛冠军。

23. 来自美国科罗拉多州博尔德市的戴维斯·菲尼赢得了环萨默维尔库格勒-安德森纪念赛冠军。

24. 休·诺瓦拉-雷伯第 4 次赢得米尔德丽德库格勒女子公开赛冠军。

25. 6 月，美国俄亥俄州史密斯维尔 28 岁的戴夫·基弗在不到 18 天的时间里骑车穿越了美国。几年前，基弗骑摩托车时被一名醉酒司机撞了，他失去了左腿。

环法自行车赛

(1)法国的洛朗·菲尼翁(雷诺-埃尔夫车队)击败了法国同胞贝尔纳·伊诺(克莱尔生活-得利安车队)，赢得了他连续第二个环法赛冠军。

(2)美国车手格雷格·勒蒙德(雷诺-埃尔夫车队)是第一位登上领奖台的美国车手。他还赢得了比赛的最佳年轻车手白衫。

(3)苏格兰的罗伯特·米勒(标致-壳牌车队)名列第四，这是迄今为止英国车手的最好成绩(汤姆·辛普森曾在 1962 年获得第 6 名)。米勒还赢得了一个赛段的圆点衫。

(4)哥伦比亚的路易斯·卢乔·埃雷拉是第一个赢得环法赛赛段冠军的哥伦比亚人，也是第一个非欧洲人，第一个业余选手拿下一个赛段冠军。

(5)巴纳尼亚取代 Miko 成为黄衫的赞助商。环法赛创始人亨利·德格朗热名字的首字母被从黄衫上移除，为更多广告商的标志腾出空间。

(6)自 1971 年开始，赛事推出了途中冲刺点获胜者红衫。

(7)意大利卡雷拉-依诺普兰车队的卡洛·托农(1955—1996)在第 19 赛段下坡时，与一名骑自行车的观众正面相撞，陷入昏迷。他再也没有回到赛场。

(8)在参赛选手的要求下,第 21 赛段的赛程从 320 千米缩短至 290 千米。

(9)美国演员达斯廷·霍夫曼、导演迈克尔·奇米诺(《猎鹿人》和《天堂之门》),以及编剧科林·韦兰(《烈火战车》)跟随了为期两天的比赛(从波尔多到波城),为下一年拍摄根据拉尔夫·赫恩 1973 年小说改编的《黄色领骑衫》做准备。

1985 年

1.贝尔纳·伊诺(克莱尔生活车队)在第 68 届环意赛中击败了弗朗切斯科·莫泽(吉斯杰拉蒂-特伦蒂诺假期车队)。7-Eleven 车队也参加了比赛,成为第一支参加大环赛的美国车队。罗恩·基费尔是第一个赢得一个环意赛赛段冠军的美国人,他拿下的是第 15 赛段,而安迪·汉普斯滕赢得了第 20 赛段冠军。格雷格·莱蒙德(克莱尔生活车队)获得总成绩第 3 名,7-Eleven 车队的埃里克·海登赢得了热点冲刺赛冠军。

2.法国自行车超级明星让尼·隆哥嫁给了她的教练帕特里斯·西普雷利。

3.意大利 39 岁的瓦尔迪米罗·帕尼扎(1945—2002,艾利西帝-贝诺托车队),开始了他的第 18 次环意赛,并获得第 28 名。他曾完成了 16 次比赛,均在前 12 名。他的最佳成绩是 1980 年的第 2 名,仅次于贝尔纳·伊诺。

4.佩德罗·德尔加多(奥贝亚-MG-金酒车队)战胜了苏格兰的罗伯特·米勒(标致-壳牌车队)赢得了第 40 届环西赛冠军。米勒落后 36 秒获得第 2 名。

5.爱尔兰的肖恩·凯利(世纪-塞姆-卡斯-Miko 车队)连续第二次赢得超级威望佩尔诺杯赛冠军。菲尔·安德森(松下车队)获得第 2 名,格雷格·莱蒙德(克莱尔生活车队)位居第三。

6.埃里克·海登(7-Eleven 车队)在费城赢得了首届核心州美国职业公路自行车赛冠军。这项赛事在戴夫·乔纳和杰克·西梅斯三世设计的 251 千米的赛道上举行。

7.克莱尔生活车队(在美国比赛时被称为红辛格-诗尚草本车队)的格雷格·莱蒙德战胜了同胞李维斯-兰令车队的安迪·汉普斯顿,赢得了库尔斯古典赛的冠军。

8.瑟洛·罗杰斯赢得了首届雷德兰兹自行车古典赛。

9.38 岁的约普·佐特梅尔克在意大利蒙特洛从格雷格·莱蒙德和莫雷诺·阿尔真廷的夹击中突围成功,成为公路世锦赛年纪最大的冠军。

10.欧洲职业选手乔纳森·博耶以 9 天 2 小时 6 分的成绩完成了 5020 千米的穿越美国自行车赛,以领先 4 小时的成绩击败了迈克尔·西克里斯特,获得冠军。

11. 在公路世锦赛上,国际自行车专业选手联合会主席海因·维尔布鲁根提出了举办世界杯比赛的想法。为了实现他的计划,他建议缩短主要的赛程,以便为为期一天的比赛腾出更多的时间。环法赛的联合总监费利克斯·莱维坦认为这完全是在浪费时间。最终,三大环赛的组织者一致反对举办世界杯和国际自盟后来的职业巡回赛的想法。

12. 本年度技术进步包括:坎帕尼奥洛公司的新 Record 套件(俗称"C-Record")、马威克公司的完整套件(Special Service du Course 1000)、禧玛诺公司的分度换挡系统和碟轮(disc wheels,封闭轮或场地轮)、沃尔贝公司的 Profil 空气动力车圈,以及 LOOK 公司的脚踏。格雷格·莱蒙德和史蒂夫·鲍尔等车手也在推广欧克利公司生产的 Factory Pilot Eyeshade 太阳镜。

13. 英国伯明翰的 T. I. 雷诺兹公司为庆祝 531 管材系列问世 50 周年,以邮资 1 英镑(约合 1.16 美元)的价格向 531 车架所有者提供了一个特别的纪念管材的服务。雷诺兹声称,在过去的半个世纪里,用 531 管材制造了超过 2000 万个车架。

14. 菲尔·伍德推出了将在未来热销的润滑油 Tenacious Oil。一瓶 4 盎司的无飞溅的油要 2.5 美元,而不锈钢瓶装的价格是 6.5

美元。

15.林斯基兄弟在美国田纳西州成立了 Litespeed 公司,开始用3A1/2.5V 钛合金生产自行车架。

16.《滚石》杂志报道说,一些美国田径运动员在 1984 年奥运会上从非法"输血"中获益,迫使南加州大学校长罗布·利辞职。虽然美国自行车联合会禁止使用血液兴奋剂,但指出这"并不违反国际奥委会的规定"。3 名自行车联合会工作人员被卷入其中,国家队兼奥林匹克自行车教练埃迪·博里塞维奇和联合会优秀运动员项目主任埃德·伯克被停职 30 天,并收到了谴责信。前联合会主席迈克·弗雷斯从第一副主席被降为第三副主席。

17.盖洛普民意测验显示,骑自行车(33%)是美国第二受欢迎的户外活动,介于游泳(41%)和钓鱼(30%)之间。

18.美国犹他州成为第 50 个承认自行车为车辆的州,赋予了骑自行车与开汽车、卡车和公共汽车相同的权利和责任。

19.7 月 20 日,31 岁的美国人约翰·霍华德(百事-坎帕尼奥洛车队)在由里克·韦斯科驾驶的雪佛兰动力流线型赛车"444"牵引下,在邦纳维尔盐碱滩创造了一项时速为 245.025 千米的自行车陆地速度纪录。

20.在美国纽约体育馆的自行车展上展示的两种产品是亨利和戴维·霍恩的 28 磅折叠自行车,以及价值为 595 美元的施温空气动力固定式健身自行车。

21.贝尔公司推出了为孩子们设计的小铃壳(L'il Bell Shell)头盔。它由聚苯乙烯制成,并通过了 ANSI Z90.4 自行车头盔冲击试验。

22.肖恩·凯利(世纪-塞姆-卡斯-Miko 车队)在爱尔兰赢得了第一个日产国际古典赛冠军。

23.雷诺工厂集团在 1976 年完全兼并了吉坦自行车公司,出售了其米克莫吉坦部门。

24.波兰的莱赫·皮亚塞茨基赢得了和平赛冠军。

25.哥伦比亚的马丁·拉米雷斯(瓦尔塔-哥伦比亚咖啡车队)赢得了第24届环未来赛的冠军。

26.牛奶赛由业余比赛改为职业比赛。比利时的埃里克·范朗克(凡焦-爱科腾博车队)赢得了冠军。

27.美国宾夕法尼亚州伦弗鲁的马特·伊顿赢得了环萨默维尔库格勒-安德森纪念赛冠军。

28.马特·伊顿的妹妹索菲赢得了米尔德丽德库格勒女子公开赛冠军。

29.意大利的玛丽亚·卡宁斯赢得了第2届环法女子自行车赛的冠军,领先法国的让尼·隆哥-西普雷利近9分钟。为了绕开国际自盟将女子比赛限制在12个赛段的新规定,选手们在12个赛段的"全国巡回赛"结束后休息一天,然后参加了5个赛段的"香榭丽舍大街"赛。在72名参赛者中,最终有65人完成了1240千米的比赛。

30.美国的丽贝卡·特威格以3分52秒75的成绩赢得了3000米个人追逐赛的世锦赛冠军。特威格在意大利的巴萨诺-德尔格拉帕取得的这次胜利,是她连续第二次获得世界冠军头衔,也是自1982年以来第三次获得冠军。让尼·隆哥-西普雷利以3分53秒83的成绩名列第二。

31.美国人谢利·韦尔谢什在她的7-Eleven车队转为职业车队并开始在欧洲比赛时,成了职业自行车运动的第一位女队医。

32.国际自盟允许赞助商的标志"几乎出现在骑行服上的任何地方"。

33.尼古拉斯·弗朗茨在1927年赢得了环法赛冠军,随后主导了整个1928年的赛事(成为唯一一位从开始到结束都穿着黄衫的车手),他于11月8日去世,享年86岁。

34.经过10年的努力,美国华盛顿州奇黑利斯市的车架制造商加里·克莱因获得了一项专利。该专利涵盖的裸车架重量不到5磅,超过了特定的抗扭和抗弯刚度的最低标准,而不考虑其所用材料。加里·克莱因说:"佳能戴尔每售出一个车架,他们都该付给我版税。"几个月后,克莱因在康涅狄格州布里奇波特的联邦地方法院起诉佳能戴尔公司,要求永久禁止佳能戴尔在未来销售侵权产品。

自行车在中国

(1)中国自行车协会成立大会在河南省洛阳市召开。中国自行车协会是中国自行车工业近 50 年发展历史上首次成立的行业组织,是中国自行车行业的全国性组织,是非营利性的社会团体、社团法人。它由自行车、电动自行车及其零部件生产企业,以及与其相关的生产、商贸企业、科研、教学单位和地方性协会自愿组成。协会受业务主管部门国务院国有资产监督管理委员会和社团登记管理机关民政部的业务指导和监督管理。

(2)中国市场上的第一辆电动自行车诞生。车型为永久 DX-130 型电助动自行车。

(3)深圳中华自行车公司成立。公司拥有"阿米尼(EMMELLE)""奇猛(CHIMO)""大名(DB)"三个品牌。

环法自行车赛

(1)贝尔纳·伊诺(克莱尔生活-旺德-雷达车队)第 5 次赢得环法赛冠军,与法国选手雅克·安克蒂尔和比利时选手埃迪·默克斯的成绩持平。

(2)格雷格·莱蒙德(克莱尔生活-旺德-雷达车队)是第一位赢得环法赛赛段冠军的美国车手,他赢得的是个人计时赛冠军。

(3)排名第三的斯蒂芬·罗奇(乐都特车队)是第一位登上环法赛领奖台的爱尔兰人。

(4)赛事联合总监雅克·戈代在 6 月的晚宴上因其自 1929 年以来参加的第 50 个环法赛而获得荣誉。

(5)雅克·戈代和费利克斯·莱维坦希望禁止碟轮(又称场地轮、封闭轮)参加比赛,以达到公平竞争的目的,但被国际自行车联盟的技术委员会否决了。

(6)排名第十的史蒂夫·鲍尔(克莱尔生活-旺德-雷达车队)是自1937年皮埃尔·加雄之后第一位参加环法赛的加拿大人。

(7)前赛事冠军约普·佐特梅尔克(Kwantum车队)和吕西安·范因佩(圣蒂尼-意大利车队)分别完成了他们的第15次环法赛。

(8)当法国电视2台购买了赛事转播权后,《队报》的体育记者们将无法与赛事总监住在同一家酒店了。

(9)卢乔·埃雷拉(哥伦比亚咖啡车队)是第一位赢得爬坡比赛冠军的哥伦比亚骑手。

(10)哥伦比亚咖啡成为圆点衫的赞助商。

(11)格雷格·莱蒙德赢得了这场比赛的第一件拼色领骑衫,其表示获得了总成绩第一、冲刺积分第一、爬坡积分第一和途中冲刺点冠军的"综合奖"。

(12)可口可乐公司与赛事组织者签订了一份为期12年的合同,约定让可口可乐取代环法赛前赞助商(已赞助环法赛50年)旗下的巴黎水,成为比赛的官方饮料。

(13)当雷诺工厂集团在环法赛结束后不久将米克莫-吉坦车队卖给一家小型自行车公司时,车队经理西里尔·吉马尔和洛朗·菲尼翁成立了一家公司,并和一家商店联合赞助,最终和U氏集团达成了协议。最初,这家连锁超市同意以每年1500万法郎(约200万美元)的价格赞助车队至1988年。

(14)西班牙米格尔·因杜拉因(雷诺兹车队)参加了他的第一次环法赛。他在序幕赛中获得第100名,并在第4赛段退赛。

1986 年

1.法国LOOK公司研发并生产出世界上第一台碳纤维公路自行车。

2.瑞士BMC公司在格兰岑成立,将于1994年创立BMC品牌。

3.从1月1日开始,所有USCF批准的活动都必须佩戴硬壳头盔。

4.吉姆·让特的吉罗公司推出了 Prolight 自行车头盔。

5.LOOK 公司开始在美国销售三款自锁脚踏:黑色 Competition 型(110 美元)、白色 Sport 型(80 美元)和黑黄色塑料 Leisure 型(55 美元),在山地车爱好者中流行后改名为 ATB。

6.起搏器设计师乌尔里希·朔贝尔勒启动了 Schoberer Rad Messtechnik(SRM)功率计开发,并开始完善自行车运动员的功率测量装置。

7.意大利选手罗伯托·维森蒂尼(卡雷拉车队)赢得了第 69 届环意赛冠军。格雷格·莱蒙德(克莱尔生活-旺德-雷达车队)获得了第 5 赛段冠军,总成绩排名第四。

8.西班牙的阿尔瓦罗·皮诺(佐尔-比驰车队)赢得了第 41 届环西赛冠军。苏格兰选手罗伯特·米勒(松下车队)排名第二,爱尔兰选手肖恩·凯利(卡斯-马威克车队)排名第三。

9.肖恩·凯利连续第三次赢得超级威望佩尔诺杯赛冠军。

10.贝尔纳·伊诺(克莱尔生活车队)和格雷格·莱蒙德帮助队友安迪·汉普斯滕在环瑞士赛中击败了罗伯特·米勒。

11.贝尔纳·伊诺赢得了库尔斯古典赛冠军。他的红辛格车队队友格雷格·莱蒙德落后 1 分 26 秒排名第二。李维斯车队的职业车手菲尔·安德森和安迪·汉普斯腾排名第三和第四。

12.让尼·隆哥-西普雷利赢得女子库尔斯古典赛冠军。

13.在多雨的科罗拉多斯普林斯,很少有人冒雨观看意大利的莫雷诺·阿尔真廷赢得公路世锦赛。该赛事在美国空军学院举行,是美国 75 年来首次举办的世界锦标赛。

14.托马斯·普雷恩(施温-冰热车队)在冲刺中击败了丹麦 36 岁的约尔延·马克森(皮纳雷洛车队),赢得了在费城举办的核心州美国职业公路自行车赛冠军。

15.美国亚利桑那州图森市的戴维·斯蒂德定车(双脚踩在踏板上,两个轮子转动都不超一圈)24 小时 6 分钟。

16.从 1986 年到 1990 年,环未来赛被称为环欧洲共同体自行车赛（简称"环欧共体赛"）。比赛冠军由西班牙选手米格尔·因杜拉因（雷诺兹-雷诺隆车队）赢得。美国的亚历克西·格雷瓦尔（RMO 车队）赢得了最艰难的高山赛段冠军，获总成绩第 3 名。春天，亚历克西·格雷瓦尔（7-Eleven 车队）留在欧洲，和 RMO 车队一起骑车，而他的其他队友则在美国西南部参加比赛。他将在环法赛中与 7-Eleven 车队重聚，然后返回 RMO 车队，之后，他在环法赛中因向哥伦比亚广播公司的一名摄影师吐痰而被开除出了 7-Eleven 车队。

17. 东德的奥拉夫·路德维希赢得了和平赛冠军。

18. 英国的乔伊·麦克洛克林（ANC-哈福德车队）赢得了牛奶赛冠军。

19. 爱尔兰选手肖恩·凯利（吉尼斯-卡斯-马威克车队）再次成为日产国际古典赛冠军。

20. 比利时的马克·梅尔滕斯赢得了环萨默维尔库格勒-安德森纪念赛冠军。

21. 美国得克萨斯州沃思堡的佩姬·马斯赢得了米尔德丽德库格勒女子公开赛冠军。

22.9 月 20 日，法国选手让尼·隆哥-西普雷利在科罗拉多州的斯普林斯将女子一小时骑行纪录提高到 44.770 千米。

23. 意大利选手玛丽亚·卡宁斯以 15 分 31 秒的优势击败了让尼·隆哥-西普雷利，连续第二年赢得环法女子自行车赛冠军。

24.11 月 14 日，贝尔纳·伊诺退役，那一天是他的 32 岁生日。

25. 五届环意赛冠军阿尔弗雷多·宾达于 7 月 19 日去世，享年83 岁。

自行车在中国

12 月 1 日，中国第一个自行车生产集团——永久自行车集团成立。自此以后，"永久"牌自行车就成了那一代人抹不去的记忆，同时也成了 20 世纪 80 年代老百姓心中衡量生活水平的标准之一。

环法自行车赛

(1)格雷格·莱蒙德(克莱尔生活-旺德-雷达车队)是第一位赢得环法赛冠军的美国人。

(2)加拿大选手亚历克斯·斯蒂达(7-Eleven 车队)是第一个穿黄衫的北美选手,随后的格雷格·莱蒙德也是第一个穿黄衫的美国车手。

(3)7-Eleven 车队是第一支参加环法赛的美国车队。

(4)7-Eleven 车队的戴维斯·菲尼是美国队第一个赢得环法赛赛段冠军的美国车手,也是第一个赢得环法赛公路赛段冠军的美国车手。

(5)戴维斯·菲尼骑着美国产的哈菲自行车获胜,它是由本赛罗塔公司制造的。

(6)7-Eleven 车队的谢利·韦尔谢什是环法赛上的第一位女性队医。

(7)第 73 届环法赛有 21 支车队的 210 名车手参加,创下了纪录。

(8)创纪录的 10 名美国车手参加了本届环法赛。

(9)来自克莱尔生活车队的 4 名车手进入前 10 名,格雷格·莱蒙德、贝尔纳·伊诺、安迪·汉普斯腾和尼基·鲁蒂曼分别排名第一、第二、第四和第七。

(10)第 17 赛段的终点是塞尔舍瓦利耶,在海拔 2413 米的格兰农山口。西班牙的爱德华多·乔萨斯(德格车队)赢得了该赛段冠军。

(11)墨西哥的劳尔·阿尔卡拉(7-Eleven 车队)和巴西的勒南·费拉罗(马尔沃-博泰基亚-瓦波雷拉车队)均是他们各自国家第一位参加环法赛的车手。

(12)普里莫齐·切林(马尔沃-博泰基亚-瓦波雷拉车队)是自 1936 年一个四人车队参加这项赛事以来的第一位参加环法赛的南斯拉夫车手。他最终获得第 32 名。

(13)从一开始就参加环法赛的标致公司,在 1986 年赛季结束时终止了对职业自行车队的赞助。其车队队名将变为 Z。

(14)格雷格·莱蒙德骑的 LOOK(TVT)自行车是第一辆载着骑手赢得环法赛的碳架自行车。

(15)贝尔纳·伊诺(克莱尔生活-旺德-雷达车队)被法国总统弗朗索瓦·密特朗授予荣誉军团勋章。

(16)这是自 1983 年以来,白衫第四次被授予第一次参加环法赛的最佳青年车手。从 1987 年开始,比赛将像以前一样再次将此荣誉授予 26 岁以下的最佳年轻车手。

(17)保罗·舍文和他的同胞菲尔·利格特一起成为自行车评论员。

(18)约普·佐特梅尔克(Kwantum-优科车队)创造了他 16 次完成环法赛的纪录。

(19)贝尔纳·伊诺第 7 次登上最终领奖台,与荷兰选手约普·佐特梅尔克并列历史第二。历史第 1 名是法国选手雷蒙·普利多尔,其 8 次登上领奖台。这是贝尔纳·伊诺第 8 次(1978—1982 年和 1984—1986 年)穿上黄衫的环法赛。

(20)在赢得圆点衫之后,贝尔纳·伊诺成为白埃迪·默克斯(1969 年和 1970 年)以来第一个同时赢得绿衫(1979 年)和"爬坡王"称号的车手。

(21)比利时选手埃里克·范德雷登(松下车队)在 3 个赛段中获得第 2 名,在 3 个赛段中获得第 3 名,还穿过绿衫,但没有拿过一个赛段冠军。

(22)西班牙的佩德罗·德尔加多(PDM 车队)因为母亲的去世,在阿尔普迪埃退赛。

1987 年

1.速联(SRAM)公司成立。一位名叫斯坦利·戴的人在美国芝加哥创办了 OLLO 自行车配件公司。两个月后,他将公司更名为速联(SRAM)。据报道,他是根据负责人的名字来命名的:斯科特·雷·金(Scott Ray King)、斯坦利·R.戴(Stanley R Day)和萨姆·帕特森(Sam Patterson)。新公司的第一个产品是由帕特森设计的 DB 变速杆。

2.五届环法赛冠军雅克·安克蒂尔于 11 月 18 日去世。在过去的 10 年里,他患上了肺出血。他的一位密友透露:"他因此害怕睡觉,怕醒不过来,几乎不睡觉。"1987 年 5 月,雅克·安克蒂尔被诊断为胃癌。8 月,鲁昂的医生切除了他的胃,并严格要求他的饮食,但他却不重视。在雅克·安克蒂尔去世前不久,发生了一个经常被人提起但又有争议的故事。雅克·安克蒂尔把前竞争对手雷蒙·普利多尔(后来他们成了好朋友)叫到床边,对他说:"对不起,雷蒙……但你将再次获得第 2 名。"参加他葬礼的还有埃迪·默克斯和贝尔纳·伊诺,是这次巡回赛的另两位 5 次冠军获得者。法国《自行车》杂志出版了一期雅克·安克蒂尔专刊,其中包括法国总统弗朗索瓦·密特朗的声明。圣拉斐尔-吉米尼亚尼说雅克·安克蒂尔"骑自行车的功劳就像莫扎特对音乐的功劳"一样。8000 名哀悼者在鲁昂大教堂为他举行葬礼。雅克·安克蒂尔享年 53 岁。

3.格雷格·莱蒙德在一次狩猎事故中中枪,在医院里住了 6 天。9 月,他重返欧洲赛场,并很快签署了一份与 PDM 车队在 1988 年合作的意向书。

4.美国选手安迪·汉普斯滕(7-Eleven 车队)以 1 秒的优势击败了荷兰选手彼得·温嫩(松下车队),连续第二次夺得环瑞士赛冠军。

5.在第 70 届环意赛中,爱尔兰车手斯蒂芬·罗奇(卡雷拉-依诺普兰车队)取代队友罗伯托·维森蒂尼成为领骑,取得了一场有争议的胜利。苏格兰车手罗伯特·米勒(松下车队)位居第二。

6.当冲刺手们盯着他的爱尔兰同胞肖恩·凯利时,斯蒂芬·罗奇从 12 人的集团中加速冲出,赢得了在奥地利菲拉赫举行的世界公路自行车锦标赛冠军,成为继 1974 年埃迪·默克斯之后,第二位赢得三冠王的车手。当得知比赛结果后,罗奇说:"默克斯也是个不错的车手。"罗奇参加 276 千米比赛的时间是 6 小时 50 分 02 秒。获胜的意大利团队计时赛队员们用绷带把自己固定在自行车上。

7. 斯蒂芬·罗奇(卡雷拉车队)赢得了超级威望佩尔诺杯赛。肖恩·凯利(卡斯车队)荣获第 2 名。

8. 法国选手卡特琳·马萨尔在意大利贝加莫赢得了国际自盟首届青少年女子公路赛冠军。

9. 哥伦比亚的路易斯·卢乔·埃雷拉(哥伦比亚咖啡车队)赢得了第 42 届环西赛的冠军。此前,比赛的领先者肖恩·凯利(卡斯-Miko 车队)因为感染了马鞍疮(骑车、骑马导致的腿胯疼痛)而在比赛还剩两天的时候退出了比赛。埃雷拉是第一位赢得大环赛冠军的哥伦比亚车手。

10. 墨西哥车手劳尔·阿尔卡拉(7-Eleven 车队)赢得了库尔斯古典赛冠军。他的队友杰夫·皮尔斯和安迪·汉普斯滕分别位居第二和第三。

11. 9 月 23 日,法国选手让尼·隆哥-西普雷利在美国科罗拉多斯普林斯将自己的一小时骑行纪录提高到了 44.933 千米。她还赢得了她的第三次库尔斯古典赛和第三次公路世锦赛冠军。

12. 保罗·舍文(兰令-巴纳尼业车队)在从自行车赛车手转型为电视评论员的过程中,赢得了英国全国公路锦标赛冠军。舍文说:"至少在我退役前当了一次英国职业冠军。"他还说,在任何时候结束比赛,都是他骑行生涯中最美好的时刻。

13. 汤姆·舒勒(7-Eleven 车队)在美国费城赢得了核心州美国职业公路自行车赛的冠军。

14. 10 月 25 日,法国车手帕斯卡尔·朱尔(Caja Rural 车队)在一场车祸中丧生。朱尔在南特赢得了 1984 年环法赛第 8 赛段冠军,他是洛朗·菲尼翁的密友。

15. 让尼·隆哥-西普雷利击败了意大利的玛丽亚·卡宁斯,赢得了环法女子自行车赛冠军。

16. 坎帕尼奥洛公司停止了 Super Record 变速器的生产,标志着

1951 年推出的基本款设计的结束。

17.坎帕尼奥洛公司推出了它的 Chorus 套件,其中包括第一个斜平行四边形后变速器。

18.美国最后一家自行车轮胎制造商卡莱轮胎橡胶公司关门大吉。这家总部位于宾夕法尼亚州的公司经营了 38 年,生产了近 2.5亿只轮胎和胎管。

19.禧玛诺公司推出了一款 7 速 Dura-Ace 轮组。

20.巴多尔公司在 8 年的时间里生产了 10 万台 Vitus 979 Duralinox 铝车架。

21.在 10 月份的贸易展览会上,崔克公司展示了 5000 型自行车整车模型。这种非 OCLV 碳纤维自行车将于 1989 年初向大众开放推出。配备 Dura-Ace 套件的车型售价是 2495 美元。

22.在前一年购买了布恩・伦农的发明权后,斯科特公司(美国)开始生产速降车夹式气动加长把。

23.1987 年的"年度复出奖"颁给了克里斯・卡迈克尔,这位7-Eleven车队职业车手 1986 年冬天在越野滑雪时摔断了腿。医生在他腿上插了一根 0.91 千克重的钢板后,告诉他至少一年内不能走路,而且以后再也不能参加比赛了。但就在事故发生 7 个月后,卡迈克尔在美国加州拉霍亚的百威淡啤大奖赛上以微弱的差距输给了瑟洛・罗杰斯,屈居第二。

24.法国车手马克・马迪奥(U 氏车队)赢得了环欧共体赛冠军。

25.东德的乌韦・安普勒赢得了和平赛冠军。

26.爱尔兰的马尔科姆・埃利奥特(ANC-哈福德车队)赢得了牛奶赛冠军。英国的马克・沃尔沙姆(珀西比尔顿-霍尔兹沃思车队)和比利时的维利・塔克特因药物检测呈阳性,均被处以相当于 800美元的罚款,并禁赛一个月。

27.英国的乔伊・麦克洛克林(ANC-哈福德车队)赢得了家乐氏环英赛冠军。

28.肖恩・凯利(嘉实多-Burnmah-卡斯车队)连续第三次赢得了

日产国际古典赛冠军。

29.美国宾夕法尼亚州艾伦敦的保罗·皮尔逊赢得了环萨默维尔库格勒-安德森纪念赛冠军。

30.荷兰车手亨尼·托普赢得了米尔德丽德库格勒女子公开赛冠军。

31.英国职业冲刺冠军戴夫·勒格里斯创造了 203.7 千米/时的世界滚轴速度纪录。为了这个纪录,他把踏板踩到了 200 转/分的速度。

32.汤加国王陶法阿豪·图普四世由于骑自行车体重减轻了 46 千克,但他仍然重 164 千克。

环法自行车赛

(1)斯蒂芬·罗奇(卡雷拉车队)成为第一个赢得环法赛冠军的爱尔兰人。

(2)长期担任环法赛赛事总监的费利克斯·莱维坦被解雇,因为有人指责他不当使用 Société 基金。他的继任者,让-弗朗索瓦·纳凯-拉迪盖也于一年后离开。

(3)摄影记者们通过拒绝在到第戎的第 23 赛段拍摄来抗议,他们声称观看比赛的贵宾们比他们有更多的机会接近车手们。

(4)格雷厄姆·沃森第一次在摩托车上拍摄比赛。

(5)本届环法赛的赛段数是有史以来最多的,共 25 个。

(6)本届比赛有 23 支(每支车队 9 人)车队参加,创下了纪录。8 位不同的车手穿着领骑黄衫,使 1987 年的环法赛和 1958 年的赛事并列成为有史以来领骑者最多的赛事。

(7)里昂信贷银行取代巴纳尼亚成为黄衫的赞助商。

(8)斯蒂芬·罗奇的领先 40 秒夺冠是自 1968 年扬·扬森以 38 秒获胜后差距最小的。

(9)哥伦比亚广播公司(CBS)在美国播放了环法赛片段,包括当天比赛最后赛段的录像。

(10)意大利的圭多·邦滕皮(卡雷拉车队)和西德的迪特里希·图劳(罗兰车队)因使用"违禁药物"被抓,并分别被降到第 7 赛段和第 8 赛段的垫底。每人被罚 10 分钟。

(11)本次环法赛起点距离巴黎最远,在德国的西柏林。

(12)莱赫·皮亚塞茨基(通戈-梅花车队)是第一个穿上黄衫的波兰车手。

(13)克维托斯拉夫·帕夫洛夫(ANC-哈福德车队)以第 103 名完赛,米兰·尤尔乔(布里安佐利-夏图车队)没完赛,他们是首次参加环法赛的捷克斯洛伐克车手。

(14)ANC-哈福德车队是 20 世纪最后一支参加环法赛的英国车队。

1988 年

1.首届科隆国际两轮车展在德国慕尼黑举办。

2.安迪·汉普斯滕(7-Eleven-Hoonved 车队)赢得了第 71 届环意赛的冠军,成为第一个赢得环意赛的美国人。汉普斯滕赢得了比赛的第 12 赛段和第 18 赛段。汉普斯滕骑了一辆美国"哈菲"自行车,这辆自行车是陆地鲨鱼公司的约翰·斯劳塔制造的。

3.皮耶尔·马蒂亚·皮耶里诺·加瓦齐(法尼尼-七喜车队)开始了他的第 17 次环意赛之旅,他将第 14 次完赛。

4.爱尔兰选手肖恩·凯利(卡斯-Canal 10-马威克车队)赢得了第 43 届环西赛冠军。

5.肖恩·凯利连续第 7 次赢得了巴黎—尼斯赛。

6.在韩国汉城(现名首尔)举行的第 24 届奥运会上,东德车手奥拉夫·路德维希赢得了男子自行车公路赛冠军。

7.加拿大选手史蒂夫·鲍尔和比利时选手克洛代尔·克里基永在距离终点 75 米处相撞后,意大利选手毛里齐奥·丰德里斯特继续比赛,其赢得了在比利时勒奈举办的公路世锦赛冠军。克洛代尔·

克里基永后来起诉鲍尔,要求他赔偿预估的收入损失,这项诉讼持续了数年,直到加拿大人被宣判无罪。克洛代尔·克里基永在 1984 年赢得了巴塞罗那公路世锦赛冠军。

8. 当戴维斯·菲尼(7-Eleven 车队)在列日赛中发生撞车事故时,从伊泽格拉斯的标致旅行车后窗冲出。外科医生花了两个多小时在他的左脸和双眼皮上缝了 150 针。在 7-Eleven 车队第二年的照片中,可以看到菲尼坐在第一排一辆小三轮车上,车把上挂着一个头盔。

9. 戴维斯·菲尼赢得了首届环美洲赛的冠军,在比赛的 7 个赛段中拿下 3 个。

10. 戴维斯·菲尼在家乡博尔德赢得了库尔斯古典赛,戴维斯·菲尼的胜利使他在红辛格和库尔斯古典赛的获胜赛段总数(22 个)无人能及。菲尼还连续七次(1981—1987 年)赢得库尔斯积分赛。由于不愿意在电视报道上花额外的钱,加之比赛的地方特性,库尔斯公司很快取消了赞助。

11. 美国车手因加·贝内迪克特(7-Eleven 车队)赢得了库尔斯古典赛女子组冠军。

12. 年底,房地产开发商唐纳德·特朗普(后来成为美国总统)宣布了从纽约州奥尔巴尼到新泽西州大西洋城为期 10 天的分段赛计划。这项由篮球分析师和企业家比利·帕克设计的赛事将被称为特朗普巡回赛,奖金 25 万美元,由 NBC 和 ESPN 负责。

13. 库尔斯赛事的组织者迈克尔·艾斯纳说,1989 年库尔斯古典赛的计划还在进行中。

14. 彼得·若弗尔·奈的美国自行车比赛权威史《狮子之心》由诺顿出版集团出版。这本书将在 1991 年被选为 PBS 纪录片,AT&T 和约翰逊·约翰逊可能是赞助商。

15. 3 月 1 日,纽约市的自行车商店开始在锁具的包装上贴上贴纸,上面写着:"这把氪石锁具在纽约市没有保修。"对于那些自行车被盗的客户,最高 1000 美元的担保现在只适用于氪石公司价值 50

美元的摩托车锁。这个城市每年被盗的自行车多达 10 万辆。

16.山地车手约翰·托马克赢得了 5 月中旬在纽约的怀特普莱恩斯举行的斯巴鲁绕圈赛冠军。

17.12 月 31 日,格雷格·莱蒙德与 PDM 公司合作,并与比利时卡车租赁公司 ADR 赞助的弗朗索瓦朗贝尔车队签订了一份为期 1 年、价值 50 万美元的合同。这项交易允许格雷格·莱蒙德的车队在美国获得"库尔斯啤酒"赞助。

18.意大利选手罗伯托·加焦利(百事-法尼尼车队)击败了挪威选手达格·奥托·劳里岑(7-Eleven 车队),成为首位在费城举办的核心州美国职业公路自行车赛中获胜的外国人。劳里岑的队友罗恩·基费尔获得第 3 名。

19.33 岁的乔纳森·博耶退役,他是第一个参加环法赛的美国人。

20.通用磨坊公司销售了 1000 万箱惠特斯麦片(一种因为篮球冠军代言而出名的美国谷类食品),其包装盒上有 1986 年美国业余公路自行车赛冠军道格·史密斯的肖像,他现在是惠特斯-施温车队的职业车手。将近 20 年后,《危险边缘》节目会出现一条声称兰斯·阿姆斯特朗是首位出现在惠特斯麦片包装盒上的职业自行车手的线索。

21.最近退休的比利时车手弗雷迪·梅尔滕斯的自传《不只是传闻》出版。其英文版书名是 *Fall From Grace*（《从优雅中堕落》）。

22.萨克斯/于雷公司首次推出了 ARIS(Advanced Rider Index System)套件,该套件有两种类型:New Success,用于价格在 600 美元左右的自行车;Rival,用于价位在 300—400 美元的自行车。套件设计用于 6 速或 7 速的 Sachs/Maillard 飞轮。

23.当 RacerMate 公司开发出 Model CAT 6000 CompuTrainer 功率骑行台时,计算机遇到了自行车。该系统的 8 位微处理器能够即时模拟不同的路线、山丘和逆风,同时在计算机显示器上显示路线。

24.《自行车》杂志花费大约 1900 美元组装了一辆 6.85 千克重的有着梅林钛架的自行车。自行车上使用的部件包括：Edco 大齿盘、Aero-Lite 钛合金踏板、美国经典（American Classic）坐杆、萨克斯/于雷 Jubilee 后变速器、CLB 刹车卡钳、雷吉纳 SL 空心销链和合金飞轮、Modolo 变速把手、刹车握把、把横和把立。车轮包括：牛眼（Bullseye）花鼓、Wheelsmith 辐条、Mistral M19A 轮圈和 Continental 110B Olympic 管胎。

25.7-Eleven 车队和东芝-Look 车队测试了 8 速 Dura-Ace 套件：Dura-Ace CS7400 飞轮和 FH7402 塔基。

26.禧玛诺公司推出了山地自行车的 Rapid Fire 双控手柄。

27.速联公司推出了转把 Grip Shift 变速杆。

28.10 月 14 日，勒内·维耶托去世，享年 74 岁。勒内·维耶托在 1934 年至 1949 年间参加了环法赛，他在比赛中穿黄衫的总天数为 26 天，是所有非总冠军车手中最多的。

29.法国修改了一项法律，禁止酒精饮料作为体育广告，本赛季的超级威望佩尔诺杯大赛也随之结束。法国的沙利·莫泰（U 氏车队）成为该系列赛的末代赢家。

30.荷兰的史蒂文·鲁克斯（PDM 车队）赢得了第一赛季的自行车世界杯赛（简称"世界杯赛"）冠军。

31.法国的洛朗·菲尼翁（U 氏车队）赢得了环欧共体赛。

32.东德的乌韦·安普勒赢得了和平赛。

33.苏联的瓦西里·日丹诺夫赢得了牛奶赛。

34.爱尔兰的马尔科姆·埃利奥特（法格车队）赢得了家乐氏环英赛。

35.西德的罗尔夫·戈尔茨（Superconfex-优科-欧宝车队）赢得了日产国际古典赛。

36.来自意大利和费城的罗伯托·加焦利赢得了环萨默维尔库格勒-安德森纪念赛。来自长岛法明代尔的乔治·欣卡皮赢得了少年赛。

37.美国缅因州瑞德菲尔德的苏珊·伊莱亚斯赢得了米尔德丽德库格勒女子公开赛。

38.29 岁的让尼·隆哥-西普雷利来自法国格勒诺布尔,她赢得了她的第二个环法女子自行车赛冠军,再次击败了玛丽亚·卡宁斯,这次的优势是领先 1 分 20 秒。

39.希腊自行车冠军卡内洛斯·卡内洛普洛斯踩着踏板驾驶着重达 32 千克的"Daedalus 88"号飞行器从克里特岛飞往桑托林。这次飞行全程 119 千米,耗时不到 4 个小时,是之前人类动力飞行距离纪录的两倍。

自行车在中国

11 月,上海市自行车行业协会(SBA)成立。它是上海市自行车行业企事业单位自愿组成的跨部门、跨所有制的非营利的行业性社会团体法人。协会下设电动车专业委员会分支机构。

环法自行车赛

(1)冠军得主佩德罗·德尔加多(雷诺兹)的丙磺舒检测结果呈阳性,而丙磺舒可以掩盖类固醇的使用,但他仍然保住了他的冠军,因为这种药物还没有被列入国际自盟的违禁药物名单。

(2)1988 年的比赛是环法赛的第 75 届。

(3)组织者在每个赛段的出发点都为赞助商们提供了一个帐篷覆盖的区域——环法村。

(4)荷兰车手赫特-扬·托伊尼森(PDM 车队)的睾酮检测呈阳性。在其他车手因此进行了一场短暂的罢工后,托伊尼森被罚 10 分钟,将他从总排名第 5 名的位置上拉下来,降到了第 11 名。

(5)第 1 赛段因为船厂罢工工人阻塞了道路只好重新出发。

(6)法维奥·帕拉(卡尔美车队)获得总成绩第 3 名,成为第一个在巴黎登上领奖台的哥伦比亚人。

(7)加拿大的史蒂夫·鲍尔(威盟-瑞士队)赢了第 1 赛段的比赛,穿了 5 天的黄衫,最后获得总成绩第 4 名。

(8)美国的戴维斯·菲尼(7-Eleven 车队)在冲刺赛中以 193 分的成绩获得第 2 名,第 1 名比利时的埃迪·普朗卡特(ADR-Mini Flat 车队)获得 278 分。

(9)史蒂文·鲁克斯(PDM 车队)成为第一位赢得圆点衫的荷兰车手。

(10)自 1967 年成立以来,第一次没有举行序幕赛(它在 1971 年作为一个团队计时赛进行)。取而代之的是由威盟车队赢得的 6 千米的开场,卡雷拉车队的圭多·邦滕皮在最后 1 千米骑出了最快的个人纪录。

(11)第 16A 赛段和第 16B 赛段是比赛的最后一个双节赛段(一个赛段分成两部分进行)。

(12)因造船厂的工人们要求更高的工资,在卢瓦尔桥上的赛事大篷车(但不是车手)受到阻延。

(13)在第 19 赛段开始前,车手们举行了一次短暂的罢工,抗议赛事组织者向媒体透露一些车手的药检呈阳性的消息。

(14)这是第 12 年,也是最后一年默林普拉日公寓套房被包括在获胜者的奖品中,佩德罗·德尔加多还得到了一辆标致汽车、里昂信贷银行的奖金和一件艺术品。

(15)这是最后一年举办车队积分赛,获胜者以绿色帽子为标志,最后被 PDM 车队赢得。1988 年,也是最后一年白衫被授予最佳年轻车手——荷兰的埃里克·布鲁肯克(松下车队),直到 2000 年白衫传统才再次回归。在 1989 年至 1999 年间,最佳年轻车手的类别将在没有特别领骑衫的情况下继续设立,并在 1997 年更名为“法比奥·卡萨尔泰利纪念奖”。

(16)让-皮埃尔·库科尔取代让-弗朗索瓦·纳凯-拉迪盖成为环法自行车赛的总监。库科尔在“德尔加多事件”后被替换,他的继任者是记者兼前车手让-玛丽·勒布朗。

(17)把环欧共体赛,即环未来赛与和平赛联办,环法赛赛事总监格扎维埃·卢伊重现了 1979 年从巴黎到莫斯科的比赛计划。当初由于冷战,比赛没有举行。这一次,这个想法被国际自行车专业选手联合会否决了。

(18)自 1910 年以来,第一次没有比利时车手获得赛段冠军。

1989 年

1.坎帕尼奥洛公司研发了第一代的山地自行车配件。

2.安进公司推出了造血激素促红细胞生成素(EPO),它作用于骨髓,以刺激红细胞的产生,用来治疗 AZT 贫血、HIV 阳性的人和因慢性肾功能衰竭透析的人。

3.法国颁布了《班巴克法》,并以试图减少运动员服用兴奋剂的体育部长的名字命名该法。这项法律比国际自盟和国际奥委会的指导方针更为严格,被法国自行车联合会采用。

4.国际自盟宣布将在 1990 年建议职业骑手戴头盔,并将从 1991 年开始要求他们戴头盔。

5.8 月 18 日,荷兰车手贝尔特·奥斯特博斯因心脏病去世,年仅 32 岁,最近刚刚退役。他是 1980 年环法赛冠军约普·佐特梅尔克在兰令-可雷达车队的队友。那年他赢得了一个赛段,1983 年又赢得了两个。

6.前挪威伞兵达格-奥托·劳里岑(7-Eleven 车队)赢得了首届 10 个赛段的特朗普巡回赛。在最后的计时赛中,比利时选手埃里克·范德雷登(松下车队)骑出了赛道。这项比赛共有 10 个赛段,全程 1347 千米,由美国全国广播公司电视网联合赞助。

7.美国广播公司(ABC)和 ESPN 签订了一份为期 3 年的合同,每年价值约 100 万美元,内容包括环法赛和巴黎—鲁贝赛。其出价高于哥伦比亚广播公司(CBS),后者报道环法赛长达 6 年之久。

8.格雷格·奥拉韦茨(库尔斯啤酒-ADR 车队)击败了迈克·恩格尔曼(惠特斯-施温车队),赢得了在费城举行的核心州美国职业公路自行车赛。

9.西班牙的佩德罗·德尔加多(雷诺兹-班尼斯托车队)赢得了第44届环西赛冠军。

10.洛朗·菲尼翁(Super U 车队)赢得了第72届环意赛。美国人安迪·汉普斯滕(7-Eleven 车队)获得第3名,部分原因是山体滑坡导致 Gavia Pass 赛段被取消,去年他曾在这里取得领先。格雷格·莱蒙德(ADR-阿格里格尔车队)以落后54分23秒的成绩排在第39位。

11.洛朗·菲尼翁以1秒的优势击败了队友蒂埃里·马里,赢得了环荷兰赛冠军。

12.加拿大的史蒂夫·鲍尔(海尔维第-瑞士队)赢得了苏黎世世锦赛冠军。

13.在洛朗·菲尼翁帮助追击他的法国队友蒂埃里·克拉韦罗莱特和另外两名"兔子"后,格雷格·莱蒙德在法国的尚贝里赢得了长达259千米的公路世锦赛冠军,其成绩超过了俄罗斯选手季米特里斯·科内舍夫和爱尔兰选手肖恩·凯利。这一胜利使格雷格·莱蒙德成为在同一年赢得环法赛和公路世锦赛的第5位车手。在比赛前,格雷格·莱蒙德告诉《队报》:"我又喜欢骑自行车了。"

14.爱尔兰选手肖恩·凯利(PDM 车队)赢得了世界杯赛冠军。

15.法国选手帕斯卡尔·利诺(RMO-利比里亚车队)赢得了环欧共体赛冠军。

16.东德的乌韦·安普勒连续第三次赢得了和平赛。

17.加拿大选手布赖恩·沃尔顿(7-Eleven 车队)赢得了牛奶赛。

18.英国人罗伯特·米勒(Z-标致车队)赢得了家乐氏环英赛冠军。

19.比利时人埃里克·范德雷登(松下-Isostar 车队)赢得了日产国际古典赛冠军。

20.新西兰人格雷姆·米勒赢得了环萨默维尔库格勒-安德森纪念赛冠军。

21.苏珊·伊莱亚斯再次获得米尔德丽德库格勒女子公开赛冠军。

22.10 月 1 日在墨西哥城,法国选手让尼·隆哥-西普雷利再次提高了自己的一小时骑行纪录,达到 46.352 千米。

23.让尼·隆哥-西普雷利连续第三次赢得环法女子自行车赛冠军。在比赛中,让尼·隆哥-西普雷利一度连续 5 个赛段(第 5—9 赛段)获胜。玛丽亚·卡宁斯连续第三次名列第 2 名。

24.7-Eleven 车队的安迪·汉普斯滕测试了禧玛诺的"STI"集成刹车/变速杆,该产品将于次年推出。《自行车》杂志认为新设计的产品在投入生产之前,他们会进行进一步的改进,"将右刹车握把移动到内侧,将后变速器调低档位(变速杆自动复位)。要上档,你需要推一下刹车杆上的一个小按钮"。

25.佳能戴尔指定将 SRAM 的 CX Model Grip Shift(公路变速系统)用在它生产的一些山地车上。(注:1989 年 SRAM 推出了 CX 公路变速系统,佳能戴尔在它生产的山地车上使用了 CX。)

26.Rock Shox 公司推出了 RS-1 山地自行车避震前叉。

27.在很大程度上,由于匈牙利颇具吸引力的合资法律和税收优惠,施温公司在布达佩斯的一家旧工厂开设了自行车生产工厂。"我们来到匈牙利,是因为我们做出了一个决定,我们需要成为一家更加全球化的公司。"施温公司欧洲业务主管史蒂文·比纳说,"如果没有钱可赚,我们就不会在这里。"

28.格雷格·莱蒙德说,他在山地赛中没有从他的 ADR 队友那里得到任何帮助,而且由于车队管理层一直拖欠他的工资,因此他与罗杰·赞纳的 Z 车队签订了一份为期 3 年、价值 570 万美元的合同。合同签订的第一年,这位美国人成为第一个年收入超过 200 万美元的自行车手。

29.《体育画报》杂志选择了格雷格·莱蒙德作为 1989 年的年度运动员。

自行车在中国

(1)2 月,李鹏总理送给时任美国总统的老布什及其夫人两辆"飞鸽牌"自行车,喜欢单车的老布什欣然接受。

(2)在 20 世纪 80 年代末,中国自行车保有量达到了 5 亿辆。靠自行车,中国人第一次整体改变了自己的速度。

环法自行车赛

(1)格雷格·莱蒙德以 8 秒的优势击败了洛朗·菲尼翁,这是环法赛史上时间差距最小的一次胜利。他在最后一次计时赛中的速度为 54.545 千米/时,是 2005 年之前环法赛最快的赛段平均速度。

(2)格雷格·莱蒙德(ADR-阿格里格尔车队)是第三位在环法赛最后一天获得总成绩第一的车手。其他两位选手也都没有穿过黄衫,分别是扬·扬森(21 年前,1968 年)和让·罗比克(比扬·扬森早21 年,1947 年)。

(3)肖恩·凯利(PDM 车队)赢得了他的第四件绿衫,在后三次赛事中他一个赛段冠军都没拿到。

(4)劳尔·阿尔卡拉(PDM 车队)是第一位赢得了一个环法赛赛段冠军的墨西哥车手。

(5)阿卡西奥·达席尔瓦(卡雷拉牛仔裤-流浪者车队)是第一位穿黄衫的葡萄牙车手。

(6)环法赛上届冠军佩德罗·德尔加多(雷诺兹-班尼斯托车队)错过了序幕赛的开场,损失了 2 分 43 秒。

(7)环法赛新任总监让-玛丽·勒布朗摆脱了"五分钱"的赞助商,为比赛赢得了简单稳定的局面。

(8)1989 年的环法赛,是红色"途中冲刺"红衫(由 PDM 车队的肖恩·凯利赢得)和拼色领骑衫(由荷兰的史蒂文·鲁克斯赢得,他是肖恩·凯利的队友)的最后一次亮相。这是自 1967 年以来首次没有白衫的环法赛(2000 年将再次出现)。

(9)团队积分类别也被取消。

(10)环法赛首次从卢森堡发车。

(11)格雷格·莱蒙德在第 21 赛段的胜利是环法赛最后一次将计时赛作为最后赛段。

(12)环法赛采用"现代模式",即根据国际自盟排名,选择 18 支队伍参赛,再加上 4 支外卡车队。

(13)菲亚特取代标致成为环法赛的官方用车。

(14)格雷格·莱蒙德和美国的 7-Eleven 车队给环法赛带来了空气动力学车把(注:"祈祷式"趴在休息把上的姿势,计时赛车上常用)。格雷格·莱蒙德为自己的自行车配备了马威克套件,成为马威克公司在环法赛中唯一一次胜利。这也是法国自行车零部件制造商的最后一次获胜。

(15)在上一次环法赛后,赛事总监让-玛丽·勒布朗将获胜者的奖金提高到 150 万法郎。这次比赛的冠军奖是 50 万法郎、一套公寓、一辆汽车和一件艺术品。

第十四章　他是一个奇怪的人（1990—1999）

这 10 年无疑是属于兰斯·阿姆斯特朗的。

但还是应该先说说史上第一位连续 5 次赢得环法赛冠军的车手——米格尔·因杜拉因。虽然 20 年前"食人魔"也拿过 5 次冠军，但不是连续获得的。遗憾的是，米格尔·因杜拉因接下来得宣布退休。环法赛赛事总监回忆说："有好几年，我自己也被米格尔·因杜拉因近乎完美的表现所震惊，他在环法自行车赛上给人从未失败过的印象。"

阿姆斯特朗并非横空出世，他在 1992 年巴塞罗那奥运会上成绩一般，落后冠军 35 秒，仅获得第 14 名的成绩。后来他与摩托罗拉车队签订了合同，转成了职业车手。在他的第一次职业比赛中（哪一场呢？），阿姆斯特朗以第 111 名的成绩完赛。落后第 110 名 11 分钟，差点被关在门外。

后来，即便他在雨中冲击了 10 千米，领先 10 人追击集团 19 秒拿下挪威奥斯陆的公路世锦赛冠军后，同行也并不看好他。有人评价说："他是一个奇怪的人。有一天他表现很好，另一天他甚至连招呼都不打，我甚至不想预测他事业的未来。有一件事是肯定的，他将永远不会赢得一个大环赛。"

再后来，阿姆斯特朗开始了"开挂"的人生。

他是有史以来最年轻的环法赛赛段冠军，年仅 21 岁。

他是第二位赢得环法赛冠军的美国人（第一位是谁呢？）。

他是美国车队中第一个赢得环法赛的车手，也是第一个骑美国自行车（哪个品牌呢？）的冠军。当时阿姆斯特朗的平均速度为

40.276 千米/时,是一项新的比赛纪录。

他是第一位赢得世界杯赛事(哪场比赛呢?)的美国车手。

……

后来,兰斯·阿姆斯特朗在美国得克萨斯州奥斯汀举行新闻发布会,宣布他患了癌症。他强调,"我打算战胜这种疾病,而且,我还打算再次以一名职业自行车手的身份骑行"。那么,他做到了吗?

苏格兰的一位业余自行车爱好者"DIY"了一辆自行车,以胸口紧贴车把的骑行姿势创造了 51.596 千米的国际自行车联盟一小时骑行世界新纪录。他的事迹在 2006 年被改编成电影《疾速苏格兰》。

出于公平性的考虑,国际自行车联盟在一小时骑行世界纪录榜单上抹去了自 1984 年开始使用封闭轮组以来的全部新纪录,并且规定挑战这项纪录的车手必须使用与 1972 年埃迪·默克斯所使用的车辆相同结构的车。

一个车队包揽了比赛的前三名,引起了关注,记者问队医他们三人是否在使用促红细胞生成素(EPO)。队医回应说:"EPO 并不危险,真正危险的是它的滥用。即使是橙汁,如果你喝 10 升也会有害。"

环法赛有一年出了个"飞士天事件",事件中的药品突袭导致 7 支车队退出比赛。

飞士天车队成为第一支被淘汰出环法赛的车队。吊诡的是,在环法赛结束后,飞士天手表的销量反而达到历史新高。

分类概览

人物传奇

◎1992 年,兰斯·阿姆斯特朗参加第一次职业比赛时差点被关在门外。

◎1995 年,兰斯·阿姆斯特朗赢得圣塞瓦斯蒂安古典赛。

◎1996 年,兰斯·阿姆斯特朗宣布自己患了癌症。

◇1997 年，米格尔·因杜拉因宣布退休；兰斯·阿姆斯特朗加入美国邮政自行车队。

品牌技术

◇1990 年，禧玛诺公司推出了用于公路自行车的刹车/变速手拨；三拓公司推出了用于公路自行车的双控变速手拨。

◇1991 年，坎帕尼奥洛公司推出了 8 速飞轮。

◇1992 年，坎帕尼奥洛公司推出了 Ergopower 集成刹车/换挡杆；禧玛诺公司推出了带有密封轴承的五通；太雅康培公司的无牙碗组 AheadSet 开始得到普遍认可；禧玛诺公司发布了 8 速 XTR 套件山地自行车。

◇1993 年，德国库铂品牌诞生。

◇1994 年，萨洛蒙体育集团收购了马威克公司；萨克斯公司推出了山地自行车液压碟刹。

◇1995 年，马威克公司推出了 Cosmic 空气动力学车轮。

◇1996 年，禧玛诺公司推出了山地自行车用的低配版 V 刹。

◇1997 年，坎帕尼奥洛公司和禧玛诺公司各自分别推出了 9 速飞轮；速联公司收购了萨克斯自行车零部件公司；崔克公司在美国自行车展上推出了新车。

◇1999 年，坎帕尼奥洛公司推出了 10 速变速系统；马威克公司推出了无线电子变速器系统 Mektronic。

赛事会展

◇1991 年，约翰·托马克与摩托罗拉车队一起征战巴黎—鲁贝赛。

◇1992 年，卡萨尔泰利赢得奥运会男子自行车公路赛。

◇1993 年，首届"征服者之路"挑战赛举办。

◇1996 年，山地自行车项目被列入奥运会正式比赛项目；帕维尔·通科夫手赢得第 79 届环意赛。

◇1998 年，马尔科·潘塔尼赢得第 81 届环意赛。

协会组织

◎1990 年,职业自行车手协会成立。

◎1991 年,海因·维尔布鲁根升任国际自盟主席。

◎1992 年,国际自行车联合会总部迁至瑞士洛桑。

◎1993 年,国际自盟宣布只承认一个一小时骑行纪录,并制定了"阿卜杜贾帕罗夫规则"。

◎1997 年,国际自盟设定男性车手血容比上限。

◎1998 年,国际自盟禁止在大型比赛中使用 Spinaci-style 空气动力学车把。

文化逸闻

◎1990 年,自行车大揭秘图书《粗野骑行》出版。

◎1991 年,公路安全保险协会的数据显示:2 月是骑车最安全的。

◎1994 年,米凯莱·费拉认为,EPO 并不危险,真正危险的是它的滥用。

自行车在中国

◎1990 年,全国自行车标准化技术委员会成立。

◎1992 年,天津富士达自行车有限公司成立。

◎1995 年,深圳市喜德盛自行车有限公司成立。

环法自行车赛

◎1990 年,格雷格·莱蒙德成为环法赛三冠王。

◎1991 年,米格尔·因杜拉因赢得了连续五次环法赛冠军的第一次。

◎1992 年,摩托罗拉车队率先在主车群使用双向无线电通信;环法赛首次跳过比利牛斯山脉。

◎1993 年,兰斯·阿姆斯特朗成为最年轻的环法赛赛段冠军。

◎1995 年,马尔科·潘塔尼用 38 分钟爬上了阿尔普迪埃。

◇1996 年,比亚内·里斯成为第一位赢得环法赛冠军的丹麦选手。

◇1997 年,扬·乌尔里希成为第一个赢得环法赛冠军的德国人。

◇1998 年,马尔科·潘塔尼夺得冠军;"飞士天事件"导致七支车队退出比赛;由于车手罢工,第 17 赛段被取消;环法赛开始使用 GPS 技术跟踪车手的位置。

◇1999 年,兰斯·阿姆斯特朗获得冠军;环法赛历史上最快的公路赛段出现。

1990 年

1. 库尔特·斯托克顿(美国国家商业银行车队)在费城举行的核心州美国职业公路自行车赛中获得第 3 名,他排在意大利的保罗·奇米尼(吉斯-贝诺托车队)和法国的洛朗·雅拉贝尔(东芝车队)之后。

2. 菲利普·卢维奥(东芝车队)在他的祖父雷蒙·卢维奥(Genial-Lucifer 车队)夺冠 56 年后赢得了法国国家公路赛冠军。

3. 瑞士车手丹尼尔·维德(欧洲汽车-加利车队)以 1 秒的优势击败了爱尔兰的马尔科姆·埃利奥特(德格车队),赢得了第 3 届环美洲赛冠军。

4. 3 月 9 日,瑞士伯尔尼的曼弗雷德·努斯凯勒骑着他的教练车踩出了 271 转/分的踏频。

5. 戴维·科内尔森在 18 天 16 小时 52 分钟内,仅用双手和一辆特制的三轮车就骑遍了全美国,创下了一项纪录。他还为美国瘫痪协会筹集了 2.5 万美元用于研究。3 年前,科内尔森博士在一次车祸中受伤,腰部以下全部瘫痪。他在这家医院完成了社会工作的博士论文,然后在加州长滩的一家医院指导了一个针对脊髓损伤患者的项目。

6. 墨西哥车手劳尔·阿尔卡拉(PDM 车队)第二次(也是最后一次)赢得特朗普巡回赛。挪威选手阿特尔·克沃尔斯维尔(Z 车队)落后 43 秒获得第 2 名。由于最近的伤病和训练不足,格雷格·莱蒙德(Z 车队)以 1 小时 40 分 26 秒的成绩获得了第 78 名。

7. 斯坦利·保罗有限公司出版了保罗·金玛奇的自行车大揭秘图书《粗野骑行》。该书将于 1998 年重印。

8. 意大利的马尔科·焦万内蒂(瑟尔-体育车队)赢得了第 45 届环西赛冠军。

9. 比利时的鲁迪·达恩斯赢得了在日本宇都宫举办的公路世锦赛冠军。

10. 意大利车手詹尼·布尼奥(萨洛蒂-夏图车队)一路领先赢得第 73 届环意赛冠军,詹尼·布尼奥还赢得了 1990 年的世界杯赛。

11. 7-Eleven 车队的加拿大明星在巴黎—鲁贝赛中名列第二,输给比利时的埃迪·普朗卡特(松下-魄力车队)不到 1 厘米。

12. 苏格兰的罗伯特·米勒(Z 车队)赢得了环多菲内赛。

13. 7-Eleven 车队发布消息称:罗恩·基费尔在环西西里赛中排名第七;戴维斯·菲尼在屈尔纳-布鲁塞尔-屈尔纳赛中排名第三;加拿大的布赖恩·沃尔顿在环地中海自行车赛中排名第八。前 7-Eleven 车队车手克里斯·卡迈克尔被任命为美国自行车联合会的男子公路队教练。

14. 当美国南方公司撤回对 7-Eleven 车队的支持时,摩托罗拉作为赞助商介入。

15. 美国加利福尼亚摩根希尔的闪电自行车公司和德拉瓦州威尔明顿的杜邦公司联合开发了一种三叶碳纤维自行车轮组,据说 161 千米计时赛可以节省 10 分钟。这款名为 Allez Epic 的新轮组售价为 750 美元一个。

16. 禧玛诺公司推出了用于公路自行车的 ST-7400 STI(Shimano Total Integration,禧玛诺全集成)刹车/变速手拨和 SPD(Shimano Pedal Dynamics,禧玛诺踏板动力学)山地自行车踏板。

17. 三拓公司推出了用于公路自行车的双控变速手拨。

18. 美国加州奇科的酷工具公司推出了酷工具。这款工具重 200 克,售价为 19.95 美元,包括内六角扳手、螺丝刀、链条工具、可调扳手和 14 毫米曲柄螺栓插座。可以增加一个 32 毫米车头碗组扳手和五通锁环工具,每个 5 美元。

19. 《自行车报》报道称,在美国加州销售的所有自行车中,95% 是山地自行车。它们占美国中部地区自行车销量的 60%,东部地区的 70%。

20. 英国公路计时赛委员会建议对撞向停放汽车的车手实行 30 天的自动停赛。

21. 前库尔斯古典赛推广人迈克尔·艾斯纳宣布,国际古典有限公司已破产,但他仍然希望为主要的美国站比赛找到一个赞助商。

22.比利时车手约翰·布吕内尔(乐透车队)赢得了环欧共体赛。

23.捷克斯洛伐克车手扬·斯沃拉达赢得了和平赛。

24.澳大利亚选手沙恩·萨顿(巴纳尼亚车队)赢得了牛奶赛。

25.爱尔兰车手马尔科姆·埃利奥特(德格车队)赢得了家乐氏环英赛。

26.荷兰车手埃里克·布鲁肯克(PDM-创世-协和飞机车队)赢得了日产国际古典赛。

27.马特·伊顿赢得了环萨默维尔库格勒-安德森纪念赛。

28.美国康涅狄格州贵格敦的简·博兰赢得了米尔德丽德库格勒女子公开赛。

29.环法女子自行车赛没有举行。

30.美国人内德·奥弗伦和朱莉·弗塔多在科罗拉多的炼狱滑雪场举行的首届国际自盟批准的世界山地自行车锦标赛中赢得了越野项目的金牌。

31.职业自行车手协会成立,其主要任务是维护职业骑手的利益。

自行车在中国

(1)全国自行车标准化技术委员会正式成立,成立大会在广东顺德召开,同时还召开了第一次委员会。这使自行车行业有了一个跨行业、跨部门的标准组织。

(2)首届新品零部件展示会(中国国际自行车展览会)举办。展会一年一度,规模逐年增加,将于2004年正式更名为中国国际自行车展览会。

环法自行车赛

(1)格雷格·莱蒙德(Z车队)加入菲利普·蒂斯(1920年)和路易松·博贝(1955年)的行列,成为环法赛三冠王。

（2）格雷格·莱蒙德（Z车队）成为第五个拿下总冠军却没有赢得任何一个赛段冠军的车手。

（3）阿尔普迪埃赛段是第一个在法国电视台全程现场直播的赛段。

（4）1990年的环法赛是最后一次领先车队（Z车队）队员戴黄色帽子。

（5）加拿大的史蒂夫·鲍尔（7-Eleven车队）穿了9天的领骑黄衫。

（6）在秋天，《队报》发布简短声明称，1987年的"莱维坦事件"已经得到解决，该事件中的赛事联合总监费利克斯·莱维坦因涉嫌财务管理不善而被解雇。

（7）在意大利注册的阿尔法卢姆车队是环法赛中的第一支俄罗斯车队。

（8）季米特里斯·科内舍夫（阿尔法卢姆车队）是第一位在比赛中获得一个赛段冠军的俄罗斯选手。

（9）奥拉夫·路德维希（松下-魄力车队）是第一个赢得环法赛赛段冠军并穿上绿衫的东德车手。

（10）贾迈里丁·阿卜杜贾帕罗夫和拉脱维亚人彼得·乌格鲁莫夫（两人都属于阿尔法卢姆车队）是参加环法赛的首批乌兹别克斯坦选手。

（11）《俄罗斯体育》的亚历山大·弗拉德金是第一位报道环法赛的俄罗斯记者。

（12）环法赛又回到了只颁发三件领骑衫的做法规定：黄衫、绿衫和圆点衫。

（13）愤怒的牧羊人的抗议扰乱了比赛的两个早期赛段。

（14）圣米歇尔山修道院（仅72人）成为环法赛人口最少的赛段城市。

（15）从阿夫朗什到鲁昂的第5赛段长达301千米，是环法赛最后一个全程超过300千米的赛段。

（16）亚军克劳迪奥·基亚普奇（卡雷拉牛仔裤车队）是自 1973 年比克车队的路易斯·奥卡尼亚之后第一个在环法赛中使用钛自行车的选手。他的自行车是由卡雷拉制造的。

1991 年

1. 禧玛诺钢铁厂，这家已创立 70 年的日本公司改名为禧玛诺股份有限公司。

2. 当杜邦公司取代陷入财务困境的房地产开发商成为该赛事的赞助商时，美国特朗普巡回赛就变为了杜邦巡回赛。尽管在比赛过程中换了车轮，但荷兰的埃里克·布鲁肯克（PDM 车队）在最后 26 千米的计时赛中还是战胜了挪威的阿特勒·夸尔斯沃尔（Z 车队），赢得了比赛。布鲁肯克最后的优势是领先 12 秒。

3. 西班牙车手马里诺·莱哈雷塔（昂斯车队）第四次完成了环意赛。同年，他还完成了环法赛，排名第 91 位。至此，西班牙人连续参加了大环赛 10 次（自 1988 年环法赛开始）。

4. 美国车手杰夫·伊万夏因赢得世界少年公路锦标赛。

5. 在美国盐湖城，斯巴鲁-蒙哥马利车队的兰斯·阿姆斯特朗代表美国国家队征战欧洲赛场，他还赢得了意大利的塞蒂马纳—贝加马斯卡赛。

6. 戴维斯·菲尼（库尔斯车队）在费城举行的核心州美国职业公路自行车赛上成为美国冠军，他以第 2 名的成绩落后于郁金香车队的荷兰冲刺手迈克尔·萨诺利。

7. 意大利车手詹尼·布尼奥在德国斯图加特赢得了公路世锦赛冠军。

8. 西班牙车手梅尔乔·毛里·普拉特（昂斯车队）赢得了第 46 届环西赛冠军。米格尔·因杜拉因获得第 2 名，这是他在环西赛中最接近夺冠的一次。

9. 意大利车手弗朗哥·基奥乔利尼（通戈-MG Boys 车队）赢得了第 74 届环意赛冠军。

10.5 月，瑞士记者曼弗雷德·努斯凯勒利用一台"自行车发电机"，在 60 秒内产生了 1020 瓦的电力，这足够 100 个电动剃须刀使用。

11. 美国山地自行车明星约翰·托马克与摩托罗拉车队一起征战巴黎—鲁贝赛。

12. 在巴黎—尼斯赛举行车手抗议活动之后，国际自行车专业选手联合会、国际自盟和车手们在 3 月 25 日达成一致，从 4 月 5 日开始，职业选手可以根据情况决定是否要戴硬壳头盔。

13. 意大利的毛里齐奥·丰德里斯特（松下-魄力车队）赢得了世界杯赛冠军。

14. 美国马里兰州的布赖恩·莫罗内赢得了环萨默维尔库格勒-安德森纪念赛。

15. 美国宾夕法尼亚州的卡伦·布利斯赢得了米尔德丽德库格勒女子公开赛。

16. 苏联的维克托·拉辛斯基赢得了和平赛。

17. 克里斯·沃克（巴纳尼亚车队）赢得牛奶赛。

18. 澳大利亚的菲尔·安德森（摩托罗拉车队）赢得了家乐氏环英赛。

19. 爱尔兰人肖恩·凯利（PDM-西多纳车队）赢得了他 7 年内第 4 个日产国际古典赛冠军。

20. 环欧共体赛未举办。

21. 环法女子自行车赛没有举办。

22. 坎帕尼奥洛公司推出了 8 速飞轮。

23.3 连胜公司的今野义设计了巴黎—鲁贝赛公路叉。钢叉通过使用可压缩球而达到半厘米的冲程。

24. 施温公司关闭了位于美国密西西比州格林维尔的最后一家大型美国自行车生产工厂，留下了小的威斯康星州沃特福德的派拉蒙分部。这是该公司在美国仅存的一家工厂。

25. 松下公司推出了 Smooke 山地自行车轮胎，这款轮胎未来将售出 100 万个以上。

26. 速联公司解决了针对禧玛诺公司的反垄断诉讼,禧玛诺公司以大约 300 万到 500 万美元的价格向自行车制造商出售完整的套件。此后不久,禧玛诺公司将套件的折扣从 10% 降至 2%。速联公司还在台湾开设了一家工厂,并开始将其 SRT 300 变速器出售给崔克公司和闪电公司,以用于其混合动力自行车。

27. 在路易斯·普伊赫去世后,海因·维尔布鲁根从 FICP 主席升任国际自盟主席,直至 2005 年。

28. 根据公路安全保险协会的数据,骑自行车的人最有可能在 8 月的周三下午 3 点至 6 点之间发生致命事故,而 2 月是骑车最安全的。

29. 根据约翰·霍普金斯伤害预防中心的数据,在 1987 年至 1991 年间死于自行车事故的男性中,有近一半是喝醉的。

30. 首届欧洲自行车展在德国腓特烈斯哈芬市举办。展会发展至今,面积近 10 万平方米,有 100 多个国家和地区的上千家参展企业,5 万名专业观众参加展会。目前欧洲自行车展是国际上非常有影响力的展会之一。

自行车在中国

江泽民主席视察了天津自行车厂。

环法自行车赛

(1)西班牙车手米格尔·因杜拉因(班尼斯托车队)赢得了连续五次环法赛冠军的第一次。

(2)格雷格·莱蒙德向克雷格·卡尔菲购买了 18 个碳纤维蓝宝石车架,并从梅林公司购买了 18 个汤姆·凯洛格设计的钛车架,为他的 Z 车队参加比赛做准备。

(3)由于前一赛段在瓦伦西亚附近发生的撞车事故,因此比赛领先者罗尔夫·索伦森(艾利西帝车队)无法参加第 6 赛段的比赛了。

(4)为了适应新时代，组织者取消了山地计时赛，只保留了两个平路个人计时赛段(加上序幕赛和团队计时赛)。

(5)在第 6 赛段，蒂埃里·马里(卡斯托拉玛车队)单飞 234 千米，这是战后环法赛历史上第二长的单飞。1947 年，法国的阿尔贝·布隆独自一人骑完了第 14 赛段的 253 千米。

(6)毛罗·里贝罗(RMO-马威克车队)成为第一个赢得环法赛赛段冠军的巴西人。

(7)阿卜杜贾帕罗夫(卡雷拉车队)成为第一位赢得环法赛赛段冠军的乌兹别克斯坦车手。

(8)每天有 450 多名广播、报纸和电视记者向多达 10 亿人提供有关比赛的最新消息。比赛的电视收入超过 500 万美元。

(9)可口可乐、菲亚特和里昂信贷银行每年都向阿默里集团支付 200 万美元的赞助费。另外有 25 家较小的赞助商每家支付 100 万美元。

(10)菲亚特为这场比赛提供了 300 辆轿车和 70 辆卡车，估计有 1000 万路边车迷观看了比赛。

(11)城市互助博彩公司(PMU)场外投注成为比赛绿衫的赞助商。

(12)法国车手沙利·莫泰(RMO-马威克车队)以平均 47.23 千米/时的速度赢得了 246 千米的第 1 赛段的比赛。这打破了当时公路赛段的速度纪录。

(13)赛事第 3 名埃里克·布鲁肯克所在的 PDM 车队是第一支因健康原因退出巡回赛的车队。尽管车队官方说，这种疾病是由一批不良的膳食补充剂引起的，但一些关于使用促红细胞生成素(EPO)的谣言开始传播。

(14)前环法赛冠军斯蒂芬·罗奇(汤顿塔皮斯车队)在错过了团队计时赛的出发时间后被淘汰出局。

(15)在波城，车手们举行了 40 分钟的抗议活动，要求恢复乌尔斯·齐默尔曼的资格,齐默尔曼开车去了帕乌,而不是坐飞机,并抗议国际自盟的规定,因为他们不戴硬壳头盔而被罚款。大多数参赛者都是光着头骑上赛段的。

(16)总共有 158 名选手完成了环法赛,创下了完赛人数最多的新纪录。

(17)弗拉基米尔·普尔尼科夫(卡雷拉牛仔裤车队)是第一个参加环法赛的乌克兰人,总成绩第 88 名。

(18)作家兼记者安托万·布隆丹去世。环法赛协会称赞这位作家说:“布隆丹叙述环法赛的方式就像维克多·雨果可能做的那样。”布隆丹享年 69 岁。

(19)当他所在的瑟尔车队没有被邀请参加比赛时,法国车手罗南·庞塞克加入了阿马亚保险车队,因为比赛的第 10 赛段在坎佩尔结束,距离他的家乡杜瓦讷内只有几千米。他获得第 41 名。

1992 年

1.在西班牙巴塞罗那举行的第 25 届奥运会上,意大利选手法比奥·卡萨尔泰利赢得了男子自行车公路赛的冠军。

2.美国车手兰斯·阿姆斯特朗在奥运会上落后冠军 35 秒获得第 14 名的成绩,之后他与摩托罗拉车队签订了合同。在他的第一次职业比赛——西班牙圣塞瓦斯蒂安古典赛上,阿姆斯特朗以第 111 名的成绩完赛,落后第 110 名 11 分钟。

3.英国车手克里斯·博德曼在由迈克·伯罗斯设计的莲花“超级自行车”上以 4 分 24 秒 49 的成绩赢得了 4000 米个人追逐赛的金牌,把旧纪录提高了 7 秒多。莲花和 LOOK KG196 型自行车开启了空气动力自行车的时代,并重新激发了人们对弗朗切斯科·莫泽 1984 年的一小时骑行纪录的兴趣。

4.坎帕尼奥洛公司推出了它的 Ergopower 集成刹车/换挡杆。

5.禧玛诺公司推出了带有密封轴承的五通。该五通需要使用特殊的 20 槽工具进行安装和拆卸。

6. 太雅康培公司的无牙碗组 Aheadset 开始得到普遍认可。

7. 禧玛诺公司发布了售价超过 1500 美元的 8 速 XTR 套件山地自行车。新套件的重量比 Deore XT 轻约 1 磅，Deore XT 是该公司以前的顶级越野套件。

8. 纸自行车问世，由日本自行车技术中心的加藤义彦设计的原型 NFRB（天然纤维增强塑料车架比碳纤维略重，强度为碳纤维的60％）。设计师说，纸框架的强度和 1.3 千克的重量可以在未来的模型中得到改善，它的进一步发展可能导致自行车的回收利用，一层薄薄的塑料涂层可以在雨中保护车架。

9. 三拓公司推出了它的 XC-Pro Micro Drive 山地车套件，它的特点是有润滑油保护花鼓、一个 20-32-42 牙盘和一个 11—24 齿 7 速带 Power Flo 齿轮的飞轮。

10. 贝尔自行车公司和锐步国际公司合作为美国自行车队设计了一款头盔，该头盔使用了一个适合美国自行车队的气囊系统，并将在巴塞罗那奥运会上使用。公司预计，这种头盔技术很快就会推广到消费者层面。

11. 圣路易斯的 2 Bi 2 公司推出了一款双轮驱动自行车。这辆自行车是由比尔·贝克特发明的，它用 一根从后轮延伸出来的电缆来驱动前轮。这种机器有各种儿童和成人型号，售价在 140 美元到1300 美元之间。

12. 米格尔·因杜拉因（班尼斯托车队）赢得了第 75 届环意赛。随着他在环法赛上的胜利，因杜拉因成为第六个，也是唯一一个在同一年赢得环意赛和环法赛的西班牙人。

13. 瑞士车手托尼·罗明格尔（克拉斯-卡哈斯特车队）赢得了第47 届环西赛。

14. 意大利选手詹尼·布尼奥再次赢得在西班牙贝尼多姆举办的公路世锦赛冠军。

15. 吉尔贝·杜克洛-拉萨尔（Z 车队）在恩内韦林鹅卵石赛道发动攻击，他骑着一辆配备了定制 Rock Shox 前叉的自行车，单飞 40

千米,赢得了巴黎—鲁贝赛的胜利。第二年,他又骑了一辆装备相似的自行车夺取了胜利。

16.美国车手巴特·鲍恩(斯巴鲁-蒙哥马利车队)在费城赢得了核心州美国职业公路自行车赛冠军,他从 8 名伙伴中突围单飞,最终以 1 分 20 秒的优势取得胜利。

17.30 岁的格雷格·莱蒙德(Z 车队)在 1992 年的杜邦巡回赛中以 20 秒的优势击败了连续第二年获得第 2 名的队友阿特勒·夸尔斯沃尔,赢得了冠军。这是莱蒙德自 1985 年的库尔斯古典赛以来首次在美国赛事中取得全面胜利,也是他职业生涯中的最后一次胜利。

18.格雷格·莱蒙德放弃了环法赛,跳过了世锦赛,他与 GAN 车队签署了一份为期 3 年的合同,GAN 已经接受了前 Z 车队的赞助。

19.在成为职业车手两周后,20 岁的兰斯·阿姆斯特朗赢得了他的第一场比赛——西班牙环加勒加赛第 4A 赛段的冠军。

20.普利司通公司 1992 年的《自行车目录》收费 4 美元,包括各种各样的信息,比如买家会找到熔化锻造和冷锻的区别、莎士比亚和加特鲁德·斯坦斯的名言以及自行车交易卡。这份 48 页的手绘目录是用大豆制成的油墨印刷而成的,这些油墨是用 100%的废纸回收制成的。

21.美国车手安迪·汉普斯滕(摩托罗拉车队)赢得了环罗曼蒂赛。

22.德国的奥拉夫·路德维希(松下车队)赢得了世界杯冠军。

23.荷兰车手列昂蒂安·范穆尔斯塞尔击败了法国车手让尼·隆哥-西普雷利,赢得了改名后的环法女子自行车赛冠军。

24.法国的埃尔韦·加雷尔(RMO-利比里亚车队)赢得了第 30 届环未来赛。从 1992 年到 2006 年,这项比赛只对 25 岁及以下的职业车手开放。

25.德国的斯特芬·韦泽曼赢得了和平赛。

26.美国新泽西州的乔纳斯·卡尼赢得了环萨默维尔库格勒-安德森纪念赛。

27.美国加州选手劳拉·查米达赢得了米尔德丽德库格勒女子公开赛。

28.爱尔兰车手康纳·亨利赢得了牛奶赛。

29.意大利的马克斯·希安德利（摩托罗拉车队）赢得了家乐氏环英赛。希安德利拥有双重国籍，将于1995年开始用英国签证进行比赛。

30.澳大利亚车手菲尔·安德森（摩托罗拉车队）赢得了最后版本的日产国际古典赛。

31.来自美国罗德岛纽波特市的35岁的南希·拉波索在纽约艾格港创下了女子24小时骑行707.55千米的纪录。拉波索的纪录打破了4个月前创下的702.16千米的纪录，那是由佛罗里达州盖恩斯维尔28岁的安娜·施瓦茨创造的。

32.当总部设在卢森堡的国际自行车专业选手联合会和总部设在罗马的国际自行车业余选手联合会重新合并后，海因·维尔布鲁根将国际自行车联合会总部迁至瑞士洛桑。

33.美国缅因州交通运输部对骑自行车的人征收的轮渡费翻了一番，有些时候甚至翻了两番。他们把自行车归入2721.6千克以下车辆的收费类别。运价从2.75美元涨到10美元，从20美元涨到40美元。此外，运送4辆以上自行车的汽车每辆往返渡轮还将额外收取14美元的费用。

自行车在中国

（1）天津富士达自行车有限公司成立。富士达公司是以自行车为主销产品，集设计、研发、生产、销售于一体的大型有限责任公司，年产销量达1000多万台，产品远销美国、欧洲、日本、韩国、中国台湾和东南亚等国家和地区。

（2）北京航轮运动器材有限公司成立，专业从事研发、生产钛合金自行车架及零配件。

环法自行车赛

(1)米格尔·因杜拉因连续第二次赢得环法赛冠军。

(2)这次环法赛访问了欧洲大陆的 7 个国家,以此向欧洲经济共同体致敬。为了纪念这一事件,比赛举办了一个特殊的欧洲无国界冲刺赛,俄罗斯的维亚切斯拉夫·叶基莫夫(松下-魄力车队)赢得了这项比赛。

(3)本届比赛的平均速度为 39.5 千米/时,是当时环法赛最快的平均速度。

(4)法国车手菲利普·卢维特(昂斯车队)测试了马威克 ZMS(Zap MAVIC System)8000"Zap"变速器。由于安装了电线,1700 美元的带有微型处理器控制的后变速器套件在雨中表现很差。在 20 世纪 90 年代末以无线"系统"的名义回归市场之前,它只在第二年被短暂地投入市场销售。

(5)摩托罗拉车队率先在主车群使用双向无线电通信。

(6)美国选手安迪·汉普斯滕(摩托罗拉车队)在阿尔普迪埃赛段获胜。

(7)意大利人克劳迪奥·基亚普奇(卡雷拉牛仔裤-塔索尼车队)继他的同胞福斯托·科皮 40 年后,奉献了一次完美的突围骑到赛斯特雷。

(8)巴斯克恐怖分子向英国记者菲尔·利格特的第四频道汽车投掷燃烧弹,利格特当时不在车内。在一封落款为 2001 年 2 月 25 日的信中,利格特写道,他在这次环法赛中最糟糕的记忆之一可能是 1992 年活动开始时,巴斯克恐怖分子在圣塞巴斯蒂安炸毁了他的汽车。这辆车里装着他所有的奥运证书,还有许多珍贵的物品和环法赛纪念品。

(9)在从圣热尔韦到赛斯特雷的第 13 个赛段,罗讷-阿尔卑斯大区自然保护基金会抗议比赛及其观众对瓦努瓦斯公园的影响。这是仅有的几次环法赛本身成为抗议者目标的活动之一。

(10)自 1910 年以来,环法赛首次跳过比利牛斯山脉。

(11)米格尔·因杜拉因以平均 52.35 千米/时的速度参加了最后一次 64 千米计时赛。

(12)收容车"扫帚"被移到车内(注:自从 1910 年以来,这种后车门上挂着一束金雀花的大篷车就跟随在众车手的后面,监督那些中途退出,又企图作弊的车手们)。

(13)阿鲁纳斯·塞佩里(第 32 名)和阿尔图拉斯·卡斯普蒂斯(第 71 名)是第一批参加环法赛的立陶宛选手。

(14)在参加 1985 年环法赛的 18 支队伍中,只有松下车队和乐透车队参加了 1992 年的比赛。

1993 年

1.国际自盟在 1 月 1 日宣布,无论海拔高度还是地点(室内或室外赛道),专业和业余选手将只承认一个一小时骑行纪录,然后两个英国骑手仅相隔几天便打破了纪录。7 月 17 日,格雷姆·奥布里骑着自己制造的钢制自行车在挪威哈马尔骑了 51.596 千米。6 天后,克里斯·博德曼在法国波尔多将纪录提升到 52.270 千米。

2.首届"征服者之路"挑战赛举办。该赛事为期 3 天,是世界上最具挑战的山地自行车比赛。其从大西洋海岸出发,横跨穿越哥斯达黎加的森林、河流与山脉,直抵太平洋海岸,参赛者可在途中领略陡峭的山坡、令人窒息的瘴气、泥泞的道路、水流湍急且潜伏着鳄鱼的河流等极端的地形和气候。

3.德国库铂品牌诞生,由马库斯·皮尔纳在德国巴伐利亚州瓦尔德斯霍夫创建。

4.苏格兰业余自行车爱好者格雷姆·奥布里使用自己"DIY"的"老忠实"自行车,以胸口紧贴车把的骑行姿势创造了 51.596 千米的国际自盟一小时骑行世界新纪录。他的事迹在 2006 年被改编成电影《疾速苏格兰》。

5.米格尔·因杜拉因(班尼斯托车队)赢得了第 76 届环意赛。随着他第三次取得环法赛的胜利,因杜拉因成为第一位连续赢得环意赛和环法赛的车手。

6.瑞士车手托尼·罗明格尔(克拉斯车队)赢得了第 48 届环西赛。这是他在这项赛事中的两连冠。

7.由于发生在环西赛第 2 赛段的事故,国际自盟制定了"阿卜杜贾帕罗夫规则",该规则要求冲刺选手在赛段的最后 200 米内走直线。

8.墨西哥的劳尔·阿尔卡拉(Wordperfect 车队)在最后的计时赛中两次超过兰斯·阿姆斯特朗(摩托罗拉车队)(阿尔卡拉一开始落在美国人后面,后超过,又因车胎被扎破落后,随后再次超过),以 2 分 26 秒的优势战胜美国人赢得了第 3 届杜邦巡回赛。兰斯·阿姆斯特朗在赛后说:"如果我想成为下一个格雷格·莱蒙德,我得好好练习计时赛。"

9.兰斯·阿姆斯特朗在最后 27 千米单飞成功,赢得了在费城举办的核心州美国职业公路自行车赛。

10.兰斯·阿姆斯特朗赢得了凯马特环西弗吉尼亚州赛和匹兹堡的节俭药品古典赛,赢得了百万美元的节俭药品三冠王。他选择从伦敦劳埃德保险公司一次性拿到 60 万美元(其中 21 万美元将交给美国国税局),而不是从伦敦劳埃德保险公司拿到 20 笔 5 万美元的年金。

11.兰斯·阿姆斯特朗成为第三年轻的公路世锦赛冠军,他在挪威奥斯陆的雨中冲击了 10 千米,领先 10 人追击集团 19 秒拿下比赛。在阿姆斯特朗获胜后,意大利人克劳迪奥·基亚普奇这样评价这位美国人:"他是一个奇怪的人。有一天他表现很好,另一天他甚至连招呼都不打,我甚至不想预测他事业的未来。有一件事是肯定的,他将永远不会赢得一个大环赛。"因为他的"埃迪默克斯"车架上没有凸耳,所以很多人猜测阿姆斯特朗赢得比赛的自行车实际上是重新喷涂的钛架 Litespeed。

12.现年 34 岁的戴维斯·菲尼是第一个赢得环法赛赛段冠军的美国人，他于 11 月中旬退休。他说："我不会因为年龄或能力的不足而退休。但是我不再需要专注于专业自行车比赛了。"在 18 年的职业生涯中，菲尼获得了 324 场胜利。

13.19 岁的德国人扬·乌尔里希赢得了世界业余自行车锦标赛冠军。

14.格雷格·莱蒙德宣布他打算在参加 1994 年的世界自行车锦标赛后退休。

15.国际自盟宣布，从 1996 年亚特兰大奥运会开始，允许职业车手参加奥运会。

16.荷兰爬坡手列昂蒂安·范穆尔斯塞尔在环法女子自行车赛中夺冠。法国的让尼·隆哥-西普雷利在比赛中颅骨骨折。

17.法国的达维·托马(卡斯托拉玛车队)赢得了第 31 届环未来赛。

18.捷克共和国的雅罗斯拉夫·比莱克赢得了和平赛。

19.美国宾夕法尼亚州的加里·安德森赢得了环萨默维尔库格勒-安德森纪念赛。

20.美国加利福尼亚州的玛丽安娜·伯格伦德赢得了米尔德丽德库格勒女子公开赛。

21.克里斯·利利怀特(巴纳尼亚车队)赢得了牛奶赛。

22.菲尔·安德森(摩托罗拉车队)赢得了家乐氏环英赛。

23.意大利的毛里齐奥·丰德里斯特(蓝波-波尔蒂车队)3 年内赢得了第二次世锦赛。

24.由于禧玛诺公司在分度换挡和山地车零部件方面的成功，美国 86％的新自行车都采用了日本巨头的零部件。三拓的市场占有率为 7％，康帕纽罗为 6％。在禧玛诺 15 亿美元的销售额中，约 85％来自自行车零部件，其余大部分来自捕鱼设备。该公司有 2500 名员工，税前利润为 1.45 亿美元。

25.前环法赛冠军洛朗·菲尼翁、斯蒂芬·罗奇和佩德罗·德尔加多都已退休。洛朗·菲尼翁不同寻常的退役是在 8 月下旬突然发生的，当时他在法国西部大奖赛上把车停在路边，然后就放弃了比赛。

26．在图利奥·坎帕尼奥洛逝世 10 周年之际，坎帕尼奥洛公司委托意大利著名体育记者詹尼·布雷拉撰写了其创始人的内部传记《巨人和档案》。到 2008 年公司成立 75 周年之际，这本不打算向公众出售的书成为一件难觅踪影的收藏珍品。布雷拉在 1992 年 12 月的一场车祸中丧生，当时这本书还没有出版。

27．在施温公司破产后，它的资产和名字被斯科特体育集团和泽尔-奇马克基金以 6000 万美元的价格收购了，并从芝加哥搬到了科罗拉多州的博尔德。山姆·泽尔解释了他买下公司全部股份的动机。他回忆说，我父母不愿为那额外的 50 美元掏钱，他们给我买了一辆哈菲自行车。

28．理夏德·施温和马克·穆勒收购了位于美国威斯康星州沃特福德的施温的派拉蒙工厂，成立了沃特福德精密自行车公司。在头一年半的时间里，该公司继续生产施温派拉蒙自行车。

29．瑞士珠宝商福尔克尔·雷尼施为特拉维夫的国际有色宝石协会大会制造了一辆价值 100 万美元的自行车。这辆可骑的碳纤维自行车镶有超过 1188 克的黄金和铂金，镶有 13 000 克拉的钻石、绿宝石、红宝石、黄蓝宝石、黄水晶、孔雀石和玛瑙。链条、齿轮和踏板都是用金子做的。

30．维京公司的 Viking 6AL/4V 钛链重 239 克，比相同长度的禧玛诺 Hyperglide 链轻 72 克，价格为 375 美元。因为价格昂贵的链条比禧玛诺公司的链条宽近半毫米，它会撞击下一个更大的齿轮，造成噪声和移位性能差。

环法自行车赛

（1）米格尔·因杜拉因（班尼斯托车队）继路易松·博贝、雅克·安克蒂尔和埃迪·默克斯之后，成为连续 3 次赢得环法赛冠军的第 4

位车手。

（2）在参加比赛的 20 支车队中，有 11 支使用了禧玛诺的零部件，5 支使用了马威克的，3 支使用了坎帕尼奥洛的，还有 1 支使用了三拓的零部件。

（3）比利时车手约翰·布吕内尔（昂斯车队）赢得了当时环法赛的最快赛段，在埃夫勒和亚眠之间的 158 千米赛程中，他的平均速度为 49.417 千米/时。

（4）泽农·雅斯库拉（GB-MG Maglificio 车队）成为第一位赢得一个环法赛赛段的波兰车手，也是第一位最终登上环法赛领奖台的东欧车手。

（5）年仅 21 岁的兰斯·阿姆斯特朗（摩托罗拉车队）成为有史以来最年轻的环法自行车赛赛段冠军。

（6）托尼·罗明格尔（克拉斯-卡哈斯特车队）是第一位赢得圆点衫的瑞士人。他也是 3 年来首位在环法计时赛中击败米格尔·因杜拉因的车手。

（7）德国的迪迪·森夫特首次以"复仇恶魔"的身份亮相。"恶魔"指的是在山里追赶骑手的恶魔。第一个被恶魔迪迪"激活"的车手是哥伦比亚的奥利韦里奥·林孔（阿马亚车队），当时是在安道尔的奥尔迪诺山口［注："复仇恶魔"（El Diablo）是美国 DC 漫画旗下的反派英雄，初次登场于 *All-Star Western* 第 2 卷第 2 期（1970 年 11 月）］。

（8）帕斯卡尔·利诺（飞士天车队）是唯一一位赢得 1993 年环法赛赛段（第 14 赛段）冠军的法国车手。这标志着自第二次世界大战以来，法国人第一次没有赢得比赛的至少两个赛段。

（9）当美国斯巴鲁-蒙哥马利车队被邀请与法国沙扎尔车队一起组队参加环法赛时，教练埃迪·博里塞维奇拒绝了这个邀请，他说他决心让他的车队自己参加明年的比赛。在西班牙卡尔美车队也拒绝与法国队合作后，沙扎尔车队接受了环法赛的邀请，派出了一支由 9 人组成的完整阵容。

(10)环法自行车赛协会成为阿莫里体育组织(ASO)的子公司。ASO 是新闻集团菲利普阿莫里公司的控股公司。该组织负责监督体育赛事,由前法国滑雪冠军让·克洛代·基利主持。

(11)哈萨克斯坦的奥列格·科兹利廷、爱沙尼亚的扬·基尔西普(两人都是沙扎尔车队车手)和斯洛伐克的扬·斯沃拉达(蓝波-波尔蒂车队)是参加环法赛的第一批本国选手。

1994 年

1.当盖维斯-巴朗车队的车手在弗莱什河—瓦隆古典赛中获得前三名后,记者问队医米凯莱·费拉里他们 3 人是否在使用促红细胞生成素(EPO)。费拉里回应说:"EPO 并不危险,真正危险的是它的滥用。即使是橙汁,如果你喝 10 升也会有害。"

2.5 月 19 日,1973 年环法赛冠军、西班牙选手路易斯·奥卡尼亚在法国西南部科佩纳-达尔马尼亚克的家中用一把口径为 38 毫米的左轮手枪在外屋自杀。在环法赛中,奥卡尼亚是唯一一位能与埃迪·默克斯一较高下的车手,当时他正处于巅峰状态。在 1971 年的环法赛中,路易斯·奥卡尼亚在第 14 赛段的比赛中摔倒,当时领先"食人魔"7 分钟多。他唯一一次环法赛胜利是在 1973 年的赛事上,当时默克斯选择不参加那届环法赛。自杀时,路易斯·奥卡尼亚正在他的葡萄园里,他遇到了财务问题,还有婚姻问题。据报道他患有丙型肝炎,可能还患有癌症。他去世时只有 48 岁。

3.6 月,美国自行车联合会收购了美国职业自行车联合会,成为美国自行车运动的唯一管理机构。美国联邦基金主席迈克·弗雷斯说,这一宣布标志着长期合作进程的结束。"每个参与的人都坚信,在一个管理机构的管理下,自行车比赛将会得到更好的服务。"

4.俄罗斯的维亚切斯拉夫·叶基莫夫(Wordperfect 车队)赢得了杜邦巡回赛,兰斯·阿姆斯特朗(摩托罗拉车队)落后 1 分 24 秒名列第二。

5.史蒂夫·赫格(雪佛兰-洛城警长车队)在费城的核心州美国

职业公路自行车赛中成为美国国家冠军。摩托罗拉车队 34 岁的肖恩·耶茨(英国)赢得了这场比赛的冠军。

6.约翰·托马克(泰奥加-捷安特车队)赢得了北岸越野自行车协会(NORBA)速降赛冠军,当时,他穿着一件全身橡胶制的一字米牌的"身体安全套"紧身衣。

7.叶夫根尼·别尔津(盖维斯-巴朗车队)在第 77 届环意赛上击败了马尔科·潘塔尼赢得比赛。获胜后,他成为第一个赢得大环赛冠军的俄罗斯车手。米格尔·因杜拉因位居第三。

8.通过赢得环意赛的冲刺冠军,波尔蒂车队的贾迈里丁·阿卜杜贾帕罗夫(乌兹别克斯坦)成为继埃迪·默克斯之后,第二位在三大环赛中都获得冲刺积分的车手。

9.瑞士车手托尼·罗明格尔(马贝-克拉斯车队)赢得了第 49 届环西赛。托尼·罗明格尔的纪录是连续第三次赢得该赛事,这是最后一项春季比赛。

10.一小时骑行纪录在 1994 年被打破四次。4 月下旬,英国选手格雷姆·奥布里采用了他激进的"滑雪"姿势,完成了 52.713 千米的赛程。随后,这一姿势立即被国际自盟禁止。9 月初,环法赛冠军米格尔·因杜拉因(班尼斯托车队)将这一纪录提高到 53.040 千米。10 月 22 日,环西赛冠军、来自瑞士的托尼·罗明格尔又以 53.832 千米的成绩超越了前两个纪录。两周后,罗明格尔又更新了成绩:55.291 千米。所有的纪录都是在法国波尔多创造的。

11.在世锦赛上,马蒂·诺斯坦成为自 1912 年弗兰克·克雷默在新泽西州纽瓦克市赢得比赛以来第一位赢得冲刺比赛的美国选手。

12.通过 4 年的努力,弗兰克·沃尔伯格完成了《踏板推进器买家指南》一书。在共 272 页的指南中,包含了几乎所有能想到的最近的自行车部件和配件的大量信息。这本书有近 75 万字,数千张彩色照片。其价格是 8 美元现金,10 美元支票或汇票,或 12 美元的信用卡。这本书的作者寄了现金,收到了印刷延迟的邮件通知,并且确实收到了他的目录。

13.帕克自行车工具公司推出了一种装着 6 块无胶 GP-1 贴片(补胎用)的小塑料盖,售价为 2.95 美元。

14.为了阻止纽约曼哈顿的偷车贼,氪石锁具公司推出了纽约锁。价值 75 美元的 U 形锁有一个直径 16 毫米的硬化钢锁扣,一个 35 毫米的横杆,重 1.5 千克。

15.萨洛蒙体育集团收购了法国配件公司马威克。萨洛蒙集团年收入达 7 亿美元。

16.联合弗伦登贝格公司出售了 36 6AL/4V 钛制辐条,售价为 89 美元。14 毫米口径的辐条每条重量为 4.2 克,有多种长度可供选择,据称比不锈钢辐条轻 56%。

17.格雷格·莱蒙德所在的 GAN 车队骑的是由科罗拉多州丹佛市克拉克-肯特公司制造的钛自行车。

18.萨克斯公司推出了山地自行车液压碟刹。

19.12 月 3 日,3 届环法赛冠军得主格雷格·莱蒙德在美国加州比弗利山的科贝尔冠军之夜宣布退役。莱蒙德说,他退休的原因是患上了线粒体肌病,这是一种罕见的退化性肌肉疾病,细胞的线粒体部分不再能够为肌肉提供恢复自身所需的氧气。大多数人怀疑,这种疾病与他 1987 年打猎时遗留在体内的数十颗铅弹有关。他告诉自行车记者塞缪尔·阿布特:"在过去的 7 年里,我有 4 个月感觉很好,在这 4 个月里,我赢得了两次环法自行车赛冠军和两次世锦赛冠军。但剩下的岁月里,我一直在挣扎。"资深自行车评论员菲尔·利格特还记得利蒙德是他最喜欢的骑手之一,他说:"我很喜欢报道格雷格·利蒙德的胜利,因为他总是有很多话要说,也很有争议。"

20.一辆价值 3.3 万美元的铍制山地车在明尼苏达州美国自行车制造厂的仓库中被盗。

21.法国车手吕克·勒布朗在意大利阿格里真托赢得了公路世锦赛冠军,后来勒布朗承认在他的整个职业生涯中都使用了 EPO,英国的克里斯·博德曼赢得了首届世界计时赛冠军。

22.澳大利亚的迪恩·罗杰斯在厄瓜多尔的基多赢得了首届青少年男子自行车计时赛冠军。

23.18岁的克里斯蒂安·范德·维尔德在全国高级场地锦标赛中赢得了积分赛,他骑的是他父亲在1972年奥运会上骑过的施温派拉蒙自行车。施温公司从1956年到1972年一直为美国奥运代表队提供自行车。

24.意大利选手詹卢卡·博尔托拉米(马贝-克拉斯车队)赢得了世界杯赛冠军。

25.美国车手安迪·汉普斯滕签约米格尔·因杜拉因所在的班尼斯托车队。

26.西班牙人安赫尔·路易斯·卡塞罗(班尼斯托车队)赢得了第32届环未来赛。

27.俄罗斯选手瓦莲京娜·波尔卡汉诺娃赢得了第9届环法女子自行车赛冠军。

28.毛里齐奥·丰德里斯特(蓝波车队)赢得了家乐氏环英赛。

29.德国车手延斯·福格特赢得了和平赛。

30.杰米·卡尼赢得了环萨默维尔库格勒-安德森纪念赛。

31.美国科罗拉多州的珍妮·戈利赢得了米尔德丽德库格勒女子公开赛。

32.美国广播公司电视网买下了1996年环法赛在美国的转播权。

自行车在中国

(1)中国自行车协会助力车专业委员会成立。

(2)国务院公布了第一个《汽车工业产业政策》,公开表示"国家鼓励个人购买汽车",从此,中国突破了私家车的禁区观念。也正是从此时开始,在中国的大城市,自行车开始逐渐淡出人们的生活。

环法自行车赛

(1)米格尔·因杜拉因(班尼斯托车队)紧随雅克·安克蒂尔和埃迪·默克斯之后,成为连续赢得 4 次环法赛的第 3 名车手。

(2)克里斯·博德曼(GAN 车队)和肖恩·耶茨(摩托罗拉车队)是自 1962 年汤姆·辛普森以来第一批穿着黄衫的英国车手。博德曼在开场时的平均速度为 55.152 千米/时,这是他有纪录以来的最高速度。博德曼以 15 秒的优势取胜,这是自 1976 年弗雷迪·梅尔滕斯以 17 秒的优势取胜后,序幕赛段最大的差距。

(3)在第 1 赛段结束时,一名拍照的警察导致了一场严重的撞车事故,事故导致几名杰出的车手被淘汰,包括法国队的洛朗·雅拉贝尔(昂斯车队)。

(4)环法赛首次通过英法海底隧道转场,并且是 20 年来第二次访问英国。在那里,赛段从多佛到布赖顿以及朴次茅斯。

(5)在卢尔德-卢什·阿迪登赛段的一次成功突围使得法国的里夏尔·维朗克(飞士天车队)第一次穿上圆点衫。

(6)里夏尔·维朗克(飞士天车队)获得总成绩第 5 名,并赢得了"爬坡王"称号,他将自己的 4.7 万美元奖金捐给了一家帮助卢旺达难民的救济机构。维朗克说,他还将拍卖他的自行车和圆点衫。

(7)瑞士选手托尼·罗明格尔(马贝-克拉斯车队)因胃部不适不得不弃赛,当时他处于第 2 名的位置。

(8)埃罗斯·波利(Mercatone Uno 车队),意大利 85 千克的主车群巨人,在长时间的突围后,其中包括爬旺图山,最终赢得了卡庞特拉赛段。赛后,他拿到了敢斗奖。在他攀爬旺图山的过程中,原本领先 24 分钟的波利失去了 20 分钟。

(9)彼得·乌格鲁莫夫(盖维斯-巴朗车队)是首位赢得环法赛赛段冠军的拉脱维亚人。

(10)扬·斯沃拉达(蓝波-普纳尼亚车队)是首位赢得环法赛赛

段冠军的捷克共和国车手。

(11)长期担任技术总监的阿尔贝·布韦监督了他的最后一场环法赛。

1995 年

1.兰斯·阿姆斯特朗(摩托罗拉车队)赢得了圣塞瓦斯蒂安古典赛,成为第一位赢得世界杯赛事的美国车手。

2.在哥伦比亚的杜伊塔马,阿夫拉姆·奥拉诺在他的同胞米格尔·因杜拉因的帮助下,成为第一个赢得公路世锦赛冠军的西班牙人,因杜拉因赢得了计时赛。这一年,公路世锦赛将从 8 月底至 9 月初移回 10 月份。

3.意大利选手琳达·维森蒂尼赢得了国际自盟在圣马力诺举行的第一个青少年女子计时赛。

4.瑞士车手托尼·罗明格尔(卡尔美-阿维安卡车队)赢得了第78 届环意赛。他赢得了所有的三次计时赛,并从第 2 赛段就拿到了领骑粉衫。

5.第 50 届环西赛由法国的洛朗·雅拉贝尔(昂斯车队)赢得,这是自国际自盟将赛事从传统的春季移至秋季以来的首次。随着这一变动,环西赛的地位迎来了一个戏剧性的增长,顶级职业车手利用这一赛事来提高赛季末的成绩,为即将到来的世界自行车锦标赛做准备。

6.诺姆·阿尔维斯(土星车队)在美国费城的核心州美国职业公路自行车赛中独自领骑最后 9.66 千米,获得了美国冠军。

7.在美国费城,来自加拿大的克拉拉·休格斯(土星车队)以 5 米的优势击败了来自美国科罗拉多州格伦伍德斯普林斯的队友珍妮·戈雷,赢得了女子自由古典赛的冠军。

8.美国自行车联合会更名为 USA Cycling。该组织成立于 1920 年,当时名为美国业余自行车联盟,并于 1976 年初更名为 USCF。

9.兰斯·阿姆斯特朗赢得了 1995 年杜邦巡回赛。在过去两年中,他都获得了第 2 名。

10. 来自荷兰的弗雷德·隆佩尔贝格在邦纳维尔盐碱滩以平均每小时 268.613 千米的速度驾驶着一辆燃油喷射的直线加速赛车,打破了约翰·霍华德 10 年前的自行车陆地速度纪录,速度提高了 22 千米/时。

11. 哈菲公司推出了 5 到 8 岁孩子适用的金属自行车。新自行车是由回收铝制成的(每辆车含有大约 120 个易拉罐),售价在 149 美元到 199 美元之间。在凯马特和玩具反斗城有售。哈菲公司的高级开发工程师蒂莫西·迪茨说:"骑起来铝比钢更舒适。"

12. 萨克斯公司的二线公路车套件 7000,具有曲柄臂、变速器本体以及涂成红色的刹车握把和制动钳。

13. 佳能戴尔公司为奥兰多魔术队篮球明星沙奎尔·奥尼尔打造了一款车架长 76 厘米的"山地自行车/混合动力车"。车架的铝管壁厚是佳能戴尔普通自行车的两倍。奥尼尔让人把自行车漆成栗色来配他的汽车。

14. 法国自行车配件和轮圈巨头马威克公司带着它的 Cosmic 空气动力学车轮进入预制车轮市场。价格大约是每对 850 美元。

15. 10 月 18 日,在米兰—都灵古典赛中,马尔科·潘塔尼在高速下降过程中迎头撞上了一辆汽车,左腿下半部分的骨头都撞碎了。经过 3 个小时的手术,一个气动外固定针穿过他的腿,以防止愈合时缩短。他会想念 1996 年赛季,大部分时间他都拄着拐杖。

16. 1 月 6 日,配件制造商三拓宣布将从美国市场撤出。

17. 环法自行车赛协会宣布将在 8 月的最后一周举办环法山地自行车赛。

18. 环法自行车赛官方网站(www.letour.fr)于 1996 年推出了英文版。德语和西班牙语版本的网站也将很快跟进。

19. 法国车手埃马纽埃尔·马尼安(卡斯托拉玛车队)赢得了第 33 届环未来赛。

20. 意大利车手法比亚娜·卢佩里尼赢得了环法女子自行车赛

冠军。

21.捷克共和国车手帕维尔·帕德诺斯赢得了和平赛。

22.美国马萨诸塞州的贾森·斯诺赢得了环萨默维尔库格勒-安德森纪念赛。

23.美国宾夕法尼亚州的杰茜卡·格里科赢得了米尔德丽德库格勒女子公开赛冠军。

24.4 月 29 日,法国车手卡特琳·马萨尔在法国波尔多创造了女子一小时骑行 46.112 千米的纪录。7 个星期后,英国车手伊冯娜·麦格雷戈在曼彻斯特将女子一小时骑行纪录提高到 47.411 千米。

25.3 月,瑞士车手曼弗雷德·努斯凯勒骑自行车 5 秒钟能产生 2378 瓦的电,足够 200 盏灯使用。

26.比利时选手约翰·穆塞乌(马贝-GB 车队)赢得了世界杯赛冠军。

27.2 月 21 日,在哥伦比亚麦德林地区,波斯托邦车队的内斯托尔·莫拉、奥古斯托·特里亚纳·冈萨雷斯和埃尔南·帕蒂诺在骑行训练途中被卡车撞死。

28.岛野庆三逝世,享年 62 岁。他是禧玛诺公司创始人岛野庄三郎的次子,曾领导公司的研发部门。美国萨克斯集团的约翰·纽金特这样评价他:"我认为庆三的死是一个具有里程碑意义的时刻,庆混自行车行业有史以来最有影响的人。我认为在自行车历史上,制造自行车部件的人中,庆三的影响力比任何人都大。一个真正伟大而非凡的人。"

自行车在中国

(1)深圳市喜德盛自行车有限公司成立。喜德盛公司是集研发、制造、销售、服务于一体的专业化自行车企业,销售范围不仅覆盖全国 30 多个省、自治区、直辖市,更远销全球 50 多个国家和地区。喜德盛公司建有融"教、训、赛、娱"于一体的国际自行车训练基地,设有国际自行车联盟标准山地自行车赛道、自行车文化博物馆等。

(2)天津市自行车电动车行业协会成立。它是经天津市经委批准、市民政局登记注册的法人社团组织。天津市自行车行业电动车行业协会始终遵循"集行业之力、办行业之事、促行业之兴"的宗旨，竭诚为广大企业服务，努力构建企业与政府沟通、与国外市场交流的桥梁，积极引导天津自行车产业持续健康发展。

(3)6月,深圳市自行车运动协会成立。这是经深圳市民政局注册的单项体育运动社团,是受深圳市文体旅游局和深圳市体育总会指导、管理的非营利性公益组织。协会的宗旨是,响应国家"发展体育运动,增强人民体质"和"全民健身"的号召,通过组织各种形式的培训、活动、赛事等,推动自行车运动事业发展,促进社会和谐。

环法自行车赛

(1)米格尔·因杜拉因(班尼斯托车队)成为第一位连续5次赢得环法赛冠军的车手。埃迪·默克斯在1969年至1974年之间参加的前5次比赛(非连续)中获胜。

(2)环法赛的圣布里厄序幕赛段在晚上举行。

(3)1992年奥运会金牌得主、意大利车手法比奥·卡萨尔泰利(摩托罗拉车队)在第15赛段,即比利牛斯山脉的阿斯佩赛段下坡时摔倒后去世。第16个赛段作为向他致敬赛段。

(4)加拿大的史蒂夫·鲍尔(摩托罗拉车队)开始了他的第11次环法赛。他是迄今北美参加环法赛次数最多的车手,共完赛了9次。

(5)比亚内·里斯所在的盖维斯-巴朗车队是2005年之前参加该项目的速度最快的团队计时赛车队,平均时速为54.943千米。

(6)法国电视台在比赛现场直播了110个小时。

(7)赛事组织者开始对车手们登上阿尔普迪埃的时间计时。

(8)意大利车手马尔科·潘塔尼用38分钟爬上了阿尔普迪埃。两年后他将打破自己的纪录。

(9)谢尔盖·乌斯查科夫（波尔蒂车队）成为第一位赢得环法赛赛段冠军的乌克兰车手，他在第13赛段的比赛中击败了兰斯·阿姆斯特朗。

(10)实力较弱的德国电信车队受邀参加环法赛，由9人组成的混合阵容由德国选手罗尔夫·阿尔达格率领，其中包括3名美孚-意大利塞勒车队车手。

1996 年

1.第25届亚特兰大奥运会是第一届允许职业车手参加的奥运会。瑞士选手帕斯卡尔·理查德赢得了222千米的公路比赛。在西班牙国王胡安·卡洛斯和国际奥委会主席胡安·安东尼奥·萨马兰奇的注视下，米格尔·因杜拉因以1小时04分05秒的成绩赢得了52千米个人计时赛的冠军。在奥运会之后，因杜拉因放弃了环西赛，跳过了卢加诺的公路世锦赛。

2.在亚特兰大奥运会中，山地自行车项目被列入正式比赛项目。

3.兰斯·阿姆斯特朗（摩托罗拉车队）赢得了弗莱什河—瓦隆赛，成为第一个最年轻的赢得这为期一天的比利时古典赛的美国车手。

4.蒙哥马利-贝尔自行车队更名为美国邮政总局蒙哥马利-贝尔车队。

5.摩托罗拉宣布将在赛季结束时终止对车队的赞助。车队总经理吉姆·奥乔维奇为车队寻找新赞助商的努力最终以失败告终。到本年年底，兰斯·阿姆斯特朗将与西里尔·吉马尔领导的科菲迪斯车队签署一份价值250万美元的为期2年的合同。凯文·利文斯顿也与法国队签约，而乔治·辛卡皮则与新的美国邮政车队签约，后者最初的队服上印有一枚32美分的邮票，上面印有爵士乐大师路易斯·阿姆斯特朗的肖像。

6.兰斯·阿姆斯特朗在拿下第5赛段后，最终以3分15秒的优势赢得了最后一届杜邦巡回赛冠军。该赛事于年底正式终结，不再举办。当这家化工巨头宣布将终止每年 200 万美元的赞助时,前国家自行车教练埃迪·博里塞维奇感叹美国自行车运动突然陷入困境,他说:"我们正在回到 70 年代。"没有结果,就没有赞助。

7. 俄罗斯车手帕维尔·通科夫(蓝波-维纳欧车队)赢得了第 79 届环意赛。

8. 埃迪·格拉格斯(美国邮政-蒙哥马利-贝尔车队)在最后一轮攻击中取得了在费城举办的核心州美国职业公路自行车赛冠军。

9. 瑞士车手亚历克斯·齐勒(昂斯车队)赢得了第 51 届环西赛。

10. 6 月 18 日,法国记者皮埃尔·沙尼死于胸膜炎。20 世纪 50 年代初,他加入了环法赛报纸《队报》,担任骑行部负责人。编辑兼环法赛组织者雅克·戈代称他是"这个行业神圣的动物"。沙尼是唯一一位报道 1947 年至 1995 年间所有 49 次环法赛的记者。在他去世前不久,沙尼曾表示,兴奋剂将使自行车运动走向死亡。沙尼享年 73 岁。

11. 禧玛诺公司推出了山地自行车用的低配版 V 刹。

12. 贝尔体育公司收购了自行车头盔制造商吉罗。

13. 在圣诞节商品目录中,高档零售商奈曼·马库斯推出了一辆可容纳 8 人的圆形四轮自行车。这款外观奇特的机器具有摩托车避震,仅售 5 万美元。

14. 朱迪思·克朗和格伦·科尔曼合著了《没有帮手:施温自行车公司的兴衰,一家美国机构》(插图 350 页;由纽约的亨利·霍尔特公司出版,售价 25 美元)。

15. 9 月 6 日在英格兰曼彻斯特,英国车手克里斯·伯德曼打破了托尼·罗明格尔保持了两年的一小时骑行纪录,新纪录为 56.375 千米。

16. 10 月 26 日,法国选手让尼·隆哥-西普雷利在墨西哥城的奥林匹克赛车场将女子一小时骑行纪录提高到 48.159 千米。

17. 速联公司工程师约翰·奇弗和萨姆·帕特森凭借其专利获得了"知识产权所有者协会企业家奖",这使速联公司从日本零部件巨头禧玛诺公司手中夺走了 50% 的自行车变速杆市场。速联公司的销售额从 1992 年的 400 万美元增长到 1995 年的 5000 万美元。

18. 为了纪念其公司成立 100 周年，施温公司制造了 4000 个经典的"黑色幻影巡洋舰自行车"的复制品。该公司表示，预计所有这些价值 3000 美元的复制品都将被卖光。

19. 比利时的约翰·穆塞乌赢得了在瑞士卢加诺举行的新命名的男子公路精英赛的冠军。瑞士人亚历克斯在计时赛中获得了彩虹衫。国际自行车联盟主席海因·维尔布鲁根利用这次活动提出了"卢加诺宪章"，从 2000 年 1 月 1 日起，将国际比赛中使用的自行车限制为标准的"双钻石"设计（三角车架结构）——两个轮子大小应相同。

20. 在瑞士卢加诺，意大利车手朱利亚诺·菲格拉斯赢得了国际自盟的首个 23 岁以下车手参加的公路世锦赛冠军，他的同胞卢卡·西罗尼赢得了新设立的 23 岁以下车手参加的男子计时赛冠军。

21. 在本赛季结束时，现年 34 岁的安迪·汉普斯滕宣布，他将结束 12 年的职业生涯。

22. 意大利的法比亚娜·卢佩里尼赢得了环法女子自行车赛的冠军，法国的让尼·隆哥-西普雷利排名第三，这是她自 1985 年以来第 8 次登上最后的领奖台。

23. 戴维·埃克斯巴里亚（昂斯车队）赢得了环未来赛。

24. 德国车手斯特芬·韦泽曼（德国电信车队）赢得了和平赛，在比赛的 10 个赛段中拿下其中 7 个。

25. 新西兰的朱利安·迪安（嘉康利车队）赢得了环萨默维尔库格勒-安德森纪念赛。

26. 美国宾夕法尼亚州的杰茜卡·格里科再次成为米尔德丽德库格勒女子公开赛的冠军。

27. 比利时的约翰·穆塞乌（马贝车队）赢得了世界杯赛冠军。

28. 1937 年环法自行车赛的冠军，罗歇·拉佩比死于 10 月 12 日，享年 85 岁。

29. 10 月 8 日,兰斯·阿姆斯特朗在美国得克萨斯州奥斯汀举行新闻发布会,宣布他患了癌症。6 天前,他被诊断出患有三期绒毛膜癌,这是一种罕见的、致命的血源性癌症。10 月 3 日,其恶性睾丸被摘除,7 日,他开始接受化疗。阿姆斯特朗说,癌细胞已经扩散到他的腹部。他没有提到他的肺里还有 10 到 12 个高尔夫球大小的肿瘤。在演讲接近尾声时,兰斯·阿姆斯特朗强调,他不仅打算战胜这种疾病,而且他还打算再次以一名职业自行车手的身份骑行。

环法自行车赛

(1)比亚内·里斯(德国电信车队)是第一位赢得环法赛的丹麦选手。在 2007 年,他将承认在这段时间使用过 EPO,并被暂时剥夺胜利成果。当时没有新的获奖者被提名,因为许多其他成绩最好的选手最终不是因服用兴奋剂被判有罪,就是涉嫌服用兴奋剂。里斯在 2008 年 7 月将被恢复 1996 环法赛冠军的头衔。

(2)叶夫根尼·别尔津(Gewis 车队)是第一个穿黄衫的俄罗斯车手。

(3)排名第二的车手扬·乌尔里希(德国电信车队)是自 1932 年库尔特·斯托佩尔以来,第一个完成比赛站上领奖台的德国车手。

(4)德国选手埃里克·察贝尔(德国电信车队)以 335 分赢得了冲刺绿衫。在 2007 年,他将承认在比赛中使用过 EPO,并将被剥夺胜利成果,从而使得法国的弗雷德里克·蒙卡森(GAN 车队)顺延成为 1996 年绿衫拥有者,其冲刺积分为 274 分。

(5)波尔蒂车队的今中大介今年 33 岁,是参加环法赛的第一位日本职业车手,也是自 1926 年和 1927 年川村俊雄(注:1926 年环法赛,日本人川村俊雄成为首名亚洲参赛选手,不过他在首日即退出比赛)之后首位来自日本的选手。这位广岛本地人正在他的福斯托·科皮自行车上测试禧玛诺公司新推出的 9 速 Dura Ace 套件。他在第 15 赛段后被淘汰。

（6）比赛领骑者斯蒂芬·厄洛（GAN 车队）因膝盖肌腱炎退出了比赛。

（7）赛事总成绩第三的选手里夏尔·维朗克（飞士天车队）是自 1989 年洛朗·菲尼翁以来首位登上领奖台的法国人。

（8）因为加利比耶和伊斯朗赛道上有雪，190 千米的第 9 赛段被缩短为 46 千米，这是自 1922 年比赛跳过图尔马莱山口以来，环法赛首次因天气原因缩短了赛段距离。

（9）切佩·冈萨雷斯（卡尔美车队）是第一个赢得非山地环法赛赛段的哥伦比亚车手。

（10）在第 1 赛段，抗议高税收的农民用树木堵塞了道路，并在道路上撒钉子。因为这些钉子会危及车手的安全，贸易商和工匠防卫联合会是少数几个被赛事组织者起诉的组织。

1997 年

1.出于公平性的考虑，国际自盟在一小时骑行世界纪录榜单上抹去了 1984 年弗朗切斯科·莫泽开始使用封闭轮组以来的全部新纪录，并且规定挑战这项纪录的车手必须使用与 1972 年埃迪·默克斯所使用的车辆相同结构的车：圆管菱形车架、钢丝低框轮组、下弯形车把，以及不含空气动力学尾翼的头盔。

2.坎帕尼奥洛公司和禧玛诺公司分别推出了 9 速飞轮。

3.1 月 2 日，米格尔·因杜拉因宣布退休。环法赛赛事总监、前车手让-玛丽·勒布朗回忆说："有好几年，我自己也被米格尔·因杜拉因近乎完美的表现所震惊，他在环法自行车赛上给人从未失败过的印象。"

4.斯科特公司（美国）将施温骑行与健身公司出售给杰伊·利克斯和丹·勒夫金的探索者伙伴基金，据报道售价为 4300 万美元。该基金还拥有莱德卡车租赁公司。

5.速联公司从曼内斯曼·萨克斯公司手中收购了萨克斯自行车零部件公司，成为仅次于禧玛诺公司的全球第二大自行车零部件公司。

6. 崔克公司在美国自行车展上推出了 Y-66 和 Y-77 Y-Foil OCLV (Optimum Compaction/Low Void 最佳压实/低空隙）自行车。据报道，这种自行车的梁架设计使其比传统框架的自行车快 4%。配备 Ultegra 套件的型号零售价约为 2700 美元。

7. 瑞士车手亚历克斯·齐勒（昂斯车队）在第 52 届环西赛上再次夺冠。

8. 意大利的伊万·戈蒂（喜客车队）赢得了第 80 届环意赛冠军。在赛事期间，来自意大利国家科学院的一支缉毒队突袭了位于卡瓦莱塞的 MG-泰诺健车队的酒店，发现了 20 箱合成代谢类固醇和 3 箱生长激素。MG-泰诺健车队立即退出了比赛。

9. 意大利选手米凯莱·巴尔托利（MG-泰诺健车队）赢得了世界杯赛。

10. 在美国费城，巴特·鲍恩（土星车队）获得了美国职业自行车锦标赛的冠军，此前获得第 3 名的摩托罗拉的乔治·欣卡皮因车胎被扎后搭队车而被取消了比赛资格。这场比赛的获胜者是意大利喜客车队的马西米利亚诺·莱利。

10. 意大利的法比亚娜·卢佩里尼连续第三次获得环法女子自行车赛冠军，加拿大的琳达·杰克逊名列第三。

11. 法国车手洛朗·鲁（TVM-福莱茨农场车队）赢得了环未来赛。

12. 斯特芬·韦泽曼（德国电信车队）再次赢得和平赛。包括序幕赛段和第 3 赛段冠军。

13. 美国宾夕法尼亚州的布雷特·艾特肯赢得了环萨默维尔库格勒-安德森纪念赛。

14. 美国佛罗里达利文斯顿的卡伦·布利斯赢得了米尔德丽德库格勒女子公开赛。

15. 法国车手洛朗·布罗沙尔在西班牙圣塞巴斯蒂安赢得了精英男子公路赛冠军。法国的洛朗·雅拉贝尔在计时赛中获胜。

16.国际自盟将大多数男性车手的血容比上限设定为50％。

17.9月,阿迪达斯收购了滑雪器材制造商萨洛蒙,后者还拥有法国轮组制造公司马威克。

18.不伦瑞克公司收购了獴(自行车公司)和Service Cycle品牌。

19.共产党人玛丽-乔治·比费于1997年5月当选法国青年和体育部长,并立即宣布她计划严厉打击体育运动中的兴奋剂问题。

20.兰斯·阿姆斯特朗和他的科菲迪斯车队将于1998年1月在法国北部的瓦斯夸尔开始训练。他说:"我感觉好多了,化疗有时很艰难,但我的医生说一切都很好。"

21.8月,科菲迪斯车队将兰斯·阿姆斯特朗从名册上除名。在美国加利福尼亚州阿纳海姆的贸易展上,当时失业的兰斯·阿姆斯特朗说:"基本上,他们已经放弃了我。他们知道我想比赛。他们认为我完了,这很好。我喜欢这样。"他的位置被瑞士的托尼·罗明格尔取代。

22.10月14日,兰斯·阿姆斯特朗加入美国邮政自行车队。兰斯·阿姆斯特朗与美国邮政车队签约后,崔克公司作为车队的自行车赞助商,取代了GT公司。

环法自行车赛

(1)扬·乌尔里希(德国电信车队)是第一个赢得环法赛冠军的德国人。

(2)第二次世界大战后的第50届环法赛从鲁昂开始,1947年,让·罗比克在鲁昂附近发起了最后赛段的进攻,赢得了比赛。

(3)马尔科·潘塔尼(Mercatone Uno车队)以37分35秒的成绩打破了自己保持的攀爬阿尔普迪埃纪录。

(4)意大利喜客-埃斯特罗车队超级冲刺手马里奥·奇波利尼改用美国制造的佳能戴尔CAAD 3铝自行车,他拿下了比赛的前两个赛段。

(5)美国邮政车队首次使用美国制造的崔克OCLV碳纤维自行

车参加环法赛。有几支车队在比赛中使用了美国制造的 Spinergy Rev-X 车轮。

(6)比赛的最佳年轻骑手奖改为法比奥·卡萨尔泰利纪念奖。

(7)在汤姆·辛普森逝世 30 周年之际,他的女儿们在旺图山他的纪念碑前立了一块牌匾。上面写着:山不再高(There is no mountain too high)。你的女儿简和乔安妮,1997 年 7 月 13 日。

(8)法国的里夏尔·维朗克(飞士天车队)成为首位连续 4 次赢得圆点衫的车手。

(9)广受欢迎的法国环法赛评论员罗贝尔·沙帕特于 1 月 20 日去世,享年 75 岁。作为法国自行车界的重要人物之一,罗贝尔·沙帕特在 1948 年至 1952 年参加环法赛后开始了他的广播职业生涯。

(10)弗朗索瓦·雷内·杜卡布尔在图尔马莱山顶上演奏巴赫和李斯特的钢琴作品。

(11)约纳·劳卡(飞士天车队)是首位参加环法赛的芬兰车手。他以第 35 名的成绩完赛。

1998 年

1.美国第一联合银行收购了核心州银行,并保留对费城美国职业自行车锦标赛的赞助。乔治·欣卡皮(美国邮政车队)在与意大利的马西米利亚诺·莫里(喜客车队)的冲刺中夺冠。欣卡皮的冲刺是由他的美国邮政车队队友兰斯·阿姆斯特朗、泰勒·汉密尔顿和弗朗基·安德鲁发起的。

2.在批评了水星车队和航海家保险车队之后(他们只是围坐在一起看着所有人),兰斯·阿姆斯特朗以 15 秒的优势击败了斯科特·莫宁格尔(航海家保险车队),赢得了共 6 个赛段的喀斯喀特自行车古典赛冠军。

3.在美国俄亥俄州塞莱纳工厂的工会合同即将到期的一周前,哈菲公司宣布计划关闭这家已有 40 年历史的工厂,并将其自行车生产转移到墨西哥或其他国家。

4. 出于安全方面的考虑，国际自盟禁止 Spinaci-style 空气动力学车把（比如齐内利公司生产的那种）在大型比赛中使用。齐内利公司起诉国际自盟，声称该禁令是基于"猜测而不是证据"。

5. 在法国选手克里斯托夫·莫罗（飞士天车队）因违反兴奋剂规定被取消比赛资格后，美国选手博比·朱利奇（科菲迪斯车队）获得了法国国际绕圈赛的胜利。

6. 保罗·金玛奇曝光 1990 年药物滥用的作品《粗野骑行》在 1998 年环法赛之前被重印。

7. 马尔科·潘塔尼（Mercatone Uno 车队）赢得了第 81 届环意赛。在赢得环法赛几周后，潘塔尼成为第七个（继 1952 年福斯托·科皮之后意大利第二个）同一年同时赢得环法赛和环意赛的车手。马里奥·奇波利尼（喜客车队）赢得了环意赛的 4 个赛段，使他的总胜利赛段数达到 25 个，追平了埃迪·默克斯，并列第 3 名，仅次于科斯坦特·吉拉丹戈的 30 个和阿尔弗雷多·宾达的 41 个。

8. 意大利选手米凯莱·巴尔托利（亚瑟士-CGA 车队）赢得了世界杯赛。

9. 8 月，环西赛的组织者宣布改变第 53 届环西赛第 13 赛段的比赛，这样它就不会进入法国。赛事总监阿尔韦托·加德亚说，由于无法预测法国裁判的表现，他们不能去。比赛中，在时间短、大部分是下坡的赛段，选手们创造了大环赛历史上全程骑行速度 51.137 千米/时的纪录。西班牙人阿夫拉姆·奥拉诺（班尼斯托车队）赢得了这个赛段冠军。从本年的比赛开始直到 2009 年，领骑衫的颜色将一直是金色的。

10. 法国通过了以法国青年和体育部部长玛丽-乔治·比费夫人的名字命名的《比费法》，旨在打击所有体育项目中的药物滥用现象。

11. 斯图尔特·奥格雷迪（法国农业信贷银行车队）赢得了英国普鲁自行车巡回赛。

12. 立陶宛的埃迪塔·普辛斯凯特赢得了在法国举行的更名为法国女子自行车巡回赛的冠军。

13.法国的克里斯托夫·里内罗赢得了环未来赛。

14.德国的乌韦·安普勒(姆鲁兹车队)赢得了和平赛。

15.美国新泽西州的乔纳斯·卡尼赢得了环萨默维尔库格勒-安德森纪念赛。

16.美国利文斯顿的卡伦·布利斯再次赢得了米尔德丽德库格勒女子公开赛冠军。

17.在荷兰法尔肯堡,奥斯卡·卡门青德成为自1951年费尔迪·屈布勒以来首位赢得精英男子公路比赛的瑞士人。1995年公路世锦赛冠军——西班牙的阿夫拉姆·奥拉诺赢得了计时赛冠军。

18.1990年世界冠军比利时选手鲁迪·达恩斯在一场汽车事故中丧生,原本那周他就满37岁了。

19.在2013年阿姆斯特朗承认服用兴奋剂后,国际自盟将剥夺他自1998年8月1日以来的所有职业成绩。

环法自行车赛

(1)马尔科·潘塔尼(Mercatone Uno 车队)赢得了本届环法赛冠军。

(2)"飞士天事件"的药品突袭导致7支车队退出了比赛。

(3)由于法国世界杯足球赛的缘故,环法赛推迟了一周开始。都柏林站的开幕仪式标志着这场比赛首次访问爱尔兰。1987年因财务管理不善而被解雇的前赛事总监费利克斯·莱维坦作为这场比赛的嘉宾回到爱尔兰。

(4)英国车手克里斯·博德曼(GAN 车队)穿着黄衫冲出了赛道。

(5)费斯蒂纳(飞士天车队)成为第一支被淘汰出环法赛的车队。

(6)比利时人汤姆·斯蒂尔斯(马贝车队)赢得了缩短的(从221千米缩短到205.5千米)第12赛段的比赛,平均速度为48.76千米/时,使得第12赛段成为2003年之前200千米以上赛段中平均速度最快的。

(7)在法国阿尔贝维尔，丹尼尔·芒吉斯庆祝他自1976年成为官方播音员以来参与的第500个赛段。

(8)由于车手罢工，比赛的第17赛段被取消了。

(9)冠军马尔科·潘塔尼创造了当时的平均速度纪录，为39.98千米/时。

(10)博比·朱利奇(科菲迪斯车队)第3名的成绩使他成为第二位登上领奖台的美国人。

(11)芒努斯·巴克斯塔德(GAN车队)成为第一位赢得环法赛赛段冠军的瑞典车手。

(12)无论是圆点衫的获胜者还是绿衫的获胜者都没有拿到过赛段冠军。

(13)阿克塞尔·默克斯(波尔蒂车队)是比利时伟大的车手埃迪·默克斯的儿子，第一次参加环法赛，最终排名第十。

(14)环法赛开始使用GPS技术跟踪车手的位置。

(15)"最具攻击性骑手"佩戴红色号牌来标识。

(16)法国漫画家佩洛索去世，享年98岁。佩洛索曾被形容为"拿着铅笔的安托万·布隆丹"，他画了1931年至1981年环法赛及其车手的漫画形象。

(17)环法赛收入约2.5亿法郎，其中56%来自商业赞助商，30%来自电视转播权，14%来自主办社区支付的费用。

(18)奇怪的是，在环法赛结束后，飞士天手表的销量反而达到历史新高。

1999 年

1.意大利选手伊万·戈蒂(波尔蒂车队)在第82届环意赛中夺冠。此前，意大利选手马尔科·潘塔尼在倒数第2赛段马东纳—迪坎皮利奥因血容比超过50%而被淘汰出局。在他被驱逐出场之前，其在比赛还剩两个赛段的时候领先了6分钟。马里奥·奇波利尼将他在环意赛的赛段获胜总数提升到29个。

2.法国选手洛朗·雅拉贝尔(昂斯车队)赢得了环意赛冲刺冠军,成为第三位(仅次于埃迪·默克斯和贾迈里丁·阿卜杜贾帕罗夫)在三大环赛都赢得冲刺冠军的车手。

3.德国的扬·乌尔里希(德国电信车队)赢得了第 54 届环西赛冠军。乌尔里希还赢得了意大利维罗纳精英男子计时赛的冠军。西班牙车手奥斯卡·弗莱雷赢得了男子公路精英赛冠军。

4.美国邮政车队车手马蒂·杰米森以第 5 名的成绩获得首个美国职业自行车联盟锦标赛冠军。丹麦选手雅各布·皮尔赢得了该项比赛的冠军。

5.美国消费品安全委员会制定了一项自行车头盔安全标准,该标准在美国成为法律。

6.哈菲公司宣布将关闭位于美国密苏里州法明顿和密西西比州南黑文的最后两家美国工厂。哈菲表示,关闭这些工厂将降低成本,完成公司从单一品牌制造商向多品牌设计、营销和分销公司的转型。两个工厂一旦关闭,600 人将失去工作。

7.5 月,前飞士天车队队医维利·富特的《揭露毒品的连锁屠杀》(*Ddrug Expose Chain Massacre*)在法国出版[英文版以《打破锁链》(*Breaking the Chain*)为名出版]。这本书的代笔人是前《队报》自行车专栏作家皮埃尔·巴列斯特尔,他将与戴维·沃尔什共同撰写 2004 年的《洛城机密:兰斯·阿姆斯特朗的秘密》。

8.户外生活网络(现为范瑟丝)签署了一份期限较长的合同,在美国转播环法赛。

9.蒂埃里·克拉韦罗莱特是 1990 年环法赛圆点衫获得者,他被发现死在家中,据说他是自杀的。

10.兰斯·阿姆斯特朗(美国邮政车队)是自 1986 年美国业余公路自行车赛冠军道格·史密斯的肖像在 1988 年出现在 1000 万麦片包装盒上后首位出现在麦片包装盒上的自行车运动员。

11.坎帕尼奥洛公司先于禧玛诺公司 4 年推出 10 速变速系统。

12.马威克公司推出了它的无线电子变速器系统 Mektronic,但被国际自行车联盟拒绝了。

13.首届环澳大利亚国际自行车赛(简称"环澳赛")举办,其现已发展成为南半球规模最大的自行车赛事。环澳赛在 2008 年加入国际自盟世界巡回赛,是国际自盟首个在欧洲之外举办的赛事。

14.马克·沃特斯(拉波银行车队)赢得了英国普鲁自行车巡回赛。

15.归化后的比利时选手安德烈·柴米尔(乐透-摩比星车队)赢得了世界杯赛。

16.西班牙的乌纳伊·奥萨(班尼斯托车队)赢得了环未来赛。

17.立陶宛的戴安娜·齐利厄特赢得了法国女子自行车巡回赛冠军。

18.德国的斯特芬·韦泽曼(德国电信车队)赢得了和平赛。

19.加拿大多伦多的埃里克·沃尔伯格赢得了环萨默维尔库格勒-安德森纪念赛。

20.美国宾夕法尼亚州的劳拉·范吉尔德赢得了米尔德丽德库格勒女子公开赛的冠军。

21.在德国柏林,法国队的费利西娅·巴朗热成为第一个在世界场地自行车锦标赛上连续 5 次获得冲刺冠军的女性。

22.1999 年 10 月 12 日,兰斯·阿姆斯特朗和克莉丝汀·阿姆斯特朗的孩子卢克·戴维·阿姆斯特朗出生。

23.美国车手乔纳森·沃特斯(美国邮政车队)赢得了环法国南部自行车赛。

自行车在中国

(1)《电动自行车通用技术条件》(GB 17761—1999)发布。其规定了电动自行车的定义、产品分类、技术要求、试验方法和检验规则等。

(2)7 月 25 日,台湾自行车联合会成立。

环法自行车赛

(1)在被剥夺成绩之前,兰斯·阿姆斯特朗在最后一次化疗后的第954天赢得了环法赛冠军。他是第二位赢得环法赛冠军的美国人。他也是自洛朗·菲尼翁以来,第一个在4个赛段中获胜的选手,也是第四个在三大环赛计时赛中都获胜的选手。

(2)阿姆斯特朗是美国车队中第一个赢得环法赛的车手,也是第一个骑美国产自行车的冠军。

(3)阿姆斯特朗的崔克计时赛自行车实际上是一辆重新油漆的Litespeed Blade自行车[注:Litespeed公司致力于打造超级自行车,它是一家钛合金制造商(甚至为美国航天局提供钛合金)。Litespeed公司有多款重量不足0.9千克的车架,钛合金比碳纤维更轻、更昂贵。Litespeed Blade整车除车架外,把组、套件、轮组同样采用超轻设计]。这辆车的前刹是15年前的Dura-Ace AX型。

(4)阿姆斯特朗的平均速度40.276千米/时是一项新的比赛纪录。

(5)自1956年以来,这是第一次没有前冠军参加的比赛。

(6)自1977年以来,只有两位总冠军是首次参加环法赛,当时只有贝尔纳·泰弗内和迪迪·图劳穿上了黄衫。

(7)扬·基尔西普是第一个赢得环法赛赛段冠军并穿上黄衫的爱沙尼亚车手。

(8)美国GT公司在环法赛之前取代了维特斯,成为乐透车队的独家自行车供应商。

(9)马里奥·奇波利尼是自1948年吉诺·巴尔塔利以来首位连续三次获得环法赛赛段冠军的车手(他的12场胜利也使他成为意大利车手在环法赛中获得最多赛段冠军的车手)。

(10)自1930年的夏尔·佩里西耶和1906年的勒内·鲍狄埃以来,马里奥·奇波利尼是首位在连续4个环法赛赛段获胜的车手

(1909 年，卢森堡的弗朗索瓦·法贝尔连续赢得 5 个赛段冠军)。

(11)马里奥·奇波利尼赢得了环法赛历史上最快的公路赛段，平均时速为 50.355 千米。

(12)埃里克·察贝尔是第一个连续 4 次赢得环法赛绿衫的车手。

(13)连续两年，圆点衫的获得者和绿衫的获得者都没有赢得一个赛段冠军。

(14)由于消防员抗议工作条件恶劣，第 17 赛段的出发时间被推迟。

(15)自 1926 年以来第一次在环法赛中没有法国人获得赛段冠军。

(16)禧玛诺公司在其顶级 Dura-Ace 套件推出 25 周年之际获得了首个环法赛总冠军。

(17)法国国民议会通过了一项法律，要求专业的自行车手提交测试，以便为未来的药物测试建立生理学基线。

第十五章　看起来越蠢，就越畅销（2000—2009）

最据争议的理论：

美国宾夕法尼亚大学沃顿商学院教授卡尔·乌尔里希提出了一个理论。他在一篇论文中提出，骑自行车旅行可能比开着排放污染物、燃烧化石燃料的汽车和运动型多用途车对环境造成的危害更大。怎么会这样呢？他写道，骑自行车的人更健康，寿命更长。在他们的一生中，他们消耗的能量比他们节省的要多。

最短的纪录：

英国 25 岁男子马克·博蒙特凭借一辆自行车，历时 195 天完成了环游世界的壮举，创造了新的最短时间骑自行车环游世界的吉尼斯世界纪录。他以每天平均骑行 160 千米的速度前行，一路经过了 20 多个国家，一共走了 2.9 万千米的路程。在博蒙特之前，最短时间骑自行车环游世界的纪录保持者是英国人史蒂夫·斯特兰奇，他的成绩是 276 天。

最蠢的设计：

哈菲公司推出了一款自行车，它是由自行车和滑板车的零件安装在 15 厘米的轮子上构成的。据报道，自行车售价是 50 美元一辆。公司副总裁说："看起来越蠢，就越畅销。"

最自信的评论员：

许多专家称美国邮政车队 2002 年的环法赛车队是有史以来最好的车队之一。评论员菲尔·利格特说，这支队伍是现代自行车运动时代最优秀的队伍。他的电视搭档保罗·舍文对此表示赞同，称美国邮政车队是"过去 50 年来最好的车队"。

出四个小测验：

"比利时鸡尾酒"是什么？

"比利时锅"又是什么？

环法赛中的"红灯笼"是什么意思？

3千米的仁慈规则是什么内容？

（答案不限于本章）

兰斯·阿姆斯特朗连续第4年被美联社选为年度男运动员。自1931年该奖项首次颁发以来，他是唯一4次获得该奖项的运动员。

兰斯·阿姆斯特朗连续第7次赢得环法赛冠军，后来被全数取消。

就在兰斯·阿姆斯特朗与崔克公司签订终身个人服务合同的同一天，他再次成为法国媒体的目标。《队报》发表了一篇题为《阿姆斯特朗的谎言》的长达4页的文章，文中称，阿姆斯特朗在1999年首次赢得环法自行车赛冠军时所采集的尿样中，有6份被检测出EPO阳性。环法赛总监说："我们都被阿姆斯特朗愚弄了。"

后来，关于阿姆斯特朗的这件事出了许多书，《洛城机密：兰斯·阿姆斯特朗的秘密》为其中之一。

他还想赢得第8个环法赛冠军。

他还想参加一次环意赛。

他还想……

有一年，环法赛一开始，法国报纸《队报》就打出了有史以来第一个英文标题："God Save le Tour"（上帝保佑环法）。10年来，法国媒体一直声称自行车赛有"两种速度"（干净的法国车队和不干净的其他车队），现在，《队报》开始在同一页报纸上印刷法国车手的总成绩排名作为真正的总成绩。

西班牙选手阿尔韦托·孔塔多尔有一年在站上最后领奖台时，组织者竟然把国歌演奏错了。演奏成哪国的了？

这10年，技术上的争夺更趋白热化。

这边坎帕尼奥洛公司的10速变速系统刚刚面世，那边速联公司就推出了一对名为Force和低配版的Rival的10速公路套件。毫无疑问,禧玛诺公司也推出了一款 10 速 Dura-Ace 套件。当由坎帕尼奥洛公司赞助的车队测试了 11 速 Super Record 套件时,禧玛诺公司马上测试了电子版套件 Di2。

锁踏大佬 LOOK 公司迎来了 25 周年庆,推出了 Keo 2 Max,这是其最新款踏板的精装版,它的特点是一个更宽的平台,以及限量版(全球仅 25 个)蒙德里安风格的 596 计时赛自行车。

在北京举行的第 29 届奥运会上,西班牙选手萨穆埃尔·桑切斯在 245 千米的男子公路赛中夺冠。瑞士的法比安·坎切拉拉赢得了男子个人计时赛冠军,瑞典的古斯塔夫·拉松获得了银牌,美国的利瓦伊·莱普海默获得了铜牌。

电影《十七岁的单车》在德国柏林国际电影节首映,入围第 51 届柏林影展竞赛单元,最终获得第 51 届柏林国际电影节评审团大奖、第 51 届柏林国际电影节新人才奖演员奖。主演之一的高圆圆被许多人记住了。影片的外文名为 *Beijing Bicycle*。

环青海湖国际公路自行车赛(简称"环湖赛")开始举办。它是世界上海拔最高的国际性公路自行车赛,也是中国规模最大、参赛队伍最多、奖金最高的国际公路自行车赛事。

分类概览

人物传奇

◎2000 年,吉诺·巴尔塔利死于心脏病。

◎2004 年,马尔科·潘塔尼死于心脏病。

◎2005 年,"高山天使"沙利·高尔死于肺栓塞。

◎2008 年,兰斯·阿姆斯特朗以 2 小时 50 分 58 秒完成了波士顿马拉松。

品牌技术

◎2000 年,坎帕尼奥洛公司的 10 速变速系统面世。

◎2001 年,禧玛诺公司推出了 Nexave Di2 系统。

◇2002 年,速联公司收购了 Rock Shox。

◇2004 年,禧玛诺公司推出了一款 10 速 Dura-Ace 套件。

◇2006 年,速联公司推出了 10 速公路套件。

◇2008 年,禧玛诺公司收购了一字米公司,并公布 Dura-Ace 套件的电子版本(7970)。

◇2009 年,禧玛诺公司的电子变速器系统 Di2 面世;LOOK 公司推出了 Keo 2 Max。

赛事会展

◇2000 年,意大利车手赢得第 83 届环意赛;扬·乌尔里希赢得奥运会公路赛。

◇2004 年,首届国际自盟职业巡回赛举办;达米亚诺·库内戈赢得第 87 届环意赛。

◇2005 年,首届国际自盟洲际巡回赛举办;保罗·萨沃尔代利赢得第 88 届环意赛。

◇2007 年,达尼洛·迪卢卡赢得第 90 届环意赛。

◇2009 年;首届国际自盟世界巡回赛举办;丹尼斯·门乔夫赢得 100 周年环意赛。

协会组织

◇2000 年,国际自盟规定自行车必须是传统的菱形框架设计,并宣布只承认传统赛道自行车的一小时骑行纪录;意大利通过法律对体育运动中有关的兴奋剂行为进行刑事处罚。

◇2001 年,国际自盟规定了自行车的最低重量。

◇2002 年,德国自行车联盟宣布环法赛冠军扬·乌尔里希被停赛。

◇2003 年,国际自盟强制使用头盔的规则在环意赛上开始生效。

◇2005 年,国际自盟实施 3 千米的仁慈规则。

◇2006 年,兴奋剂调查中心公布了一份涉嫌使用兴奋剂车手名单。

文化逸闻

◎2000 年,兰斯·阿姆斯特朗自传《与自行车无关》出版。

◎2001 年,飞士天事件解密书《罪恶的环法》出版。

◎2002 年,《体育画报》选择兰斯·阿姆斯特朗作为年度体育人物。

◎2004 年,《洛城机密:兰斯·阿姆斯特朗的秘密》出版;首次"世界裸体自行车日"活动在英国举行。

◎2005 年,《队报》发表题为《阿姆斯特朗的谎言》的文章。

◎2006 年,沃顿商学院教授认为,骑自行车旅行对环境危害更大。

◎2008 年,马克·博蒙历时 195 天骑车完成环游世界的壮举。

自行车在中国

◎2001 年,《十七岁的单车》在德国柏林国际电影节首映。

◎2002 年,环湖赛开始举办。

◎2003 年,第 2 届环湖赛黄金宝获得赛段冠军。

◎2004 年,中国大学生体育协会自行车分会成立;第 3 届环湖赛扎吉凯获得总冠军。

◎2005 年,国际自盟主席现场观摩了第 4 届环湖赛。

◎2006 年,首届环海南岛国际公路自行车赛(简称"环岛赛")、环千岛湖国际公路自行车赛举办;电影《练习曲》(单车环岛日志)上映。

◎2007 年,"环青海湖国际公路自行车赛事陈列"开展;第 6 届"中信杯"环湖赛举办。

◎2008 年,中国 78％的家庭拥有了自行车;"蒙牛绿色骑手奔向北京"活动举行;北京市首次引进公共自行车;谢旺霖的《转山》在大陆出版。

◎2009 年,霸州中国自行车博物馆建成;宁浩导演的电影《疯狂的赛车》上映。

环法自行车赛

◇2000 年,上届冠军兰斯·阿姆斯特朗并没有穿着黄衫参加比赛;史上第一次最后一个赛段完全在巴黎市内进行;影片《环法,孩子》摄制完成。

◇2001 年,连续拿下第六件绿衫的察贝尔承认使用了 EPO。

◇2002 年,兰斯·阿姆斯特朗打破了马尔科·潘塔尼攀爬旺图山的纪录。

◇2003 年,环法赛迎来了 100 周年庆。

◇2004 年,兰斯·阿姆斯特朗六连冠。

◇2005 年,兰斯·阿姆斯特朗连续第七次赢得环法赛冠军。

◇2006 年,弗洛伊德·兰迪斯因兴奋剂而输掉了比赛。

◇2007 年,阿尔韦托·孔塔多尔夺冠;《队报》打出第一个英文标题:"God Save le Tour";《拯救环法》出版。

◇2008 年,西班牙的卡洛斯·萨斯特雷赢得冠军。

◇2009 年,阿尔韦托·孔塔多尔夺冠;兰斯·阿姆斯特朗获得第三名;演员本·斯蒂勒骑坏了兰斯·阿姆斯特朗的自行车。

2000 年

1.5 月,两届环法赛冠军吉诺·巴尔塔利死于心脏病,享年 85 岁。他的两个环法赛冠军分别在 1938 年和 1948 年获得,相隔 10 年。

2.1 月 1 日,国际自盟规定自行车必须是传统的菱形(双钻石)框架设计,并且两个轮子的尺寸相同。国际自盟的一名官员说,这一规定将在 2000 年 1 月后生效。

3. Litespeed 公司的大股东 JKH 投资公司从索康尼公司手中收购了梅林金属厂。

4.4 月,位于美国北卡罗来纳州的性能自行车品牌店收购了自行车纳什巴,收购金额不详。性能自行车店总裁加里·斯努克表示,他计划将这两家自行车邮购巨头分开。纳什巴品牌对它的顾客来说是有意义的。这是他们觉得有价值的东西之一,他们为此付出了代价。他们觉得不继续下去是愚蠢的。

5.美国车手泰勒·汉密尔顿(美国邮政车队)赢得了第 52 届环多菲内赛冠军。

6.意大利车手斯特凡诺·加尔泽利赢得了第 83 届环意赛冠军。

7.意大利通过了第 376 号法律,该法律要求对体育运动中有关的兴奋剂行为进行刑事处罚。根据这项法律,任何被发现提供或使用违禁药物的人都将面临最高 3 年的监禁。除了正常的体育制裁外,这项法律使意大利成为少数几个对兴奋剂犯罪实施刑事制裁的国家之一。

8.6 月,三届环法赛冠军得主——39 岁的格雷格·莱蒙德被选入位于新泽西州萨默维尔的美国自行车名人堂。

9.前环法赛冠军斯蒂芬·罗奇和他的妻子莉迪娅在法国里维埃拉开了一家有 27 个房间的叫罗什玛丽娜的酒店。

10.马贝-快步车队的弗雷德·罗德里格斯击败了乔治·欣卡皮(美国邮政车队)获得第 2 名,赢得首届美国职业自行车联盟锦标赛冠军的是澳大利亚的亨克·福格尔斯(水星车队)。

11. 兰斯·阿姆斯特朗鼓舞人心的自传《与自行车无关》在环法赛期间成为《纽约时报》的畅销书。阿姆斯特朗与萨莉·詹金斯共同撰写了这本书。

12. 闪电公司与美国的崔克公司(崔克车队、美国邮政车队)、佳能戴尔公司(喜客-万丽车队)和 GT 公司(乐透-阿第克车队)等自行车公司合作,开始向法国的飞士天车队提供 S-Works M4 自行车。

13. 西班牙车手罗伯托·埃拉斯在第 55 届环西赛上夺冠,这是卡尔美车队在大环赛中的首次胜利。

14. 在澳大利亚悉尼举行的第 27 届奥运会上,德国选手扬·乌尔里希在 239 千米的公路比赛中战胜了德国电信车队的两名队友赢得冠军。俄罗斯选手维亚切斯拉夫·叶基莫夫在计时赛中战胜了乌尔里希,而兰斯·阿姆斯特朗在一个月前的一次训练中折断了自己的 C7 节颈椎,获得铜牌。距奥运会开始还有 6 周时,国际奥委会已经批准使用法国和澳大利亚开发的尿液和血液测试来检测运动员是否使用促红细胞生成素。

15. 在法国普卢艾举行的公路世锦赛上,拉脱维亚的罗曼斯·魏因斯坦斯成为首位赢得男子公路比赛冠军的东欧选手。本次比赛的平均速度是 42.963 千米/时。乌克兰选手谢尔盖·贡塔察赢得了男子计时赛冠军。

16. 玛丽·霍顿在女子计时赛中以 33 分 14 秒的成绩赢得了世界女子自行车锦标赛冠军,赛程为 25 千米。法国的让尼·隆哥-西普雷利落后了 3 秒,排名第二。

17. 9 月 8 日,国际自盟宣布,他们只承认传统赛道自行车的一小时骑行纪录。国际自盟的决定导致埃迪·默克斯 1972 年在墨西哥城创下的 49.431 千米的一小时骑行纪录被恢复,而克里斯·博德曼在 1996 年的空气动力辅助纪录 56.375 千米将被标示为"世界上最好的成绩"。10 月 27 日,博德曼在英格兰曼彻斯特的一条赛道上骑了 49.441 千米,以 10 米的优势打破了这位比利时人保持了 28 年的纪录。

18.10 月 18 日,在澳大利亚墨尔本的沃达丰室内赛车场,澳大利亚的安娜·威尔逊-米尔沃德骑着一辆传统的场地自行车,以 43.501 千米的成绩刷新了女子一小时骑行纪录。超过了科尔内利娅·范奥斯滕在 1978 年创下的 43.082 千米的纪录。

19.11 月 5 日,法国的让尼·隆哥-西普雷利在墨西哥城将女子一小时骑行纪录改写为 44.767 千米。一个月后,她将纪录提高到 45.094 千米。让尼·隆哥-西普雷利在 1996 年创造的空气动力辅助纪录 48.159 千米被标示为"女子世界最好的成绩"。

20.让尼·隆哥-西普雷利打破了加拿大车手吉纳维芙·让松保持了一年的华盛顿汽车公路攀爬纪录。让尼·隆哥-西普雷利以 58 分 14 秒的时间完成了 12.25 千米的攀爬,比原纪录提高了 1 分 01 秒 57。吉纳维芙·让松以落后 1 分 00 秒 14 的成绩获得第 2 名。美国马萨诸塞州米德尔顿的蒂姆·约翰逊赢得了男子比赛冠军,成绩是 55 分 46 秒。

21.9 月 16 日,44 岁的曼弗雷德·努斯凯勒在瑞士伯尔尼创造了滚筒骑行世界纪录——164.1 千米/时。据报道,曼弗雷德·努斯凯勒把 54×11 牙盘踩到了每分钟 284 转。他使用了莫泽车架和坎帕尼奥洛套件。

22.10 月 2 日,比利时根特的一名法官裁定,57 岁的前飞士天车队队医埃里克·里克尔特在 1998 年环法赛飞士天事件之前,非法贩运了 Eprex(注:兴奋剂,红细胞生成素)3 年。埃里克·里克尔特被罚款 60 万比利时法郎(约合 1.3 万美元)。

23.美国北卡罗来纳州的乔纳斯·卡尼赢得了环萨默维尔库格勒-安德森纪念赛。

24.美国佐治亚州的蒂娜·马约洛赢得了米尔德丽德库格勒女子公开赛的冠军。

25.德国的埃里克·察贝尔(德国电信车队)赢得了世界杯赛冠军。

26.西班牙车手华内·索马里瓦(阿尔法卢姆车队)赢得了法国女子自行车巡回赛冠军。

27.波兰车手彼得·瓦德基赢得了和平赛。

28.西班牙车手伊凯尔·弗洛雷斯(巴斯克电信车队)赢得了环未来赛冠军。

29.比格玛-欧贝维利耶93车队的车手蒂埃里·布吉尼翁撰写了 *Tours and Detours*(巴黎,波特嘉出版公司)一书。

30.前 FDJ 车队车手克里斯托夫·巴松斯(现与让·德拉图尔合作)的赛车生涯在他的关于毒品的故事 *Positif* 出版后宣告结束。

31.坎帕尼奥洛公司的10速变速系统面世。

32.德国自行车行业中颇具知名度的迪阿曼特自行车厂,继不久前成功开发"Bery Ⅱ Relax"城市自行车、"Borderline"长途旅行自行车、"Navaho"运动自行车,以及"Full 8 Ball"山地自行车等新品之后,经过一段时间的"奋力拼搏",现又开发了一系列颇具自己特色的全避震越野自行车新品。

33."97Shimano 设计竞赛"活动在意大利米兰隆重举行。来自世界各国的13位自行车新品设计者向应邀前来观赏的几百名宾客展示了其精心制作的"未来自行车"的设计方案。荷兰城市解决方案公司设计的一种"Tang"型折叠式自行车在此次国际性的自行车新品设计竞赛中一举夺魁,荣登冠军宝座。

自行车在中国

2000年第4季度,国家质量技术监督局组织对自行车产品质量进行了国家监督抽查。本次抽查了30家企业的30种样品,合格的有20种,产品抽样合格率为66.7%。从企业性质分析,本次抽查了4家国有企业,其产品全部合格,抽样合格率为100%。

环法自行车赛

(1)本届环法赛全程为3630千米,从法国中西部出发,在西北部和西部进行9个赛段后,进入比利牛斯山区,之后乘飞机到达阿尔卑斯山,在这里进行一系列山地比赛,最后乘火车到达巴黎南部,7 月 23 日到达终点巴黎凯旋门。

(2)与以往不同的是,本届环法赛不仅有两个个人计时赛,还增加了一个多年没有进行的团体计时赛。这使车手们要想获得好成绩,不仅要拥有个人计时单发的能力,他所在的车队还要有整齐的团队实力。

(3)比赛不仅增加了山地赛段的数量,还增加了比赛难度。以往环法赛的最高山口海拔达 2400 米,而本年在阿尔卑斯山区进行的第 15 赛段比赛中,最高峰海拔达到 2645 米,而且这一赛段的其他 4 个山口中有 3 个山口的海拔达到 2000 米以上。第 14 赛段的比赛也有 4 个山口,其中 3 个的海拔达到 2000 米以上。

(4)在被剥夺胜利之前,兰斯·阿姆斯特朗连续第二次赢得环法赛冠军。

(5)环法赛纪念品法比奥·卡萨尔泰利领骑白衫在缺席 11 年后又回来了。白衫这次被授予 25 岁及以下赛事的最佳车手。

(6)这是自 1967 年赛事开创以来,第二次在比赛开始时没举行序幕赛。上届冠军兰斯·阿姆斯特朗并没有穿着黄衫参加比赛。

(7)环法赛老板菲利普·阿莫里买下了未来之镜主题公园的控股权。在亏损 3500 万欧元后,他将在 2002 年出售公园的股份。

(8)在缺席 5 年后,团队计时赛重新开始设立。在赛事期间,有抗议者把一些干草捆搬到路上,但没有影响到赛段比赛的进行。

(9)36 岁的意大利的阿尔贝托·埃利(德国电信车队)是自第二次世界大战以来年龄最大的穿黄衫的车手。

(10)比赛的第 12 赛段是自 1972 年以来第一次在旺图山完成的公路赛段。

(11)12 岁的菲利普·塔迪在第 13 赛段比赛中被宣传车队的一辆车撞死后,环法赛赛事总监让-玛丽·勒布朗写道:"环法的成功不会一帆风顺,即使组织者很努力。"但他表示,他将试图控制多余的宣传车队通过,把汽车的数量从 700 辆减少到 250 辆,计划只允许通过橙色认证的车辆在赛道上行驶,并向所有驾驶员提供环法自行车赛驾驶规则手册。勒布朗最后写道:"运动就是生命,菲利普不能白白失去他的生命。"

(12)在第 18 赛段,兰斯·阿姆斯特朗在其职业生涯中第 22 天穿了黄衫,超过了美国同胞格雷格·莱蒙德穿黄衫 21 天的纪录。

(13)最后一个赛段完全在巴黎市内进行,这在环法赛历史上还是第一次。

(14)德国冲刺车手埃里克·察贝尔连续第五次获得绿衫。

(15)美国邮政车队的弗朗基·安德鲁以 9 次站上环法赛起点线结束了他的第九次环法赛,超过了安迪·汉普斯腾创下的美国车手 8 次站上起点线的纪录。加拿大的史蒂夫·鲍尔开始了他的第 11 次环法赛,完赛了其中 9 次。

(16)圣地亚哥·博特罗是继路易斯·卢乔·埃雷拉(1985 年和 1987 年)之后,第二位获得环法赛爬坡冠军的哥伦比亚人。

(17)身着比赛骑行服的巴斯克抗议者在第 15 赛段结束时加入了游行队伍。

(18)菲利普·沙皮伊在环法赛上穿着必比登的服装,他是比赛宣传车队中的米其林先生。菲利普·沙皮伊扮作米其林宝宝。这位比赛宣传车队的米其林男子,被授予 20 年服务环法自行车赛奖章。

(19)宣传车队由代表 40 家公司的 200 辆车组成,组织者向广告商收取前三辆车 13 万法郎(合 1.8 万美元)的费用,每增加一辆车向广告商收取 3 万法郎(合 4200 美元)的费用。

(20)一位名叫斯科特·科迪的粉丝在设法取得媒体证件后,用手持摄像机拍摄了一部赛事影片,名字叫《环法,孩子》,成了一部热门影片。

(21)皮埃尔·迪马博士于 2 月去世。从 1952 年到 1977 年,他一直是环法自行车赛的医生。迪马医生享年 78 岁。

(22)前赛事总监雅克·戈代逝世,享年 95 岁。法国环法赛协

会宣布,计划在比利牛斯山脉的图尔马莱山口为他建造纪念碑。从
1936 年开始,雅克·戈代指挥了这场比赛 51 年。当时他在比赛开
始不久就接替了健康状况不佳的亨利·德格朗热。从 1937 年赛事
开始,他被提升为赛事总监。两届环法赛冠军洛朗·菲尼翁回忆
道:"我对他只有一点点了解。但我记得的是他的个性。他有真正
的道德价值观,而且,即使有时他显得很严厉,他的判断也总是公
正的。"

2001 年

1. 美国邮电车队车手乔治·欣卡皮击败了水星-维亚特尔车队
的利昂·范邦,夺得第 63 届比利时根特—韦弗尔海姆赛冠军,成为 5
年来首位赢得古典赛事冠军的美国骑手。

2. 第 84 届环意赛的场景让人想起 1998 年的环法赛,6 月 6 日
晚,警察搜查非法药品时突袭了选手驻扎的圣雷莫酒店。第二天,车
手们拒绝继续比赛,比赛的第 18 赛段被迫取消。车手们被威胁,如
果放弃比赛将受到更严厉的处罚,最终环意赛才得以顺利结束。比
利时车手里克·韦布吕格在平直的赛道上,在 7.6 千米/时的风速帮
助下,以平均 58.874 千米/时的速度拉开比赛序幕,这是有史以来大
环赛中最快的。其他 47 名车手也超过了克里斯·伯德曼在 1994 年
环法自行车赛序幕赛中创造的 55.152 千米/时的纪录。意大利的车
手吉尔贝托·西莫尼(蓝波-大金车队)赢得了比赛冠军。

3. 国际自盟搬进了位于瑞士艾格勒的有着未来主义风格铝制幕
墙的造价 7000 万欧元的总部。

4. 自 2001 年 1 月 1 日起,国际自盟的第 1.3.019 条规则规定,自
行车的重量不得低于 6.8 千克。

5. 弗雷德·罗德里格斯(多默-福莱茨农场车队)在美国费城击
败了乔治·欣卡皮(美国邮政车队)和特伦特·克拉斯纳(土星车
队),成为美国职业自行车联盟赛事的首位冠军。参赛的 164 名选手
来自 23 个国家。

6. 前飞士天车队总监布鲁诺·鲁塞尔出版了他关于 1998 年飞士天事件解密的书——《罪恶的环法》。

7. 西班牙的安赫尔·卡塞罗（飞士天车队）在没有赢得一个赛段冠军的情况下,于第 56 届环西赛最后一天超过了同胞奥斯卡·塞维利亚,赢得了总冠军。美国邮政车队的利瓦伊·莱普海默落后 2 分 59 秒名列第三,成为第一个登上领奖台的美国人。这是有史以来速度最快的环西赛,平均速度为 42.534 千米/时。卡塞罗骑的是一辆美国制造的闪电自行车。

8. 拥有美国和意大利双重国籍的科菲迪斯车队的圭多·特伦蒂,成为第一个赢得环西赛赛段（第 19 赛段）冠军的“美国人”。

9. 在葡萄牙里斯本,奥斯卡·弗莱雷三年内第二次赢得了公路世锦赛的男子公路精英赛。1999 年的计时赛冠军扬·乌尔里希再次与时钟赛跑,这次他以 6 秒的优势战胜了英国的戴维·米勒,拿下计时赛冠军。美国的丹尼·佩特赢得了 23 岁以下车手参加的男子计时赛的冠军。

10. 9 月 11 日,太平洋自行车公司的克里斯·霍尔农与鹦鹉螺公司的凯文·拉马尔联合出价,在与哈菲公司达成潜在交易的两个月后,破产的施温/GT 公司被拍卖。

11. 哈菲公司推出了一款微型猴自行车,它是把自行车和滑板车的零件安装在 6 英寸的轮子上。据报道,自行车售价 50 美元一辆。哈菲公司的副总裁比尔·史密斯说:“看起来越蠢,就越畅销。”

12. 禧玛诺公司推出了 Nexave Di2（Digital Integrated Intelligence,数字集成智能）系统,该系统使用一个微型电脑来变速和调整“让行车更舒适”的避震,成本超过 2000 美元。Di2 套件目前在美国还没有,Di2 将在 2008 年的美国自行车展上以禧玛诺的电子 Dura-Ace 条件的形式回归。

13. 多年来,Litespeed 公司一直把自己的自行车涂成与其他欧洲车队制造商的自行车一样的颜色。如今,该公司与美国田纳西州查塔努加的乐透-阿第克车队签署了一份为期 3 年的协议,将取代 GT,

成为后者的自行车供应商。在施温/GT 公司破产后,公司的新老板
对赞助车队不感兴趣。

14.10 月,职业自行车手协会保证,从 2002 年开始,新秀的最低
年薪为 1.5 万欧元(合 1.37 万美元),所有其他职业车手的最低年薪
为 2.3 万欧元(合 2.1 万美元)。

15.11 月 20 日,兰斯·阿姆斯特朗的妻子克里斯廷生下一对双
胞胎女儿:格蕾丝·伊丽莎白和伊莎贝尔·罗丝。

16.瑞士军方宣布,世界上仅存的骑自行车作战制度将于 2003
年废除。

17.西班牙车手华内·索马里瓦再次赢得法国女子自行车巡回
赛冠军。

18.俄罗斯车手丹尼斯·门乔夫(班尼斯托车队)赢得了环未来
赛冠军。

19.加拿大的埃里克·沃尔伯格赢得了环萨默维尔库格勒-安德
森纪念赛。

20.美国北卡罗来纳的克里斯蒂娜·安德伍德赢得了米尔德丽
德库格勒女子公开赛冠军。

21.丹麦的雅各布·皮尔赢得了和平赛。

22.荷兰的埃里克·德克尔(拉波银行车队)赢得了世界杯赛
冠军。

23.2 月 15 日,26 岁的西班牙车手里卡多·奥特索阿在西班牙
卡尔塔马附近的训练中被车撞死,当时他和他的孪生兄弟兼卡尔美
车队队友的哈维尔正在训练中。哈维尔曾在 2000 年环法赛第 10 赛
段卢尔德—欧塔坎的比赛中夺冠,在这次事故中,他的后脑严重受
伤,可能还伤及脊髓。

24.美国邮政总局局长说,美国在"9·11"恐怖袭击后发生的炭
疽事件最终可能导致美国邮政服务公司损失高达 40 亿美元。年底,
美国标准普尔公司宣布,这一年公司亏损 16.8 亿美元。

自行车在中国

2月17日，由王小帅执导，崔林、李滨、高圆圆、周迅等人主演的《十七岁的单车》在德国柏林国际电影节首映影片后入围第51届柏林影展竞赛单元，最终获得第51届柏林国际电影节评审团大奖、第51届柏林国际电影节新人才奖演员奖。该片主要讲述了进城打工的农村少年小贵和学生小坚两人之间关于单车而发生的一系列故事，是北京电影制片厂和吉光公司出品的剧情片。影片的英文名为 *Beijing Bicycle*。

环法自行车赛

（1）在被剥夺胜利之前，兰斯·阿姆斯特朗（美国邮政车队）成为继米格尔·因杜拉因、埃迪·默克斯、雅克·安克蒂尔和路易松·博贝之后，第五位连续三次赢得环法赛冠军的车手。

（2）德国冲刺车手埃里克·察贝尔（德国电信车队）在比赛的最后一天创造了他连续拿下第六件绿衫的纪录。埃里克·察贝尔后来被剥夺了他在1996年赢得的第一件绿衫，他承认在那年使用了EPO。

（3）法国的洛朗·雅拉贝尔（CSC-蒂斯卡里车队）成为第三位赢得过环法赛绿衫（1995年）和爬坡王（2001年）的车手，也是其中唯一一位没有获得过赛段冠军的车手。2002年，也就是他参加环法赛的最后一年，他再次获得了爬坡冠军。

（4）洛朗·雅拉贝尔成为第三个在法国革命纪念日赢得两个赛段的法国人，他另一个赛段的胜利是在1995年。1961年和1964年，雅克·安克蒂尔在法国国庆日的赛段上获胜；1970年和1975年，贝尔纳·泰弗内在法国国庆日的赛段上获胜。

（5）直到兰斯·阿姆斯特朗被取消资格，环法赛才有了第二次"重复"领奖台（两年赛事前三名是相同的三个人），这也发生在

1978—1979 年。当年的前三名分别是贝尔纳·伊诺、约普·佐特梅尔克和若阿金·阿戈什蒂纽。

(6)自去年一名 12 岁的男孩死亡后，只有"明确任务"的大篷车才允许上路。其他车辆必须走另一条路线，直到接近终点。每个人都会收到一份"交通规则"。

(7)法国《星期日报》报道说，包括里昂信贷银行和菲亚特汽车公司在内的主要赞助商已经准备好不再支持这项赛事，因为他们认为反兴奋剂斗争缺乏进展。据报道，可口可乐公司将其年度环法赛预算从 435 万美元削减至 87.2 万美元。

(8)6 月下旬，户外生活网(然后是范瑟丝，再往后是美国全国广播公司体育台)成为环法赛官方网站 www.letour.fr 的官方英语合作伙伴。

(9)国际自盟开始使用尿检来检测促红细胞生成素的使用情况。这项检测是由法国国家反兴奋剂实验室开发的。

(10)一名对赛事不满的车迷在法国革命纪念日驾车冲入人群，造成 3 人受伤。

(11)在第 8 赛段，一个 14 人的突围集团领先主车群 36 分钟完成了比赛。

(12)法国记者和官方比赛档案记录员雅克·奥让德尔报道了他的第 50 次环法赛。赛后，他说兰斯·阿姆斯特朗可能会打破米格尔·因杜拉因五连冠的环法赛胜利纪录。

(13)在奥比斯克山爬坡点放置了一块牌匾，50 年前，比赛领骑者维姆·范埃斯特就是在这里从 20 米高的地方坠落到树上的。他没受重伤。

2002 年

1.国际自盟总部迁移到瑞士艾高后，在总部附近成立了世界自行车中心。

2.9 月 1 日，奥地利西部卡普伦地区举行的 2002 年山地自行车世界锦标赛在进行了最后 5 个项目的比赛后闭幕。加拿大选手格林和挪威选手达勒分别以 2 小时 19 分 02 秒和 2 小时 14 分 05 秒的成绩夺得男、女越野赛冠军。

3. 美国邮政车队的钱恩·麦克雷在马克·沃尔特斯（航海家保险车队）之后完成比赛，赢得了第 1 届美国职业自行车联盟锦标赛的国家冠军，后者是第一个赢得该项赛事冠军的加拿大人。

4. 前比利时车手马塞尔·金特于 3 月 23 日去世，享年 87 岁。被称为"黑鹰"的金特在 1938 年成为世界冠军，他一直保持着这个头衔，直到 1946 年比赛重新开始，他获得了第 2 名。1943 年，他赢得了巴黎—鲁贝赛，并连续三次赢得弗莱什河—瓦隆赛。

5. 弗雷德·罗德里格斯（多默-福莱茨农场车队）和乔治·辛卡皮（美国邮政车队）在意大利车手马里奥·奇波利尼（Acqua & Sapone 车队）之后完成根特—韦弗尔海姆赛，这是首次有两位美国车手站上古典赛领奖台。

6. 意大利的保罗·萨沃尔代利（亚力克西亚车队）赢得了第 85 届环意赛。在比赛中，赛事前冠军斯特凡诺·加尔泽利和吉尔贝托·西莫尼（后来被免责）因使用违禁药物而被逐出赛场。马里奥·奇波利尼在环意赛场上的赛段胜利总数达到 40 个，而卡德尔·埃义斯成为第一个穿领骑粉衫的澳大利亚人。

7. 美国车手利瓦伊·莱普海默（拉波银行车队）赢得了第 26 届环法国南部自行车赛的第 3 赛段，这是一场爬坡计时赛，他获得了总成绩第 1 名。

8. 5 月下旬，兰斯·阿姆斯特朗成为第一个赢得《南方自由报》杯自行车赛的美国人。在两周后，他又赢得了第 54 届环多菲内赛。他邮政车队的队友弗洛伊德·兰迪斯落后 2 分 03 秒屈居第二。

9. 萨姆·阿布特出版了他的书《出发去比赛：自行车新闻报道 25 年》，以此纪念他报道自行车运动 25 年。

10. 美国邮政车队的罗伯托·埃拉斯（西班牙）赢得了环加泰罗尼亚赛。

11.巴黎检察官的一名助手宣布，对美国邮政队进行的为期19个月的兴奋剂调查将在夏季结束，并补充说："检测没有阳性。"

12.工业建筑产品公司马贝表示，对这项运动在反兴奋剂方面取得的进展感到失望。该公司宣布，将在赛季末结束对意大利职业自行车队为期10年的赞助。

13.意大利车手保罗·贝蒂尼（马贝-快步车队）赢得了世界杯赛。

14.就在环法赛开始前不久，意大利自行车联合会宣布，因涉嫌在2001年环意赛期间使用胰岛素，将1998年环法赛冠军马尔科·潘塔尼停赛8个月。但停赛处罚在上诉后被推翻。

15.在环意赛第15赛段，德国自行车联盟宣布将暂停1997年环法赛冠军扬·乌尔里希6个月的比赛资格，因为他在比赛外的测试中被查出服用了安非他命。由于最近的膝盖手术，乌尔里希将错过本年的环法赛。

16.在最后一天的计时赛中，埃托尔·冈萨雷斯（卡尔美-白色海岸车队）以3分22秒的优势击败了他的西班牙同胞罗伯托·埃拉斯，以2分14秒的优势战胜了美国邮政车队车手，赢得了第57届环西赛冠军。罗伯托·埃拉斯还赢得了两个赛段冠军。意大利选手马里奥·奇波利尼结束了为期3个月的退役生涯，他在比赛的第一周就赢得了3个赛段的冠军，然后宣布退出比赛。他说，他将这次比赛作为即将在比利时举行的公路世锦赛的准备。

17.在比利时佐尔德举行的2002年世界男子公路精英锦标赛上，35岁的意大利选手西布里尼骑着一辆美国制造的闪电自行车赢得了冠军。罗比·麦克尤恩以落后两个自行车身的距离完成了256千米的赛程，成为首位登上领奖台的澳大利亚人。比赛的平均速度是每小时46.538千米。哥伦比亚的圣地亚哥·博特罗以48分08秒的成绩完成了40.4千米计时赛，获得冠军。

18.世界将记住法国明星洛朗·雅拉贝尔的最后一场比赛。在他14年的职业生涯中，他赢得了环西赛冠军（1995年）、世界计时赛冠军（1997年），成为仅有的继埃迪·默克斯和贝尔纳·伊诺之后第三位赢得环法赛绿衫（1995年）和爬坡冠军（2001年和2002年）的车手。

19.速联公司在3月份以560万美元收购了Rock Shox。

20.这款名为"猫眼游戏自行车"的游戏配件（售价150美元）可以把静止的自行车变成索尼Play Station游戏的控制器。骑自行车的人通过改变踏板速度和转动车把来控制比赛。

21.捷克共和国的翁德雷·索森卡在他的队友彼得·普日达扎尔被取消比赛资格后赢得了本届和平赛。

22.白俄罗斯季娜伊达·斯塔赫斯卡亚赢得了法国女子自行车巡回赛。

23.俄罗斯选手叶夫根尼·彼得罗夫（马贝-快步车队）赢得了第40届环未来赛冠军。

24.自行车教练埃德·伯克博士于2002年11月7日骑自行车时死于心脏病，时年53岁。

25.禧玛诺公司名誉主席岛野省三去世，享年74岁。1958年，他的父亲岛野庄三郎去世。1992年，他的弟弟岛野喜三接替了他的职务。

26.《体育画报》选择了兰斯·阿姆斯特朗作为年度体育人物。

27.在击败了棒球手巴里·邦兹和高尔夫球手泰格·伍兹后，兰斯·阿姆斯特朗被美联社评为年度最佳男运动员。

自行车在中国

（1）环湖赛开始举办，举办地点为青海省的环青海湖地区和邻近的甘肃省及宁夏回族自治区。首届环湖赛共9个赛段（含序幕赛），是国际自盟批准的2.5级国际赛事。后经国际自盟批准，环湖赛变为2.HC级，是亚洲顶级自行车公路多日赛，也是世界上海拔最高的国际性公路自行车赛。环湖赛是中国规模最大、参赛队伍最多、奖金最高的国际公路自行车赛事。

(2)在首届环青海湖赛中，美国车手丹尼尔森凭借出色的爬坡能力夺得了个人总成绩和爬坡总积分的第一。中国香港车手黄金宝则自第3赛段起就没让标志总积分第一的蓝色领骑衫旁落，比利时车手亨德里克则经过中间的起伏后终于夺得了代表"冲刺王"的绿色领骑衫。中国国家队的王国章获个人总成绩第四，黄金宝获第九。在首届环青海湖赛中，南非队夺得团体冠军，中国国家队名列第六。在专为中国人设立的大中华奖中，王国章夺得个人总成绩第一，黄金宝获总积分和爬坡积分第一。

(3)首届环湖赛第4赛段是25千米的计时赛，中国选手王国章夺得总成绩第一，并穿上黄色领骑衫。

(4)环湖赛赛事组委会租用了军用直升机对赛事进行航拍。

(5)电影《蓝色大门》上映，陈柏霖饰演的张士豪骑自行车的阳光背影，以及男女主角马路骑行追逐的场面，都给自行车这一交通工具抹上了浓浓的文艺气息。

环法自行车赛

(1)在被剥夺胜利之前，兰斯·阿姆斯特朗成为连续赢得4次环法赛冠军的4名车手之一。阿姆斯特朗15个赛段的胜利是所有现役骑手中最多的，而他穿黄衫46天的成绩使他在历史纪录上上升到第五位，落后于五届冠军埃迪·默克斯(96—111天，如果算上半赛段的话)、贝尔纳·伊诺(77天)、米格尔·因杜拉因(60天)和雅克·安克蒂尔(51天)。

(2)在第14赛段，阿姆斯特朗以超过53秒的成绩打破了马尔科·潘塔尼两年前创下的攀爬旺图山的纪录。

(3)阿姆斯特朗选择不穿黄衫参加序幕赛。

(4)阿姆斯特朗以82小时5分12秒的成绩夺冠，创下了环法赛的用时最少纪录。排名第二的约瑟巴·贝洛基斯以82小时12分29秒的成绩完赛。

(5)许多专家称美国邮政车队 2002 年的环法赛车队是有史以来最好的车队之一。评论员菲尔·利格特说,这支队伍是现代自行车运动时代最优秀的队伍。他的电视搭档保罗·舍文对此表示赞同,称美国邮政车队是"过去 50 年来最好的车队"。

(6)由于车队领队吉尔贝托·西莫尼因违反兴奋剂规定而被逐出环法自行车赛,因此喜客-龙格尼体育车队被取消参加环法赛的资格。

(7)31 岁的雷蒙达斯·拉姆萨斯(蓝波-大金车队)成为第一个登上领奖台的立陶宛人。他后来被指控在比赛中服用了兴奋剂,但仍保留了第 3 名的成绩。

(8)"爬坡王"的获得者洛朗·雅拉贝尔(CSC-蒂斯卡里车队)在攀爬的过程中使用了一辆重达 6.35 千克、车轮直径为 66 厘米的自行车,但在下降的过程中,他转而使用了一辆传统的赛车。

(9)罗比·麦克尤恩(乐透-阿第克车队)击败了七届冠军埃里克·察贝尔,成为首位赢得冲刺绿衫的澳大利亚人。

(10)圣地亚哥·博特罗(卡尔美-白色海岸车队)赢得了第 9 赛段的计时赛,成为第一个赢得环法赛计时赛的哥伦比亚人。

(11)环法赛所有的奖金都是欧元而不是法郎(2002 年,1 欧元大约相当于 1 美元)。本次比赛的总奖金为 2 664 035 欧元,其中336 390欧元将被授予总冠军,而最佳冲刺车手和最佳爬坡车手将分别获得22 867欧元,最佳新秀将获得18 294欧元。每天的赛段冠军将获得 7620 欧元,而当天敢斗奖车手和 HC 级爬坡点的获胜者将分别获得 1525 欧元和 760 欧元。

(12)7 岁的梅尔文·蓬佩利在比赛第 10 赛段前被雷琼附近的哈里博糖果公司的大篷车撞到,当场死亡。

(13)在德国萨尔布吕肯举行的第 2 赛段比赛中,西班牙选手奥斯卡·弗莱雷获得冠军,这是自 1981 年贝尔纳·伊诺以来,首位在环法赛中夺得一个赛段冠军的现任世界冠军。

(14)记者菲尔·利格特(户外生活网和《自行车运动杂志》)和约

翰·威尔科克森(《自行车新闻》)庆祝报道环法赛 30 周年。利格特从 1973 年就开始报道这项赛事,当时他是已故的戴维·桑德斯的司机。

(15)在阿姆斯特朗被剥夺冠军头衔之前,2002 年的环法赛是装备了禧玛诺自行车的车手首次赢得全部三大冠军衫(黄衫、绿衫、圆点衫)。

2003 年

1.3 月 12 日,哈萨克车手安德烈·基维利夫(科菲迪斯车队)在巴黎—尼斯赛第 2 赛段撞车后的第二天,死于圣艾蒂安贝尔维医院。他的同胞亚历山大·维诺克罗夫(德国电信车队)赢得了比赛,并把胜利献给了他死去的朋友。

2.国际自盟于 4 月 4 日表示,职业骑手必须强制使用头盔的规则将在 5 月 10 日举行的环意赛上开始生效。从那时起,将仅允许赛车手在赛段结束或比赛结束时才能脱下头盔,或者攀爬 5 千米或更长时。

3.5 月 27 日,泰勒·汉密尔顿(CSC 车队)在距离终点 6 千米处的圣尼古拉斯海岸追上兰斯·阿姆斯特朗,赢得了列日赛。随着他的胜利,汉密尔顿成为第一个赢得自行车运动中最古老的古典赛——"老妇人赛"的美国人,也是第一个赢得五大古典赛(米兰—圣雷莫赛、环弗兰德赛、巴黎—鲁贝赛、环伦巴第赛和列日赛)之一的美国人。

4.兰斯·阿姆斯特朗(美国邮政车队)在赢得计时赛后赢得了第 55 届环多菲内赛冠军。尽管一次时速 72.42 千米的撞车使他的右肘被缝了两针。泰勒·汉密尔顿(CSC 车队)在最后一个赛段之前因为胃病退出了比赛。

5.4 月下旬,克里斯·霍纳(土星-天美时车队)赢得了首届 5 赛段的道奇环佐治亚赛。

6.速联公司放弃了 Grip Shift 的名称,带着链条和花鼓进入公路自行车市场。

7.在美国费城举行的第 19 届美联银行美国职业自行车锦标赛上，马克·麦科马克(土星-天美时车队)以第 4 名的成绩落后于意大利的斯特凡诺·扎尼尼(喜客车队)，成为美国职业冠军。

8.兰斯·阿姆斯特朗和萨莉·詹金斯合著的第二本书《分秒必秒》于 10 月出版。

9.丹尼斯·扎内特(法萨博尔托洛车队)于 1 月 10 日在波代诺内看牙医时突发心脏病去世。扎内特赢得了 1995 年环意赛第 18 赛段的冠军，他去世时年仅 32 岁。

10.6 月，23 岁的法国赛车手法布里斯·萨朗松(布里奥切-拉勃朗日车队)在睡梦中去世。

11.意大利车手吉尔贝托·西莫尼(喜客车队)赢得了第 86 届环意赛冠军。

12.在环意赛期间，世界冠军马里奥·奇波利尼(Domina Va-canze-爱利通车队)赢得了他的第 41 个和第 42 个赛段冠军，超过了 70 岁的伟大的意大利车手阿尔弗雷多·宾达(莱尼亚诺车队)在大环赛中获得的所有赛段胜利数。"如果能帮他擦亮球鞋，我就很高兴了。""超级马里奥"曾这样评价宾达:在他参加的前八次环意赛中就取得了 41 个赛段的胜利，还包括山地赛和计时赛的胜利。马里奥·奇波利尼最好的成绩是 1997 年获得的，他第 13 次参加环意赛，取得了 42 场冲刺赛的胜利。宾达在比赛中总共取得了 5 个总冠军。

13.伟大的比利时车手里克·范施滕贝根于 2003 年 5 月 15 日去世，享年 78 岁。在 1943 年到 1966 年的职业生涯中，他赢得了 270 场公路比赛、715 场场地赛和 3 个世界职业公路锦标赛冠军。

14.泰勒·汉密尔顿离开了 CSC 车队，签署了一份价值 250 万美元的 2 年期合同，带领瑞士峰力车队。

15.美国邮政车队(美国邮政车队)37 岁的维亚切斯拉夫·叶基莫夫(俄罗斯)赢得了共 6 个赛段的环荷兰赛冠军。

16.美国康涅狄格州贝塞尔的佳能戴尔自行车公司脱离破产保

护,被康涅狄格州格林尼治的飞马资本集团收购。

17.美国伊利诺伊州森林湖的不伦瑞克公司同意支付 100 万美元来解决 31 起严重事故的索赔问题,这些事故是由其生产的叉子有缺陷的獴牌和"路霸"牌自行车引起的。该公司召回了 10 多万辆自行车。

18.西班牙车手华内·索马里瓦在 4 年内赢得了她的第 3 个法国女子自行车巡回赛冠军。

19.意大利选手保罗·贝蒂尼(快步-达维特车队)赢得了世界杯赛。

20.德国的车手斯特芬·韦泽曼赢得了和平赛。

21.美国科罗拉多州的乔纳斯·卡尼赢得了环萨默维尔库格勒-安德森纪念赛。

22.美国宾夕法尼亚州的莎拉·尤尔赢得了米尔德里德库格勒女子公开赛。

23.西班牙车手埃戈伊·马丁内斯(巴斯克电信车队)赢得了第 41 届环未来赛。

24.荷兰车手列昂蒂安·泽拉德-范穆尔斯塞尔在墨西哥城将女子一小时骑行纪录提高到 46.065 千米。

25.美国邮政车队的罗伯托·埃拉斯赢得了第 58 届环西赛,在倒数第二赛段的山地计时赛中,他从昂斯-埃罗斯基车队的伊西多尔·诺萨尔手中夺得冠军。随着罗伯托·埃拉斯的胜利和兰斯·阿姆斯特朗在环法赛的胜利,美国邮政车队成为自 1983 年雷诺-精灵车队(又名雷诺-埃尔夫车队,其队员贝尔纳·伊诺赢得环意赛,洛朗·菲尼翁赢得环法赛)以来第一支在同一年内两个不同车手赢得两个大环赛冠军的车队。

26.意大利车手亚历山德罗·佩塔基(法萨博尔托洛车队)赢得了环西赛的 5 个赛段,成为第一个同一年在每一个大环赛中都赢得 4 个及以上赛段的车手。

27.世锦赛公路赛和计时赛在加拿大安大略省的汉密尔顿举行。西班牙的伊戈尔·阿斯塔洛亚赢得了 260 千米的精英男子公路比赛。该比赛是在由前加拿大名将史蒂夫·鲍尔设计的赛道上举行的。而英国的戴维·米勒参加了计时赛，以领先澳大利亚的迈克尔·罗杰斯 1 分 25 秒的成绩夺冠。在 2004 年意大利维罗纳举行的世界锦标赛前 21 天，也就是 2004 年 9 月 8 日，米勒因服用兴奋剂而被取消了比赛资格，计时赛冠军将被授予罗杰斯。

自行车在中国

(1)8 月 10 日，第 2 届环湖赛在西宁开赛。身着黄色领骑衫的中国香港队车手黄金宝在领奖台上喷洒香槟庆贺胜利。当日，在第 1 赛段西宁绕圈赛 87 千米的角逐中，中国香港队车手黄金宝获得赛段冠军、个人总成绩冠军，获取黄色领骑衫。

(2)8 月 12 日上午 9：30，第 2 届环湖赛进行了第 3 赛段的比赛。结果，中国庆泰信托国家队的著名车手王国章以 3 小时 27 分 13 秒的成绩荣登榜首，获得第 3 赛段的冠军和总成绩冠军，顺利地穿上了领骑衫。

(3)8 月 17 日，第 2 届环湖赛结束了第 8 赛段西宁绕圈赛的比赛，意大利职业队车手达米亚谱·朱内戈以个人总成绩领先获得黄色领骑衫，王国章获得个人总成绩第 3 名。

环法自行车赛

(1)在被剥夺环法赛冠军头衔之前，兰斯·阿姆斯特朗是第五位五次获得环法赛冠军的车手，也是除了米格尔·因杜拉因外第二位连续五次获得环法赛冠军的车手。

(2)比赛的第 13 个赛段标志着兰斯·阿姆斯特朗身着领骑黄衫的第 52 天，他超越了雅克·安克蒂，落后于埃迪·默克斯的 96 天、贝尔纳·伊诺的 78 天和米格尔·因杜拉因的 60 天。到 2003 年环法结束时，阿姆斯特朗总共穿了 59 天的黄衫。

(3)阿姆斯特朗创下了三周比赛中平均速度为 40.94 千米/时的

纪录。

(4)美国邮政车队是第一支在团队计时赛中获胜的美国车队。

(5)为了庆祝环法赛100周年,比赛路线设计要经过赛事的所有6个初始赛段城市。这次环法赛的100周年纪念也有了一个新的标志:出版的书籍,巴黎钱币博物馆发行的纪念章,法国邮政发行的纪念邮票,发行的纪录片以及举办的各种展览。

(6)沿着这条古老的路线,比赛向环法赛奠基者和伟大的车手致敬:亨利·德格朗热、杰奥·勒菲弗、雅克·戈代、福斯托·科皮和路易松·博贝。

(7)自1983年以来,环法赛创始人亨利·德格朗热名字缩写首次回到领骑黄衫上。这次位于黄衫的肩上。

(8)在比赛的第10赛段,持不同政见的农民若泽·博韦的支持者使主车群延迟发车一分钟以上。

(9)第90届环法赛是自1963年第50届纪念活动以来首次在巴黎开始的赛事,也是这座“光之城”有史以来第一次举办序幕赛。

(10)雕塑家米尔科·斯塔克制作了特别的镀金百年纪念奖杯,该奖杯被授予了总冠军,镀银复制品被授予了环法赛不同类别的冠军。

(11)组织者引入了一个特殊的百年分类,由于第一届环法赛有6个赛段,6个参赛城市。在本届环法赛的这6个赛段比赛中,每个赛段均设立最佳分类车手奖,无论哪个分类的获胜车手都可获得1903欧元(合2112美元)的奖金。最终的总冠军——澳大利亚的斯图尔特·奥格雷迪(法国农业信贷银行车队)获得奖金10万欧元(合11.2万美元)。

(12)在比赛结束后,环法赛组织者组织了1万多名参与者在巴黎进行30千米的骑行,所有参与者都将获得一件免费的“百年纪念”骑行衫。巴黎还将举行百年庆典游行。

(13)法国车手里夏尔·维朗克10年来第6次赢得爬坡王圆点衫,与西班牙的费德里科·巴阿蒙特斯和比利时的吕西安·范因佩并列第一。

(14)团队计时赛首次从一个斜坡开始，这是从环西赛的组织者那里学来的。

(15)尽管在最后 19 个赛段的比赛中，美国车手泰勒·汉密尔顿（CSC 车队）的锁骨骨折，但他在多山的第 16 赛段中仍然获胜，且总成绩第四。

(16)7 月 20 日，当环法赛的第 14 赛段正在进行时，AG2R Prevoyance 车队的劳里·奥斯在他的家乡爱沙尼亚的一次训练事故中丧生。比赛在第 15 赛段开始前为他举行了默哀。1997 年，奥斯参加了环法赛，当时他还赢得了环利木赞赛冠军。2000 年，他又在公路赛和计时赛中获得了爱沙尼亚全国冠军。劳里·奥斯去世时年仅 33 岁。

(17)西班牙选手巴勃罗·拉斯特拉斯赢得了圣迈克桑—莱科勒的第 18 赛段比赛，这是环法赛第二快的路段，平均车速为 49.938 千米/时。

(18)到南特的第 19 赛段计时赛成为环法赛第二快的计时赛段（不包括序幕赛段），获胜者苏格兰的戴维·米勒用时 54 分 05 秒跑完了 49 千米的赛道，平均时速为 54.348 千米。

(19)维克托·乌戈·培尼亚（美国邮政车队）成为第一位穿着黄衫的哥伦比亚车手。

(20)亚历山大·维诺克罗夫（德国电信车队）成为第一个完成比赛站上领奖台的哈萨克斯坦车手。

(21)在比赛期间，拍摄了有关骑手如何应对环法赛比赛压力的 IMAX 电影纪录片。电影的主角是泰勒·汉密尔顿。

(22)创纪录地，有 7 名澳大利亚车手参加了比赛。

(23)1950 年的环法赛冠军——瑞士车手费尔迪·屈布勒在 7 月 24 日比赛进行到第 17 赛段时庆祝生日。费尔迪·屈布勒时年 84 岁，是当时在世的最年长的环法赛冠军。

(24)德国导演佩佩·丹夸特在环法赛上拍摄了电影《车轮上的地狱》。这部时长 123 分钟的纪录片主要讲述了德国电信车队的故事，特别是车手埃里克·察贝尔和罗尔夫·阿尔达格。1993 年，丹夸特凭借真人短片《黑骑士》获得奥斯卡金像奖。

（25）国际奥委会正式批准小轮车比赛为2008年北京奥运会比赛项目。

2004 年

1.2月，21岁的比利时车手约翰·瑟蒙在睡梦中死去。

2.首届国际自盟职业巡回赛举办。其由15项赛事组成，并根据总成绩排名，由18支最优秀的职业车队参与。

3.首届南非山地自行车赛——好望角精英赛举办。该赛事是国际自行车联盟顶级赛事（HC）分类项下的唯一一次8日山地车赛事。吸引了世界冠军、奥运冠军、其他顶级职业车手和众多国际业余选手共同参与。

4.首次"世界裸体自行车日"活动在英国举行。当天有58人裸体骑车穿越伦敦海德公园。活动的主要目的是鼓励世人减少对石油的依赖，多多利用像自行车这一类的环保交通工具，另外也要争取自行车在都会交通中的权益。

5.1998年，马尔科·潘塔尼成为第七名（也是继福斯托·科皮之后意大利第二名）在同一年赢得了环意赛和环法赛冠军的车手。马尔科·潘塔尼于2月14日死于心脏病（可能是服用过量药物），年仅34岁。

6.两届世界冠军阿尔伯里克·布雷克·肖特在佛兰德去世，享年84岁。在他1940年到1959年的职业自行车生涯中，于1948年环法自行车赛中获得第2名，仅次于吉诺·巴尔塔利，并在1948年和1950年获得公路世锦赛冠军。

7.兰斯·阿姆斯特朗（美国邮政-百瑞地板车队）赢得了第2届年度道奇环佐治亚赛。4月22日，阿姆斯特朗赢得了比赛的两个赛段，第3赛段冲刺是在佐治亚州的罗马，当晚的个人计时赛距离是29.8千米。

8.4月23日，美国邮政总局宣布将在本年底结束对其职业自行车队的赞助。自1996年以来，邮政总局一直是该队的主要赞助商。

9.6 月中旬,探索通信公司宣布了一项为期 3 年、价值数百万美元的协议,将取代美国邮政总局,成为阿姆斯特朗团队的主要赞助商。

10.扬·乌尔里希的自传《全部或全无》于 6 月出版。

11.6 月,马帝尼耶集团出版了《洛城机密:兰斯·阿姆斯特朗的秘密》,作者戴维·沃尔什和皮埃尔·巴列斯特尔在书中称,美国前邮政企业家埃玛·奥赖利声称曾为阿姆斯特朗购买过药品,并为他处理过注射器。阿姆斯特朗的律师试图让他否认书中所写的指控,但遭到一名法国法官的拒绝。

12.泰勒·汉密尔顿(峰力车队)连续第二次赢得环罗曼蒂赛。

13.弗洛伊德·兰迪斯(美国邮政车队)赢得了第 30 届环阿尔加维赛。

14.美国邮政车队的乔治·辛卡皮赢得了第 28 届德帕讷三日赛。

15.在一周之内(4 月 18—25 日),32 岁的意大利人达维德·雷贝林(德劳特沃车队)赢得了荷兰举办的第 39 届阿姆斯特尔自行车黄金赛、第 68 届弗莱什河—瓦隆赛,以及比利时举办的第 90 届列日赛。

16.弗雷德·罗德里格斯(Acqua & Sapone 车队)在第 20 届美联银行美国职业自行车锦标赛中排名第四,五年来第三次获得美国国家冠军。比赛由 22 岁的西班牙人弗朗西斯科·本托索(索尼埃·杜瓦尔-普罗迪尔车队)赢得冠军。

17.现年 22 岁的达米亚诺·库内戈(喜客车队)赢得了第 87 届环意赛冠军,成为自 1979 年 21 岁的朱塞佩·萨龙尼以来最年轻的冠军。法萨博尔托洛车队的亚历山德罗·佩塔基创下了战后赢得 9 个赛段的纪录(1927 年的环意赛,莱尼亚诺车队的阿尔弗雷多·宾达赢得了 12 个赛段,另有三名战后车手获得了 7 个环意赛赛段的胜利:1975 年的罗歇·德夫拉曼克、1977 年的弗雷迪·梅尔滕斯和 1980 年的朱塞佩·萨龙尼)。美国选手弗雷德·罗德里格斯成为第五位赢得环意赛冠军的美国车手。

18.2004 赛季是国际自盟从 1989 年开始的世界杯赛的最后一个

赛季,2005 年其将成为更全面的国际自盟职业巡回赛的一部分。目前的国际自盟排名将被职业巡回赛和 5 场欧洲大陆赛事的排名所取代。世界杯赛取代了从 1958 年到 1988 年一直以这样或那样的形式存在的超级威望佩尔诺杯赛。超级威望佩尔诺杯赛曾经取代了德格朗热-科隆博挑战赛,该挑战赛从 1948 年持续到 1958 年,而非官方的则持续到 1959 年。

19.意大利车手保罗·贝蒂尼(快步-达维特车队)成为世界杯赛末代冠军。

20.国际自盟规定,从 1 月 1 日开始,计时赛和公路赛段必须使用符合欧共体冲击标准的头盔。

21.45 岁的法国车手让尼·隆哥-西普雷利在多山丘陵的登山者杯自行车赛单飞取得胜利。这是她的第 850 次胜利。

22.兰斯·阿姆斯特朗(美国邮政车队)、泰勒·汉密尔顿(峰力车队)、乔治·欣卡皮(美国邮政车队)、博比·朱利奇(CSC)和贾森·麦卡特尼(健康网-玛吉斯车队)被选为在雅典举行的第 28 届奥运会美国公路自行车队队员。荷兰合作银行车队(即拉波银行车队)的利瓦伊·莱普海默后来取代了阿姆斯特朗,阿姆斯特朗拒绝了汉密尔顿和朱利奇参加个人计时赛的邀请。

23.禧玛诺公司推出了一款 10 速 Dura-Ace 套件,它包括一个曲柄,曲柄上集成了 Hollow Tech2 五通中轴和外部轴承。

24.意大利选手保罗·贝蒂尼以 5 小时 41 分 44 秒的成绩赢得了 224.4 千米的奥运会公路自行车赛冠军,而美国选手泰勒·汉密尔顿以 57 分 31 秒的成绩赢得了 48 千米的个人计时赛冠军。在检测结果显示汉密尔顿可能接受了非法输血后,他的成绩受到质疑。他最终被允许保留金牌。

25.比利时车手阿克塞尔·默克斯在奥运会公路自行车赛中获得了一枚铜牌,比他著名的父亲更出色。埃迪·默克斯在 1964 年东京奥运会的最后一圈公路比赛中撞车。

26.西班牙人罗伯托·埃拉斯(自由保险车队)赢得了第 59 届环

西赛,这是他的第三次夺冠。泰勒·汉密尔顿赢得了一次计时赛段,成为第一个在三大环赛都拿过赛段冠军的美国人,后来因他被查出使用同源血液兴奋剂而被取消了资格。美国邮政车队的弗洛伊德·兰迪斯成为第一个穿着该比赛金色领骑衫的美国车手,而同胞和队友戴维·扎布里斯基则赢得了一个赛段冠军。

27.西班牙车手奥斯卡·弗莱雷在意大利维罗纳赢得了 2004 年世界精英男子公路赛冠军,他以 6 小时 57 分 15 秒的成绩骑完了 265.5 千米的赛程。澳大利亚的迈克尔·罗杰斯以 57 分 30 秒的成绩赢得了 46.75 千米的个人计时赛,从而捍卫了他在三周前继承的冠军头衔。三周前,戴维·米勒(英国)因服用兴奋剂而被取消了 2003 年的冠军资格。

28.意大利选手米凯莱·斯卡尔波尼赢得了和平赛。

29.美国马萨诸塞州莱斯特市的维克多·雷平斯基赢得了环萨默维尔库格勒-安德森纪念赛。

30.美国俄勒冈州的梅利莎·桑伯姆赢得了米尔德丽德库格勒女子公开赛。

31.法国女子自行车巡回赛没有举行。

32.法国车手西尔万·卡尔扎蒂(RAGT-Semences 车队)赢得了第 42 届环未来赛的胜利。

33.11 月 2 日,荷兰车手热里耶·内特曼死于心脏病。在他的职业生涯中,共赢得了 129 场比赛,包括 1978 年的公路世锦赛和环法赛的 10 个赛段。他去世时年仅 53 岁。

自行车在中国

(1)《中华人民共和国道路交通安全法》首次将电动自行车纳入非机动车管理。

(2)中国大学生体育协会自行车分会(简称"大自协")成立于 2004 年 3 月,是中国大学生体育协会的分支机构之一,在中国大学生体育协会的领导下及授权的范围内开展各项工作。该分会是由全国高等学校的体育教师、学生及其他体育工作者志愿结成的，非营利性的全国性大学生单项体育协会组织。

（3）第3届环湖赛组委会购置了一架海燕轻型飞机和两架动力悬挂滑翔机对赛事进行全方位、多角度航拍，不但调动了比赛现场的气氛，同时使比赛转播更加精彩、细节更加生动。

（4）7月25日，第3届环湖赛进行了最后一个赛段的比赛，美国小将莱普英斯基获得了最后一个环西宁赛段的冠军，并在绿衫的争夺中笑到了最后。美国纳威卡托保险队的另一位车手扎吉凯早在最艰难的第6赛段和第7赛段结束后就已基本锁定了黄衫。在本赛段比赛中，他在队友的护卫下保持在大集团前列，最终安全到达终点，如愿获得本次比赛的个人总冠军。从第1赛段到最后的第9赛段，美国纳威卡托保险队没有一次让黄衫旁落，还收获了绿衫和车队总成绩第一，成为本届环湖赛的最大赢家。伊朗车手葛尔德则一人独揽红衫和蓝衫。在120名参赛车手中，有86人完成了全部9个赛段的比赛。在20支车队中，有4支车队没能坚持到最后。

（5）在第3届环湖赛上，中国车手王国章表现平平，在总成绩榜上列第11位。中国队在车队排名中位列第九。去年四度身披黄衫的中国头号车手王国章对自己今年的成绩不甚满意，他表示："我在第3赛段中出现了一点失误，落下的太多，否则我的成绩应该在前五名。"不过，他也承认，本次比赛竞争较以往更为激烈。

（6）第3届环湖赛上，除中国自己的药检专家外，国际自盟还专门派出日本籍兴奋剂检查官斋藤晃一郎来监督和指导药检工作，加强对每个参赛队员的兴奋剂检测。

环法自行车赛

（1）在被剥夺成绩之前，兰斯·阿姆斯特朗史无前例地连续第6次获得环法赛冠军，超过了获得5次冠军的雅克·安克蒂尔、埃迪·

默克斯、贝尔纳·伊诺和米格尔·因杜拉因(只有米格尔·因杜拉因是连续获得胜利)。

(2)在维拉尔-德朗赛段取得胜利后,阿姆斯特朗开始了第 61 天穿黄衫,超过了米格尔·因杜拉因。美国人现在只落后于埃迪·默克斯的 96 天和贝尔纳·伊诺的 75 天。阿姆斯特朗以穿黄衫 66 天的成绩完成了比赛。

(3)阿姆斯特朗成为环法赛历史上第一个连续赢得 4 个山地赛段的车手:比利牛斯山脉的第 13 赛段和阿尔卑斯山脉的第 15、16 和 17 赛段。阿姆斯特朗还赢得了个人计时赛,并且是美国邮政车队团队计时赛冠军的一员。

(4)"爬坡王"称号的获得者能在每个赛段最后的二级或二级以上更难的爬升中获得双倍积分。

(5)里夏尔·维朗克(快步-达维特车队)创纪录地赢得了第七件圆点衫。

(6)实行以团体计时赛成绩排名后首次出现美国车手(兰斯·阿姆斯特朗、乔治·欣卡皮和弗洛伊德·兰迪斯)在环法赛占据总成绩前三名的情况。

(7)美国邮政车队以环法赛历史第二快的团队计时赛速度赢得了本届环法团队计时赛。

(8)团队计时赛设有奖金制度和三分钟最大时间损失条款。

(9)环法赛副总监丹尼尔·巴尔于 1 月 31 日辞职。从 2001 年 10 月开始任职的巴尔由曾任法国电视 2 台首席环法赛解说员的克里斯蒂安·普吕多姆接替。

(10)斯柯达取代菲亚特成为环法赛的官方用车。捷克汽车公司还取代雀巢成为白衫的赞助商。

(11)受服用兴奋剂的指控的影响,瓦伦西亚-凯尔梅车队(巴伦西亚-卡尔美车队)的邀请被撤回。

(12)此次环法赛致敬法国人气车手雷蒙·普利多尔,他被称为"千年老二"。

（13）为了致敬马尔克·潘塔尼，本次环法赛首次在阿尔普迪埃举行个人计时赛。兰斯·阿姆斯特朗在到达爬坡点的获胜时间只比意大利人的纪录慢了1秒。

（14）在阿尔普迪埃的计时赛中，一名来自巴黎地区的64岁车迷从40米的高空摔下死亡。

（15）随着第9赛段在盖雷结束，这是环法赛第一次访问法国的克勒兹省。

（16）本届比赛的第3赛段标志着自1985年以来，环法赛首次包括鹅卵石路段。

（17）瑞士车手法比安·坎切拉拉（法萨博尔托洛车队）成为环法赛历史上第三快的序幕赛成绩创造者。在1994年和1998年，英国的克里斯·博德曼是两个速度最快的序幕赛成绩创造者。

（18）出生于1981年3月18日的坎切拉拉成为第一位在环法赛中获得一个赛段冠军的1980年后出生的车手。

（19）凭借在第2赛段比赛中获得第2名的12秒时间奖励，托尔·胡舒福德成为首位身穿环法赛黄衫的挪威选手。

（20）美国邮政车队的乔治·欣卡皮连续第9次参加环法赛，追平了弗朗基·安德鲁在2000年创下的美国人最多参赛纪录。

（21）兰斯·阿姆斯特朗参加了他的第10次环法赛（1993—1996年和1999—2004年），创造了美国车手参加环法赛次数最多的纪录。

（22）2004年是美国邮政总局赞助美国车队的最后一年。2011年，ESPN通过"信息自由"查询获得的文件显示，在最后四年里，美国邮政总局花了3190万美元赞助这支车队。

2005 年

1.首届国际自盟洲际巡回赛举办。洲际巡回赛为非洲、亚洲、大洋洲、美洲、欧洲五大洲际巡回赛，这五大洲际赛事仅次于国际自盟世界巡回赛。

2.日本村田制作所发明了会骑自行车的机器人，取名村田顽童。

3.美国人博比·朱利奇在第 63 届巴黎—尼斯赛上夺冠。这场比赛是新国际自盟职业巡回赛的第一项赛事。

4.博比·朱利奇赢得了国际绕圈赛。他还曾赢得 1998 年的比赛，因为法国的克里斯托夫·莫罗（飞士天-路特斯车队）兴奋剂违规被取消冠军资格。

5.美国车手汤姆·丹尼尔森（探索频道车队）赢得了第 3 届道奇环佐治亚赛。

6.意大利车手保罗·萨沃尔代利（探索频道车队）赢得了第 88 届环意赛冠军。因比蓝波-卡啡塔车队的吉尔贝托·西莫尼快了 28 秒，澳大利亚车手布雷特·兰开斯特（普纳尼亚车队）赢得了环意赛距离稍短的序幕赛，他的同胞罗比·麦克尤恩赢得了比赛的早期赛段，并穿了一天领骑粉衫。美国车手戴维·扎布里斯基（CSC 车队）赢得了本项赛事的一个计时赛段冠军，而探索频道车队是自 1989 年 7-Eleven-Wamash 车队以来第一支参加比赛的美国车队。兰斯·阿姆斯特朗后来随着环法赛的胜利使探索频道车队成为自 1983 年雷诺-埃尔夫车队以来的由两个不同的骑手赢得了环意赛和环法赛的第一支队伍。2003 年，美国邮政车队的阿姆斯特朗和岁伯托·埃拉斯分别在环法赛和环西赛中获胜。

7.意大利超级冲刺车手马里奥·奇波利尼在环意赛开始前宣布退役。"狮子王"穿着粉衫，在一场正式的开幕礼上鞠躬退场，粉衫上面列有他在环意赛上的 42 场赛段胜利，这是一项伟大的大环赛车手纪录。

8.乌克兰的雅罗斯拉夫·波波维奇（探索频道车队）赢得了环加泰罗尼亚赛。

9.克里斯·惠里（健康网-玛吉斯车队）赢得了在费城举行的美联银行美国职业自行车锦标赛的冠军。组织者宣布，2006 年该比赛将只允许美国车手参赛，且可能不会在费城举行。

10.乔治·欣卡皮（探索频道车队）赢得了第 57 届环多菲内赛。

美国人以每小时 47.798 千米的速度,以 9 分 55 秒的成绩骑完了 7.9 千米的赛程。

11. 一级商业队被称为顶级大环赛车队,二级商业队被称为洲际职业队车队,三级商业队被称为洲际队车队。

12. 国际奥委会宣布,在 2008 年北京奥运会上,小轮车比赛(BMX)将取代男子 1 千米和女子 500 米场地赛。

13. 在 2004 年环法赛发生撞车事故后,国际自盟对平地赛段实施了 3 千米的仁慈规则。

14. 7 月 19 日,29 岁的捷克车手翁德雷·索森卡(Acqua & Sapone 车队)在莫斯科的赛车场骑行了 49.700 千米,以超出 259 米的成绩打破了克里斯·博德曼 5 年前创下的一小时骑行纪录。索森卡在他的队友彼得·普日达扎尔被取消比赛资格后递补赢得了 2002 年的和平赛冠军。

15. 8 月 23 日,就在兰斯·阿姆斯特朗与崔克自行车公司签订了终身个人服务合同的同一天,他再次成为法国媒体的目标。《队报》发表了一篇题为《阿姆斯特朗的谎言》的长达 4 页的文章,文中称,阿姆斯特朗在 1999 年首次赢得环法赛冠军时采集的尿样中,有 6 份被检测出 EPO 阳性。环法赛总监让-玛丽·勒布朗说:"我们都被阿姆斯特朗愚弄了。"这位得克萨斯人反驳说,"这太荒谬了"。他还重申,"我从未服用过提高成绩的药物"。他称这篇报道是一场"政治迫害",并表示,自从调查结果被泄露给新闻界后,这都是"小报新闻",无法复制。媒体的负面报道促使这位得州人表示,他正在考虑重返赛场。"这是相当严重的,但我不知道还能发挥多少。"阿姆斯特朗说,他可能计划不退休。

16. 在等待兴奋剂停赛上诉的结果期间,泰勒·汉密尔顿赢得了大众汽车华盛顿(自行车)爬坡赛冠军,这是一场在美国新罕布什尔州的平克姆诺奇举行的每年一次未经认证的比赛。他攀爬胜利时间为 51 分 11 秒,比汤姆·丹尼尔森在 2002 年创下的比赛纪录慢了两分钟。这是泰勒·汉密尔顿 11 个月来的第一场赛事。

17. 诺德电影公司发行了托马斯·吉斯拉森的《征服》，这是一部时长 105 分钟的纪录片，讲述了比亚内·里斯和他的 CSC 车队在 2004 赛季的故事。

18. 美国车手博比·朱利奇（CSC 车队）以 21 秒的优势击败了埃里克·德克尔，赢得了第 1 届环比荷卢赛冠军。

19. 美国车手利瓦伊·莱普海默（德劳特沃车队）以 31 秒的优势击败扬·乌尔里希赢得了 9 赛段的环德国自行车赛。

20. 爱尔兰车手帕特·麦奎德接替海因·维尔布鲁根担任国际自盟主席。

21. 西班牙人罗伯托·埃拉斯（自由保险车队）赢得了第 60 届环西赛冠军，这是他在本国大环赛上的第四次胜利。由于 EPO 测试呈阳性，埃拉斯后来被剥夺了胜利，并被车队开除。随后，环西赛冠军被授予了俄罗斯的丹尼斯·门乔夫（拉波银行车队），这使他成为继 1904 年环法赛的亨利·科尔内之后，第二位递补获得大环赛冠军的车手。

22. 西班牙车手鲁本·普拉萨（巴伦西亚车队）以 41 分 31 秒的成绩完成了环西赛的 38.9 千米的第 20 赛段计时赛，如果测量正确的话，他的平均速度达到了 56.218 千米/时。这一赛段的成绩令人怀疑，因为鲁本·普拉萨的成绩比美国选手戴维·扎布里斯基在环法赛平缓的 19 千米开放赛段的成绩快 1.542 千米/时。其他 9 名车手的成绩也比扎布里斯基好。

23. 2005 年，在西班牙马德里举行的公路世锦赛上，比利时选手汤姆·博南赢得了 273 千米的男子公路精英赛。汤姆·博南以巴黎—鲁贝赛的胜利开始了他的赛季，他是第 25 次获得公路世锦赛冠军的比利时人。澳大利亚的迈克尔·罗杰斯赢得了精英男子计时赛的冠军，他以 53 分 34 秒的成绩完成了 44.1 千米的赛程。罗杰斯的胜利使他成为第一位连续三次赢得公路世锦赛计时赛冠军的职业车手。

24. 意大利的达尼洛·迪卢卡（天然气车队）赢得了首个国际自

行车联盟职业巡回赛冠军。

25.美国爱达荷州的凯尔·瓦姆斯利赢得了环萨默维尔库格勒-安德森纪念赛。

26.劳拉·范吉尔德(夸克车队)赢得了米尔德丽德库格勒女子公开赛冠军。

27.瑞士的普里斯卡·多普曼赢得了法国女子自行车巡回赛冠军。

28.丹麦的拉尔斯·伊廷·巴克(CSC车队)赢得了第43届环未来赛。

29.12月6日,沙利·高尔在卢森堡的家中跌倒,10天后死于肺栓塞,享年72岁。高尔是一名爬坡选手,被称为"高山天使"。他提高了自己的计时赛能力后,在1958年赢得了环法赛,在1956年和1959年赢得了环意赛计时赛冠军。

30.兰斯·阿姆斯特朗连续第四年被美联社选为年度男运动员。自1931年首次颁发以来,他是唯一四次获得该奖项的运动员。

自行车在中国

(1)《自行车安全要求》(GB 3565—2005)出炉。严格按照规定来说,死飞并不符合这份规定所提出的安全要求。

(2)第4届环湖赛上,国际自盟主席海因·维尔布鲁根现场观摩比赛。为增加亮点,组委会先后邀请了央视著名主持人沈冰、沙桐、梁红、孙燕、李小萌、大山等主持开幕式。

(3)7月24日,经过为期9天的争夺,第4届环湖赛在青海省西宁市落幕。最终,来自捷克ZVVZ车队的车手马丁·马里斯自第3赛段首穿黄衫之后,便连续七次黄衫加身,以领先第2名凯拉特1分38秒的成绩位列个人总积分榜榜首,成为本届环湖赛最大的赢家。马丁在赛后表示:"没有队友的帮助,就没我现在的成绩,真的很高兴能穿上黄衫,希望明年还有机会来青海,来参加环湖赛。"而代表着冲刺王的绿衫被哈萨克斯坦队的巴萨耶夫夺得，而他的队友凯拉特则穿上了象征着亚洲最佳的蓝衫，红衫被中国台北捷安特队的葛尔德收入囊中。在最终的团体排名中，瑞士纳图里诺车队独占鳌头。中国马可波罗车队的车手李富玉最终排在个人总成绩榜的第 26 位，成为中国选手中表现最为出色的队员。

环法自行车赛

（1）这是兰斯·阿姆斯特朗作为职业选手参加的最后一场比赛（直到 2008 年复出）。在被淘汰之前，阿姆斯特朗连续第七次赢得环法赛冠军，并在职业生涯中总共穿了 83 天的黄色球衣，位于埃迪·默克斯（96 天）和贝尔纳·伊诺（78 天）之间。阿姆斯特朗在比赛的最后计时赛中获胜，从而使他在环法赛赛段上获胜的总数达到 25 次。他是自 1948 年的吉诺·巴尔塔利以来年龄最大的环法赛冠军。后者在他 34 岁生日后一周赢得了 1948 年赛事冠军。

"赢得胜利是我最大的愿望，今年没有创造历史的问题。美国人说，我只是想让人们记住我，因为我是一个在巅峰上退出的人。"

（2）美国人戴维·扎布里斯基（CSC 车队）在非序幕赛段创造了新的平均速度纪录。扎布里斯基以 54.68 千米/时的速度超越了美国同胞格雷格·莱蒙德，后者在 1989 年的比赛最后赛段的平均速度为 54.54 千米/时。

（3）戴维·扎布里斯基成为继格雷格·莱蒙德和兰斯·阿姆斯特朗之后第三位穿着黄色领骑衫参加环法赛的美国车手。

（4）随着戴维·扎布里斯基的环法赛赛段夺冠使他成为第一个在三大环赛中都拿过赛段冠军的美国人。

（5）比赛创始人亨利·德格朗热的名字首字母从黄衫的肩部移到了右胸。

（6）三名美国人（戴维·扎布里斯基、辛卡皮和兰斯·阿姆斯特朗）赢得了个人计时赛段，创下了纪录。

(7)当斯科特自行车被索尼埃·杜瓦尔-普罗迪尔车队骑乘时，斯科特成为第十家在环法赛上出现的美国制造商(在默里、哈菲/思瑞塔克拉克-肯特、梅林、崔克、佳能戴尔、GT、Litespeed 和碳架公司之后)。

(8)曾执掌这项赛事 17 年的让-玛丽·勒布朗宣布，他将在 2006 年之后退役。勒布朗计划在 2006 年的环法赛之后，由助理总监克里斯蒂安·普吕多姆负责。普吕多姆将在 2007 年"掌舵"。

(9)在从沙朗到莱塞萨尔之间的第 2 赛段比赛中，包含有创纪录的 45 个环岛。

(10)在柯尼卡-美能达的合作下，为了纪念"无国界记者组织"成立 20 周年，车手们在第 3 赛段穿上特殊的军装。此外，还出版了一本关于新闻业对环法赛的影响的书。

(11)白朗品牌开始赞助敢斗奖。

(12)探索频道车队(和其他 14 个车队)打破了 10 年前盖维斯-巴朗车队创造的 54.930 千米/时的团队计时赛纪录。

(13)比赛路线是在海拔 1171 米的巴隆-阿尔萨斯山上进行的，这是 100 年前环法赛车手们征服的第一座山。

(14)第 10 赛段的正式比赛从格勒诺布尔移至布里格努德，赛程缩短了 14 千米，以便农民举行示威，抗议狼袭击了他们的牲畜。

(15)许多参赛选手都戴着白色臂章参加第 15 赛段的骑行，以纪念 10 年前在阿斯佩山口撞车身亡的法比奥·卡萨尔泰利。

(16)美国车手乔治·欣卡皮(探索频道车队)连续第 10 次参加了环法赛，而兰斯·阿姆斯特朗则参加了他 13 年来的第 11 次环法赛。

(17)欣卡皮是阿姆斯特朗七连冠统治期内首位赢得个人环法赛赛段冠军的队友。两个赛段后，保罗·萨沃尔代利成为第二个赢得一个赛段冠军的阿姆斯特朗队友。

(18)由于香榭丽舍大道上的湿滑状况，比赛的官方时间以选手们首次在巴黎冲过终点线的时间为准。最后剩下一段的 8 圈将被用来决定这个赛段的冠军归属。

(19)托尔·胡舒福德(法国农业信贷银行车队)是第一位获得绿衫的挪威车手。

(20)在扬·乌尔里希和兰斯·阿姆斯特朗都被剥夺了比赛的成绩后,T-Mobile 车队的亚历山大·维诺克罗夫(哈萨克斯坦)成为第 20 赛段 55.5 千米计时赛的获胜者,用时 1 小时 13 分 02 秒。

2006 年

1.5 月,在西班牙马德里,兴奋剂调查中心围绕尤菲米娅诺·富恩特斯医生的兴奋剂调查结果公布了一份长长的嫌疑车手名单,其中包括扬·乌尔里希、伊万·巴索、阿尔韦托·孔塔多尔、何塞巴·贝洛基,最近退役的弗朗西斯科·曼塞沃和被停赛的泰勒·汉密尔顿。孔塔多尔在一周后被剔除出名单。

2.7 月 21 日,T-Mobile 车队宣布终止与扬·乌尔里希的合同。来自车队的消息称,他们认为这名德国选手与西班牙兴奋剂组织有关联,即使证明他是清白的,也不会欢迎他回来。导致乌尔里希被解雇的原因之一是,根据德国法律,他只能被停职三周,而且他拒绝接受车队的 DNA 检测要求。4 天后,这位失业的车手发誓重返环法自行车赛,并赢得冠军。"我一直说我会在环法赛上取得胜利,结束我的职业生涯,"乌尔里希说,"今年不可能,所以我得再等一年。"扬·乌尔里希没有退出。当天被裁掉的还有乌尔里希的队友奥斯卡·塞维利亚。

3.9 月中旬,当扬·乌尔里希去度蜜月的时候,他在瑞士的家遭到了德国当局的突击搜查,他们正在寻找能将这位前环法赛冠军与 Operacion Puerto 事件联系起来的证据。调查人员还搜查了他之前所服务的 T-Mobile 车队在波恩的总部。

4.7 月 25 日,利瓦伊·莱普海默宣布他将在本年底离开格洛尔斯坦纳车队(德劳特沃车队),2007 年将为探索频道车队效力。曾获得环法自行车赛第 13 名的利瓦伊·莱普海默说,探索频道车队给了他一个无法拒绝的机会。

5.6 月 27 日,体育仲裁法庭裁定,泰勒·汉密尔顿可以保留他在 2004 年奥运会计时赛中所获得的金牌。

6.伊万·巴索(CSC 车队)赢得了第 89 届环意赛冠军。他后来被停职了,没能参加环法赛。

7.哈萨克斯坦的亚历山大·维诺克罗夫(阿斯塔纳车队)赢得了第 61 届环西赛冠军。

8.美国的弗洛伊德·兰迪斯(峰力-安硕车队)拥有一个令人振奋的春天,在首届安进环加利福尼亚赛(简称"安进环加州赛")、第 64 届巴黎—尼斯赛和第 4 届福特环佐治亚赛中都取得了胜利。

9.9 月 27 日,弗洛伊德·兰迪斯使用施乐辉伯明翰髋关节表面修整系统更换了髋关节。

10.美国车手利瓦伊·莱普海默(德劳特沃车队)以 1 分 48 秒的优势击败了克里斯托弗·莫罗(AG2R 车队)赢得了第 58 届环多菲内赛。他的美国同胞戴夫·扎布里斯基赢得了序幕赛和第 3 赛段,这也是一个计时赛。

11.探索频道车队的汤姆·丹尼尔森赢得了共 7 个赛段的环奥地利赛。

12.美国的克里斯蒂安·范德·维尔德(CSC 车队)赢得了环卢森堡赛。

13.美国职业自行车公路锦标赛从费城转移到南卡罗来纳州的格林维尔,比赛也从 6 月转移到 9 月,只对美国职业选手开放。乔治·欣卡皮赢得了该比赛冠军。

14.美国车手索尔·雷森在环萨尔特赛的第 1 赛段撞车后陷入昏迷。最终,他返回美国开始漫长的恢复过程。

15.禧玛诺公司在 2 月宣布,9 名职业巡回赛车手已经在测试其旗舰产品 Dura-Ace 套件的电变版本。如果电变版本投入生产,则至少要到 2008 年才能提供,并且不会替代线变版本。

16.速联公司推出了一对名为 Force 和低配版 Rival 的 10 速公

路套件。Rival 的名字来源于 20 世纪 80 年代中期至后期制造的萨克斯-于雷后拨链器的名称。萨克斯公司在 20 世纪 80 年代收购了于雷公司，而速联公司在 1997 年末收购了萨克斯公司。

17.美国宾夕法尼亚大学沃顿商学院教授卡尔·乌尔里希在一篇论文中提出了一个颇具争议的理论：他骑自行车旅行可能比开着排放污染物、燃烧化石燃料的汽车和运动型多用途车对环境造成的危害更大。怎么会这样呢？他写道，骑自行车的人更健康，寿命更长。在他们的一生中，他们消耗的能量比他们节省的要多。

18.5 月下旬，荷兰调查人员埃米尔·弗里曼发布了一份由国际自盟发起的报告，澄清了对兰斯·阿姆斯特朗此前的指控，即这位美国人在 1999 年环法赛首次夺冠时被发现使用了兴奋剂。报告没有解决任何问题，世界反兴奋剂机构主席迪克·庞德很快反驳说，弗里曼的报告太缺乏专业精神和客观性，几乎到了可笑的地步。

19.2 月，阿姆斯特朗赢得了一场法庭外的胜利，他赢得了 SCA 的升级奖，获得了 500 万美元的奖金，以及 2004 年连续第六次赢得环法赛的利息。SCA 声称，虽然有几项"未解决的兴奋剂指控"，但不必为此付费。阿姆斯特朗得到报酬是因为合同中没有关于兴奋剂的条款。

20.意大利选手保罗·贝蒂尼在奥地利萨尔茨堡举行的 265.9 千米男子公路精英赛中夺冠。瑞士车手法比安·坎克拉拉赢得了 50.83 千米的个人计时赛冠军，用时 1 小时 00 分 11 秒 75。

21.美国车手克里斯廷·阿姆斯特朗赢得了世界女子计时赛冠军。

22.西班牙人亚历杭德罗·巴尔韦德（储蓄银行-巴利阿里群岛车队）赢得了第 2 届国际自盟职业巡回赛冠军。

23.胡安·阿埃多赢得了环萨默维尔库格勒-安德森纪念赛。

24.格鲁吉亚的季娜·皮克赢得了米尔德丽德库格勒女子公开赛。

25.英国人妮科尔·库克赢得了法国女子自行车巡回赛冠军。

26.西班牙的莫伊塞斯·杜埃尼亚斯·内瓦多（阿格里图贝车

队)赢得了第44届环未来赛。

27.7月3日,前自行车教练弗雷迪·塞尔甘特因参与比利时兴奋剂网络被判4年监禁。检方称,塞尔甘特是2002年至2005年间在法国和比利时销售2000多剂"比利时鸡尾酒"(一种安非他明、可卡因和海洛因的混合物)的关键人物。本年6月,前法国车手洛朗·鲁在法庭上承认,在他2003年结束的10年职业生涯中,经常使用违禁药物,包括所谓的"比利时锅"。7月,洛朗·鲁被判入狱30个月,缓刑20个月。他计划上诉,他说:"我的印象是,尽管环法自行车赛刚刚发生了什么,我却成了一个完全腐败的体制的替罪羊。"

28.环西赛失去了新的主要赞助商,该赞助商在2005年比赛的获胜者罗伯托·埃拉斯被取消参赛资格以及环法赛兰迪斯事件后退出。

自行车在中国

(1)自行车产品第一次入选中国名牌战略推进委员会"中国名牌"评选目录,经专家评审、名推委审核,最终有5家企业获得"中国名牌"称号。

(2)11月10日至18日,首届环岛赛举行,由中国移动总冠名。它是继马来西亚环兰卡威赛(1996年创办)和我国环湖赛(2002年创办)后亚洲第三个顶级公路自行车赛。环岛赛因属首次举办,按国际惯例只能注册为洲际2.2级,即洲际第四级赛事。比赛分6个赛段,起点、终点均设在海口,中途经过文昌、琼海、三亚、五指山等12个市县,总赛程860千米。此外比赛设立分赛段、个人总成绩、团体总成绩、冲刺得分、爬坡得分5个奖项,总奖金为10万美元。全球16支参赛车队的96名自行车高手同场一决高下。最终,俄罗斯选手谢尔盖·克列斯尼科夫获得本届赛事个人总成绩冠军。

(3)首届环千岛湖国际公路自行车赛举办。其赛程约150千米,是中国最高级别的业余选手参加的赛事之一,也是千岛湖打造运动品牌的一项知名赛事。

(4)中国自行车协会组织编写了《自行车安全手册》。以漫画形式讲解自行车安全、骑行对健康的好处，以及如何利用自行车开展运动等内容，并向全国免费发放 15 万册。

(5)《2006 年中国自行车行业研究咨询报告》指出，中国为全球自行车生产和消费大国，自行车产量自 1998 年起已遥遥领先全球，出口量也高居世界第一。

(6)共有 21 名中国选手参加了第 5 届环湖赛，是历届环湖赛中我国参赛人数最多的一次，但是表现正如赛前预料的，不甚理想。来自荷兰禧玛诺车队的车手亚林吉摘得第 5 届环湖赛个人总成绩桂冠。中国台北捷安特车队荣获团体冠军，不过捷安特车队的车手何欣终究没能在总成绩上逆转亚林吉，在毫无悬念地加冕"亚洲最佳"的同时也留下了些许遗憾。

环法自行车赛

(1)弗洛伊德·兰迪斯成为继 1904 年莫里斯·加兰之后，第二个被剥夺环法赛冠军头衔的人，也是第一个因为服用兴奋剂而输掉比赛的人。因兰迪斯被取消资格使得奥斯卡·佩雷罗成为 2006 年环法赛的冠军，佩雷罗也是继亨利·科尔内之后第二位通过递补获得环法赛冠军的车手。

(2)奥斯卡·佩雷罗(储蓄银行-巴利阿里群岛车队)成为第六个赢得环法赛总冠军却没有赢得一个赛段冠军的车手。

(3)在比赛开始的前一天，西班牙的兴奋剂调查导致几名顶级选手被暂停参赛。巴伦西亚车队的比赛邀请在三年内第二次被撤回。阿斯塔纳-伍尔特车队(自由保险公司取消了对其的赞助)中的亚历山大·维诺克罗夫在他的 5 名队友被停赛后，因车队未能达到 6 名参赛选手的最低参赛资格，没能参加比赛。除了乌尔里希和塞维利亚外，T-Mobile 车队有 7 名车手开始比赛。没有伊万·巴索和弗朗西斯科·曼塞沃,CSC 车队和 AG2R-Prevoyance 车队以 8 名车手开始比赛。最初排定的 22 支车队 198 名车手中,只有 20 支车队 176 名车手开始比赛。上届环法赛的前五名选手没有一个参加比赛。

(4)谢尔盖·贡塔察赢得了第一个个人计时赛冠军,成为第一个穿黄衫的乌克兰车手。

(5)让-玛丽·勒布朗最后一次担任这项赛事的总监。从 2007 年开始,责任将落在克里斯蒂安·普吕多姆身上。

(6)领先车队的骑手贴的是黄色背景号码布。新的号码布是由宜动集团赞助的。

(7)法国里昂信贷银行在其作为环法赛黄衫赞助商的第 25 年之际,推出了新的 LCL 标志。

(8)比赛的第 4 赛段标志着环法赛历史上卫冕世界冠军首次占据赛事总成绩的前两名。比利时车手汤姆·博南(快步车队)是现公路世锦赛冠军,而澳大利亚的世界计时赛冠军迈克尔·罗杰斯(T-Mobile 车队)以一秒之差屈居第二。汤姆·博南也是自 1990 年格雷格·莱蒙德之后第一个环法赛领骑的卫冕世界冠军。

(9)环法赛第 16 赛段标志着一段比赛首次在拉图苏尔结束。拉图苏尔是阿尔卑斯山的一个滑雪站,其上坡路比阿尔普迪埃的上坡路要长。

(10)乔治·欣卡皮(探索频道车队)开始了他连续第 11 次环法赛。他 10 次完成环法赛,也是美国车手最多的纪录。

(11)乔治·欣卡皮(探索频道车队)成为第四名身穿环法赛黄衫的美国车手。

(12)弗洛伊德·兰迪斯(峰力-安硕车队)成为第五位穿环法赛黄衫的美国车手。

(13)2006 年环法赛创下了在 7 名车手中 10 次领先变化的纪录。

(14)在第 11 赛段开始之前,赛事总监让-玛丽·勒布朗和克里斯蒂安·普吕多姆为美国自行车作家萨姆·阿布特颁发了环法赛银盘,以表彰他连续 30 年报道赛事。萨姆·阿布特为《先驱论坛报》

撰稿。

（15）为了纪念他第 15 次也是最后一次环法赛，40 岁的维亚切斯拉夫·叶基莫夫在香榭丽舍大道上领骑了最后 8 圈的第一圈。自 1990 年以来，除了 1999 年和 2005 年没有参加环法赛外，这位俄罗斯人参加了所有的比赛，参加的车队包括：松下-魄力车队、诺夫邮电车队、Wordperfect 车队、诺威尔车队、拉波银行车队和美国邮政车队/探索频道车队。维亚切斯拉夫·叶基莫夫 15 次参加环法赛的成绩比 1980 年的冠军约普·佐特梅尔克（1970—1973 年和 1975—1986 年）落后一名，与盖伊·努伦斯（1980—1994 年，1980 年和 1983 年都未结束）和 1976 年的冠军吕西安·范因佩（1969—1981 年，1983 年和 1985 年）并列。

（16）扬·乌尔里希因涉嫌服用兴奋剂而被停赛，所以本次环法赛没有前赛事冠军。

（17）在环法赛最后计时赛的前一天晚上，美国广播公司新闻频道选择了弗洛伊德·兰迪斯为其"本周人物"。他问了一个问题："兰斯是谁？"

（18）奥斯卡·佩雷罗以 32 秒的优势战胜安德烈亚斯·克勒登夺冠，这是比赛中第二小的优势，直到第二年，阿尔韦托·孔塔多尔以 23 秒的优势击败卡德尔·埃文斯。

（19）5 月 23 日，拥有环法赛主办方 ASO 公司的法国出版界大亨菲利普·阿莫里因癌症去世，享年 66 岁。阿莫里还拥有菲利普阿莫里公司，旗下出版了《队报》《巴黎人报》《法国纪事报》《共和国报》《法国足球》和《自行车》杂志。在他去世后，他的事务由他的遗孀玛丽-奥迪勒·阿莫里和儿子让-艾蒂安接替。

2007 年

1.奥地利山地车手马库斯在智利的雪山，以 210.4 千米/时的速度创造了新的自行车雪山速降世界纪录。

2.2007 年 8 月 10 日，泰温体育宣布探索频道车队将在 2007 赛季后停摆。泰温体育总裁比尔·斯特普尔顿说:"在目前的情况下,我们不能问心无愧地要求别人花这笔钱来赞助我们的车队。在我们看来,这样的环境不利于投资。"

3.美国车手利瓦伊·莱普海默以 21 秒的优势战胜德国人延斯·福格特(CSC 车队)赢得了第 2 届安进环加州赛冠军。

4.斯洛文尼亚的亚内兹·布拉伊科维奇(探索频道车队)赢得了第 5 届环佐治亚自行车赛的冠军,比美国的克里斯蒂安·范德·维尔德(CSC 车队)提前 12 秒完成了全程 1059 千米的 7 个赛段的比赛。

5.意大利的达尼洛·迪卢卡(天然气车队)以 1 分 55 秒的优势战胜卢森堡的安迪·施莱克(CSC 车队)赢得了第 90 届环意赛冠军。

6.利瓦伊·莱普海默以 1 分 11 秒的优势击败了探索频道车队的队友乔治·辛卡皮,赢得了格林维尔的美国自行车职业公路锦标赛冠军。利瓦伊·莱普海默用时 4 小时 22 分 19 秒,完成了 177 千米的赛程。戴维·扎布里斯基以 39 分 34 秒的成绩完成了 30 千米的计时赛,以 1 秒的优势击败了丹尼·佩特(气流-施波特车队)。

7.意大利的保罗·贝蒂尼再次赢得在德国斯图加特举行的精英男子公路赛世界冠军。法比安·坎切拉拉也以 55 分 41 秒的成绩再次赢得了 44.9 千米的个人计时赛冠军。

8.比利时人斯泰恩·范登伯格(优胜客车队)在缺席 15 年后再次回归,赢得了为期 5 天的环爱尔兰赛。

9.俄罗斯车手丹尼斯·门乔夫(拉波银行车队)以 3 分 31 秒的优势战胜了西班牙的卡洛斯·萨斯特雷(CSC 车队)赢得了第 62 届环西赛冠军。

10.贾森·麦卡锡(美国)赢得了环西赛第 14 赛段冠军。这是美国探索频道车队的最后一场大环赛赛段胜利。

11.乔治·欣卡皮(美国)在首届环密苏里州赛上获胜,为探索频道车队画上了圆满的句号。国际自盟 2.1 赛段是车队最后一场总成绩比赛的胜利。

12.荷兰业余车手鲍克·莫勒马赢得了第 45 届环未来赛冠军。

这是自 1980 年以来首次举行的业余比赛（专为由 23 岁以下成员组成的国家队）。

13. 澳大利亚车手斯图尔特·奥格雷迪（CSC 车队）成为首个非欧洲籍巴黎—鲁贝赛冠军。

14. 澳大利亚车手卡德尔·埃文斯（预言家-乐透车队）赢得了第 3 届年度国际自盟职业巡回赛冠军。

15. 约瑟夫·热夫·普朗卡特 5 月 22 日去世，享年 73 岁。普朗卡特在 1958 年赢得《人民报》自行车赛冠军，在 1962 年环法赛中屈居雅克·安克蒂尔之后获得亚军。他还在 1960 年的环法赛中获得了第 5 名，并在 1961 年的比赛中获得了第 6 赛段的冠军。

16. 法国的让·斯塔布林斯基在长期患病后去世。他 1932 年出生于波兰，原名爱德华·斯塔布列夫斯基，1948 年成为法国公民，并在 1960 年至 1964 年期间 4 次获得法国全国锦标赛冠军（他在 1962 年获得亚军，落后于雷蒙·普利多尔）。斯塔布林斯基赢得了第一个电视转播的公路世锦赛冠军，那是 1962 年在意大利萨罗举行的赛事，比赛结束时刚好一名观众的自行车爆胎。他作为雅克·安克蒂尔的御用副将多年，直到两人发生争执，然后在 1968 年的最后一个赛季转到雅克·安克蒂尔的竞争对手雷蒙·普利多尔所在的梅西耶车队。

17. 英国车手妮科尔·库克再次获得法国女子自行车巡回赛冠军，她的同胞埃玛·普利排名第三。

18. 加拿大的希尔顿·克拉克赢得了环萨默维尔库格勒-安德森纪念赛。

19. 美国费城的特蕾莎·克利夫-瑞安赢得了米尔德丽德库格勒女子公开赛。

20. 西蒙亮点娱乐出版公司出版了《绝对错误：我如何赢得环法自行车赛的真实故事》，其作者是弗洛伊德·兰迪斯和洛伦·穆尼。

21. 巴兰坦图书出版公司出版了戴维·沃尔什的《从兰斯到兰迪斯：环法自行车赛美国人兴奋剂争议内幕》。

22.美国丹佛市的盖茨公司开始销售用于上下班和城市自行车的中心履带驱动系统。聚氨酯驱动带用碳纤维加固。

23.美国大陆车队 BMC 首次以全美国人车队在欧洲赢得团队计时赛的胜利。该比赛是国际自盟的 2.2 环意之弗留利—威尼斯朱利亚大区赛的第 2B 赛段比赛。

自行车在中国

(1)德国姑娘伊泉创建了中国第一家死飞自行车商店 Natooke。Natooke 拥有一个自行车俱乐部,并且经常组织自行车骑行和活动。更多中国年轻人加入了死飞队伍。

(2)中国台湾电影《练习曲》(又名《单车环岛日志》)上映,导演是陈怀恩(中国台湾)。这是中国台湾选送角逐第 80 届奥斯卡最佳外语片的电影,片尾字幕显示,它还是向一位因救孩童溺水身亡的骑行者的致敬之作。大学即将毕业的有听觉障碍的年轻小伙,带着吉他、行囊和单车,独自展开了七天六夜的单车环岛旅程。几乎每个台湾人都有一个环岛梦。于是,片中对话"有些事现在不做,一辈子都不会做了"感动了许多观众,同年暑假兴起自行车环岛游热潮。

(3)王卫成为中国"首位骑行全国的在校大学生",并因这一壮举而获得了北京奥运会火炬手资格。

(4)5 月 1 日,"环青海湖国际公路自行车赛事陈列"于青海省博物馆开展,该陈列展现了第 1 届至第 6 届环湖赛的赛事盛况。

(5)7 月 20 日,第 6 届"中信杯"环湖赛结束了第 7 赛段的争夺,捷克 PSK 车队的马丁·马里斯夺得了赛段冠军,委内瑞拉 CLM 车队的加百列连续第二天保有黄色领骑衫,爬坡王(斑点衫)还是被委内瑞拉 CLM 车队的瑟吉澳保有。探索频道车队的艾伦·戴维斯继续身着代表冲刺王的绿衫,他的队友李富玉依然是"亚洲最佳"蓝衫的拥有者,这也是戴维斯和李富玉开赛以来第七次获得这两项殊荣。

(6)7 月 21 日,第 6 届"中信杯"环湖赛结束了第 8 赛段的争夺,美国探索频道车队的路易斯·鲁别获得了赛段冠军,委内瑞拉 CLM 车队的加百列连续第三天保有黄色领骑衫,爬坡王(圆点衫)依然属于委内瑞拉 CLM 车队的瑟吉澳。探索频道车队的艾伦-戴维斯则连续第八天身着代表冲刺王的绿衫,这一天最大的变化来自代表亚洲最佳的蓝衫归属,前 7 个赛段都发挥出色的美国探索频道车队的李富玉该日无缘蓝衫,象征"亚洲最佳"的蓝衫被中国国家队的青海车手马海军夺得,这也让在现场观战的马海军的父老乡亲们格外激动。

(7)7 月 22 日,第 6 届"中信杯"环湖赛结束了第 9 赛段——最后一个赛段的争夺,美国探索频道车队的车手艾伦·戴维斯获得赛段的冠军,并第九次穿上了代表冲刺王的绿衫。中国国家队的青海车手马海军则成功地保住了象征"亚洲最佳"的蓝衫。在该项赛事的历史上,中国香港选手黄金宝夺得过蓝衫,马海军是第一个在赛事结束后保有蓝衫的中国内地选手。由于 22 日没有爬坡赛段,因此圆点衫最终被委内瑞拉 CLM 车队的瑟吉澳保有,他的队友加百列则成为第 6 届环湖赛的总冠军。

(8)11 月 4 日至 10 日,第 2 届环岛赛举行,由海马汽车总冠名。本届赛事将起、终点改设至三亚,为逆时针方向行进,途经海南 15 个市县,总里程 1100 千米,增加了城区骑行和山路里程。赛事等级由洲际 2.2 级升级为 2.1 级,赛制由 2006 年的 6 日 6 赛段增加到 8 日 7 赛段,增设了个人计时赛,路线设计涵盖平路、丘陵、山地、计时等公路赛的所有类型,赛队资格升格至国际自盟职业队、国际自盟洲际职业队、国际自盟洲际队和国家队四个层次,总奖金 15 万美元。共有来自 13 个国家和地区的 18 支队伍、108 位选手参与角逐。最终,来自波兰的罗伯特·瑞多茨获得黄衫和绿衫,俄罗斯的米海勒·安德诺夫获得爬坡王的圆点衫,日本的冈崎和成为"亚洲最佳"获得蓝衫。波兰队、澳大利亚队、俄罗斯队分别获得团体总成绩前三名,中国队获"亚洲最佳"团体亚军。

(9)周伟导演的《男孩都想有辆车》上映,该片邀请到 2006 年全国小轮车冠军王蔚担任车技指导并客串角色。片中有不少让人眼花缭乱的飞车镜头和小轮车技巧。

环法自行车赛

(1)西班牙车手阿尔韦托·孔塔多尔(探索频道车队)以领先 23 秒的优势击败了澳大利亚的卡德尔·埃文斯(预言家-乐透车队)赢得了第 94 届环法赛冠军。

(2)前环法赛赛事总监费利克斯·莱维坦去世,享年 95 岁。莱维坦作为雅克·戈代的副手 1947 年加入了环法赛赛事组织,为当时埃米利昂·阿莫里的《自由巴黎人报》工作,并为赛事新推出《队报》。最终,莱维坦升到了共同主办者的位置,但在 1987 年,他被阿莫里的儿子菲利普解雇了,后者在 2006 年死于癌症。原因是他被报道用环法自行车赛的基金支持那次注定失败的环美国赛——莱维坦否认了这一指控。几年后,环法赛的老板简短地说,莱维坦的事情已经解决了,他从 1998 年开始作为组织方的贵宾参加比赛。

(3)2007 年 5 月,1996 年的环法赛冠军比亚内·里斯承认,在他作为德国电信车队成员的 5 年里,包括他赢得环法赛冠军的那一年,都在服用 EPO。里斯很快就被剥夺了环法赛的冠军头衔,但并没有新的冠军产生,因为从那一年起,许多其他的顶尖选手不是后来承认服用了兴奋剂,就是被怀疑服用了兴奋剂。里斯是 CSC 车队(2009 年将成为盛宝银行)的主管,被禁止参加 2007 年的环法赛。在 2008 年环法赛开始的前一天,他将被恢复 1996 年的冠军头衔。

(4)米拉姆车队的埃里克·察贝尔承认在 1996 年环法赛中使用了 EPO(当时他在德国电信车队),并被剥夺了当年的绿衫。但他被允许参加 2007 年的环法赛。

(5)比赛中所有车手都签署了国际自盟的一份反兴奋剂保证书,其中包括两年禁赛和一年的罚款,以期获得积极的成绩。

(6)本届比赛是在伦敦地铁爆炸事件两周年之际在伦敦开始的。

（7）比赛一开始,法国报纸《队报》打出了有史以来第一个英文标题："God Save le Tour"（上帝保佑环法）。

（8）在比赛开始前（甚至结束前）,2006 年环法赛到底是谁赢的问题仍然悬而未决,弗洛伊德·兰迪斯正向体育仲裁法庭提起上诉。西班牙人奥斯卡·佩雷罗在 2006 年的比赛中获得第 2 名,在 2007 年的环法赛中,他一开始就穿着 11 号战袍。

（9）这已经是连续第二年没有前冠军参赛了。直到 2007 年 9 月 20 日,弗洛伊德·兰迪斯才被剥夺了 2006 年的胜利,奥斯卡·佩雷罗直到 10 月 15 日才被授予冠军头衔。

（10）10 年来,法国媒体一直声称自行车赛有"两种速度"（干净的法国车队和不干净的其他车队）,现在,《队报》开始在同一页报纸上印刷法国车手的总成绩排名作为真正的总成绩。

（11）洲际巴罗世界车队,这支由南非赞助、在英国注册、由意大利人经营的外卡职业车队是自 1987 年 ANC-哈福德车队之后的第一支英国环法赛车队。

（12）戴维·米勒在比赛初期短暂地穿上了圆点衫,成为自罗伯特·米勒 1984 年赢得圆点衫以来,首位爬坡比赛领骑的英国骑手。

（13）比赛将首次在第 15 赛段到访蒂涅,车手们将首次攀爬新近开放的比利牛斯山脉的巴雷山口。

（14）德国国家电视台 ARD 和 ZDF 在得知 T-Mobile 车队的车手帕特里克·辛克维茨在比赛前一个月被检测出睾丸激素水平升高后,提前结束了对比赛的报道。电视台发言人告诉自行车新闻网："我们的合同规定,我们转播这次环法赛是为了让无兴奋剂的车手参加,而不是让使用兴奋剂的人参加。"德国另外两家电视台还在继续报道这次环法赛。

（15）罗比·亨特是第一位在环法赛中赢得一个赛段（第 11 赛段）冠军的南非车手。他是继阿尔及利亚的马塞尔·莫利内斯和摩洛哥的库斯托迪奥·多斯赖斯在 1950 年的比赛中分别赢得第 13 赛段和第 14 赛段之后,第一位赢得一个赛段的非洲大陆车手。

(16)澳大利亚选手罗比·麦克尤恩在环法赛上获得了第 12 个赛段的冠军,在现役车手中,与德国选手埃里克·察贝尔获胜总赛段冠军数并列第一。

(17)在比赛的第二天,亚历山大·维诺克罗夫的赛后药检结果为同源性血液兴奋剂阳性。他说自己是清白的,有异常是由于他早先的撞车引起的。他和他的阿斯塔纳车队被要求立即退出比赛。

(18)有几支队伍在第 16 赛段比赛开始的时候迟迟没有离开起点线,以强调他们想要一场干净的比赛。

(19)迈克尔·拉斯穆森在获得第 16 赛段的胜利后,因为违反队规,他的拉波银行车队把他赶出了比赛。拉斯穆森成为第一个因涉嫌服用兴奋剂而被他的车队从比赛中撤下的黄衫拥有者。

(20)在第 16 赛段比赛结束之后,意大利的克里斯蒂安·莫雷尼(科菲迪斯车队)因其违禁药物的检测结果为阳性,他和他的车队被赶出了比赛。

(21)从第 1 名到第 3 名的 31 秒差距让这次环法赛成为历史上最后领奖台成绩最接近的一届。

(22)索尼埃杜瓦尔-普罗迪尔车队骑着斯科特自行车,车上装有美国速联公司制造的 Force 套件。车队领队伊万·马约测试了速联的 Red 套件。

(23)克里斯蒂安·普鲁多姆,46 岁,在让-玛丽·勒布朗退休后,成为环法赛唯一的赛事总监。他自 1989 年以来一直在监督比赛。

(24)探索频道车队的乔治·辛卡皮将他连续站上环法赛起点的纪录提升到了 12 场。

(25)"红灯笼"维姆·范塞文特(预言家-乐透车队)是第五个在比赛中两次获得最后一名的车手,并且是第三位连续两次参加环法赛都获得最后一名的车手。他在 2005 年位列倒数第二。

(26)格扎维埃·卢伊针对 1988 年环法赛的"德尔加多事件",出版了《拯救环法》,书中包含了一些有趣的理论,这些理论涉及禁药和国际自盟对比赛的影响。格扎维埃·卢伊在他的书中提出的一个理论是,自行车运动的禁药问题大多源于职业足球。理由是 1998 年的飞士天事件和 2006 年的 Operacion Puerto 事件与足球世界杯同时发生。

2008 年

1. 英国 25 岁男子马克·博蒙特凭借一辆自行车,历时 195 天完成了环游世界的壮举,创造了新的最短时间骑自行车环游世界的吉尼斯世界纪录。他以每天平均骑行 160 千米的速度前行,一路经过了 20 多个国家,一共走了 2.9 万千米的路程。在博蒙特之前,最短时间骑自行车环游世界的纪录保持者是英国人史蒂夫·斯特兰奇,他的成绩是 276 天。

2. 当体育仲裁法庭的一个三人小组一致投票反对时,弗洛伊德·兰迪斯输掉了可能是他在 2006 年环法赛中最后一次试图夺回胜利的努力。

3. 美国人利瓦伊·莱普海默(阿斯塔纳车队)赢得了第 3 届安进环加州赛的冠军。骷髅车队的泰勒·汉密尔顿、奥斯卡·塞维利亚和圣地亚哥·博特罗被禁止参加比赛。据报道,原因是他们仍在接受西班牙当局的 Operacion Puerto 事件调查。41 岁的冲刺车手马里奥·奇波利尼结束了三年短暂的退役生涯,加入了骷髅车队。他在第 2 赛段获得第 3 名。

4. 6 月,环法赛的所有者 ASO 和环加利福尼亚赛的所有者安舒茨娱乐集团(AEG)宣布建立营销伙伴关系,为两项赛事开发和启动全面的交叉推广平台。

5. 环法赛的所有者 ASO 购买了 Unipublic 公司 49％的股份,该公司拥有环西赛。其余 51％的股份由西班牙 Grupo Antena 3 传媒公司持有。

6. 在赛前一周,阿尔韦托·孔塔多尔所在的阿斯塔纳车队被通知可以参加比赛,随后阿尔韦托·孔塔多尔以领先 1 分 57 秒的优势击败了意大利选手里卡尔多·里科(索尼埃·杜瓦尔-斯科特车队),

赢得了第 91 届环意赛冠军。孔塔多尔成为第二个赢得该项赛事冠军的西班牙人(继米格尔·因杜拉因之后)。

7. 环意赛前两名车手的坐骑,美国崔克和斯科特自行车上装配的是美国 SRAM 公司的 Red 套件。

8. 俄罗斯车手丹尼斯·门乔夫(拉波银行车队)在环意赛中排名第五,这让他在三大环赛中都进入了前五。

9. 意大利的丹尼尔·本纳蒂(天然气车队)在环意赛第 3 赛段的胜利使他在三大环赛中都至少获得一个赛段的冠军。

10. 克里斯蒂安·范德·维尔德(气流-施波特车队,后来的佳明-施波特车队)成为继安迪·汉普斯腾之后第二位穿着环意赛粉衫的美国车手。

11. 环意赛的第 16 赛段是大环赛有史以来最慢的一段,意大利选手弗朗哥·佩利佐蒂(天然气车队)以 40 分 26 秒的成绩完成了 12.9 千米的山地计时赛获得冠军,他以 19.142 千米/时的平均速度爬上了普兰德科隆尼斯山顶。

12. 兰斯·阿姆斯特朗以 2 小时 50 分 58 秒的成绩完成了波士顿马拉松。

13. 禧玛诺以 7000 万美元从鹦鹉螺公司收购了一字米公司。

14. 高速公路车队(后来叫哥伦比亚车队)的白俄罗斯车手康斯坦丁·西夫佐夫赢得了由美国电话电报公司(AT&T)举办的第 6 届环佐治亚赛。

15. 崔克公司将格雷格·莱蒙德使用的自行车下线,并起诉了这位三届环法赛冠军,随后结束和他 13 年的许可协议。崔克公司总裁约翰·伯克决定提供一个面向大众市场的配件生产线,以及他对自行车生产线"前后矛盾"的承诺,是公司分裂的原因。

16.《自行车大全》的作者尤金·斯隆去世,享年 91 岁。在他 1980 年出版的《全新自行车大全》一书的序言中,他写道:"几年前,当我坐在打字机前预测汽油价格将达到每加仑两美元时,人们都笑了。现在我预测要么实行严格的汽油配给,要么每加仑 5 美元。写这篇文章的时候，汽油是每加仑 4 美元。”

17.纽约私人股本公司鹰头资本旗下的竞争对手集团收购了《自行车新闻》的所有者 Inside Communications。

18.7 月 8 日，法国的让尼·隆哥-西普雷利以 3 分 48 秒 896 的成绩赢得了个人项目的全国冠军。6 月，她赢得了法国国家计时赛和公路赛的冠军。她在 8 月将第七次参加奥运会的上述两项赛事。她将在 10 月份迎来 50 岁生日。

19.由禧玛诺公司赞助的车队在环法赛中测试了新的 Dura-Ace 7900 套件，他们还测试了一个电子版本套件。由坎帕尼奥洛公司赞助的车队测试了 11 速 Super Record 套件原型。这是该公司为了庆祝它的 75 周年纪念而推出的（包括 Chorus 11 和 Record 11 两个版本）。从 1974 年到 1987 年，坎帕尼奥洛公司推出了最初的 Super Record 套件。

20.禧玛诺公司公布了其旗舰产品 Dura-Ace 套件的电子版本（7970），该版本使用了 Di2（数字集成智能）技术。

21.高速公路车队（环法赛前哥伦比亚车队）成为一个在美国注册的车队，车队老板鲍勃·斯特普尔顿把基地设在加州的圣路易斯-奥比斯波。在与哥伦比亚公司达成赞助协议之前，该公司在日内瓦的欧洲分部的高管们同意，将哥伦比亚公司的新防晒服装技术 Omni-Shade 的标识，置于该公司运动衫的标识之下。

22.在北京举行的第 29 届奥运会上，西班牙选手萨穆埃尔·桑切斯在 245 千米的男子公路赛中夺冠。瑞士的法比安·坎切拉拉赢得了男子个人计时赛冠军。

23.美国选手克里斯廷·阿姆斯特朗在奥运会女子计时赛中获得金牌。英国的妮科尔·库克赢得了公路赛冠军。

24.法国的让尼·隆哥-西普雷利以 49 岁的年龄第七次参加了奥运会。她在女子计时赛中获得第 4 名。

25.美国新泽西州的卢卡斯·阿埃多赢得了环萨默维尔库格勒-安德森纪念赛。

26.格鲁吉亚的季娜·皮克赢得了米尔德丽德库格勒女子公开赛。

27.比利时的扬·巴克兰赢得了第45届环未来赛。

28.西班牙选手阿尔韦托·孔塔多尔(阿斯塔纳车队)以领先46秒的优势战胜了利瓦伊·莱普海默,赢得了第63届环西赛冠军。如果不是因为他在比赛中赢得的时间奖励,孔塔多尔击败美国队友的胜利余地将仅为计时赛中他占的优势:0.067秒。

29.随着他在环西赛的胜利,阿尔韦托·孔塔多尔成为第五位(在雅克·安克蒂尔、吉蒙迪、埃迪·默克斯和贝尔纳·伊诺之后)赢得所有三大环赛冠军的车手。孔塔多尔所有的大环赛胜利都是在14个月内(2007年7月至2008年9月)取得的。

30.在意大利瓦雷泽举行的公路世锦赛上,意大利选手亚历山德罗·巴兰赢得了260千米的精英男子公路赛。德国的贝尔特·格拉布希赢得了个人计时赛冠军,美国的戴维·扎布里斯基在实际43.7千米的赛程中,落在了加拿大的斯韦恩·塔夫特后面,仅排名第三。来自英国的奥运会冠军妮科尔·库克赢得了女子公路赛冠军,而美国的安布尔·内本赢得了女子计时赛冠军。

31.9月9日,即将年满37岁的兰斯·阿姆斯特朗宣布,他计划复出,并将努力赢得第八个环法赛冠军,这一壮举将使他成为参加该赛事年龄最大的前冠军。他说:"我很高兴地宣布,在与我的孩子、家人和最亲密的朋友交谈之后,我决定重返职业自行车运动赛场,以提高人们对全球癌症负担的认识。"五周后,他证实,他还计划在100周年庆典期间首次参加环意赛。他说:"我参加了很长一段时间的职业比赛,但是我从来没有参加过环意赛,这是我最大的遗憾之一。"

32.泰勒·汉密尔顿(骷髅车队)在南卡罗来纳州的格林维尔赢得了美国职业锦标赛冠军,他以领先不到1厘米的优势击败了布莱克·考德威尔(佳明-施波特车队)。在第二次药检呈阳性后,这一次是在2009年初的安进环加州赛上,汉密尔顿退役了,但仍被允许保留他的美国冠军头衔。根据《自行车新闻》的说法,只有在一项赛事之前采集的运动员药检结果呈阳性的情况下,国家冠军头衔才会被取消。

33.意大利车手马尔科·皮诺蒂(哥伦比亚车队)赢得了共 5 个赛段的环爱尔兰赛冠军。

自行车在中国

(1)中国 78% 的家庭都拥有自行车,这些家庭的平均自行车拥有量为 1.27 辆。

(2)6 月 16 日,时任山东省省长的姜大明骑自行车上班,参与能源短缺体验活动。外国领导人骑自行车上班早已不是什么新闻,国内此举一出,"作秀"的指责声一片。

(3)"蒙牛绿色骑手奔向北京"活动举行。这是在 2008 年北京奥运圣火点燃并开始全球传递之后,北京人民广播电台与蒙牛乳业、中国自行车协会等众多单位联合发起的一项绿色传递活动。

(4)2008 年北京奥运会自行车项目(BMX)获得参赛资格并进行大力宣传,GB 集团为了迎合 2008 年奥运会并让普通爱好者都能购买特推出廉价版 BMX 新品。

(5)北京市首次引进公共自行车。

(6)台湾人谢旺霖的《转山》在大陆出版,并于 2011 年被改编成电影在大陆上映,引起一阵骑行热。

(7)在第 7 届环湖赛中,代表总成绩第一的黄衫被美国岩石车队的泰勒-汉密尔顿一举夺下;代表"亚洲最佳"的蓝色领骑衫归伊朗大不里士石化队的阿斯卡里-侯赛因所有;丹麦队的阿莱克斯·拉斯姆森从第一天就一直穿着象征"冲刺王"的绿衫,他不仅成为当天的赛段冠军,也将绿衫穿到了最后。"爬坡王"的得主仍归属伊朗大不里士石化队,艾哈德力挫众多高手穿上圆点衫。

(8)第 3 届环岛赛于 11 月 11—19 日举行,由红塔山总冠名。三亚市接棒本届赛事的主办权,线路经过海南岛 18 个市县,总里程

1300千米,赛制由2007年的8日7赛段增加到9日8赛段,奖金提高至20万美元。经筛选,最终确定参赛队伍为20支,其中国际自行车联盟洲际队10支、国家队8支、地区队2支。首次有奥运冠军车队参赛。经过激烈角逐,俄罗斯选手鲍里斯·斯皮尔斯基以明显的优势夺得个人总成绩冠军和"冲刺王"称号,在8个赛段中独揽5个赛段的冠军。

环法自行车赛

(1)西班牙的卡洛斯·萨斯特雷(CSC-盛宝银行车队)是第七位赢得环法赛总冠军却没有赢得一个赛段冠军的车手。

(2)10月,血液检测显示,赢得两场计时赛的德国选手斯特凡·舒马赫(德劳特沃车队)和伯恩哈德·科尔的CERA检测均呈阳性。如果科尔被取消比赛资格,总排名第三的将是俄罗斯的丹尼斯·门乔夫(拉波银行车队)。圆点衫将归属积分80的比赛冠军卡洛斯·萨斯特雷(CSC-盛宝银行车队)。斯特凡·舒马赫在第4赛段计时赛中的胜利将属于卢森堡的基姆·基兴(哥伦比亚车队),而在第20赛段的胜利将属于瑞士的法比安·坎切拉拉(CSC-盛宝银行车队)。

(3)2007年的环法赛冠军,阿斯塔纳车队的阿尔韦托·孔塔多尔和季军利瓦伊·莱普海默没有被邀请参加比赛,原因是该队在之前的管理中存在兴奋剂违规行为。

(4)连续第三年,前一届冠军没能站上起点。

(5)哥伦比亚车队的乔治·辛卡皮连续13次参加环法赛。

(6)持外卡参赛的佳明-施波特车队使2008年的环法赛成为第一个包含两支美国车队的赛事。

(7)两名挪威选手——托尔·胡舒福德(信贷银行车队)和库尔特·阿斯·阿韦森(CSC-盛宝银行车队)首次在同一届环法赛中获得了赛段冠军。

(8)比赛开始前三个月,第 15 赛段的起点从迪涅莱班移到昂布兰,因为在拉尔什山口 4 千米的路段有发生岩崩的危险。新赛段比原赛段短约 30 千米,将跨越意大利边境上 2744 米长的阿格内尔山口。

(9)布列塔尼大区赞助了比赛的前三个赛段。

(10)在第 3 赛段,法国总工会的抗议者影响了赛事的行进速度,抗议者要求法国总统萨科齐保护他们的工作。比赛结束后,负责比赛的官员贝尔纳·伊诺将一名抗议者推下了领奖台。

(11)80 岁的歌手兼演员莱恩·雷诺挥舞着代表仪式开始的旗子宣布开始比赛。1958 年,当比赛在比利时开始时,她也获得了这一荣誉。

(12)费尔特自行车(佳明-施波特车队)成为参加环法赛的第 11 个美国自行车品牌[继哈菲/思瑞塔、碳架(Carbonframes)、梅林、克拉克-肯特、GT、Litespeed、佳能戴尔、闪电、崔克和斯科特之后]。

(13)赛沃洛成为第一家赢得环法赛的加拿大自行车公司。其总部设在加拿大多伦多和瑞士纳沙泰尔。

(14)自 1966 年以来,环法赛第一次没有举行序幕计时赛。从技术上讲,2000 年和 2005 年的环法赛也没有设置序幕赛,但这两场比赛的第 1 赛段都是不到 20 千米的计时赛。

(15)冲刺及赛段获胜者没有时间奖励。

(16)英国冲刺选手马克·卡文迪什(哥伦比亚车队)获得了 4 个赛段的冠军。

(17)奥斯卡·弗莱雷(拉波银行车队)成为第一位赢得绿衫的西班牙车手。

(18)伯恩哈德·科尔(德劳特沃车队)成为第一个赢得圆点衫的奥地利人,但后来 CERA(兴奋剂药物)检测呈阳性。

(19)由于 ASO 和国际自盟之间不和,环法赛由法国自行车联合会主办,兴奋剂控制由法国反兴奋剂机构负责。

(20)法国裁判员直到间隔达到 30 秒才宣布比赛中突围车手的

姓名,这使电视播音员的事情变得复杂。据报道,该规则已得到执行,因此车队负责人必须确保哪些车手处于突围状态(除非他们在自己的汽车上通过电视观看比赛)。

(21)在第 3 赛段后,美国速联公司的 Red 套件拥有了他们的第一件黄衫(法国阿格里图贝车队的罗曼·费鲁)。第 10 赛段的冠军是索尼埃·杜瓦尔-斯科特车队的意大利车手莱奥纳尔多·皮耶波利,他骑着一辆装备有速联套件的斯科特自行车。

(22)范瑟丝与 ASO 签署了一项为期 5 年、价值 2750 万美元的协议,获得了美国在环法赛和其他比赛中的转播权。有线频道在美国直播了几乎所有山地赛段的比赛,包括第 15、16 和 17 赛段。范瑟丝从法国电视 2 台获得现场直播权,而法国电视 3 台在每个赛段前后播放节目,法国电视 4 台则在晚些时候播放与环法赛相关的节目。

(23)比赛播音员兼布列塔尼居民丹尼尔·芒吉斯在第 2 赛段开始前接受了一块纪念他为环法赛服务 35 年的奖牌。

(24)在欧赖的第 2 赛段比赛开始之前,环法赛向 94 岁高龄的皮埃尔·科根致敬。在 1935 年至 1951 年间,科根参加了 7 次环法赛,完成了其中的 6 次。他曾 4 次进入前 12 名,其中最好的一次是在 1950 年为埃利耶特-哈钦森车队比赛时获得第 7 名。

(25)西班牙人曼努埃尔·贝尔特兰(天然气车队)在第 1 赛段的药检 EPO 呈阳性后被逐出比赛,并被车队开除。

2009 年

1.首届国际自盟世界巡回赛举办。国际自盟世界巡回赛是世界上最主要的年度公路自行车巡回赛,由三大环赛与五大古典赛等 29 项赛事组成,并根据总成绩排名。

2.禧玛诺公司的电子变速器系统 Di2 面世。

3.美国土拨鼠公司在华盛顿成立,并研发出全世界第一台 27.5 英寸/650B 山地自行车。

4.兰斯·阿姆斯特朗骑着一辆定制喷漆的崔克 Madone Red 自

行车,在环澳大利亚赛上重回赛场。阿姆斯特朗的车架上印有其基金会的标志"LIVE STRONG"(坚强活着),"1274"是他退休的天数,"27.5"是那段时间死于癌症的人数,以百万计。做好黑色和黄色的喷漆需要 30 个小时,不包括固化时间。

5. 由运动总监安德烈·特奇米尔领导的喀秋莎(卡蒂利亚俄罗斯全球自行车项目)车队,成为第一支在俄罗斯注册的职业巡回赛车队。1990 年在意大利注册的阿尔法卢姆车队用来自苏联的车手取代了大部分车手。

6. 前职业大陆车队佳明-气流车队加入哥伦比亚-高速公路车队,成为美国第二支在国际自行车联盟注册的职业巡回赛车队。

7. 俄罗斯车手丹尼斯·门乔夫(拉波银行车队)赢得了 100 周年环意赛。他刚从 3 月下旬的环卡斯蒂利亚和莱昂自行车赛锁骨受伤中恢复。美国的兰斯·阿姆斯特朗(阿斯塔纳车队)获得了总成绩第 12 名。

8. 5 月,美国自行车运动的杰出人物史蒂夫·拉森死于呼吸系统病毒。拉森是唯一一位参加过 4 项自行车运动(公路自行车、场地自行车、越野自行车和山地自行车)世锦赛的美国人。他去世时年仅 39 岁。

9. 8 月,在美国科罗拉多州莱德维尔举行的 161 千米山地自行车比赛中,兰斯·阿姆斯特朗击败了前冠军戴夫·威恩斯。为弥补前一年两分钟的失利,兰斯·阿姆斯特朗这次以领先 28 分钟的优势战胜了威恩斯。

10. 在环法赛期间,兰斯·阿姆斯特朗宣布他和阿斯塔纳车队总监约翰·布吕内尔将组建一支职业巡回赛车队,该车队将在 2010 年得到得克萨斯州沃斯堡电子产品零售商无线电的赞助。

11. 18 岁的美国车手泰勒·菲尼(崔克-坚强活着基金会车队)赢得了 23 岁以下巴黎—鲁贝赛的冠军。

12. 美国波士顿官员宣布,他们正在与总部位于蒙特利尔的公共自行车系统公司进行谈判,计划在 2010 年夏天之前建立一个拥有

2500 辆自行车和 290 个租赁站的系统。美国现存最大的自行车租赁系统在哥伦比亚特区,那里有 12 个出租站和 100 辆自行车。

13. LOOK 公司迎来了 25 周年庆,推出了 Keo 2 Max,这是其最新款踏板的精装版,它的特点是一个更宽的平台,以及限量版(全球 25 个)蒙德里安风格的 596 计时赛自行车。1984 年,由 LOOK 公司赞助的克莱尔生活车队的骑行服设计是基于荷兰艺术家皮特·曼德里安(1872—1944)的一幅抽象画。

14. 6 月,两届环法赛冠军洛朗·菲尼翁被诊断出患有晚期肠癌。医生说,这种疾病可能与他作为车手服用的药物无关,因为可的松是车手在注射促红细胞生成素(EPO)之前选择的药物,没有通过胃部。洛朗·菲尼翁说:"如果药物和我的癌症有直接的联系,我想很多其他骑自行车的人也会患同样的癌症。"

15. 6 月,196 名法国罪犯参加了 14 个赛段的 2009 环法监狱自行车赛,从阿斯克新城到巴黎的赛程为 2200 千米,为非竞赛骑行。只有 6 名囚犯被允许完成整个过程,而其他囚犯在返回监狱之前要参加两个赛段,不允许突围。

16. 美国加利福尼亚州萨克拉门托市的李·克赖德因在环加利福尼亚赛序幕赛后偷走了兰斯·阿姆斯特朗的计时赛自行车和另外两辆自行车,被判处三年徒刑。董晃乐在以 200 美元的价格购买了阿姆斯特朗价值 1 万美元的计时赛自行车后,配合警察调查,没有提出异议,被判入狱 90 天。

17. 英国的车手拉塞尔·唐宁(坎迪电视车队)在他 31 岁生日那天赢得了 3 个赛段的环爱尔兰赛冠军。在比赛中,阿德里安·尼永舒提(MTN-Energade 车队)由前美国职业选手乔纳森·博耶指导,成为第一位参加欧洲主要赛事的卢旺达骑手。唐宁 48 岁的队友、爱尔兰的马尔科姆·埃利奥特排在第 21 位。

18. 罗曼·西卡德(法国 A 队)赢得了第 46 届环未来赛。美国的特杰·范加德伦以一秒之差排名第二。

19. 荷兰车手爱德华德·博阿松·哈根(哥伦比亚-宏达电车队)

在 8 个赛段的环英赛中，连续拿下 4 个赛段冠军，最终他以领先 23 秒的优势击败了澳大利亚人克里斯·萨顿（佳明-气流车队）获得总冠军。

20.乔治·欣卡皮（哥伦比亚-宏达电车队）赢得了美国南卡罗来纳州格林维尔的美国职业公路赛，这是他第三次获得全国公路赛冠军，也是他在环法赛期间锁骨骨折后的第一次比赛。佳明-气流车队的戴维·扎布里斯基在计时赛中，以 39 分 37 秒的成绩骑完了 33.31 千米的赛道，连续第四次赢得比赛。他是第一个在赛道上骑进 40 分钟的车手。

21.戴维·扎布里斯基赢得了环密苏里赛。这是他 9 年职业生涯中第一次在正式比赛中获得总冠军。

22.西班牙的亚历杭德罗·巴尔韦德（储蓄银行车队）赢得了第 64 届环西赛冠军。组织者宣布，从 2010 年开始，领骑衫颜色将从金色改为红色（1945 年也是红色）。40 岁的西班牙人伊尼戈·奎斯塔（赛沃洛车队）连续第 16 次参加环西赛，而他的同胞何塞·比森特·加西亚·阿科斯塔（储蓄银行车队）完成了他的第 25 次大环赛征程（13 个环西赛和 12 个环法赛）。英语区选手在比赛中表现很好，澳大利亚的西蒙·格伦斯（赛沃洛车队）赢得了第 10 赛段，美国的泰勒·法勒（佳明-气流车队）赢得了第 11 赛段，加拿大的赖德·赫斯杰达尔（佳明车队）赢得了山区的第 12 赛段，爱尔兰的菲利普·戴格南（赛沃洛车队）赢得了第 18 赛段，英国的戴维·米勒（佳明车队）赢得了第 20 赛段的个人计时赛。西蒙·格伦斯的赛段胜利使他成为第一个在每一场大环赛中都赢得一个赛段胜利的澳大利亚人；赖德·赫斯杰达尔的胜利使他成为第一个赢得环西赛一个赛段冠军的加拿大车手；菲利普·戴格南的胜利使他成为自斯蒂芬·罗奇在 1992 年环法赛第 16 赛段的胜利以来，第一个在大环赛中拿下一个赛段冠军的爱尔兰人。完成环西赛之后，新西兰的朱利安·迪安（佳明-气流车队）成为 2009 年唯一一位完成三大环赛的车手。澳大利亚的卡德尔·埃文斯（沉寂-乐透车队）总成绩排名第三。

23. 法国的芭芭拉·博蒂斯创造了躺车 116.68 千米/时的速度,以超出原纪录 9.66 千米/时的速度打破了保持 4 年的女子纪录。加拿大选手萨姆·惠廷厄姆以 132.61 千米/时的速度,以超出原纪录 0.16 千米/时的成绩打破了保持一年的男子躺车纪录。这些纪录是在骑行开始后 200 米的赛道上创下的,赛道位于美国内华达州的 305 号公路上,临近巴特尔山。

24. 在瑞士门德里西奥举行的第 76 届公路世锦赛上,卡德尔·埃文斯以 6 小时 56 分 26 秒的成绩赢得了 262 千米男子公路赛的冠军,成为首位赢得这项赛事的澳大利亚人。瑞士的法比安·坎切拉拉在个人计时赛中以 57 分 55 秒的成绩跑完了 49.8 千米的赛程,获得了他的第三个冠军。20 岁的澳大利亚车手杰克·博布里奇完成了 33.2 千米的赛程,用时 40 分 45 秒,赢得了 23 岁以下计时赛冠军。女子方面,意大利车手塔蒂亚娜·古代尔佐赢得了 124 千米的公路赛冠军,成绩是 3 小时 33 分 25 秒。36 岁的克里斯廷·阿姆斯特朗(美国)拿下计时赛金牌,26.8 千米用时 35 分 26 秒,这是她退役前最后一项赛事。

25. 在瑞士门德里西奥,国际自盟管理委员会投票决定在所有级别的公路比赛中逐步淘汰双向无线电通信,因为它们的使用"扭曲了自行车运动的本质"。逐步淘汰的时间表将在之后确定。

26. 10 月,陷入困境的前比利时职业车手弗朗克·范登布鲁克因肺栓塞去世,年仅 34 岁。

自行车在中国

(1)中国自行车协会与中国台湾地区自行车输出业同业公会共同举办"两岸自行车产业发展研讨会",开启了两岸业界每年进行交流的先河。

(2)霸州中国自行车博物馆建成。博物馆收藏了中国、英国、德国、法国、荷兰、日本等 20 余个国家生产的白金人、汉牌、三枪、凤头、环球、宫田、富士、袋鼠、红旗、永久、凤凰、飞鸽等精品自行车500余辆。博物馆部分藏品由著名的自行车收藏家王明玺先生提供。

（3）喜德盛公司的"碳纤维公路竞赛车"入选"中华人民共和国成立60周年成就展"，并被授予"优秀产品奖"。

（4）从6月开始，一群自称"拜客"的人发起了关心广州自行车出行环境，关注广州公共自行车服务的行动。他们成立了一个叫作"拜客·广州"的行动小组，通过调研、创意行动等方式去关注广州的自行车出行现状，为推动绿色出行而努力。

（5）11月，韶关街头出现了由99辆自行车组成的婚车队，引来市民驻足欣赏。

（6）第1届"上海野猫速递赛"成功举办。一辆自行车，一个目的地，不管用何种方式，快速到达就是赢家。

（7）6月，在北京举行了首届死飞大革命活动。这项集体骑行运动吸引了来自北京、上海、广州、深圳等地将近70名死飞运动爱好者参加。

（8）7月18日，在第8届环湖赛第1赛段的比赛中，中国选手发挥极其出色，来自青海天佑德车队的207号车手吴生君以绝对优势夺得了本赛段第1名，成绩为4小时16分48秒，这也是该车队的车手参加环湖赛以来首夺赛段冠军。序幕赛第1名伊朗大不里士石化队的米安德烈以落后9秒的成绩屈居第二。

（9）7月26日，第8届环湖赛在西宁结束了最后一个赛段的比赛。在总成绩榜上，伊朗大不里士石化队的27号车手米安德烈如愿获得了冠军，他也创造了将黄衫从序幕赛保持到最后的佳绩，并且象征"亚洲最佳"的蓝衫也归米安德烈所有，其队友葛尔德则穿上了代表爬坡冠军的红衫。

（10）11月11—19日，第4届环岛赛举行，竞赛级别升级至亚洲顶级的洲际2.HC级。本届赛事总里程1429千米，9日9赛段，起点、终点设在三亚，比赛线路为逆时针方向，首次经过了全省18个市县政府所在的城镇。因赛事升级，赛事此后将仅允许国际自盟职业队、洲际职业队、洲际队和国家队参赛，赛事奖金也提升到 25 万美元，汇聚了 20 支世界高水平车队参赛。最终，意大利选手弗朗西斯科·文托索以个人总成绩第一摘得总冠军，俄罗斯选手鲍里斯·斯皮尔斯基获得 8 个赛段中的 6 个赛段冠军和 8 个赛段"冲刺王"绿衫，哈萨克斯坦车手德米特里·格鲁扎德夫获得"亚洲最佳"蓝衫，中国国家队在第 2 赛段连获赛段团体成绩第一和亚洲最佳团队第一的"双冠军"。

（11）宁浩导演的电影《疯狂的赛车》上映，黄渤在片中扮演了一名全国自行车锦标赛上的职业车手。

环法自行车赛

（1）西班牙选手阿尔韦托·孔塔多尔（阿斯塔纳车队）赢得了第 96 届环法赛冠军，这是他连续第二次被允许参加环法赛。当阿尔韦托·孔塔多尔站在最后的领奖台上时，组织者却错误地演奏了丹麦国歌。

（2）比赛启用了一个新的终点线结构和领奖台，极简设计，只有 6 米长，新的领奖台比旧的小 40％，便于运输和适应地形复杂地区。

（3）在离开赛场 4 年后，兰斯·阿姆斯特朗（阿斯塔纳车队）重返赛场，获得第 3 名。37 岁 10 个月零 8 天的他成为继法国的雷蒙·普利多尔（GAN-梅西耶车队）之后，在环法赛完成比赛站上最后领奖台年龄第二大车手。1976 年，40 岁的雷蒙·普利多尔获得第 3 名。葡萄牙的若阿金·阿戈什蒂纽（弗兰德里亚-卡瓦苏尔车队）在 1979 年获得第 3 名时是 37 岁 3 个月 15 天。

（4）兰斯·阿姆斯特朗追平了雷蒙·普利多尔 8 次站上环法赛最后领奖台的纪录。他还是 2009 年环法赛中唯一一位参加过 1993 年赛事的选手。

（5）来自北美公司的自行车手占据了总成绩前三名的位置，并穿走了所有的冠军衫。阿尔韦托·孔塔多尔和兰斯·阿姆斯特朗骑乘的 2010 款崔克 6 Series Madones 和 2011 款 Speed Concept 计时赛自行车，配备了美国 SRAM 套件。而卢森堡的安迪·施莱克（盛宝银行车队）取得第 2 名的成绩，穿上了白衫，骑着闪电 Tarmac SL2 和 S-Works Transition 计时赛自行车，配备了 SRAM 套件。来自挪威的绿衫冠军托尔·胡舒福德（赛沃洛车队）骑的是 Cervelo S3，意大利的"爬坡王"佛朗哥·佩里佐蒂（天然气车队）骑的是佳能戴尔 Super-Six。

（6）布拉德利·威金斯（哥伦比亚-宏达电车队）总成绩名列第四，他与 1984 年环法赛完赛者罗伯特·米勒（标致-壳牌车队）共同保持英国车手最好成绩的位置。

（7）英国冲刺选手马克·卡文迪什（哥伦比亚-宏达电车队）取得了 6 场冲刺胜利，追平了 1930 年法国选手夏尔·佩利西耶的纪录，他超越了 9 个或更多车手，赢得了第 3、10 和第 18—21 赛段的胜利。他还打破了比利时选手弗雷迪·梅尔滕斯（先后效力于弗兰德里亚-卫达车队和布尔多尔-苏耐尔-梅花车队）在 1976 年和 1981 年创下的 5 场冲刺比赛胜利的纪录。1976 年，梅尔滕斯赢得了包括序幕赛和两场个人计时赛在内的 8 个环法赛赛段的冠军，并最终获得了总成绩第 8 名。马克·卡文迪仅参加了两次环法赛，目前总共赢得了 10 个赛段冠军。他超过了英国约克郡冲刺选手巴里·霍本创下的赛段胜场的英国纪录。巴里·霍本在 1967 年至 1975 年期间为梅西耶-BP 车队和 GAN-梅西耶车队赢得了 8 场赛段胜利。

（8）总成绩排在第 112 位的 Fumiyuki Beppi（世纪-禧玛诺车队）和排在第 129 位的 Yukiya Arashito（布伊格电信车队）是参加环法赛的第 3 名和第 4 名日本车手，也是第一批完成环法赛的日本车手。

（9）美国车手乔治·辛卡皮（哥伦比亚-宏达电车队）第 14 次参加环法赛。

（10）美国密苏里州圣路易斯市的劳拉·安托万是环法赛的"礼仪小姐"之一。

（11）自 2005 年以来，团队计时赛首次成为环法赛的一部分。每队按照车队第 5 名的用时计算成绩,本赛段没有时间奖励。

（12）比赛仅包括一个 55 千米的个人计时赛。

（13）家乐福超市取代冠军超市成为圆点衫的赞助商。

（14）在第 2 赛段结束时,尤西·韦卡宁(法国乐透车队)成为第一个穿上圆点衫的芬兰骑手。

（15）就在团队计时赛开始之前,演员本·斯蒂勒骑上了兰斯·阿姆斯特朗的自行车,弄弯了链条上的一节链环,不得不在开始比赛之前匆忙换了链条。

（16）比赛进行到第 6 赛段时下雨了,范瑟丝播音员菲尔·利格特称之为"游泳选手的一天"。赛后医疗报告显示,创纪录地有 21 名车手因撞车接受治疗。

（17）法国选手布里塞·费鲁(阿格里图贝车队)在安道尔的阿卡利斯赢得了环法赛海拔第三高的终点赛段,高度为 2240 米。终点赛段海拔最高的是 1986 年,在海拔 2413 米的格兰农山口,西班牙选手爱德华多·乔萨斯(德格车队)赢得冠军的第 17 赛段。环法赛第二高的终点赛段是 1994 年的第 17 赛段,在海拔 2275 米的瓦尔托朗,冠军是哥伦比亚的内尔松·罗德里格斯(ZG-Mobili 车队)。德国的扬·乌尔里希(德国电信车队)1997 年曾在阿卡利斯获胜。

（18）比赛的第 10 赛段是在车手和车队之间没有无线电通信的情况下进行的。第 13 赛段的平均速度异常缓慢,导致另一个电台禁令计划被取消。

（19）《自行车新闻》编辑部主任约翰·威尔科克森报道了他的第 40 次环法赛,并在利摩日的第 10 赛段开始之前因其成就受到表彰。

（20）比赛进入第 11 赛段仅 26.5 千米,因路边横幅横在马路上挡住了一些车手,比赛被迫暂停。

（21）在到维泰勒的第 12 赛段,雀巢水公司将作为比赛赞助商的合同延长到 2013 年。

（22）西班牙冠军奥斯卡·弗莱雷(拉波银行车队)和新西兰车手朱利安·迪安(佳明车队)在第 13 赛段的普拉扎瓦山口接近下坡终

点时被霰弹枪击中,两人仍继续比赛。赛后,从奥斯卡·弗莱雷大腿上取下一颗子弹,迪安发现右手食指中枪。

(23)一名61岁的妇女在第14赛段被撞身亡,当时她正走在维特尔塞姆的警察摩托车通过的道路上,那里距离科尔马的赛段起点大约40千米。

(24)在比赛的第20赛段,即旺图山顶,车手遇到迎面而来的消防车,消防车正在给该地区的森林灭火。

(25)兰斯·阿姆斯特朗的第三本书《复出2.0:近距离与个人》于12月1日出版。在这本书中,这位得克萨斯人讲述了伊丽莎白·克罗伊茨拍摄的他复出照片上的故事。

第十六章 兰斯是谁?（2010—2017）

骑车去拉萨。

在中国,这是绝大多数骑友的终极梦想,越来越多的人去实现梦想。有人在微博上晒出 318 国道的拥堵照,显示了赶集般的热闹场面。于是,骑行 318 因受欢迎过度沦为"新四大俗"之一。这和同期上映的电影《转山》不无关系。

2014 年,环法赛迎来第一位中国车手计成(他表现如何呢?)。

2016 年 8 月 12 日,是载入中国自行车运动史册的日子,钟天使和宫金杰在里约奥林匹克自行车馆里夺得场地自行车女子团体竞速赛冠军,实现中国自行车奥运金牌零的突破。

骑车环游世界的新纪录诞生了。英国一男子历时 176 天,途经20 余个国家和地区,行程约 2.92 万千米完成了骑自行车环游世界的挑战,创造了新的最短时间骑自行车环游世界的吉尼斯纪录。

价值不菲的自行车越来越多,小偷开始频繁光顾。世界各国为了抓偷车贼煞费苦心。"钓鱼自行车"效果不错,美国佛罗里达州一位老兄在偷了一辆价值 1000 美元的用作诱饵的山地车后,被认定为惯犯,判处 7 年有期徒刑。在英国,为了抓住狡猾的偷车贼,警方在城市各处设置了未上锁的"钓鱼自行车"。隐藏在自行车里的 GPS系统让追踪变得轻而易举。

许多概念自行车开始出现:

伦敦的绿色终点公司为葬礼提供了一辆自行车灵车。这项服务的价格约为 2250 英镑,包括一个可生物降解的硬纸板棺材。

荷兰人打造了世界上最长的自行车,其长度达 35.79 米。

英国菲尔顿的欧洲航空防务与航天集团利用 3D 打印技术制造出世界第一辆打印自行车。

以色列机械工程师伊扎尔·加夫尼用硬纸板制作出一辆自行车。自行车重 9 千克，生产成本大约 16 美元，全部由可回收材料制成，除了刹车和链条外，其他部分都是硬纸板。

阿斯顿马丁公司推出了售价为 38 500 美元的 One-77 自行车。该车是由 F1 供应商生产的，限量 77 辆。

为自行车出行提供便利，一些知名的自行车城市纷纷推出新政。

荷兰建造了世界上第一条完全用太阳能电池板修建的自行车道。这条"太阳路"贯穿阿姆斯特丹北部郊区克罗曼尼，长约 70 米，已对民众开放。在夜晚，这条"太阳路"上发出的光亮如天空中的繁星一般，美轮美奂，美中不足的是，就是太短了。

丹麦奥胡胡斯试行自行车优先的道路体系。只要在自行车轮子上贴上射频识别(RFID)标签，在经过交叉路口时，标签就会向邻近识读器发送信号，交通灯将自动转绿，这样，骑自行车的人就不必等待，可以畅通穿行。

丹麦哥本哈根建成 167 千米的空中高速自行车道，可以飙车。

阿姆斯特朗事件余音：

在第 99 届环法赛结束一个月后，2012 年 8 月 23 日，美国反兴奋剂机构宣布，已经发现兰斯·阿姆斯特朗在他的职业生涯使用兴奋剂的罪证，并剥夺了他的职业自行车成绩，一直追溯到 1998 年 8 月 1 日，并且终身禁赛。

这意味着这位得克萨斯人将失去他从 1999 年到 2005 年获得的环法赛的全部 7 个冠军头衔，以及之后的第 3 名，可能还有他在 2000 年悉尼奥运会计时赛上获得的铜牌——但不包括他在 1993 年的世界锦标赛冠军。阿姆斯特朗和他的团队成员参与了被国际自行车联盟称为"体育史上最复杂、最专业、最成功的兴奋剂计划"。

糟心的是，官员们又得开始检查自行车的小型电动马达，以防止"机械兴奋剂"。

阿姆斯特朗落幕之后，迎来了"表哥"的时代。

天空车队的布拉德利·威金斯成为第一位赢得环法赛冠军的英国车手，也是第一位赢得环法赛冠军的奥运自行车场地赛冠军。他的天空车队队友克里斯托弗·弗鲁姆（表哥）获得第 2 名，这是英国选手第一次站上环法赛的最后领奖台。随后，弗鲁姆又拿下分量颇重的第 100 届环法赛冠军。后来又拿下了第 103 届的冠军。成就环法赛"三冠王"。加上弗鲁姆在环西赛最后一站安全通关，实现了一直以来的梦——环法、环西赛连庄。5 年 5 个大环赛冠军，成就弗鲁姆新一代车王。

环意赛亦迎来百年，迪穆兰凭借个人计时赛比赛中的强势表现夺回粉衫，拿下职业生涯第一个大环赛冠军。

这一时期，涌现出一大批人气车手，诸如彼得·萨根、金塔纳、尼巴利等。

2017 年，德国曼海姆科技博物馆举办了"两只轮子——两百年：德莱斯男爵与自行车的历史"主题展览。除了主题展览外，曼海姆还在全年围绕自行车举办了大大小小、内容和形式多样的活动约两百个。本书的编写亦是受国际国内纪念自行车诞生 200 年系列活动的启示而启动，幸添其列。

分类概览

人物传奇

◎2011 年，兰斯·阿姆斯特朗的前队友上《60 分钟》杂志揭秘。

◎2013 年，阿姆斯特朗在奥普拉·温弗里的访谈节目上承认自己使用了兴奋剂。

◎2017 年，克里斯托弗·弗鲁姆实现环法、环西赛连庄梦想。

品牌技术

◎2010 年，韩国研发出 7 千克的碳纤维折叠自行车。

◎2011 年，英国科学家发明了 3D 打印自行车。

◎2013 年,美国闪电公司设计建造了首个自行车专用风洞;阿斯顿马丁公司推出了 One-77 自行车。

◎2014 年,盛嘉公司推出了 Super Pista Ultimate 打气筒。

◎2015 年,禧玛诺公司推出了 XTR Di2 M9050 套件。

赛事会展

◎2012 年,孔塔多尔重返赛场,赢得环西赛。

◎2013 年,意大利车手温琴佐·尼巴利赢得环意赛。

◎2016 年,里约奥运会上,英国队表现抢眼。

◎2017 年,迪穆兰获得第 100 届环意赛冠军。

文化选闻

◎2010 年,英国男子历时 176 天完成骑车环游世界的挑战。

◎2012 年,罗贝尔·马尔尚创造了 100 岁以上年龄组车手的国际自盟一小时骑行纪录。

◎2014 年,美国举办了"踏板之力:从古怪到工作马"展览;荷兰建造了世界上第一条完全用太阳能电池板修建的自行车道。

◎2015 年,哥本哈根 167 千米的空中高速自行车道建成;兰斯·阿姆斯特朗传记片《瞒天计划》上映。

◎2017 年,"两只轮子——两百年:德莱斯男爵与自行车的历史"主题展举办;荷兰车手创造了自行车兔跳跳高吉尼斯世界纪录。

自行车在中国

◎2010 年,"低碳行动 骑行中国"公益活动举办;首届环中国国际公路自行车赛(简称"环中赛")举办;李富玉因药检呈阳性被临时禁赛。

◎2011 年,首届环北京职业公路自行车赛举办。

◎2012 年,中国自行车协会骑行文化促进中心组建;环湖赛首次实现三省(区)联办。

◎2013 年,第 12 届环湖赛举办,赛程为历届最长。

◇2014年，环法赛迎来了第一位中国车手计成；《川藏线涂鸦文化研究》出版。

◇2015年，赛车电影《破风》上映。

◇2016年，中国自行车项目拿下了奥运会第一金；公共自行车升级，共享概念风行一线城市。

◇2017年，中国自行车协会共享单车专业委员会成立；环法中国赛举办；中国的共享单车平台向美国和英国市场进军。

环法自行车赛

◇2010年，安迪·施莱克夺得冠军；环法赛出现第一位女性 ardosier；官员们开始检查"机械兴奋剂"。

◇2011年，卡德尔·埃文斯成为第一位获得环法赛冠军的澳大利亚人。

◇2012年，威金斯成为第一位赢得环法赛冠军的英国车手；法国公鸡回归环法赛。

◇2013年，克里斯·弗鲁姆赢得第100届环法赛冠军。

◇2014年，温琴佐·尼巴利赢得第101届环法赛。

◇2015年，克里斯·弗鲁姆三年内第二次赢得冠军。

◇2016年，克里斯·弗鲁姆个人第三次获得环法赛总冠军。

2010 年

1. 英国 34 岁男子维恩·考克斯历时 176 天，途经 20 余个国家和地区，行程约 2.92 万千米完成了骑自行车环游世界的挑战，创造了新的最短时间骑自行车环游世界的吉尼斯纪录。考克斯出发前并未设定具体骑行路线，但拟定了一些规则以使旅途具有冒险性。这些规则包括：必须在起点完成旅程、至少骑行约 2.9 万千米、不走回头路等。

2. 美国加利福尼亚州的马克·格里夫和伊拉纳·斯佩克特两位艺术家，用 340 辆自行车建造了"Cyclisk"自行车纪念碑。

3. 5 月，阿姆斯特朗和他的几名队友被公开指控使用兴奋剂和输血来获得不公平的优势。到 8 月份，联邦检察官已经审问了他的许多前队友和助手。

4. 在环巴斯克乡村赛中，38 岁的克里斯·霍纳（无线电车队）以 7 秒的优势击败了西班牙人亚历杭德罗·巴尔韦德（储蓄银行车队）获得冠军。

5. 职业巡回赛首次来到北美，在加拿大设立了魁北克站和蒙特利尔站，托马·弗克勒（布伊格电信车队）和罗伯特·格辛克（拉波银行车队）赢得了比赛。

6. 意大利的伊万·巴索（天然气车队）赢得了第 93 届环意赛冠军。

7. 在 2009 年获得第 2 名之后，美国的马拉·阿博特（PB&Co 车队）赢得了环意女子赛。

8. 21 岁的本·金（崔克-坚强活着基金会车队）成为美国自行车职业锦标赛男子自行车公路赛最年轻的冠军，第二天，他的 20 岁队友泰勒·菲尼紧紧咬住利瓦伊·莱普海默（无线电车队），在计时赛中以 0.2 秒的优势夺冠。马拉·阿博特（PB&Co 车队）赢得了女子公路赛冠军，计时赛由伊夫琳·史蒂文斯（宏达电-高速公路车队）赢得。

9.格雷格·莱蒙德和崔克公司解决了曾经闹得很激烈的在自行车生产线上使用三届环法赛冠军名字的许可协议。2008 年,崔克结束了为期 13 年的许可协议,此前该公司表示,莱蒙德对兰斯·阿姆斯特朗兴奋剂的指控对公司业务不利。

10.韩国工业技术研究所的工程师们已经研发出一款重 7 千克的碳纤维折叠自行车。这款自行车比铝制折叠自行车轻 3—6 千克,预计售价约 2600 美元。

11.伦敦的绿色终点公司为葬礼提供了一辆自行车灵车。这项服务的价格约为 2250 英镑,包括一个可生物降解的硬纸板棺材。

12.据《标准晚报》报道,伦敦郊区的火车站是该市自行车被盗窃最严重的地点。最糟糕的是克罗伊登,在 2008 年到 2010 年间,共有 2145 辆自行车被盗。

13.据《伦敦时报》报道,在加拿大出生的牛津大学学生克里斯·格雷厄姆曾 9 次用断线钳"偷走"自己的自行车,看看是否有人会对他发起挑战。这名 27 岁的学生说,只有一个人挑战了他。

14.在荷兰,一名 58 岁的男子,他的帕金森综合征已经发展到只要走几步就会摔倒的地步,但他骑着自行车骑行了几英里后,仍然能够保持无症状。一名医生说,当他询问其他 20 名受严重影响的患者有关骑车的问题时,所有人都能做到,因为骑车与走路使用的大脑部位不同。

15.巴黎的官员们投票决定,到 2020 年,巴黎的自行车出行次数将翻一番。该计划要求增加 260.71 千米的自行车道,包括香榭丽舍大街上的双向自行车道。

16.50 岁的亚历克西·格雷瓦尔试图在离开 17 年后重返职业赛场。他希望能在 2012 年加入一支车队,但由于交通问题和自行车被盗,他放弃了复出计划。

17.在 10 月份澳大利亚墨尔本举行的第一次管理会议上,国际自盟试图通过将职业巡回赛赛历与原来的赛历"完全合并"来简化职业骑行赛事安排。

18.52 岁的安东尼·科林斯来自美国佛罗里达州代托纳比奇，在偷了一辆价值 1000 美元的用作诱饵的山地车后，被认定为惯犯，判处其 7 年有期徒刑。

19.纳罗·昆塔纳赢得了第 47 届环未来赛的胜利。

20.在澳大利亚吉朗举行的公路世锦赛上，挪威选手托尔·胡舒福德赢得了男子自行车公路赛的冠军，而瑞士选手法比安·坎切拉拉在计时赛中再次获得冠军。女子公路自行车赛冠军由意大利的焦尔贾·布龙齐尼获得，而英国的埃玛·普利则在个人计时赛中获胜。

21.澳大利亚的迈克尔·罗杰斯(宏达电-哥伦比亚车队)赢得了第 5 届安进环加州赛。

22.本·克斯滕(澳大利亚)赢得了环萨默维尔库格勒-安德森纪念赛。米尔德丽德库格勒女子公开赛冠军由美国选手特蕾莎·克利夫-瑞安夺得。

23.意大利的温琴佐·尼巴利(天然气-多莫车队)赢得了第 65 届环西赛冠军。

24.瑞士车手米夏埃尔·阿尔瓦西尼(宏达电-哥伦比亚车队)赢得了环英赛冠军。

自行车在中国

(1)中国自行车协会创立了"低碳行动 骑行中国"大型公益主题系列活动。在北京—深圳自行车骑行活动中，12 名选拔自全国的自行车骑行爱好者，在沿途各地近万名骑行爱好者的接力陪同下，骑行 4500 千米，历时 47 天，途经天津、河北、山东、江苏、上海、浙江、福建、广东，完成了自行车行业有史以来规格最高、规模最大、行程最长、影响最深远的一次公益之旅。

(2)温家宝总理在珠海考察期间，和正在自行车道上的骑车爱好者不期而遇，总理与他们亲切交谈，还骑上一辆山地车，亲身体验了在绿道骑车的感觉。

（3）首届环中赛举办。环中赛由中国自行车运动协会主办，赛事起点设在西安，终点设在天津，途经城市每年不同。

（4）首届环太湖国际公路自行车赛举办。其赛事级别为国际自盟2.1级国际公路自行车赛，是中国四大顶级自行车赛之一。

（5）李富玉因药检呈阳性被临时禁赛。李富玉效力于美国无线电车队，兰斯·阿姆斯特朗是其队友。李富玉后来说，检测出微量克伦特罗阳性，这种化学物质来自他在家乡吃的东西。

（6）1月，"拜客·广州"行动小组曾向时任广州市市长的张广宁送了一辆自行车，并向其表达了市民希望有更安全和便捷的自行车出行环境的诉求。

（7）中国老牌自行车公司"永久"于2010年推出了一个全新副牌"永久C"，这一举动揽获了不少中国年轻人的关注。

（8）7月25日，第9届环湖赛在西宁落下帷幕。经过9个赛段的争夺，强队伊朗大不里士石化车队大获全胜，名将何欣夺得个人总冠军并荣膺"亚洲最佳"车手，葛尔德获得"爬坡王"称号，伊朗队则获得团体冠军及亚洲团体冠军。本年是伊朗大不里士石化车队第三次参加环湖赛，本届比赛他们继续发挥团体优势，在多个赛段登上领奖台。总成绩方面，伊朗队除了未能夺得"冲刺王"外，将其余5个奖项的冠军全部收入囊中，这其中包括分量最重的个人总冠军及团体冠军。35岁的老将葛尔德更是连续7个赛段穿着圆点衫，成为名副其实的"爬坡王"。何欣在第6赛段成功地从拉德斯拉夫手中抢过黄衫，并一直保持到比赛结束。

（9）环湖赛第8赛段——祁连至青石咀，全程150.4千米。这也是本届赛事新增的赛段，设有两个冲刺点及两个爬坡点，难度同样不小。

（10）10月11—19日，第5届环岛赛举行，由海南高速·瑞海水城总冠名，总奖金为28万美元。本届赛事由1个城市绕圈赛和8个赛段组成，赛程全长约1466千米，覆盖全省18个市县和海南农垦，途经各市县的政府所在地、主要风景点。三亚市作为本届赛事的主办城市,举行了比赛开、闭幕式及绕城赛。本届比赛包括 3 支曾参加环法赛车队在内的 20 支参赛队伍,涵盖国际自盟职业队、国际自盟洲际职业队、国际自盟洲际队和国家队四个层次。最终,阿斯塔纳职业队 3 号选手维林缇·伊格林斯琪成为最大赢家,包揽个人总成绩冠军、"亚洲最佳"个人总积分第一、冲刺积分榜第一。

环法自行车赛

(1)西班牙选手阿尔韦托·孔塔多尔(阿斯塔纳车队)以 39 秒的差距失利,直到 566 天后他被剥夺胜利之前,这是环法赛史上第五接近的差距,这也让卢森堡车手安迪·施莱克(盛宝银行车队)成为第 97 届环法赛的冠军。

(2)在比赛结束五周后,两届环法赛冠军洛朗·菲尼翁死于癌症,享年 50 岁。

(3)创纪录的 170 名车手完成了比赛。

(4)环法赛为了纪念该赛事在比利牛斯山脉的第一个高山赛段的"发明"100 周年,比赛的第 16 赛段包括了 4 个"死亡之环"爬坡(佩雷索德、阿斯平、图尔马莱和奥比斯克)。

(5)第 97 届环法赛标志着比利时的菲利普·蒂斯成为第一个赢得三次环法赛冠军的车手 90 周年。

(6)英国的马克·卡文迪什(宏达电-哥伦比亚车队)赢得了 5 个赛段的比赛,但仍然把绿衫输给了意大利的亚历山德罗·佩塔基(蓝波-法尼丝车队)。

(7)亚历山德罗·佩塔基成为自 1968 年以来第一个赢得绿衫的意大利人(事实上,那一年在赞助商的要求下,它是红色的),当时是佛朗哥·比托西赢得的。

(8)通过赢得环法赛的绿衫,亚历山德罗·佩塔基成为仅有的在三大环赛中都赢得过冲刺冠军的四名车手之一。其他三位分别是埃迪·默克斯、贾迈里丁·阿卜杜贾帕罗夫和洛朗·雅拉贝尔。

(9)卡文迪什的破风手(带冲手)马克·伦肖,因在第11赛段末的冲刺阶段与佳明-全视线车队的车手朱利安·迪安和泰勒·法勒冲突激烈,后被逐出比赛。

(10)环法赛的组织者要求比赛路线沿线的农民将场地装饰成六边形,在地图上代表法国的轮廓。每个地区的农会还需要为他们的展示想出一句口号、一个标志或座右铭。

(11)比赛的第3赛段包括13.2千米的鹅卵石赛道:2.2千米在比利时境内被分为三段;11千米在法国境内被分为四段。这是1983年以来赛事鹅卵石赛道延伸最长的一次,当年总共有28.4千米的鹅卵石路面。

(12)法国的克莱尔·佩德罗诺女士是环法赛的第一位女性ardosier。Ardosier实际上是指采石场的工人,这个词也可用佩德罗诺小姐表示,她的工作是骑在摩托车的后面,在小黑板上向车手显示他们与其他选手之间的时间间隔。

(13)和1974年一样,本届环法赛连续两个赛段让车手们爬上图尔马莱山口。

(14)比赛的第17赛段是环法赛历史上仅有的两个在图尔马莱山顶结束的赛段之一。上一次是1974年环法赛的第17赛段。而1970年和2002年的赛段结束在低一些的拉蒙吉山下。

(15)赛事第80次访问波尔多,波尔多是除巴黎外访问次数最多的赛段城市。

(16)赛事访问了11个新的赛段城镇。

(17)环法赛线路连续第二年跳过了诺曼底和布列塔尼地区。

(18)5月,因涉嫌服用兴奋剂而被剥夺了2006年环法赛冠军头衔的美国人弗洛伊德·兰迪斯承认,他在职业自行车运动员生涯的大部分时间里都在服用兴奋剂,包括在2006年参加环法赛期间。

(19)兰斯·阿姆斯特朗(无线电车队)以39分20秒的成绩完成了他最后一次环法赛。他将在2011年2月进行"退役2.0版"。此前他在澳大利亚桑托斯的环澳大利亚赛中获得了第67名的成绩,

《体育画报》也刊登了有关他服用兴奋剂的新指控。2012 年 2 月初，就在 2010 年巡回赛冠军阿尔韦托·孔塔多尔被取消资格的 4 天前，针对阿姆斯特朗的兴奋剂调查被撤销。

（20）根据美国反兴奋剂机构的调查结果，2012 年 10 月，国际自行车联盟将剥夺兰斯·阿姆斯特朗的所有职业成绩。阿姆斯特朗和他的团队成员参与了被国际自盟称为"体育史上最复杂、最专业、最成功的兴奋剂计划"。

（21）6 月底，世界反兴奋剂机构签署了一项协议，将监督环法赛上的药物检测。该协议允许世界反兴奋剂机构的代表遵守国际自行车联盟反兴奋剂控制的所有阶段，包括运动员的选择、结果的处理和相关文件的审查。

（22）官员们开始检查自行车的小型电动马达，以防止"机械兴奋剂"。车手只能从队友或车队那里得到一辆备用自行车。

（23）美国的乔治·欣卡皮（BMC 车队）和法国的克里斯托夫·莫罗（储蓄银行车队）参加了他们的第 15 次环法赛。盛宝银行车队的斯图尔特·奥格雷迪参加了他的第 14 次环法赛，他是澳大利亚车手中参加得最多的一个。

（24）来自 22 个车队的 197 名车手开始比赛。西班牙的哈维尔·弗洛伦西奥（赛沃洛车队）在得知他使用的药膏含有麻黄碱后并没有出发。

（25）在一场由法比安·坎切拉拉组织的抗议活动中，主车群在赛段冠军西尔万·沙瓦内尔到达终点线 3 分 56 秒后越过终点线，抗议第 2 赛段施托克劳的滑降。每名冲刺手获得 2 个积分即可拿到绿衫。

（26）参加环法赛的车队包括 1987 年以来的第一支真正的英国车队——天空车队以及 4 支美国车队：宏达电-哥伦比亚车队、无线电车队、佳明-全视线车队和 BMC 车队。

（27）在第 3 赛段后，天空车队的杰兰特·托马斯成为第一个穿着比赛最佳新人白衫的英国骑手。

（28）有 62 名第一次参加比赛的车手,包括 9 名塞维托车队的成员,其中包括 19 岁的 2010 年环法赛最年轻的车手法比奥·费利内(意大利)。

（29）在序幕赛中,车队经理可以决定车手在车队指定的出发地点的位置。

（30）比赛每天早上从环法村出发。环法村被重新装修了,增加了对参赛中杰出冠军车手的展示,装饰了一条由横幅组成的"英雄之路",上面印有过去巡回赛冠军的传奇肖像。

2011 年

1.荷兰人米尔·范马尔·韦克普勒格打造了世界上最长的自行车,其长度达 35.79 米。

2.第 31 届亚洲自行车锦标赛于 2011 年 2 月 9—19 日在泰国呵叻举行。该赛事是一项亚洲区域内的国际性自行车(公路及场地)赛事。

3.从本年 8 月开始,《自行车新闻》的印刷版变成了《自行车》(该网站继续以 www.velonews.com 的形式存在)。在这一年里,老员工纷纷离开了杂志社。费利克斯·马高恩在 2009 年 7 月离开了这家出版社。

4.美国威斯康星大学拉克罗斯分校的学生怀亚特·赫鲁德卡开办了自己的自行车公司。这位 22 岁的大四学生在父亲 3.2 万美元贷款的帮助下创立了怀亚特自行车公司,他把自己的单速自行车卖到了 350 美元。

5.兰斯·阿姆斯特朗的前美国邮政车队队友泰勒·汉密尔顿出现在哥伦比亚广播公司新闻杂志《60 分钟》上,并告诉全国人民:"我看到兰斯注射 EPO。"阿姆斯特朗的律师马克·法比亚尼指责电视台试图"诽谤"他的当事人。

6.戴姆勒 AGS 智能汽车部门计划生产一款电动自行车。这台机器有电动踏板辅助功能,但不能单靠电力驱动。

7.在爱尔兰的都柏林,小偷们完善了在快速骑车通过的时候从女人(因为她们很容易被盯上)那里偷 iphone 手机的技术(因为她们不太可能去追)。

8.英国一家宠物店的员工拒绝把一条活鲶鱼卖给退休的摄影师布赖恩·布思,因为他告诉员工他要骑自行车把鲶鱼带回家。布思反驳了工作人员对安全的担忧,他告诉他们骑自行车比开车更好,"因为鱼不会受到震动"。

9.美国宾夕法尼亚州匹兹堡市的克雷格·莫罗把 1.5 万辆自行车和 9 万个零部件摆满了他的家和几个车库,他把自己的收藏搬到了一个仓库里,在那里他创建了"自行车天堂",既像博物馆又像古董配件店。

10.德国萨尔兰州立大学的科学家们开发了一种无线自行车刹车。他们说,这种技术的可靠性非常高,在每一万亿次使用中只有三次失灵,可以用于飞机系统。

11.最新的 1500 美元佳明 Vector 和 2000 美元的 Look Keo Power 踏板很容易把你的踩踏功率传递到自行车上,使骑行更加轻快。LOOK 的踏板与它的 Polar 码表表头进行通信传输,而佳明系统是与 ANT＋兼容的(ANT＋compatible)。

12.英国布里斯托尔的科学家们用 3D 打印机制造出了一辆完整的自行车,包括踏板、齿轮和车轮。由此产生的塑料自行车,被称为 Airbike,据说和钢铁一样坚固,但重量却轻了 65%。

13.西班牙的胡安·何塞·科沃(健乐士-TMC 车队)以领先 13 秒的优势战胜了英国的克里斯·弗鲁姆(天空车队),赢得了第 66 届环西赛冠军。

14.克里斯·霍纳(无线电车队)赢得了第 6 届安进环加州赛冠军。

15.在阿尔韦托·孔塔多尔的关键胜利被夺走之后,意大利的米凯莱·斯卡尔波尼(蓝波车队)在第 94 届环意赛上获得了冠军。当比赛进行到第 14 赛段时,宗科兰山爬升的赛道非常狭窄,车队不得不把带着备用自行车的机械师放在摩托车的后座上。在比赛的第3赛段，26岁的比利时冲刺车手沃特·魏兰特（猎豹-崔克车队）在博科的下坡路段摔死了。

16. 荷兰车手拉尔斯·博姆（拉波银行车队）赢得了环英赛冠军。

17. 在美国职业锦标赛上，马修·布舍（无线电车队）在公路赛中获胜，戴维·扎布里斯基（佳明-赛沃洛车队）在计时赛中获胜。罗宾·法里纳（NOW-诺华车队）赢得了女子公路赛冠军，伊夫琳·史蒂文斯（宏达电-哥伦比亚车队）在个人计时赛中再次夺冠。

18. 哥伦比亚的埃斯特万·查韦斯赢得了第48届环未来赛。

19. 马克·卡文迪什（英国）在哥本哈根赢得了公路世锦赛冠军，德国的托尼·马丁拿下了计时赛。意大利的焦尔贾·布龙齐尼在女子公路自行车比赛中再次获胜，德国的尤迪特·阿恩特在个人计时赛中获胜。

20. 美国车手利瓦伊·莱普海默（无线电车队）在美国科罗拉多州赢得了美国职业自行车挑战赛冠军。

21. 蒂莫西·古德塞尔（新西兰）赢得了环萨默维尔库格勒-安德森纪念赛冠军。特蕾莎·克利夫-瑞安连续第二年获得米尔德丽德库格勒女子公开赛冠军。

自行车在中国

（1）"低碳行动 骑行中国"2011大学生红色之旅骑行活动启动。为了纪念中国共产党成立90周年，来自全国13所高校的150名大学生从北京出发，经北京至西柏坡、上海至嘉兴、南昌至井冈山、贵阳至遵义、西安至延安5个路段，骑行了1288千米。本次活动是一次重温党的光辉历程、缅怀革命先烈的红色之旅。

（2）首届环北京职业公路自行车赛举办。该赛事是国际自盟最高级别赛事，也是国际自盟世界巡回赛在亚洲的唯一一站。比赛分为5个赛段，途经北京市区和远郊的9个区、县，赛程为614.3千米。

(3)电影《转山》上映。其导演是杜家毅(中国台湾),本片号称"国内首部单车旅行电影"。影片根据同名小说改编,叙述了一个24岁的台湾年轻人,为了帮助哥哥完成遗愿,从丽江出发,独自骑行穿越平均海拔超过3500米,落差起伏多次大于1000米的"高原之路"。

(4)2011年秋冬,Lee(美国牛仔品牌)将死飞精神融入新系列的设计当中,推出了实用与时尚完美结合的"都市骑士"系列。H&M、匡威、Levi's等越来越多的国际时尚品牌都开始涉足单车,将单车元素融入自己的产品当中。

(5)7月1日,2011年"中国体育彩票杯"环湖赛在西宁拉开了帷幕。本届环湖赛共分9个赛段,从7月2日开始进入正赛,直到10日结束全部赛段。1日上午进行的互助热身友谊赛算是本届环湖赛的一个热身,全程51.3千米,各队车手悉数亮相。最终代表伊朗大不里士石化车队参赛的俄罗斯籍车手鲍里斯夺魁。西班牙卡佳卢逻尔车队的索比里诺和澳大利亚维珍车队的科姆普斯分列第二、第三。

(6)7月10日,第10届环湖赛最后一个赛段的比赛在兰州进行。在总长94.2千米的兰州绕圈赛结束之后,来自斯洛文尼亚普图伊车队的格雷格以个人总成绩28小时40分28秒的成绩成为黄衫的最终拥有者。

(7)《2011中国文化品牌报告》发布了由中南大学中国文化产业品牌研究中心、光明日报、红网等机构评选出的中国文化品牌价值排行榜,在200个中国最具影响力的文化品牌中,环湖赛以21.629亿元的身价,位列体育休闲与文化旅游品牌类第十位。在该榜单中,环湖赛位列CBA联赛之后,是中国第二个上榜的体育赛事,也是西部地区唯一上榜的品牌。这也是环湖赛首次以大文化品牌的身份入选国内权威文化品牌排行榜。

(8)12月,甘肃体彩车队成立,其前身是甘肃省男子公路自行车队。随着环湖赛的举行以及赛事在国际国内知名度的提高,尤其是在2011年环湖赛延伸到甘肃以后,自行车赛事在甘肃省社会各界引起了广泛的关注。甘肃省体育局着力研究并成立了省职业自行车队,在确定与甘肃体育彩票签约后,成立了甘肃体彩洲际车队。该队首次向国际自盟注册了 9 名运动员,其中 7 名队员有多次参加职业比赛的经历。

(9)10 月 20—28 日,第 6 届环岛赛举行,总冠名为三亚市。赛事总里程为 1400 千米,共设 8 个赛段和 1 个绕城赛,起、终点均设在三亚市,途经全岛 18 个市、县。本届赛事奖金总额为 38 万美元,成为到当年度为止亚洲举办的国际公路自行车赛奖金最高的大赛。共有 21 支队伍获准参赛,参赛车队的整体水平是当年全国各项公路自行车赛事中最高的。最终,阿斯塔纳职业队的 3 号选手维林缇·伊格林斯琪摘得本届赛事的个人总成绩和"亚洲最佳"两个第一,哈穆尔则获得了"冲刺王"称号,西班牙健乐士洲际职业队 16 号选手高乔·托收获了"爬山王"的圆点衫。

(10)虽然香港有超过 100 万骑自行车的人,但这个城市只有 4.1 万个自行车停车位。非法停放的自行车会被有关部门没收,车主们没有办法要回这些自行车,之后这些自行车会被送往该市的"自行车墓地",并最终被当作废品卖掉。

环法自行车赛

(1)卡德尔·埃文斯(BMC 车队)是第一位获得环法赛冠军的澳大利亚人,也是第一位来自南半球的车手。

(2)34 岁的卡德尔·埃文斯是环法赛第三年长的冠军,仅次于 1922 年 36 岁的菲尔明·朗博和比他大三周的亨利·佩利西耶。

(3)美国车手乔治·辛卡皮(BMC 车队)连续第 16 次参加环法赛。

(4)海拔 2645 米的加利比耶山口第 18 赛段的终点成为该赛事有史以来最高的终点。之前的最高终点是 1986 年的格兰农山口,海拔 2413 米。

(5)比赛绿衫的新规则更加强调冲刺,与亚军相比,获胜者将获得更多积分。前 15 名选手可获得积分,平地赛段冲刺第一的选手可获得 45 分,中等山地赛段冲刺第一的选手可获得 30 分,高山选手冲刺第一的可获得 20 分。现在每个赛段只有一个中间冲刺点,获胜者得 20 分,接下来的 14 名选手得分依次递减。

(6)组织者为途中冲刺点推出了"绿色火焰"风筝标志。

(7)爬坡比赛的新规则更加强调登顶的成绩,在攀爬类别为 HC 级和一级爬坡点,获胜者将获得双倍积分,只有前六名选手获得积分(而不是前八名),第一名选手将获得 20 分;一级爬坡点前六名选手获得积分(第一名 10 分);二级爬坡点只有前四名可以获得积分(第一名得 5 分);三级爬坡点只有前两名选手有积分(第一名 2 分);四级爬坡点只有第一名有 1 个积分。

(8)法国的约恩·吉恩(欧洲汽车车队)是自 1936 年至 1950 年三名阿尔及利亚人和一名摩洛哥人参加环法赛以来,第一位参加环法赛的非洲裔车。吉恩来自法属西印度群岛瓜德罗普。

(9)每天赛段的获胜者及最终站上领奖台的选手没有时间奖励。

(10)自 1967 年引入序幕赛以来,环法赛第二次以公路赛段为起点。2008 年的比赛也没有序幕赛,当时的第一赛段也是公路赛段。在 2000 年、2005 年和 2009 年,个人计时赛代替了序幕赛。1988 年,环法赛骑了 6 千米作为开场。

(11)佳明-赛沃洛车队创造了美国车队团队计时赛的新纪录,美国队以 24 分 48 秒的成绩骑完了 23 千米的赛程,平均速度为 55.6 千米/时。

(12)在第 9 赛段被新闻车撞了后,约翰尼·霍格兰(瓦坎索雷-DCM 车队)和胡安·安东尼奥·弗莱查(天空车队)都带着红色的号码骑过第 10 赛段,表明他们是上一赛段最勇敢的车手。

(13)喀秋莎车队的 9 名选手都是俄罗斯人。

(14)亚历山大·科洛布尼(喀秋莎车队)在第 10 赛段之前就退出了比赛,因为之前的药物测试结果显示氢氯噻嗪呈阳性。氢氯噻嗪是一种利尿剂,也可以用作掩蔽剂。

(15)安德烈·阿马多尔(移动之星车队)是第一位参加环法赛的

哥斯达黎加车手。

(16)移动之星车队测试了坎帕尼奥洛的电子11速Super Record套件。

(17)比赛庆祝自1911年环法赛首次进入阿尔卑斯山以来一个世纪。

(18)就像1974年的比赛一样,本次比赛的路线是连续几天都要骑上加利比耶山口。

(19)LCL Banque(前里昂信贷银行)庆祝作为环法赛黄衫的赞助商30周年。

(20)冲刺车手泰勒·法勒(佳明-赛沃洛车队)在7月4日赢得了比赛的第3赛段冠军,成为第二个在三大环赛中都获得了一个赛段冠军的美国人(仅次于他的队友戴夫·扎布里斯基)。在冲过终点线后,法勒举起拇指和食指,做出"W"的形状,纪念他在环意赛期间去世的朋友沃特·魏兰特。

(21)特杰·范加德伦(宏达电-高速公路车队)是第一位穿着环法赛圆点衫的美国车手。格雷格·莱蒙德在1986年环法赛中赢得了爬坡赛,但当时他穿的是黄衫。

(22)安迪·施莱克和弗朗克·施莱克分别取得总成绩第二和第三,成为首对在环法赛上最后一起站上领奖台的兄弟。

(23)英国冲刺车手马克·卡文迪什赢得了5个赛段,使他在过去4次环法自行车赛中总共获得了20个赛段的胜利。冲刺车手最多赛段获胜数是22次,自1964年以来一直由法国的安德烈·达里加德保持。

(24)在环法赛中,安迪·施莱克成为第一个连续三次获得总成绩第2名的车手,直到他在2010年的赛事中获得第1名。

(25)卡德尔·埃文斯的自行车装备了禧玛诺公司的Dura-Ace Di2(数字集成智能)变速系统,电子套件在环法赛第一次取得了全面胜利。

2012 年

1.法国百岁老人罗贝尔·马尔尚创造了 100 岁以上年龄组车手的国际自盟一小时骑行纪录,新纪录是 24.251 千米。同年他又以 4 小时 17 分 27 秒创造了新的 100 岁以上年龄组骑行 100 千米世界纪录。

2.英国菲尔顿的欧洲航空防务与航天集团利用 3D 打印技术制造出世界第一辆打印自行车。

3.以色列机械工程师伊扎尔·加夫尼用硬纸板制作出一辆自行车,材料环保,外观时尚,防水耐用,名为"阿尔法"。自行车重 9 千克,生产成本大约为 16 美元,全部由可回收材料制成,除了刹车和链条外,其他部分都是硬纸板。

4.奥地利山地自行车手马库斯·斯托克尔骑着山地自行车横越尼加拉瓜的塞罗内格罗火山口的层层砂砾,从火山口到山脚 727.8 米,整个过程只花费了 12 秒!与此同时,他还以 164.95 千米的时速改写了前辈埃里克·巴罗内保持了整整 9 年的火山速降世界纪录。

5.2012 年对兰斯·阿姆斯特朗来说是艰难的一年。在年底最后三个月,环法赛组委会宣布,如果国际自盟剥夺了他的胜利,那么在 1999 年至 2005 年的环法赛将没有冠军。他几乎被所有的赞助商抛弃;他被国际自盟终身禁赛;国际自盟表示阿姆斯特朗和他的队友应该归还他们的奖金;他还切断了与他的"坚强活着"基金会的联系。

6.12 月,纽约科帕克拍卖公司拍卖了几辆曾属于布法罗郊外的自行车历史博物馆的自行车,其中最畅销的是一辆 1892 年的美国电报自行车(26 450 美元)和一辆 1887 年的戈姆利和杰弗里公司生产的"美国安全自行车"(24 150 美元)。

7.在经过长达 8 个月的停赛后,阿尔韦托·孔塔多尔(盛宝银行-京科夫车队)重返赛场,赢得了第 67 届环西赛冠军。

8.美国科罗拉多国家纪念碑公园的官员拒绝让下一年的美国职业挑战赛的一个赛段通过公园,之前公园曾允许一场马拉松比赛进入,而且在 20 世纪 80 年代还曾被库尔斯古典赛用作赛段的一部分。

9.英国自行车设计师亚历克斯·莫尔顿在英格兰巴斯去世,享年 92 岁。20 世纪 60 年代,莫尔顿设计的小轮自行车成为流行文化的一部分。

10.埃德温·佩塞克去世,享年 93 岁。他在诺曼底登陆日空降到法国一年后,和他的美国同胞蒂诺·雷博利在芝加哥赢得了六日赛。1961 年,佩塞克在麦迪逊广场花园参加了最后一场比赛,之后他去了施温公司工作,直到 1992 年退休。

11.为了抓住狡猾的偷车贼,英格兰唐克斯特警方在城市各处设置了未上锁的"钓鱼自行车"。隐藏在自行车里的 GPS 系统让追踪变得轻而易举。

12.纽约警察开始像追踪汽车事故一样追踪自行车事故。以前,警察只会为自行车事故填写一张卡片,而不是一份完整的事故报告。

13.在英国,骑自行车的人可以花大约 6000 美元买到 Hornster 自行车,车上装有美国机车上的喇叭。这辆自行车的喇叭有 178 分贝,靠来自水箱的压缩空气驱动。

14.在英国伦敦举行的第 33 届奥运会上,哈萨克斯坦的亚历山大·维诺克罗夫赢得了男子自行车公路赛冠军,英国选手布拉德利·威金斯赢得了个人计时赛冠军。荷兰的玛丽安娜·福斯赢得了女子公路自行车赛冠军,而美国的克里斯廷·阿姆斯特朗拿到了场地自行车女子争先赛冠军。

15.美国几个主要城市开始安装自行车专用交通信号灯。这些灯的优点包括:当常规交通信号灯变成黄色时,可以让骑自行车的人安全地穿过十字路口,还可以防止与转弯的司机发生碰撞。

16.澳大利亚的纳撒·哈斯(佳明-夏普车队)赢得了环英赛冠军。

17.蒂姆·达根(天然气-佳能戴尔车队)赢得了美国职业公路赛冠军。戴维·扎布里斯基(佳明-梭子鱼车队)再次拿下计时赛冠军。安布尔·内本(闪电-露露乐蒙车队)赢得了女子计时赛冠军,梅甘·瓜尔涅(蒂布可车队)拿下了女子公路赛冠军。

18. 法国的瓦朗·巴尔吉赢得了环未来赛冠军。

19. 菲利普·吉尔伯托(比利时)在荷兰法尔肯堡赢得了公路世锦赛冠军,德国的托尼·马丁再次拿下计时赛冠军。玛丽安娜·福斯(荷兰)赢得了女子公路自行车赛冠军,德国的尤迪特·阿恩特在计时赛中再次获胜。

20. 卢克·基奥(美国)赢得了环萨默维尔库格勒-安德森纪念赛冠军。露丝·温德尔(美国)赢得了米尔德丽德库格勒女子公开赛冠军。

21. 荷兰车手罗伯特·格辛克(拉波银行车队)赢得了安进环加州赛冠军。

22. 赖德·赫斯杰达尔(佳明-梭子鱼车队)在第 95 届环意赛中以领先 16 秒的优势战胜了华金·罗德里格斯,成为第一位赢得大环赛的加拿大车手。赖德·赫斯杰达尔也是自 1990 年史蒂夫·鲍尔在环法赛上身穿黄衫以来,首位在大环赛中身穿领骑衫的加拿大车手。

23. 美国的克里斯蒂安·范德·维尔德(佳明-夏普车队)赢得了美国职业自行车挑战赛。

24. 21 岁的美国人乔·东布罗夫斯基(崔克-坚强活着基金会车队)为北美人在意大利的成功锦上添花,他代表美国国家队在意大利参赛,赢得了 23 岁以下青年环意赛。

自行车在中国

(1)国务院总理李克强主持召开了国务院常务会议,研究部署加强城市基础设施建设,"加快在全国设市城市建设步行、自行车'绿道'"被明确定为六项重点任务之一。

(2)"低碳行动 骑行中国"2012 沈阳—漠河自行车骑行活动,由中国自行车协会与沈阳市人民政府共同主办,历时 16 天,骑行 1942 千米,骑行队纵横骑行东北三省,并在途中开展了丰富多彩的低碳环保宣传、十二届全运会宣传和自行车文化推广活动。

（3）中国自行车协会骑行文化促进中心组建。促进中心以宣传骑行文化，践行低碳环保，创新品牌建设，助推产业升级为宗旨，通过地方协会、信息研发单位、会员企业、展会、经销商、互联网等渠道，联络和了解全国骑行俱乐部、骑行组织、车友队伍等，掌握全国骑行动态、前沿骑行文化趋向，组织和开展各类骑行文化活动。

（4）中国自行车协会首次与丹麦驻华大使馆在北京共同主办了"绿色骑行"活动。通过自行车文化的交流与骑行活动，让两国的骑行爱好者相互认识和了解，为促进中丹友谊与合作做出努力。

（5）由中国自行车协会等单位共同联合制作完成的电影《阿米走步》，被中宣部、国家广电总局确定为迎接党的十八大国产26部献礼影片之一。

（6）首届"京骑飘扬"北京自行车文化节举办。文化节通过组织广大自行车爱好者，观精品自行车、试骑品牌新车、选装备、听讲座、抽大奖等丰富多彩的活动，从而宣传骑行文化，普及大众绿色骑行，弘扬低碳环保理念，助推自行车产业升级。

（7）4月27号，中国自行车技术联盟部分成员参加了在上海举办的第22届中国国际自行车展览会，探讨了行业产品趋势及未来的发展方向。

（8）7月12日，2012年第11届环湖赛结束了收官战——兰州绕圈赛的争夺，斯诺文尼亚萨瓦车队的174号车手卢卡以1小时31分40秒的成绩率先完成78千米骑行，夺得个人第5个赛段冠军头衔。卢卡在本站还有16个冲刺积分进账，个人累计冲刺积分涨至154分，最终加冕本届环湖赛"冲刺王"。伊朗大不里士石化车队的71号车手阿里扎德·何欣没有辜负团队的期待，他以41小时43分05秒的成绩加冕个人总成绩冠军，象征"亚洲最佳"的蓝衫最终也归属于他。此外，何欣以累计25个积分获得本届环湖赛的"爬坡王"，带走了圆点衫。

（9）继2011年走出青海之后，2012年环湖赛继续跨越式发展，历史上首次实现三省（区）联办。从张掖到武威、景泰，再从中卫到白银，最后的终点设在甘肃省会兰州。

（10）10月20—28日，第7届环岛赛举行，总冠名为中国体育彩票。本届赛事共设9个赛段，总里程为1446千米，比赛起、终点均设在三亚，途经全省除三沙市外的18个市、县，赛段设计涵盖国道、省道、县道、乡道等公路赛所有类型，比赛路线沿逆时针方向行进。赛事奖金为35万美元。参赛车队有20支，共140名运动员参赛。最终，阿斯塔纳职业车队获得亚洲团体最佳，车手格鲁兹杰夫·德米特里夺得个人总成绩第1名和亚洲个人总成绩第1名，中国恒祥洲际车队的车手王美银夺得爬坡成绩第1名，美国赛诺菲洲际职业车队的车手亚历山大·谢列布里亚科夫夺得积分总成绩第1名。

（11）约600名死飞爱好者参加了上海第2届年度小猫赛。在这场由拳击猫啤酒赞助的比赛中，参赛者必须在正常的城市交通中按任意顺序通过12个打卡点。

环法自行车赛

（1）天空车队的布拉德利·威金斯成为第一位赢得环法赛冠军的英国车手，也是第一位赢得环法赛冠军的奥运会自行车场地赛冠军。他的天空车队队友克里斯托弗·弗鲁姆获得第2名，这是英国选手第一次站上环法赛的最后领奖台。

（2）由于其车手在比赛中获得成功，天空车队获得了创纪录的997 858.72美元的奖金。排名最后的瓦桑索莱仅获得11 758.87美元。

（3）布拉德利·威金斯连续14天穿着环法赛黄衫，创下了英国车手穿黄衫天数最多的纪录，并成为自1981年贝尔纳·伊诺以来首位从第7赛段一直穿着黄色领骑衫到达巴黎的车手。

（4）在比赛的第11赛段结束时，布拉德利·威金斯的队友克里斯托弗·弗鲁姆总成绩排名第二，这是两名英国车手首次在环法赛占据总成绩前两名的位置。

（5）序幕赛的获胜者获得由玻璃工匠路易·勒卢制作的奖杯。

（6）法国公鸡回归环法赛，作为比赛特殊类别领骑衫的制造商，该公司正在庆祝其成立 130 周年，此前从 1951 年到 1988 年一直是赛会官方运动衫的供应商。

（7）由一个 6 人组成的年轻记者编辑团队负责出版了《现在开始我们的环法》。该团队由高中生组成，成员来自三个国家，每个国家两名，其中包括法国的菲奥娜·基布雷和罗班·瓦特兰特（他们与《队报》有关联），卢森堡的加布丽埃勒·勒古尔和约伊·门特根，比利时的汤姆·迪泰特和路易·博谢（《最后一次报》）。

（8）法比安·坎切拉拉（无线电-日产车队）的第五场序幕赛胜利使他追平了法国人贝尔纳·伊诺（分别在 1980 年、1981 年、1982 年、1984 年和 1985 年赢得了环法序幕赛的胜利）和安德烈·达里加德（分别在 1956 年、1957 年、1958 年、1959 年和 1961 年赢得了环法赛第 1 赛段的胜利）的纪录。坎切拉拉的胜利也使他与环法赛冠军洛朗·菲尼翁、格雷格·莱蒙德和约普·佐特梅尔克一起穿着领骑黄衫 22 天。他所有的五场序幕赛胜利都是在法国以外的地方取得的（其他的序幕赛胜利分别是在列日、伦敦、摩纳哥和鹿特丹取得的）。

（9）法比安·坎切拉拉在 2012 年环法赛中穿了 8 天黄衫，这使他穿黄衫的总天数达到了 28 天，是所有非冠军车手中最多的。法比安·坎切拉拉的纪录超过了法国的勒内·维耶托，他在 1939 年和 1947 年总共穿了 26 天的黄衫。从技术上讲，勒内·维耶托在 31 个赛段中处于领先地位，因为 1939 年环法赛包括了几个双节赛段和三节赛段。

（10）在第 10 赛段的比赛中，比赛将首次进入海拔 1501 米的大科隆比耶山口，这是法国汝拉山脉的最高公路通道。

（11）迪迪·森夫特错过了环法赛，因为他在祖国德国接受了脑部手术，目前正在恢复中。森夫特装扮成魔鬼，在高山上追逐并激励着骑行者。

(12)比利时列日省成为唯一一个举办了所有三大环赛的地区(2006 年举办了环意赛,2009 年举办了环西赛)。

(13)为美国全国广播公司(NBC)体育台工作的评论员菲尔·利格特报道了他的第 40 届环法自行车赛。范瑟丝的老板孔卡斯特最近收购了美国全国广播公司。

(14)在 2012 年环法赛中,4 名英国车手共赢得 7 个赛段冠军:天空车队的布拉德利·威金斯 2 个、克里斯托弗·弗鲁姆 1 个和马克·卡文迪什 3 个;佳明-夏普车队的戴维·米勒 1 个。

(15)天空车队的马克·卡文迪什获得的 3 个赛段冠军使他的赛段冠军总数达到 23 个,超过了法国冲刺手安德烈·达里加德和美国的兰斯·阿姆斯特朗,他们每人都有 22 个。卡文迪什现在的赛段冠军数量仅次于安德烈·勒迪克(25 个)、贝尔纳·伊诺(28 个)和埃迪·默克斯(34 个)。

(16)卡文迪什在巴黎的胜利不仅让他在香榭丽舍大道上创造了四连胜的纪录,也让他成为首位在那里获胜的彩虹衫车手。

(17)当无线电车队的延斯·福格特(英国)和克里斯·霍纳(美国)参加第 99 届环法赛时,这是自 1928 年以来第一次有两个超过 40岁的人参加比赛。他们抵达巴黎标志着自 1926 年以来首次有两名超过 40 岁的车手完成了这次环法赛。这是该赛事历史上第一次,两名超过 40 岁的选手在同一个车队中。

(18)澳瑞凯-绿刃车队是第一支全部由澳大利车手参加环法赛的车队。

(19)美国的乔治·欣卡皮(BMC 车队)连续第 17 次(也是最后一次)参加环法赛,创造了新的纪录。当选手们进入巴黎时,欣卡皮获得了在香榭丽舍大街上领骑的荣誉。

(20)澳大利亚的斯图尔特·奥格雷迪开始了他的第 16 次环法赛。

(21)胡安·何塞·阿埃多(盛宝银行-京科夫银行车队)是第一位参加环法赛的阿根廷选手。

(22)车队主将戴着黄色头盔,黄色背景号码牌。

(23)在第一个休息日,法国人雷米·迪格雷戈里奥(科菲迪斯车队)因涉嫌服用兴奋剂被逐出比赛,并最终被车队开除。在所谓的兴奋剂产品被证明是维生素后,法国法院批准迪格雷戈里奥 2013 年 4 月重返赛场。6 个月后,他赢得了与科菲迪斯车队的官司,获得了一大笔钱。

(24)创纪录地,有 12 名澳大利亚车手参加了 2012 年环法赛。

(25)2012 年环法赛最年轻的车手蒂博·皮诺(FDJ-Big Mat 车队)在第 8 赛段获胜,他成为本年环法赛的第一位法国赛段冠军。皮诺在比赛开始前一个月就满 22 岁了,他也是自 1934 年 20 岁的勒内·维耶托以来完成环法赛的最年轻的法国车手。

(26)无线电-日产车队的总监约翰·布吕内尔将缺席比赛,因为他被指控参与了兴奋剂阴谋,他不想分散车队的注意力。

(27)组织者继续为圆点衫比赛调整积分。增加比赛中最难攀爬等级超越级(BC 级)的难度,前 10 名登顶者将获得积分(2011 年为前 6 名),本年第 1 名登顶者将获得 25 分,而不是 20 分。完成登顶,仍将获得双倍积分。

(28)随着他在第 1 赛段取得胜利,22 岁的斯洛伐克车手彼得·萨根(天然气-佳能戴尔车队)成为自 1995 年意大利车手法比奥·巴尔达托以来,第一个初次参加环法赛就赢得比赛开放赛段冠军的车手。他也是第一个赢得赛段冠军的在 20 世纪 90 年代出生的车手,以及自 1993 年兰斯·阿姆斯特朗以来最年轻的赛段冠军。

(29)在比赛开始的前一天,美国反兴奋剂机构的一个小组建议对兰斯·阿姆斯特朗提起正式的兴奋剂指控。如果被判有罪,那么兰斯·阿姆斯特朗可能会失去环法赛的全部 7 场胜利。

在第 99 届环法赛结束后的一个月,2012 年 8 月 23 日,美国反兴奋剂机构宣布,已经发现兰斯·阿姆斯特朗在他的职业生涯使用兴奋剂的罪证,将剥夺他的职业自行车成绩,一直追溯到 1998 年 8 月 1 日,并且终身禁赛。

这意味着这位得克萨斯人将失去他从 1999 年到 2005 年环法自行车赛获得的全部 7 个冠军头衔，以及之后的第 3 名，可能还有他在 2000 年悉尼奥运会计时赛上获得的铜牌，但不包括他在 1993 年获得的世界锦标赛冠军头衔。

就在美国反兴奋剂机构宣布之前，兰斯·阿姆斯特朗决定放弃比赛，但不承认有罪。几天前，他试图阻止此案的努力被得克萨斯州奥斯汀市的一名法官驳回。兰斯·阿姆斯特朗继续否认服用兴奋剂，直到 2013 年 1 月 17 日和 18 日晚间在奥普拉·温弗里的访谈节目上接受采访时才全盘承认。

兰斯·阿姆斯特朗还质疑美国反兴奋剂机构剥夺他比赛成绩的权力，但该机构首席执行官特拉维斯·泰加特表示，国际自行车运动管理机构国际自盟决定剥夺兰斯·阿姆斯特朗的比赛成绩，这一决定是有约束力的。国际自盟表示，由于兰斯·阿姆斯特朗已经放弃了听证的权利，因此在对此事做出最终决定之前，他们必须对机构的调查结果进行审查。

2012 年 10 月 22 日，国际自盟同意美国反兴奋剂机构的调查结果，剥夺了兰斯·阿姆斯特朗的所有成绩。并表示说，兰斯·阿姆斯特朗再没有地方骑车了，他应该被遗忘。4 天后，自行车运动管理机构决定不向任何其他车手授予兰斯·阿姆斯特朗被剥夺的胜利或在任何受影响的赛事中提升其他车手的排名。

2013 年

1. 1 月，《纽约时报》报道称，兰斯·阿姆斯特朗正在考虑承认自己使用了兴奋剂。1 月 17 日和 18 日，在接受奥普拉·温弗里的全国电视采访时，他承认了在 7 次环法赛获胜期间服用了兴奋剂。尽管阿姆斯特朗否认了他在后来的复出中服用了兴奋剂，但怀疑论者指责他说谎，因为他最近的违法行为还没有超过诉讼时效。

2. 美国闪电公司在加利福尼亚州的总部发布了它们自己设计和建造首个自行车专用风洞的消息。

3. 创立了罗斯自行车公司的舍温·罗斯去世，享年 92 岁。由连锁自行车公司生产的罗斯自行车曾经在美国的销量仅次于施温公司和哈菲公司。1989 年，这家公司破产了，它的名字被卖给了兰德循环公司。

4. 英国 XploreAir 公司发明了世界上第一辆能飞的自行车 Paravelo。Paravelo 由一辆自行车加上螺旋桨装置组成，螺旋桨由两冲程的汽油发动机驱动，最高飞行高度 1200 米。飞行速度为 40 千米/时，最远飞行距离为 120 千米，地面上的速度为 24 千米/时。

5. 英国政府开启"自行车革命"。为了确保骑车人的出行安全、便利，英国政府将拨款 9400 万英镑来完善自行车基础设施。

6. 美国选手马拉·阿博特（Exergy-TWENTY 16 车队）赢得了环意女子赛。

7. 美国威斯康星州的一家有 75 年历史的报纸《威斯康星州杂志》刊登了一篇社论，主张为了骑车者的安全，应对骑车者发放牌照，并修建自行车道。

8. 在美国佐治亚州，3 名共和党议员提出了 BH689 法案，该法案要求骑自行车的人必须花费 15 美元办理自行车牌照，要求骑行时排成单行，人数不超过 4 人，中间至少间隔 1.22 米。该法案还让社区禁止骑自行车出行。法案没有获得通过。

9. 阿斯顿马丁公司推出了售价为 38 500 美元的 One-77 自行车。该车是由一级方程式赛车（F1）供应商 Bfl Systems 生产的，限量 77 辆。

10. 美国北卡罗来纳州港口城的设计师杰西·斯蒂芬森推出了他的 E-Fox 混合动力自行车/电动汽车的原型。这款车看起来像一辆大众甲壳虫骑在三轮车上，起价 2850 美元。

11. 施温公司著名的斯汀雷牌自行车的设计者阿尔·弗里茨去世，享年 88 岁。弗里茨曾经还帮助开发了该公司的 Airdyne 健身自行车。

12. 纽约市长迈克尔·布隆伯格启动了该市的共享自行车计

划——城市自行车,据说该计划将在 330 个车站提供 6000 多辆自行车。城市自行车的年费是 95 美元,骑自行车的人也可以每周支付 25 美元,或者每天支付 10 美元。据说已经有 1.5 万人注册了。

13.《华尔街日报》记者泰德·曼和乔希·巴巴内尔写道,尽管城市自行车项目声称有 6000 辆自行车,但该项目自己的电脑系统地图显示,可供使用的自行车很少超过 4500 辆,即使是在下雨天的晚上。运输部发言人塞思·所罗门诺回答说,电脑系统地图显示的是一个客户服务工具,而不是一个完整的系统清单。

14.总部位于加拿大蒙特利尔的多瑞尔工业公司股价下跌了 15％。该公司表示,销量下降的主要原因是美国和欧洲糟糕的春季天气导致其旗下的佳能戴尔、施温、猓牌和 GT 品牌自行车销售放缓。

15.西班牙车手鲁文·费尔南德斯赢得了第 50 届环未来赛。

16.在离开职业自行车赛场近两年后,39 岁的快弗雷迪·罗德里格斯(吉力贝车队),击败了布伦特·布克沃尔特(BMC 车队)赢得了在田纳西州查塔努加举办的美国职业公路自行车赛冠军。在计时赛中,汤姆·齐贝尔(Optum-凯利车队)获胜。在女子方面,杰德·威尔科克森(Optum-凯利车队)赢得了公路赛冠军,卡门·斯莫尔(闪电-露露乐蒙车队)赢得了计时赛冠军。

17.第 96 届环意赛冠军由意大利车手温琴佐·尼巴利(阿斯塔纳车队)赢得。

18.美国的克里斯·霍纳(无线电车队)赢得了第 68 届环西赛冠军,41 岁的霍纳是赢得大环赛冠军最老的车手。

19.BMC 车队的特杰·范加德伦(美国)赢得了科罗拉多州的美国职业自行车挑战赛冠军。

20.美国车手特杰·范加德伦(BMC 车队)赢得了安进环加州赛。

21.鲁伊·科斯塔(葡萄牙)在意大利佛罗伦萨赢得了公路世锦赛冠军,托尼·马丁(英国)连续第三次获得计时赛冠军。在女子方面,玛丽安娜·福斯在公路赛中再次夺冠,她的荷兰同胞埃伦·范戴克赢得了计时赛冠军。

22.天空车队的布拉德利·维金斯(英国)赢得了环英赛冠军。

23.希尔顿·克拉克(澳大利亚)赢得了环萨默维尔库格勒-安德森纪念赛冠军。美国车手金伯莉·韦尔斯在米尔德丽德库格勒女子公开赛中获胜。

自行车在中国

(1)网友在新浪微博上晒出了318国道的拥堵照,显示了赶集般的热闹场面。骑行318国道因过度受欢迎沦为"新四大俗"之一。

(2)4月,700Bike举办了北京复古骑行大会。老式单车、淑女绅士派头、犀利复古相机一起让城市穿越回20世纪。

(3)中国自行车社会保有量为5.5亿辆,其中自行车3.7亿辆,电动自行车1.8亿辆,这一数据位列世界第一。

(4)"低碳行动 骑行中国"2013美丽西部自行车幸福行活动举办。活动向陕西、宁夏、甘肃、青海、内蒙古等省、自治区的13所中小学捐赠了自行车产品及头盔服装等配件,讲授自行车知识,组建了中国西部小小自行车队,使自行车骑行意识深入到西部地区的中小学体育教育中去,倡导绿色出行,从娃娃抓起。

(5)"低碳行动 骑行中国"2013京杭大运河骑行活动举办,历时20天,行程1800多千米,队员身体力行成为大运河历史的记录者、大运河文化的传播者、大运河保护的践行者。活动旨在倡议全社会都行动起来保护大运河,弘扬运河文化,保护运河生态,延续运河文明。

(6)国家级企业技术中心首次落户自行车行业。在国家发展改革委、科技部、财政部、海关总署、国家税务总局共同审定的2013年"国家认定企业技术中心"评价结果中,天津富士达集团有限公司代表行业首次上榜,标志着行业研发能力获得国家肯定。

(7)7月7—20日,第12届环湖赛在青海、甘肃、宁夏三省(区)举行。本届赛事共安排14天13个赛段,其中安排休息1天。全程总

距离为 3057 千米,比赛总距离为 2003 千米,转场 1054 千米。在 13
个赛段中,青海占 7.5 个赛段,甘肃占 3.5 个赛段,宁夏占 2 个赛段。
在本届环湖赛开赛之前,共有 60 多支车队有参赛意向,组委会最终
挑选了 22 支车队参赛,其中包括 3 支中国车队,分别为卓比奥斯车
队、青海天佑德车队与甘肃体彩车队。在继续保持全世界海拔最高
的公路自行车赛的优势的同时,本届比赛也创下了环湖赛历史难度
之最。据青海省体育局局长冯建平介绍,环湖赛在难度设计上已接
近国际自盟 2. HC 级别难度的最高极限,在亚洲属于难度最大的
赛事。

(8)在第 12 届环湖赛上,42 岁的独腿骑侠王永海格外引人注目,
环湖赛的每一个赛段都能看到他的身影,而他又和其他参赛选手不
同,他往往每天早早出发,等到运动员终点冲刺过后再过线,不给比
赛制造麻烦。"我的目标就是骑完环湖赛所有的赛段,就像那些专业
车手一样。"当然,从赛事的角度来说,王永海的行为并不值得鼓励,
但从他身上,可以反射出自行车赛事,特别是公路自行车赛事的魅
力,以及这项运动带给残障人士的自信与坚强。

(9)在第 12 届环湖赛的 13 个赛段中,意大利巴尔车队 26 岁的
选手萨查·莫多洛 6 次拿下赛段单站冠军,成为本届环湖赛拿下单
站冠军次数最多的选手。

(10)在第 12 届环湖赛的 13 个赛段中,伊朗大不里士石化车队
的选手米尔萨玛德在第 10 个赛段顺利完成本届环湖赛的最后一次
爬坡,拿到 7 次代表突出爬坡能力的圆点衫,被封为"爬坡王"。

(11)意大利巴尔车队萨查·莫多洛在第 12 届环湖赛的 13 个赛
段中 10 次拿到象征"冲刺王"的绿色领骑衫,成为本届环湖赛当之无
愧的"冲刺王"。

(12)伊朗大不里士石化车队的何欣是第 12 届环湖赛中表现最
优异的选手,连续第 11 次穿上象征个人成绩第一的黄色领骑衫,并
连续第 11 次穿上象征"亚洲最佳"成绩的蓝色领骑衫。

(13)第 12 届环湖赛赛程为历届最长,达到 3139 千米。车队骑

行通过青海省多巴镇、互助县、贵德县、青海湖风景区、天峻县、西海镇、祁连县等地，于第 8 天正式进入甘肃境内，途经张掖、武威、景泰 3 市，第 12 天进入宁夏回族自治区首府银川市，后通过中卫市回到终点站甘肃首府兰州市。

（14）第 12 届环湖赛赛事总奖金数额由上一届的 60 万美元提高到 70 万美元，继续保持"奖金亚洲第一"的位置。

（15）第 12 届环湖赛共有来自 5 大洲的 22 支参赛队伍同台竞技，其中包括 1 支国际自行车联盟环法职业队、5 支洲际职业队、15 支洲际队和 1 支国家队。环湖赛成为中国规模最大、参赛队伍最多的国际公路自行车赛事。

（16）10 月 20—28 日，第 8 届环岛赛举行，总冠名为汇丰国际。本届赛事共设 9 个赛段，总里程为 1461.5 千米，起、终点均设在拥有"世界长寿之乡""世界富硒福地"等有诸多美誉的澄迈县，赛事总奖金 35 万美元。整体比赛线路沿顺时针方向环岛行进，途经海南省除三沙市外的 18 个市、县，赛段设计涵盖国道、省道、县道、乡道等公路赛所有类型。有参赛车队 20 支，共 140 名运动员参赛。荷兰贝尔金职业车队成为该赛事最大的赢家，不仅获得赛事团体最佳，其队员莫雷诺·霍夫兰德还获得个人总成绩第一。

（17）纪录片《一个人的环法》上映，导演是黎国明。单车环法对于一个自行车运动爱好者来说好比是一次朝圣之旅。某个对大都市钟摆式的生活渐生厌倦的中关村青年，因为一次睡前的突发奇想，开始了一场说走就走的朝圣。一路上，单枪匹车的他遭遇了爆胎、外公离世、险些被抢劫、露宿街头、食物匮乏等困难……经过 44 天的坚持后，他终于成功抵达凯旋门。

（18）伊斯坦布尔到北京——单车游学七国行活动启动，其又名"学习之路"。活动由荷兰女孩何亚发起，从土耳其出发，用五个半月的时间，沿丝绸之路经过伊朗、土库曼斯坦、乌兹别克斯坦、吉尔吉斯斯坦、哈萨克斯坦，最终到达北京，每经过一个国家的首都，都邀请当地的大学教授和学者就这个国家的历史和文化、经济发展及国际关系等主题给参加骑行的成员提供讲座,并组织文化交流活动。何亚的目标是把这个骑行活动变成一个持续性的国际文化交流项目,以使不同国家的年轻人有机会通过穿越多个国家和文化区域的长途骑行,锻炼人格,建立友谊,增进对不同文化,尤其是对中亚和中国文化的了解。

环法自行车赛

(1)英国车手克里斯·弗鲁姆(天空车队)赢得了第 100 届环法赛总冠军。

(2)美国全国广播公司让记者史蒂夫·普里诺骑上一辆摩托车(由 62 岁的帕特里克·迪亚布洛驾驶),这样他就可以在比赛时为观众提供实时更新。

(3)第 100 届环法赛的前三个赛段在法国科西嘉岛举行,主办方支付了 400 万美元的三天赛程费用,外加 260 万美元的花销,环法赛的相关人员和设备到岛上需要 7 艘船。岛上城市的道路非常狭窄,所以在第 1 赛段的终点要修建一段新路,而下两个赛段终点则在城镇之外。

(4)由于科西嘉岛的道路狭窄,空间有限,大渡船被用作新闻发布室,并在岛上运送环法赛要用的环岛卡车。

(5)比赛包括 54 名首次参赛车手。

(6)在因病错过前一届环法赛之后,"恶魔"迪迪·森夫特再次回到了赛道上最陡峭的山坡上追逐车手,这一次他穿着黄色服装,以纪念这第 100 届赛事。

(7)41 岁的德国车手延斯·福格特(无线电-猎豹车队)第 16 次参加环法赛。

(8)19 岁的荷兰人丹尼·范波佩尔(瓦坎索雷-DCM 车队)是自二战以来参加环法赛最年轻的车手。

(9)英国选手马克·卡文迪什(欧米茄制药-快步车队)赢得了他

的第 25 个赛段冠军,与法国选手安德烈·勒迪克并列环法赛历史上第三。英国人现在仅次于贝尔纳·伊诺的 28 场胜利和埃迪·默克斯的 34 场胜利。这一纪录也使卡文迪什和安德烈·勒迪克成为环法赛中在公路赛段获胜最多的车手(埃迪·默克斯有 15 次是计时赛段获胜,贝尔纳·伊诺是 20 次)。

(10)在比赛开始前两周,总部位于洛杉矶的贝尔金电子公司成为此前由荷兰合作银行(拉波银行)赞助的无赞助车队铂浪高的赞助商。

(11)佳明-夏普车队的丹·马丁在赢得第 9 赛段——巴涅尔-德比戈尔的比赛后,成为自 1992 年以来首位赢得环法赛赛段冠军的爱尔兰车手。1992 年,他的叔叔斯蒂芬·罗奇(卡雷拉牛仔裤-塔索尼车队)在大雾笼罩的到拉布尔布勒的第 16 赛段获胜。

(12)澳大利亚选手斯图尔特·奥格雷迪开始了他的第 17 次环法赛。由于美国的乔治·欣卡皮承认服用兴奋剂而被剥夺了参赛资格,奥格雷迪也有了自己的获胜纪录。

(13)在澳瑞凯-绿刃车队大巴到达终点后,由于终点拱门已经降低,大巴被卡在拱门下,而比赛车手几分钟后就要到达。车手被告知终点已移到 3 千米外的拱门下,等大巴车解救出来后再移回去。由于混乱,最后给予所有的车手相同的赛段成绩。

(14)澳瑞凯-绿刃车队在团队计时赛中创下了平均速度 57.8 千米/时的新纪录。

(15)36 岁的加拿大车手斯韦恩·塔夫特(澳瑞凯-绿刃车队)是环法赛历史上年龄最大的新秀。他也是本次比赛中的"红灯笼"车手(总成绩最后一名)。

(16)2013 年环法赛的路线包括 10 个联合国教科文组织世界遗产地。

(17)在 2013 年的赛事之前,环法赛只有两次(1948 年和 1975 年)在最后的计时赛之后举行 4 站公路赛段。

(18)比赛将于黄昏时分在香榭丽舍大街结束,最后的颁奖典礼将在凯旋门的灯光秀前举行。

（19）赛段冠军将获得 22 500 欧元的奖金。

（20）第一部实景拍摄环法赛的电影《人生回环赛》上映。

2014 年

1. 受荷兰政府委托，荷兰应用自然科学研究中心开发了全球首款能够降低事故风险的"智能自行车"。

2. 荷兰建造了世界上第一条完全用太阳能电池板修建的自行车道。这条"太阳路"贯穿阿姆斯特丹北部郊区克罗曼尼，长约 70 米，已对民众开放。在夜晚，这条"太阳路"上发出的光亮如天空中的繁星一般，美轮美奂。

3. 澳大利亚的亚当·汉森（乐透-贝利索尔车队）在完成了 2014 年的环西赛后，完成了他连续第 10 次的大环赛，他是从 2011 年的环西赛开始的。汉森的最近一场比赛追平了西班牙人马里诺·莱哈雷塔（昂斯车队）在 1991 年创下的纪录，并让他仅落后于在 1958 年完成了连续第 12 次大环赛的西班牙人贝尔纳多·鲁伊斯（飞马车队）两场。汉森说，他计划在 2015 年再次参加所有三大环赛。

4. 经美国自行车协会批准，兰斯·阿姆斯特朗被禁止参加南卡罗来纳的非竞争性自行车骑行，这一禁令也适用于乔治·欣卡皮和他们的几名前美国邮政车队队友。

5. 阿萨夫·比德曼在美国马萨诸塞州剑桥的 Superwalking 公司推出了"哥本哈根车轮"，它的功能类似于一辆混合动力汽车，通过电动机为自行车提供动力，并将制动能量储存在可充电电池中。

6. 《华盛顿邮报》作家凯特琳·杜威列出了 2014 年"最糟糕的 15 个网络恶作剧"，其中"骑自行车的人不会把布鲁克林大桥让给行人"排在第四位。

7. 5 月，国际自盟宣布，将允许使用符合赛道规则的追逐赛车，以打破一小时骑行纪录。延斯·福格特在瑞士格伦兴打破了保持 9 年的一小时骑行纪录，成绩是 51.11 千米。这位 43 岁的德国人就此宣布退役，他说："我非常痛苦，……但这是一种多么好的退休方式啊！"

8. 在延斯·福格特创造了他的一小时骑行纪录六周后，德国的马蒂亚斯·布兰德勒在瑞士艾格勒国际自盟场地上骑出了51.352千米的新纪录。

9. 12月，美国加州大学伯克利分校法学教授莫莉·谢弗·范豪厄林在加州卡森骑行了44.173千米，创下了美国女子一小时骑行纪录。

10. 欧洲专利局报告称，它拥有逾9.6万项与自行车相关的专利，其中有20项允许骑自行车的人可以在骑车时遛狗。

11. 盛嘉推出了其售价为450美元，3.18千克重的Super Pista Ultimate打气筒。该打气筒使用寿命长，由黄檀木手柄、用于飞机制动管路的软管、重型铝制筒身和底座等构成。

12. 在美国加州洛斯阿尔托斯历史博物馆举办的一场名为"踏板之力：从古怪到工作马"的展览中，展出了格雷格·莱蒙德骑过的第一辆自行车，早期的汤姆·里奇自行车，以及施温公司的斯汀雷自行车，还有一辆木制自行车，甚至还有一辆警用自行车。

13. 墨西哥城的市长米格尔·安赫尔·曼塞拉表示，该市的公共自行车系统本年有18万名用户，使用两轮自行车出行了1350万次。

14. 美国北卡罗来纳东部的辐条集团与救世军合作，筹集了2.1万美元，这样他们就可以为当地300名贫困儿童的圣诞节提供自行车和头盔。

15. 7月，珍·格雷厄姆给英国《赫尔每日邮报》的编辑写信说，她和一个用婴儿车推婴儿的朋友被禁止登上火车，而两名骑自行车的人却登上了火车。格雷厄姆写道："显然政策是说，自行车比我们的孩子更重要。我们被迫留在火车站去找另一辆火车。"

16. 再找一辆新的高轮车？美国奥兰多的阿尔·斯内勒和黛安娜·布莱克以1885年的维克多自行车为原型打造出来几辆高轮车。这些自行车的轮子可以做到1—1.5米长。

17.美国佛罗里达州西棕榈滩的杰克·海尔斯顿还需要100辆自行车和400个头盔,才能实现他的目标——把1000辆自行车送给当地孩子。2012年,这位73岁的老人捐出了900辆自行车。

18.5月,科罗拉多州的美国汽车协会扩大了其道路援助项目,将那些自行车出了故障的会员也包括在内,他们可以把抛锚的自行车也带上,然后送到指定的目的地。

19.西班牙人阿尔韦托·孔塔多尔(京科夫-盛宝银行车队)赢得了第69届环西赛冠军。

20.纳罗·昆塔纳(移动之星车队)成为第一个赢得环意赛冠军的哥伦比亚人。

21.埃里克·马科特(Smart Stop车队)赢得了美国职业公路赛冠军,而泰勒·菲尼(BMC车队)赢得了计时赛冠军。艾莉森·鲍尔斯(联合保健车队)同时赢得了女子公路自行车赛和计时赛的冠军。鲍尔斯曾在2013年获得全国绕圈锦标赛冠军,她将于2014年10月23日宣布退役。

22.天空车队的布拉德利·威金斯(英国)赢得了安进环加州赛的冠军。

23.美国的特杰·范加德伦(BMC车队)再次成为美国职业自行车挑战赛的冠军。

24.在西班牙蓬费拉达举行的公路世锦赛上,波兰选手迈克尔·克维亚特科夫斯基在男子自行车公路赛中获胜,布拉德利·威金斯(英国)在计时赛中获胜,波利娜·费朗-普雷沃(法国)在女子公路自行车赛中获胜,德国选手莉萨·布伦瑙尔在女子计时赛中获胜。

25.米格尔·安赫尔·洛佩斯(哥伦比亚车队)赢得了第51届环未来赛的冠军。

26.亚当·亚历山大(美国)赢得了环萨默维尔库格勒-安德森纪念赛。美国人埃丽卡阿拉赢得了米尔德丽德·库格勒女子公开赛。

27.荷兰人迪伦·范巴勒(佳明-夏普车队)赢得了环英赛。

自行车在中国

(1)2014 年,环法赛迎来第一位中国车手计成。计成从小就从事业余田径训练,2002 年由省体校田径队转项练习公路自行车和场地自行车,2006 年被禧玛诺车队网罗进入欧洲赛场。2008 年赢得环南中国海赛的第一站,之后进入欧洲车队的培训计划,是禧玛诺车队的元老级队员之一。

(2)"低碳行动 骑行中国"2014 中国自行车文化发展论坛举行。论坛围绕"自行车文化与行业发展""自行车文化与竞技运动"及"国际自行车文化发展"等行业和社会关注的发展问题展开研讨,总结并归纳了自行车文化的发展及意义,探讨了文化如何更好地助推行业发展。论坛还举办了全国年度优秀俱乐部评选表彰活动。

(3)"低碳行动 骑行中国"2014 丝绸之路骑行活动为庆祝中国、哈萨克斯坦、吉尔吉斯斯坦联合申报的"丝绸之路起始段和天山廊道"项目在世界遗产大会上申遗成功,宣传丝绸之路,倡导可持续发展而举办。骑行队历时 11 天,完成了西安—敦煌骑行,沿途考察了唐大明宫遗址、莫高窟等著名丝路遗产点,回顾、见证了千年历史。

(4)中国自行车协会举办了首届全国自行车、电动自行车装配技能竞赛。共 1161 名选手在各赛区展开了激烈角逐。在全行业掀起了学练技术、崇尚技能的热潮。通过前两年行业级装配技能竞赛的摸索与积累,竞赛将于 2016 年升级为国家级。

(5)首届中国自行车联赛举办。赛事是由中国自行车运动协会主办的中国顶级的全民自行车积分制联赛,每年在全国各大城市相继展开。联赛由三部分组成:一是国内高水平的自行车联赛;二是全民皆可参加的自行车比赛;三是与联赛密切衔接的系列自行车主题活动。

(6)中国自行车协会零部件专业技术委员会、行业技术进步促进中心成立。

（7）小米、乐视、360、百度等公司宣布入驻自行车行业。

（8）第13届"天佑德青稞酒杯"环青海湖国际公路自行车赛于2014年7月5日在青海省西宁市举行了开幕式，7月6日至7月19日在青海、甘肃、宁夏三省（区）举行比赛。本届赛事共14天13个赛段，中间休息1天。赛事全程总距离为3591千米，比赛总距离为2201千米。第13届环湖赛以"绿色、人文、和谐"为主题。

（9）7月19日，第13届环湖赛结束了最后一天兰州绕圈赛的争夺，乌克兰阿莫尔维塔车队的卡瓦茨拿下了赛段冠军，日本维尼凡蒂尼车队的格雷格获得第2名，德国耐特普车队的斯科恩获得第3名。在领骑衫方面，黄衫、蓝衫的得主为哈萨克斯坦阿斯塔纳洲际车队的大卫德诺克；圆点衫"爬坡王"被伊朗大不里士石化队葛尔德夺走，绿衫"冲刺王"则被乌克兰科尔斯车队的科农恩科夺走。

（10）第9届环岛赛于2014年10月20—28日举办，以澄迈县为起、终点城市，比赛路线沿顺时针分布，途经全省18个市、县，全程为1493.7千米，分为9个赛段，涵盖高速、省道、县道、乡道等公路赛所有类型。比赛奖金合计35万美元。共有20支参赛队伍，其中国际队伍16支、国内队伍4支，包括3支国际自盟职业队、3支洲际职业队、12支洲际队、1支国家队和1支地区队。本届赛事首次吸引了3支国际自盟职业队参赛，在国内洲际自行车赛中尚属首例。最终，获得本届环岛赛个人总冠军的是来自法国马赛苹果洲际队的朱利安·安托马尔基；获得本届环岛赛个人冲刺冠军的是美利达-蓝波职业队的尼科洛·博尼法齐奥；获得爬坡积分第1名的是乌克兰国家队的谢尔吉·格列钦；获得亚洲个人总成绩第1名的是哈萨克斯坦阿斯塔纳车队的安德烈·泽伊茨。

（11）慕景强的《川藏线涂鸦文化研究》一书出版，这是第一本对骑行圣地318川藏线上的涂鸦进行系统记录、整理、研究的专著。本书从文化风情、社会心理、人生情感、喜怒哀乐等角度对上千幅涂鸦照片分门别类，记录了骑行者们的形形色色的文化心理，揭示了这些骑行者们内心的世界。

环法自行车赛

(1)在赢得第 101 届环法赛冠军后,温琴佐·尼巴利(阿斯塔纳车队)成为赢得所有三大环赛的第六位车手,仅次于雅克·安克蒂尔、费利切·吉蒙迪、埃迪·默克斯、贝尔纳·伊诺和阿尔韦托·孔塔多尔。

(2)温琴佐·尼巴利(阿斯塔纳车队)将自己 19 件黄衫中的一件送给了已故的意大利车手马尔科·潘塔尼的母亲。

(3)三名前环法赛冠军,克里斯·弗鲁姆、阿尔韦托·孔塔多尔和安迪·施莱克,在比赛的第一个休息日之前就退赛了。

(4)比赛领骑黄衫上的标记包括约克郡的白玫瑰。

(5)比赛播音员丹尼尔·芒吉斯宣布这是他主播的最后一场环法赛。从 1976 年起,丹尼尔·芒吉斯就一直用他对车手的广博知识来取悦车迷。

(6)这是环法赛第二次从英国出发,标志着自 1974 年以来第四次访问英国。

(7)外卡车队——美国网存-英德那车队完全是由新手组成的。

(8)42 岁的德国车手延斯·福格特(崔克车队)开始并完成了他第 17 次参加环法赛的纪录。

(9)在第 1 赛段之后,延斯·福格特成为最年长的穿圆点衫的车手。

(10)计成(捷安特-禧玛诺车队)是第一位参加环法赛的中国选手。他也是比赛中的"红灯笼"车手。他是首个参加环法赛、环西赛、环意赛三大环赛的中国人。

(11)比赛组织者允许一些车手在自行车前后安装小型摄像头,记录的视频在第二天播放。

(12)在第 13 赛段比赛开始前,参赛选手为马来西亚航空公司MH17 航班在乌克兰上空被击落而遇难的 298 人默哀。

（13）在第 13 赛段，法国车手托马·弗克勒停了下来，对一些质问他是否忘记怎么骑自行车的车迷进行回击。

（14）法国人最喜欢的雷蒙·普利多尔参加了他的第 52 次环法赛。

（15）让-克里斯托夫·佩罗和蒂博·皮诺站上了最后的领奖台，这是自 1997 年里夏尔·维朗克（飞士天车队）获得第 3 名以来，法国车手首次出现在最后领奖台上。再上一次法国车手登上领奖台是在 1984 年，当时雷诺车队的洛朗·菲尼翁获得了冠军，而贝尔纳·伊诺（克莱尔生活车队）获得了第 2 名。

（16）由于消防员抗议工作时间过长，导致比赛第 14 赛段的开始时间略有延迟。

（17）西班牙的若泽·罗哈斯（移动之星车队）因为在第 18 赛段抓着一辆汽车不放而被踢出比赛。

（18）在赢得比赛的第 19 赛段后，拉穆纳斯·纳瓦达斯卡斯（佳明-夏普车队）成为第一个赢得环法赛赛段冠军的立陶宛人。

（19）自 1953 年以来环法赛第一次只包括一个长计时赛段。

（20）在环法赛的最后一天，来自 20 个车队的 120 名女车手参加了在香榭丽舍大街举行的环法女子自行车赛，共 13 圈，91 千米赛程。这场比赛由世界冠军玛丽安娜·福斯（拉波银行-丽芙车队）以 2 小时 0 分 41 秒的成绩赢得，领奖台上的礼仪男孩、全部女裁判员都能获得和男选手同样多的赛段冠军奖金——22 500 欧元。

（21）一些车队给他们的副将配备了能装 5 个水壶的背包。

（22）为了纪念一个世纪前第一次世界大战的开始，本届环法赛沿途经过了一些著名的战争遗址，包括阿拉斯、舍曼莱达姆、凡尔登和杜乌蒙。

（23）安塔格兹丙烷和天然气公司取代了法国家电品牌白朗成为环法敢斗奖的赞助商。

（24）拉格特种子公司赞助了团队奖和领骑车队车手所贴的黄色号码。

（25）克里斯眼镜公司赞助了骑手佩戴的号码布。

2015 年

1. 葡萄牙 Triangles 工厂利用机器人全自动化生产工艺制造出了铝合金自行车架。车架总生产时间压缩到 4—5 分钟。

2. 美国前总统乔治·布什的布什基金会,在得克萨斯州的总统庄园发起了 W100 慈善骑行活动,为伤残老兵募捐筹款。

3. 丹麦奥胡斯试行了自行车优先的道路体系。只要在自行车轮子上贴上射频识别(RFID)标签,在经过交叉路口时,标签就会向邻近识读器发送信号,交通灯将自动转绿。这样一来,骑自行车的人就不必等待,可以畅通穿行。

4. 哥本哈根 167 千米的空中高速自行车道建成。

5. 布拉德利-威金斯在伦敦的李谷赛车场内以 54.526 千米创造了新的国际自盟一小时骑行纪录。

6. 加拿大艺术家斯蒂芬·伦德深夜在维多利亚的街道上用自行车和 GPS 开始新年创作。这个艺术作品并不是绘制在画布上,而是通过 GPS 来绘制。他骑在自行车上,用 GPS 来记录自己的旅程,当在骑行结束后,他观察追踪路径和地理位置,一幅涂鸦就这样诞生了。

7. 兰斯·阿姆斯特朗传记片——《瞒天计划》上映。该片讲述了传奇自行车手阿姆斯特朗战胜癌症重回赛场,却因服用禁药被终身禁赛的悲惨故事。

8. 坎帕尼奥洛公司的 Chorus、Record 和 Super Record 套件被追回,包括新的 4 臂大齿盘。

9. 禧玛诺公司推出了 XTR Di2 M9050 套件。骑自行车的人把这种可以与福克斯公司的 IRD 电子控制减震系统整合在一起的新型电子套件称为"山地自行车传动系统渐进式发展的下一个自然步骤"。

10. 美国演员达斯廷·霍夫曼在兰斯·阿姆斯特朗的传记片《瞒天计划》中客串了一个角色。1984 年,霍夫曼花了两天时间参加环法自行车赛,为他在根据拉尔夫·赫恩 1973 年的小说《黄色领骑衫》改编的电影中扮演的角色做准备。遗憾的是,这部电影一直没被拍出来。

11.美国国务卿约翰·克里在法国雄济耶骑自行车时撞到路边,摔断了右大腿骨。车祸发生在他去科隆比耶山口的路上。

12.美国华盛顿哥伦比亚特区的新规定要求,拥有至少8个单元的大楼的房东,必须为每三个住宅单元提供一个安全的自行车停车场,或者提供足够的停车位,以满足需求。辅助生活设施不受该条例的约束。

13.职业自行车手克里斯汀·赫巴骑着他的自行车在2小时13分钟内爬上了中国台湾台北101大厦的3139级台阶,打破了他2014年在墨尔本创造的2919级的纪录。

14.伦敦的科学家们研究了120名年龄在55岁至79岁之间的男性和女性受试者,但没有发现这个年龄段的人有任何预期的衰老迹象。你知道吗?这项研究的所有男性参与者必须能够在不到6个半小时内骑完100千米,而女性参与者必须能够在不到5个半小时内骑完60千米。

15.发明家尼克·扎莫拉开始筹集启动资金来开发Cydekick,这是一个附加的自行车发电机和电力存储系统,为车灯和手机提供电力。据说Cydekick不会给自行车增加机械阻力。

16.从2010年到2014年,墨西哥对自行车的需求激增,从进口7.6万辆到进口31.8万辆,从620万美元增加到3920万美元。90%的自行车来自中国。

17.西班牙人阿尔韦托·孔塔多尔(京科夫-盛宝银行车队)赢得了第98届环意赛冠军。

18.意大利的法比奥·阿鲁(阿斯塔纳车队)赢得了第70届环西赛冠军。

19.澳大利亚人亚当·汉森(乐透-速的奥车队)以第55名的成绩完成了环西赛,他破纪录地连续第13次参加三大环赛。

20.佳能戴尔-佳明车队的乔·东布罗夫斯基赢得了2015年拉

里·米勒环犹他州赛冠军。

21. 京科夫-盛宝银行车队的彼得·萨根赢得了第 10 届安进环加州赛。

22. 澳大利亚的罗恩·丹尼斯(BMC 车队)成为第一个赢得美国职业挑战赛的外国人。

23. 在美国弗吉尼亚州里士满举行的 2015 年公路世锦赛上,斯洛伐克选手彼得·萨根赢得了男子精英公路赛冠军。英国的伊丽莎白·阿米斯特德赢得了女子公路自行车赛,瓦西里·基里扬卡(白俄罗斯)赢得了男子个人计时赛,新西兰的琳达·梅拉妮·维伦森赢得了女子个人计时赛,美国 BMC 车队在男子团队计时赛中获得了冠军,而德国的维乐-速联车队获得了女子团队计时赛的冠军。

自行车在中国

(1)自行车行业连续获国家层面认可,特大政策利好频出。中共十八届五中全会明确提出,鼓励自行车绿色出行,提高电动车产业化水平。一个行业的产品使用功能首次列入党中央文件。不仅行业低碳环保的属性进一步放大,更是对行业发展的极大利好。

(2)亚洲自行车产业联盟在上海宣告正式成立。由中国自行车协会、台湾自行车公会提议,日本自行车协会、全印度自行车制造商协会共同发起的亚洲自行车产业联盟正式成立。中国、中国台湾、日本、印度、越南、土耳其、菲律宾、韩国、印度尼西亚、俄罗斯等 10 个国家与地区的自行车产业代表集聚一堂,共同开启亚洲自行车产业携手共进的新征程。

(3)中国自行车协会成立 30 周年,在八届三次理事(常务理事)会召开之际,以"一文一册一视频"的方式,简单而又隆重地纪念了行业和协会发展不停、改革创新不止的 30 年。

(4)自行车行业以硬实力做支撑,"中国展"首次登上新闻联播。5 月 6 日,第 25 届中国国际自行车展览会在国家会展中心(上海)开幕,传统制造业因时借势变身为"高端智能产品＋新能源低碳产业",不仅吸引了中央电视台《晚间新闻》《朝闻天下》、上海电视台《综合新闻》等国内众多主流媒体的争相报道,更首次登上了 CCTV-1《新闻联播》,中国自行车形象升至新高度。

(5)中国自行车协会组织开展了"低碳行动 骑行中国"2015青少年自行车骑行启蒙公益活动,并编写、出版了首部《我爱骑行》青少年自行车启蒙科普教材。

(6)8月6日,赛车电影《破风》上映。该片是一部自行车主题电影,在中国、韩国、意大利等数地取景,共邀请到了1404名专业车手参与拍摄。该片是由恒大影视文化有限公司等联合出品,由林超贤执导,梁凤英监制,彭于晏、窦骁、崔始源、王珞丹等联合主演的青春热血片。该片讲述了四个年轻人加入单车队顶级赛事,在残酷激烈的竞争中,每个人都需要面对来自友情与爱情、名利与牺牲、个人与团队等方面的抉择与考验的故事。影片英文名为 *TO THE FORE*。

(7)4月26日,北京首个"自行车日"活动在石景山体育场举行,上千名骑行爱好者通过自行车过独木桥、自行车定车等花样百出的骑行玩法来庆祝这一节日。北京市交通委主任周正宇表示,以后每年4月的最后一个周日将是北京的自行车日。

(8)由人民体育、人民网舆情监测室联合发布的"2015最具影响力自行车赛事排行榜"中,第14届环湖赛位列榜首。

(9)第14届环湖赛有来自世界五大洲的22支队伍参加比赛,全程总距离为2941千米,本届环湖赛线路安排在整体上契合了"一带一路"倡议,途经地基本上都在新丝绸之路经济带上,使赛事既与古老的丝绸之路一脉相承,又充分体现了时代特点。在以100万美元的奖金和出场费总额继续保持亚洲第一的同时,为保证竞赛水平和赛事观赏性,组委员对赛程进行了调整。赛事全程较上一年减少了852千米,其中骑行距离减少184千米,转场距离减少668千米,使赛段之间的衔接更加紧密。另外,还增加了山地赛段比赛,减少了平路和绕圈赛段,山地赛段达8个,平路赛段5个,而城市绕圈赛仅保留了 3 个,更加突出了环湖赛高海拔、高难度的特点。本届环湖赛共有来自全世界的 60 支队伍申请参赛,经筛选确定了 22 支参赛队伍,其中国际自盟职业队 1 支、国际自盟洲际职业队 3 支、洲际队 17 支。每支队伍运动员人数由上一年的 9 人减至 7 人。

(10)10 月 20—28 日,第 10 届环岛赛举办,以万宁市兴隆镇为起、终点城市,比赛路线沿逆时针方向分布,途经全岛 18 个市、县,全程 1487.6 千米,分为 9 个赛段。比赛奖金合计 35 万美元,共有 20 支参赛队伍。美利达-蓝波车队的莫多洛顺利地将黄衫一穿到底,荣获 2015 环岛赛总冠军。

环法自行车赛

(1)天空车队的克里斯·弗鲁姆(英国)三年内第二次获得环法赛冠军。

(2)为了突出获胜者,比赛将平路赛段前三名选手的绿衫积分更改为 50 分、30 分和 20 分,而不是之前的 45 分、35 分和 30 分。

(3)个人计时赛距离只有 14 千米,据组织者说,这是自 1947 年以来最短的一次。

(4)为了纪念环法赛在香榭丽舍大街结束 40 周年,领骑黄衫上绣有凯旋门的图案,车手还会骑过埃菲尔铁塔。

(5)比赛第 2 至第 8 赛段的前三名选手将分别获得 10 秒、6 秒和 4 秒的时间奖励。

(6)车手们要和 7 段总共 13.3 千米的鹅卵石路段打交道。

(7)这场比赛的普华卢普赛段是为了纪念 1975 年埃迪·默克斯和贝尔纳·泰弗内之间的那场大战。

(8)团队计时赛是为了向贝尔纳·伊诺致敬,1985 年,他成为最后一位赢得环法赛冠军的法国人。

(9)赛事也向法比奥·卡萨尔泰利致敬,他在 1995 年的环法赛中死于车祸。

(10)比赛的第 20 赛段是在莫达讷和阿尔普迪埃之间进行的,由于 4 月份的山体滑坡导致尚邦隧道关闭,比赛跳过了加利比耶山口。在 110.7 千米的赛程中,选手们转而爬上了铁十字山口。

(11)BMC 车队的罗恩·丹尼斯以 14 分 56 秒的成绩完成了 13.8 千米的计时赛。他的平均速度为 55.3 千米/时,超过了 1994 年英国选手克里斯·博德曼(GAN 车队)在环法序幕赛中创下的 55.15 千米/时的纪录。

(12)在比赛从比利时安特卫普到于伊的第 3 赛段的一段直线道路上发生大规模的高速碰撞后,那一段被取消。

(13)德国广播公司恢复了对环法赛的现场直播,此前该公司曾因抗议比赛中的兴奋剂丑闻而停播了三年。

(14)在可卡因检测呈阳性后,喀秋莎车队的卢卡·保利尼被赶出了比赛。

(15)英国的车手马克·卡文迪什(Etixx-快步车队)赢得了第 7 赛段冠军,这是他第 26 个环法赛的赛段胜利。

(16)MTN-库贝卡车队的丹尼尔·特克勒海马诺特(厄立特里亚)和梅尔哈维·库杜斯(厄立特里亚)是第一批参加环法非洲车队的非洲黑人车手。在第 6—9 赛段,特克勒海马诺特(厄立特里亚)成为第一位穿着"爬坡王"圆点衫的非洲车手。

(17)MTN-库贝卡车队的斯蒂芬·卡明斯(英国)在纳尔逊·曼德拉纪念日赢得了比赛的第 14 赛段,这是南非车队首次赢得环法赛赛段冠军。

(18)在环法赛进行到一半时,兰斯·阿姆斯特朗抵达法国,参加为期两天的为治愈白血病组织的慈善骑行。这场筹款活动由前足球运动员杰夫·托马斯组织,被称为环法前日赛,包括两个赛段,在环法赛正式开始之前一天进行。

(19)在比赛的第一个休息日,意大利的伊万·巴索(京科夫-盛宝银行车队)宣布他患有睾丸癌并退出比赛。

(20)在第 14 赛段,一名观众一边对着领骑者克里斯·弗鲁姆撒尿,一边大喊"兴奋剂"。

(21)警方将第18赛段中一段3千米的赛程对观众实施封闭,因为他们认为蒙特维尼尔路段在悬崖边狭窄的发夹弯对观众来说太窄,不安全。

2016 年

1. 5月10—13日,国际标准化组织/自行车技术委员会/自行车及其主要组件分技术委员会(ISO/TC149/SC1)年会和工作组会在上海召开。来自法国、德国、葡萄牙、瑞典、瑞士、荷兰、日本、美国,以及中国等9个国家的代表、专家和有关机构的相关负责人,约60人出席了会议。

2. 阿富汗中部城市巴米扬的一位教师萨博·侯赛因用自行车载着"移动图书馆"到偏远的农村,给孩子们带去知识,传递爱与和平。

3. 一体式设计自行车问世。众筹平台Kickstarter上线了这款没有花鼓和辐条的智能自行车,其框架采用了碳纤维,整车仅重11.5千克。

4. 环意赛将于2017年迎来第100届,环意赛的组织方RCS也在2016年为这百届盛会推出了金粉相间的全新Logo,新Logo将环意赛的总冠军奖杯"无尽之杯"和100字样结合起来,构成一个车手奋力骑行的形象。

5. 2016年环意赛于5月6—29日举行,赛程全长:3383千米。比赛分为3站计时赛、6站冲刺站、7个高山站,包括5个顶峰终点,其中有6站赛道长度超过200千米。

6. 本届环意赛有3个计时赛站,以短距离、平地计时赛及上坡计时赛3种不同距离来考验车手。

7. 5月28日,第99届环意赛结束了最后一个赛段的争夺,身穿冲刺红衫的尼佐洛在乱战中获胜,但是赛后却被莫多洛投诉冲刺变线犯规。尼佐洛最后被判罚取消成绩,虽然他连续两年称雄于环意赛"冲刺王",但依旧无缘大环赛赛段冠军。温琴佐·尼巴利顺利完赛,在其职业生涯中第二次拿到了环意赛总冠军,这也是他个人的第四个大环赛冠军奖杯。

8.1 月 9 日下午 1 点,环西赛组委会在西班牙举行发布会,宣布 2016 年第 71 届环西赛将于 8 月 20 日至 9 月 11 日举行。根据发布的最新赛程,2016 年环西赛总里程为 3277.3 千米。本届比赛主车群中的爬坡手们要偷着乐了,因为这一届的赛程近半是难度极大的爬坡终点。比赛路线集中在西班牙北部,而不会去南部炎热的半岛,比赛最终在马德里结束。

9.在环西赛第 1 赛段 28.7 千米的团体计时赛上,天空车队以领先不足 1 秒的优势,力压移动之星车队夺冠。团体计时赛强队澳瑞凯-单车交易车队和 BMC 车队分别落后于天空车队 6 秒和 7 秒位居第三和第四。阿尔韦托·孔塔多尔所在京科夫车队总成绩输掉近 1 分钟时间。此战过后,孔塔多尔在总成绩榜上显得非常被动。

10.在环西赛第 2 赛段,快步车队的比利时车手米尔斯曼赢得了集团冲刺;天空车队的迈克尔·克维亚特科夫斯基虽然错过赛段前三名,但第 4 名过线的克维亚特科夫斯基在赛后升上了总成绩第 1 名,其在职业生涯中第一次穿上大环赛的领骑衫。车迷恐怕是近几年来第一次见到如此低水平的大环赛冲刺阵容,不得不吐槽。

11.在环西赛第 4 赛段,直接能源车队的法国小将加梅雅恩从兔子集团脱颖而出,拿下了赛段冠军。

12.在环西赛第 5 赛段,比赛最后两千米发生严重摔车,大部分选手受到波及。最终快步车队的米尔斯曼获得本届环西赛的个人第二场胜利。倒霉的克鲁伊斯维克在身穿环意赛粉衫在一个下坡中飞出赛道,最后不得不遗憾退赛,也错过了登顶环意赛的最好机会。没想到来到环西赛,因为组委会的失误,克鲁伊斯维克撞上路边一个停车柱再次飞出赛道,提前和环西赛说再见。

13.在环西赛第 6 赛段,澳瑞凯-单车交易车队的西蒙·耶茨在最后时刻发力,单飞获得赛段冠军。在第 2 赛段不幸被撞掉三颗牙齿的洛佩斯(阿斯塔纳车队)又一次倒在地上。可怜的哥伦比亚小将,首次大环赛之旅就这样被厄运中断。总成绩竞争者一起过线。BMC 车队的阿塔普马保有领骑红衫。

14 在 2016 年环西赛最后一个赛段,绿刃车队的科特在马德里赢得赛段冠军,最后冲刺战胜京科夫车队的本纳蒂和快步车队的梅尔斯曼夺得本届环西赛第二个单站冠军。本届环西赛最终排名:金塔纳总冠军,克里斯·弗鲁姆总成绩第二,查韦斯第三。菲利内获得"冲刺王"绿衫,福莱列获得"爬坡王"圆点衫,金塔纳获得综合成绩白衫,BMC 车队获得"最佳车队"称号,孔塔多尔获得超级敢斗奖。

15.里约奥运会自行车赛共分公路、场地、小轮车和山地车 4 个分项,决出了 18 枚金牌。

16.8 月 21 日,随着男子山地车越野赛中瑞士选手舒尔特的夺冠,2016 年里约奥运会自行车 18 个项目全部比赛落下帷幕。英国队凭借在场地自行车上的出色表现,以 6 金 4 银 2 铜的骄人战绩在奖牌榜上傲视群雄;荷兰队以 2 金 3 银 1 铜排名第二;美国队以 2 金 1 银位列第三。2008 年,在北京奥运会上,英国队夺得 8 金 4 银 2 铜;2012 年,在伦敦奥运会上,英国队拿下 8 金 2 银。英国队连续三届奥运会称霸自行车赛场。

17.在里约奥运会上,英国队共 6 次刷新世界纪录,11 次打破奥运会纪录。

自行车在中国

(1)国务院总理李克强来到飞鸽自行车天津胜利路体验店,体验了新型碳纤维自行车,并表示:"我愿为中国自行车做广告,更愿为'中国制造'智能升级'站台'。"时任国务院副总理汪洋在上海视察了凤凰公司产品和品牌发展等工作,他对凤凰公司竖起大拇指说:"凤凰涅槃,很适合你们的现状。"这既是国家领导人对行业的极大鼓励和支持,也是对传统自行车品牌再创辉煌的期待。

(2)2016 年中国自行车总产量为 8005 万辆,自行车出口 5756.6

万辆,出口额达 30.9 亿美元,占世界自行车贸易量的 60％以上。共享单车的快速发展推动了绿色出行的进一步普及,根据中国自行车协会不完全统计,自从共享单车出现后,自行车出行在整个交通出行中的占比从大约 5％提高到大约 10％。

（3）行业走出去、落实"一带一路"再拓新域。中国自行车协会带领行业团队前往印度昌迪加尔,参加了亚洲自行车产业联盟年会,和日本、韩国、俄罗斯、印度等国家,以及中国台湾地区的自行车行业组织及企业代表,以论坛、展会、骑行等方式进行产业交流,加强未来合作。

（4）"低碳行动 骑行中国"2016 自行车绿色出行主题系列活动举行。活动内容包括图文展、论坛、产品推介等,并编写、出版了《我们在行动》自行车绿色出行图文实录。意在从多个层面呼吁政府进一步科学规划城市道路,加强自行车专用道建设,打造更好的绿色出行硬环境,同时积极引导行业创新设计有针对性的自行车产品,联手政府提高自行车人口比例,营造绿色出行软环境。

（5）"低碳行动 骑行中国"万里茶道 2016 中蒙"4＋2"骑行活动举行。活动由中国自行车协会与呼伦贝尔旅游局共同主办,旨在将自驾、骑行与草原文化有机结合,在领略异域风情,驰骋草原的同时,倡议"节能、环保"理念,将绿色情结根植于中蒙两国民众心中,增进友谊、促进交流。

（6）公共自行车升级,共享概念风行一线城市。2016 年在北京、上海、广州等大城市先后出现了摩拜、ofo、小鸣、小蓝、永安行等多个品牌的无桩智能公共自行车,该车可用手机 App 扫码直接开锁骑行,其倡导的共享概念和更具互联网思维的运行模式引起消费者,以及社会舆论的广泛关注。这表明公共自行车市场进入了更新换代、智能升级的新阶段。

（7）珠海蓝图自行车配件有限公司被纳入 2016 年国家工业强基工程项目。公司重点项目将获政府专项补助资金。这是中国自行车业制造实力的体现,而国家的高度关注、认可和扶持,更让人对行业整体水平的提升充满期待。2017 年,"国产自行车变速器替代进口研讨会"将在珠海市举办。

(8)5 月 6—9 日,以"融合、创新、发展"为主题的第 26 届中国国际自行车展览会在国家会展中心(上海)隆重举行。展会共接纳了 1322 家新老参展商,占用了 6853 个展位,其中自行车整车展商 266 家,电动车及零配件展商 130 家、骑行装备展商 181 家、自行车零配件展商 691 家。国外展商数共计 110 家。来自意大利的 3T、比安基、坎帕尼奥洛、皮纳雷洛,日本的 CATEYE、禧玛诺,美国的 FSA、SRAM,法国的 LAPIERRE、ZEFAL,荷兰的 MULTICYCLE,德国的 SIGMA 等国际知名品牌在展览会中悉数亮相。

(9)"中国国际极限运动单车大师赛"吸引了世界各地的运动员踊跃参与,来自俄罗斯、法国、韩国、荷兰、加拿大、日本、泰国、乌克兰、西班牙、中国、中国香港、中国台湾等 12 个国家和地区的近 100 名中外运动员汇聚一堂,参与 3 个项目 5 个单项的角逐。

(10)捷安特公司推出了 TRINITY ADVANCED PRO 超低风阻管型技术、低风阻能量补给(Aero Vault)系统、具有优越的空力效能。车架可为铁三选手提供超越国际自行车联盟限制的优越空气动力优势,搭配优化的超低风阻管型技术,并在动态风洞实验中验证 Trinity 的空力效能;整合 Aero Vault 补给系统和车架设计的 Trinity,使车手在快速骑行的过程中完成能量补给。

(11)美利达公司推出了 SCULTURA SUPERLIGHT LTD 车架,仅有 750 克,配上自家开发的全碳纤维前叉,车架组重量在 1000 克以内,整车重量只有 4.55 千克,跃升为全世界最轻量产车代表之一。不仅如此,SCULTURA SUPERLIGHT LTD 还采用了 THM 公司的顶级轻量化牙盘曲柄,配备了德国 TUNE 全球超轻量的轮组(仅重 870 克)、AX LIGHTNESS 最轻量的座管。这些顶级配件大部分原产自德国,手工制作,产量有限。除了成功"减重"外,400 毫米的后下叉赋予了车体灵敏的反应,可安装 25 毫米的宽胎,舒适性提升,空气力学效益也大幅提升,仅次于 REACTO 空力专家。空力性能强化有助于平路与下坡,轻盈身躯有利于爬坡。

（12）由宁波巨隆机械股份有限公司推出的一款脚踏将扳手设计在踏板之中,既可以作为快速组装或快速拆卸脚踏的工具,也可以作为修补车胎时的撬胎工具。在动手组装脚踏或户外骑行发生爆胎时,可将脚踏拆卸变为撬胎工具,重复利用方便快捷。

（13）全球最亮级充电式头灯为夜间骑行"保驾护航"。CATEYE猫眼推出的新品 VOLT6000 充电式头灯采用了 COB LED 并配合每分钟 1 万转的散热风扇来强制冷却,因而可持续射出 6000 流明的光通量。灯头使用碳纤维材料达到轻量化,仅重 100 克,方便戴在安全帽上使用。该灯有 6 种亮灯模式并具备模式记忆功能,还具备弱电显示功能。无线遥控开关减少骑行时操作开关的不便性,使骑行更安全。

（14）NW[威富商贸(上海)有限公司]推出"至尊＋"公路骑行鞋,单只重量仅 235 克,由单向碳纤维制成的超轻碳底,保证最佳动能传导。人体基因工程力学无缝鞋面构造以及超轻超细纤维激光纳米孔切割,使人体脚部构造更贴合。SLW2 旋盘加额外扣带保证最佳调节。集成鞋跟系统加上内部定向纤维材料能够有效防止打滑,鞋内附送的至尊空气鞋垫在保证透气的同时也提供有力支撑。最具亮点的当属用闪光灯拍照时鞋面银色会反光,堪称"最醒目"的骑行鞋。

（15）10 月 15 日,由中国自行车协会和昆山经济技术开发区管委会共同主办的 2016 亚洲自行车精品博览会在昆山开幕。

（16）7 月 16 日,第 15 届环湖赛开幕。赛事共 14 天,总距离为3631 千米,超过往届。本届环湖赛共有来自世界五大洲的 23 支车队,161 名车手参赛。在经过 14 天的激烈角逐后,乌克兰科尔斯车队的拉格库迪·谢尔盖以 43 小时 42 分 58 秒的总成绩成为本届环湖赛霸主;哈萨克斯坦永远维诺车队的格迪驰·叶午格尼荣膺"亚洲最佳"选手;台北 RTS 森地客车队的奥尔特加·拉米雷斯获得"爬坡王"称号;意大利尼波维尼凡蒂尼车队的高利·丹尼尔夺得"冲刺王"称号;甘肃银行车队的 203 号车手卡洛斯·朱利安被授予"超级敢斗奖"称号。哈萨克斯坦永远维诺车队收获亚洲团体第一。

(17)在"2016中国体育赛事影响指数排行榜"中,第15届环湖赛排名首位。

(18)10月30日,2016年环岛赛在海南省万宁市落下帷幕。来自阿斯塔纳车队的阿列克谢·卢申科凭借最后一个赛段的稳定发挥,成功保住黄色领骑衫,夺得2016年环岛赛的总冠军,而第9赛段的冠军则由捷安特-欧倍青职业车队的德国车手麦克斯·沃尔什德再次夺得。本届环岛赛总里程为1507.9千米,起点和终点都设在了海南省万宁市,赛事级别为2.HC级。2016年的环岛赛共历时9天并分设9个赛段,共有20支队伍参赛。

(19)8月12日必将是载入中国自行车运动史册的日子,中国队实现了自行车项目奥运会金牌零的突破。钟天使和宫金杰在里约奥林匹克自行车馆里夺得场地自行车女子团体竞速赛冠军,实现了自行车奥运金牌零的突破。在女子团体竞速赛预赛中,宫金杰携手钟天使以32秒305的成绩刷新了自己和郭爽在伦敦奥运会上创造的奥运纪录,在9支参赛队伍中以头名身份晋级。接着在首轮比赛中,两位中国姑娘又以31秒928的成绩打破了两人在2015年公路世锦赛上创造的世界纪录。当决赛上演时,面对公路世锦赛上的老对手俄罗斯队,宫金杰和钟天使沉着应战,在第一圈就获得领先,最终以32秒107的成绩轻松夺冠。

(20)在里约奥运会上,中国在自行车男子项目上也有斩获,徐超获得了争先赛第6名,这也是当时男子自行车运动员在奥运会上的最好成绩。

(21)在里约奥运会上,钟天使还在女子争先赛和凯琳赛上分获第5名和第11名,罗晓玲夺得女子全能赛第15名,由黄冬艳、敬亚莉、赵宝芳、马梦露组成的中国队获得女子团体追逐赛第7名。在山地车赛场上,中国队的王祯和姚平分别获得了男女项目第43名和第24名。在2012年伦敦奥运会上,中国队获得了2银1铜。

(22)1月31日,第一款自主研发并号称准确度堪比SRM的国产功率计 PICA 发布，为实现 100％"中国创造"，创业团队舍弃了盘爪、花鼓等安置功率计的"传统"位置，发布会现场还公布了标准版的价格——2999 元，立志让"人人有功练"。

（23）"干它一半"的烈风再次叫板传统模式，宣布将为因给烈风整车提供线下服务而遭东家处罚的车店提供补贴，更将为想换门头的店主提供资金支持。烈风项目负责人接受美骑记者采访时表示："烈风一向推广综合店的模式。在现在的市场环境，大家第一考虑的是生存，作为品牌商，我们首要考虑的是让车店生存下来。我们是替那些不敢吭声的车店(受东家制约)打抱不平。"

（24）4 月，车店生存不易，有识之士构筑了全国车店在线联盟，建设共享平台，进行资源重组，试图扮演车店的解救者，进而解决当前自行车行业萎靡不振的发展状况。目前已经在运营的三大平台主要有美骑家的单车街、自行车行业传奇人物唐方平创立的两个轮子联盟以及门店侠。这些新兴平台的出现大多得到车店的拥护，单车街试运营期间已吸引上千家车店入驻，两个轮子联盟初登场也有 15 个省的 1000 家终端店面进入。这些平台一方面提供了车店找产品进货的便利，也给一些初创品牌投入市场提供渠道；另一方面像两个轮了联盟还提供终端店面的系统培训。

（25）7 月，菜鸟科技在运营一年多之后宣告停止运营，成为智能单车领域首个宣告退场的团队。2016 年传统业界对智能单车的抵触情绪没有产品概念刚被提出来时那么激烈，但各个创业团队却似乎少了一开始的冲劲。BICI 转投行者，乐视的超级自行车以及其他品牌也因种种原因再无新品，智能单车浪潮退下。

（26）4 月上海上线，9 月刷爆京城，D 轮再融资 2.15 亿美元，摩拜已成为 2016 年新崛起的吸金公司，另一共享平台 ofo 也宣布完成了 1.3 亿美元的 C 轮融资，除此两家外，小鸣单车、优拜单车、骑呗单车、BLUEGOGO、小鹿单车等团队相继进入市场。共享单车成为资本争相追逐的项目，在大众媒体间引起轰动的舆论效应，路上越来越多的人骑着共享单车，这个新事物也逐步影响了中国的自行车市场生态。

(27)12月,罹难骑友家属状告自协及同伴一审宣判败诉。这是广受骑行圈关注的案件。北京一骑友与同伴外出骑行时发生交通意外,因重度颅脑损伤不治。一年后该骑友家属以"生命权、健康权、身体权"为由,上诉至门头沟法院,起诉北京市自行车运动协会及同伴,要求赔偿各类损失约147万元。该案经过多次庭审,一审宣判:户外活动参与者应对风险有足够认知,群众性活动组织者有一定组织救助义务,但应适度,否则会抑制骑行等户外活动活跃性及行业发展,故驳回原告诉求。

(28)《2016年度中国运动自行车行业报告》(以下简称《报告》)通过翔实的数据梳理了一年以来中国运动自行车市场的发展状况,并根据历史数据以及未来行业发展态势给出了市场预测。《报告》指出,2016年中国运动自行车市场规模约为64亿—75亿元人民币,年度下降约为10.5%—15.2%,这是行业自2015年度以来连续第二年呈下降趋势。由于运动自行车市场主要由整车市场构成,而自行车整车在市场中属于耐用消费品,其更新有一定的规模,市场有一定波动属于正常现象。但从消费者角度来说,市场仍然具有一定潜力。中国的自行车消费者远没有达到成熟的程度,在消费习惯、消费模式和总体消费量上有巨大潜力可以发掘。根据预测,市场可能在2019—2020年出现明显的再次上升态势。

环法自行车赛

(1)第103届环法赛于7月2日至24日进行,最终来自天空车队的英国车手克里斯托弗·弗鲁姆获得总冠军,这是弗鲁姆个人第三次获得环法赛总冠军。

(2)本届环法赛共有21个赛段,全长3519千米,比2015年长了175千米。在21个赛段中共有9个平路赛段、1个丘陵赛段、9个山地赛段和2个个人计时赛段。首赛段出发点设在圣米歇尔山,全程终点依然是巴黎香榭丽舍大街。

（3）第 9 赛段从别利亚巴列德阿兰到安道尔的阿卡利斯，全长 184.5 千米。荷兰捷安特-阿佩辛车队的荷兰选手汤姆-杜莫林以 5 小时 16 分 24 秒的成绩获得冠军，这是他首次获得环法赛赛段冠军。杜莫林此前以计时赛见长，曾获得 2014 年公路世锦赛计时赛第 3 名。落后 6 分 35 秒获得本赛段第 11 名的天空车队英国车手弗鲁姆，以 44 小时 36 分 03 秒的成绩继续排在总成绩榜第一。

（4）第 10 赛段从莱斯卡尔德-恩戈尔达到勒韦 197 千米的比赛中，澳大利亚绿刀车队的澳大利亚车手迈克尔-马修斯以 4 小时 22 分 38 秒的成绩获得本赛段冠军，这是他首次获得环法赛赛段冠军。本赛段获得第 25 名的天空车队英国车手克里斯·弗鲁姆，依然以 49 小时 8 分 20 秒的成绩排在总成绩榜第一。

（5）第 11 赛段从卡尔卡松到蒙彼利埃，全长 162.5 千米。俄罗斯京科夫车队的斯洛伐克车手彼得·萨根以 3 小时 26 分 23 秒的成绩获得冠军，这是彼得·萨根个人第六个环法赛赛段冠军，同时他以 309 分的成绩在冲刺榜上遥遥领先，比排第二位的卡文迪什高了 90 分。

（6）第 12 赛段从蒙彼利埃到风秃山，全长 184 丁米。比利时乐透-速的奥车队的比利时车手德根特以 4 小时 31 分 51 秒的成绩获得本赛段冠军。天空车队的英国车手克里斯·弗鲁姆在离终点前不远发生撞车事故，由于赛车损坏，等不及的弗鲁姆索性跑了 1 分多钟，最后在换了两部赛车后才终于完赛。虽然从绝对时间上算，弗鲁姆事实上失去了黄衫，但组委会为此特殊事件重新调整了计算时间，弗鲁姆最终以 57 小时 11 分 33 秒的成绩继续排在总成绩榜第一。

（7）第 14 赛段从蒙特利马尔到维拉尔莱东布，全长 208.5 千米，南非达科车队的英国车手马克·卡文迪什以 5 小时 43 分 49 秒的成绩获得赛段冠军，这是他本届环法赛中的第 4 个赛段冠军，也是他个人历史上第 30 个环法赛赛段冠军。共有 120 名选手和卡文迪什被算成在同一时间到达。

(8)7 月 20 日,英国著名车手马克·卡文迪什宣布将退出环法赛剩余的比赛,以便全力在奥运会争取奖牌。31 岁的卡文迪什在本届环法赛上又获得了 4 个赛段冠军,这样一来他获得环法赛赛段冠军数量已经达到 30 个,距离比利时传奇车手埃迪·默克斯的 34 个已经非常接近。本届环法赛还剩下 5 个赛段,其中 4 个是在阿尔卑斯山上的赛段,卡文迪什认为继续参赛将妨碍到自己在奥运会争夺奖牌的计划,于是他决定退出剩余的比赛。澳大利亚手罗恩·丹尼斯也因为相同的原因退出了环法赛,丹尼斯上年获得了环法序幕赛个人计时赛的冠军,并穿上了黄色领骑衫。

(9)第 19 赛段从阿尔贝维尔到圣热尔韦勃朗峰,全长 146 千米。法国 AG2R 车队的法国车手罗曼-巴尔代以 4 小时 14 分 08 秒的成绩获得了冠军,这是本届环法赛进行到现在第一位法国车手拿到了赛段冠军,也是巴尔代个人第二次获得环法赛赛段冠军。在这一赛段遭遇撞车的克里斯·弗鲁姆顽强作战,最后以落后 36 秒的成绩获得了第 9 名。

(10)最终赛段从尚蒂伊到巴黎香榭丽舍大街,全长 113 千米。乐透-索达尔车队的德国车手格雷佩尔以 2 小时 43 分 08 秒的成绩获得了最终赛段冠军。这是他连续第二个赛季在最终赛段夺冠。天空车队的英国车手克里斯·弗鲁姆以 89 小时 4 分 48 秒的成绩获得了 2016 年环法赛总冠军,这是克里斯·弗鲁姆个人第三次获得环法赛总冠军。京科夫车队的斯洛伐克车手彼得·萨根以 470 分荣获最终"冲刺王"头衔,赢得了环法赛"冲刺王"五连冠。彼得·萨根同时还获得了 2016 年环法赛的"全程敢斗奖"。京科夫车队的波兰车手拉法尔·马杰卡以 209 分获得了最终"爬坡王"头衔,继 2014 年之后,第二次收获"爬坡王"最终冠军。绿刃车队的英国车手亚当·耶茨以总成绩第四的最终排名,获得了 2016 年环法赛的青年组冠军。移动之星车队以 267 小时 20 分 45 秒的成绩赢得了最终的车队冠军。

2017 年

1.曼海姆科技博物馆举办"两只轮子——两百年:德莱斯男爵与自行车的历史"主题展览。除了主题展览外,曼海姆将在全年围绕自行车举办大大小小、内容和形式多样的活动约两百个。

2.荷兰车手里克·库库克以1.44米的高度,创造了自行车兔跳吉尼斯世界纪录。

3.3月24日,美国旧金山通过了一套新法规,建立了无桩共享单车系统审核体系以及相关法则。新法规在4月底生效。

4.5月28日,第100届环意赛收官。在总成绩方面,太阳网车队迪穆兰凭借个人计时赛强势表现夺回粉衫,拿下了职业生涯第一个大环赛冠军。金塔纳、尼巴利分别获得了第二、第三。

5.在环意赛第1赛段,阿尔盖罗-奥尔比亚206千米赛程平路赛段,终点前1千米博拉车队珀斯特尔伯格突然进攻,以碾压性优势夺得胜利。

6.在环意赛第10赛段,福利尼奥-蒙泰法尔科39.8千米超长个人计时赛段略有爬升,其结果决定着总成绩的走向,最终迪穆兰以巨人优势赢得本赛段并穿上粉衫。

7.在环意赛第11赛段,佛罗伦萨-巴尼奥-迪罗马涅161千米赛程中等难度山地赛段,总成绩车手抑或突围车手都可以做出尝试。最终弗赖莱长时间突围最后夺得赛段冠军令人惊讶。

8.克里斯托弗·弗鲁姆(天空车队)在环西赛最后一个赛段安全通关,实现了一直以来的梦——环法、环西赛连庄。5年5个大环赛冠军,弗鲁姆不愧车王之称。在最后一个赛段,马泰奥·特伦汀(快步地板车队)冲刺获胜,洛伦佐·芒赞(FDJ车队)和索伦·克拉格·安德森(太阳网车队)分别获得了第二、第三。而铁板钉钉的红衫获得者弗鲁姆以第11名的成绩完赛,同时收获了刺王绿衫和综合成绩白衫。在156次获胜之后,弗鲁姆成为继贝尔纳·伊诺后第一个实现环法、环西赛连庄的车手,同时他也是第一个赢得环西赛的英国人。这名天空车队的主将在 5 年内赢得了 5 场大环赛冠军，缔造了新传奇！弗鲁姆除总成绩红衫外，还同时收获了"冲刺王"绿衫和综合成绩白衫。"这种感觉难以描述，"弗鲁姆在赛后接受采访时表示，"车队在过去的几个月里的表现好得令人难以置信。"

"我不得不说，这可能是我所骑过的最艰难的一场大环赛。每天都有各种意外发生，我曾度过美妙的日子，也曾摔车流血并一度以为要退赛了。就像过山车一样，心情起起落落，现实就是这样无情。现在比赛结束了，顺利到达马德里对我而言是一种解脱。"

"这可能是我职业生涯最大的成就，成为第一个先赢得环法赛，接着又马上赢得环西赛的车手。"弗鲁姆说。

9. 随着环西赛的结束也意味着阿尔韦托·孔塔多尔（崔克车队）职业生涯的结束。第 20 赛段那振奋人心的胜利，带领着孔塔多尔走进马德里，在主场观众的阵阵欢呼声中，车迷们见证着一代传奇的最后一站职业赛。当本赛段结束后，在总成绩榜上孔塔多尔排名小有下滑，从原来的第 4 名变为第 5 名，原排位被威尔科·克尔德曼（太阳网车队）以微弱的优势顶上。

10. 文琴佐·尼巴利（巴林美利达车队）和伊努尔·萨卡林（喀秋莎-欧倍青车队）分别获得了本届环西赛总成绩第二、第三。

自行车在中国

(1)5 月 7 日上午，中国自行车协会共享单车专业委员会正式成立，标志着共享单车被正式纳入国家自行车行业协会。在成立大会上，天津富士达集团有限公司的董事长辛建生当选专委会的主任委员，中国自行车协会、上海永久、天津飞鸽、ofo、摩拜等行业协会、企业代表入选副主任委员。

(2)环法中国赛举办。这是拥有 114 年历史的环法赛首次登陆中国，比赛分设"环法职业绕圈赛"和"环法业余赛"两个赛制。

(3)首届环广西公路自行车世界巡回赛在广西举办。赛事由国际自盟授权,同时落户广西的还有全球自行车运动顶级盛会——国际自行车联盟世界自行车运动年度颁奖盛典。

(4)北京拜克洛克科技有限公司(ofo)与联合国开发计划署在北京举行了签署战略合作备忘录启动仪式。将在全球范围内发起"一千米计划",共同推广低碳环保的自行车出行方式。

(5)6月,仅成立并运营5个月的悟空单车因资金匮乏退出了共享单车市场,成为行业中第一个倒闭的企业。随后,町町单车、酷骑单车、小蓝单车等多家共享单车企业相继倒下,而且这些企业都存在押金难退和拖欠货款的问题。

(6)2017年共享单车用户规模为2.09亿人,市场规模为102.8亿元。

(7)7月,中国香港队教练沈金康先生当选为中国自行车运动协会主席。

中国自行车协会共享单车专业委员会成立。这标志着共享单车进入了发展的新阶段,自行车制造企业与互联网运营企业积极对话、携手发展、互利共融,开启了共享经济发展的新篇章。

(8)中国的共享单车平台已经开始打海外市场的主意,向美国和英国市场进军。摩拜于3月21日已经进入新加坡。

(9)在2017年中国体育赛事影响指数排行榜中,第16届环湖赛排名第一,这也是环湖赛连续第三年拔得该榜单头筹。

(10)7月15日,第16届环湖赛在青海乐都开幕。2017年环湖赛总距离达3347千米,比赛距离为2042千米,青海境内设有赛段8.5个,相比上届增加了1个,甘肃设有2.5个赛段,宁夏设有2个赛段。参赛车队共有22支,其中包括2支国际自盟洲际职业队和20支国际自盟洲际队。此届环湖赛增加了山地公路、省道及乡村道路骑行,比赛路段平均海拔在3000米以上。经过14天13个赛段的艰苦比赛后,最终,科威特卡图舒车队、乌克兰科尔斯车队、克罗地亚魔力地亚娜车队分别获得了团体总成绩前三名,青海天佑德洲际车队的乔纳森·蒙塞夫获得个人总成绩第一,哈萨克斯坦阿斯塔纳维诺车队的格迪驰·叶午格尼获得亚洲最佳车手荣誉,中国台北 RTS-脉腾洲际车队的奥尔特加·拉米雷斯获得爬坡积分第一,土耳其托库车队的艾哈迈夺得冲刺积分第一。

(11)10 月 27 日晚,"碧桂园杯"2017 年第 12 届环岛赛开幕式在海南万宁举行。比赛于 10 月 28 日至 11 月 5 日进行,分设 9 个赛段,总奖金为 35 万美元。本届环岛赛共吸引了来自 13 个国家和地区的20 支车队参赛,其中 4 支洲际职业队、15 支洲际队和 1 支国家队。11 月 5 日,在对最后一个赛段冠军的争夺中,来自爱寿维车队的新西兰国家冠军约瑟夫·库珀凭借勇猛的单飞进攻,力压主集团拿下收官胜利。在库珀身后的大集团冲刺中,德尔科马赛车队的埃米尔斯·利平斯以及乌克兰科尔斯车队的安德里·库柳克先后过线,分别拿下赛段第二、第三。威廉车队的雅各布·莫斯卡以及恒翔车队的柳建鹏均随主集团过线,分别锁定了身上的黄衫及蓝衫;绿衫保有者雅各布·马雷斯科以及圆点衫保有者萨姆·克罗姆也有惊无险地将两件荣誉衫保持到最后。

(12)2017 年 7 月,环岛赛入选国家旅游局(现文化和旅游部)与国家体育总局联合公布的"国家体育旅游精品赛事"。

(13)第 27 届中国国际自行车展览会于 5 月 6 日在上海国家会展中心盛装登场。此次中国展展期为 4 天(5 月 6—9 日),于 5 月 9 日下午结束。这是一场关于自行车的视觉盛宴,也是众多厂商和车友互动交流的绝佳平台。

环法自行车赛

(1)环法赛于 7 月 1 日(周六)在德国杜塞尔多夫举行,并于 7 月23 日(周日)在巴黎结束。

(2)本届比赛是历史上第 104 届环法赛。共有 13 个国家 22 支车队的 198 名顶级车手参加了本届比赛。除了自动参赛的 18 支世巡赛车队外,还有 4 支外卡车队入围,分别是财富银行车队、科菲迪斯车队、直接能源车队和旺蒂车队。

(3)7月24日凌晨,第104届环法赛全部结束,最终来自天空车队的英国车手克里斯托弗·弗鲁姆,以86小时20分55秒的成绩获得了本届环法赛总冠军,这是他个人第4次获得环法赛总冠军头衔。

(4)比赛的起点设在德国杜塞尔多夫,这是环法赛第22次从法国境外出发,也是环法赛自2005年以来首次将赛段设在德国境内。

(5)本届比赛包括9个平路赛段,5个高山赛段(包括3个山顶终点:美少女高地、佩拉居得、伊佐阿尔山口),5个中等山地赛段,2个个人计时赛。

(6)第一个赛段是在德国杜塞尔多夫举行的13千米长的ITT,而接下来的两个赛段也在德国举行,这是继1987年之后环法赛再次在德国发车。之前的候选城市是伦敦,那里的市长表示,因为这将花费超过3500万英镑,所以他们退出竞标。

(7)第1赛段是14千米长的个人计时赛段。最终,天空车队的格兰特·托马斯以16分04秒的成绩勇夺本赛段冠军,穿上了本届赛事首件黄衫。因受路面积水影响,本赛段最大热门,东道主车手喀秋莎车队的托尼·马丁用时16分12秒完赛,未能撼动英国人的领先优势。而总成绩热门选手、移动之星车队的主将巴尔韦德发生意外摔车,不幸退出了比赛。

(8)第2赛段从杜塞尔多夫到列日,快步地板车队的德国车手马塞尔·基特尔以4小时37分06秒的成绩获得了本赛段冠军。这是他个人第10次获得环法平地赛段冠军。天空车队的杰伦特·托马斯以4小时53分10秒的成绩排在总成绩榜第一,连续两站穿上黄衫,环法赛"三冠王"弗鲁姆获得第37名,他以4小时53分22秒的成绩在总排名上继续列第六位。

(9)第3赛段从比利时韦尔维耶到法国隆维,博拉汉斯格雅车队的斯洛伐克名将彼得·萨根以5小时07分19秒的成绩获得了本赛段冠军,这是他个人第8次获得环法赛赛段冠军。

(10)第4赛段从蒙多夫莱班到维泰勒,法国博彩(FDJ)车队的本土车手阿诺-德马尔以 4 小时 53 分 54 秒的成绩，首次获得了环法赛赛段冠军。

（11）7 月 7 日，环法赛第 7 赛段结束。在最后冲刺时，基特尔（快步地板车队）与哈根（达科车队）并排过线，前者以几乎无法分辨的优势赢得了赛段冠军。赛后组委会公布了一个数字：0.0003 秒。这是基特尔和哈根在冲线瞬间的差距，换成距离的话大概是 6 毫米。

（12）第 9 赛段从南蒂阿到尚贝里，全长 181.5 千米、佳能戴尔车队的哥伦比亚车手里格贝托·乌兰，以 5 小时 7 分 22 秒的成绩获得冠军，这是他的个人首个环法赛冠军。环法赛"三冠王"——天空车队的车手弗鲁姆在比赛里勇夺第三，他以 38 小时 26 分 28 秒的成绩继续排在总成绩第一。第 9 赛段是本届环法赛第一个高难度山地赛段，全程有三个 HC 级爬坡点。

（13）第 13 赛段从圣吉隆到富瓦，全长 101 千米。太阳网车队的法国车手巴吉尔以 2 小时 36 分 29 秒的成绩获得本站冠军，这是他个人第一次获得环法赛赛段冠军。

（14）第 17 赛段从拉米尔到塞尔舍瓦利耶，全长 183 千米，荷兰乐透车队的斯洛文尼亚选手罗格利奇以 5 小时 7 分 41 秒的成绩获得本赛段冠军，这是斯洛文尼亚车手第一次获得环法赛赛段冠军。环法赛"三冠王"弗鲁姆以 5 小时 8 分 54 秒的成绩获得第 3 名。绿衫拥有者基特尔因为在本赛段 20 千米处的撞车事故中受伤不轻，虽然他想坚持，但已无法继续，只得退出了本届环法赛。

（15）在第 21 赛段，荷兰小将格鲁内维亨（荷兰乐透车队）在香榭丽舍大街远距离冲刺成功，在最后一天赢得赛段冠军。弗鲁姆顺利完赛，成为环法赛历史上第五个至少三次赢得总冠军的车手。是继因杜拉因（1991—1995 年）、安克蒂尔（1961—1964 年）、路易松·博贝（1953—1955 年）和默克斯（1970—1972 年）后的第五人。总共四次夺冠经历，也让他紧跟在安克蒂尔、默克斯、伊诺和因杜拉因（四人均五次赢得环法赛）身后。弗鲁姆的个人成就比肩传奇巨星，天空车队也实现了团体总成绩第一的目标，成为历史上第一支做到这点的英国车队。

（16）乌兰（佳能戴尔-德拉帕克车队）成为总成绩亚军，是他个人职业生涯至今的最高荣誉。巴代（AG2R车队）以领先一秒的优势力压兰达，连续两年挤进环法赛获得总成绩前三。

（17）太阳网车队也成为大赢家，他们有两位车手登上巴黎的领奖台：马修斯成为第三个赢得绿衫（冲刺积分第一）的澳大利亚车手；巴吉尔则成为20年来第一个赢得圆点衫（爬坡积分第一）的法国车手。最终的荣誉衫，对两人来说均是首度。巴吉尔还赢得了"超级敢斗奖"。

（18）西蒙·耶茨（澳瑞凯-斯科特车队）赢得了代表最佳年轻车手的白衫，而他的同胞兄弟亚当也在2016年赢得过这项荣誉。

附录1 中外人名翻译对照表

A

阿波·拉扎里季斯(法国)Apo Lazarides

阿卜杜勒-卡德尔·阿布(阿尔及利亚)Abdel-Kader Abbes

阿道夫·赫利埃 Adolphe Héliére

阿道夫·克里斯蒂安(奥地利)Adolf Christian

阿道夫·阿诺德(美国)Adolph Arnold

阿德里·范德普尔(荷兰)Adri van der Poel

阿德里安·尼永舒提(卢旺达)Adrien Niyonshuti

阿德里亚诺·罗多尼(意大利)Adriano Rodoni

阿蒂利奥·帕韦西(意大利)Attilio Pavesi

阿尔·弗里茨 Al Fritz

阿尔·斯内勒(美国)Al Sneller

阿尔贝·巴克·德伊斯(法国)Albert Baker d'Isy

阿尔贝·布隆(法国)Albert Bourlon

阿尔贝·布韦(法国)Albert Bouvet

阿尔贝·雷蒙(法国)Albert Raimond

阿尔贝·普雷让(法国)Albert Prejean

阿尔贝·尚皮翁(法国)Albert Champion

阿尔贝·格雷瑟(法国)Albert Greisser

阿尔贝托·埃利(意大利)Alberto Elli

阿尔贝托·费尔南德斯 Alberto Fernandez

阿尔伯里克·布雷克·肖特(比利时)Alberic Briek Schotte

阿尔多·比尼(意大利)Aldo Bini

阿尔方斯·舍佩尔斯(比利时)Alfons Schepers

阿尔夫·古利特(澳大利亚)Alf Goulet

阿尔弗雷德·德雷富斯(法国)Alfred Dreyfus

阿尔弗雷多·宾达(意大利)Alfredo Binda

阿尔图拉斯·卡斯普蒂斯(立陶宛)Arturas Kasputis

阿尔瓦罗·皮诺(西班牙)Alvaro Pino

阿尔韦托·加德亚(西班牙)Alberto Gadea

阿尔韦托·孔塔多尔(西班牙)Alberto Contador

阿方斯·施泰内斯(法国)Alphonse Steinés

阿方索·卡尔佐拉里(意大利)Alfonso Calzolari

阿方索·弗洛雷斯(哥伦比亚)Alfonso Florez

阿夫拉姆·奥拉诺(西班牙)Abraham Olano

阿古斯丁·塔马梅斯·伊格莱西亚斯(西班牙)Agustin Tamames Iglesias

阿卡西奥·达席尔瓦（葡萄牙）Acacio Da Silva

阿克塞尔·默克斯（比利时）Axel Merckx

阿拉德（英国）F. W. Allard

阿兰·杰克逊（英国）Alan Jackson

阿里·范弗利特（荷兰）Arie Van Vliet

阿里·纳法提（突尼斯）Ali Neffati

阿鲁纳斯·塞佩里（立陶宛）Arunas Cepele

阿纳尔多·潘比安科（意大利）Arnaldo Pambianco

阿诺·布朗绍内（法国）Arnaud Blanchonnet

阿诺德·乌尔拉斯（美国）Arnold Uhrlass

阿萨夫·比德曼 Assaf Biderman

阿瑟·利多夫（美国）Arthur Lidov

阿瑟·梅特卡夫（英国）Arthur Metcalf

阿瑟·张伯伦（英国）Arthur Chamberlain

阿特·朗斯霍（美国）Art Longsjo

阿特勒·夸尔斯沃尔（挪威）Atle Kvalsvoll

阿沃·皮库斯（苏联）Aavo Pikkuus

埃贝拉多·帕韦西（意大利）Eberardo Pavesi

埃德·伯克（美国）Ed Burke

埃德蒙·雅克兰（法国）Edmund Jacquelin

埃德温·佩塞克（美国）Edwin Pesek

埃迪·博里塞维奇 Eddy Borysewicz

埃迪·格拉格斯（美国）Eddy Gragus

埃迪·默克斯（比利时）Eddy Merckx，又名"食人魔"The Cannibal

埃迪·普朗卡特（比利时）Eddy Planckaert

埃迪·舍佩尔斯（比利时）Eddy Scheppers

埃迪塔·普辛斯凯特（立陶宛）Edita Pucinskaite

埃尔科莱·巴尔迪尼（意大利）Ercole Baldini

埃尔南·帕蒂诺（哥伦比亚）Hernan Patino

埃尔韦·加雷尔（法国）Hervé Garel

埃尔西·雅各布斯（卢森堡）Elsy Jacobs

埃弗拉伊姆·福雷罗（哥伦比亚）Ephraim Forero

埃戈伊·马丁内斯（西班牙）Egoi Martinez

埃克哈德·维埃霍夫（德国）Eckhard Viehover

埃拉夫·达尔高（丹麦）Eluf Dalgaard

埃里克·布鲁肯克（荷兰）Erik Breukink

埃里克·察贝尔（德国）Erik Zabel

埃里克·德克尔（荷兰）Erik Dekker

埃里克·范朗克（比利时）Eric van Lancker

埃里克·哈根（东德）Erich Hagen

埃里克·里克尔特 Eric Ryckaert

埃里克·马科特 Eric Marcott

埃里克·沃尔伯格（加拿大）Eric Wohlberg

埃里克·范德雷登（比利时）Eric Vanderaerden

埃里克·海登（美国）Eric Heiden

埃里克·卡里托（法国）Eric Caritoux

埃丽卡·阿拉（美国）Erica Allar

埃利斯·弗雷特曼（美国）Ellis B. Freatman

埃卢瓦·莫伊伦贝格（比利时）Eloi Meulenberg

埃卢瓦·塔桑（法国）Eloi Tassen

埃伦·范戴克（荷兰）Ellen van Dijk

埃罗斯·波利（意大利）Eros Poli

埃马纽埃尔·马尼安（法国）Emanuel Magnien

埃玛·普利（英国）Emma Pooley

埃玛·奥赖利（美国）Emma O'Reilly

埃米迪·富尼耶 Amedee Fournier

埃米尔·弗里曼（荷兰）Emile Vrijman

埃米尔·梅西耶 Emile Mercier

埃米尔·若尔热（法国）Emile Georget

埃米尔·伊迪（法国）Emile Idée

埃米尔·沃森 Emil Wastyn

埃米尔斯·利平斯 Emils Liepins

埃米利昂·阿莫里(法国)Émilion Amaury

埃米利奥·罗德里格斯(西班牙)Emilio Rodriguez

埃米利奥·科隆博 Emilio Colombo

埃米特·米勒(美国)Emmett Mueller

埃内斯特·米肖(法国)Ernest Michaux

埃内斯特·亨利(法国)Ernest Henry

埃内斯托·阿齐尼(意大利)Ernesto Azzini

埃内斯托·科尔纳戈(意大利)Ernesto Colnago

埃齐奥·切基(意大利)Ezio Cecchi

埃奇(英国)R. L. Edge

埃斯特万·查韦斯(哥伦比亚)Esteban Chaves

埃托尔·冈萨雷斯(西班牙)Aitor Gonzalez

埃托雷·布加蒂(意大利)Ettore Bugatti

埃文·安德森(美国)Evan E. Anderson

艾伯特·波普(美国)Albert A. Pope

艾伯特·马凯特(美国)Albert Marquette

艾伯特·韦弗(加拿大)Albert Weaver

艾尔弗雷德·格伦达(澳大利亚)Alfred Grenda

艾尔弗雷德·古利特(澳大利亚)Alfred Goullet

艾尔弗雷德·米尔沃德·雷诺兹(英国)Alfred Milward Reynolds

艾弗·劳森(美国)Iver Lawson

艾莉森·鲍尔斯(美国)Alison Powers

艾伦(美国)A. M. C. Allen

艾伦·阿博特(美国)Alan Abbott

艾伦·比恩(美国)Allen Bean

艾伦·布鲁克斯 Alan Brooks

艾伦·戈德史密斯(美国)Alan Goldsmith

艾梅·迪奥莱特(比利时)Aimé Deolet

艾梅·多舍(比利时)Aimé Dossché

爱德华(法国)Edouard

爱德华·"沃德"·维瑟斯(比利时)Edward "Ward" Vissers

爱德华·范迪克(比利时)Edward van Dijck

爱德华·菲舍尔(法国)Edouard Fischer

爱德华·克拉宾斯基(波兰)Edouard Klabinski

爱德华·莫兰(美国)Edward S Moran

爱德华·帕罗特(美国)Edward Parrot

爱德华·切克利(美国)Edward Checkley

爱德华德·博阿松·哈根(荷兰)Edvald Boasson Hagen

爱德华多·乔萨斯(西班牙)Eduardo Chozas

爱德华多·比安基(意大利)Edoardo Bianchi

爱德蒙·让蒂(法国)Edmond Gentil

安布尔·内本(美国)Amber Neben

安德里·库柳克 Andriy Kulyk

安德烈·泽伊茨(哈萨克斯坦)Andrey Zeits

安德烈·阿马多尔(哥斯达黎加)Andrey Amador

安德烈·达里加德(法国)André Darrigade

安德烈·弗里德曼 Andre Friedmann

安德烈·基维利夫(哈萨克斯坦)Andrei Kivilev

安德烈·勒迪克(法国)André Leducq

安德烈·马埃(法国)André Mahé

安德烈·米什兰(法国)Andre Michelin,中国通常译为米其林

安德烈·诺埃勒(比利时)Andre Noelle

安德烈·齐默尔曼（法国）Andre Zimmermann

安德烈·特奇米尔 Andrei Tchmil

安德烈·柴米尔（比利时）Andre Tchmil

安德烈·特里亚卢 Andre Trialoux

安德烈亚斯·克勒登（德国）Andreas Klöden

安德鲁·拉曼奇（法国）Andrew Lamenchic

安迪·汉普斯滕（美国）Andy Hampsten

安迪·施莱克（卢森堡）Andy Schleck

安东尼·科林斯（美国）Anthony Collins

安东尼·休森（英国）Anthony Hewson

安东尼奥·巴尔博扎（葡萄牙）Antonio Barbosa

安东尼奥·戈麦斯·德尔莫拉尔（西班牙）Antonio Gomez Del Moral

安东尼奥·马斯佩斯（意大利）Antonio Maspes

安东尼奥·佩森蒂（意大利）Antonio Pesenti

安东尼奥·苏亚雷斯（西班牙）Antonio Suarez

安赫尔·路易斯·卡塞罗（西班牙）Angel-Luis Casero 即安赫尔·卡塞罗 Angel Casero

安杰利诺·索莱尔（西班牙）Angelino Soler

安杰洛·孔泰尔诺（意大利）Angelo Conterno

安杰洛·路易吉·哥伦布（意大利）Angelo Luigi Columbo

安娜·施瓦茨（美国）Anna Schwartz

安娜·威尔逊-米尔沃德（澳大利亚）Anna Wilson-Millward

安托南·马涅（法国）Antonin Magne

安托万·布隆丹（法国）Antoine Blondin

奥德丽·弗莱格·麦克尔默里（美国）Audrey Phleger McElmury

奥迪勒·德弗雷（比利时）Odile Defraye

奥弗曼（美国）A. H. Overman

奥古斯特·普罗辛克（南斯拉夫）August Prosinck

奥古斯特·齐默尔曼（美国）August Zimmerman,又名阿瑟·奥古斯特·齐默尔曼 Arthur "August" Zimmerman

奥古斯托·特里亚纳·冈萨雷斯（哥伦比亚）Augusto Triana Gonzalez

奥克塔夫·拉皮茨（法国）Octave Lapize

奥拉夫·莫埃托斯（美国）Olaf Moetus

奥拉夫·路德维希（东德）Olaf Ludwig

奥勒·里特尔（丹麦）Ole Ritter

奥利韦里奥·林孔（哥伦比亚）Oliverio Rincon

奥列格·科兹利廷（哈萨克斯坦）Oleg Kozlitine

奥列格·乔格达（苏联）Oleg Czougeda

奥卢夫·乔尔森（丹麦）Oluf Jorsen

奥普拉·温弗里（美国）Oprah Winfrey

奥森·韦尔斯（美国）Orson Welles

奥斯卡·埃格（瑞士）Oscar Egg

奥斯卡·范登艾恩德（比利时）Oscar van den Eynde

奥斯卡·弗莱雷（西班牙）Oscar Freire

奥斯卡·卡门青德（瑞士）Oscar Camenzind

奥斯卡·佩雷罗（西班牙）Oscar Pereiro

奥斯卡·塞维利亚（西班牙）Oscar Sevilla

奥塔维奥·博泰基亚（意大利）Ottavio Bottecchia

奥维尔·杰克逊（美国）Orville Jackson

B

巴勃罗·拉斯特拉斯(西班牙)Pablo Lastras

巴多尔 Bador

巴里·邦兹(美国)Barry Bonds

巴里·霍本(英国)Barry Hoban

巴特·鲍恩(美国)Bart Bowen

芭芭拉·博蒂斯(法国)Barbara Bautois

芭芭拉·乔治(美国)Barbara George

保罗(英国)W. G. Paul

保罗·埃格利(瑞士)Paul Egli

保罗·埃利奥特(爱尔兰)Paul Elliot

保罗·贝蒂尼(意大利)Paolo Bettini

保罗·达德利·怀特(美国)Paul Dudley White

保罗·杰森(新西兰)Paul Jesson

保罗·金玛奇 Paul Kimmage

保罗·麦克克里迪 Paul Maccready

保罗·梅耶(法国)Paul Maye

保罗·内里(法国)Paul Neri

保罗·皮尔逊(美国)Paul Pearson

保罗·奇米尼(意大利)Paolo Cimini

保罗·萨沃尔代利(意大利)Paolo Savoldelli

保罗·舍文 Paul Sherwen

保罗·肖克(法国)Paul Chocque

保罗·迪博克(法国)Paul Duboc

保罗·鲁索(法国)Paul Rousseau

鲍勃(美国)Bob

鲍勃·哈罗(美国)Bob Haro

鲍勃·库克(美国)Bob Cook

鲍勃·斯特普尔顿 Bob Stapleton

鲍勃·唐斯(英国)Bob Downs

鲍克·莫勒马(荷兰)Bauke Mollema

贝尔纳·基尔芬(法国)Bernard Quilfin

贝尔纳·居约(法国)Bernard Guyot

贝尔纳·泰弗内(法国)Bernard Thévenet

贝尔纳·伊诺(法国)Bernard Hinault

贝尔纳德·范德克尔克霍夫 Bernard Van de Kerkhove

贝尔纳多·鲁伊斯(西班牙)Bernardo Ruiz

贝尔特·格拉布希(德国)Bert Grabsch

贝尔特·奥斯特博斯(荷兰)Bert Oosterbosch

贝尔特拉姆·塞格(列支敦士登)Bertram Seger

贝丽尔·伯顿(英国)Beryl Burton

贝尼托·墨索里尼(意大利)Benito Mussolini

贝诺尼·贝赫特(比利时)Benoni Beheyt

贝丝·海登(美国)Beth Heiden

本·金(美国)Ben King

本·克斯滕(澳大利亚)Ben Kersten

本·斯蒂勒 Ben Stiller

本杰明·鲍登(英国)Benjamin Bowden

比尔.斯特普尔顿 Bill Stapleton

比尔·贝克特 Bill Becoat

比尔·伯尔(英国)Bill Burl

比尔·布拉德利(英国)Bill Bradley

比尔·布里斯曼(美国)Bill Brissman

比尔·霍尼曼(美国)Bill Honeman

比尔·劳里(澳大利亚)Bill Lawrie

比尔·尼克松(英国)Bill Nickson

比尔·史密斯 Bill Smith

比尔·克尔(爱尔兰)Bill Kerr

比利·霍姆斯(英国)Billy Holmes

比利·帕克(美国)Billy Packer

比森特·洛佩斯-卡里尔(西班牙)Vicente Lopez-Carril

比森特·特鲁埃瓦（西班牙）Vicente Trueba

比斯科（法国）Biscot

比维尔·霍格 Bevil Hogg

比亚内·里斯（丹麦）Bjarne Riis

彼得·多伊尔（爱尔兰）Peter Doyle

彼得·里奇（美国）Peter Rich

彼得·奈（美国）Peter Nye，即彼得·若弗尔·奈 Peter Joffre Nye

彼得·普日达扎尔（捷克）Piotr Przydzial

彼得·萨根（斯洛伐克）Peter Sagan

彼得·瓦德基（波兰）Piotr Wadecki

彼得·温嫩（荷兰）Peter Winnen

彼得·乌格鲁莫夫（拉脱维亚）Piotr Ugrumov

波蒂埃 Pothier

波利娜·费朗-普雷沃（法国）Pauline Ferrand- Prévo

伯顿·唐宁（美国）Burton Downing

伯恩哈德·科尔（德国）Bernhard Kohl

伯恩特·约翰松（瑞典）Bernt Johansson

伯努瓦·老鼠·富尔（法国）Benoit "The Mouse" Faure

博比·沃索尔（美国）Bobby Walthour

博比·朱利奇（美国）Bobby Julich

布恩·伦农（英国）Boone Lennon

布拉德利·威金斯（英国）Bradley Wiggins

布莱克·考德威尔（美国）Blake Caldwell

布赖恩·艾伦 Bryan Allen

布赖恩·布思（英国）Brian Booth

布赖恩·鲁滨孙（英国）Brian Robinson

布赖恩·莫罗内（美国）Brian Morone

布赖恩·沃尔顿（加拿大）Brian Walton

布赖恩 Brian

布朗（美国）H. W. Brown

布朗（美国）T. A. Brown

布朗·科比（美国）Brown Koby

布雷恩·乔利（英国）Brain Jolly

布雷特·艾特肯（美国）Brett Aitken

布雷特·兰开斯特（澳大利亚）Brett Lancaster

布里塞·费鲁（法国）Brice Feillu

布鲁克斯（美国）Brooks

布鲁诺·戈尔芒（法国）Bruno Gormand

布鲁诺·鲁塞尔 Bruno Roussel

布鲁诺·蒙蒂（意大利）Bruno Monti

布伦特·布克沃特（美国）Brent Bookwalter

C

查尔斯·汉森（美国）Charles M. Hanson

查尔斯·莱泽（瑞士）Charles Laeser

查尔斯·墨菲（美国）Charles M. Murphy

查尔斯·穆迪（英国）Charles Moody

查利·霍兰（英国）Charlie Holland

查利·凯利（美国）Charlie Kelly

川村俊雄（日本）Kawamuro Kisso

D

达尔马奇奥·兰加里卡（西班牙）Dalmacio Langarica

达格-奥托·劳里岑（挪威）Dag-Otto Lauritzen

达米亚诺·库内戈 Damiano Cunego

达尼洛·迪卢卡（意大利）Danilo Di Luca

达斯廷·霍夫曼（美国）Dustin Hoffman

达维·托马（法国）Davy Thomas

达维德·雷贝林（意大利）Davide Rebellin

戴安娜·齐利厄特（立陶宛）Diana Ziliute

戴尔·斯特蒂纳(美国)Dale Stetina

戴夫·博尔(美国)Dave Boll

戴夫·勒格里斯(英国)Dave Le Grys

戴夫·麦凯(美国)Dave MacKay

戴夫·乔纳(美国)Dave Chauner

戴夫·威恩斯(美国)Dave Wiens

戴夫·韦尔(美国)Dave Ware

戴夫·扎布里斯基(美国)Dave Zabriskie

戴夫·基弗(美国)Dave Kiefer

戴蒙德·吉姆·布雷迪(美国)Diamond Jim Brady

戴维·埃克斯巴里亚 David Etxebarria

戴维·科内尔森(美国)David Cornelsen

戴维·米勒(苏格兰)David Millar

戴维·桑德斯(英国)David Saunders

戴维·斯蒂德(美国)David Steed

戴维·沃尔什 David Walsh

戴维·扎布里斯基(美国)David Zabriskie

戴维·霍恩(美国)David Hon

戴维斯·菲尼(美国)Davis Phinney

黛安娜·布莱克(美国)Diane Blake

丹·勒夫金 Dan Lufkin

丹·马丁(爱尔兰)Dan Martin

丹尼·范波佩尔(荷兰)Danny van Poppel

丹尼·佩特(美国)Danny Pate

丹尼尔·巴尔(法国)Daniel Baal

丹尼尔·本纳蒂(意大利)Daniele Bennati

丹尼尔·吉西格(瑞士)Daniel Gisiger

丹尼尔·勒布尔(法国)Daniel Rebour

丹尼尔·芒吉斯(法国)Daniel Mangeas

丹尼尔·莫勒隆(法国)Daniel Morelon

丹尼尔·特克勒海马诺特(厄立特里亚)Daniel Teklehaimanot

丹尼尔·维德(瑞士)Daniel Wyder

丹尼尔·马松(法国)Daniel Masson

丹尼斯·克里斯托弗 Dennis Christopher

丹尼斯·门乔夫(俄罗斯)Denis Menchov

丹尼斯·约翰逊(英国)Denis Johnson

丹尼斯·扎内特 Denis Zanette

丹特·贾内洛(法国)Dante Gianello

岛野庆三(日本)Shimano Keizo

岛野省三(日本)Shimano Shozo

岛野喜三(日本)Shimano Yoshizo

岛野庄三郎(日本)Shimano Shozaburo

道格·史密斯(美国)Doug Smith

道格·夏皮罗 Doug Shapiro

德博拉·顺维(美国)Deborah Schumway

德尔塔·希 Delta Chi

德莱斯(德国)Delaisse

德鲁埃(法国)Drouet

德罗·罗德里格斯 Dello Rodriguez

德西雷·勒托尔(法国)Désiré Letort

迪迪·森夫特(德国)Didi Senft,即"复仇恶魔"El Diablo

迪迪·图劳(西德)Didi Thurau

迪恩·罗杰斯(澳大利亚)Deane Rogers

迪克·伯克 Dick Burke

迪克·庞德 Dick Pound

迪伦·范巴勒(荷兰)Dylan van Baarle

迪特里希·图劳(西德)Dietrich Thurau

迪亚沃罗 Diavolo

蒂埃里·布吉尼翁(法国)Thierry Bourguignon

蒂埃里·克拉韦罗莱特(法国)Thierry Claveyrolet

蒂埃里·马里(法国)Thierry Marie

蒂博·皮诺（法国）Thibaut Pinot

蒂莫西·迪茨 Timothy Dietz

蒂莫西·古德塞尔（新西兰）Timothy Gudsell

蒂姆·达根 Tim Duggan

蒂姆·约翰逊（美国）Tim Johnson

蒂姆·尼南 Tim Neenan

蒂娜·马约洛（美国）Tina Mayolo

蒂诺·雷博利（美国）Tino Reboli

董晃乐 Dung Hoang Le

多丽丝·科普斯基（美国）Doris Kopsky

多明戈·佩鲁雷纳（西班牙）Domingo Perurena

E

恩里科·皮科洛（意大利）Enrico Piccolo

恩里科·绍利（意大利）Enrico Sauli

恩里克·马丁内斯·埃雷迪亚（西班牙）Enrique Martinez Heredia

恩斯特·萨克斯（德国）Ernst Sachs

恩佐·费拉里 Enzo Ferrari，通译恩佐·法拉利

恩佐·斯塔约拉（意大利）Enzo Staiola

F

法比安·坎切拉拉（瑞士）Fabian Cancellara

法比奥·阿鲁（意大利）Fabio Aru

法比奥·巴尔达托（意大利）Fabio Baldato

法比奥·费利内（意大利）Fabio Felline

法比奥·卡萨尔泰利（意大利）Fabio Casartelli

法比亚娜·卢佩里尼（意大利）Fabiana Luperini

法布里斯·萨朗松（法国）Fabrice Salanson

法尔杜托 Faldutto

法尔克·博登（前东德）Falk Boden

法列罗·马西（意大利）Faliero Masi

法维奥·帕拉（哥伦比亚）Fabio Parra

樊尚·马莱（法国）Vincent Malle

范·西克伦（美国）Van Sicklen

菲奥伦佐·马尼（意大利）Fiorenzo Magni

菲奥娜·基布雷（法国）Fiona Quimbre

菲尔·利格特（英国）Phil Liggett

菲尔·伍德 Phil Wood

菲尔·安德森（澳大利亚）Phil Anderson

菲尔明·朗博（比利时）Firmin Lambot

菲利普·阿莫里（法国）Philippe Amaury

菲利普·戴格南（爱尔兰）Philip Deignan

菲利普·蒂斯（比利时）Philippe Thys

菲利普·吉尔伯托（比利时）Philippe Gilbert

菲利普·卢维奥（法国）Philippe Louviot

菲利普·卢维特（法国）Philippe Luviot

菲利普·沙皮伊（法国）Philippe Chapuis

菲利普·塔迪 Philippe Tardy

费德里科·巴阿蒙特斯（西班牙）Federico Bahamontes

费迪南德·布拉克（比利时）Ferdinand Bracke

费多尔·登赫托格（荷兰）Fedor den Hertog

费尔迪·屈布勒（瑞士）Ferdi Kübler

费尔南·瓦斯特（法国）Fernand Vast

费尔南·万布斯特 Fernand Wambst

费利克斯·莱维坦 Félix Levitan

费利克斯·马高恩 Felix Magowan

费利克斯·塞利耶（法国）Félix Sellier

费利切·吉蒙迪（意大利）Felice Gimondi

费利西安·维尔瓦埃克（比利时）Félicien Vervaecke

费利西娅·巴朗热（法国）Felicia Ballanger

佛朗哥·巴尔马米昂（意大利）Franco Balmamion

佛朗哥·比托西（意大利）Franco Bitossi

弗拉基米尔·普尔尼科夫（乌克兰）Vladimir Poulnikov

弗拉斯季米尔·莫拉韦茨（捷克斯洛伐克）Vlastimil Moravec

弗兰克·鲍登（英国）Frank Bowden

弗兰克·布里兰多（美国）Frank Brilando

弗兰克·多兹（美国）Frank Dodds

弗兰克·克雷默（美国）Frank L. Kramer

弗兰克·索撒尔（英国）Frank Southall

弗兰克·韦斯顿（美国）Frank W. Weston

弗兰斯·德米尔德（比利时）Frans De Mulder

弗朗茨·斯拉茨（荷兰）Franz Slaats

弗朗哥·基奥乔利尼（意大利）Franco Chioccioli

弗朗哥·佩利佐蒂（意大利）Franco Pellizotti

弗朗基·安德鲁（美国）Frankie Andreu

弗朗克·贝尔托 Frank Berto

弗朗克·范登布鲁克（比利时）Frank Vandenbroucke

弗朗克·施莱克（卢森堡）Frank Schleck

弗朗切斯科·卡穆索（意大利）Francesco Camusso

弗朗切斯科·莫泽（意大利）Francesco Moser

弗朗切斯科·塞佩达（西班牙）Francesco Cepeda

弗朗索瓦·法贝尔（卢森堡）Francois Faber，又名哥伦比亚巨人 Giant of Colombes

弗朗索瓦·勒比昂（法国）Francois Le Bihan

弗朗索瓦·马埃（法国）Francois Mahé

弗朗索瓦·马尼昂（法国）François Magnen

弗朗索瓦·密特朗（法国）Francois Mitterrand

弗朗索瓦·纳维尔（比利时）Francois Neuville

弗朗西斯·富尔（法国）Francis Faure

弗朗西斯·默滕斯（美国）Francis Mertens

弗朗西斯·佩利西耶（法国）Francis Pelissier

弗朗西斯科·本托索（西班牙）Francisco Ventoso

弗朗西斯科·加比卡（西班牙）Francisco Gabica

弗朗西斯科·曼塞沃（西班牙）Francisco Mancebo

弗朗辛·阿莫里（法国）Francine Amaury

弗雷德·"波普"·库格勒（美国）Fred "Pop" Kugler

弗雷德·奥特瓦雷（比利时）Fred Ottevaere

弗雷德·德布吕纳（比利时）Fred de Bruyne

弗雷德·隆佩尔贝格（荷兰）Fred Rompelberg

弗雷德·罗德里格斯（美国）Fred Rodriguez

弗雷德·沃尔夫 Fred Wolf

弗雷德·圣翁奇 Fred St Onge

弗雷德里克·比德莱克 Frederick T. Bidlake

弗雷德里克·范德比尔特（美国）Frederick Vanderbilt

弗雷德里克-亨利·格鲁布 Frederick-Henry Grubb

弗雷德里克·蒙卡森（法国）Frederic Moncassin

弗雷迪·梅尔滕斯（比利时）Freddy Maertens

弗雷迪·塞尔甘特 Freddy Sergant

弗里茨·弗莱克(西德)Fritz Fleck

弗洛伊德·兰迪斯(美国)Floyd Landis

弗曼·库格勒(美国)Furman Kugler

福蒂纳·里夏尔(法国)Fortune Richard

福尔克尔·雷尼施(瑞士)Volker Rhenisch

福斯蒂诺·鲁佩雷斯(西班牙)Faustino
Ruperez

福斯托·贝尔托利奥(意大利)Fausto
Bertoglio

福斯托·科皮(意大利)Fausto Coppi

富尼耶 Mr Fournier

G

盖尔(美国)F. E. Gale

盖南·赛德胡辛(苏联)Gainan Saydkhushin

盖伊·努伦斯 Guy Nulens

戈登·托马斯(英国)Gordon Thomas

戈兰·卡尔松(瑞典)Goran Karlsson

戈斯塔·彼得松(瑞典)Gosta Petterson

格哈德·舍恩巴赫(奥地利)Gerhard
Schonbacher

格劳特 W. H. J. Grout

格雷厄姆·沃森(英国)Graham Watson

格雷格·奥拉韦茨 Greg Oravetz

格雷格·莱蒙德(美国)Greg LeMond

格雷姆·奥布里(苏格兰)Graeme Obree

格雷姆·米勒(新西兰)Graeme Miller

格蕾丝·伊丽莎白(美国)Grace Elizabeth

格伦·霍华德(美国)Glen Howard

格伦·科尔曼(美国)Glenn Coleman

格扎维埃·卢伊(法国)Xavier Louy

根纳季·列别杰夫(苏联)Gennady Lebedev

贡纳尔·斯科尔(瑞典)Gunnar Skold

贡特尔·潘科克(德国)Gunther Pankoke

古德里奇 B. F. Goodrich

古斯塔夫·德洛尔(比利时)Gustaaf Deloor

古斯塔夫·加里古(法国)Gustave Garrigou

古斯塔夫·阿道夫·克莱门特(法国)
Gustave Adolphe Clement

古斯塔夫-阿道夫·舒尔(前东德)Gustav-
Adolf Schur

圭多·德罗索(意大利)Guido de Rosso

圭多·卡莱西(意大利)Guido Carlesi

圭多·特伦蒂(美国,意大利)Guido Trenti

圭多·邦滕皮(意大利)Guido Bontempi

H

哈尔姆·奥滕布罗斯(荷兰)Harm Otten-
bros

哈里·埃尔克斯 Harry Elkes

哈里·斯滕奎斯特(比利时)Harry Stenqvist

哈里·温塔尔(美国)Harry Weinthal

哈里·沃森(新西兰)Harry Watson

哈利·利特(美国)Harley M. Leete

哈罗德·鲍登(英国)Harold Bowden

哈钦森 Hutchinson

哈维·杜·克罗(爱尔兰)Harvey Du Cros

哈维尔(西班牙)Javier

哈维尔·弗洛伦西奥(西班牙)Xavier Flo-
rencio

海琳·哈格(荷兰)Heleen Hage

海伦妮·帕姆兰(法国)Helene Parmelin

海因·维尔布鲁根(荷兰)Hein Verbruggen

海因茨·米勒(德国)Heinz Mueller

汉斯·奥尔特(美国)Hans Ohrt

汉斯·克内希特(瑞士)Hans Knecht

汉斯·沃尔夫(美国)Hans Wolfe

汉斯·约阿希姆·哈特尼克(东德)Hans-Joachim Hartnick

何塞·贝亚特(法国)Jose Bayaert

何塞·比森特·加西亚·阿科斯塔(西班牙)Jose Vicente Garcia Acosta

何塞·佩雷斯·弗朗西斯(西班牙)Jose Perez-Frances

何塞-佩萨罗多纳(法国)Jose Pesarrodona

何塞巴·贝洛基(西班牙)Joseba Beloki

何塞-路易斯·别霍(西班牙)Jose-Luis Viejo

何塞-曼努埃尔·富恩特(西班牙)Jose-Manuel Fuente

何亚(荷兰)Joya

赫伯特·利德尔·科斯蒂斯(英国)Herbert Lidell Costis

赫布·弗朗西斯(美国)Herb Francis

赫迪 Hedi

赫尔曼·范施普林格尔(比利时)Herman Van Springel

赫拉德·德贝茨(比利时)Gerard Debaets

赫苏斯·洛罗诺(西班牙)Jesus Lorono

赫特-扬·托伊尼森(荷兰)Gert-Jan Theunisse

亨克·福格尔斯(澳大利亚)Henk Vogels

亨利·阿拉瓦纳(法国)Henri Alavoine

亨利·安格拉德(法国)Henry Anglade

亨利·德格朗热(法国)Henri Desgrange

亨利·德库安(法国)Henri Decoin

亨利·汉森(丹麦)Henry Hansen

亨利·卡伦布伦(南非)Henry Kallenbrun

亨利·科尔内(法国)Henri Cornet

亨利·帕雷特 Henri Paret

亨利·佩尔森(法国)Henri Persin

亨利·佩利西耶(法国)Henri Pelissier

亨利·佩潘(法国)Henri Pépin

亨利·斯特梅(英国)Henry Sturmey

亨尼·凯珀(荷兰)Hennie Kuiper

亨尼·托普(荷兰)Henny Top

胡安·阿埃多(西班牙)Juan Haedo

胡安·安东尼奥·弗莱查(西班牙)Juan Antonio Flecha

胡安·安东尼奥·萨马兰奇(西班牙)Juan Antonio Samaranch

胡安·何塞·JJ·阿埃多(阿根廷)Juan Jose "JJ" Haedo

胡安·何塞·科沃(西班牙)Juan Jose Cobo

胡安·卡洛斯(西班牙)Juan Carlos

胡安-曼努埃尔·桑蒂斯特万(西班牙)Juan-Manuel Santisteban

胡利安·贝伦德罗(西班牙)Julian Berrendero

华金·罗德里格斯(加拿大)Joaquin Rodriguez

华内·索马里瓦(西班牙)Joane Somarriba

怀亚特·赫鲁德卡(美国)Wyatt Hrudka

霍华德·鲁普雷希特(美国)Howard Rupprecht

霍林斯沃思 S P. Hollingsworth

J

基姆·基兴(卢森堡)Kim Kirchen

基姆·安诺生(丹麦)Kim Andersen

吉尔贝·杜克洛-拉萨尔(法国)Gilbert Duclos-Lasalle

吉尔贝·卡萨尼奥(法国)Gilbert Cassagneau

吉尔贝托·西莫尼(意大利)Gilberto Simoni

吉米·杜利(美国)Jimmy Dooley

吉姆·让特 Jim Gentes

吉姆·奥乔维奇(美国)Jim Ochowicz

吉姆·詹纳德(美国)Jim Jannard

吉纳维芙·让松(加拿大)Genevieve Jeanson

吉诺·巴尔塔利(意大利)Gino Bartali

吉舍内 Guicheney

季米特里斯·科内舍夫(俄罗斯)Dimitris Konyshev

季娜·皮克(格鲁吉亚)Tina Pic

季娜伊达·斯塔赫斯卡亚(白俄罗斯)Zinaida Stahurskaia

加埃塔诺·贝洛尼 Gaetano Belloni

加比 Gaby

加布丽埃勒·勒古尔(卢森堡)Gabrielle Legourd

加里(英国)Gary

加里·安德森(美国)Gary Anderson

加里·费希尔(美国)Gary Fisher

加里·克莱因(美国)Gary Klein

加里·斯努克 Garry Snook

加里·特维西奥尔(加拿大)Gary Tevisiol

加里波第(意大利)Garibaldi

加斯东·贝纳克(法国)Gaston Bénac

加斯东·里维埃(法国)Gaston Rivierre

加斯托内·南奇尼(意大利)Gastone Nencini

加特鲁德·斯坦斯 Gertrude Steins

贾迈里丁·阿卜杜贾帕罗夫(乌兹别克斯坦)Djamolidine Abdoujaparov

贾森·麦卡特尼(美国)Jason McCartney

贾森·麦卡锡(美国)Jason McCarthy

贾森·斯诺(美国)Jason Snow

加藤义彦(日本)Yoshifumi Kato

简·博兰(美国)Jan Bolland

简和乔安妮 Jane and Joanne

焦尔贾·布龙齐尼(意大利)Giorgia Bronzini

杰奥·勒菲弗(法国)Géo Lefèvre

杰德·威尔科克森 Jade wilcoxson

杰夫·克拉克(英国)Geoff Clarke

杰夫·皮尔斯 Jeff Pierce

杰夫·舍伦斯(比利时)Jeff Scherens

杰夫·伊万夏因(美国)Jeff Evanshine

杰夫·托马斯 Geoff Thomas

杰基·西梅斯(美国)Jackie Simes

杰克·博布里奇(澳大利亚)Jack Bobridge

杰克·海德(美国)Jack Heid

杰克·海尔斯顿(美国)Jack Hairston

杰克·李(英国)Jack Lee

杰克·西梅斯三世(美国)Jack Simes III

杰兰特·托马斯(英国)Geraint Thomas

杰里迈亚·奥斯本 Jeremiah B. Osborne

杰米·卡尼 Jamie Carney

杰茜卡·格里科(美国)Jessica Grieco

杰西·斯蒂芬森(美国)Jesse Stephenson

杰伊·利克斯 Jay Lix

金伯莉·韦尔斯(美国)Kimberly Wells

金斯兰(美国)Kingsland

今野义(日本)Yoshi Komo

今中大介(日本)Diasuke Imanaka

K

卡德尔·埃文斯(澳大利亚)Cadel Evans

卡尔·安德森(美国)Carl Anderson

卡尔·赫德斯特伦 Carl O. Hedstrom

卡尔·克罗谢弗(丹麦)Karl Krogshave

卡尔·乌尔里希(德国)Karl T. Ulrich

卡雷尔·卡尔斯(比利时)Karel Kaers

卡伦·布利斯(美国)Karen Bliss

卡伦·斯特朗(加拿大)Karen Strong

卡洛·奥里亚尼(意大利)Carlo Oriani

卡洛·布拉伊达(意大利)Carlo Braida

卡洛·加莱蒂(意大利)Carlo Galetti

卡洛·克莱里奇(瑞士)Carlo Clerici

卡洛·托农(意大利)Carlo Tonon

卡洛斯·萨斯特雷(西班牙)Carlos Sastre

卡门·斯莫尔 Carmen Small

卡米耶·菲利(比利时)Camille Fily

卡米耶·塔罗(法国)Camille Tharault

卡内洛斯·卡内洛普洛斯(希腊)Kanellos
Kanellopoulos

卡特琳·马萨尔(法国)Catherine Marsal

凯·艾伦·奥尔森(丹麦)Kay Allen Olsen

凯尔·瓦姆斯利(美国)Kyle Wamsley

凯文·拉马尔 Kevin Lamar

凯文·利文斯顿 Kevin Livingston

坎迪丝·伯根(美国)Candice Bergen

康纳·亨利(爱尔兰)Conor Henry

康妮·卡彭特(美国)Connie Carpenter

康斯坦丁·西夫佐夫(白俄罗斯)Kanstantsin Sivtsov

康斯坦特·武泰(法国)Constant Wouters

康斯坦特·于雷(法国)Constant Huret

柯克帕特里克·麦克米伦(苏格兰)Kirkpatrick MacMillan

科迪 Cody

科尔内利娅·范奥斯滕-哈格(荷兰)Cornelia van Oosten-Hage, 即科尔内利娅·

范奥斯滕 Cornelia van Oosten

科莱特(法国)Colette

科林·韦兰(美国)Colin Welland

科斯坦特·吉拉丹戈(意大利)Costante Girardengo

克拉拉·休格斯(加拿大)Clara Huges

克拉伦斯·瓦格纳(美国)Clarence Wagner

克莱本·佩尔(美国)Claiborne Pell

克莱德·布罗考(美国)H. Clyde Brokaw

克莱尔·佩德罗诺(法国)Claire Pedrono

克劳迪奥·基亚普奇(意大利)Claudio Chiappucci

克劳斯·安普勒(前东德)Klaus Ampler

克劳斯·马舍尔 Klaus Marschel

克雷格·卡尔菲 Craig Calfee

克雷格·米切尔 Craig Mitchell

克雷格·莫罗(美国)Craig Morrow

克里斯·博德曼(英国)Chris Boardman

克里斯·格雷厄姆(英国)Chris Graham

克里斯·惠里 Chris Wherry

克里斯·霍纳(美国)Chris Horner

克里斯·卡迈克尔(美国)Chris Carmichael

克里斯·利利怀特 Chris Lillywhite

克里斯·萨顿(澳大利亚)Chris Sutton

克里斯·沃克 Chris Walker

克里斯·霍尔农 Chris Hornung

克里斯蒂安·范德·维尔德(美国)Christian Vande Velde

克里斯蒂安·克里斯滕森(丹麦)Christian Christensen

克里斯蒂安·雷蒙德 Christian Raymond

克里斯蒂安·罗比尼(法国)Christian Robini

克里斯蒂安·莫雷尼(意大利)Christian

Moreni

克里斯蒂安·佩德森（丹麦）Christian Pedersen

克里斯蒂安·普吕多姆（法国）Christian Prudhomme

克里斯蒂娜·安德伍德（美国）Christina Underwood

克里斯汀·赫巴 Krystain Herba

克里斯廷·阿姆斯特朗（美国）Kristin Armstrong

克里斯托夫·巴松斯 Christophe Bassons

克里斯托夫·里内罗（法国）Christophe Rinero

克里斯托夫·莫罗（法国）Christophe Moreau

克里斯托弗·弗鲁姆（英国）Christopher Froome 即,克里斯·弗鲁姆 Chris Froome

克利夫兰·考克斯（美国）Cleveland Coxe

克罗克（美国）H. C. Crocker

克洛代·勒卢什（法国）Claude Lelouch

克洛代尔·克里基永（比利时）Claude Criquielion

克努特·克努森（挪威）Knut Knudsen

克努兹·埃尼马克·延森（丹麦）Knud Enemark Jensen

克维托斯拉夫·帕夫洛夫（捷克斯洛伐克）Květoslav Pavlov

肯尼·德马泰利埃（比利时）Kenny De Marteleire

肯尼思·拉塞尔（英国）Kenneth Russell

孔卡斯特 Comcast

库尔特·阿斯·阿韦森（挪威）Kurt-Asle Arvesen

库尔特·斯托克顿 Kurt Stockton

库尔特·斯托佩尔（德国）Kurt Stoepel

库斯托迪奥·多斯赖斯（摩洛哥）Custodio Dos Reis

快弗雷迪·罗德里格斯"Fast Freddie" Rodriguez

快乐日子的皮特曼（美国）Happy Days' Pitman

L

拉尔夫·格里斯瓦尔德（美国）Ralph Griswald

拉尔夫·赫恩 Ralph Hurne

拉尔斯·博姆（荷兰）Lars Boom

拉尔斯·伊廷·巴克（丹麦）Lars Ytting Bak

拉斐尔·杰米尼亚尼（法国）Raphael Geminiani

拉里·米勒 Larry H. Miller

拉蒙·奥约斯（哥伦比亚）Ramon Hoyos

拉穆纳斯·纳瓦达斯卡斯（立陶宛）Ramunas Navardauskas

拉塞尔·莫克里奇（澳大利亚）Russell Mockridge

拉塞尔·唐宁（英国）Russell Downing

莱昂·布卢姆（法国）Leon Blum

莱昂·豪拉（比利时）Leon Houra

莱昂·梅雷迪特（德国）Leon Meredith

莱昂·塞尔（比利时）Leon Scieur

莱昂·瓦洛东（法国）Leon Vallotton

莱奥·安贝格（瑞士）Leo Amberg

莱奥纳尔多·皮耶波利（意大利）Leonardo Piepoli

莱奥妮（法国）Léonie

莱恩·雷诺（法国）Line Renaud,原名雅克利娜·恩特 Jacquelie Ente

莱赫·皮亚塞茨基(波兰)Lech Piasecki

莱曼(美国)Lehman

莱斯利·韦斯特(英国)Leslie West

莱亚尔科·圭拉(意大利)Learco Guerra

赖德·赫斯杰达尔(加拿大)Ryder Hesjedal

兰布雷托·马焦拉尼(意大利)Lambreto Maggiorani

兰斯·阿姆斯特朗(美国)Lance Armstrong

朗·霍尔德曼(美国)Lon Haldeman

劳尔·阿尔卡拉(墨西哥)Raul Alcala

劳拉·安托万(美国)Laura Antoine

劳拉·查米达(美国)Laura Charmeda

劳拉·范吉尔德(美国)Laura van Gilder

劳里·奥斯(爱沙尼亚)Lauri Aus

劳森(英国)H. J. Lawson

勒南·费拉罗(巴西)Renan Ferraro

勒内·埃尔斯(法国)René Herse

勒内·鲍狄埃(法国)René Pottier

勒内·盖诺(法国)René Guénot

勒内·勒格雷韦斯(法国)René Le Grevés

勒内·瓦格纳(法国)René Wagner

勒内·维耶托(法国)René vietto

勒妮·维萨克(法国)Renée Vissac

雷吉·哈里斯(英国)Reg Harris

雷吉·麦克纳马拉(澳大利亚)Reggie McNamara

雷吉斯·奥维翁(法国)Régis Ovion

雷吉斯·德莱皮纳(法国)Régis Delépine

雷蒙·安帕尼(法国)Raymond Impanis

雷蒙·德利勒(法国)Raymond Delisle

雷蒙·卢维奥(法国)Raymond Louviot

雷蒙·普利多尔(法国)Raymond Poulidor

雷蒙达斯·拉姆萨斯(立陶宛)Raimondas Rumsas

雷米·迪格雷戈里奥(法国)Remy Di Gregorio

李·克赖德(美国)Lee Crider

李·韦尔奇(美国)Lee Welch

李·亚科卡 Lee Iacocca

里卡多·奥特索阿(西班牙)Ricardo Otxoa

里卡多·巴尔西亚(墨西哥)Ricardo Barcia

里卡尔多·里科(意大利)Riccardo Ricco

里克·范洛伊(荷兰)Rik van Looy 即,亨利·里克·范洛伊 Henri Rik van Looy,又名,海伦塔尔斯皇帝 the Emperor of Herentals

里克·范施滕贝根(比利时)Rik van Steenbergen

里克·韦布吕格(比利时)Rik Verbrugghe

里克·库库克(荷兰)Rick Koekoek

里克·韦斯科 Rick Vesco

里萨德·祖尔科斯基(波兰)Ryszard Szurkowski

里夏德·德拉克(奥地利)Richard Durlacher

里夏尔·德波特(比利时)Richard Depoorter

里夏尔·维朗克(法国)Richard Virenque

理查德·伯格(美国)Richard Berg

理查德·戴利(美国)Richard J. Daley

理查德·豪厄尔(英国)Richard Howell

理查德·科特赖特(美国)Richard Cortright

理查德·琴托雷(美国)Richard Centore

理查德·施温(德国)Richard Schwinn

丽贝卡·特威格(美国)Rebecca Twigg

丽塔·托马斯(英国)Rita Thomas

利昂·范邦(美国)Leon van Bon

利瓦伊·莱普海默(美国)Levi Leipheimer

利亚姆·霍纳(爱尔兰)Liam Horner

莉迪娅 Lydia

莉莲·拉塞尔(美国)Lillian Russell

莉萨·布伦瑙尔(德国)Lisa Brennauer

列昂蒂安·范穆尔斯塞尔(荷兰)Leontien van Moorsel 即，列昂蒂安·泽拉德-范穆尔斯塞尔 Leontien Zijlaard-van Moorsel

林纳·范内斯特(美国)Rynner van Neste

林塞(美国)Lindsay

林斯基 Lynskey

琳达·杰克逊(加拿大)Linda Jackson

琳达·梅拉妮·维伦森(新西兰)Linda Melanie Villumsen

琳达·维森蒂尼(意大利)Linda Visentini

卢多维克·弗耶(法国)Ludovic Feuillet

卢卡·保利尼 Luca Paolini

卢卡·西罗尼(意大利)Luca Sironi

卢卡斯·阿埃多(美国)Lucas Haedo

卢克·戴维·阿姆斯特朗(美国)Luke David Armstrong

卢克·基奥(美国)Luke Keough

鲁本·普拉萨(西班牙)Ruben Plaza

鲁道夫·"奥基"·刘易斯(南非)Rudolph "Okey" Lewis

鲁迪·阿尔蒂希(西德)Rudi Altig

鲁迪·达恩斯(比利时)Rudy Dhaenens

鲁迪·佩韦纳奇 Rudy Pevenage

鲁珀特·韦特(美国)Rupert Waitl

鲁文·费尔南德斯(西班牙)Rubén Fernandez

鲁伊·科斯塔(葡萄牙)Rui Costa

前田鹿之助(日本)Maeda Shikanosuke

路易·博谢(比利时)Louis Bocher

路易·卡皮(法国)Louis Caput

路易·昆兹(法国)Louis Quinze

路易·勒卢(法国)Louis Leloup

路易·马莱(法国)Louis Malle

路易·特鲁瑟利耶(法国)Louis Trousselier

路易吉·甘纳(意大利)Luigi Ganna

路易吉·吕科特(意大利)Luigi Lucotti

路易吉·马尔基西奥(意大利)Luigi Marchisio

路易斯·阿雷吉(西班牙)Luis Arregui

路易斯·奥卡尼亚(西班牙)Luis Ocaña

路易斯·布里尔(美国)Louis C Brill

路易斯·费希尔(美国)Louis M. Fisher

路易斯·卡拉汉(美国)Louis Callahan

路易斯·卡洛斯·弗洛雷斯(巴西)Luis Carlos Florez

路易斯·屈尔(美国)Louis Kuehl

路易斯·阿姆斯特朗(美国)Louis Armstrong

路易斯·"卢乔"·埃雷拉(哥伦比亚)Luis "Lucho" Herrera

路易斯·普伊赫(西班牙)Luis Puig

路易松·博贝(法国)Louison bobet

露丝·温德尔(美国)Ruth Winder

伦纳德·哈维·尼茨(美国)Leonard Harvey Nitz

罗贝尔·巴托(法国)Robert Batot

罗贝尔·卡帕 Robert Capa

罗贝尔·马尔尚(法国)Robert Marchand

罗贝尔·沙尔庞捷(法国)Robert Charpentier

罗贝尔·沙帕特(法国)Robert Chapatte

罗贝尔·托米内(法国)Robert Thominet

罗贝尔·乌布龙(法国)Robert Oubron

罗比·亨特(南非)Robbie Hunter

罗比·麦克尤恩(澳大利亚)Robbie McEwen

罗宾·法里纳 Robin Farina

罗宾·瓦特兰特(法国)Robin Wattraint

罗伯特·戴利(美国)Robert Daley

罗伯特·法雷尔(美国)Robert Farrell

罗伯特·弗雷德里克·扬(百慕大)Robert Frederick Young

罗伯特·格辛克(荷兰)Robert Gesink

罗伯特·克劳福德(美国)Robert Crawford

罗伯特·麦克诺恩(美国)Robert McKnown

罗伯特·莫里森(美国)Robert Morrison

罗伯特·米勒(英国)Robert Millar

罗伯托·埃拉斯(西班牙)Roberto Heras

罗伯托·加焦利(意大利)Roberto Gaggioli

罗伯托·维森蒂尼(意大利)Roberto Visentini

罗布·利(美国)Rob Lea

罗恩·丹尼斯(澳大利亚)Rohan Dennis

罗恩·海曼(加拿大)Ron Hayman

罗恩·基费尔(美国)Ron Kiefel

罗恩·斯卡林(美国)Ron Skarin

罗尔夫·戈尔茨(德国)Rolf Golz

罗尔夫·索伦森 Rolf Sorensen

罗尔夫·沃尔夫斯豪尔(西德)Rolf Wolfshohl

罗尔夫·阿尔达格(德国)Rolf Aldag

罗杰·克雷顿 Roger Creton

罗杰·扬(美国)Roger Young

罗杰·赞纳 Roger Zanner

罗里·奥赖利(美国)Rory O'Reilly

罗迈因·亨德里克斯(德国)Romain Hendrickx

罗曼·费鲁(法国)Romain Feillu

罗曼·梅斯(比利时)Romain Maes

罗曼·西卡德 Romain Sicard

罗曼斯·魏因斯坦斯(拉脱维亚)Romans Vainsteins

罗南·庞塞克(法国)Ronan Pensec

罗斯玛丽·卡里格(英国)Rosemary Carrig

罗歇·德夫拉曼克(比利时)Roger De Vlaeminck

罗歇·拉佩比(法国)Roger Lapébie

罗歇·莱韦克(法国)Roger Lévêque

罗歇·里维埃(法国)Roger Rivière

罗歇·潘容(法国)Roger Pingeon

罗歇·瓦尔科维亚克(法国)Roger Walkowiak

罗歇·肖萨贝尔 Roger Chaussabel

罗伊·里克特(美国)Roy Richter

罗伊·斯海腾(荷兰)Roy Schuiten

洛蒂·斯坦利 Lottie Stanley

洛朗·布罗沙尔(法国)Laurent Brochard

洛朗·菲尼翁(法国)Laurent Fignon

洛朗·鲁(法国)Laurent Roux

洛朗·雅拉贝尔(法国)Laurent Jalabert

洛雷托·彼得鲁奇(意大利)Loretto Petrucci

洛伦·穆尼 Loren Mooney

吕克·勒布朗(法国)Luc Leblanc

吕西安·艾马尔(法国)Lucien Aimar

吕西安·比斯(比利时)Lucien Buysse

吕西安·波蒂埃 Lucien Potier

吕西安·范因佩(比利时)Lucien Van Impe

吕西安·拉扎里代斯(法国)Lucien Lazarides

吕西安·马赞(法国)Lucien Mazan,即珀蒂-布雷顿 Petit-Breton,吕西安·珀蒂-布

雷顿 Lucien Petit-Breton

吕西安·施托姆 Lucien Storme

M

马蒂·杰米森（美国）Marty Jemison

马蒂·诺斯坦（美国）Marty Nothstein

马蒂亚斯·布兰德勒（德国）Matthias Brandle

马丁·"考克斯"·罗德里格斯（哥伦比亚）Martin "Cochise" Rodriguez

马丁·拉米雷斯（哥伦比亚）Martin Ramirez

马尔科·焦万内蒂（意大利）Marco Giovannetti

马尔科·潘塔尼（意大利）Marco Pantani

马尔科·皮诺蒂（意大利）Marco Pinotti

马尔科姆·埃利奥特（英国）Malcolm Elliot

马克·德梅耶尔（比利时）Marc De Meyer

马克·法比亚尼 Mark Fabiani

马克·格里夫（美国）Mark Grieve

马克·卡文迪什（英国）Mark Cavendish

马克·伦肖 Mark Renshaw

马克·马迪奥（法国）Marc Madiot

马克·麦科马克（美国）Mark McCormack

马克·梅尔滕斯（比利时）Marc Maertens

马克·穆勒 Marc Muller

马克·沃尔沙姆（英国）Mark Walsham

马克·沃尔特斯（加拿大）Mark Walters

马克·沃特斯 Marc Wauters

马克斯·布拉（奥地利）Max Bulla

马克斯·希安德利（意大利）Max Sciandri

马库斯·赫尔利（美国）Marcus Hurley

马库斯·皮尔纳（德国）Marcus Pürner

马库斯·廷德尔 Marcus Tindal

马拉·阿博特（美国）Mara Abbott

马里奥·隆吉（意大利）Mario Longhi

马里奥·奇波利尼（意大利）Mario Cipollini

马里奥·维奇尼（意大利）Mario Vicini

马里奥·扎宁（意大利）Mario Zanin

马里诺·巴索（意大利）Marino Basso

马里诺·莱哈雷塔（西班牙）Marino Lejarreta

马里亚诺·迪亚斯（西班牙）Mariano Diaz

马塞尔·贝尔泰（法国）Marcel Berthet

马塞尔·比多（法国）Marcel Bidot

马塞尔·比斯（比利时）Marcel Buysse

马塞尔·迪舍曼（法国）Marcel Duchemin

马塞尔·金特（荷兰）Marcel Kint

马塞尔·梅斯（比利时）Marcel Maes

马塞尔·莫利内斯（阿尔及利亚）Marcel Molines

马特·伊顿（美国）Matt Eaton

马西米利亚诺·莱利（意大利）Massimiliano Lelli

马西米利亚诺·莫里（意大利）Massimiliano Mori

马歇尔·"少校"·泰勒（美国）Marshall "Major" Taylor，即梅杰·泰勒 Major Taylor

马修·布舍 Matthew Busche

玛丽·霍尔登（美国）Mari Holden

玛丽·简·里奥克（美国）Mary Jane Reoch

玛丽安娜·伯格伦德（美国）Marianne Berglund

玛丽安娜·福斯（荷兰）Marianne Vos

玛丽安娜·马丁（美国）Marianne Martin

玛丽-奥迪勒·阿莫里（法国）Marie-Odile Amaury

玛丽-乔治·比费（法国）Marie-George Buffet

玛丽亚·卡宁斯(意大利)Maria Canins

玛利亚·克瑞莎莉(意大利)Maria Cressari

迈克·伯罗斯 Mike Burrows

迈克·恩格尔曼 Mike Engleman

迈克·弗雷斯(美国)Mike Fraysse

迈克·麦克纳马拉(英国)Mike McNamara

迈克·尼尔(美国)Mike Neel

迈克·皮尔斯 Mike Peers

迈克·西尼亚德(美国)Mike Sinyard

迈克·希尔特纳(美国)Mike Hiltner

迈克尔·艾斯纳 Michael Aisner

迈克尔·布隆伯格(美国)Michael Bloomberg

迈克尔·克维亚特科夫斯基(波兰)Michael Kwiatkowski

迈克尔·拉斯穆森 Michael Rasmussen

迈克尔·赖特(英国)Michael Wright

迈克尔·罗杰斯(澳大利亚)Michael Rogers

迈克尔·萨诺利(荷兰)Michel Zanoli

迈克尔·舍默 Michael Shermer

迈克尔·西克里斯特 Michael Secrest

迈克尔·奇米诺(美国)Michael Cimino

麦迪逊(英国)Madison

麦丘恩(美国)W. E . McCune

曼弗雷德·努斯凯勒(瑞士)Manfred Nuscheler

曼努埃尔·贝尔特兰(西班牙)Manuel Beltran

芒努斯·巴克斯塔德(瑞典)Magnus Backstedt

毛里齐奥·丰德里斯特(意大利)Maurizio Fondriest

毛罗·里贝罗(巴西)Mauro Ribeiro

梅尔哈维·库杜斯(厄立特里亚)Merhawi Kudus

梅尔乔·毛里·普拉特(西班牙)Melchor Mauri Prat

梅尔文·蓬佩利 Melvin Pompele

梅甘·瓜尔涅 Megan Guarnier

梅格·勒莫尼耶(法国)Meg Lemonnier

梅利莎·桑伯姆(美国)Melissa Sanbom

米尔·范马尔·韦克普勒格(荷兰)Mijl van Maers Werkploeg

米尔德丽德·鲁滨孙(英国)Mildred Robinson

米尔顿·史密斯(美国)Milton A. Smith

米尔科·斯塔克 Milcko Stack

米尔斯(英国)E. V. Mills

米格尔·安赫尔·洛佩斯(哥伦比亚)Miguel Angel López

米格尔·安赫尔·曼塞拉(墨西哥)Miguel Angel Mancera

米格尔·波夫莱特(西班牙)Miguel Poblet

米格尔·因杜拉因(西班牙)Miguel Indurain

米凯莱·巴尔托利(意大利)Michele Bartoli

米凯莱·费拉里 Michele Ferrari

米凯莱·斯卡尔波尼(意大利)Michele Scarponi

米兰·尤尔乔(捷克斯洛伐克)Milan Jurčo

米诺·登蒂(意大利)Mino Denti

米斯·柯林斯(美国)Miss Collins,又称柯林斯小姐

米夏埃尔·阿尔瓦西尼(瑞士)Michael Albasini

米歇尔·波伦蒂耶 Michel Pollentier

米歇尔·弗雷德里克(瑞士)Michel Frederick

米歇尔·克雷波(法国)Michel Crepeau

米歇尔·洛蒂托（法国）Michel Lotito

米歇尔·洛朗 Michel Laurent

莫·西格尔 Mo Siegel

莫恩斯·弗赖（丹麦）Mogens Frey

莫尔豪斯 Morehouse

莫雷诺·阿尔真廷（意大利）Moreno Argentin

莫里斯·阿尔尚博（法国）Maurice Archambaud

莫里斯·布罗科 Maurice Brocco

莫里斯·德瓦勒（比利时）Maurice De Waele

莫里斯·德西佩莱（比利时）Maurice de Simpelaere

莫里斯·迪奥 Maurice Diot

莫里斯·芬登德赖斯（美国）Maurice ven Den Dries

莫里斯·加兰（法国）Maurice Garin

莫里斯·里夏尔（法国）Maurice Richard

莫里斯·佩雷斯（法国）Maurice Perez

莫莉·谢弗·范豪厄林（美国）Molly Shaffer van Houweling

莫伊塞斯·杜埃尼亚斯·内瓦多（西班牙）Moises Dueñas Nevado

N

纳尔逊 Nelson

纳罗·昆塔纳（哥伦比亚）Nairo Qu-intana

纳撒·哈斯（澳大利亚）Nathan Hass

纳特·巴特勒（美国）Nat Butler

奈杰尔·迪安（英国）Nigel Dean

奈曼·马库斯 Neiman Marcus

南希·拉波索（美国）Nancy Raposo

南希·奈曼·巴拉内特（美国）Nancy Neiman Baranet

内德·奥弗伦（美国）Ned Overend

内尔松·罗德里格斯（哥伦比亚）Nelson Rodriguez

内洛·布雷顿（法国）Nello Breton

内莫 Nemo

内乔·赫里斯托夫（波兰）Nencho Khristov

内斯托尔·莫拉（哥伦比亚）Nestor Mora

妮科尔·库克（英国）Nicole Cook

尼古拉斯·弗朗茨（卢森堡）Nicolas Frantz

尼基·鲁蒂曼 Niki Rutimann

尼科洛·博尼法齐奥 Niccolo Bonifazio

尼克·扎莫拉 Nick Zamora

尼诺·德菲利皮斯（意大利）Nino Defilippis

诺贝尔·卡朗（比利时）Norbert Callens

诺曼·朗格费尔德（美国）Norman Langefeld

诺姆·阿尔维斯（美国）Norm Alvis

O

欧根·波科尔尼（波兰）Eugen Pokorny

欧内斯特·班布里奇（澳大利亚）Ernest Bainbridge

欧内斯特·瑟曼（美国）Ernest Thurman

欧内斯特·佐伊贝特（美国）Ernest Seubert

欧仁·克里斯托夫（法国）Eugene Christophe

欧仁·梅耶尔（法国）Eugene Meyer

欧仁·坦布利尼（法国）Eugene Tamburlini

欧文·马尔霍兰（美国）Owen Mulholland

P

帕克（美国）C A Parker

帕斯卡尔·理查德（瑞士）Pascal Richard

帕斯卡尔·利诺（法国）Pascal Lino

帕斯卡尔·朱尔（法国）Pascal Jules

帕斯卡尔·西蒙（法国）Pascal Simon

帕特·麦奎德(爱尔兰)Pat McQuaid

帕特·墨菲(加拿大)Pat Murphy

帕特里克·奥格雷迪 Patrick O' Grady

帕特里克·迪亚布洛 Patrick Diablo

帕特里克·克莱克 Patrick Clerc

帕特里克·辛克维茨(德国)Patrik Sinkewitz

帕特里斯·西普雷利(法国)Patrice Ciprelli

帕特罗·希门尼斯(哥伦比亚)"Patro" Jime-
nez,即何塞·帕特罗西尼奥·"帕特罗"·希
门尼斯 Jose Patrocinio "Patro" Jimenez

帕维尔·帕德诺斯(捷克)Pavel Padrnos

帕维尔·通科夫(俄罗斯)Pavel Tonkov

佩德罗·德尔加多(西班牙)Pedro Delgado

佩姬·马斯(美国)Peggy Mass

佩里·奥斯本(澳大利亚)Perry Osborne

佩洛索(法国)Pellos,即勒内·佩拉兰
René Pellarin

佩佩·丹夸特(德国)Pepe Danquart

皮埃尔·巴列斯特尔 Pierre Ballester

皮埃尔·布兰比拉(意大利)Pierre Brambilla

皮埃尔·德顾拜旦(法国)Pierre de Coubertin

皮埃尔·迪马(法国)Pierre Dumas

皮埃尔·吉法尔(法国)Pierre Giffard

皮埃尔·加雄(加拿大)Pierre Gachon

皮埃尔·卡尔图(法国)Pierre Cartoux

皮埃尔·科根 Pierre Cogan

皮埃尔·拉瓦尔(法国)Pierre Laval

皮埃尔·马提翁(法国)Pierre Matignon

皮埃尔·萨巴(法国)Pierre Sabbaugh

皮埃尔·沙尼(法国)Pierre Chany

皮埃尔·朔里 Pierre Schori

皮埃尔弗兰科·维亚内利(意大利)Pier-
franco Vianelli

皮埃拉尔 Pierrard

皮诺·切拉米(法国)Pino Cerami

皮特·达门(荷兰)Piet Damen

皮特·范卡特维克(荷兰)Piet van Katwijk

皮特·康拉德(美国)Pete Conrad

皮特·曼德里安(荷兰)Piet Mondrian

皮特·奇斯曼(英国)Pete Chisman

皮耶尔·马蒂亚·皮耶里诺·加瓦齐(意
大利)Pier Mattia "Pierino" Gavazzi

皮耶里诺·巴菲(意大利)Pierino Baffi

珀西·罗斯(美国)Percy Ross

普里莫·沃尔皮(意大利)Primo Volpi

普里莫齐·切林(南斯拉夫)Primoz Cerin

普里斯卡·多普曼(瑞士)Priska Doppman

Q

奇诺·奇内利 Cino Cinelli

钱德勒(美国)A D. Chandler

钱恩·麦克雷(美国)Chann McRae

乔·布朗 Joe E. Brown

乔·布雷兹 Joe Breeze

乔·福格勒(美国)Joe Fogler

乔·古托尔布(法国)"Jo" Goutorbe

乔·马尼亚尼(美国)Joe Magnani

乔·蒙哥马利(美国)Joe Montgomery

乔尔·埃维特(美国)Joel Evett

乔尔·圣托里 Joel Santori

乔纳森·博耶(美国)Jonathan Boyer

乔纳森·沃特斯(美国)Jonathan Vaughters

乔纳斯·卡尼(美国)Jonas Carney

乔斯林·洛弗尔(加拿大)Jocelyn Lovell

乔瓦尼·巴蒂斯塔·皮雷利(意大利)
Giovanni Battista Pirelli

乔瓦尼·布鲁内罗（意大利）Giovanni Brunero

乔瓦尼·皮纳雷洛（意大利）Giovanni Pinarello

乔瓦尼·瓦莱蒂（意大利）Giovanni Valetti

乔瓦尼·巴塔林（意大利）Giovanni Battaglin

乔希·巴巴内尔（美国）Josh Barbanel

乔伊·麦克洛克林（英国）Joey McLoughlin

乔治·布里凯（法国）Georges Briquet

乔治·德科纳（法国）Georges de Caunes

乔治·德塞维尔斯基 Georges de Seversky

乔治·戈芬 Georges Goffin

乔治·亨迪（美国）George M. Hendee

乔治·卡泽纳夫（法国）Georges Cazeneuve

乔治·凯索克 George Kessock

乔治·克拉斯（比利时）Georges Claes

乔治·拉容（法国）Georges Rajon

乔治·兰德（英国）George Lander

乔治·勒迈尔（法国）Georges Lemaire

乔治·龙瑟（比利时）George Ronsse

乔治·芒特（美国）George Mount

乔治·施派歇尔（法国）Georges Speicher

乔治·斯图尔特曼（美国）George Steutermann

乔治·威尔逊（英国）George H. B. Wilson

乔治·欣卡皮（美国）George Hincapie

乔治·科帕鲁（法国）Georges Copearux

乔治-皮尔金顿-米尔斯（英国）Georges-Pilkington Mills

切佩·冈萨雷斯（哥伦比亚）Chepe Gonzalez

琼·克劳馥（美国）Joan Crawford

R

让·阿尔茨（比国）Jean Aerts

让·阿拉瓦纳（法国）Jean Alavoine

让·德拉图尔（法国）Jean Delatour

让·多托（法国）Jean Dotto

让·福雷斯捷（法国）Jean Forestier

让·格拉奇克（法国）Jean Graczyk

让·加尔诺（法国）Jean Garnault

让·克洛代·基利（法国）Jean Claude Killy

让·卢贝尔（法国）Jean Loubeyre

让·罗比克（法国）Jean Robic

让·普鲁沃（法国）Jean Prouvost

让·施特利（法国）Jean Stelli

让·斯塔布林斯基（法国）Jean Stablingski，原名 Edward Stablewski 爱德华·斯塔布列夫斯基

让-艾蒂安（法国）Jean- Etienne

让-弗朗索瓦·纳凯-拉迪盖（法国）Jean-Francois Naquet-Radiguet

让-克里斯托夫·佩罗（法国）Jean-Christophe Peraud

让-玛丽·戈阿马（法国）Jean-Marie Goasmat

让-玛丽·勒布朗（法国）Jean-Marie Leblanc

让尼·隆哥-西普雷利（法国）Jeannie Longo-Ciprelli

让-皮埃尔·布拉尔（法国）Jean-Pierre Boulard

让-皮埃尔·当纪尧姆（法国）Jean-Pierre Danguillaume

让-皮埃尔·库科尔（法国）Jean-Pierre Courcol

让-皮埃尔·蒙塞雷（比利时）Jean-Pierre

Monseré

让-雅克·菲西安（法国）Jean-Jacques
Fussien

热尔曼·德瑞克(比利时)Germain Derijcke

热拉尔·波特(法国)Gerard Porte

热拉尔·森特(法国)Gérard Saint

热里耶·内特曼(荷兰)Gerrie Knetemann

若阿金·阿戈什蒂纽（葡萄牙）Joaquim
Agostinho

若阿尼·帕内尔(法国)Joanny Pannel

若泽·博韦 José Bové

若泽·罗哈斯(西班牙 José Rojas)

若泽·梅夫莱特(法国)José Meiffret

若泽·萨米恩(法国)José Samyn

S

萨尔瓦多·达利(西班牙)Salvador Dali

萨莉·詹金斯 Sally Jenkins

萨姆·惠廷厄姆(加拿大)Sam Whittingham

萨姆·帕特森(美国)Sam Patterson

萨姆·克罗姆 Sam Crome

萨穆埃尔·桑切斯(西班牙)Samuel Sanchez

塞尔塞·科皮(意大利)Serse Coppi

塞缪尔·阿布特(美国)Samuel Abt,即萨
姆·阿布特 Sam Abt

塞思·所罗门诺 Seth Solomonow

赛义德·侯赛因诺夫(苏联)Said Gusseinov

瑟洛·罗杰斯 Thurlow Rogers

沙恩·萨顿(澳大利亚)Shane Sutton

沙奎尔·奥尼尔(美国)Shaquille O'Neal

沙利·高尔(卢森堡)Charly Gaul

沙利·莫泰(法国)Charly Mottet

沙希德·扎格列丁诺夫（苏联）Shakhid

Zagretdinov

莎拉·尤尔(美国)Sarah Uhl

舍温·罗斯(美国)Sherwoon Ross

申克(美国)S. V. Schenck

圣地亚哥·博特罗（哥伦比亚）Santiago
Botero

史蒂夫·赫格(美国)Steve Hegg

史蒂夫·卡尔顿(美国)Steve Carlton

史蒂夫·拉森(美国)Steve Larsen

史蒂夫·普里诺 Steve Purino

史蒂夫·特西奇 Steve Tesich

史蒂夫·鲍尔(加拿大)Steve Bauer

史蒂夫·蒂尔福德(美国)Steve Tilford

史蒂文·比纳 Steven M. Bina

史蒂文·鲁克斯(荷兰)Steven Rooks

斯蒂尔曼(美国)G. F. Stillman

斯蒂芬·厄洛 Stephen Heulot

斯蒂芬·卡明斯(英国)Stephen Cummings

斯蒂芬·伦德(加拿大)Stephen Lund

斯蒂芬·罗奇(爱尔兰)Stephen Roche

斯蒂芬·托马斯(英国)Stephen Thomas

斯科特·科迪 Scott Coady

斯科特·雷·金(美国)Scott Ray King

斯科特·莫宁格尔 Scott Moninger

斯泰恩·范登伯格(比利时)Stijn Vanden-
bergh

斯坦·奥克斯(比利时)Stan Ockers

斯坦利·戴(美国)Stanley R. Day

斯坦尼斯劳·克罗拉克（波兰）Stanislaw
Krolak

斯坦尼斯瓦夫·绍兹达（波兰）Stanislaw
Szozda

斯特凡·舒马赫(德国)Stefan Schumacher

斯特凡·布吕克特(瑞典)Stefan Brykt

斯特凡诺·加尔泽利(意大利)Stefano Garzelli

斯特凡诺·扎尼尼(意大利)Stefano Zanini

斯特芬·韦泽曼(德国)Steffen Wesemann

斯图尔特·奥格雷迪(澳大利亚)Stuart O'Grady

斯韦恩·塔夫特(加拿大)Svein Tuft

斯文·奥克·尼尔松(瑞典)Sven Ake Nilsson

苏厄德·托马斯·约翰逊(美国)Seward Thomas Johnson

苏珊·伊莱亚斯(美国)Susan Elias

索尔·雷森(美国)Saul Raisin

索菲(美国)Sophie

T

塔蒂亚娜·古代尔佐(意大利)Tatiana Guderzo

塔玛拉·诺维科娃(苏联)Tamara Novikova

泰·科布(美国)Ty Cobb

泰奥·维耶纳(法国)Théo Vienne

泰德·曼(美国)Tedd Mann

泰格·伍兹(美国)Tiger Woods

泰勒·法勒(美国)Tyler Farrar

泰勒·菲尼(美国)Taylor Phinney

泰勒·汉密尔顿(美国)Tyler Hamilton

汤米·戈德温(英国)Tommy Godwin

汤米·钱伯斯(苏格兰)Tommy Chambers

汤姆·博南(比利时)Tom Boonen

汤姆·丹尼尔森(美国)Tom Danielson

汤姆·迪泰特(比利时)Tom Duterte

汤姆·凯洛格 Tom Kellogg

汤姆·里奇 Tom Ritchey

汤姆·麦考尔(美国)Tom McCall

汤姆·齐贝尔 Tom Zirbel

汤姆·桑德斯(英国)Tom Saunders

汤姆·舒勒(美国)Tom Schuler

汤姆·斯蒂尔斯(比利时)Tom Steels

汤姆·辛普森(英国)Tom Simpson

汤姆·道蒂(美国)Tom Doughty

唐·柯卡姆(澳大利亚)Don Kirkham

唐纳德·特朗普(美国)Donald Trump

唐纳德·谢尔登(美国)Donald Sheldon

陶法阿豪·图普(汤加)Taufaahau Topou

特奥·米德尔坎普(荷兰)Theo Middelkamp

特德·史密斯(美国)Ted Smith

特蒂耶娜·比诺-巴里亚(法国)Etienne Bunau-Varilla

特杰·范加德伦(美国)Tejay van Garderen

特拉维斯·泰加特 Travis Tygart

特蕾莎·克利夫-瑞安(美国)Theresa Cliff- Ryan

特里·达文波特 Terry Davenport

特伦特·克拉斯纳 Trent Klasna

图格·麦格劳(美国)Tug McGraw

图利奥·坎帕尼奥洛(意大利)Tullio Campagnolo

托尔·胡舒福德(挪威)Thor Hushovd

托马·弗克勒(法国)Thomas Voeckler

托马斯·吉斯拉森 Thomas Gislason

托马斯·皮克林(美国)Thomas R. Pickering

托马斯·普雷恩 Thomas Prehn

托马斯·斯蒂文斯(美国)Thomas Stevens

托尼·罗明格尔(瑞士)Tony Rominger

托尼·马丁(德国)Tony Martin

W

瓦尔迪米罗·帕尼扎(意大利)Wladimiro Panizza

瓦尔特·戈德弗鲁特 Walter Godefroot

瓦格曼斯 Wagtmans

瓦朗·巴尔吉(法国)Warren Barguil

瓦莲京娜·波尔卡汉诺娃(俄罗斯)Valentina Polkhanova

瓦桑索莱 Vacansoleil

瓦斯科·贝尔加马斯基(意大利)Vasco Bergamaschi

瓦西里·基里扬卡(白俄罗斯)Vasil Kiryienka

瓦西里·日丹诺夫(苏联)Vasily Zhdanov

威尔·明德尔(美国)Will Mindlc

威尔·斯廷森(美国)Will Stinson

威利·汉密尔顿(美国)Willie Hamilton

威廉·巴特利特(英国)William Bartlett

威廉·里尔登(美国)William Reardon

威廉·罗(美国)William A. Rowe

威廉·齐格贝尔(美国)William Zeigiebel

威廉·约翰逊(美国)William B. Johnson

韦恩·斯特蒂纳(美国)Wayne Stetina

维恩·登森(英国)Vin Denson

维尔弗里德·达维德(德国)Wilfried David

维克多·雷平斯基(美国)Victor Repinski

维克托·埃马努埃尔(意大利)Victor Emmanuel

维克托·布雷耶(法国)Victor Breyer

维克托·丰坦(法国)Victor Fontan

维克托·戈代(法国)Victor Goddet

维克托·卡皮塔诺夫(苏联)Viktor Kapit-anov

维克托·科松(法国)Victor Cosson

维克托·拉辛斯基(前苏联)Viktor Rakshinsky

维克托·塞盖蒂(意大利)Victor Seghetti

维克托·文森特(美国)即 Victor Vincente,即美国"胜利者"·文森特 Victor Vincente of America

维克托·乌戈·培尼亚(哥伦比亚)Victor Hugo Peña

维利·恩博格(丹麦)Willi Emborg

维利·富特 Willy Voet

维利·塔克特(比利时)Willi Tackaert

维姆·范埃斯特(荷兰)Wim van Est

维姆·范塞文特 Wim Vansevenant

维托·塔科内 Vito Taccone

维托里奥·阿多尔尼(意大利)Vittorio Adorni

维托里奥·德西卡(意大利)Vittorio De Sica

维韦卡南达·塞尔瓦·库马尔·阿南丹(斯里兰卡)Vivekananda Selva Kumar Anandan

维亚切斯拉夫·叶基莫夫(俄罗斯)Viatcheslav Ekimov

温琴佐·博尔加雷洛(意大利)Vincenzo Borgarello

温琴佐·尼巴利(意大利)Vincenzo Nibali

温特沃斯·罗林斯(美国)Wentworth Rollins

翁德雷·索森卡(捷克)Ondrej Sosenka

沃尔特·索莱(英国)Walter Solle

沃特·魏兰特(比利时)Wouter Weylandt

乌尔里希·朔贝尔勒(德国)Ulrich Schoberer

乌尔斯·齐默尔曼 Urs Zimmerman

乌戈·德罗萨(意大利)Ugo De Rosa

乌纳伊·奥萨(西班牙)Unai Osa

乌韦·安普勒(前东德)Uwe Ampler

伍德罗·威尔逊(美国)Woodrow Wilson

伍德赛德(美国)Woodside

X

西尔万·卡尔扎蒂(法国)Sylvain Calzati

西尔万·沙瓦内尔 Sylvain Chavanel

西尔韦尔·梅斯(比利时)Sylvère Maes

西格·科克(美国)Siegi Koch

西里尔·吉马尔(法国)Cyrille Guimard

西蒙·格伦斯(澳大利亚)Simon Gerrans

希尔顿·克拉克(加拿大)Hilton Clarke

希夫拉克伯爵(法国)Comte de Sivrac

夏尔·莫雷尔(法国)Charles Morel

夏尔·莫歇 Charles Mochet

夏尔·佩利西耶(法国)Charles Pelissier

夏尔·特朗特(法国)Charles Terront

肖恩·耶茨(英国)Sean Yates

肖恩·凯利(爱尔兰)Sean Kelly

小埃米尔·马松(法国)Emile Masson,Jr.

小道格拉斯·范朋克(美国)Douglas Fairbanks,Jr.

谢尔盖·贡塔察(乌克兰)Serguei Gontchar

谢尔盖·苏霍罗琴科夫(苏联)Serguei Soukhoroutchenkov

谢尔盖·乌斯查科夫(乌克兰)Serguei Outschakov

谢尔盖·克里沃舍夫(苏联)Serguei Krivosheev

谢尔吉·格列钦(乌克兰)Grechyn Sergiy

谢利·韦尔谢什(美国)Shelley Verses

谢伊·埃利奥特(爱尔兰)Shay Eliot

新城幸也 Yukiga Arashito

休·诺瓦拉(美国)Sue Novara,即休·诺瓦拉-雷伯 Sue Novara-Reber

休·帕兰(英国)Hugh M. Palan

休·斯塔尔斯(美国)Hugh Starrs

休伯特·奥珀曼(澳大利亚)Hubert Opperman

Y

雅各布·皮尔(丹麦)Jacob Piil

雅各布·皮尔(丹麦)Jakob Piil

雅各布·马雷斯科 Jakub Mareczko

雅各布·莫斯卡 Jacopo Mosca

雅基耶·菲伦 Jacquie Phelen

雅克·埃尔托(法国)Jacques Ertaud

雅克·安克蒂(法国)Jacques Anquetil

雅克·奥让德尔(法国)Jacques Augendre

雅克·戈代(法国)Jacques Goddet

雅克·马尔尚(法国)Jacques Marchand

雅克·夏巴纳(法国)Jacques Chabannes

雅克利娜·恩特(法国)Jacqueline Ente

雅罗斯拉夫·比莱克(捷克)Jaroslav Bilek

雅罗斯拉夫·波波维奇(乌克兰)Yaroslav Popovych

雅尼娜 Janine

亚当·汉森(澳大利亚)Adam Hansen

亚当·亚历山大(美国)Adam Alexander

亚历杭德罗·巴尔韦德(西班牙)Alejandro Valverde

亚历克斯·莫尔顿(英国)Alex Moulton

亚历克斯·佩舍尔(前东德)Alex Peschel

亚历克斯·齐勒(瑞士)Alex Zülle

亚历克斯·桑热(法国)Alex Singer

亚历克斯·斯蒂达(加拿大)Alex Stieda

亚历克斯·维罗(法国)Alex Virot

亚历克西·格雷瓦尔(美国)Alexi Grewal

亚历克西斯·科普里亚诺夫(俄罗斯)
Alexis Kouprianoff

亚历山大·阿韦林(苏联)Alexander
Averin

亚历山大·弗拉德金(俄罗斯)Alexandre
Vladkin

亚历山大·科洛布尼 Alexandr Kolobney

亚历山大·索里克(南斯拉夫)Alexander
Zoric

亚历山大·维诺克罗夫(哈萨克斯坦)Al-
exander Vinokourov

亚历山德罗·巴兰(意大利)Alessandro
Ballan

亚历山德罗·佩塔基(意大利)Alessandro
Petacchi

亚内兹·布拉伊科维奇(斯洛文尼亚)Jan-
ez Brajkovic

延斯·福格特(德国)Jens Voigt

扬·巴克兰(比利时)Jan Bakelants

扬·布热兹尼(波兰)Jan Brzezny

扬·范豪特(荷兰)Jan van Hout

扬·基尔西普(爱沙尼亚)Jan Kirsipuu

扬·拉斯(荷兰)Jan Raas

扬·什莫利克(捷克斯洛伐克)Jan Smolik

扬·斯沃拉达(捷克斯洛伐克)Jan Svorada

扬·韦塞利(捷克斯洛伐克)Jan Vesely

扬·乌尔里希(德国)Jan Ulrich

扬·扬森(荷兰)Jan Janssen

叶夫根尼·彼得罗夫(俄罗斯)Evgeni
Petrov

叶夫根尼·别尔津(俄罗斯)Evgeni Berzin

伊多·斯诺·芒罗(澳大利亚)Iddo "Snow"
Munro

伊恩·斯蒂尔(英国)Ian Steele

伊冯娜·赖恩德斯(比利时)Yvonne Rey-
nders

伊冯娜·麦格雷戈(英国)Yvonne McGregor

伊夫琳·史蒂文斯(美国)Evelyn Stevens

伊戈尔·阿斯塔洛亚(西班牙)Igor Astarloa

伊格纳茨·施温(德国)Ignaz Schwinn

伊凯尔·弗洛雷斯(西班牙)Iker Flores

伊拉纳·斯佩克特(美国)Ilana Spector

伊里·马努斯(捷克斯洛伐克)Jiri Manus

伊丽莎白·阿米斯特德(英国)Elizabeth
Armitstead

伊丽莎白·克罗伊茨(美国)Elizabeth
Kreutz

伊尼戈·奎斯塔(西班牙)Inigo Cuesta

伊莎贝尔·罗丝(美国)Isabelle Rose

伊万·巴索(意大利)Ivan Basso

伊万·戈蒂(意大利)Ivan Gotti

伊万·马约 Iban Mayo

伊万·米琴科(苏联)Ivan Mitchenko

伊西多尔·诺萨尔 Isidro Nozal

伊泽格拉斯 Isoglass

因加·贝内迪克特(美国)Inga Benedict

尤迪特·阿恩特(德国)Judith Arndt

尤菲米娅诺·富恩特斯(西班牙)Eufemi-
ano Fuentes

尤金·麦卡锡(美国)Eugene McCarthy

尤金·麦克弗森(美国)Eugene McPherson

尤金·斯隆 Eugene A. Sloane

尤里·卡希林(苏联)Yuri Kashirin

尤里·梅利霍夫(苏联)Yuri Melikhov

尤里·巴里诺夫(苏联)Yuriy Barinov

尤西·韦卡宁(芬兰)Jussi Veikkanen

于盖特·德贝西厄（法国）Huguette Debaisieux

雨果·科莱特(瑞士)Hugo Koblet

约恩·吉恩(法国)Yohann Gene

约尔延·莱特(丹麦)Jorgen Leth

约尔延·马克森(丹麦)Jorgen Marcussen

约翰·阿斯琴(美国)John Aschen

约翰·比恩 John C. Bean

约翰·比斯利(澳大利亚)John Beasley

约翰·伯克 John Burke

约翰·博伊德·邓禄普(英国)John Boyd Dunlop

约翰·布吕内尔(比利时)Johan Bruyneel

约翰·查普曼(美国)John M. Chapman

约翰·德米恩克(比利时)Johan De Muynck

约翰·范德·维尔德（美国）John Vande Velde

约翰·霍华德(美国)John Howard

约翰·克里(美国)John Kerry

约翰·肯普·斯塔利(英国)John Kemp Starley

约翰·马里诺(美国)John Marino

约翰·穆塞乌(比利时)Johan Museeuw

约翰·珀克斯(英国)John Perks

约翰·奇弗 John Cheever

约翰·奇塞尔科(美国)John Chiselko

约翰·瑟蒙(比利时)Johan Sermon

约翰·斯劳塔 John Slawta

约翰·托马克(美国)John Tomac

约翰·威尔科克森 John Wilcockson

约翰·马里亚尼(美国)John Mariani

约翰·纽金特(美国)John Neugent

约翰·尤斯蒂斯(美国)John Eustice

约翰内斯·"乔"·德鲁奥(荷兰)Johannes "Jo" De Roo

约翰尼·霍格兰 Johnny Hoogerland

约翰逊·约翰逊(美国)Johnson Johnson

约纳·劳卡(芬兰)Joona Laukka

约普·佐特梅尔克(荷兰)Joop Zoetemelk

约瑟巴·贝洛基斯 Joseba Belokis

约瑟夫·"热夫"·普朗卡特 Joseph "Jef" Planckaert

约瑟夫·菲舍尔(德国)Josef Fischer

约瑟夫·加夫利切奇(波兰)Josef Gawliczec

约瑟夫·科尔比(美国)Joseph M. Colby

约瑟夫·拉瓦尔 Joseph Laval

约瑟夫·萨姆·佩里(美国)Joseph Sam Perry

约瑟夫·萨托利斯(美国)Joseph Sartorious

约瑟夫·索菲蒂(法国)Joseph Sofietti

约瑟夫·佐默斯(比利时)Joseph Somers

约瑟夫·库珀(新西兰)Joseph Cooper

约伊·门特根(卢森堡)Joy Mentgen

Z

泽农·雅斯库拉(波兰)Zenon Jaskula

詹巴蒂斯塔·巴龙凯利（意大利）Giambattista Baronchelli

詹卢卡·博尔托拉米（意大利）Gianluca Bortolami

詹姆斯·阿彻(英国)James Archer

詹姆斯·阿曼多(美国)James A. Armando

詹姆斯·莫斯(美国)James A. Moss

詹姆斯·穆尔(英国)James Moore

詹姆斯·斯塔利(英国)James starley

詹尼·布雷拉(意大利)Gianni Brera

詹尼·布尼奥(意大利)Gianni Bugno

詹尼·莫塔(意大利)Gianni Motta

珍·格雷厄姆 Jen Graham

珍妮·戈利(美国)Jeanne Golay

珍妮弗·马克斯韦尔 Jennifer Maxwell

朱迪思·克朗(美国)Judith Crown

朱尔·巴尼诺(法国)Jules Banino

朱尔·比斯(比利时)Jules Buysse

朱尔·迪布瓦(法国)Jules Dubois

朱尔斯·罗西(意大利)Jules Rossi

朱利安·迪安(新西兰)Julian Dean

朱利安·穆瓦诺(法国)Julien Moineau

朱利安·维尔瓦埃克(比利时)Julien Vervaecke

朱利安·安托马尔基(法国)Julien Antomarchi

朱利奥(意大利)Giulio

朱利亚诺·菲格拉斯(意大利)Giuliano Figueras

朱莉·弗塔多(美国)Julie Furtado

朱塞佩·"比亚焦"·卡万纳(意大利)Giuseppe "Biagio" Cavanna

朱塞佩·奥尔莫(意大利)Giuseppe Olmo

朱塞佩·马尔塔诺(意大利)Giuseppe Martano

朱塞佩·萨龙尼(意大利)Giuseppe Saronni

朱塞皮·亨里齐(意大利)Giuseppi Enrici

附录2 中外文车队及赞助商名录

10-Man British Team 英国 10 人车队

7 Up 七喜车队,美国饮料品牌

7-Eleven 7-11 车队,便利店品牌,原属美国南方公司,2005 年成为日本公司

A

A C Sotteville 索特维尔车队(法国)

ACBB Helyett Leroux ACBB-埃利耶特-勒鲁车队

ACBB-Leroux-Helyett ACBB-勒鲁-埃利耶特车队

ACBB-St. Raphael-Geminiani, ACBB-圣拉斐尔-吉米尼亚尼车队

ACBB-St. Raphael-Helyett-Hutchinson, ACBB-圣拉斐尔-埃利耶特-哈钦森车队

Acqua&Sapone 车队,品牌,美容和卫生连锁店

Adecco 阿第克车队,阿第克是全球领先的从事员工安置的企业,公司成立于 1996 年,由法国埃科和瑞士阿迪亚两家公司合并而成,总部设在瑞士日内瓦,跻身于全球 500 强之列

ADR-Agrigel, ADR-阿格里格尔车队

AG2R 车队,法国保险公司品牌(AG2R la Mondiale)

Agrigel 车队,品牌,法国速冻食品企业

Agritubel 阿格里图贝车队;法国品牌,生产和销售用于牛、马育种的设备和材料, 欧洲领先的牲畜用具制造商之一

Alcyon, Groene-Leeuw 阿尔西翁,格勒纳-莱乌车队

Alcyon-Dunlop 阿尔西翁-邓禄普车队

Alcyon 阿尔西翁车队,法国自行车制造商

Alexia 亚力克西亚车队,意大利品牌,以前仅称为 Alexia Alluminio,是一支意大 利男子公路自行车队,车队的主要赞助商是 Alexia Alluminio。Alexia Alluminio 是 Agnelli 集团的拉丝厂,专门从事从铝的挤压到包装产品的铝加工,标准和定制铝型材 的设计,合金的生产、氧化、喷涂、热切割、棒材、管材、板材的生产

Alfa Lum 阿尔法卢姆车队(俄罗斯车队,在意大利注册)

Alleluia-Wolber 哈利路亚-沃尔贝车队

Amaya Seguros 阿马亚保险车队(西班牙)

American Commerce National Bank 美国国家商业银行车队

ANC-Halfords ANC-哈福德车队(英国)

Ancora 安科拉车队

Arbos 阿波斯车队,品牌

Ariostea-Benotto 艾利西帝-贝诺托车队

Ariostea 艾利西帝车队,意大利瓷砖品牌,成立于 1961 年

Asics-CGA 亚瑟士-CGA 车队,日本专业功能性的运动品牌,ASICS 是"Anima Sana In Corpore Sano"的缩写,即 A SOUND MIND IN A SOUND BODY(健康的体魄孕育健全的精神)

Astana Pro Team 阿斯塔纳车队,阿斯塔纳是哈萨克斯坦的首都,哈萨克斯坦是一个天然气储量丰富的国家。车队原本由哈萨克斯坦国家财富基金 Samruk 支持,但后被转至总统多功能体育俱乐部(Presidential Professional Sports Club)旗下,这个俱乐部据传包含足球队、冰球队、篮球队和拳击队

Astana-Würth 阿斯塔纳-伍尔特车队

Atala 阿塔拉车队

Avianca 阿维安卡车队,哥伦比亚航空公司,包括中美洲航空公司(TACA),是拉丁美洲最大的航空公司之一

B

Banania 巴纳尼亚车队,品牌,法国可可粉品牌

Banesto 班尼斯托车队,银行(西班牙)

Barracuda Networks 梭子鱼车队,品牌。Barracuda Networks INC 梭子鱼网络有限公司成立于 2003 年,总部位于美国硅谷,是一家提供包括邮件安全和归档、WEB 应用安全、负载均衡等产品的网络应用厂商

Bbox-Bouygues Télécom 布伊格电信车队

Belisol 贝利索尔车队,门窗供应商品牌

Bell Bicycle 贝尔自行车公司车队(美国);Bell Helmets 贝尔头盔公司(美国);Bell sports 贝尔体育(美国)

Benotto 贝诺托车队,意大利自行车品牌,1931 年由 Giacinto Benotto 在意大利都灵创立

BERRY FLOOR 百瑞地板车队，比利时地板品牌

BH Bikes 比驰自行车公司(BH)车队，西班牙规模最大的自行车制造商

Bianchi-Campagnolo 比安基-坎帕尼奥洛车队

Bianchi-Faema 比安基-飞马车队

Bianchi-Pirelli 比安基-皮雷利车队

Bianchi-Ursus 比安基-乌尔苏斯车队

Bianchi 比安基车队，自行车品牌

BIC 比克车队，法国圆珠笔品牌，是首位全资赞助同名职业车队的赞助商

Big Mat-Aubervilliers 93 比格玛-欧贝维利耶 93 车队

BigMat 比格玛车队，品牌，1981 年在法国成立，国际建筑材料连锁店

Blanco 铂浪高车队，品牌，一家源自德国、面向全球的高端水槽中心供应商

BMC 车队，全称美国 BMC 竞速车队，成立于 2007 年，2011 年才成为 UCI 职业队。BMC 车队总部设在加利福尼亚州的圣罗莎，其车队名称由瑞士知名自行车制造商 BMC 冠名赞助

Boston-MAVIC 波士顿-马威克车队

Bottecchia-Ursus 博泰基亚-乌尔苏斯车队

Bottecchia 博泰基亚车队，意大利自行车品牌，以第一位获得环法冠军的意大利车手奥塔维奥·博泰基亚(Ottavio Bottecchia)命名

Boule d'Or-Sunair-Colnago 布尔多尔-苏耐尔-梅花车队

Bouygues Télécom 布伊格电信车队法国电信公司品牌

BP-Hutchinson，BP-哈钦森车队

Bray Wheelers 布雷惠勒斯车队

Brianzoli-Chateau d'Ax 布里安佐利-夏图车队，法国面包店品牌

Brioches La Boulangere 布里奥切-拉勃朗日车队

Brooklyn 布鲁克林车队

Butler Cycles 巴特勒车队

C

C&A 西雅衣家车队，品牌，荷兰 BRENNINKMEIJER 家族的百年老店(创始于 1841 年)

Cafe de Colombia 哥伦比亚咖啡车队，品牌

Caffita 卡啡塔车队，胶囊咖啡机，GAGGIA(佳吉亚)公司的 Caffitaly System，也称作 Caffita 系统，它是现在最为流行的咖啡胶囊系统

Caisse d'Epargne 车队,储蓄银行(法国)

Caisse D'Epargne-Illes Balears 储蓄银行-巴利阿里群岛车队

Caja Rural 车队,银行集团(西班牙)

Cajastur 卡哈斯特车队,银行品牌(西班牙)

Campagnolo 坎帕尼奥洛车队,意大利自行车配件品牌(公司),套件产品名称

Candi TV 坎迪电视台车队

Cannondale-Garmin 佳能戴尔-佳明车队

Cannondale 佳能戴尔车队,公司

Carpano-Coppi 卡帕诺-科皮车队

Carpano 卡帕诺车队

Carrera Jeans 卡雷拉牛仔裤车队,意大利品牌

Carrera Jeans-Tassoni 卡雷拉牛仔裤-塔索尼车队

Carrera Jeans-Vagabond 卡雷拉牛仔裤-流浪者车队

Carrera 卡雷拉车队,意大利品牌,保时捷车系之一,保时捷 Carrera 系列是当今保时捷车系当中历史最悠久的车型,也是一直延续后置发动机的车型

Carrera-Inoxpran 卡雷拉-依诺普兰车队

Castorama 卡斯托拉玛,车队,法国家具超市品牌

Castrol-Burnmah-Kas,嘉实多-Burnmah-卡斯车队

Castrol 嘉实多车队,润滑油品牌。BP(英国石油公司)旗下的一个子品牌

Celestial Seasonings 诗尚草本车队,公司,美国最大的草药茶生产商之一

Cervélo 赛沃洛车队,加拿大自行车品牌,位于多伦多的 Cervélo 自行车公司名字来自意大利语 cervello 和法语的 velo。前者意指大脑,后者意指自行车

Chateau d'Ax 夏图车队,意大利沙发品牌

Chazal 沙扎尔车队(法国)

Chevrolet 雪佛兰车队,美国汽车品牌

Chevrolet-L A Sheriff's 雪佛兰-洛城警长车队

Chipotle 施波特车队,原意为辣椒酱,美国连锁餐厅品牌(墨西哥风味)Chipotle Mexican Grill, Inc. (CMG)是一家墨西哥餐厅,经营着 2500 多家快餐店。大多数餐厅在美国,少数在加拿大、英国、德国和法国

Cidona 西多纳车队,品牌,是 Bulmers 公司出产的非酒精苹果饮料,曾经是 C&C 公司的品牌

Cilo 西洛车队,品牌

Clas-Cajastur 克拉斯-卡哈斯特车队

Clas 克拉斯车队，品牌

Cofidis 科菲迪斯车队，法国自行车品牌，冠名赞助商 Cofidis Solutions Crédits 是法国的一家信贷公司

Colin 科林车队

Colnago 科尔纳戈车队，通译为梅花，意大利自行车品牌

Colombia-Varta amateur squad 哥伦比亚-瓦尔塔业余队

Columbia 哥伦比亚车队，美国户外运动服装品牌，创立于 1938 年

Columbia Highroad 哥伦比亚-高速公路车队

Comunitat Valenciana-Kelme 巴伦西亚-卡尔美车队

Comunitat Valenciana 巴伦西亚车队

Concorde 协和式飞机车队，品牌，一种由法国宇航和英国飞机公司联合研制的中程超音速客机

Condor & Guerra 孔多尔-格拉车队

Continental Barloworld team 洲际巴罗世界车队

Coop-Mercier-MAVIC 库普-梅西耶-马威克车队

Coop-Mercier 库普-梅西耶车队

Coop 库普车队，瑞士零售业品牌

Coors Light-ADR 库尔斯啤酒-ADR 车队，Coors Light 库尔斯之光，库尔斯啤酒，国内通译"银子弹"啤酒

Credit Lyonnais 里昂信贷银行车队（法国）

CSC-Saxo Bank CSC-盛宝银车队

CSC-Tiscali CSC-蒂斯卡里车队

D

Daikin 大金车队，日本品牌。大金集团，1924 年创立，不断壮大发展，一家产品覆盖空调、制冷、氟化学、电子、油压机械等多个领域的跨国企业

Davitamon 达维特车队，荷兰品牌，起源于 1928 年。主要生产天然的维生素，不添加任何的化学成分

Dayton Cycles 代顿车队

Del Tongo-Colnago 通戈-梅花车队

Del Tongo-MG Boys 通戈-MG Boys 车队

Del Tongo 通戈车队，意大利橱柜品牌

Deutsche Telekom 德国电信车队

Discovery(Discovery Channel, Team Discovery Channel)探索频道车队

Doimo 车队,意大利的知名家具品牌,总部位于意大利东北部威尼托大区的特雷准索省,Giuseppe Doimo 兄弟于 1949 年创立了 Doimo。经过 60 多年的持续稳固发展,Doimo 已经发展成为欧洲规模最大的家具企业之一

Domina Vacanze-Elitron Domina Vacanze-爱利通车队

Domina Vacanze 车队,由一家意大利旅游公司(度假屋)赞助

Domo-Farm Frites 多默-福莱茨农场车队

Domo 多默车队(比利时)

Doniselli 多尼塞利车队,意大利品牌

Dunlop 邓禄普车队,公司

E

Ecoturbo 爱科腾博车队,品牌

Elf 埃尔夫车队,石油公司品牌(法国)

Elitron 爱利通车队,意大利计算机切割机械品牌

Ellis-Briggs 埃利斯-布里格斯车队

Elve-Peugeot 埃尔夫-标致车队

Elvish-Wolber 埃尔维什-沃尔贝车队

Endura 英德那车队,苏格兰骑行服品牌

Energade 车队,饮料品牌,1993 年推出,是南非第一款运动饮料

Englebert 英格尔伯特车队,轮胎品牌

Eroski 埃罗斯基车队,西班牙连锁超市集团

Essor-Leroux 埃索-勒鲁车队

Esso 埃索车队,公司,埃索为润滑油品牌,是埃克森美孚公司的一个品牌

Etixx 车队,比利时运动营养品品牌 Etixx Sports Nutrition

Etixx-Quick Step Etixx-快步车队

Eurocar 欧洲汽车车队,品牌,欧洲最大的汽车租赁公司,1949 年成立,总部在法国巴黎,以欧洲为主

Eurocar-Galli 欧洲汽车-加利车队

Euskaltel-Euskadi 巴斯克电信车队,简称 Euskaltel,是一支来自西班牙巴斯克地区,由巴斯克电信公司 Euskaltel 赞助的自行车队

Exergy 车队,又叫有效能,定义为热力系工质的可用能。当系统由一任意状态可逆地变化到与给定环境相平衡的状态时,理论上可以无限转换为任何其他能量形式的

那部分能量

　　Exergy-TWENTY 16 车队

F

　　Faema-Guerra 飞马-格拉车队

　　Faema 飞马车队，品牌，意大利咖啡机品牌

　　Faemino Faema 法米诺-飞马车队

　　FAGOR 法格车队，西班牙品牌。主营厨房烹饪、小家电、橱柜等。是世界上最大的烹饪锅具制造商

　　Falcon-Clement 福尔肯-克莱门特车队

　　Falcon 福尔肯车队，品牌

　　Fangio-Ecoturbo 凡焦-爱科腾博车队

　　Fanini 法尼尼车队，创始人为 Lorenzo Fanini

　　Farm Frites 福莱茨农场车队，荷兰农产品加工企业

　　Farnese 法尼丝车队，酒庄品牌，法尼丝酒庄位于意大利阿布鲁佐（Abruzzo）产区，是意大利阿布鲁佐大区最著名的酒庄之一，其出产的酒品集中体现了当地的风土特征

　　Fassa Bortolo 法萨博尔托洛车队，公司，意大利建筑材料品牌

　　FDJ 车队，法国国家彩票经营者 Francaise des Jeux 的缩写（官网：www. fdj. fr，翻译为"法国游戏"）

　　Ferrari 法拉利车队，品牌

　　Ferretti 法拉帝车队，意大利品牌

　　Festina-Lotus 飞士天-路特斯车队

　　Festina 飞士天车队，西班牙手表品牌，总部设在西班牙的巴塞罗那

　　Fiat-La France 菲亚特-法兰西车队

　　FIAT 菲亚特车队，品牌，意大利汽车制造公司（Fabbrica Italiana Automobili Torino，缩写即 F. I. A. T.），成立于 1899 年，总部位于意大利工业中心，皮埃蒙特大区首府都灵

　　Fides 菲狄斯车队

　　Flandria-Mars 弗兰德里亚-火星车队

　　Flandria-Ca Va Seul 弗兰德里亚-卡瓦苏尔车队

　　Flandria-Carpenter 弗兰德里亚-卡彭特车队

　　Flandria-Shimano 弗兰德里亚-禧玛诺车队

　　Flandria 弗兰德里亚车队

　　Footon-Servetto 塞维托车队

Ford France-Gitane 法国福特-吉坦车队

Ford France-Hutchinson 法国福特-哈钦森车队

Ford France 法国福特车队

Fosforena-Vereco 福斯福雷纳-韦雷科车队

Francaise des Jeux 法国乐透车队（博彩车队）

France A 法国 A 队

France Sport-Dunlop 法国体育-邓禄普车队

François Lambert 弗朗索瓦朗贝尔车队

Frejus 弗雷瑞斯车队

Fuchs 福斯车队，德国品牌

G

Galindo 加林多车队

Gamma 伽马车队

GAN GAN 车队，法国保险品牌

GAN-Mercier GAN-梅西耶车队

GAN-Mercier-Hutchinson GAN-梅西耶-哈钦森车队

Ganna 甘纳车队

Garin-Wolber 加兰-沃尔贝车队

Garmin- Cervélo 佳明-赛沃洛车队

Garmin 佳明车队，品牌

Garmin-Barracuda 佳明-梭子鱼车队

Garmin-Chipotle 佳明-施波特车队

Garmin-Sharp 佳明-夏普车队

Garmin-Slipstream 佳明-气流车队

Garmin-Transitions 佳明-全视线车队

Gazelle 羚羊车队，公司，荷兰品牌

Geox-TMC 健乐士-TMC 车队

Geox 健乐士车队，意大利制鞋品牌，1994 年由 MARIO MORETTI POLEGATO 先生创办，GEOX 一词取自希腊文"GEO"，意即脚下的大地；以未知数"X"作为技术的象征，寓意新技术、新理念的组合

Gerbi 戈比车队

Gerolsteiner 德劳特沃车队，德国矿泉水品牌

Gewiss-Ballan 盖维斯-巴朗车队

Gewiss 盖维斯车队，意大利品牌

GeWiS 车队，公司，家族企业，已发展成为系统性供应商，可为汽车和电气行业、液压行业和农业工程行业加工高精度和复杂的零件以及装配组

Giant 捷安特，车队，中国台湾自行车品牌

Giant-Shimano 捷安特-禧玛诺车队

Gios-Torino 车队，Gios 为意大利自行车品牌

Gis- Benotto 吉斯-贝诺托车队

Gis Gelati-Trentino Vacanze 吉斯杰拉蒂-特伦蒂诺假期车队

Gis Gelati 吉斯杰拉蒂车队

Gitane-Campagnolo 吉坦-坎帕尼奥洛车队

Gitane-Leroux 吉坦-勒鲁车队

Gitane 吉坦（吉卜赛人）车队，法国品牌

Groene Leeuw-Sas-Sinalco 绿狮-萨斯·辛纳尔科车队

Groene Leeuw 绿狮车队（荷兰）

Grundig 根德车队，德国品牌

Guiness 吉尼斯车队，英国酿酒集团，吉尼斯世界纪录（Guinness World Records）的创办者

Guiness-Kas-MAVIC 吉尼斯-卡斯-马威克车队

H

Halfords 哈福德车队，品牌，Halfords Group plc 是一家英国汽车部件零售商，在英国和爱尔兰经营汽车零件、汽车改装、野营和巡回设备，以及自行车

Health Net-Maxxis 健康网-玛吉斯车队

Health Net 健康网车队，美国健康保险巨头，Health Net, Inc. 成立于 1979 年，总部位于美国加利福尼亚州伍德兰希尔斯

Helvetia- La Suisse 海尔维第-瑞士队

Helyett -Fynsec-Hutchinson 埃利耶特-Fynsec-哈钦森车队

Helyett-Hutchinson 埃利耶特-哈钦森车队

Helyett-Potin 埃利耶特-波坦车队

Highroad 高速公路车队，体育品牌 Highroad Sports

Holdsworth 霍尔兹沃思车队，英国自行车品牌，创办于伦敦，以创始人名字命名

Hoonved 车队，意大利洗碗机品牌

HTC 宏达电车队,品牌,宏达国际电子股份有限公司成立于 1997 年 5 月 15 日,简称宏达电,亦称 HTC,是一家位于中国台湾的手机与平板电脑制造商。是全球最大的 Windows Mobile 智能手机生产厂商,全球最大的智能手机代工和生产厂商

HTC-Columbia 宏达电-哥伦比亚车队

HTC-Highroad 宏达电-高速公路车队

Hutchinson 哈钦森车队(公司)

I

iBanesto. com 班尼斯托车队。iBanesto 是一家成立于 1999 年的在线银行,隶属于 Banesto,班尼斯托银行(西班牙信贷银行)

Icy Hot 冰热车队,美国医药品牌,生产冰热消炎镇痛膏等产品

Ignis-Doniselli 英格尼斯-多尼塞利车队

Ignis 英格尼斯车队,品牌

Ile de France 法兰西岛车队

Index-Alexia-亚力克西亚车队

Inoxpran 依诺普兰车队,意大利咖啡壶品牌

iShares 安硕车队,基金,英国巴克莱银行(Barclay)的子公司之一

J

J. B. Louvet-Continental 卢韦洲际车队

Jelly Belly 吉力贝车队,美国糖果品牌,是制造 Jelly Beans(啫喱豆)的品牌之一

K

Kas 卡斯车队

Kas-Campagnolo 卡斯-坎帕尼奥洛车队

Kas-Canal 10-MAVIC 卡斯-Canal 10-马威克车队

Kas-Kaskol 卡斯-卡斯科车队

Kaskol 卡斯科车队

Kas-MAVIC 卡斯-马威克车队

Kas-Miko 卡斯-Miko 车队

Katusha 喀秋莎车队

KELLY Benefit Strategies 凯利车队,美国保险品牌

Kelme-Avianca 卡尔美-阿维安卡车队

Kelme-Costa Blanca 卡尔美-白色海岸车队

Kelme 卡尔美车队,西班牙运动品牌

Kwantum 车队,品牌,荷兰家具用品公司

Kwantum-Yoko Kwantum-优科车队

L

L' Américain 美国人车队

La Perle team 拉佩勒车队

La Perle-Hutchinson 拉佩勒-哈钦森车队

La Redoute 乐都特车队,法国服饰品牌,是 Redcats 集团旗下品牌之一,创立于 1837 年,产品涵盖女装、男装、孕妇装、童装、配饰、鞋等

La Sportive 拉思帕蒂瓦车队,品牌

La Vie Claire-Terraillon 克莱尔生活-得利安车队

La Vie Claire-Wonder-Radar 克莱尔生活-旺德-雷达车队

La Vie Claire 克莱尔生活车队,法国食品连锁店品牌

Lampre-Caffita 蓝波-卡啡塔车队

Lampre-Daikin 蓝波-大金车队

Lampre-Farnese Lampre-Farnese 蓝波-法尼丝车队

Lampre-Merida 蓝波-美利达车队

Lampre-Panaria 蓝波-普纳尼亚车队

Lampre-Polti 蓝波-波尔蒂车队

Lampre-Vinavil 蓝波-维纳欧车队

Lampre 蓝波车队,Lampre 是意大利一家制造钢卷板的公司。Lampre 的名字由来是两个单词 Lamiere 和 pre-coated。Lamiere 是指钢铁薄片,而 pre-coated 是预涂的意思,两者合并成为公司名字 Lampre

Lano 兰诺车队,品牌

Le Coq Sportif 法国公鸡,运动品牌

Legnano 莱尼亚诺车队,品牌(意大利)

Lejeine-BP 勒吉恩-BP 车队

Lejeune-BP 勒热纳-BP 车队(法国)

Lejeune 勒热纳车队

Leopard Natural 猎豹车队,品牌,运动饮料公司

Leopard-Trek 猎豹-崔克车队

Levi's-Raleigh 李维斯-兰令车队

Levis 李维斯车队,美国牛仔服饰品牌

Liberia-Hutchinson 利比里亚-哈钦森车队

Liberty Seguros 车队,自由保险公司

Licor 43-St. Raphael-Geminiani 利口 43-圣拉斐尔-吉米尼亚尼车队

Liquigas 天然气车队,品牌,Liquigas Italiana 意大利液化天然气公司

Liquigas Cannondale 天然气-佳能戴尔车队

Liquigas-Doimo 天然气-多莫车队

Liv 丽芙车队,捷安特旗下女性自行车品牌

Longoni Sports 龙格尼体育车队,意大利体育用品连锁店

Lotto Mobistar 乐透-摩比星车队

Lotto 乐透车队,比利时国家彩票公司

Lotto-Adecco 乐透-阿第克车队

Lotto-Belisol 乐透-贝利索尔车队

Lotto-Soudal 乐透-速的奥车队

Lotus 路特斯车队,跑车品牌,Lotus Cars,曾被译为"莲花汽车",是世界著名的跑车与赛车生产商,总部设在英国诺福克郡(Norfolk)的 Hethel,由柯林·查普曼(Colin Chapman)创立于 1952 年

Lululemon 露露乐蒙车队,品牌,加拿大瑜伽、跑步、训练运动服饰及瑜伽垫等专业运动装备以及日常休闲服饰品牌

Luxembourg-Mixte 卢森堡联合车队

Lygie 雷吉车队(意大利)

M

Maino & Opel-Torpedo 马伊诺 & 欧宝-鱼雷车队

Malvor-Bottecchia-Vaporella 马尔沃-博泰基亚-瓦波雷拉车队

Manchester 曼彻斯特车队

Mann-Grundig 曼-根德车队

Manng 曼车队,德国品牌

Manzana Postobon(Manzana-Postobón)曼扎娜·波斯托邦车队,哥伦比亚饮料品牌

Mapei 马贝车队,品牌,意大利马贝集团(MAPEI group)于 1937 年在米兰成立,生产地板和墙壁装置装饰用的黏合剂和一些辅助产品

Mapei-Clas 马贝-克拉斯车队

MAPEI-GB 马贝-GB 车队

Mapei-Quick Step 马贝-快步车队

Margnat -Paloma 马格纳特-帕洛玛车队

Margnat-Debon 马格纳特-德邦车队，摩托车品牌（法国）

Margnat-Paloma-Dunlop 马格纳特-帕洛玛-邓禄普车队

Margnat-Paloma-Motul-Dunlop 马格纳特-帕洛玛摩特-邓禄普车队

Mars 火星车队

Martini 马天尼车队，品牌

MAVIC，马威克车队，法国品牌，是一家专业生产自行车轮组、骑行鞋等配件的公司，1889 年创建

Maxxis 玛吉斯车队，轮胎品牌，玛吉斯轮胎是 1967 成立的中国台湾正新橡胶工业股份有限公司旗下的品牌之一

Mercatone Uno 车队，品牌，意大利超市品牌

Mercier，F. Pélissier 梅西耶佩利西耶车队

Mercier-A. Magne 梅西耶-马涅车队

Mercier-BP-Hutchinson 梅西耶-BP-哈钦森车队

Mercier-BP 梅西耶-BP 车队

Mercier 梅西耶车队，法国自行车品牌

Mercury-Viatel 水星-维亚特尔车队

Mercury 水星车队，品牌，水星汽车公司是福特汽车公司唯一自创的品牌。1947 年，水星公司作为独立的公司于 1930 年在福特名下开始生产轿车

Merida 美利达车队，中国台湾自行车品牌

Merlin 梅林车队，自行车品牌；Merlin Metalworks 梅林金属厂

Metauro Mobili-Pinarello 车队（意大利）

Metauro Mobili 车队

Metropole-Dunlop 大都会-邓禄普车队

MG-Technogym MG-泰诺健车队

Michelin 米什兰车队，中国通常译为米其林（公司）

Micmo-Gitane 米克莫-吉坦车队

Midlands 中部地区车队（英国）

Miko Mercier Miko-梅西耶车队

Miko-Mercier-Hutchinson Miko-梅西耶-哈钦森车队

Milram 米拉姆车队，德国乳制品品牌

Mobistar 摩比星车队，品牌，比利时第二大移动运营商

Molteni 莫尔泰尼车队，意大利品牌

Montgomery-Bell 蒙哥马利-贝尔车队

Motorola 摩托罗拉车队,美国芯片制造、通讯品牌

Motul 摩特车队,法国润滑油品牌

Movistar 移动之星车队,西班牙移动电信运营商

Mróz 姆鲁兹车队

MTN-Energade 车队

MTN-Qhubeka 库贝卡车队,南非洲际队,MTN-Qhubeka 车队的成立初衷是为了推广 Qhubeka 项目,该项目鼓励更多的非洲人骑上自行车。该项目让人们可以通过植树、回收垃圾和提升入学率等方式来获得自行车

N

Navigators 航海家保险车队,Navigators Insurance Company 是一家美国保险公司

Net App-Endura 美国网存-英德那车队

Netapp 美国网存车队,网域存储技术有限公司(美国)

Nissan 日产车队,日本汽车品牌

Nivea-Fuchs 妮维雅-福斯车队

NIVEA 妮维雅车队,德国护肤品与身体护理品品牌

Nord-Est-Centre 东北中心车队(法国)

Novartis 诺华车队,制药品牌,诺华集团,为全球医药健康行业的跨国企业,世界三大药企之一,总部在瑞士巴塞尔

Novell 诺威尔车队,诺威尔软件公司(美国)

Novemail-Histor(以前称为 Panasonic)是一支法国男子公路自行车队,从 1984 年至 1994 年活跃在专业人士中。该公司总部位于荷兰,由松下赞助了九年,而在过去两个赛季中,它被称为 Novemail

Novemail 诺夫邮电车队

NOW-Novartis NOW-诺华车队

O

Olmo team 奥尔莫车队

Omega Pharm-Quick Step 欧米茄制药-快步车队

Omega Pharma 欧米茄制药车队,德国制药公司品牌

ONCE 昂斯车队,组织,西班牙自行车运动主要赞助商,ONCE 是西班牙盲人组织的缩写

Opel 欧宝车队,德国品牌

Optum-Kelly Benefit Strategies 联合健康集团-凯利车队

Optum 联合健康集团车队，美国健康服务品牌

Orbea 奥贝亚车队，西班牙自行车品牌，1840 由 Orbea 兄弟创立，由于他们精湛的金属加工手艺，迅速成为著名的枪支制造者。20 世纪 30 年代因为市场需求开始设计制造自行车

Orbea-MG-Gin 奥贝亚-MG-金酒车队

Orica GreenEDGE 澳瑞凯-绿刃车队（澳大利亚）

Orica-Scott 澳瑞凯-斯科特车队

Orica 澳瑞凯车队，品牌，全球最大的商用炸药和爆破系统提供商

Ouest 西部车队，Ouest-France《法兰西西部报》

P

Paloma 帕洛玛车队

Panaria 普纳尼亚车队，意大利陶瓷品牌，普纳尼亚集团股份公司（Panariagroup IndustrieCeramiche S. p. A）

Panasonic 松下车队，日本电器品牌

Panasonic-Isostar 松下-Isostar 车队

Panasonic-Sportlife 松下-魄力车队

Pari Mutuel Urbain 城市互助博彩公司（PMU）车队

Paris Cycles 巴黎自行车队

PB&Co 花生酱公司车队，Peanut Butter & Co. 源于 1998 年美国纽约一间温馨家庭式的三明治店，该店提供各种口味花生酱的三明治

PDM 车队，荷兰职业车队，全称为 Philips Dupont Magnetics，飞利浦公司和杜邦公司赞助

PDM-Cidona PDM-西多纳车队

PDM-Ultima-Concorde PDM-创世-协和飞机车队

Pedali Alpini 佩达利阿尔皮尼车队

Pelforth-Sauvage-Lejeune-Wolber 佩尔佛斯-索瓦吉-勒热纳-沃尔贝车队

Pelforth-Sauvange-Lejeune 佩尔佛斯-索瓦吉-勒热纳车队

Pelforth 佩尔佛斯车队，法国啤酒品牌

Pepsi-Campagnolo 百事-坎帕尼奥洛车队

Pepsi-Fanini 百事-法尼尼车队

Pepsi 百事车队，公司（PepsiCo Inc），一家美国饮料和休闲食品公司

Percy Bilton-Holdsworth 珀西比尔顿-霍尔兹沃思车队

Percy Bilton-珀西·比尔顿车队,公司,英国品牌,以创始人的名字命名

Peugeot-Wolber 标致-沃尔贝车队

Peugeot-BP-Englebert 标致-BP-英格尔伯特车队

Peugeot-BP-Michelin 标致-BP-米其林车队

Peugeot-BP 标致-英国石油公司车队,简称标致-BP 车队

Peugeot-Esso-Michelin 标致-埃索-米其林车队

Peugeot-Esso 标致-埃索车队

Peugeot-Shelll-Michelin 标致-壳牌-米其林车队

Peugeot-Shell 标致-壳牌车队

Peugeot 标致品牌车队,公司(法国)

Phonak- iShares 峰力-安硕车队

Phonak 峰力车队,瑞士助听器品牌,峰力集团

Pinarello 皮纳雷洛车队,品牌,公司

Polti 波尔蒂车队,意大利品牌

Potin 波坦车队

Predictor-Lotto 预言家-乐透车队(比利时)

Puch-Campagnolo team 普赫-坎帕尼奥洛车队

Puch-Sem-Campagnolo 普赫-塞姆-坎帕尼奥洛车队

Puch 普赫车队,奥地利品牌

Q

Quark 夸克车队

Quick Step-Davitamon 快步-达维特车队

Quick-Step 快步车队,成立于阿姆斯特丹的一家大型地板厂商,主打强化复合地板

R

Rabobank 荷兰合作银行车队,品牌,又称拉波银行

Rabobank-Liv 拉波银行-丽芙车队

Radar 雷达车队,法国品牌

Radio Shack-Nissan 无线电-日产车队

Radio Shack-Leopard 无线电-猎豹车队

Radio Shack 无线电车队,品牌,美国无线电器材公司,总部设于美国得克萨斯州沃兹堡的 Radio Shack Corporation,是美国消费电子产品专业零售商

RAGT SEMENCES 车队，公司，法国粮食谷物种子公司

Raleigh-Banana 兰令-巴纳尼亚车队

RALEIGH 兰令车队，品牌，自行车公司；Raleigh Cycles 兰令自行车队；Raleigh Industries of England 英国兰令工业公司；Raleigh bicycle company of Nottingham 英国诺丁汉兰令自行车公司

Rapha-Gitane-Dunlop 拉法-吉坦-邓禄普车队

Rapha 拉法品牌，车队

Ravat-Wonder-Dunlop 拉瓦特-旺德-邓禄普车队

Red Zinger-Celestial Seasonings 红辛格-诗尚草本车队

Red Zinger 红辛格车队

Renault-Elf-Gitane 雷诺-埃尔夫-吉坦车队

Renault-Elf 雷诺-埃尔夫车队

Renault-Gitane 雷诺-吉坦车队

Renault 雷诺车队，法国汽车品牌；Renault Factory Group 雷诺工厂集团

Reydel 雷代尔车队，汽车品牌

Reynolds- Reynolon 雷诺兹-雷诺隆车队

Reynolds-Banesto 雷诺兹-班尼斯托车队

Reynolds-Galli 雷诺兹-加利车队

Reynolds 雷诺兹车队，品牌；Reynolds Tube Company, Ltd. 雷诺兹管材有限公司（英）后更名为 T I. Reynolds

Reynolon 雷诺隆车队，品牌

RMO-Liberia　RMO-利比里亚车队

RMO-MAVIC　RMO-马威克车队

Rock Racing 摇滚赛车，国内通译为骷髅车队（美国）

Roland 罗兰车队，品牌

S

Saeco-Estro 喜客-埃斯特罗车队

Saeco-Longoni Sports 喜客-龙格尼体育车队

Saeco-Valli Valli 喜客-万丽车队

Saeco 喜客车队，咖啡机，飞利浦旗下的咖啡机品牌 Saeco Macchine Per Café

Saloti-Chateau d'Ax 萨洛蒂-夏图车队

Salvarani 萨尔瓦拉尼车队

San Giacomo-Benotto team 圣贾科莫-贝诺托车队(意大利)

Sangalhos 桑戛荷斯车队

Sanson-Columbus-Campagnolo 桑松-哥伦布-坎帕尼奥洛车队

Santini-Selle Italia 圣蒂尼-意大利车队

Santini 圣蒂尼车队,品牌。Santini SMS 意大利自行车运动服制造公司,成立于
1965 年。Santini 是以创始人 Pietro Santini 的姓命名,SMS 是 Santini Maglificio Sport-
ivo 的首字母缩写,骑行服系列一直坚持意大利生产

Saturn-Timex 土星-天美时车队

Saturn 土星车队,通用汽车公司最年轻的品牌

Saunier Duvali-Prodir 索尼埃杜瓦尔-普罗迪尔车队

Saunier Duval-Scott 索尼埃杜瓦尔-斯科特车队

Saunier Duval 索尼埃·杜瓦尔车队,法国品牌,主营采暖炉、热水器

Sauvange 索瓦吉车队,法国香水品牌

Saxo Bank-tinkoff Bank 盛宝银行-京科夫银行车队

Saxo 盛宝银行车队,品牌,盛宝银行集团(Saxo Group)成立于 1992 年,是一家欧
洲全牌照银行及领先的金融科技公司,总部位于丹麦哥本哈根

Schwinn-Icy Hot 施温-冰热车队

Schwinn 施温车队,公司;Arnold,Schwinn Co. 阿诺德施温公司;Schwinn Cycling
and Fitness 施温骑行与健身公司

SCIC 库琪尼车队,意大利厨具品牌 SCIC Cucine Componibili

Scic-Bottecchia 库琪尼-博泰基亚车队

Scott 斯科特车队,自行车品牌(美国)Scott USA,Scott Sports Group 斯科特体育集团

Sedis 赛迪斯,法国传动件公司

Selle Italia 塞勒车队,意大利自行车零件生产商,坐垫品牌,1897 年就开始生产坐垫

Sem-France Loire,Assos 塞姆-法国卢瓦尔,阿索斯车队

SERVETTO 塞维托车队,意大利衣柜领域五金配件品牌,1968 年创立

Seur-Deportes 瑟尔-体育车队

Seur 瑟尔车队,西班牙快递企业

Shaklee 嘉康利车队,美国品牌,天然营养品公司,创始于 1956 年

Sharp 夏普车队,日本的电器及电子公司

Sheffield 谢菲尔德车队,英国地名

Shell 壳牌车队,公司

Shimano 禧玛诺车队,公司;Shimano Iron Works 禧玛诺钢铁厂(日本);Shimano,

Incorporated 禧玛诺股份有限公司(日本)

  Sidi-Grab On 车队

  Silence-Lotto 沉寂-乐透车队

  Skil-Reydel-Sem 世纪-雷代尔-塞姆车队

  Skil-Sem-Kas-Miko 世纪-塞姆-卡斯-Miko 车队

  Skil-Shimano 世纪-禧玛诺车队

  Skil 世纪车队,美国电动工具品牌

SKODA 斯柯达车队,德国大众汽车公司经典品牌之一,总部位于捷克姆拉达-博莱斯拉夫,是世界上历史最悠久的四家汽车生产商之一,创立于 1895 年

  Sky 天空车队(英国),车队的所有者是英国宽频电视传媒公司——天空

  Slipstream 气流车队,公司,Slipstream Sports,LLC 气流体育管理公司

  Slipstream-Chipotle 气流-施波特车队

  Sonolor-Lejeune 素诺洛尔-勒热纳车队

  Soudal 速的奥车队,比利时黏合剂和密封剂公司

  Specialized 闪电车队,美国品牌;Specialized Bicycle Components 闪电自行车公司(美国);Specialized Bicycle Imports 闪电自行车进口公司(美国)

  Specialized-Lululemon 闪电-露露乐蒙车队

  Splendor 斯普伦德车队,品牌

  Sport 80 体育 80 车队,公司,品牌

  Sporting Raposeira 拉波塞拉体育,车队(葡萄牙)

  Sportlife 魄力车队,芬兰木糖醇品牌

  SRAM 速联车队,品牌(美国)

  St Raphael 圣拉斐尔车队

  St. Raphael-Geminiani-Dunlop 圣拉斐尔-吉米尼亚尼-邓禄普车队

  St. Raphael-Geminiani 圣拉斐尔-吉米尼亚尼车队

  St. Raphael-Gitane-Campagnolo 圣拉斐尔-吉坦-坎帕尼奥洛车队

  St. Raphael-Helyett 圣拉斐尔-埃利耶特车队

  St. Raphael- Geminiani-Campagnolo 圣拉斐尔-吉米尼亚尼-坎帕尼奥洛车队

  Stella-Dunlop 斯特拉-邓禄普车队

  Stella-Hutchinson 斯特拉-哈钦森车队

  Subaru-Montgomery 斯巴鲁-蒙哥马利车队

Subaru 斯巴鲁车队,日本汽车品牌。是富士重工业株式会社(FHI)旗下专业从事汽车制造的一家分公司,成立于 1953 年,最初主要生产汽车,同时也制造飞机和各种

发动机,是生产多种类型、多用途运输设备的制造商

    Sud-Aviation 南方飞机公司(法国)

    Sunair-Sport 80-Colnago 苏耐尔-体育 80-梅花车队

    Sunair 苏耐尔车队

    Super Ser 车队

    Super,Garin & Mondia 超级、加兰-梦地亚车队

    Superconfex-Yoko-Opel Superconfex-优科-欧宝车队

    Systeme UU 氏集团车队,品牌,经营连锁超市(法国)

T

    T-Mobile T-Mobile 车队,手机运营商名称,是一家跨国移动电话运营商,德国电信的子公司

    T I. Raleigh McGregor 兰令玛格丽格车队

    T. I. Raleigh 钢管投资兰令公司,车队名,简称兰令车队

    Tassoni 塔索尼车队,意大利品牌

    TEAM CSC 车队(丹麦),主要赞助商:Computer Sciences Corporation(CSC)丹麦资讯科技公司

    Tebag-Peugeot 特巴格-标致车队

    Tebag 特巴格车队

    Teka 德格车队,德国厨房电器品牌

    Terot -Margnat-Debon 特罗-马格纳特-德邦车队

    Terraillon 得利安车队,法国品牌,1946 年成立,当时主要设计及生产时钟、煮食用品、浴室及厨房磅等

    Terrot 特罗车队,法国摩托车品牌

    Thomann,Cilo 托曼,西洛车队

    T. I. Raleigh-Creda 兰令-可雷达车队,兰令品牌的一种车型

    TIBCO 蒂布可车队,美国公司,整合商务集成方案供应商

    Timex 天美时车队,美国钟表品牌,创始于 1854 年

    Tinkoff-Saxo 京科夫-盛宝银行车队

    Tinkoff 京科夫车队,俄罗斯商业银行

    Tioga-Giant 泰奥加-捷安特车队

    Tioga 泰奥加车队,品牌,美国自行车配件品牌

    Tiscali 蒂斯卡里车队,意大利搜索引擎,欧洲主要的独立电信公司之一

TMC 车队，丰田汽车 TMC(Toyota Motor Corporation)

Tonton Tapis 汤顿塔皮斯车队，地毯品牌

Torpado 车队，意大利自行车品牌，成立于 1895 年

Toshiba-Look 东芝-Look 车队

Toshiba 东芝车队，日本品牌

Transitions 全视线车队，全视线光学公司，总部在美国

Trek Factory Racing 崔克车队

Trek 崔克车队，美国自行车品牌；Trek Bicycle Company 崔克自行车公司

Trek-Livestrong 崔克-坚强活着基金会车队

Trentino Vacanze 特伦蒂诺假期车队

Tulip 郁金香车队(荷兰)

TVM-Farm Frites　TVM-福莱茨农场车队

<h2 style="text-align:center">U</h2>

Ultima 创世车队，品牌，英国小众超跑品牌

Unibet. com 优胜客车队，欧洲博彩公司

United Healthcare 联合保健车队，美国联合保健公司

United States Postal Service Montgomery-Bell 美国邮政总局蒙哥马利-贝尔车队

Ursus 乌尔苏斯品牌，车队(意大利)，又称蛮牛

US Postal-Berry Floor 美国邮政-百瑞地板车队

US Postal-Montgomery-Bell 美国邮政-蒙哥马利-贝尔车队

US Postal 美国邮政车队(United States Postal Service cycling team)

Vacansoleil-DCM 瓦坎索雷-DCM 车队

Vacansoleil 瓦坎索雷车队，荷兰户外营地品牌

Vagabond 流浪者车队，卡雷拉牛仔品牌骑行服

Valli&. Valli 万丽车队，意大利集生产与设计为一体的顶级五金品牌

Vaporella 瓦波雷拉车队，品牌

Varta-Cafe de Colombia 瓦尔塔-哥伦比亚咖啡车队

Varta 瓦尔塔车队，德国品牌

VC Xiio- Leroux-Gitane-Dunlop VC Xiio-勒鲁-吉坦-邓禄普车队

Velda-Flandria 卫达-弗兰德里亚车队

Velda-Lano-Flandria 卫达-兰诺-弗兰德里亚车队

Velda 卫达车队，床垫品牌(比利时)

Velocio-Sram 维乐-速联车队

Velocio 维乐车队,英格兰骑行服品牌

Viatel 维亚特尔车队,爱尔兰电信品牌,欧洲电信运营商

Viking Cycles 维京车队

VINAVIL 维纳欧车队,品牌,意大利可再分散乳胶粉的指定经销商

VW Microbus 大众微型面包车

W

Weinmann-La Suisse 威盟-瑞士车队

Weinmann 威盟车队,车圈品牌

Welter 韦尔特车队

Wheaties- Schwinn 惠特斯-施温车队

Wheaties 惠特斯车队,美国麦片品牌

Wiel's-Groene Leeuw 维尔氏-绿狮车队

Wiel's 维尔氏车队,品牌

Willem II team 威廉二世车队

Willem II-Gazelle 威廉二世-羚羊车队

Willkie Quadrangle Squad 威尔基四边形车队

Wolber 沃尔贝车队,品牌

WordPerfect 车队,一款文字处理器,类似于 Microsoft Word。WordPerfect 的第一个版本由 Satellite Software International(SSI)在 1980 年开发。在最初期,WordPerfect 能够运行在各式各样的电脑和作业系统上

Würth 伍尔特车队,德国品牌,专门销售安装和装配材料

Y

Yoko 优科豪马车队,日本轮胎品牌,Yokohama 优科豪马

Z

ZG Mobile-Selle Italia 美孚-意大利塞勒车队

ZG Mobili 美孚电信车队,品牌,意大利厨房制造商,成立于 1962 年

ZG Mobil 美孚车队,润滑油品牌

Zor-BH 佐尔-比驰车队

Zor 佐尔车队

Z-Peugeot Z-标致车队

附录3 中外地名对照表

A

阿伯丁试验场(美国)Aberdeen Proving Ground

阿迪登(法国)Ardiden

阿尔贝维尔(法国)Albertville

阿尔比(法国)Albi

阿尔勒(法国)Arles

阿尔普迪埃(环法经典爬坡路段)Alpe d'Huez

阿尔萨斯-洛林(法国)Alsace-Lorraine

阿尔滕莱茵(瑞士)Altenrhein

阿夫朗什(法国)Avranches

阿格里真托(意大利)Agrigento

阿格内尔山口(法国)Col d'Agnel

阿卡利斯(法国)Arcalis

阿拉斯(法国)Arras

阿纳海姆(美国)Anaheim

阿什菲尔德(澳大利亚)Ashfield

阿斯克新城(法国)Villeneuve d' Ascq

阿斯佩山口(法国)Col du Portet d'Aspet

阿斯平(法国)Aspin

阿维尼翁(法国)Avignon

阿祖萨(美国)Azusa

埃尔迈拉海慈(美国)Elmira Heights

埃夫勒(法国)Évreux

埃斯林根(瑞士)Esslingen

艾格港(美国)Egg Harbor

艾格勒(瑞士)Aigle

艾格莫尔特(法国)Aigues-Mortes

艾瓜勒山(法国)Mt. Aigoual

艾伦敦(美国)Allentown

艾维兰市(美国)Ivyland

安道尔(欧洲)Andorra

安特卫普(比利时)Antwerp

昂布兰(法国)Embrun

昂德希尔(美国)Underhill

昂古莱姆(法国)Angoulême

奥比斯克(法国)Aubisque

奥尔巴尼(美国)Albany

奥尔迪诺山口(安道尔)Col d'ordino

奥尔兰(法国)Orléans

奥尔希(法国)Orchies

奥斯汀(美国)Austin

奥斯图尼(意大利)Ostuni

奥佐恩公园(美国)Ozone Park

B

巴勒鲁普(比利时)Ballerup

巴雷山口(法国)Col de Balès

巴利亚多利德(西班牙)Valladolid

巴隆-阿尔萨斯峰(法国)Ballon d'Alsace

巴涅尔-德比戈尔(法国)Bagnères-de-Bigorre

巴萨诺-德尔格拉帕（意大利）Bassano del Grappa

巴斯（英格兰）Bath

巴斯克（法国）Basque

巴斯托涅（比利时）Bastogne

巴特尔山（美国）Battle Mountain

巴约讷（法国）Bayonne

邦多内山（意大利）Monte Bondone

邦纳维尔盐碱滩（美国）Bonneville Salt Flats

鲍灵格林（美国）Bowling Green

北好莱坞惠尔曼（美国）North Hollywood Wheelmen

贝尔苏尔德（法国）Peyresourde

贝尔维尔（美国）Belleville

贝济耶（法国）Béziers

贝加莫（意大利）Bergamo

贝克斯菲尔德（美国）Bakersfield

贝尼多姆（西班牙）Benidorm

贝塞尔（美国）Bethel

比肯公园（美国）Beacon Park

彼得库珀村（美国）Peter Cooper Village

波城（法国）Pau

波代诺内（意大利）Pordenone

波蒂略山口（法国）Col de Portillo

波基普西（纽约）Poughkeepsie

伯克利（美国）Berkely

博尔德（美国）Boulder

博尔德山（美国）Boulder Mountain

博卡拉顿（美国）Boca Raton

博科路段（意大利）Passo del Bocco

博瓦隆（法国）Beauvallon

布法罗（美国）Buffalo

布拉德福德伍兹（美国）Bradford Woods

布拉特尔伯勒（美国）Brattleboro

布赖顿（英国）Brighton

布朗克斯区（美国）Bronx

布雷斯特（法国）Brest

布里厄（法国）Brieuc

布里夫（法国）Brive

布里格努德 Brignoud

布里奇波特（美国）Bridgeport

布里斯托尔（英国）Bristol

布里扬松（法国）Briançon

布列塔尼（法国）Brittany

布卢姆菲尔德（美国）Bloomfield

布卢瓦（法国）Blois

布伦特伍德（美国）Brentwood

布斯纪念大道和帕森斯大道（美国）Booth Memorial Avenue and Parsons Boulevard

C

查尔斯河（美国）Charles river

查塔努加（美国）Chattanooga

D

大科隆比耶山口（法国）Col du Grand Colombier

代托纳比奇（美国）Daytona Beach

德尔马（美国）Del Mar

德南（法国）Denain

迪南（法国）Dinan

迪涅莱班（法国）Digne-les-Bains

第戎（法国）Dijon

蒂涅（法国）Tignes,法国罗讷-阿尔卑斯大区萨瓦省的一个城镇

电报山（法国）Col du Télégraphe

冬季赛车场（法国）Vélodrome d'Hiver

杜埃（法国）Douai

杜瓦讷内（法国）Douarnenez

杜乌蒙（法国）Douaumont

杜伊塔马（哥伦比亚）Duitama

多尔多涅（法国）La Dordogne

多菲内（法国）Dauphiné

多佛（英国）Dover

多姆山（法国）Puy-de-Dôme

E

厄尔和卢瓦省（法国）Eure-et-Loire

恩内韦林（法国）Ennevelin

F

法尔肯堡（荷兰）Valkenburg

法明代尔（美国）Farmingdale

法明顿（美国）Farmington

凡尔登（法国）Verdun

方丹欧皮尔（法国）Fontaine-au-Pire

菲拉赫（奥地利）Villach

菲奇堡（美国）Fitchburg

费尼克（加拿大）Fenwick

佛朗哥·德拉·皮拉大街（意大利）Via Franco della Pila

弗拉斯卡蒂（意大利）Frascati

弗莱什河（法国）Flèche

弗里德堡（德国）Friedeburg

弗林特（美国）Flint

弗留利-威尼斯朱利亚大区（意大利）Friuli Venezia Giulia

弗洛雷夫（比利时）Floreffe

弗洛雷讷（比利时）Florennes

福雷（比利时）Forest

G

盖恩斯维尔（美国）Gainesville

盖雷（法国）Guéret

盖奇（美国）Gage

港口城（美国）Port City

格兰农山口（法国）Col du Granon

格朗栋（法国）Glandon

格朗维尔（法国）Granville

格勒诺布尔（法国）Grenoble

格林维尔（美国）Greenville

格伦伍德斯普林斯（美国）Glenwood Springs

格伦兴（瑞士）Grenchen

格罗夫湖溜冰场（美国）Lake Grove Rollerway

根特（比利时）Ghent

贡比涅（法国）Compiègne

古德伍德（英国）Goodwood

瓜德罗普（法国）Guadeloupe

贵格敦（美国）Quakertown

H

哈德海姆（德国）Hardheim

哈肯萨克惠勒斯（美国）Hackensack Wheelers

哈马尔（挪威）Hamar

海尔伦（荷兰）Heerlen

海伦塔尔斯（比利时）Herentals

赫恩山赛车场（英国）Herne Hill Velodrome

黑格斯敦（美国）Hagerstown

华盛顿汽车公路（美国）Mt. Washington Auto Road

滑铁卢（美国）Waterloo

怀特普莱恩斯（美国）White Plains

霍巴特（美国）Hobart

霍恩施泰因-萨克森森林(德国)Hohenstein-
Saschenring

J

基多(厄瓜多尔)Quito

吉朗(澳大利亚)Geelong

加来海峡大区的卡兰西(法国)Carancy
(Pas-de-Calais)

加雷纳(美国)Garena

加利比耶山口(法国)Col du Galibier

加普(法国)Gap

杰斐逊兵营(美国)Jefferson Barracks

杰纳西(美国)Genesee

堺市(日本)Sakai

津海姆(比利时)Zingem

K

卡奥尔(法国)Cahors

卡尔卡松(法国)Carcassonne

卡尔塔马(西班牙)Cártama

卡利(哥伦比亚)Cali

卡庞特拉(法国)Carpentras

卡森(美国)Carson

卡塔尼亚(意大利)Catania

卡瓦莱塞(意大利)Cavalese

凯辛娜公园(美国)Kissena Park

堪萨斯城(美国)Kansas City

坎佩尔(法国)Quimper

康科德市(美国)Concord

科尔德(比利时)Cordes

科尔蒂纳丹佩佐(意大利)Cortina d'Ampezzo

科尔马(法国)Colmar

科隆比耶山口(法国)Col de la Colombière

科莫多尔酒店(美国)Commodore Hotel

科尼亚克(法国)Cognac

科佩纳-达尔马尼亚克(法国)Caupenne
d'Armagnac

科彭贝格(比利时)Koppenberg

科特赖克(比利时)Kortrijk

科西嘉岛(法国)Corsica

克莱蒙-费朗(法国)Clermont-Ferrand

克勒兹省(法国)La creuse

克里斯蒂娜酒店(法国)Hotel Christina

克里特岛(希腊)Island of Crete

克利尔沃特(美国)Clearwater

克罗切达昂山口(意大利)Croce d' Aune Pass

克罗伊登(英国)Croydon

克洛斯特(美国)Closter

克吕索尔(法国)Crussol

库兹港(法国)Port-de-Couze

昆西市(美国)Quincy

L

拉布尔布勒(法国)La Bourboule

拉尔什山口(法国)Col de Larche

拉格兰德阿雷大街(法国)La Grande Armée

拉霍亚(美国)La Jolla

拉罗谢尔(法国)La Rochelle

拉蒙吉(法国)La Mongie

拉图苏尔(法国)La Toussuire

拉辛(美国)Racine

莱博(法国)Les Baux

莱德维尔(美国)Leadville

莱顿(荷兰)Leiden

莱格勒(法国)L'Aigle

莱肯(比利时)Laken

莱尼亚诺(意大利)Legnano

莱萨布勒-多洛讷(法国)Les Sables d'Olonne

莱塞萨尔(法国)Les Essarts

莱桑德利(法国)Les Andelys

莱斯特(美国)Leicester

莱特林根(比利时)Letterlingen

兰吉(法国)Rungis

兰令,街道名(英国)RALEIGH

兰斯(法国)Rheims

兰斯古埃克斯(法国)Reims-Gueux

兰兹角(英国)Land's End

勒阿弗尔(法国)Le Havre

勒奈-龙瑟(比利时)Renaix-Ronse

勒皮(法国)Le Puy

勒图凯(法国)Le Touquet

雷蒂(比利时)Retie

雷琼(法国)Retjons

雷斯特丰山口(法国)Col du Restefond

炼狱滑雪场(美国)Purgatory Ski Area

里恩(西班牙)Lean

里尔(法国)Lille

李谷赛车场(英国)Lee Valley Velodrome

里士满(美国)Richmond

里维埃拉(法国)Riviera

利摩日(法国)Limoges

利文斯顿(美国)Livingston

列日(比利时)Liège

列日省(法国)Province of Liège

刘易斯顿(美国)Lewiston

卢尔德(法国)Lourdes

卢加诺(瑞士)Lugano

卢什(葡萄牙)Luz

卢瓦尔桥(法国)Loire bridge

鲁昂(法国)Rouen

路易特山口(法国)Col du Luitel

伦弗鲁(美国)Renfrew

伦诺克斯山医院(英国)Lennox Hill Hospital

罗讷-阿尔卑斯大区(法国)Rhône-Alpés, Region

罗萨特(西班牙)Losarte

洛里昂(法国)Lorient

洛斯加托斯(美国)Los Gatos

洛塔雷(法国)Lautaret

吕雄(法国)Luchon

M

马东纳-迪坎皮利奥(意大利)Madonna di Campiglio

马尔登(美国)Malden

马洛里公园(英国)Mallory Park

马诺斯克(法国)Manosque

马赛(法国)Marseille

麦德林(哥伦比亚)Medellín

麦迪逊广场花园(美国)Madison Square Garden

曼海姆(德国)Mannheim

玫瑰碗(美国)Rose Bowl

梅洛特港(法国)Port Maillot

梅斯(法国)Metz

美少女高地(法国)La Planche des Belles Filles

门德里西奥(瑞士)Mendrisio

蒙德马桑(法国)Mont-de-Marsan

蒙莱里(法国)Montlhéry

蒙塞利切(意大利)Monselice

蒙特洛(意大利)Montello

蒙特维尼尔(法国)Montvernier

蒙特伊克公园(西班牙)Montjuich Park

米德尔顿(美国)Middleton

米勒克勒伊斯(比利时)Millekruis

米申别霍(美国)Mission Viejo

明尼阿波利斯的圣保罗(美国)Minneapo-
lis-St. Paul

摩根希尔(美国)Morgan Hill

莫达讷(法国)Modane

莫尔斯莱德(比利时)Moorslede

默里斯酒店(法国)Hotel Meurice

默林普拉日(法国)Merlin Plage

穆兰(法国)Moulins

N

纳博讷(法国)Narbonne

纳沙泰尔(瑞士)Neuchâtel

纳雅克(法国)Najac

南黑文(美国)Southhaven

南特(法国)Nantes

南锡(法国)Nancy

讷维尔(法国)Nevers

尼奥尔(法国)Niort

尼姆(法国)Nimes

纽波特市(美国)Newport

纽伯格林(德国)Nürburgring

纽博格林赛车场(德国)Nürburgring auto
racing circuit

纽瓦克市(美国)Newark

诺曼底(法国)Normandy

O

欧巴涅(法国)Aubagne

欧加杜古(法属西非)Ougadougou

欧赖(法国)Auray

欧塔坎(法国)Hautacam

欧特福尔(法国)Hautefort

P

帕尔特奈(法国)Parthenay

派克斯峰(美国)Pikes Peak

庞卡城(美国)Ponca City

佩格尔山口(法国)Col de Peguere

佩拉居得(法国)Peyragudes

佩里格(法国)Périgueux

蓬费拉达(西班牙)Ponferrada

皮埃尔丰(法国)Pierrefonds

皮埃蒙特(意大利)Piedmont

皮若勒(法国)Pujols

皮斯代尔(美国)Peace Dale

平克姆诺奇(美国)Pinkham Notch

朴次茅斯(英国)Portsmouth

普华卢普(法国)Pra Loup

普拉扎瓦(法国)Platzerwasel

普莱诺(美国)Plano

普莱西德湖村(美国)Lake Placid

普兰德科隆尼斯山(意大利)Plan de Corones

普卢艾(法国)Plouay

普罗万(法国)Provins

普瓦捷(法国)Poitiers

Q

奇黑利斯(美国)Chehalis

奇科(美国)Chico

R

日索尔(法国)Gisors

茹安维尔(法国)Joinville

茹普拉内山口(法国)Col de Joux Plane

汝拉山脉(法国)Jura Mountains

瑞德菲尔德(美国)Readfield

S

萨尔布吕肯(德国)Saarbrücken

萨尔茨堡(奥地利)Salzburg

萨朗什(法国)Sallanches

萨洛(意大利)Salò

塞尔舍瓦利耶(法国)Serre Chevalier

塞莱纳(美国)Celina

塞纳河畔巴尔(法国)Bar-sur-Seine

塞文山公园(法国)Parc des Cévennes

赛斯特雷(意大利)Sestriere

桑戛荷斯(葡萄牙)Sangalhos

桑托林(希腊)Santorini

桑托斯(澳大利亚)Santos

森德兰(英国)Sunderland

沙朗(法国)Challans

沙勒罗瓦(比利时)Charleroi

沙吕(法国)Châlus

沙泰勒罗(法国)Châtellerault

沙特尔(法国)Chartres

上谢夫勒斯河谷(法国)La Haute Vallée de Chevreuse

尚邦(法国)Chambon

舍曼莱达姆(法国)Chemin des Dames

圣艾蒂安贝尔维医院(法国)Saint-Etienne's Bellevue Hospital

圣艾尼昂山(法国)Mont-St. Aignan

圣伯拉基奇监狱(法国)St Pelagis prison

圣布里厄(法国)St-Brieuc

圣克里斯托瓦尔(委内瑞拉)San Cristobal

圣克卢公园(法国)Parc de St. -Cloud

圣拉里苏朗(法国)Saint-Lary-Soulan

圣雷莫(意大利)San Remo

圣路易斯-奥比斯波(美国)San Luis Obispo

圣路易斯波托西(墨西哥)San Luis Potosi

圣路易斯市(美国)St Louis

圣马丹-德朗代勒(法国)Saint-Martin-de-Landelles

圣玛丽-德康庞(法国)Sainte Marie-de-Campan

圣迈克桑-莱科勒(法国)St-Maixent-l'École

圣米歇尔(法国)St. Michel

圣米歇尔山(法国)Mont-St-Michel

圣尼古拉斯海岸(法国)Cote du Saint Nicolas

圣热尔韦(法国)Saint Gervais

圣特隆德(比利时)St Trond

圣特罗佩(法国)St-Tropez

施托克劳(奥地利)Stockerau

施韦因富特(德国)Schweinfurter

史密斯维尔(美国)Smithville

市政赛车场(法国)Piste Municipale Velodrome

斯普林斯(美国)Springs

斯泰尔维奥山口上(意大利)Stelvio Pass

斯泰弗森特镇(美国)Stuyvesant Town

斯坦福德(美国)Stamford

斯通街(美国)Stone Street

斯托克墙(瑞士)Stockeu Wall, 列日赛的一个爬坡点

索林根-克林根林(德国)Solingen-Klingenring

T

塔里敦(美国)Tarrytown

塔马尔派斯山(美国)Mount Tamalpais

唐克斯特(英国)Doncaster

铁十字山口(法国)Col de la croix-de-Fer

图尔(法国)Tours

图尔马莱(法国)Tour Mallet

图卢兹(法国)Toulouse

图森(美国)Tucson

托卢卡(墨西哥)Toluca

托农莱班(法国)Thonon-les-Bains

W

瓦布勒希(法国)Wambrechies

瓦尔德斯霍夫(德国)Waldershof

瓦尔山口(法国)Col de Vars

瓦尔托朗(法国)Val-Thorens

瓦朗谢讷(法国)Valenciennes

瓦雷泽(意大利)Varese

瓦隆赛(比利时)Wallonne

瓦讷(法国)Vannes

瓦努瓦斯公园(法国)Parc de la Vanoise

瓦森(瑞士)Wassen

瓦斯夸尔(法国)Wasquehal

王子公园赛车场(法国)Parc des Princes
Velodrome

旺多姆(法国)Vendôme

旺图山(法国)Mont Ventoux

威尔明顿(美国)Wilmington

威尔希尔大道(美国)Wilshire Blvd

韦尔维耶(比利时)Verviers

未来之镜主题公园(法国)Futuroscope
Theme Park

韦兹莱(法国)Vézelay

维尔福德(比利时)Vilvoorde

维戈雷利赛车场(意大利)Vigorelli Velodrome

维拉尔-德朗(法国)Villard-de-Lans

维泰勒(法国)Vittel

维特尔塞姆(法国)Wittelsheim

维希(法国)Vichy

蔚蓝海岸(法国)Côte d'Azur

沃达丰室内赛车场(澳大利亚)Vodafone
Arena Velodrome

沃尔根(比利时)Waregen

沃思堡(美国)Fort Worth

沃特福德(美国)Waterford

沃托马(美国)Wautoma

X

西部,西部省(法国)Ouest

西棕榈滩(美国)West Palm Beach

希农(法国)Chinon

锡格堡(德国)Siegburg

香榭丽舍大道(法国)Champs-Elysees

鞋城(美国)Shoe City

辛辛监狱(美国)Sing Sing

辛扎诺(意大利)Cinzano

雄济耶(法国)Scionzier

叙佩巴涅尔 Superbagnères

Y

亚眠(法国)Amiens

扬克斯(美国)Yonkers

伊莫拉(意大利)Imola

伊斯朗山口(法国)Col de l'Iseran

伊瓦尔(比利时)Yvoir

伊佐阿尔山口(法国)Col d'Izoard

依云(法国)Evian

于伊(比利时)Huy

自行车（1817—2017）

宇都宫（日本）Utsonomiya
约翰·奥格罗特之家（英国）John O'Groat's
House
约克郡（英国）Yorkshire
月亮公园（法国）Luna Park

Z

赞德福特（荷兰）Zandvoort

泽西城（美国）Jersey City
芝加哥体育馆（美国）Chicago Coliseum
中央高原（法国）Massif Central
宗科兰（意大利，环意赛著名山地赛
段）Zoncolan
佐尔德（比利时）Zolder

附录4 中外文对照自行车赛事名录

"征服者之路"挑战赛(哥斯达黎加)La Ruta de Los Conquistadores

《南方自由报》杯自行车赛(法国)Midi Libre

《人民报》自行车赛 Het Volk

2009 环法监狱自行车赛 Tour de france Cychiste Penitentiaire 2009

阿姆斯特尔自行车黄金赛(荷兰)Amstel Gold Race

阿维内尔大奖赛 Prix de Avenir

安进环加利福尼亚自行车赛 Amgen Tour of California

巴黎—布雷斯特—巴黎赛(法国)Paris-Brest-Paris

巴黎—鲁贝赛 Paris-Roubaix,号称古典赛皇后 Queen of the Classics

巴黎—尼斯赛(法国)Paris-Nice

百威淡啤大奖赛(美国)Bud Light Grand Prix

伯尔尼—布雷姆加滕自行车赛(瑞士)Bern-Bremgarten

布赖顿—格拉斯哥赛(英国)Brighton-Glasgow

布鲁塞尔—韦尔维耶自行车赛(比利时)Brussels-Verviers

超级山地赛 Ultra-Mountainous Race

超级威望佩尔诺杯自行车赛(法国)Super Prestige Pernod Trophy

穿越美国自行车赛 Race Across America(RAAM)

大众汽车华盛顿(自行车)爬山赛 Volkswagen Mt. Washington Hillclimb

道奇环佐治亚赛(美国)Dodge Tour de Georgia

德格朗热-科隆博挑战赛 Desgrange-Colombo Challenge

德帕讷三日赛 Three Days of De Panne

登陆日大奖赛（法国）Grand Prix du Debarquement

登山者杯自行车赛（法国）Trophée des Grimpeurs

杜邦巡回赛 Tour Du Pont

独立车手环法自行车赛 Tour de france Independents

法国女子自行车巡回赛 Grande Boucle(是每年6月举办的职业女子自行车赛)

法国之路赛 Route de France

菲奇堡朗斯霍赛 Fitchberg Longsjo Stage Race

弗莱什河—瓦隆赛 Flèche -Wallonne

福特环佐治亚赛（美国）Ford Tour de Georgia

根特—韦弗尔海姆赛（比利时）Ghent-Wevelgem

公路四日赛 The Four Days of The Road

国际绕圈赛（法国）Criterium International

国际自行车联盟职业巡回赛 UCI ProTour

国家大奖赛计时赛（法国）Grand Prix des Nations Time Trial

国家自行车大奖赛 Grand Prix of Nations

和平赛 Peace Race

核心州美国职业公路自行车赛 CoreStates USPRO road race,CoreStates 为银行名称

红辛格古典赛（美国）Red Zinger Classic

环阿尔加维自行车赛（葡萄牙）Tour of the Algarve

环爱尔兰赛 Tour of Ireland

环奥地利赛 Tour of Austria

环奥弗涅赛（法国）Tour de l' Auvergne

环巴斯克乡村赛（法国）Tour of the Basque Country

环比荷卢赛（荷兰）Benelux Tour

环德国自行车赛 Tour of Germany

环地中海自行车赛 Tour of the Mediterranean

环多菲内赛 Criterium du Dauphine Libere

环法大奖赛 Grand Prix du Tour de France

环法国南部自行车赛 Route du Sud

环法女子自行车赛 Tour de france Feminin,1992 年后改名为 Tour Cycliste Feminin

环法前日赛 Le Tour One Day Ahead

环法山地自行车赛 Tour VTT(Velo Tout Terrain)

环法自行车赛 Tour de France

环弗兰德自行车赛 Tour of Flanders

环弗雷斯诺赛 Tour of Fresno

环荷兰自行车赛 Tour of Holland 或 Tour of the Netherlands

环吉普斯兰自行车赛(澳大利亚)Tour of Gippsland

环加勒加赛(西班牙)Tour of Galega

环加泰罗尼亚自行车赛 Tour of Catalonia

环卡斯蒂利亚和莱昂自行车赛(西班牙)Vuelta Ciclista Castillay Leon

环利木赞自行车赛(法国)Tour du Limousin

环卢森堡赛 Tour of luxembourg

环伦巴第赛(意大利)Tour of Lombardy

环罗马涅赛(意大利)Tour of Romagna

环罗曼蒂赛 Tour of Romandie

环美国自行车赛 Tour of America

环美洲自行车赛 Tour of the Americas

环密苏里州赛(美国)Tour of Missouri

环纳特利赛 Tour of Nutley

环欧洲共同体自行车赛 Tour of the European Community

环皮埃蒙特自行车赛(意大利)Tour of Piedmont

环瑞士赛 Tour of Switzerland

环撒丁岛赛(意大利)Tour of Sardinia

环萨尔特自行车赛(法国)Circuit de la Sarthe

环萨默维尔库格勒-安德森纪念赛 Kugler-Anderson Memorial Tour of Somerville

环萨默维尔赛 Tour of Somerville

环托斯塔赛(爱尔兰)Tostal Tour

环瓦兹赛(法国)Tour de l'Oise

环未来自行车赛 The Tour de l'Avenir(Tour of the Future)

环西班牙自行车赛 Tour of Spain

环西部赛(法国)Circuit de L'Ouest

环意大利女子自行车赛 Giro Rosa

环意大利自行车赛 Giro d'Italia

环意之弗留利—威尼斯朱利亚大区赛 2.2 Giro del Friuli Venezia Giulia 2.2

环英国自行车赛 Tour of Britain

家乐氏环英赛 Kellogg's Tour of Britain, Kellogg's

节俭药品古典赛 Thrift Drug Classic, Thrift Drug 为赞助商的名字

津海姆大奖赛（比利时）Prix de Zingem

俱乐部间锦标赛 Inter-Club Championship

喀斯喀特自行车古典赛 Cascade Cycling Classic

凯马特环西弗吉尼亚州赛（美国）Kmart Tour of West Virginia

库尔斯国际自行车古典赛 Coors International Bicycle Classic

库尔斯积分赛 Coors Points

拉里·米勒环犹他州赛（美国）Larry H. Miller Tour of Utah

拉蒙塔涅大奖赛 Grand Prix de la Montagne

兰令邓禄普环爱尔兰赛 Raleigh Dunlop Tour of Ireland

老妇人赛 La Doyenne(现今顶级公路自行车赛事中最为古老的赛事，即后来的列日赛)

雷德兰兹自行车古典赛（美国）Redlands Bicycle Classic

里昂—奥弗涅女子自行车赛 Criterium Cycliste Féminin Lyonnaise-Auvergne

列日—巴斯通—列日赛（比利时）Liège-bastogne -Liège(前三届被称为老妇人赛)

落叶赛 Race of the Falling Leaves,国际自行车联盟赛历里年度最后一场比赛

芒通—罗马赛 Menton-Rome

美国职业自行车联盟锦标赛 Union USPRO Championship

美国职业自行车挑战赛 USA Pro Cycling Challenge(USA Pro Challenge)

美国自行车大赛 Great American Bicycle Race(GABR)

美联银行美国职业自行车锦标赛 Wachovia USPRO Championship

米尔德丽德库格勒女子公开赛 Mildred Kugler Women's Open

米兰—都灵古典赛（意大利）Milan-Turin classic

米兰—圣雷莫赛 Milan-San Remo

南非好望角精英赛 Cape Epic,有"山地环法赛"之称

年度公平大奖赛(比利时)Annual Fair Grand Prix

牛奶赛(英国)Milk Race

女子库尔斯古典赛 Women's Coors Classic

女子自由古典赛 Liberty Classic for Women

欧洲巡回赛 Tour of Europe

普鲁自行车巡回赛(英国)Pru Tour

骑车横穿爱荷华 Great Bicycle Ride Across Iowa(美国 RAGBRAI)

青年环意赛 Giro Bio;23 岁以下青年环意赛(Baby Giro,Giro U23)

屈尔纳—布鲁塞尔—屈尔纳赛(比利时)Kuurne-Brussels-Kuurne

全国绕圈锦标赛(美国)National criterium championship

全国巡回赛 Tour National

热点冲刺赛 Hot Points sprint competition

日产国际古典赛 Nissan International Classic

瑞士全国锦标赛 Swiss National Championships

塞蒂马纳—贝加马斯卡赛(意大利)Settimana-Bergamasca

赛迪斯挑战赛(法国)Sedis Challenge

赛季世界杯 Season-long World Cup

圣塞瓦斯蒂安古典赛(西班牙)Classica San Sebastian

胜利马拉松 Victory Marathon

世界场地自行车锦标赛 World Track Cycling Championship

世界小轮车锦标赛 UCI BMX World Championships

斯巴鲁绕圈赛 Subaru Criterium

苏黎世世锦赛 Championship of Zurich

特朗普巡回赛 Tour de Trump

维多利亚大奖赛(意大利)Gran Premio della Vittoria

蔚蓝海岸大奖赛(法国)Grand Prix de la Côte d'Azur

法国西部大奖赛 Grand Prix Ouest-France

小 500 自行车赛 Little 500

小猫赛（自行车）Alleycat Race

学习之路（自行车活动）The Study Road

真理自行车赛 The Race of Truth

职业巡回赛（自行车）Pro Tour

自行车世界杯赛 World Cup

附录5 自行车相关电影、书籍等作品名录

23 Days in July《7月的23天》(电影)

24 Jours de Course《24天的赛事》(环法赛官方电影)

A Notre Tour(*Now For Our Tour*)《现在开始我们的环法》(书籍)

A Sunday in Hell《地狱里的星期天》(电影)

All New Complete book of bicycle《全新自行车大全》(书籍)

All or Nothing《全部或全无》(书籍)

American Flyer《美国飞行员》(电影)

Autour du Tour《关于环法》(纪录片)

Bike Fun《自行车的乐趣》(书籍)

Black Rider《黑骑士》(短片)

Breaking Away《冲刺》(电影)

Breaking the Chain《打破锁链》(书籍)

Cars at Speed《汽车速度》(书籍)

Chariots of Fire《烈火战车》(电影)

Comeback 2.0:Up Close and Personal《复出2.0:近距离与个人》(书籍)

Complete Book of Bicycling《自行车大全》(书籍)

Drug Expose Chain Massacre《揭露毒品的连锁屠杀》(书籍)

Du Pin et des Jeux《密码和游戏》(文章)

Every Second Counts《分秒必秒》(书籍)

From Lance to Landis：Inside the American Doping Controversy at the Tour de France《从兰斯到兰迪斯：环法自行车赛美国人兴奋剂争议内幕》（书籍）

Hearts of Lions《狮子之心》（书籍）

Heaven's Gate《天堂之门》（电影）

Hell on Wheels《车轮上的地狱》（德语是 Hollentour）（电影）

It's Not About the Bike《与自行车无关》（书籍）

L. A. Confidential：Les Secrets des Lance Armstrong《洛城机密：兰斯·阿姆斯特朗的秘密》（书籍）

La Course en Tête《赛场之神（The Head of the Field)》（电影）

Le Roi de la Pedale《踏板之王》（电影）

Match《竞赛》（环法赛影片），后改为 Paris-Match《巴黎-竞赛》

Niet van Horen Zeggen《不只是传闻》（传记），英文版书名是 Fall From Grace《从优雅中堕落》

No Hands：The Rise and Fall of The Schwinn Bicycle Company, an American Institution《没有帮手：施温自行车公司的兴衰，一家美国机构》（书籍）

Normandy Invasion《诺曼底登陆》（电影）

Off to the Race：25 Years of Cycling Journalism《出发去比赛：自行车新闻报道 25 年》（书籍）

Overcoming《征服》（电影）

Pedal Pusher Buyer's Guide《踏板推进器买家指南》（书籍）

Positively False：The Real Story of How I Won the Tour de France《绝对错误：我如何赢得环法自行车赛的真实故事》（书籍）

Pour le Maillot Jaune《倒霉的马洛》（喜剧）

Pour un Maillot Jaune《黄色领骑衫》（环法纪录片）

Prince of the City《城市王子》（书籍）

Rough Ride《粗野骑行》(书籍)

Sauvons le Tour《拯救环法》(书籍)

Six Day Bike Racer《自行车六日赛车手》(电影)

Slaves of the Road《道路的奴隶》(书籍)

Stars and Watercarriers《明星与送水工》(电影)

Survivors of Buchenwald《布痕瓦尔德幸存者》(书籍)

The Armstrong Lie《阿姆斯特朗的谎言》(文章)

The Deer Hunter《猎鹿人》(电影)

The Eagle of Naptown《纳普敦之鹰》(小说)

The Giant and File《巨人和档案》(传记)

The Greatest Show on Earth《地球上最伟大的表演》(纪录片)

The Impossible Hour《不可能的时刻》(纪录片)

the Program《计划》(传记片)

The Tour , Baby《环法 , 孩子》(影片)

The Yellow Jersey《黄色领骑衫》(小说)

Tour of vices《罪恶的环法》(书籍)

Vive le Tour《环法万岁》(短片)

Year of the Dragon《龙年》(书籍)

附录6 自行车赛事相关赞助商名录

Absinthe of Pernod 佩尔诺苦艾酒,品牌名

Adolph Coors Brewery 阿道夫·库尔斯啤酒厂。其创始人 COORS,来自德国,白手起家在丹佛创办了这个啤酒厂,现在已成为美国第三大啤酒厂,产品多达十几种。现名为 Molson Coors Brewing,又译作摩森康盛

Anschutz Entertainment Group 安舒茨娱乐集团(AEG)

Antargaz 安塔格兹,丙烷和天然气公司(法国)

Ballantine Books 巴兰坦图书公司

Botega 波特嘉出版公司(巴黎)

Boxing Cat Brewery 拳击猫啤酒

Brandt 白朗,法国家电品牌

Carrefour Supermarkets 家乐福超市

Champion Supermarkets 冠军超市

Copake(NY)Auction Company 纽约科帕克拍卖公司

Esso Mercia 埃索麦西亚号(油轮)

Falconhead Capitol 鹰头资本(美国)

First Union Bank 第一联合银行(美国)

General Mills 通用磨坊公司(美国食品公司)

Green Ending 绿色终点公司(英国伦敦)

Haribo Candy Company 哈里博糖果公司

Henry Holt Company 亨利·霍尔特公司(美国)

International Classics Ltd 国际古典有限公司

Konica-Minolta 柯尼卡-美能达公司,柯尼卡－美能达公司由柯尼卡和美能达这两
家拥有悠久历史的光学影像公司在 2003 年合并而成,总部位于日本东京

Kraftwerk 发电站乐队(德国)

La Belle Jardiniere 拉贝尔园艺设备公司

La Martiniere 马帝尼耶,法国出版集团

La Vie Insurance Company 生活保险公司

Les Laines Sofil 索菲尔羊毛公司(法国)

Lloyds of London 伦敦劳埃德保险公司

Mak Transportation 马克运输中心

Martini-Rossi 马提尼·罗西(品牌)

Metropolitan Life Insurance Company 大都会人寿保险公司(美国)

Nautilus 鹦鹉螺公司,Nautilus Inc. 鹦鹉螺公司是家庭健身解决方案的领导者

Nestle Aquarel 雀巢公司

Nestle Waters 雀巢水公司

New York Velodrome Company 纽约赛车场公司

Nordisk Film 诺德电影公司(挪威)

Pastis 51 51 型茴香酒

Pegasus Capitol 飞马资本集团(美国)

Perrier 巴黎水(法国矿泉水品牌)

Produits Gibbs Soap Company 吉布斯肥皂公司

Publishers of YA 亚出版社

RAGT Semences 拉格特种子公司(法国)

Roche Marina 罗什玛丽娜(酒店)

Ryder Truck Rental 莱德卡车租赁公司

Salvation Army 救世军

Simon and Schuster 西蒙与舒斯特出版公司

Simon Spotlight Entertainment 西蒙亮点娱乐出版公司（美国）

Southland Corporation 南方公司（美国）

Standard Oil 标准石油公司,美孚石油公司

Stanley Paul Co Ltd 斯坦利·保罗有限公司

Sud-Aviation 南方飞机公司（法国）

Unipublic 西班牙公司,环西班牙赛的主办商（西班牙）

United Parcel Service 美国联合包裹服务公司（简称 UPS）

Versus 范瑟丝,意大利时装品牌（意大利）

W. W. Norton 诺顿出版集团（美国）

Western Union 西联国际汇款公司（美国）

Yoplait Yogurt 优诺酸奶公司

附录 7　自行车相关媒体名录

60 Minutes《60 分钟》(美国新闻杂志)

ABC News 美国广播公司新闻频道
ABC Television Network 美国广播公司电视网
ABC-TV 美国广播电视台
Associated Press 美联社
Aujourd'hui en France《法国纪事报》

Bicycle Catalog《自行车目录》
Bicycling《自行车骑行》杂志
But et Club《进球与俱乐部报》(法国)

Columbia Broadcasting System 哥伦比亚广播公司(CBS)
Cycle Sport《自行车运动》杂志
cyclingnews. com 自行车新闻网

ESPN(Entertainment and Sports Programs Network)娱乐体育节目电视网,公司
总部位于美国康涅狄格州布里斯托尔
Evening Standard《标准晚报》(英国)

France Football《法国足球》

Herald-Tribune《先驱论坛报》(美国)
Hull Daily Mail《赫尔每日邮报》(英国)

Jeopardy!《危险边缘》，哥伦比亚广播公司益智问答游戏节目

Journal Télévisé《电视新闻》节目（法国）

L'Echo Republicain《共和国报》（法国）

L'Auto-Vélo《汽车与自行车报》（法国）

La Bicicletta《自行车》杂志（意大利）

La Derniere Heure《最后一次报》（比利时体育报纸）

La Gazzetta dello Sport《米兰体育报》

L'Auto《汽车报》（法国）

L'Auto-Soldat《汽车与士兵报》（法国）

Le Cycle《自行车》杂志

Le Figaro《费加罗报》（法国）

Le Journal du Dimanche《星期日报》（法国）

Le Miroir du Monde《世界之镜》杂志

Le Parisien Libéré《巴黎自由人报》（法国）

Le Parisien《巴黎人报》（法国）

Le Petit Dauphinois《小多芬诺瓦报》（法国）

Le Petit Journal《小日报》，法国古董报纸，又译为《小小报》《法国画报》等

Le Petit Parisien《小巴黎人报》，法国老报纸

Le Vélo《自行车报》（法国）

L'Equipe《队报》（法语原文为 L'Équipe，意为"队伍、团队"），法国知名体育性报纸，其所有者为出版集团"Éditions Philippe Amaury"（简称 EPA）。其前身为著名法文体育报纸《汽车报》

Les Sports《体育报》

L'Humanité《人道报》（法国）

Libération《解放报》（法国）

London Times《伦敦时报》

Miroir-Sprint《冲刺镜报》

National Broadcasting Company（NBC）美国全国广播公司

Outdoor Life Network 户外生活网络（美国）

Paris vélocipède Illustré《巴黎自行车图片报》
Paris-Soir《巴黎晚报》
Pearson's Magazine《皮尔逊杂志》

Radio-Television Francais 法兰西广播电视台
Rolling Stone《滚石》(杂志)

Simon and Schuster 西蒙与舒斯特出版公司
Sovietski Sport《俄罗斯体育》
Sports Illustrated《体育画报》杂志(美国)
Sportwereld《体育世界报》
Sprint《冲刺》,体育周刊(法国)

The Data Book《数据手册》

Vélo -Sport Newsletter《自行车体育通讯》杂志(法国)
Vélo《自行车》杂志(法国)
Veloce-sport《韦洛克体育》
VeloNews《自行车新闻》杂志(美国)

Wide World of Sports《体育大世界》,美国体育节目
Wisconsin State Journal《威斯康星州杂志》(报纸)

附录8 自行车相关协会、组织名录

Amateur Bicycle League of America(ABLA)美国业余自行车联盟

Amaury Sport Organisation(ASO)阿莫里体育组织

American Bicycle Association(ABA)美国自行车协会

American Bicycle League 美国自行车联盟

Archer Road Club 阿彻公路俱乐部(英国)

Associated Cycle Clubs 联合自行车俱乐部(美国纽约)

Athletic Club Boulogne-Billancourt(ACBB)布洛涅-比扬古体育俱乐部(法国巴黎)

Bicycle Heaven 自行车天堂(车店、博物馆)

Bicycle Institute of America 美国自行车协会

British Road Time Trial Council 英国公路计时赛委员会

Cantonal Chemists Authority 州化学家管理局

Century Road Club of America-Raleigh(CRC of A-Raleigh)美国-兰令世纪大道俱乐部

Citi Bike 城市自行车(项目)

Confederation De defense des Commercants et des Artisans 贸易商和工匠防卫联合会

Conseil du Cyclisme Professionnel 职业自行车手协会

Consumer Product Safety Commission(CPSC)美国消费品安全委员会

County Dublin Road Club 都柏林郡公路俱乐部(爱尔兰)

Court of Arbitration for Sport 体育仲裁法庭

Cycle Racing Association of New York 纽约自行车赛事协会

Cycle Trades of America trade association 美国自行车行业协会

Daimler AGs Smart Car 戴姆勒 AGs 智能汽车部

Earlswood Cycling Club 厄尔斯伍德自行车俱乐部

Eurobike Show 欧洲自行车展

European Cyclists Federation(ECF)欧洲自行车联合会

European Patent Office 欧洲专利局

Federation Internationale Amateur de Cyclisme(FIAC)国际自行车业余选手联合会(意大利)

Federation Internationale du Cyclisme Professionnel(FICP)国际自行车专业选手联合会(卢森堡)

French Anti-Doping Agency 法国反兴奋剂机构

French Cycling Federation 法国自行车联合会

German Cycling Federation 德国自行车联盟

Harlem Wheelmen 哈勒姆自行车俱乐部

Institute for Forensic Medicine 法医学会

Insurance Institute for Highway Safety 公路安全保险协会(美国)

Interbike Show 美国自行车展

Internal Revenue Service 美国国税局

International Colored Gemstone Associations 国际有色宝石协会

International Cyclists Association(ICA)国际自行车运动员协会

International Olympic Committee 国际奥林匹克委员会

Internationalist Revolutionary Action Group 国际主义革命行动小组

Johns Hopkins Injury Prevention Center 约翰斯·霍普金斯伤害预防中心(美国)

Katiollia Russian Global cycling Project 卡蒂利亚俄罗斯全球自行车项目

Korbel Night of Champions 科贝尔冠军之夜

La Poste 法国邮政

League of American Wheelmen 美国自行车手联盟

Livestrong 坚强活着抗癌基金会,由美国前职业公路自行车赛车手兰斯·阿姆斯特朗(Lance Edward Armstrong)在 1997 年被诊断出罹患癌症之后不久创办

Los Altos(Calif)History Museum 加州洛斯阿尔托斯历史博物馆(美国)

Monnaie de Paris 巴黎钱币博物馆

National Automobile Dealers Association 全美汽车经销商协会

National Off-Road Bicycle Association 全国越野自行车协会(美国)

North Road Cycling Club 北路自行车俱乐部(英国)

Old Timers Club of America 美国元老俱乐部

Pedal Power:From Wacky to Workhorse 踏板之力:从古怪到工作马(展览)

Pedaling History Bicycle Museum 自行车历史博物馆(美国)

Professonal Cyclist's Association 职业自行车手协会

Questor Partners Fund 探索者伙伴基金

Reporters Sans Frontieres Also 无国界记者组织(法国)

Rhône-Alpés Regioal Nature Protetion Foundation 罗讷-阿尔卑斯大区自然保护基金会

Snell Memorial Foundation 斯内尔纪念基金会

Societe du Tour de France(La societe du Tour de france)环法自行车赛协会

The Amateur Athletic Union 业余运动联盟(美国)

Union Cycliste Internationale(UCI)国际自行车联盟

Union USPRO 美国职业自行车联盟

Union vélo France(UVF)法国自行车联盟,或 Union vélocipédique de France(UVF)法国自行车联盟

Unione Sportiva Italiana 意大利体育联合会

United Auto Workers 汽车工人联合会(美国)

United States Bike Hall of Fame 美国自行车名人堂

United States Cycling Federation(USCF)美国自行车联合会

United States Postal Service 美国邮政总局

United States Professional Cycling Federation 美国职业自行车联合会

Veloce Club Fiorentino 佛罗伦萨自行车俱乐部

Velo-city Global 全球自行车城市大会

Vienna Convention on Road Traffic《维也纳陆路交通公约》

World Anti-Doping Agency 世界反兴奋剂机构

Zell-Chilmark Fund,LP 泽尔-奇马克基金

附录9 自行车及其配件品牌、公司名录

3 Rensho 3 连胜公司

AlAn 艾伦公司(意大利)(Aluminum Anodized 铝阳极氧化)

Alex Moulton 亚历克斯·莫尔顿,英国莫尔顿自行车公司(英国)

Alex Singer 亚历克斯·桑热,自行车品牌(创始人名字命名)

Amaury, Groupe Amaury 阿默里(集团)

American Machine and Foundry Company(AMF)美国机械铸造公司

Arnold, Schwinn Co. 阿诺德施温公司

Assos 阿索斯服装制造商(瑞士)

Aston Martin 阿斯顿马丁公司

Avocet 美国码表品牌, Bernie Hoffacker 和儿子 Bud 与 Neal 在 20 世纪 70 年代创立的品牌,一度成为最受追捧的码表

Belkin Electronics 贝尔金电子(美国)

Ben Serotta 本赛罗塔公司,自行车品牌

Bendix Corporation 本迪克斯公司(自行车配件生产商)

Bf1 systems 为赛车和汽车行业客户提供电气、电子和复合解决方案的市场领先提供商,也生产自行车

Bike Nashbar 自行车纳什巴,创立于 1973 年,总部位于美国俄亥俄州东北部,是一家自行车骑行用品网上品牌零售商,被誉为"自行车骑行者的购物天堂"

Bike Warehouse 自行车仓库,公司

Bikecology Shop 生态自行车店

Bomard Industries 博马工业公司,自行车生产商(美国)

Breeze 布雷兹,山地车品牌

Bridgestone 普利司通轮胎公司

Brunswick Corporation 不伦瑞克公司(美国),收购了獴自行车

Carbonframes 碳架公司(美国)

Carlisle Tire and Rubber Company 卡莱轮胎橡胶公司(美国)

Cat Eye Game Bike 猫眼游戏自行车(游戏配件)

Chrysler Corporation 克莱斯勒公司(美国),经销电动自行车

Cicli De Rosa 德罗萨公司(品牌)

Cinelli Cino & C 齐内利奇诺公司,Cinelli 齐内利,品牌(自行车配件商)

Clark-Kent 克拉克-肯特,美国自行车品牌

Columbus 哥伦布公司,品牌

Compagnie Parisienne 巴黎人(自行车)公司

Competitor Group, Inc. 竞争对手集团有限公司,一家体育营销和管理公司,专注于耐力运动和跑步比赛

Cool Tool 酷工具(公司)

Crawford Manufacturing Company 克劳福德制造公司(美)

CUBE 库铂,德国自行车品牌

Cunningham, Heath & Co. 坎宁安希思公司(自行车经销商)

Cycles Gitane 吉坦自行车公司

Cycles Peugeot 标致自行车公司

Deere & Co 迪尔公司,自行车制造商(美国)

Derny 德尔尼自行车

DIA-COMPE 太雅康培,自行车配件品牌(日本)

Disc Wheel Company 碟轮公司

Dorel Industries 多瑞尔工业公司(加拿大)

E. I. DuPont de Nemour Co, Inc 杜邦公司

Eagle Bicycle Company 老鹰自行车公司(美国)

Éditions Philip Amaury 菲利普阿莫里公司

European Aeronautic Defenceand Space Group 欧洲航空防务与航天集团(3D 打印自行车)

EV Global Motors 电动汽车全球汽车公司(美国)

Evinrude,埃文鲁德公司,舷外发动机制造商,亦生产自行车架

Felt 费尔特,美国自行车品牌,1991 年由 Jim Felt 在美国加利福尼亚成立了 Felt

公司

Fichtel & Sachs(Schweinfurter Praezisions)菲希特尔-萨克斯公司(德国)，Kugel-lagerwerke Fichtel und Sachs

Fisk Tire Company 菲斯克轮胎公司

Fox 福克斯公司(美国)

Gates Corporation 盖茨公司，自行车配件生产商(美国)

Giro 吉罗公司，1985 年创立，总部位于加州斯科茨谷市，是生产极限运动防护装备和配件的生产商

Goodyear 固特异，公司，品牌

Gormully & Jeffery 戈姆利和杰弗里公司，自行车生产商

Hanlon Brothers 汉隆兄弟杂技团(自行车轮胎专利拥有者)

HARO 哈罗公司

Hercules 赫尔克里斯，自行车品牌，又名"大力神"

Huffman manufacturing 赫夫曼制造公司(Huffman Manufacturing Company)

Huffy Corp 哈菲公司，美国自行车品牌

Humber 汉堡，英国自行车品牌

Huret Derailleur Company 于雷变速器公司，自行车配件制造商(法国)

Huret 于雷公司

INTERSPORT 宜动，是总部位于瑞士首都伯尔尼的体育用品零售集团，始于 1968 年

Iwai Saisakusho 岩井制作所

Kryptonite 氪石锁具公司(美国)

Krys Opticians 克里斯眼镜公司(法国)

Lamborghini 兰博基尼，公司，品牌(意大利)，提供技术，参与自行车制造

Lambretta 兰美达，踏板摩托车品牌

Land Shark 陆地鲨鱼自行车公司

Le Coq Sportif 法国公鸡，运动品牌

Les Fils de Peugeot Freres 标致兄弟之子公司

Litespeed 钛车架公司(美国)

Litespeed 美国自行车品牌,钛合金车架的技术先锋,成立于 1986 年

Maeda Iron Works 前田钢铁厂

Maeda, Inc. 前田株式会社

Mannesmann Sachs AG 曼内斯曼·萨克斯公司(自行车配件公司)

Marmot 土拨鼠,美国自行车品牌

Meyers Company of New York 纽约迈耶斯公司(美国)

Michaux et Compagnie 米肖公司

Mongoose 獴,美国自行车品牌

Moser 莫泽品牌

Murray Ohio Manufacturing Company 默里俄亥俄制造公司(美国)

Murray 默里,美国自行车制造商

New York Lock 纽约锁(自行车用)

Oakley 欧克利,公司,美国运动品牌

O. F. Mosberg and Sons of North Haven 诺斯黑文莫斯伯格父子(自行车)公司(美国)

Pacific Cycle 太平洋自行车公司

Panaracer 松下轮胎(日本)

Park Bicycle Tools 帕克自行车工具公司(美国)

Park Tool Company 公园工具公司

Park Tool 帕克工具公司,美国品牌。自 1963 年以来,Park Tool 一直从事自行车专用工具的生产,是全球最大的自行车工具制造商

Pearl Izumi 一字米,日本著名的运动品牌,专业生产自行车运动相关服装、鞋类、器材

Performance Bike Shop 性能自行车店,美国最大的零售商自行车商店之一

Punnett Cycle Manufacturing Co 庞内特自行车制造公司(美国)

Rand Cycle 兰德循环公司

Reebok 锐步,美国运动品牌

Regina 雷吉纳(意大利),自行车配件品牌

René Herse 勒内·埃尔斯（法国），自行车品牌（创始人名字命名）

Roger Derny and Sons of Paris 巴黎罗歇·德尔尼父子（自行车）公司

Ross Bicycles 罗斯自行车公司

Rudge 鲁吉，品牌，又名手牌

Rudge Whitworth 鲁吉惠特沃斯公司

Sachs USA 美国萨克斯集团

Sachs/Huret 萨克斯/于雷公司

Salomon 萨洛蒙，1947 年创建于法国，全球户外运动品牌，Salomon Sports Group 萨洛蒙体育集团

Saucony, Inc. 索康尼公司，美国运动品牌

Schwinn Cycling and Fitness 施温骑行与健身公司

Sedis 赛迪斯，法国传动件公司

Serotta 塞罗塔，美国自行车车架定制公司，创办人为 Ben Serotta

Silca 盛嘉，意大利配件商

Spalding Bicycle Company 斯伯丁自行车公司（美国纽约）

Specialized Bicycle Components 闪电自行车公司（美国）

Specialized Bicycle Imports 闪电自行车进口公司（美国）

Speedwell Gear Case Co. ,Ltd 斯皮德韦尔齿轮有限公司（英国）

Spokes Group 辐条集团，美国非营利性组织，每年有自行车捐赠计划

Sting Ray bicycle 斯汀雷牌自行车

Sturmey Archer 斯特梅-阿彻公司（英）

Sun Tour 三拓，品牌

Tailwind Sports 泰温体育公司（美国）

Teledyne Linair Engineering 特利丹公司，自行车制造商（美国）

The Monarch Bicycle Company 帝王自行车公司（美国）

The Patented Butted Tube Company 专利对接管材公司

Tiffany & Co. 蒂芙尼公司，曾生产自行车（美国）

Tonk Manufacturing Company 唐克制造公司（美国）

Tsuyama Manufacturing Company 津山制造有限公司（日本）

Tube Investments 钢管投资公司

TYRELL 泰勒，德国自行车品牌

Union Frondenberg 联合弗伦登贝格公司,自行车配件生产商(生产辐条)
Urban Solutions B. V. 城市解决方案公司(荷兰)

Velo-Sport 自行车-体育公司
Victory 胜利,自行车品牌(美国)
Vitus 维特斯公司,法国自行车品牌

Waterford Precision Cycles 沃特福德精密自行车公司(美国)
Wilier 威廉,意大利自行车品牌
Wyatt Bicycles 怀亚特自行车公司(美国)

Yamaha International Corporation 雅马哈国际公司

Zeus 宙斯,自行车品牌(西班牙)

附录10 自行车配件术语

20-spline tool 20槽工具

9-speed cassettes 9速飞轮

aero bars 空气动力学车把,"祈祷式",即趴在休息把上的姿势,计时车上常用

aero-aided 空气动力辅助

bottom bracket lockring tool 五通锁环工具

bottom bracket spindle 五通中轴

brake calipers 刹车卡钳

brake levers and calipers 刹车握把和制动钳

brazed Columbus 铜焊哥伦布管材

Bunnyhop 自行车兔跳

Carbonframes Sapphires 碳纤维蓝宝石车架

Centari 森塔里(油漆)

center track belt system 中心履带驱动系统

cog set 齿轮组

command dual-control shift levers 双控变速手拨

Continental 110B Olympic sew-ups 管胎

Copenhagen Wheel 哥本哈根车轮

custompainted 定制喷漆

CydeKick 一个可以通过骑行提供环保电力且不会对骑行者造成任何负担的发电
装备

dh clip-on aerodynamic handlebar extension 速降车夹式气动加长把

disc wheels 碟轮(又称场地轮,封闭轮)

double diamond 双钻石(自行车架形式设计)

drum brake 鼓式刹车

Du Pont Imron 杜邦伊姆龙

freehub and six-speed cassette 6 速飞轮

freehub 塔基

hardwood-boxed tool 硬木箱工具套装

headset wrench 车头碗组扳手

hydraulic disc brakes 液压碟刹

low-profile V brakes 低配版 V 刹

oil cups 油杯

Optimum Compaction/Low Void 最佳压实/低空隙(OCLV)

pacing machine 走步机

rearward-facing fork 后向叉

shift lever and integrated handbrake apparatus 变速杆和一体式手刹装置

space frame 太空车架

threadless Aheadset headset Aheadset 无牙碗组

three-bladed carbon-fiber 三叶碳纤维(自行车轮组)

tool-bag oil cans 听装工具油袋

后 记

完全背离了初衷,这本书最终做成了我最不想要的样子。

除了一些笨功夫,一点技术含量都没有。

按照我最初的"宏伟计划",现在这本书的所有内容只不过是附录而已。

一、谁要自行车?

这本书是怎么来的?怎么会想做这样一本书?

2017 年春夏之交,一位出版社资深编辑通过微信给我发来一份资料,大约几千字,内容是简略的自行车历史大事记。编辑问我想不想接一个活,时间很紧,年底前做出一本"自行车历史 200 年"的书,具体如何做再商量,由我出方案,方案经对方审核同意后就可开工。图书出版是有一定周期的,即便定稿后,走编辑流程到最后印刷出来也需要几个月。算下来留给我的时间只有三个月左右。按理这是不可能完成的任务。很显然这是一个在中国很"时髦"的献礼书,赶在自行车诞生 200 年之际(按照 2017 年),出一本应景的书。不知哪根筋错乱了,我当时竟然满口答应下来。几天内我做出了一个编写方案,提交了上去,后来,就没了下文,可能是方案太糙没通过,也可能是选题论证会判定这项目没有"钱"景,更有可能是有理性的人说这么短时间内不可能做出来,总之是彻底否定了。由于 2017 年一过完,这个项目就失去了献礼意义,所以否定后也没有修改意见,等于说这件事黄了。

那么,我为什么这么傻,竟然毫不犹豫答应下来呢?

　　主要原因是我一直想写一本关于自行车历史的书,这个念头在我大脑里盘旋萦绕了好多年,一直没找到机会,也没想好如何下手。这次一拍即合,可以说是正中下怀。

　　另一个原因是我对自己的文献资料搜索和编写能力比较自负,相信这200年的事都可以通过发达的网络迅速搜索编辑达成,而且2017年的暑假我刚好还没有制订旅游计划。

　　有计划,有时间,有能力(自负成分多一些),那还想什么? 就开始吧!

　　即便没有立项,没有资助,可我根本就没想过钱的事;可能最终写不出来,或者写出来是一堆文字垃圾,根本没人愿意出版,可我的小火苗被点燃了,多年来我一直想做这件事。

　　即便就我一个人,我也要去做。事实上,真就是我一个人。

　　我喜欢,这没办法。

二、别人的自行车

　　编写自行车的发展历史,决定很简单,做起来就不那么简单了。虽然这不是一部学术著作,但多年养成的习惯使然,我一开始还是要了解下这个世界上相关内容的著作有哪些,人家都是怎么做的,有哪些是我可以借鉴的,关键是有没有人已经写出来了(我相信不会有人愿意去做这么冷门且枯燥没有回报的事),别我忙活半天做个无用功。

　　如果是写学术论文,这就是先做个文献综述。(本节内容比较枯燥,可以直接跳到第三节继续读)说是世界上,其实有能力看到的只有中文和部分英文文献。

　　同类著作中,在国内(中文出版的)仅有徐涛的《自行车与近代中国》(上海人民出版社2015年版)与我这个选题直接相关,这是一本以博士论文为底稿的学术专著,非科普书籍,内容也只是中国自行车的历史,更多的是"西物东渐"视野下,自行车进入后与中国文化的碰撞。但这本书里有许多关于自行车的史实可以为本选题提供素材,极有参考价值。

英文著作中，与本选题直接相关的有很多，喜欢做无聊的事的老外还是很多的。

综合性的自行车科普内容和本选题十分契合的有 S. B. Jeffrey 和别人合著的 *The Early History of the Bicycle*（2011 年）以及 James L. Witherell 的 *Bicycle History：A Chronological Cycling History of People，Races，and Technology*（2010 年），这本书既关注了自行车技术的历史，也涉及了很多诸如环法赛之类的竞赛的历史。该书对我很有启发，后来也借鉴了不少。

与我的选题思路相近的还有 *100 Years of Bicycle Component and Accessory Design：The Data Book*（2017 年），这本书详细介绍了100 年中自行车技术的变革，无论在内容选择还是在篇章结构安排方面都有很大的参考价值。

自行车技术历史类的书还有 Richard Hallett 的 *The Bike Deconstructed：A Grand Tour of the Modern Bicycle*（2014 年），其对自行车零部件进行了全方位的详细解剖，可以说是一本自行车圣经。单纯讲自行车技术史的著作有 Tony Hadland 的 *Bicycle Design：An Illustrated History*（2014 年）和 Andrew Ritchie 的 *Early Bicycles and the Quest for Speed：A History，1868—1903*（2018 年），后者写的是 1869—1903 年自行车运动发展的历史，主要是关于技术的。

偏重写自行车运动、竞赛历史的书有 *Bicycle：The Definitive Visual History*（2016 年），内容包括各类自行车（诸如 BMX、mountain biking、road racing 等）比赛的历史，环法赛、奥运会等。还有关于澳大利亚自行车比赛历史的 *Tour de Oz：The Extraordinary Story of the First Bicycle Race Around Australia*。

侧重自行车文化历史的著作有 Serena Beeley 的 *A History of Bicycles*（1992 年）；还有写美国大陆自行车文化历史的 *Old Wheelways：Traces of Bicycle History on the Land*（2015 年）；讲美国单车发展文化史的 Robert Turpin 的 *First Taste of Freedom：A Cultural*

History of Bicycle Marketing in the United States（2018 年）；写莫尔顿单车历史的 Bruce D. Epperson 的 *The Moulton Bicycle：A History of the Innovative Compact Design*（2018 年）。

综览以上诸书，还没有一本和我的选题在时间跨度上是契合的。本书是关于自行车发展 200 年历史的，也就是说，我这本至少在时间跨度上更有野心，内容上我还会增加大量中国自行车发展的部分。但以上书籍涉及的内容都是我这本书编写必不可少的参考资料源泉，最终也给本书的完成带来极大的助力。

因为我并非写学术著作，充其量是一本科普书、工具书，所以不需要查看学术论文综述。

三、自行车从哪里来？

说说我的编写过程。

我的野心很大，想编辑一本包罗万象的自行车史。

首先就是占有资料，把能找的相关资料都找出来，然后进行筛选，留下我想要的，再之后就是按照我定的规则去编辑。于是，我迅速找了几个帮手，每人分配几十年的任务，去网络上搜罗所有和自行车有关的新闻，按照年代归类，每一年份建一个文档。由我来做之后的事。

我想得挺美，一个月后我就会有几百万字的原始资料，接下来就是我的长项，编辑加工。因为考虑网络检索太简单，我都把关键词列出来了，不会出幺蛾子。一个月，让我等等，两个月、三个月过去了，我不能等了，我让几个帮手交工，无论如何查到多少算多少。

结果几个人分别交上来按我的要求以年份命名的 word 文档几十个，打开一个一看，空的，再打开一个，还是空的……像买了 200 张彩票般，我刮开到最后，几乎都是空的。也就是说，这几个月，几个帮手几乎一无所获，偶尔有的年份有内容但也不是我想要的，没法用，无法列入世界自行车发展的历史事件之中。

白白浪费了接近半年时间，我想投机的计划破产了。

我决定自己干，按照我的原计划。没了时间（献礼）限制，静下心来自己做。其间，我还用这个选题申请了一个浙江省科普课题，拿到了一点点资助。心下稍慰。

这下理顺了思路，理顺了心情，自己动手，资料就快速地积累起来。

随着资料的增多，真的是有几百万字的积累了，也越来越发现要做的事还有很多，特别是一些真正的原始资料都是外文的，网络中的中文资料只是皮毛。如果想做一部看起来还算有料的自行车史，一些外文资料是无法忽视的，这一点国外作者已经走在了前列，虽然选题不完全相同，但资料可以利用，且必须利用。

怎么办？翻译，自己动手翻译，一条一条地翻译，借助工具，结合自己的自行车历史知识储备，对照中文、英文、法文、意大利文等翻译过来，由于都是自行车相关史料，专业词汇弄懂之后翻译成通顺语句还是可以的。

就这样，一年，两年，三年过去了，业余时间几乎都耗在了这本书相关文献资料的翻译整理上。2017年献礼就不要说了，连我用这个选题申请的课题都在催着我结题，我只能延期。转眼已经2020年了，不能再拖了，离我最初的目标还差很远，我只是做了第一步资料积累和初步整理，但这时我要有个交代，哪怕是作为中期成果。

于是，有了这本书。

四、我的自行车

说说我编写的规则。

包罗万象是不可能的，所有的资料都经过我的筛选。

书中每一条内容都有据可查，如果是学术论文，就应该列出参考文献出处，但由于这只是一本科普兼工具书，不需要那么严谨地列参考文献，如果每一条都列的话，书的体量至少增大一倍。信息来源包括传统正式出版物（书籍、期刊、报纸等），也包括网络媒体，许多内容来自网络搜索，比如行业协会、企业品牌等的网站。叙述方式我都是在保持原来行文特色的基础上,尽量去掉一些主观判断带有感情色彩的内容,力求做到相对客观。所以读者看起来会有格式和叙述方式不统一的感觉,因为我都是摘编的。特别是一些骑行文化方面的内容,大多出自报纸等媒体,故事性很强,我就保留了对话等内容,力求还原现场。

　　基于摘编性质,这里也有一点提醒,并不能保证每一条信息都是真的史实,虽然有来源,因为即便是现在也有虚假新闻,这个我是没法考证的。话又说回来,即便是假新闻,也是自行车发展历史上的假新闻,值得记录。另外,在编写过程中就遇到同一件事有两个或以上说法,我只能自己判断进行取舍,因为同一件事不可能发生在两个时间。

　　每一年里面的内容没有排序,没有分类,完全是按照我得到资料的先后顺序排列的,毫无规律。我曾想过进行分类,但考虑无论如何分类都是有局限性的,某些条目内容注定放在哪里都显得尴尬。毕竟每年条目不多,不影响阅读。

　　书中涉及的人名、地名非常多,几乎每一条都有自行车历史上的知名人物。人名、地名的翻译是个大问题,中文文献里对外国人名的翻译用法让人眼花缭乱。举一个典型的例子,就是西班牙自行车选手 Alberto Contador,中国骑友习惯称呼为"康师傅"的这位,百度词条里翻译为阿尔贝托·康塔多。查阅《世界人名翻译大辞典》(1993年版),Alberto 西班牙语翻译为阿尔韦托,葡萄牙、意大利、法语则翻译为阿尔贝托;而 Contador 只有西班牙语形式,翻译为孔塔多尔,根本就没有康塔多的说法。因此,阿尔韦托·孔塔多尔才是正确的翻译。这个正确是依据《世界人名翻译大辞典》的正确,如果换一本翻译词典或软件可能就是另外的结果。鉴于此等混乱的局面,经综合考量,本文所有外国人名的翻译以中国对外翻译出版社的《世界人名翻译大辞典》(1993年版)为依据,同理,所有外国地名以中国对外翻译出版社的《世界地名翻译大辞典》(2008年版)为依据。

　　即便如此,有些人名、地名并没有出现在这两本辞典中,就只能由我做个选择了。

人名、地名的对照翻译很重要，所以我在本书末做了个附录。其他附录请各位读者不要误用，比如，自行车配件术语这个附录，并非是配件术语大全的概念，这个附录里仅仅收录了本书出现的配件翻译。其他附录也是如此，仅限本书中出现的术语。

姓名排法上，姓前名后，还是名前姓后，读者朋友们也不要纠结了，本书没有做考证也没有做统一，都是尊重原文顺序。

五、原来（将来）的自行车

既然这本书只属于一个中期成果，那我最终想做成什么样呢？

难道就是不断增加充实资料吗？

其实，我最终想做成的，都在我最初的设想里。

那才是我想要的，也就是我在这个选题上将来的方向。

下面我把最初的编写思路只字不改录在这里：

总体布局：以编年史的形式从 1817 年写到 2017 年。

1. 以年为单位，顺序编写，理论上写 200 节。每节占 1 到 2 个版面。

2. 每年（节）选择一个标志性事件详写，文字 1500 字左右（文字信息量少的可以 700 字左右，只占一个版面）。同年其他事件则以大事记的形式（尽量一句话表述完整）列于当年标志性事件后，没有则空缺。

3. 根据前期资料收集及现有资料判断，前 100 年无法做到每年一个标志性事件的写法，肯定会有许多年份信息缺失，或者是根本就没东西可写。这样的小节采取合并年份的方式编写。例如 1818—1838 年只检索到一条相关事件，那么，1818—1838 年就合并为一节来编写。编写方式同样是标志性事件加大事记的形式。

4. 如果相邻几年内虽然有相关信息可以检索到，但事件重要程度无法作为标志性事件,或者资料信息有限,无法写成标志性事件,那就扩展为至少有一个标志性事件可写的年份作为一个小节。其余这个时段内的信息则列入大事记。

5.本书编辑计划所有标志性事件分为五大类:单车文化、单车技术、单车运动、品牌故事和单车组织与管理。标志性事件的选择除事件本身的重要性外,在一年多个事件都合格的情况下应按照事件性质(以上五类)均衡布局考虑。具体类别归属通过编辑排版予以区分,做到一目了然。

6.根据前期资料梳理和普查,最后大致形成 120 个小节的书稿,每节 1500—2000 字,最终形成纯文字初稿 20 万字。编辑、精炼后,至少有纯文字定稿 15 万字。

7.200 年内容平铺下来有枯燥之感,因此,编者考虑全书把 120 节内容划分为 4—6 章,划分依据是标志性的技术变革。每一章配 1000 字左右的总括性文字。具体章节的划分视资料收集及具体编写情况而定。

若经费允许,每节配相应说明漫画一张,或者单出一本漫画版《自行车历史 200 年》。

说明一下,以上内容我只是完成了原本想作为附录的大事记以及每章 1000 字左右的导读性文字。至于那主体部分的 120 个故事,我只写出了一个,就是我放在序言的那篇。这也是本书建议先从后记读起的原因。漫画当然更无从谈起了,可能合作的人都没有意向,一幅的影子都没有。

不过,那 120 个故事我在本书出版后,很快就会着手进行的,书名我都想好了,就叫《自行车:一千零一夜》。

六、致谢

客套话不多说。

本书编写多借众人拾柴，感谢王锦、刘文怡、赵丹虹、张鸽、周敏燕、Chris、童江霞、刘忠波、陈睿枫、赫嫁丽、邢运凯、连姝曼、马亚楠、倪卫红、刘晓华……

排名不分先后，贡献不论大小，或有遗漏，一并感谢。

书中所有疏漏，皆是本人责任。

慕景强

2020 年 8 月 8 日

　　慕景强,黑龙江齐齐哈尔人,医学硕士、教育学博士,在杭州高校工作。业余时间从事医学、运动科普创作,是《健康报》《大众健康》杂志专栏作者。曾专心于自行车运动,骑行经历丰富,热衷于参加各类公益骑行,骑行过的经典线路有海南岛、青海湖、川藏线(318)、独库公路(217)、千岛湖、太湖等。现专注于跑步健身的实践与推广,为跑步专业教练。参加过国内外 100 余场马拉松等跑步比赛,经典赛事国内有杭州、上海、武汉、厦门、香港等地马拉松,国外有美国、冰岛、西班牙、摩洛哥、澳大利亚、越南、柬埔寨、马来西亚、泰国、韩国等国的马拉松赛事。

　　慕景强作品目录
　　已出版:
　　《西医往事——民国西医教育的本土化之路》(2010 年)
　　《那把柳叶刀——剥下医学的外衣》(2012 年)
　　《民国西医高等教育研究(1912—1949)》(2012 年)
　　《健康,几秒钟的事——数字里的健康密码》(2013 年)

《骑行,健康才是正经事》(2013 年)

《之江水蕴——且凭杏实访民国》(2014 年)

《前车之鉴——医生的 54 条骑行忠告》(2014 年)

《川藏线涂鸦文化研究》(2014 年)

《医微阅读》(2015 年)

《脚下的世界》(2016 年)

《单车引》(漫画,与托托合作)(2017 年)

《布拉格——跑步去旅行》(2019 年)

即将推出:

《跑步史》

《丝绸之路,去跑步》

《自行车:一千零一夜》

慕景强联系方式

E-mail:mwelcomeyou@163.com

新浪微博:@慕景强

微 信:mwelcomeyou